国外职业教育优秀教材精选

汽车机电技术（一）
学习领域1~4

Berufsfeld   Fahrzeugtechnik

（德）Wilfried Staudt   著

华晨宝马汽车有限公司   组译

机械工业出版社

本书是由华晨宝马汽车有限公司引进并组织翻译的德国职业培训教材。德国的职业教育一直受到世界各国的普遍关注。双元制是德国职业教育的基本形式。所谓双元制职业教育，是指学生在企业接受实践技能培训和在学校接受理论培养相结合的职业教育形式。职业教育同生产紧密结合，企业广泛参与，采用互通式的教育形式。

本书从汽车销售、维修服务中心的管理理念和工作流程讲起，内容涉及车辆和系统的保养、养护，车辆的拆卸、修理，电气电子系统的检查和修理，控制调节系统的检查和修理。内容全面，注重培养学生的实际操作能力。

本书可作为汽车类专业职业院校学生的教材，也可作为汽车销售、维修、服务企业的职业培训用书。

Licensed Book：Berufsfeld Fahrzeugtechnik-Lernfelder 1-4
Author：Wilfried Staudt
Copyright © 2004 by Bildungsverlag EINS GmbH，Troisdorf
ISBN 3-427-04258-8
All rights reserved.

Chinese copyright © 2008 by China Machine Press
北京市版权局著作权合同登记号：图字01-2007-6059

图书在版编目（CIP）数据

汽车机电技术（一）学习领域1~4/（德）施托德（Staudt，W.）著；华晨宝马汽车有限公司组译.—北京：机械工业出版社，2008.1
（2022.8重印）
（国外职业教育优秀教材精选）
ISBN 978-7-111-23287-2

Ⅰ.汽… Ⅱ.①施…②华… Ⅲ.汽车—机电设备—职业教育—教材 Ⅳ.U463

中国版本图书馆CIP数据核字（2008）第004633号

机械工业出版社（北京市百万庄大街22号　邮政编码100037）
策划编辑：曹新宇　责任编辑：曹新宇　宋学敏　张祖风
责任校对：陈延翔　封面设计：陈沛　责任印制：李飞
北京瑞禾彩色印刷有限公司印刷
2022年8月第1版第12次印刷
210mm×285mm·23印张·600千字
标准书号：ISBN 978-7-111-23287-2
定价：135.00元

译者序

21世纪最宝贵的财富，是人。人的因素，在中国经济的高速发展中扮演着越来越重要的角色。作为负责任的企业公民，华晨宝马相信，教育不仅是学校和各级教育部门的事，更是全社会义不容辞的责任。高素质人才的培养，将有助于经济可持续发展和社会和谐。

华晨宝马的高档产品，完全按照世界级的品质打造。这些成绩离不开沈阳工厂高素质员工的贡献。辽宁省、沈阳市教育系统不断地为华晨宝马输送各类优秀人才，而华晨宝马也通过多种方式参与和支持中国教育事业的发展。

德国汽车工业的成功，有赖于双元制职业教育的高度发展。从2005年起，华晨宝马与宝马集团共同投资，进行"宝马技术导入"综合培训，开始建立宝马在中国的基础技术教育培训体系。华晨宝马设立了职业培训部门，与辽宁省的院校携手，逐步将德国职业教育体系引入国内。

华晨宝马职业教育培训主要涵盖三个方面的内容：一，在现有德国培训课程的基础上，结合中国的实际情况及汽车行业职业教育的具体要求，推广适合中国国情的汽车"机械电子一体化"课程。二，针对培训师及老师的示范培训。三，直接对职业教育学校学生提供培训。

本书就是华晨宝马职业教育项目下的成果。我们期待着"汽车机电技术"培训课程能够对提高汽车行业技术人员和供应商的技能及专业水平，发挥积极的作用。

百年大计，教育为本。尊师重教是中华民族的传统美德。宝马不仅把全球领先的技术实力体现在产品上，更希望能通过支持职业教育等各种努力，为整个汽车行业输入先进的理念和技术，从而推动全行业的发展和进步，使社会和消费者最终获益。

在此，特对该书出版过程中给予我方大力支持及密切合作的各方，包括德国Bildungsverlag EINS教育出版社，北京富事多翻译服务有限公司，德国技术合作公司（GTZ），辽宁省劳动和社会保障厅，沈阳市教育局以及辽宁当地各合作院校等予以衷心及诚挚的感谢。

华晨宝马汽车有限公司
总裁兼首席执行官　吴佩德
2008年1月10日，沈阳

原版前言

本书各学习领域中的职业教育课程是根据2003年公布的汽车技术职业KMK框架教学计划制定的。本书利用实际应用系统化结构取代了之前按专业系统化结构划分的框架教学计划。在这些学习领域中，专业内容按照实际应用关系组织编制。教师的任务是，从学习领域中选择学习内容并在课堂上讲授，同时促进学员提高技能。这本教学和工作手册可在实施框架教学计划方面为教师和学员提供帮助。

每个学习领域中都包含处理客户委托的规范化示例。委托中加入了很多专业信息。作为辅助工具本书附有两张CD-ROM，其中一张光盘是包括工作单等所有专业领域在内的资料库，另一张是Bosch公司维修站信息系统ESItronic的演示版[⊖]。所有练习作业都包括ESItronic系统应用。

四个学习领域中的重点是：

1.按照工作和企业流程处理客户委托。

2.掌握车辆系统的具体性和概括性知识。

为了达到上述目的，可以按照以下方式组织和安排课程：

制定计划阶段：回顾书中介绍的客户委托规范性示例。

第一步：接车谈话和接受客户委托。

出发点是客户报修。为了练习如何与客户沟通，可以通过扮演角色的方式接受客户委托。

第二步：信息收集。

在教师的指导下，学员分小组按照第一个前期计划组织信息收集。在国际互联网上查找以补充资料库内容。

第三步：信息分析。

在此，客户委托处理阶段与系统知识掌握阶段交替进行。以学员和教师对话的方式或以小组方式掌握有关回答问题和进一步处理客户委托的专业内容。为保证效果可以使用存储在CD-ROM上的工作单。

第四步：工作计划，故障诊断，进行修理，检查工作质量，记录。

在第四步中学员借助工作单创建工作或检测计划，诊断故障，记录并演示结果，查找专业书籍内推荐的保养或修理方法，也可以提出改进工作方法的建议。

加深阶段：系统保养/针对车辆系统报修的内容。

每个学习领域中都有一章关于不同系统的保养内容或客户报修内容的介绍。学员可以借助工作单在小组内处理这些客户委托，以加深所学知识并查找必要的资料以掌握系统知识。

在这个阶段中教师扮演主持人的角色，在信息分析和处理客户委托方面指导学员，开始并组织下一步的学习过程。

通过客户委托处理阶段与系统知识掌握阶段交替进行，在基础阶段结束后学员应掌握车辆系统基本结构方面的具体性和概括性知识并且具备处理客户委托的能力。在后面的学习领域中将再次详细介绍各个系统。

练习阶段：将保养和修理委托作为家庭作业。

在这个阶段中使用四个学习领域结尾处给出的保养和修理委托作为家庭作业，学员应利用书籍中的信息页、维修站信息系统ESItronic和随附的CD-ROM单独或以小组方式计划、执行、检查及评估保养和修理委托。

在所有三个阶段中学员都可以借助工作单完成练习作业。学员可以在CD-ROM上找到工作单样本，下载样本并打印出来，或者根据学员自己的想法修改或补充。

在系统分析过程中，描述系统工作原理时使用英语。因为在客户委托的实例中同时会有德语出现，所以如果学员已经有一些基础则英语入门更容易。教师可以在学员做练习作业时根据他们个人已掌握的知识利用以下机会：

有英语基础的学员：

–学员将他们的德文翻译成英文。

–学员将教师交给的英文翻译成德文。

没有英语基础的学员：

学员通过慕尼黑工业大学的在线服务http://dict.leo.org把汽车专业词汇翻译成英文并填到专业词典中（CD-ROM中附有样本）。

2004年1月

⊖ 德国教育出版社EINS未授权翻译发行此套光盘，如有需要请联系德国教育出版社EINS。

目　　录

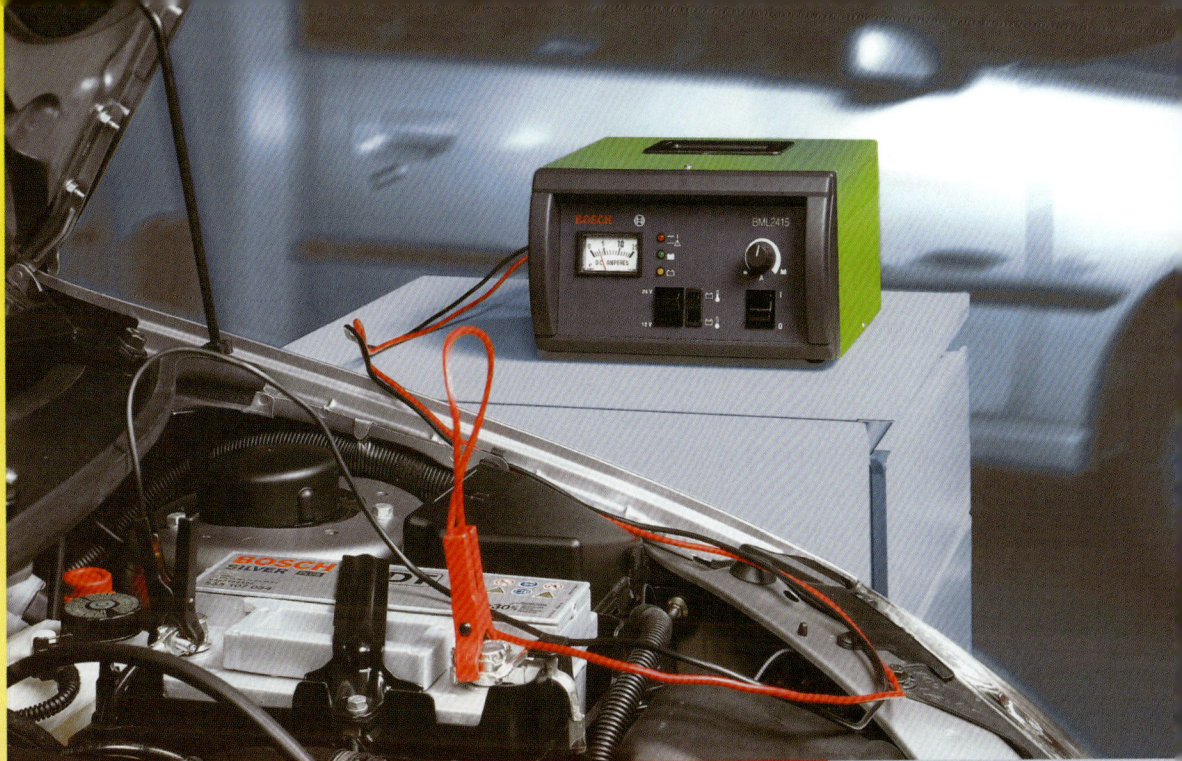

学习领域　1

车辆和系统的保养和养护

1 汽车销售服务中心

1.1 汽车销售服务中心的组织机构

如今单靠员工个人的专业知识已经不能使汽车销售服务中心成功地立足于市场上了。同等重要的因素还有员工与同事和客户的沟通能力。

员工的专业知识和沟通能力对于企业的服务质量至关重要。为了使汽车销售服务中心所有员工都能正确对待客户并相应处理，每个人都必须了解企业的组织机构，在遇到特殊问题的时候才能找相应负责人或把客户带到正确的岗位。

组织机构构成了企业运行的基本框架。其作用是规定了企业内部运行的各责任部门和分配员工的任务，进而规定了哪些岗位对某些方面可以作出指导并对此负有相应的责任。汽车销售服务中心机构可以通过下面的组织机构图描绘出来。

汽车销售服务中心的组织机构图

企业总任务按部分任务或职能分为业务领域、部门、小组、团队和岗位。

业 务 领 域	职 能
企业领导	制定经销商企业目标并确立经营政策。 主要任务是： ●企业运营。 ●策划和组织。 ●控制。
销售	使车辆销售额最大化： ●新车，包括租赁业务。 ●二手车。 ●车辆交付。
售后服务	连接客户与维修站的主要接口： ●客户的维修接待和技术咨询。 ●车辆交付给客户。 备注：服务顾问对于维护老客户关系和赢得新客户起非常重要的作用。

（续）

业 务 领 域	职　能
车辆维修站	准时且无误地完成所有维修车间的工作： ● 维修，包括钣金工作。 ● 保养。 ● 车辆变更（改装，附件安装等）。
零件库房	管理配件和附件品种： ● 库存，订货，入库和监控。 ● 交付配件和附件给维修站。 ● 向客户销售配件和附件。
管理／规划	处理所有商务事宜： ● 会计，包括营运分析。 ● 处理经销商组织事务。 ● 工资和薪金结算。 ● 与税务顾问合作。

1.2　汽车销售服务中心管理理念

客户是汽车销售服务中心最为重要的人。员工为客户提供了优质的服务，就是给企业创造了价值，同时也使工作职位得到了保障。每位员工都应该清楚，为客户服务不是我们帮助了客户，而是客户给了我们为其服务的机会从而帮助了我们。所以企业内的所有员工都要树立以客户为本的理念。

大众汽车/奥迪汽车销售服务中心对客户的承诺，充分显示了以客户为本的理念：

"以客户为本"

使客户惊喜是我们的目标，所以我们有义务做到：

1. 以友好且乐于相助的态度迎接客户，使客户在逗留期间感到舒适。
2. 以亲切的态度和专业化的知识为客户提供咨询。
3. 保证细致地、专业地为满足客户需求而工作。
4. 根据委托按时完成所有任务，并向客户细致耐心地解释。
5. 对服务结算时需诚实合理。
6. 团队合作保证工作质量，赢得客户的信赖。
7. 时刻关注客户的需求和意见。
8. 提供全天候服务，保证客户无干扰地驾驶。
9. 不断提高自我，不只满足客户的需求，还要超出他们的期望。

客户给我们带来了他们的需求。企业的任务就是满足他们的需求和要求。

为能在企业经营环境中最好地满足客户的需求，必须要知道的是客户有什么样的需求。所以我们有了以下问题：

● 我们所做的努力对客户重要吗？
● 相对于竞争对手我们可以给客户提供哪些特别的服务？
● 在以客户为本方面我们自身具有哪些优势及弱点？
● 员工了解客户的需求吗？
● 客户能够很容易地找到能帮助他解决问题的相关人员吗？
● 是否所有员工都知道他的工作对于客户及其自身利益的影响？
● 企业领导是否在以客户为本方面激励员工并做出表率？
● 员工的素质及企业的结构和设施是否能够全面地满足客户的需求？
● 员工是否了解汽车行业市场及竞争环境？
● 如何保证所有员工能够用以客户为本的原则约束自己的行为？如何激发员工这方面的意识？
● 如何正确处理客户的投诉？
● 所有员工及部门是否能够团结一致保证以客户为本的工作？
● 对于按照以客户为本的精神处事的员工有哪些奖励？

对于这些问题会有不同的答案。客户的需求可以通过在汽车销售服务中心处直接与客户的交流或者以附加调查的形式获取。

为了不断加强以客户为本的意识，企业领导一方面需要紧密地与员工进行沟通，另一方面也需要与客户交流。

汽车销售服务中心内部的共同努力能够得到以下效益：

- 内部顺畅的协作。
- 企业内部更为统一的思想。
- 员工个人对企业更好地投入。
- 更高的客户和员工满意度。

以客户为本的定义

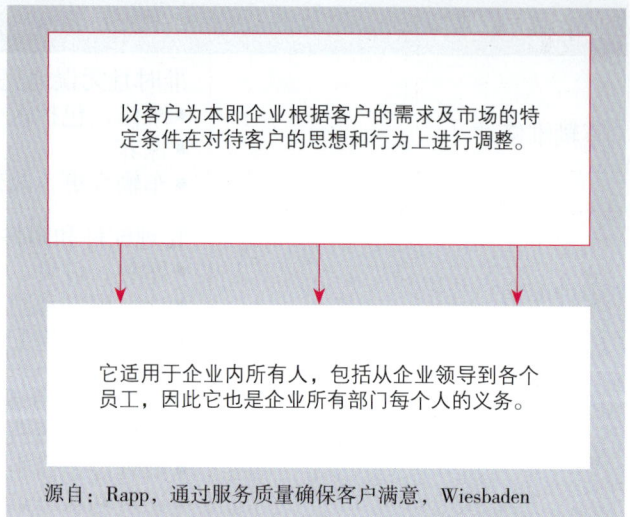

以客户为本即企业根据客户的需求及市场的特定条件在对待客户的思想和行为上进行调整。

它适用于企业内所有人，包括从企业领导到各个员工，因此它也是企业所有部门每个人的义务。

源自：Rapp，通过服务质量确保客户满意，Wiesbaden

确定客户需求

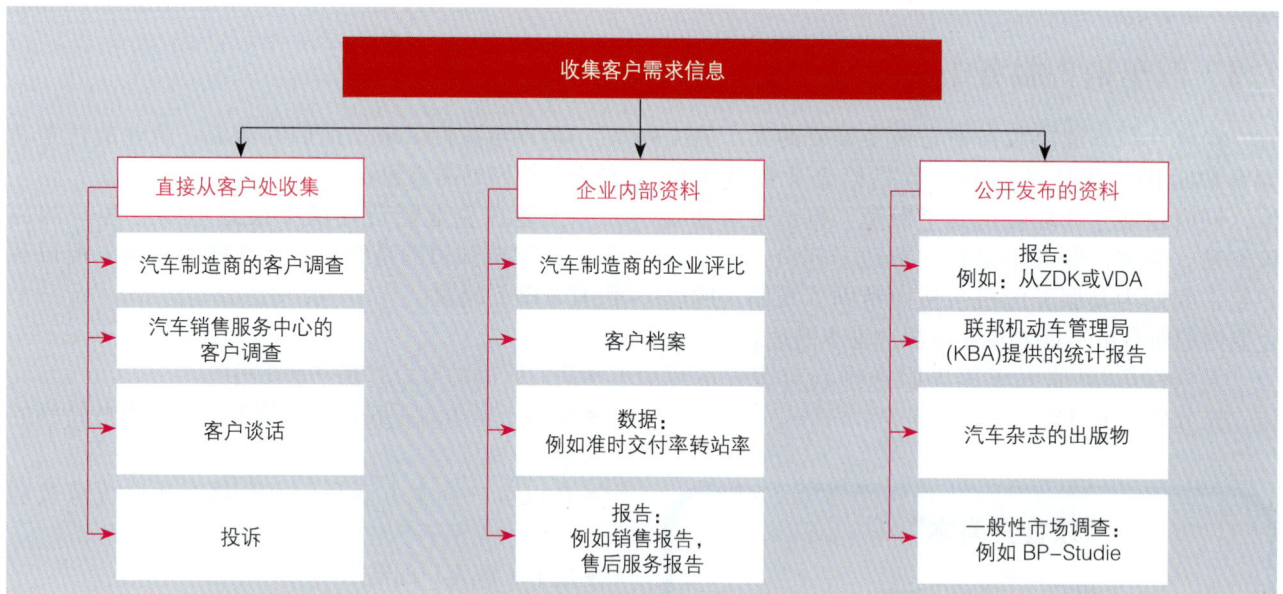

收集客户需求信息

直接从客户处收集
- 汽车制造商的客户调查
- 汽车销售服务中心的客户调查
- 客户谈话
- 投诉

企业内部资料
- 汽车制造商的企业评比
- 客户档案
- 数据：例如准时交付率转站率
- 报告：例如销售报告，售后服务报告

公开发布的资料
- 报告：例如：从 ZDK 或 VDA
- 联邦机动车管理局(KBA)提供的统计报告
- 汽车杂志的出版物
- 一般性市场调查：例如 BP–Studie

客户需求的顺序

其实任何人都无法确定客户对于汽车销售服务中心及其员工有哪些需求。BP 做过一次有代表性的市场研究，目的是从客户的角度分析什么是非常重要的、而什么是次要的。我们可以把这种研究结果作为一般性参照使用。而客户的兴趣肯定是多种多样的，所以对于客户个体需求的研究也是非常有必要的。

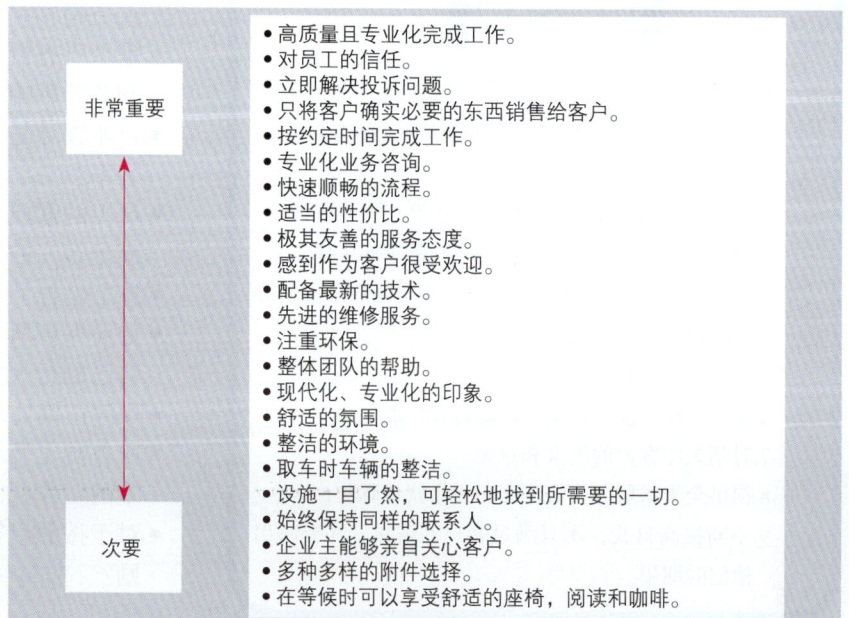

非常重要

次要

- 高质量且专业化完成工作。
- 对员工的信任。
- 立即解决投诉问题。
- 只将客户确实必要的东西销售给客户。
- 按约定时间完成工作。
- 专业化业务咨询。
- 快速顺畅的流程。
- 适当的性价比。
- 极其友善的服务态度。
- 感到作为客户很受欢迎。
- 配备最新的技术。
- 先进的维修服务。
- 注重环保。
- 整体团队的帮助。
- 现代化、专业化的印象。
- 舒适的氛围。
- 整洁的环境。
- 取车时车辆的整洁。
- 设施一目了然，可轻松地找到所需要的一切。
- 始终保持同样的联系人。
- 企业主能够亲自关心客户。
- 多种多样的附件选择。
- 在等候时可以享受舒适的座椅，阅读和咖啡。

1.3 维护老客户和赢得新客户

客户与汽车销售服务中心关系的建立可以是从购买一辆新车开始的。之后所有对待客户的认识及行为都要为与客户建立长期的业务关系而着想，必须着眼于如何使客户满意。而客户满意度来源于对汽车销售服务中心服务质量的切身感受。客户对企业的满意度反过来带给企业的是客户对企业的忠诚度，即以后也会在这家企业购买新的汽车产品及汽车维修服务及其他相关服务。另外，满意的客户还会乐于向他的朋友、熟人和同事推荐这家汽车销售服务中心。客户所认知的与汽车销售服务中心的关系受不同因素的影响。服务在整个汽车销售服务中心业务中的意义及价值比以往都有了很大程度上的

变化。如今服务的范围已经远远超越了单独的技术服务：如保养，维修等。以客户为本的服务是所有客户使用服务的总和。所以汽车销售服务中心需要考虑如何长期维护客户关系并赢得新客户。产品已经不再是其焦点，客户的使用感受才是最为重要的。

这样以客户为本的服务就承担起满足甚至超出客户期望值的任务，以此保证企业的成功和进一步发展。同时可以在更短的车辆逗留时间及不断的客户波动情况下保障汽车业工作岗位。

以下方案描述了维护客户关系及赢得新客户的手段。

服务方案

```
                    ┌─────────────────────────┐
                    │      维护客户关系的因素      │
                    └─────────────────────────┘
              ┌──────────────────┴──────────────────┐
        ┌───────────┐                         ┌───────────┐
        │   留住客户    │                         │   赢得客户    │
        └───────────┘                         └───────────┘
```

持续系统化的客户关怀：
例如：
- 提供服务套餐（销售、保养、维修、租赁、保险等）。
- 为私人、公司和大客户等不同目标客户群设计的服务。
- 广告和特殊宣传方案。
- 保修和优惠保修。
- 提供交通工具。
- 接送车服务。
- 客户俱乐部。

对使用年限较长的车辆
提供更低更具吸引力的价格：
例如：
- 维修工时优惠，必要时使用旧部件。
- 降低以下配件价格组成中的利润。
  - 车身件、制动部件、排气装置、减振器。
- 服务中初级人员和高级人员。
- 针对市场区间的目标广告投放。
  - 使用年限较长的车辆。
  - 年轻人群。
  - 年老人群。

服务方案举例

- 更灵活和更长的营业时间： 　- 针对维修接待、维修和销售。 　- 为适应地域性客户需求及市场情况做出调整。	- 车辆在维修期间为客户提供代用车： 　- 客户不想或不能没有车辆作为交通工具。 　- 以优惠的条件向客户提供代用车。
- 车辆的直接接待： 　- 提供了客户在场的情况下确定（必要时扩展）维修范围的优势。 　- 需要配备单独的举升机和所有必要的检测设备。 　- 员工必须专业且有沟通技巧地与客户打交道。	- 接送车服务： 　- 车辆在维修期间客户去上班或回家及取车有困难的。 　- 另外客户对接送车服务感到能够带来方便的。 　- 客户对此服务的需求很大。

（续）

服务方案举例	
针对超出四年车龄车辆的方案： – 特别针对这个服务区间车辆，厂商对汽车销售服务中心提供超值的备件包及修复件支持。 – 优惠的固定价格。 – 针对此目标群采用广泛的广告行动。	**抛锚和紧急救援：** – 提供每天 24 小时的紧急救援电话。 – 抛锚救援指现场救援，例如拖车，代用车。 – 其他帮助，例如预定饭店房间。
快修服务： – 提供客户所需要的最快捷的服务。 – 例如，排气管维修，轮胎安装。	**其他服务：** – 二手车品质保证，包括保修和退车权利。 – 信用卡。
新车销售理由： – 更低的燃油消耗降低了养车成本。 – 车辆与竞争对手的产品相比更保值。 – 更低的三者险、全险和部分险费率。 – 每一辆销售出去的车辆都会提高维修站的利用率。	**金融服务：** – 为促销而提供的金融服务。 – 针对私人和公司客户的租赁服务。 – 销售所有汽车相关的保险。 – 公司车队的管理，整体监管。

1.4   从使客户满意到使客户惊喜

不仅要使客户满意，还要使客户惊喜应该是每个汽车销售服务中心的目标。为此有一系列手段可促使企业逐步达到该目标，例如：

- 以友好且乐于相助的态度迎接客户并且使他们在逗留期间尽可能地感到舒适。
- 不要让客户有时间压力感，全面专业化地以亲切的态度为他们提供咨询。
- 根据委托按时完成所有任务，以此全面满足客户的需求。
- 向客户耐心细致地解释所完成的工作内容。

- 对服务进行结算时需诚实合理，并且需向客户解释账单。
- 所有员工共同作为团队来保证其工作质量并且得到客户的信赖。
- 竖起耳朵时刻关注客户的需求及意见。
- 在客户遇到问题时全天候地为他们提供服务，随时保证客户的可移动性。
- 不断改善汽车销售服务中心的工作，不仅要满足客户的需求，而且超出他们的需求。

1.5   汽车销售服务中心经营流程

汽车销售服务中心经营流程是指从客户委托保养或维修车辆，到保养或修理完毕，车辆交付客户的整个工作步骤的逻辑顺序。

保养的工作流程需要许多员工的参与：
- 由服务顾问接受任务并对客户提供咨询。
- 由车间主管组织相应工作的完成及其员工的管理。
- 由车辆机电维修工进行保养工作。
- 收银员负责制作结算单，记账等。

参与工作流程的员工各有其不同的专业语言。技术人员跟销售人员看待保养工作会有不同的视角。但在共同参与到保养工作流程里时双方都必须互相理解。这种理解是通过信息的处理来完成的，它是描述工作流程的重要手段。

保养工作流程

服务顾问通过与客户沟通确定保养工作的范围和按合同应执行的工作内容。

如果是新客户，则需要收集客户和车辆相关信息。从车辆行驶证或保养手册中查找基本信息并录入到 EDV 系统(经销商管理系统）中。如果系统已经存储了该客户的信息，则可以通过输入客户的名字、车牌号或底盘编号调出其他信息并打印到委托书上。

客户签字后合同具有法律效力，同时表示客户对汽车维修条件的认可。客户将得到一份委托书复件作为之后取车的凭证。另外零件库房和车间主管也会各得到一份复件。

车间主管把做保养的车辆派给车辆机电维修工。保养所需的工作油液或配件由零件库房进行发放并列在物料清单上。

车辆机电维修工把开始及完成工作的时间填写到委托书上以便记录所用的工时。在完成委托工作后用其名字缩写签注到工作项目表上，然后将做完保养的车辆交给车间主管进行质量检查，由车间主管再将车转交给服务顾问。

服务顾问将带有所有工作内容和客户信息的委托书交给收银台，由收银台制作结算单。

服务顾问按照事先约定的交付时间将车辆交给客户。此时对结算单进行全面的解释尤为重要，这样客户才会感到付出的价钱和得到的服务是成正比的。

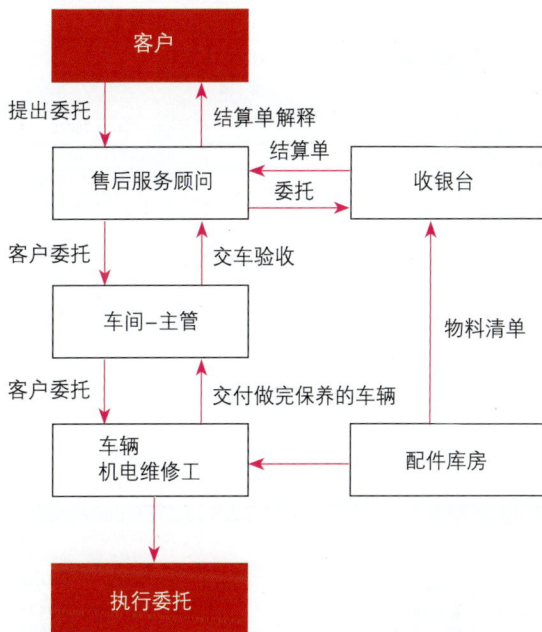

以下流程图描述了以为行业定制的管理软件为辅助的整个工作流程。

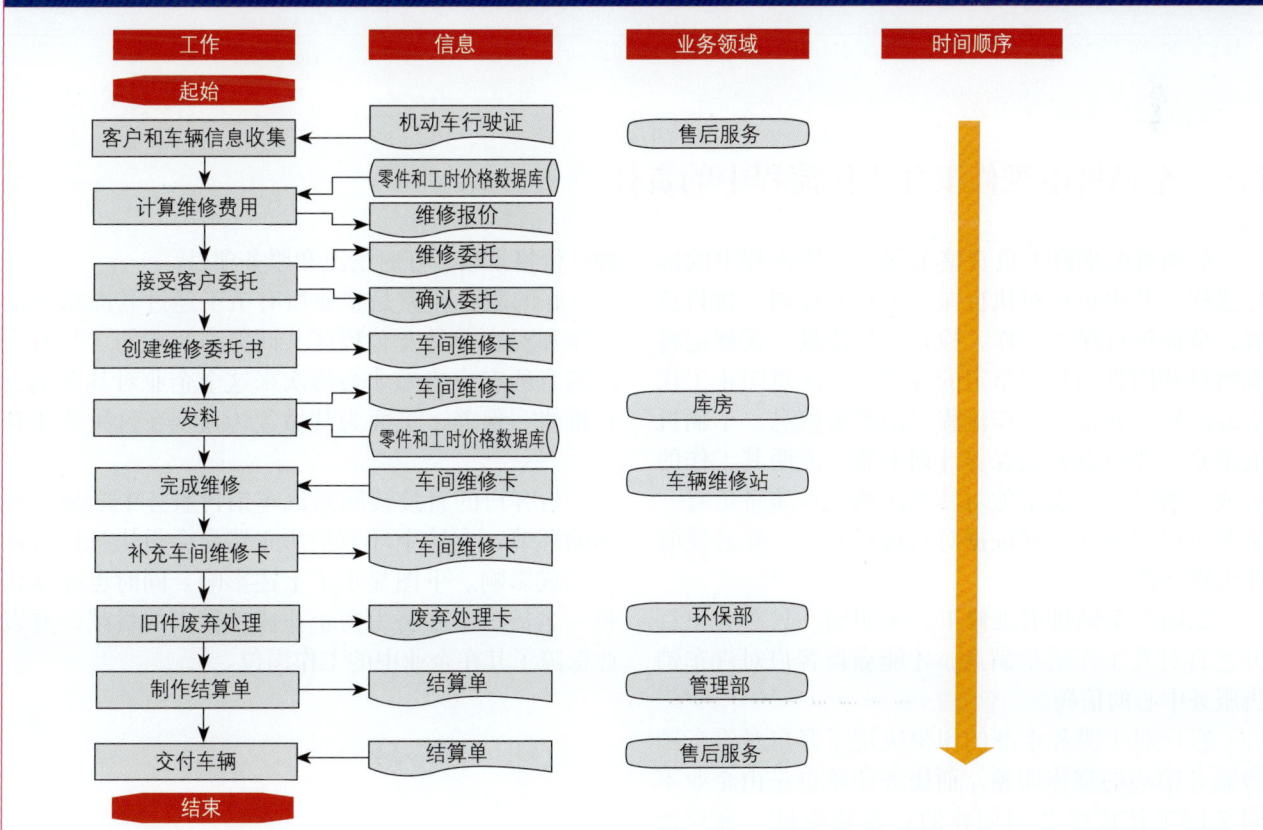

电子数据处理

客户基本信息管理

[M10210] 客户基本数据

客户编号：10001   借贷号编号：10001

名称：公司   博力茨布朗克有限公司

地址   信息   备注   OP 数据   车间/库房   其他

名字：   电话1：0711 78220
名称：博力茨布朗克有限公司   电话2：0711 782212
名称2：清洁服务   车载电话：0161 7115896
街道：科尔克街36号   传真：0711 782219
邮编/城镇：70199   斯图加特

结束   删除   新建   更改

车辆基本信息管理

[M10215] 客户车辆基本数据

标记：S - GO 5236   客户 博力茨布朗克有限公司 10001

VW [D] 高尔夫 CL

数据1   数据2   附录   备注   其他

车辆识别号：WWWZZZ16ZHW565852   17 工作准备号：
首次/最后注册：01.10.92   日.月.年
KBA：0600 895   内部编号：
制造商：VW [D]   排量：1896 ccm
类型：高尔夫   功率：47 kW 64 PS
车型：CL
年检/尾气检测：10.99 10.99 08.91 月.年   活动：   日.月.年
改装   本次到达：07.04.98 上一次：18.02.97
里程数/日期：74557 18.02.97 日.月.年   访维修站
工时/备件折扣：0.00 0.00 %   建立：13.08.96   更改：08.04.98
HKZ / MKZ：VW[D]   --- 适用于所有车型

结束   车辆显示   删除   新建   更改

维修委托书

[M10104] 处理维修站委托   #960969 / 博力茨布朗克有限公司

客户：博力茨布朗克有限公司   委托数据：
车辆标记：S - GO 5236   KBA 编号：0600 895   委托编号：960969
车辆识别号：WWWZZZ16ZHW565852   日期：22.04.98
制造商：VW [D]   完工日期：22.04.98
车型：高尔夫   17:30
类型：CL   委托类型：客户维修
工时：116.40   材料：183.60   合计：300.00   增值税：50.94   总计：350.94   结算类型：结算单
    更改 AA/RA
信息：   K   1   E   分数维修工
SR 到期！ 销售额   更改结算单地址
结束   委托概览   D   P   委托项目

委托计算

[M10110] 委托项目   #960969 / 博力茨布朗克有限公司

工时：116.40   材料：183.60   合计：300.00   增值税：50.94   总计：350.94   委托类型：客户维修
                结算类型：结算单
所有   备件   工时   准备   合计

项目	KZ	AA	RA	名称	单位	数量	总价	Fx
10	E	.	.	起动机	件	1	183.60	
50	A	.	.	更换起动机	工时	12	93.60	
60	A	.	.	拆卸和安装蓄电池	工时	1	7.80	
80	A	.	.	车灯测试	小时	0.2	15.00	
90	T	.	.	非常感谢您的信任				

物品编号   物品类型 WG PI   总价   客户折扣   净价
22393412B   ATT [1]   183.60   0.00 %   183.60

更换所有部件   补充：文本 价格   附加费   分开
信息系统   库房   P   工时/AG   包装   工时   删除
结束   项目分类   V   部件   文本   车辆   更改

1.6 车辆机电维修工在工作流程中的责任

车辆机电维修工负责整个保养工作流程中的部分流程。其中包括对执行保养委托的计划，物料获取，全面执行保养工作，检查工作质量，按规定将废物料和旧件回收到指定的容器中，注意防止工伤事故的规定和记录工作流程中的重要信息。车辆机电维修工在检查表或保养计划上签字证明其工作的完成。通过签字表示他对其完成的工作质量负责。企业可以以此为法律证据对其进行警告，有必要时作出降低薪酬的处罚。

原则上车辆机电维修工必须明确，只有客户百分之百对其工作质量满意，才能赢得客户对汽车销售服务中心的信赖。

客户对于服务水准的印象决定了客户对汽车销售服务中心的整体印象。而服务印象也是由企业不同部门工作成绩共同构建的：维修质量、客户处理、价格策略、守时情况和服务项目。

好的服务印象是企业所有员工通过其高水平的工作和对客户的友善程度共同努力实现的。只有全面满意的客户将来才会再次来这个企业对其车辆进行维修、保养，进而为其做宣传甚至在这里购买新车。

与客户的直接接触是汽车销售服务中心最为敏感的环节，在这个环节里所犯错误会很快且持续性地造成影响。下图显示了上述影响。同时也显示出每一名员工不断努力为企业成功做出的贡献，并以此保障了其在企业中的工作岗位。

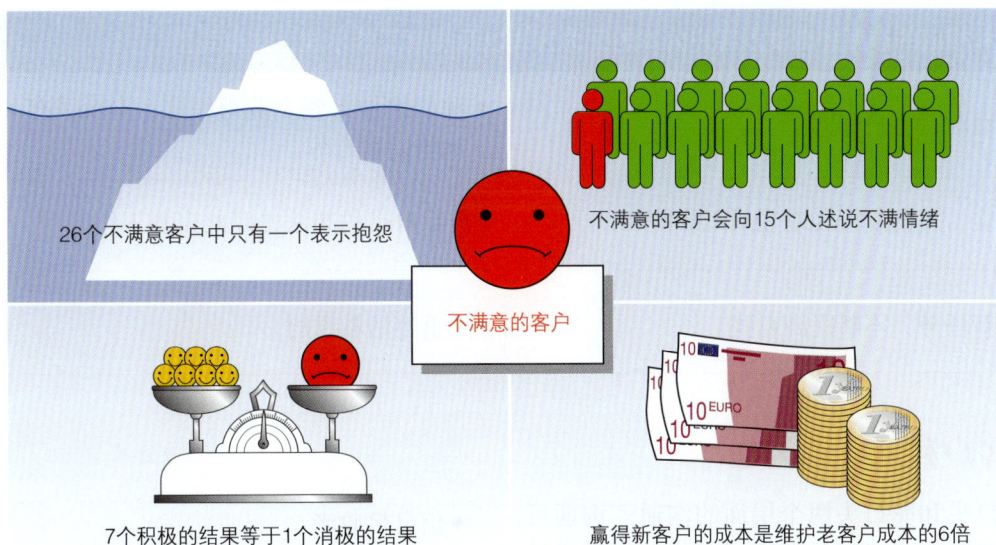

26个不满意客户中只有一个表示抱怨

不满意的客户

不满意的客户会向15个人述说不满情绪

7个积极的结果等于1个消极的结果

赢得新客户的成本是维护老客户成本的6倍

1.7　态度和行为

客户可以自由选择到哪家汽车销售服务中心，所以企业的成功越来越取决于客户的满意程度。一个不友好的服务顾问，一个愁眉苦脸的备件销售员或车辆机电维修工把手上的油污留在了汽车转向盘、座椅及车漆表面上，这些都会对建立长期客户关系起到消极的作用。

对于成功的合作和沟通首先要有积极的个人态度。问题经常不是出在沟通能力的欠缺而导致与他

人交往的困难，而是消极的态度、期望和表现造成了交流以及整体工作的失败。

积极的思想使人具有积极的态度，积极的态度适用于任何地方。如果工作开始前态度已经不端正了，那么肯定会导致工作的失败。根据以下四种人们关于自己和他人的态度可以判断工作的成功与否。

我行－你行	我行－你不行
• 这类人属于思想及决定都很现实的人。他知道他想要什么，乐于担负责任并为达到目标而全心投入。 • 具有这种态度的人对别人很信任，但也局限于别人不会滥用他的这种信任。 • 这种态度也表示这种信任应建立在相互的基础上。	• 这之后隐藏着自我满足、骄傲自大和自以为是的想法。 • 如果任何事情失败了，总是其他人的责任。 • 期待他人的表扬和赞美。
我不行－你行	我不行－你不行
• 这类人总觉得自己比别人落后并有忧虑感。 • 对自己没有足够的自信以及缺乏对自我价值的承认。 • 不能够进行和谐的交流及合作。	• 这种态度预示了不成功。 • 这类人总是抱有消极的态度并影响到整个工作表现。 • 肯定无法达成和谐的沟通及合作。

积极的想法和相应的态度会激发以客户为本的行为方式以及提高工作乐趣。这里包括：	
● 友好亲切地对待客户和同事。	● 融洽地加入到企业组织中，充满责任心并且率直地与同事合作。
● 正确、独立、负责且按时地完成工作。	● 贡献自己的想法并以此完善工作流程。
● 勇于接受新任务，不断提高自我。	● 注重整洁和准时。

1.8　与客户和同事的沟通

沟通有口头和非口头两个层面的沟通。沟通可以是有意安排的，也可以是非有意安排的。积极的个人魅力作为建立尽可能好的客户及同事关系的前提可以通过形象、身体语言和声调等而体现。

沟通的基本原则

> 不进行沟通是行不通的！

如果一个人沉默地坐在某人身边，他所表达的意思是："我不想进行沟通"。

两方或多方沟通由一个发送信息者和一个或多个信息接受者完成。为了使沟通顺利完成，必须遵守一系列如下规则：

● 信息发送者必须
－清楚地发送。
－表现得值得信任。
－ 说和说服。

● 信息接收者
－仔细接收。
－理解信息发送的想法。
－与信息发送者进行换位思考。
－正确倾听。
－给予反馈。

很多信息总是由同样的元素所构成。这个事实经常对人与人之间的沟通造成困难。通常我们把信息中的元素分成四个层面（弗里德曼–舒尔茨–冯–图恩，彼此沟通，Rowohlt出版，1994年汉堡）。

一条信息的四个方面

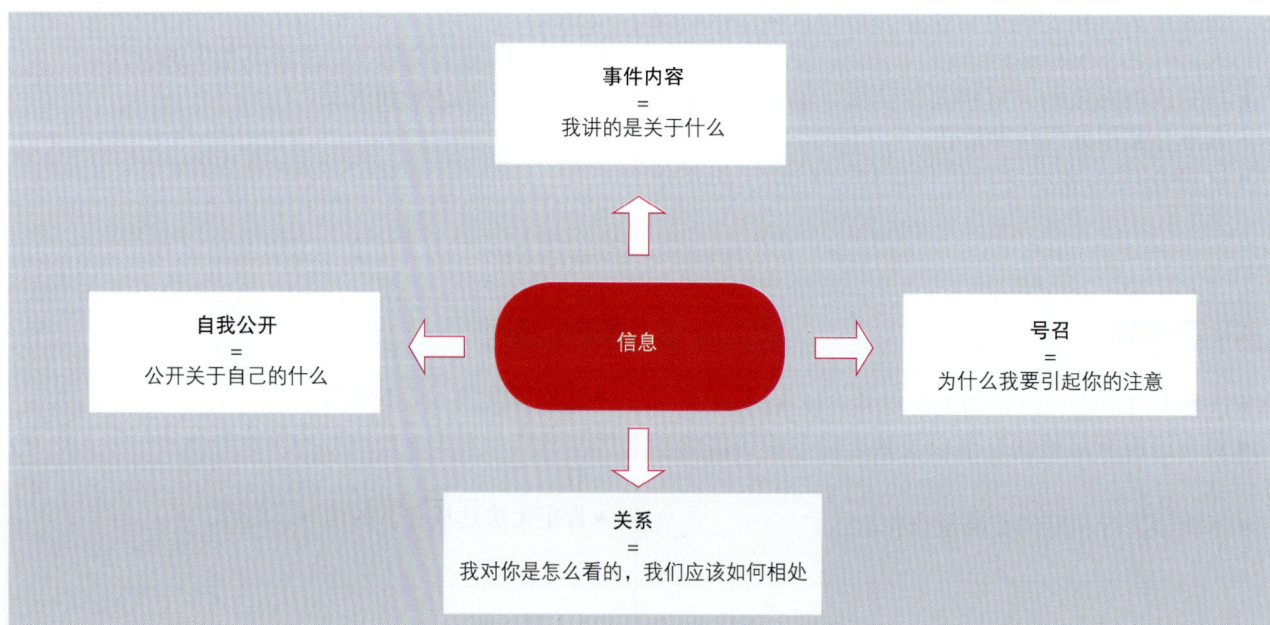

事件内容
=
我讲的是关于什么

自我公开
=
公开关于自己的什么

信息

号召
=
为什么我要引起你的注意

关系
=
我对你是怎么看的，我们应该如何相处

事件内容＝我讲的是关于什么	自我公开＝公开关于自己的什么
● 事实，情况及信息的转述。 ● 例如：“这辆事故车根据鉴定结果属于完全损失。”	● 信息发送者在谈话中通过非口头的方式透露关于自己的信息。 ● 他想表达例如对自己熟练掌握车辆技术的夸奖。 ● 例如：“换挡时的噪声是由变速器同步环磨损造成的吧？”
号召＝为什么我要引起你的注意	关系层面＝我对你是怎么看的和我们应该如何相处
● 使用这样的信息是为了对信息接受者产生影响。 ● 例如：“但维修费用真是太高了。”目的：能再便宜一些吗？	● 感觉层面，关于人们互相交流的方式。

沟通的基本规则

> 信息发送者所说的并不完全是信息接收者最终理解的！

在与客户及同事交流时身体语言是重要的组成部分。在谈话过程当中有许多身体信号，这些信号能够对对方产生正面或负面的影响。脸部表情，手势以及眼神交流是可以清楚地给客户或对话者传达信息的三种身体语言元素。还有谈话人之间的距离以及身体姿势在身体语言里也具有重要意义。

● **脸部**表情是脸部语言，由脸部表情肌运动产生。通过脸部可以表达喜悦、愤怒、勉强或者犹豫不决。

● **手势**语是通过手、姿势及举止表达的语言。它在身体语言里占相当重要的地位。张开的手掌表示欢迎接触，而攥成拳头则预示关系紧张及具有侵略性。

● **眼神**交流是与客户的第一接触。在谈话过程中应始终保持眼神的接触，但应注意不要瞪着对话人。

● **从谈话者**之间的距离可以看出他们的关系。距离越近则表示关系越亲密。一般在与客户交流时应保持两米左右的距离。

● **身体**的姿势代表了人当时的情绪。双臂在胸前交叉表示拒绝接近，而手臂随意的交叉则表示舒适及放松的感觉。

对客户进行业务咨询时需要根据客户的个性适应他的状态，了解他的需求。以实事求是的态度说服客户。目的是向客户提供符合其需求的建议。

好的理解需要：

积极倾听且不打断他们的话，不仅要仔细听，而且同时要试图了解客户的情绪，并能够给予适当的反馈。这里包括：

- 保持安静并不在对方谈话时打断他。
- 身体语言，保持眼神接触。
- 点头。
- 表示出感兴趣的脸部表情。

赞同与理解的信号可以使客户有受到认可的感觉并可以创造积极的氛围。

- 例如："您说的对，冬季轮胎的花纹看起来还足够深。"

启发的作用在于把对方往特定的方向引导。

- 例如："四轮驱动给您的驾驶带来了很大的益处，因为…… 。

提问和鼓励客户谈话表示对其感兴趣，但这里需要运用正确的提问技巧。根据目的的不同使用不同的提问形式：

- 直接的提问（信息提问）目的是让对方进行表达并给出信息。
- 例如："这种车辆故障在什么情况下会发生？"
- 一个限制性问句（判断问句）往往想得到短而干脆的答案。
- 例如："您希望对漆面损伤进行修复吗？"
- 在回答选择性问句时对方只有在两种可能的答案中进行选择。
- 例如："您想要普通机油还是合成机油？"
- 建议性提问（导向性提问）则有意不说出答案，但实际答案一定是肯定的。
- 例如："您一定很喜欢这部运动轿车吧？"

阻碍好的理解的因素有：

敌意性语言可以使谈话很难进行下去甚至终止谈话。

- 例如："我们一直是在这么做的啊"或者"我是这方面的专家，所以请不要……"

劝说往往适得其反。客户应该自己决定是否需要做某项修理工作。

- 例如："如果您再犹豫，这辆车明天肯定会被卖掉了。"

怀疑性语言使客户感到他的实际愿望可能不能被满足。

- 例如："您到底能负担得起吗？"

责备的语言会置客户于矛盾的境地。

- 例如："我一开始就想到了您不会开车。"

没有人愿意接受命令，特别是客户。

- 例如："您得做个决定了！"

2 客户委托：冷却系统冬季检查

2.1 客户和学徒

由服务顾问直接接受客户委托，向客户提供咨询，与其商定保养的范围，然后将委托单转交给车间主管或服务团队。学徒特别是在开始阶段不能直接与外部客户接触。所有企业员工包括内部客户，相互合作的部门都会参与到工作流程里。

通过对于工作流程的改变使车辆机电维修工加强了与客户的直接接触。车辆服务团队负责从保养和维修委托书的创建到交付已完成保养或维修车辆给客户等全部工作，进行与客户必要的交流。这样的优点是使客户清楚谁在对他的车辆进行保养或维修，增进了客户与汽车销售服务中心的信任关系。在企业车间，主管被视作内部客户。所以未来的车辆机电维修工在掌握专业知识和方法的同时还需要具备解决问题的沟通能力。沟通能力的培养是企业及职业学校培训的目标。职业学校最好通过团队协作的方式达到培养该能力的目的，由团队的成员：

- 扮演提出委托的客户，进行角色换位。

- 共同对保养工作进行计划、执行（以讲演的方式）和检验。

- 在完成保养后与客户进行咨询谈话。

2.2 协作处理保养委托

2.2.1 团队协作

团队协作–个人工作

团队是一个为解决个人难以应付的委托工作而组成的小组。团队协作是小组内合作的特殊形式，它对于一套完整的学习或工作流程负责并将其工作成果作为产品或服务提供给客户。

冬季检查保养委托可以通过个人工作或以团队协作的方式完成。

个人工作	团队协作
• 个人工作必须由自己进行信息收集、计划、决定、执行并检查。 • 个人独立对所有决定负责。 • 没有长时间的讨论，需快速的决定。 • 可能无法得到同事的支持。 • 做出错误决定的风险很大。 • 工作结束后由他人检查而不是自查。	• 团队成员可以互相补充能力和知识。 • 信息收集更省力。 • 更大的创造性和生产力：一个主意往往可以引发其他的主意。 • 独立及自负其责的工作可以激发更大的动力。 • 自检替代其他人检查。 • 通过更为广泛的信息基础可以培养更好的判断力和决策能力。

现在，处理"冷却系统冬季检查"的保养委托变成了一项简单的任务。培训过程中任务会变得越来越复杂。通过团队解决问题的意义在于

- 当问题越复杂时；
- 当所作决定的风险越高时。

问题能够得到准确快速解决。

旁边这张图展示了为执行"冬季检查"这项保养团队所完成的任务。

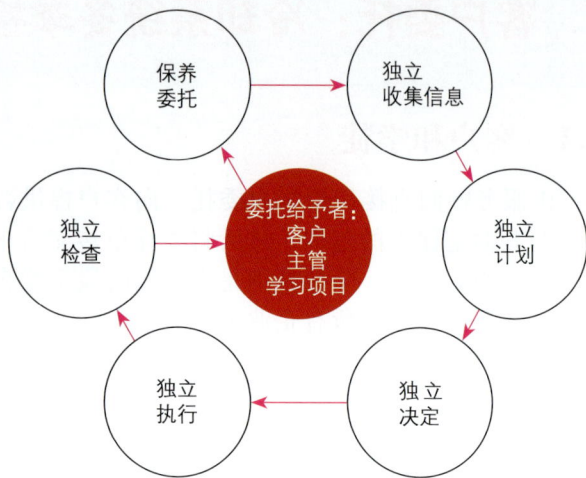

在企业和职业学校中的团队协作

团队协作既适用于企业，同样适用于职业学校、培训和进修单位。

企业中和学校中的团队在工作流程和结构上经常有所差别。

车辆经销商

小型和中型企业售后服务顾问、车间主管、技工和学徒工组成一个团队。而组成团队的流程一般是已规定好的。服务顾问对于团队成功的协作起非常重要的作用。他一方面参与汽车企业的质量管理，另一方面他也是车间团队的重要成员。他还是客户与企业之间的接口。车间主管则负责组织团队会议，进行时间计划及监控工作流程和工作质量。

职业学校

在职业学校里团队的建设就有所不同。在这里首先要建立团队。如果一个团队需要长期合作，首先团队成员需要进行"磨合"。

这里需要注意的是，每个人都有自己的工作方式，即个人对信息处理的方式、工作的组织、决策以及与人交往的方式。建立团队的目的不在于改变每个团队成员自身的特性，而是要通过团队成员间工作方式的互补进而以最优化的方式建立团队。

建设以团队为本的汽车销售服务中心

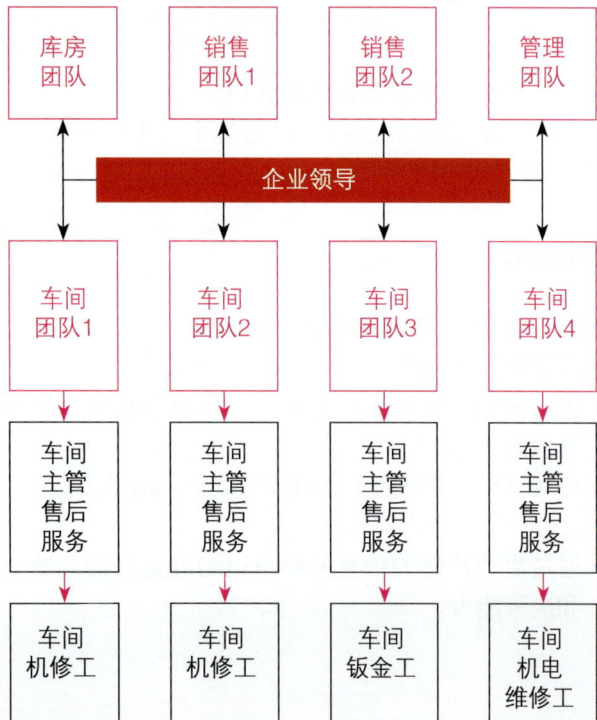

在班级内部建立团队

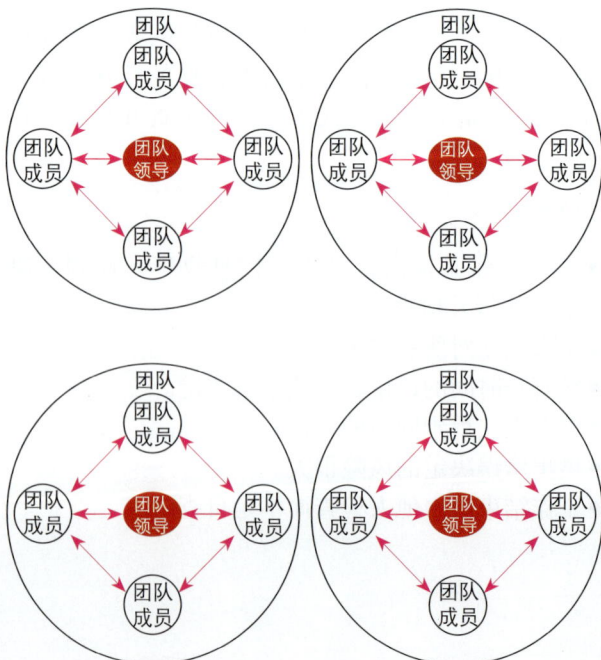

团队建立

一个团队由四到六人组成。

- 共同的任务是：对车辆进行保养和维修。
- 有确定的目标：以让客户满意为宗旨完成委托工作。

团队成员应互相在工作方式、能力、技能、经验和决策力方面取长补短。

团队建设分为四个阶段：

阶段 1：熟悉阶段

在建立团队的初期团队成员一般在寻找自己在队伍中的角色。首先熟悉其任务、目标以及适合的工作方法。

阶段 2：磨合期

团队成员之间发生矛盾，对任务及工作方法的抵触。团队成员消极的态度会使情况更为困难。

阶段 3：组织阶段

这个阶段为统一认识，互相让步，达成合作。此时情况会变得比较轻松而互相交流也会变得坦率。对整个工作制订了其工作规则。

阶段 4：工作阶段

在这个阶段，工作方式变得有建设性及目的性。团队成员富有想象力，乐于助人，团结一致，灵活机动且坦率相待。

对于团队合作重要的是：

- 工作有明确的主题。
- 不要使某个成员落后。
- 不要忘记目标。

工作原则

- 所有团队成员互相尊重。
- 允许发表各种意见。
- 在任何情况下允许批评。
- 所有团队成员允许其他人讲出理由。
- 团队成员互相支持。
- 不允许进行个人攻击。
- 有矛盾时共同进行讨论并解决。

- 共同制订目标和战略。
- 所有成员共享信息。
- 在合作中运用解说和讲演技巧。

通过严谨的记录可对比工作流程中计划与实际的差距。

团队领导

一个团队需要有明确的领导。团队领导应是具有成功完成所赋予的任务最佳能力的人。团队领导是引导团队找到解决问题办法的主宰。他不应是高高在上，而是与团队成员并肩工作的人。

团队矛盾

每个团队成员应展示出很强的团队合作能力。所有人必须清楚，个人的表现可以激励和促进团队的协作，但也可以削弱团队合作，特别会起到阻碍的影响。

对团队协作起激励作用的因素	对团队协作起阻碍作用的因素
• 只有在良好的企业整体环境下才能有良好的团队协作。 • 团队目标被所有团队成员理解并接受。 • 尽可能多的让所有人参加讨论。 • 互相能够听取意见，对任何的贡献表示赞赏。	• 不对工作成绩好的人明确进行认可及表扬。 • 自私主义，小团伙意识：每个人只看到自己及自己所负责的领域。 • 相互竞争的思想会阻碍共同合作。 • 各种畏惧心理，例如畏惧发表自己的看法。

对团队协作起激励作用的因素	对团队协作起阻碍作用的因素
• 步调一致，促成决策。 • 每个人都对他的工作和创造一个良好的企业氛围负责。 • 相互信任：言行一致。 • 做人可靠，遵守任何约定。 • 平等待人，即把同事视为伙伴。 • 以德报德。	• 自以为是，骄傲自大，不作客观的分析。 • 神经过敏（像含羞草）。 • 谄上欺下，往别人脸上抹黑。 • 敌意性语言（参见"沟通"）。 • 掩饰冲突的存在。 • 决策都让上司定。 • 评论绕过停车场，即团队成员在"停车场"上免谈在整个团队面前不愿提的团队问题。

处理团队冲突

在一个团队中总是不断发生不能完全避免的冲突。及时地阐明冲突是使冲突不妨碍团队合作的一项先决条件。积极平息冲突甚至能起到加强团队的作用。在一个团队的环境中会发生可以是下述列举例子的无数种冲突：

- 一名团队成员与另一名成员发生冲突。
- 一名团队成员与整个团队有矛盾。
- 多名团队成员之间发生冲突。
- 一个团队整体与另一个团队发生冲突。
- 整个团队或一名团队成员与外人例如用户发生冲突。

不管是哪一种冲突，都可用下述的方法来平息：

- **第1步**：要有正视冲突存在的勇气。如果大家都负责地承认冲突的形势并共同寻求平息冲突的方案，团队就能合作得最好。

- **第2步**：寻找平息冲突的共同基础。如果所有团队成员都对尽善尽美地满足用户的愿望这一主要目标负责任，那么他们就会努力地去克服妨碍达到这些目标的所有问题。

- **第3步**：尝试用他人的视角去理解冲突。重要的是要注意冲突的形势，这也许能更好地理解别人。

- **第4步**：为了平息冲突和解决问题，不要攻击其他团队成员。这并不关系到谁在冲突中胜出，而是要大家都满意地解决冲突。

- **第5步**：设计一个行动计划。最后一步在于确定团队个人为解决问题都该做些什么。

2.2.2　问题解决方案

　　团队中的沟通要求采用新的方法。传统的"一人说，大家听"式的说教已经无人问津了。团队全体成员参与解决问题的过程可提出更多的主意、更多的建议和更好的解决方案。团队全体成员应积极参与问题的解决。为了能够积极参与，要采用"言行一致"（视觉作用）的问题解决方法。

头脑风暴法

解决问题的方法

头脑风暴法	因果分析图(石川图)
头脑风暴法就是囊括有关解决问题的突发奇想。 　　方式： ● 选择一个主持人（一位中立的主管）。 ● 主持人宣布游戏规则。 　- 允许提出任何想法。 　- 对想法的作用不批评也不评论。 　- 记录所有想法，即使是意义不大的想法。 　- 研究他人的想法并继续发挥。 ● 主持人将想法汇集在一起（10至15分钟）并钉在钉板上。 ● 接着把这些想法分成若干大类，检查它们的实用性，并按它们的重要性排列成行。	借助因果分析图（UWD）（也称为石川图）可以列出一个问题的各种影响因素或原因，并把它们直观地表达出来。它也适用于寻找达到目标的先决条件。需要确定的一个目标是哪些原因导致近光灯不亮。为此要确定可能的主要原因，然后把这些原因分解成具体的原因。如果因果分析图在团队内绘制，就能绘制出最有效的因果分析图。 　　方式： ● 确定问题。 ● 汇总可能的原因（头脑风暴法）。 ● 列出主要原因。 ● 利用主要原因绘出因果图。 ● 列出具体原因。 ● 找出可能是重要的具体原因。

例如：近光灯不亮
　　　由团队各位成员说出原因
（想法）：
● 蓄电池无电。
● 车灯烧坏。
● 驾驶员操作开关不当。
● 驾驶员未进行保养。
● 导线断路。
● 开关触点腐蚀。
● 灯泡松动。
● 熔体烧坏或者松动。

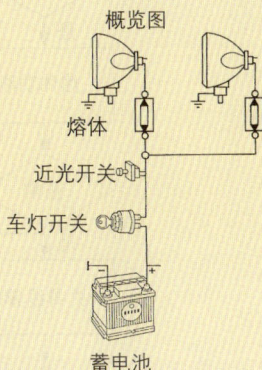

概览图
熔体
近光开关
车灯开关
蓄电池

例如：近光灯不亮

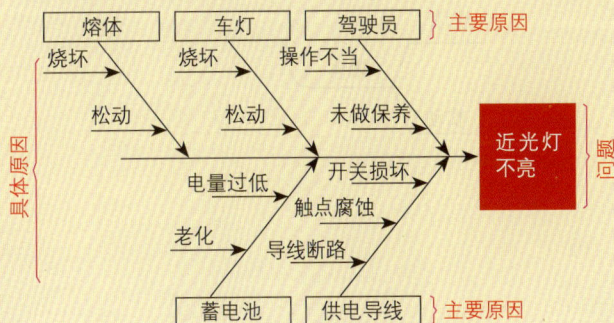

　　团队成员们把上述原因分成几大类。把由此得出的结果作为继续行动的工作和决策基础。头脑风暴法经常应用于因果分析图的准备阶段。

脑图	程序流程图
脑图是用图来表示思路并用于绘出主题结构。概要、相互关系或事实汇总都组合在脑图中并可作为记录和继续行动的出发点使用。 　　它非常适用于个人找到想法，但也用作处理团队记录的方法。 　　方式： ● 把核心课题或提出的任务写在告示板中部（钉板、黑板、翻纸板）。 ● 从图中央伸展出对主题进行初步划分的主枝。 ● 主枝又分为分枝和细分支。它们把主题继续细分到详细信息。 ● 在主枝和分枝旁配上相关的关键词。	程序流程图是描述一个工作过程中各环环相扣步骤的示意图。 　　用符号来规定从起点至终点的所有步骤： 　　　　　　：工作任务（开始和结束） 　　　　　　：工作流程 　　　　　　：判断是否正常（i.O.），用"是"或"否"来表示。如果判断结果为"是"，则要朝主流方向继续进行下去；如果判断结果为"否"，则分流回到此前一步或继续到另一个工作流程。 　　　　　　：流线表示方向

例如：近光灯不亮

例如：用一个电压表（万用表）查找照明装置中的故障

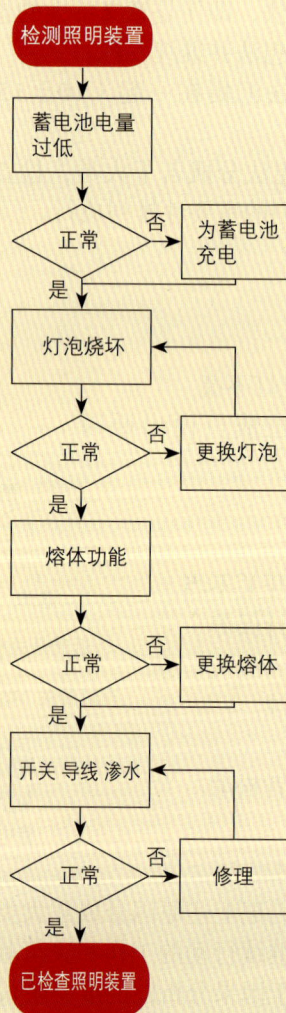

2.2.3 结果解释说明

将团队合作的工作结果在解释说明的范围内向内部用户展出。

每次解释说明都分为三个阶段：

准备

1. 制订明确的目标：执行保养委托。
2. 目标群体：内部客户（车间主管，服务顾问，同学）。
3. 内容准备：

● 选择可以解释说明的内容。
● 压缩选出的内容，保留精华。

● 按实际情况对内容进行系统化分类。分类要点必须与报道总目标有关。
● 选择视觉图

解释说明的一种重要支持方式是视觉图，也称为可视化。

通过可视化可以看到以图片、图形和文字形式展示的内容提要、功能和流程。由此可提高听众的注意力，信息更容易理解，容易掌握要点并减少阅读时间。作为可视化措施可以采用下述信息媒体。

● 通过确定报道流程起草一份解释说明底稿。

钉板和书写纸	翻纸板	平视投影仪
钉板用一块软纤维板制成，在此软纤维板上可以用大头针固定一叠书写纸。钉板尺寸一般为1.25m×1.5m，并可提供多种展示可能性。展示往往在开展团队合作活动期间或作报道期间才举办。	翻纸板由支架和一个书写板（0.7m×1m）组成，借此可以记录团队合作工作的结果，也可以用摘要和图表的形式来展示这些成果。展示往往在开展团队合作活动期间举办。翻纸板的优点是，已经书写过的纸翻过来还能使用。	用平视投影仪可以制作和投影插图、图样和流程图等等。为此必须用薄膜笔或通过复制把信息转移到薄膜上。通过覆盖薄膜和薄膜重叠可获得许多有趣的展示方案。

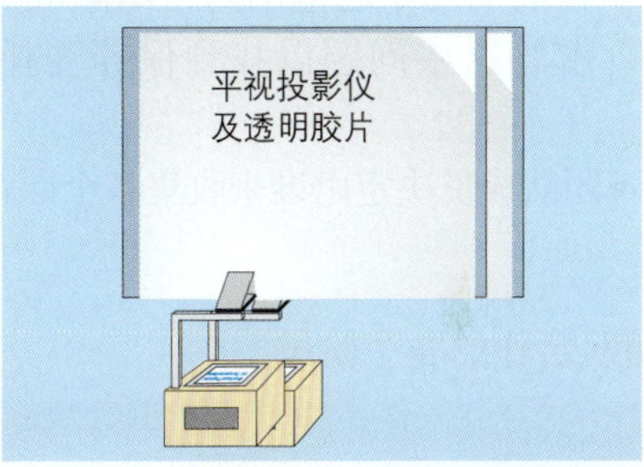

进行解释说明

进行解释说明时必须注意下述事项：

有利于听众理解的基本条件

● 尽量不要照本宣读。
● 说话要声音洪亮、口齿清楚、语速不宜太快。
● 语句精练不重叠。
● 使用标准词汇。
● 表情友好、坦率。
● 利用手势来强调语句、所讲的对手和所说的话。
● 站稳，不摇晃。
● 不开对手的玩笑。
● 直视听众。
● 始终面向听众演讲，切勿面朝向信息媒体演讲。
● 给听众提问的机会。
● 利用视觉辅助手段。

结束阶段

在结束阶段要提出下述问题：

● 目标达到了没有？
● 这种解释说明方式适合听众目标群体吗？

● 听众提出了哪些反馈信息？
● 组织工作和使用的信息媒体都很成功吗？
● 对下次解释说明可作哪些改进？

学习领域
1

2.2.4 流程规划

为了完成保养委托，可采取下述工作步骤：

- 各位团队成员要阅读本书内有关冷却系统的简要信息（→▤57）。
- 在业务谈话的范围内（扮演角色），由团队成员扮演用户的角色并进行接受客户委托（→▤27）。
- 团队成员考虑可以利用哪些信息源。借助脑图记录结果（→▤30）。
- 团队成员根据现有信息在头脑风暴法的框架内收集关于保养委托"冷却系统冬季检查"这一主题范围内的重要信息。
- 借助因果分析图寻找实现"冬季检查"这一目标的前提条件（→▤30）。
- 在前期规划的范围内，团队成员提出问题，然后解答这些问题以找到保养委托问题的解决方案（→▤32）。
- 团队成员决定由谁来收集各个课题领域的信息。

- 团队成员阅读所收集的信息，对结果进行分析以制订工作计划。
- 团队成员回答在前期规划中提出的问题且加以补充。
- 制订一份工作计划（→▤110）。
- 按以下方式执行保养委托
  - 在解释说明的范围内。
  - 在学校车辆实验室内的车辆上。
  - 在课堂上利用一份带有相关示意图的程序流程图（→▤111-113）。
  - 与车辆经销商或手工业行会培训技术中心（BTZ）合作在其车间内进行。
- 团队成员通过检查保养项目的完整性并通过对改善质量（例如更节省费用的工作步骤），提出建议来检查其工作质量。此外他们还要检查文件资料的完整性。

团队合作的各个阶段

2.3　接受客户委托和前期计划

2.3.1　接车谈话和接受客户委托

保养委托

工作委托包括以下内容：
1. 常规委托数据：
   委托识别（日期，序列号，委托类型）
   车辆识别（型号，车型，牌照号，底盘编号，注册登记日期）
   客户识别（姓名，签字，电话号码）
2. 工作说明
3. 详细工作内容和工时
   （标明车辆机电维修工姓名和人员编号）
4. 配件和材料消耗说明

检查表/保养计划

检查表包括保养工作需要考虑的所有检查项目。在检查表中记录相应的检查结果：
正常；不正常或已校正。

检查表示例：

接受保养委托

可按照如下方式与客户沟通：
- 向客户致以友好的问候，进行自我介绍。认真、积极、耐心地倾听客户意见，询问客户要求：
客户需求：冷却系统冬季检查
- 询问客户姓名、车牌号和里程数。
- 请客户出示机动车行驶证。
- 根据车辆识别号和发动机编号识别车辆。
- 与客户一起根据检查表确定保养范围：
  - 检查冷却液液位，根据需要进行校正。
  - 通过直观检查检查冷却系统的密封性和状态。
  - 检查防冻能力。
- 此外还可检查车窗玻璃清洗装置的功能和防冻能力。
- 询问客户是否还有其他要求。
- 确定交车日期。
- 询问客户的电话号码，以便进行回访。
- 让客户确认委托内容并签字。

委托表示例：

客户通信地址

先生
Erich Mustermann
Rheinstra ße街15号
65189 Wiesbaden

委托编号：	0201
客户编号：	1289
委托日期：	01. 07. 2003

类型	牌照号	车辆识别号	里程数
VW 高尔夫 98	WI–XX 345	WVWZZZ1JZY(1)W000279	25400

首次注册登记	发动机代码	接车人	电话号码
25.08.2001	AGU	A Meyer	0611/543267

项目	工时	时间	工作内容描述	价格
01			冬季检查：冷却系统和车窗玻璃清洗装置	

完工日期：01. 07. 2003, 16.00 点

车辆最终检查

日	时间	验收人	里程数

Mustermann
客户签名

客户委托：冷却系统冬季检查

车辆信息

机动车行驶证

　　机动车行驶证是一项重要的车辆数据信息来源，它为接受客户委托时的车辆识别工作提供了很大帮助：

代码					16 允许车轿负荷kg	前 920	中		后 880		
区域1 010226	区域2 0603	区域3 421			17 车轮和或防滑链 1	18 车桥数 2	19 其中驱动桥数 1				
1 普通轿车 欧2					20 轮胎规格代码 前部 195/65 R15						
2 大众（德国）					21 中间和后部 195/65 R15						
3 高尔夫IV					22 或前部 205/60 R15						
4 车辆识别号 WVWZZZ1JZWW000279					23 中间和后部 205/60 R15						
5 汽油发动机/普通催化转换器	6 最高车速km/h 185				24 制动接口处压力 单回路制动器 巴	25 双回路制动器 巴					
7 功率kw/rpm 74/5600					26 挂车挂钩 DIN740，形状和尺寸						
8 排量cm³ 1595					27 挂车挂钩检查标志						
9 有效或录载负荷	10 燃油箱容积m²				28 拖挂负荷kg 1400	29 挂车不带制动时 600					
11 座椅/躺椅数	12	5			30 停车时噪声dB(A)	31 行驶时dB(A)噪声					
13 最大尺寸mm 长 L 4149	宽 1735	高 1439			32 首次注册登记日期 01.02.98	颜色：7					
14 整备质量kg 1150	15 允许最大质量kg 1730				33 备注						

附加说明，例如轮胎和轮辋

1. 正面
正面包括牌照号、车主姓名、出生日期、住址和下次年检日期。

2. 内侧
此处包括重要的运行数据：

区域1：　　　最后两位是有害物质代码。
序号1：　　　区域2：制造商代码
　　　　　　　区域3：车型代码
序号2：　　　制造商
序号3：　　　车型系列
序号4：　　　车辆识别号是底盘的出厂编号
序号5：　　　发动机类型和废气净化装置
序号6：　　　最高车速
序号7：　　　功率 kW/rpm
序号8：　　　排量
序号13：　　　长 / 宽 / 高
序号14：　　　整备质量 kg
序号15：　　　允许总质量 kg
序号16：　　　允许车桥负荷。不允许超过负荷限值。
序号20 – 23：允许使用的车轮和轮胎组合
序号28/29：　带有和没有制动器时的允许挂车负荷
序号30/31：　车辆静止和行驶状态下的噪声级
序号32：　　　注册登记日期
序号33：　　　其他说明

3. 背面
在此记录下次年检时间。

车辆信息

车辆识别和发动机识别

机动车行驶证是一项重要的车辆数据信息来源，它为接受客户委托时的车辆识别工作提供了很大帮助。

此外还可查看车内识别数据，以 VW98 为例：

- 车辆识别

型号铭牌固定在排水槽内，可通过排水槽上的一个窗口看到铭牌内容。

WVW	ZZZ	1J	Z	Y(1)	W	000279
1	2	3	4	5	6	7

1：制造商代码
2：填充字符
3：车型
4：其他填充字符
5：年款说明
6：生产地
7：序列号

- 发动机识别

发动机编号和代码在正时带保护罩上。

- 车辆数据标牌

车辆数据标牌固定在左侧备用车轮槽内。在客户的维修计划表内也可以找到数据标牌信息。

标牌上记录以下车辆数据：

1. 生产控制编号
2. 车辆识别号
3. 车型代码
4. 车型说明 / 发动机功率
5. 发动机和变速器代码
6. 油漆代码 / 车内装备代码
7. 选装装备代码

车辆识别号

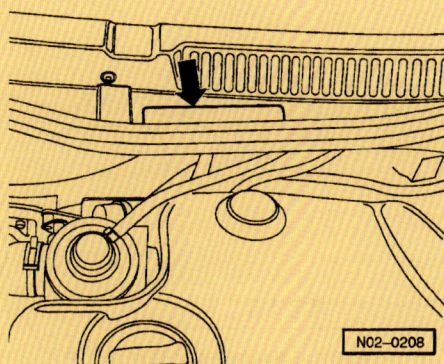

N02-0208

发动机代码 / 发动机编号

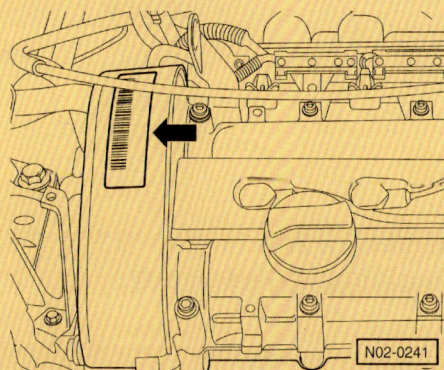

N02-0241

车辆数据标牌

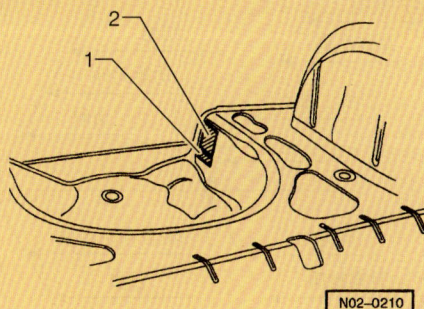

N02-0210

客户委托：冷却系统冬季检查

学习领域

1

客户委托：冷却系统冬季检查

2.3.2　通过前期计划收集信息和评估信息

脑图

可以通过集体研讨的形式总结所有信息来源。借助脑图记录团队成员提出的想法。

因果分析图

可以利用因果分析图（UWD）对完成"冬季检查"工作所需的信息进行收集和整理。

首先确定达到目标的最重要因素。然后研究每个主要原因，哪些具体原因有助于解决问题。

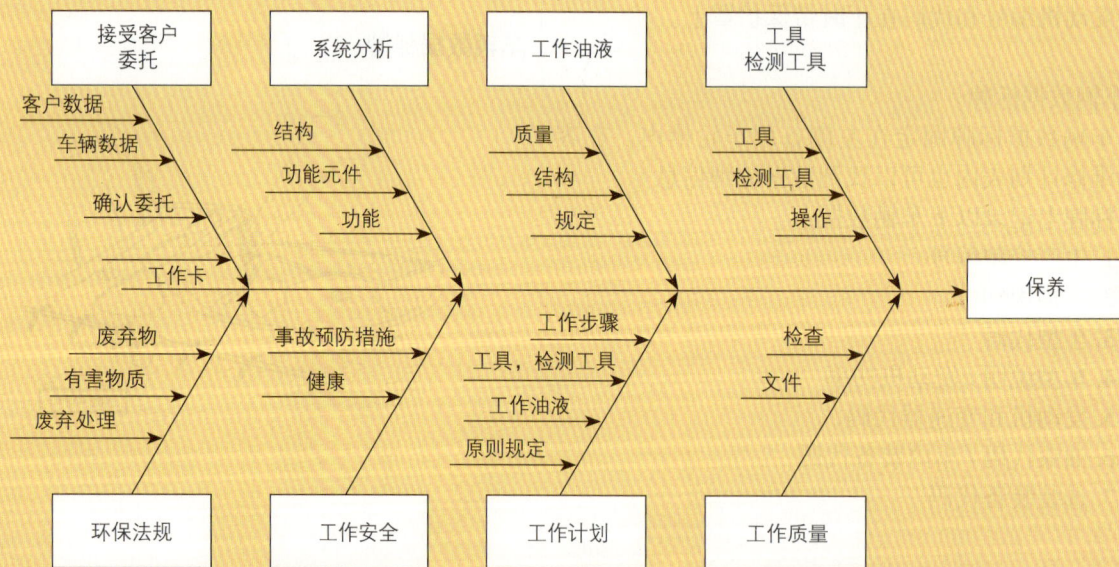

UWD见图23

根据UWD分析结果，可总结出在保养委托的计划、执行和检查等不同环节需要解决的问题。随着培训时间的增长，学习难度将会有所降低。但解决问题的具体方式通常都会影响车辆机电维修工完成委托时的工作质量。

问题

1. 信息收集

信息系统

- **专业书籍**
  专业书籍的特点是系统化、条理清晰且关联性强。
  利用术语索引处的关键词可以很快找到所需信息。

专业信息，信息收集📖57

术语索引：例如冷却系统

- **公司资料**
  汽车制造商、系统供应商和专业出版社出版信息资料：
  - 有关系统结构和功能的技术信息。
  - 纸张形式的保养说明。
  - CD-ROM 形式的保养说明。

汽车制造商的技术信息

CD-ROM 形式的保养说明

- **专业杂志**
  专业杂志提供汽车行业的最新发展情况。通过每年发布一次的目录或术语索引可以找到所需专业文章是在哪一年度的哪一期中发表的。

每年的术语索引

- **国际互联网查找**
  组件和系统供应商、工作油液和辅助材料的制造商在国际互联网上发布各种各样的免费信息。

国际互联网地址参见CD-ROM

- **法律规定**
  环保法规
  事故预防规定

环保法规参见📖97
事故预防规定参见📖103

工作指导参见企业内部文件

- **企业内部规定**
  按照危险物品法规第 20 条制定的工作指导，工作油液废弃处理
- **事故预防规定**

2. 信息分析

（1）了解概况，理解文字内容

　1）通读文字内容和信息。
　2）标记出涉及保养工作或待保养部件的关键内容。

客户委托：冷却系统冬季检查

学习领域
1

客户委托：冷却系统冬季检查

（2）整理、组织并记录信息

1）系统分析

①这个待保养的系统称为什么？
②这个待保养的系统由哪些功能元件组成？
③这些系统元件有哪些任务？
④整个系统如何工作？
⑤绘制一个系统方框图。

专业信息 →📖57-60

汽车制造商提供的车辆信息

2）保养

①哪些功能元件纳入保养范围内？
②安装位置在何处？
③必须进行哪些保养工作？
④制造商给出了哪些技术数据（例如拧紧力矩）？
⑤需要哪些工具或检测工具？
⑥是否拥有工具/检测工具？
⑦需要哪些工作油液/辅助材料？

CD-ROM形式的保养说明

企业提供的工具/检测工具
提供工作油液

3）工作油液/辅助材料

①拆卸/安装时需要哪些工作油液或辅助材料？
②制造商要求工作油液必须达到哪个质量标准？
③制造商给出了哪些其他规定？
④辅助材料用在何处？

国际互联网上有关工作油液/辅助材料的信息

4）工具，检测工具

①执行工作委托时需要哪些工具？
②如何使用工具？
③执行工作委托时需要哪些检测工具？
④如何使用工具？
⑤实际数据或规定数据是什么？

工具，检测工具→📖60

5）工作指导，废弃处理，事故预防规定

①按KrW/AbfG规定工作油液如何分级？
②处理工作油液时必须考虑哪些保护措施和行为准则？
③应如何对待危险情况？
④需要采取哪些急救措施？
⑤如何进行工作油液废弃处理？
⑥收集容器位于何处？
⑦必须遵守哪些事故预防规定？

法律规定→📖98
事故预防规定→📖103
工作指导

（3）执行工作计划

1）需要执行哪些工作步骤？
2）需要哪些工具/检测工具？
3）需要哪些工作油液和辅助材料？
4）必须遵守哪些安装说明？

工作计划→📖110

执行

执行/解释说明	
计划工作可以 ● 与车辆经销商协商。 ● 与职业学校的车辆实验室协商。 ● 在教室内通过相应媒体（→▤24）以解释说明的方式，由团队成员执行。 根据工作计划实施相应的计划。	**解释说明技巧→▤25**

检查

工作质量	
保养工作结束后，车辆机电维修工确认是否所有部件和功能都正常。 1. 是否按工作计划进行了所有工作？ 2. 是否遵守规定的维修工时？ 3. 是否按规定记录了所有数据？ 4. 车辆是否干净整洁？ 5. 哪些信息必须向客户通报？ 6. 是否正确安排了工作流程？某些工作流程是否能进一步改进？ 7. 有助于质量改进。	**工作质量→▤114**

文件	
1. 是否在检查表内记录了所进行的所有检查项目？ 2. 是否在检查表的故障栏处列出了无法或不应立即排除的所有已确认故障？ 3. 是否已在检查表上签名？ 4. 是否在客户的保养手册上填写所进行的工作？ 5. 是否（以盖章形式）记录了工作开始和结束时间，或将其输入到计算机内？	**记录 →▤115**

客户委托：冷却系统冬季检查

学习领域
1

2.4 信息收集

2.4.1 总成系统和子系统

汽车是一个总成系统

一辆汽车由大约7000个零件组成。逐一介绍这些部件及其功能并不能说明它们与车辆功能之间的联系。只有各种部件相互配合才能完成车辆的全部功能。

就发动机冷却系统而言，我们知道它的任务就是将燃油空气混合气燃烧过程中产生的热量从发动机内排放出去。但并不清楚涉及哪些部件以及部件的功能和相互配合过程。

通过各种示意图可以清晰表示出发动机冷却系统所有构成部件及其相互配合方式。这种方式便于车辆机电维修工了解总成情况和进行故障查询。

系统技术基础

系统概念

上述内容均以"系统概念"为出发点。发动机冷却系统就是一个总成系统。汽车、发动机、发动机润滑系统、混合气制备系统、点火系统等也是总成系统。总成系统具有以下特性：

- 系统与其周围环境分界清晰。
- 系统执行特定功能。
- 系统拥有特定结构。

系统		
车辆	发动机	变速器

系统分界

必须通过系统分界使各个系统与不属于该系统的部分彼此分开。系统分界以外的部分就是系统环境，但系统环境与系统之间彼此关联。为了更准确地进行检查，也需要确定环境分界。

环境	车辆	发动机	照明装置
系统	发动机	发动机冷却系统	卤素灯

系统功能

进行功能检查时，系统相当于一个内部结构不明的"黑匣子"。工作人员向系统输入技术或物理参数（输入参数，输入），并且观察和记录系统的输出反应（输出参数，输出）。发动机的输入参数是燃油空气混合气内的化学能，输出参数是曲轴的转动情况（机械能）和废气热量。卤素灯的输入参数是电能，输出参数是光和热能。输入与输出参数之间的联系称为系统功能，该功能体现了系统的任务，但无法表示出输入参数与输出参数在系统内部建立联系的过程。

输入参数 → 系统 → 输出参数	化学能 燃油空气混合气 → 汽油发动机 → 机械能 热能	电能 → 卤素灯 → 光能 热能

系统结构

子系统/子功能

为了确定系统内部的运行情况，必须将系统分为不同子系统。发动机由以下子系统组成：

- 曲轴传动机构。
- 发动机管理系统。
- 润滑系统。
- 冷却系统。
- 混合气制备系统。
- 点火系统。

举例：子系统曲轴传动机构

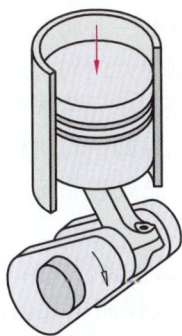

每个子系统都执行特定的子功能，完成部分车辆功能。子系统曲轴传动机构将活塞的直线运动转化为曲轴的旋转运动。

系统元件/基本功能

子系统又可以继续细分为各种系统元件。

举例：子系统曲轴传动机构由以下系统元件组成：

- 活塞，活塞环。
- 活塞销。
- 连杆和连杆轴承。
- 曲轴和曲轴轴承。

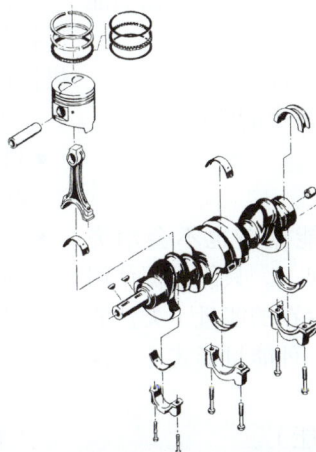

每个系统元件都执行特定的基本功能。系统元件活塞执行以下基本功能

- 传输作用力。
- 传导燃烧热量。
- 相对于曲轴箱密封燃烧室。

下文中将使用术语"功能元件"或"结构元件"替代术语"系统元件"。

系统方框图

表示发动机的结构时使用了矩形框和箭头。矩形框代表不同的子系统，箭头表示子系统的相互关系和联系。所组成的系统方框图内容非常重要：在混合气制备系统内形成燃油空气混合气。混合气通过发动机管理系统进入气缸（箭头向下）。点火系统点燃混合气。在系统气缸／曲轴传动机构内将燃烧压力转化为机械能。燃烧后的气体通过发动机管理系统输送至排气管（箭头向上）。冷却液流入发动机内以吸收发动机热量，返回冷却系统以吸收冷却液热量（箭头向内和向外）。润滑系统为发动机提供用于功能元件润滑的发动机油。

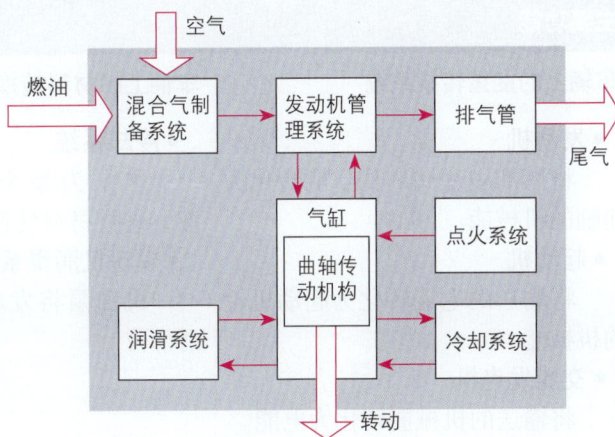

能量、材料和信息转换系统

在总成系统内转换三种参数：

- 能量。
- 材料。
- 信息。

信息 → 　　　　　　 → 信息
能量 → 　黑匣子　 → 能量
材料 → 　　　　　　 → 材料

系统主要针对三项参数中的一项进行转换。这项转换功能就是系统的实际任务和主要功能。因此系统分为

- 能量转换系统。
- 材料转换系统。
- 信息转换系统。

能量转换系统

输入能量E → 能量转换系统 → 输出能量E

能量就是材料中存储的做功能力。自然界中的能量包括：

- 燃料中的化学能。
- 水流和空气流中的能量。
- 太阳能。
- 核能。

能量既不能创造也不会消失（能量守恒定律）。只能根据使用目的将自然界存在的能量（天然能量）转化为另一种能量形式（二次能源）：

- 动能（机械能）。
- 热能。
- 电能。

通过各种原动机进行能量转换：

- 热力发动机，如汽油发动机、柴油发动机、燃气涡轮机和蒸汽涡轮机。
- 水力发电机。
- 风力发电机。
- 电动机。

电动机将二次能源（电能）转化为机械能——另一种形式的二次能源。

材料转换系统

输入材料S → 材料转换系统 → 输出材料S

材料转换系统主要是指使材料形状和位置发生变化的机器。这些机器称为工作机械。

工作机械包括：

- 机床——机床可改变工件的形状。
- 运输机械——运输机械可改变固态、液态或气态材料的位置：
  - 用于运送货件的机器，例如举升机、叉车、起重机。
  - 用于输送液体的机器，例如泵。
  - 用于输送气体的机器，例如压缩机、风扇。

信息转换系统

输入信息I → 信息转换系统 → 输出信息I

车上的所有电子系统都是信息处理系统。测量传感器，即所谓的传感器，测量温度、压力、转速等物理参数，并将其转化为电信号。在控制单元内对传感器数据进行分析。控制单元生成所需信号并控制执行元件即执行机构。

信息处理系统包括三项基本功能：

- 通过传感器输入信息。
- 通过控制单元内的一个微机处理信息。
- 以信号形式向执行机构输出经过处理的信息。

"输入-处理-输出"这一过程简称为 EVA 原理。

主要功能

车辆上的能量转换系统

- **发动机**
  将燃油中存储的化学能转化为曲轴的机械能。
- **起动机**
  将输送的电能转化为起动机轴的机械能。
- **交流发电机**
  将输送的机械能转化为电能。

车辆上的材料转换系统

- **冷却系统**
  水泵为整个系统输送冷却液，进行材料转换。
- **发动机润滑系统**
  机油泵将发动机油输送至润滑部位。

车辆上的信息转换系统

- 混合气制备系统。
- 点火系统。
- 变速器电子控制系统。
- 制动防抱死系统等。

2.4.2　车辆中需要保养的功能单元

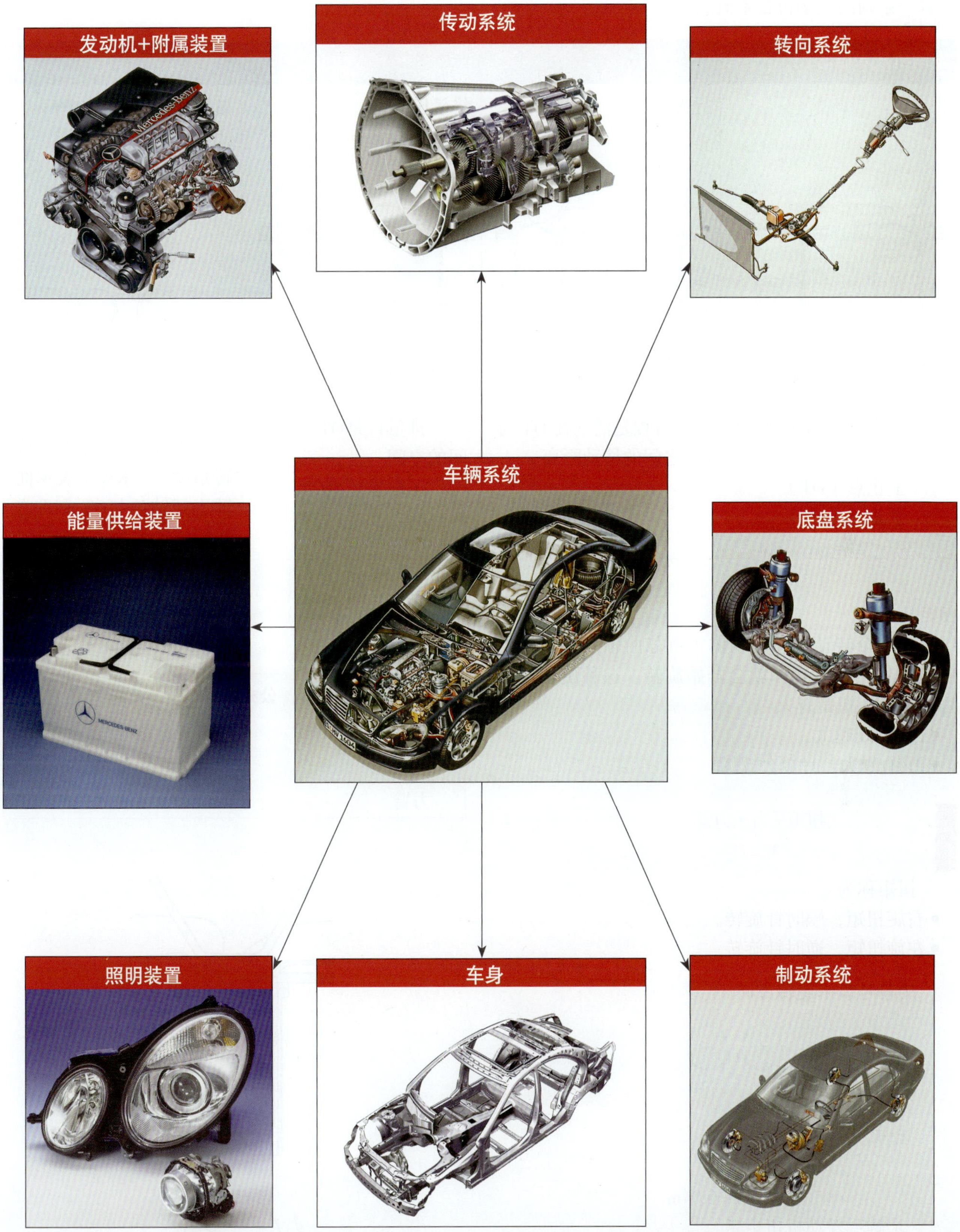

发动机+附属装置

传动系统

转向系统

车辆系统

能量供给装置

底盘系统

照明装置

车身

制动系统

保养是指采取措施，使车辆的结构元件、结构总成和结构单元保持理论状态。保养工作不是维修工作而是检查工作，需要检查液位情况以及某些零件的磨损、密封和功能情况。进行保养是为了维护车辆功能并使车辆保值。

2.4.2.1　发动机技术概念

　　为了介绍发动机的功能，车辆机电维修工需要了解一系列的发动机技术概念。

发动机技术概念			
止点	**行程**	**排量压缩室**	**曲轴转角**
止点是活塞的回复点： 上止点（OT） 下止点（UT）	行程是活塞在 OT 与 UT 之间的移动距离。	排量V_h是OT与UT之间的空间。 压缩室V_c是OT 上方的空间。	曲轴转角用曲轴旋转角度（°KW）表示曲轴连杆轴颈与OT或UT之间的位置关系

扭矩

　　在一个转动支撑的物体（例如曲轴）旋转点外侧施加作用力，物体就会开始旋转。这种旋转作用称为扭矩。扭矩越大

- 作用力F越大。
- 力臂r越大。计算公式为

$$扭矩 = 力 \cdot 力臂$$
$$M = Fr$$

　　扭矩称为

- 右旋扭矩，顺时针旋转。
- 左旋扭矩，逆时针旋转。

　　用符号表示旋转方向。

参数	公式符号	单位
扭矩	M	N·m
力	F	N
力臂	r	m

例如

已知：$F=24800$N

$s=80$mm

$r=\dfrac{80}{2}=40$mm$=0.04$m

求解：发动机扭矩M

答案：$M=Fr$

$M=24800$N$\times 0.04$m

$\underline{M=992\text{N}\cdot\text{m}}$

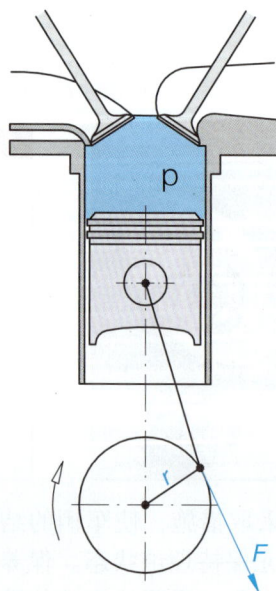

排量，压缩比

排量是指一个发动机气缸活塞下止点与上止点之间的空间（cm³或 1）。计算公式为

$$V_\text{h} = \frac{d^2 \pi}{4} s$$

多缸发动机的排量计算公式为

发动机排量=单缸排量·气缸数

$$V_\text{H} = V_\text{h} i$$

气缸工作容积是气缸、活塞和气缸盖之间的空间。活塞位于下止点时的计算公式为

气缸工作容积 = 排量 + 压缩室

$$V = V_\text{h} + V_\text{c}$$

压缩比 ε 表示气缸工作容积（$V_\text{h}+V_\text{c}$）与压缩室 V_c 之比。计算公式为

$$\varepsilon = \frac{V_\text{h}+V_\text{c}}{V_\text{c}}$$

例如

已知：缸径　　　d=73mm
　　　行程　　　s=65mm
　　　压缩室　　V_c=45cm³
求解：计算出
　　　压缩比 ε

答案：$V_\text{h} = \dfrac{d^2 \pi}{4} s = \dfrac{73^2 \times 3.14}{4} \times 65$

V_h=271912mm³

$V_\text{h} \approx 272$cm³

$\varepsilon = \dfrac{V_\text{h}+V_\text{c}}{V_\text{c}} = \dfrac{272+45}{45}$

$\varepsilon = 7$

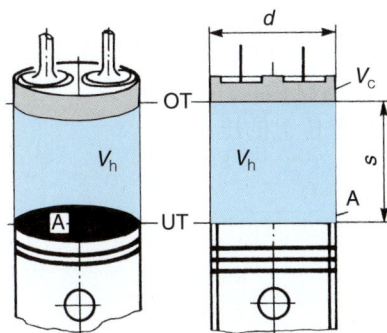

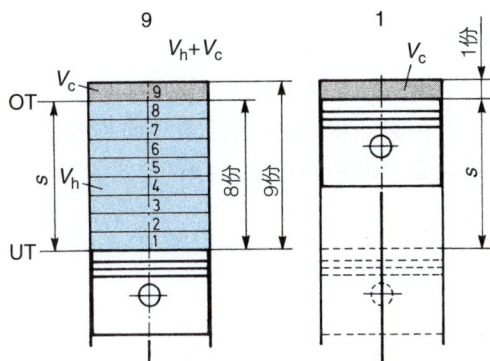

参数	公式符号	单位
排量	V_h	cm³
单缸		
发动机排量	V_H	cm³
压缩室	V_c	cm³
行程	s	cm
缸径	d	cm
压缩比	ε	

发动机功率

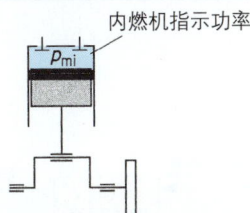

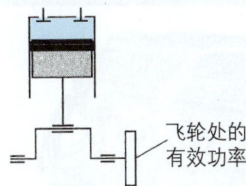

指示功率	有效功率
内燃机指示功率　P_mi	飞轮处的有效功率
根据施加到活塞上的气体压力计算出发动机的指示功率。	有效功率P_eff是扣除损失（摩擦，附属总成传动装置）后飞轮处的功率。

用瓦特（W）或千瓦（kW）表示发动机功率。发动机功率和发动机转矩决定了发动机的运行特性。发动机特性曲线图可以清晰显示出发动机的运行特性（见第 41 页）。

学习领域
1

燃烧室内的压力，活塞力

如果作用力F_K通过活塞表面A_K施加给气缸内的气流，气体内就会产生一个压力。该压力就是施加到一个面积单位上的压力：

$$压力=\frac{力}{活塞表面积}$$

$$p=\frac{F_K}{A_K}$$

将公式变形后，可通过已知参数压力和活塞表面计算出活塞力。

$$F_K = pA_K$$

为了用N（牛顿）表示活塞力、用MPa（兆帕）表示压力，必须将cm^2作为活塞表面积的单位化成以m^2作为活塞表面积的单位。计算公式变为

$$活塞力 F_K = pA_K$$

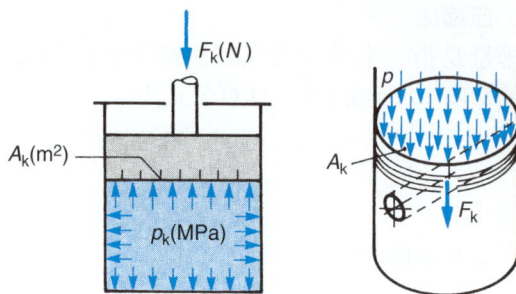

参数	公式符号	单位
活塞力	F_K	N
压力	p，p_{max}	MPa
活塞表面	A_K	m^2
活塞直径	d_K	m

运行数据

发动机	最大燃烧压力p_{max}
汽油发动机	4~6.5MPa
柴油发动机	7~12MPa

例如

已知：最大燃烧压力p_{max}=4MPa
　　　活塞直径d_K=0.086m
求解：最大活塞力

答案：$A_K=\dfrac{d_K^2 \pi}{4}$　　　　　　$F_{Kmax}=p_{max}A_K$

　　　$A_K=\dfrac{0.086^2 \times 3.14}{4}$　　　$F_{Kmax}=4MPa \times 5.8 \times 10^{-3}m^2$

　　　$A_K=5.8 \times 10^{-3}m^2$　　　　$\underline{F_{Kmax}=23200\ N}$

2.4.2.2　动力总成

四冲程汽油发动机

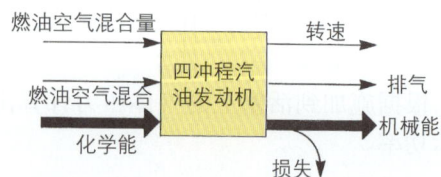

燃油空气混合量 → 四冲程汽油发动机 → 转速
燃油空气混合 / 化学能 → 排气 / 机械能 / 损失

四冲程汽油发动机

　　四冲程汽油发动机从外界吸入空气。通过喷射系统将准确调节的燃油量分配给进气量。

　　在进气管内形成燃油空气混合气。为了确保燃油空气混合气正常点火和燃烧，需要达到特定的混合比。完全燃烧1kg燃油需要14.7kg空气，或者说1L汽油需要11500L空气。实际空气量取决于具体运行情况：冷起动，怠速运转，部分负荷，满负荷。

　　四冲程汽油发动机将燃油中存储的化学能转化为曲轴的机械能。燃油中的一部分化学能没有转化为有效能量，随传动装置损耗。这部分能量并没有消失，而是转化为另一种能量，例如热能。因此有效能量小于输送能量。

　　输送能量与有效能量之比为效率。
　　能量分配图以百分比形式表示出能量损耗情况。在发动机内转化的燃油能量（=100%）有大约76%会损耗掉。

　　有效功率P_{eff}与转速的相互关系通过特性曲线图来表示。通常用转矩特性曲线图来表示。

　　特性曲线图显示出：
　　不足1000rpm时不会产生转矩和有效功率。因为发动机会产生摩擦损耗和热损耗。
　　转速提高时，有效功率和转矩随之增大。吸入的燃油空气混合气质量不断增大。
　　气缸内达到最大的燃油空气混合气充气效果时可输出最大转矩。转速提高时有效功率还会继续增大，但气流阻力变大和气门开启时间缩短都会影响充气效果。
　　转矩减小。
　　从特性曲线图上可以看出最大转矩、最大功率以及相应的转速情况。
　　$P_{max}=55kW$，此时转速为5000rpm；
　　$M_{max}=140Nm$，此时转速为2500rpm。
　　最大转矩与最大有效功率之间为发动机的弹性范围。

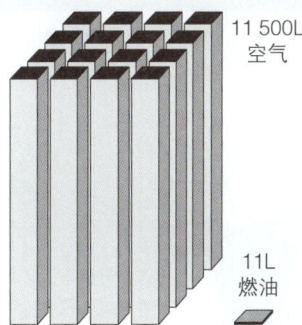

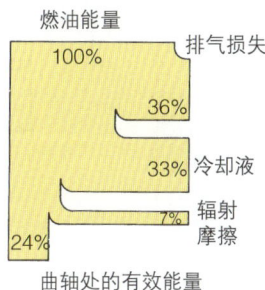

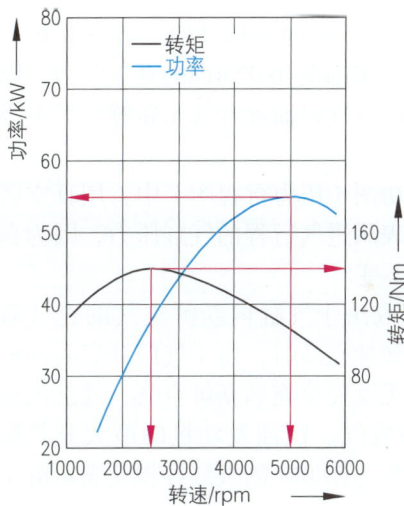

11 500L 空气

11L 燃油

燃油能量
100%　排气损失
36%
33%　冷却液
7%　辐射摩擦
24%
曲轴处的有效能量

最大功率
$P=55kW$
此时$n=5000rpm$
最大转矩
$M=140N·m$
此时$n=2500rpm$

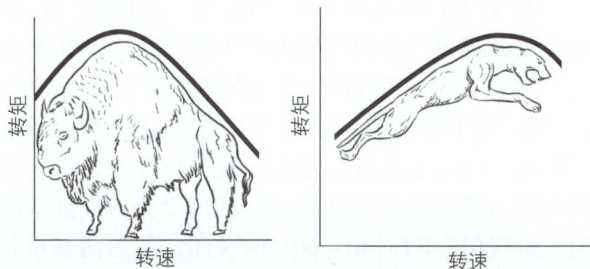

具有"公牛特性"的发动机在低转速范围时即可输出高转矩

高升功率的运动型发动机达到更高转速范围时才会输出最大转矩

学习领域 1

四冲程汽油发动机的工作原理

第一行程：进气

进气行程	示功图	气缸充气

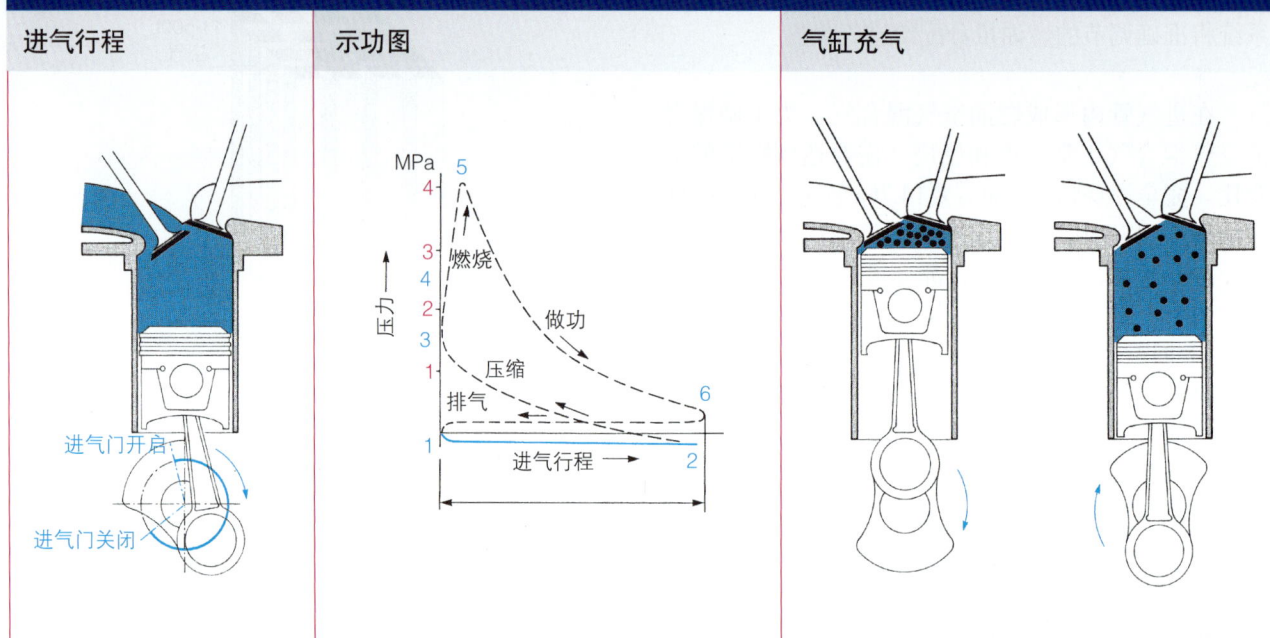

活塞从OT向UT移动。进气门（EV）打开，排气门（AV）关闭。活塞向下移动使燃烧室容积增大，从而产生−0.01MPa至−0.02MPa的真空吸力。因此可将进气管内的空气燃油混合气（新鲜空气）吸入气缸内。

在发动机示功图（压力行程图）中，用真空区域内的一条直线表示进气行程的气缸压力，因为真空吸力大致保持不变。

发动机功率取决于气缸内新鲜空气的充气效果。但在发动机转速较高时，由于气门开启时间较短，因此气缸内无法完全充满新鲜空气，气缸内通常都会留有残余废气。汽油发动机的最大充气效果为80%，即最多只有80%的气缸容积充满新鲜空气。

可通过以下措施改善气缸充气效果：

● 延长气门开启时间（见配气相位图）

进气门在OT前0～30°时打开。此时排气门尚未关闭。排出气体时气缸内产生真空吸力，从而在活塞向下移动前使进气通道内的新鲜空气形成气流。排气门在OT后5～20°时关闭。从OT至UT过程中进气门完全打开。在实际进气行程内，产生的真空吸力使新鲜空气以100m/s的速度流入气缸空间内。进气门在UT后40～60°时关闭。虽然活塞重新向上移动，但新鲜空气在其自身惯性的作用下继续通过开启的进气门，直至压力逐渐增大阻止气体移动并关闭进气门。

因此进气门最大可开启270°（前30°＋180°＋UT后60°），从而延长了进气行程的气门开启时间。

● 减小进气行程内的气流阻力

必须尽可能确保进气行程平滑、距离短而且弯曲程度较小，进气门和进气通道要尽可能采用较大的横截面结构。

● 实现较好的气缸壁冷却效果

新鲜空气在气缸壁处变热。气体发生膨胀，气体密度就会减小，进气量就会减少。

● 采用紧凑的压缩室结构。

● 通过涡轮增压器增压（见下页）。

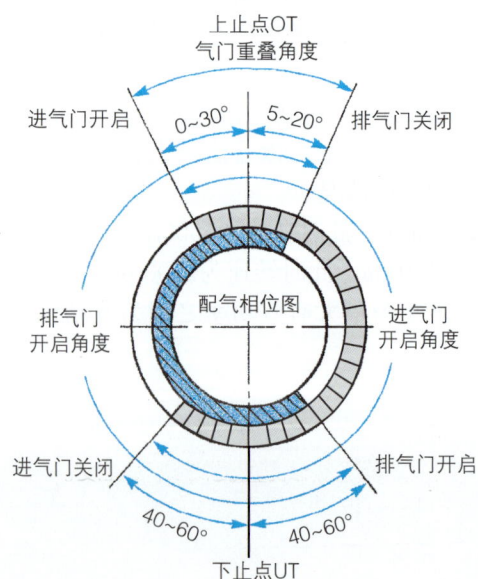

第二行程：压缩

压缩行程	示功图	压缩比

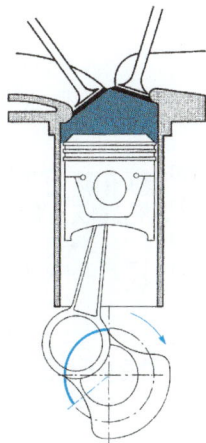

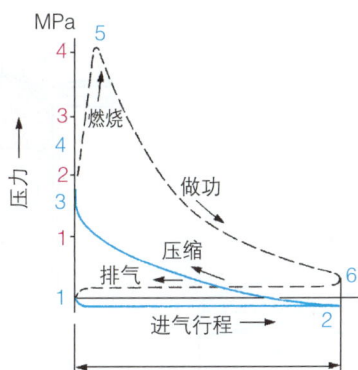

活塞从UT向OT移动，进气门和排气门全部关闭。活塞将空气燃油混合气压缩到压缩室容积V_c。压力升高到1.5~2MPa，温度可达400~500℃。压力增大后，燃油和空气颗粒被压缩得更加紧密。高温可帮助燃油完全汽化。

此外，压缩过程还能促进混合气形成涡流，从而达到均匀的燃油空气混合效果。用压缩比ε来表示压缩程度。

> **压缩比 ε**
> $$= \frac{排量 V_h + 压缩室 V_c}{压缩室 V_c}$$

四冲程汽油发动机的压缩比 $\varepsilon = 9:1 \sim 12:1$
提高压缩比可提高功率。

- 压缩压力越大，最大燃烧压力就越大，做功行程内可膨胀的燃烧气体就越多。

- 压缩程度越高，燃烧室吸收热量的面积就越小，通过冷却系统损失的热能就越少。

示功图：
压力升高到压缩结束压力。接近 OT 时点火（3），燃烧压缩后的混合气，压力随之升高（4）。
通过废气涡轮增压装置提高充气程度。
通过增压装置可提高气缸充气的新鲜空气含量。
废气涡轮增压器由布置在同一根轴上的一个增

压器和一个废气涡轮组成。涡轮利用废气中的能量驱动增压器。增压器吸入新鲜空气并将预先压缩的空气通过增压空气冷却器和节气门输送至发动机。非调节式涡轮增压器只能在额定功率点即达到最大废气质量流量和最大废气温度时提供最大增压压力。为了确保在发动机转速增大的情况下产生恒定的发动机转矩，必须通过增压压力调节阀调节增压压力。

通过增压装置可在耗油量较低以及发动机尺寸和发动机转速相同的情况下提高发动机转矩，进而提高功率。

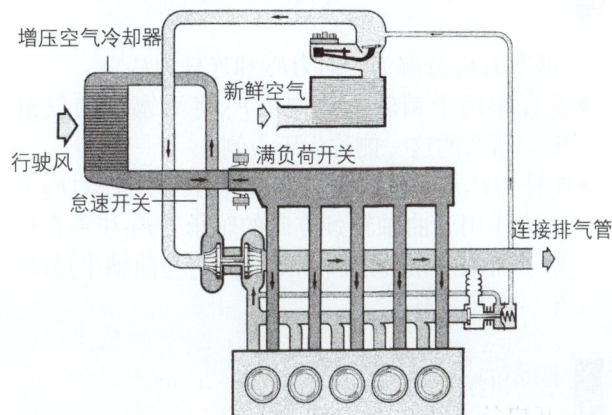

第三行程：做功

做功行程	示功图	发动机转矩
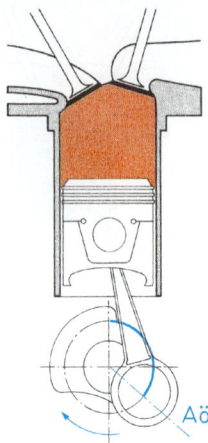	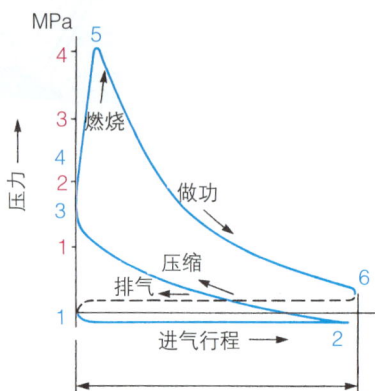	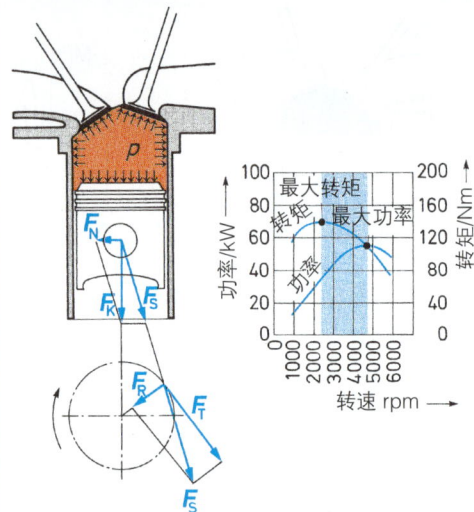

在做功行程中，排气门和节气门均关闭。通过点火火花点燃被压缩的空气燃油混合气。混合气完全燃烧需要大约2/1000秒。因此必须在到达OT前点燃混合气，从而确保离开OT后很快便达到最大燃烧压力4~6MPa。

温度升高到2000~2500 ℃。

正常燃烧时，火焰前锋以15~30m/s的速度在燃烧室内扩展。

在燃烧过程中，燃油中的成分（=碳和氢）与空气中的氧结合。

燃烧过程中产生的气体压力p作用到活塞表面A_K上，产生活塞力F_K：

活塞力F_K=气体压力p·活塞表面A_K

活塞力F_K分解为侧向力F_N和连杆力F_S。
- 垂直作用于销轴的侧向力F_N将活塞压向气缸壁。活塞的这一侧称为压力侧。
- 连杆力F_S施加到曲轴连杆轴颈上。连杆力F_S分解为作用于曲轴轴颈方向的轴承力F_R和垂直作用于曲轴的扭转力F_T。扭转力F_T与曲轴半径r产生一个扭矩M：

发动机扭矩M
=扭转力F_T·曲轴半径r

可通过试验台检测发动机的特性，即其运行特性。通过水力测功机或电力测功机在节气门完全开启的情况下对处于运行温度的发动机进行制动。

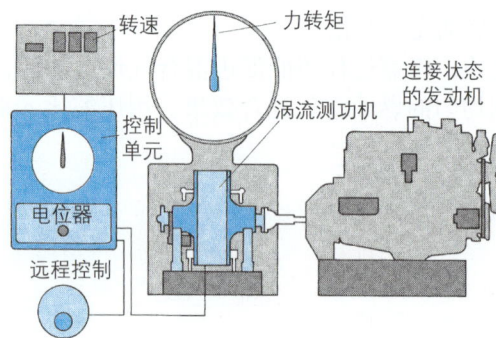

通过不同负荷情况下所有转速范围内的测量数据确定转矩和功率的特性曲线（满负荷特性曲线，见上图）。从特性曲线图上可以看出最大转矩、最大功率以及相应的转速情况。最大转矩与最大功率之间为发动机的弹性范围。

示功图：

做功行程由2部分组成：燃烧（3–5）和做功（5–6）。在燃烧过程中，压力提高到最大燃烧压力p_{max}。气体燃烧后发生膨胀，推动活塞向下移动。压力减小到0.3~0.5MPa的燃烧终了压力。

第四行程：排气

排气行程	示功图	有害物质排放
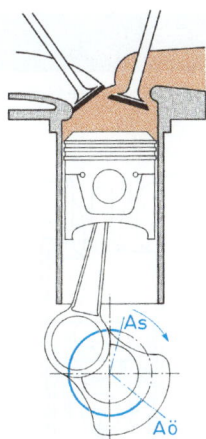	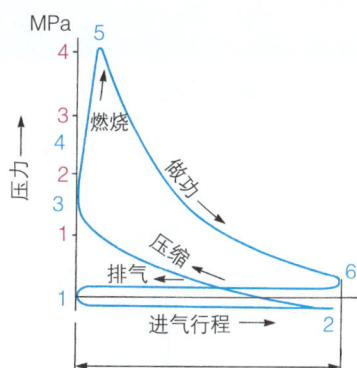	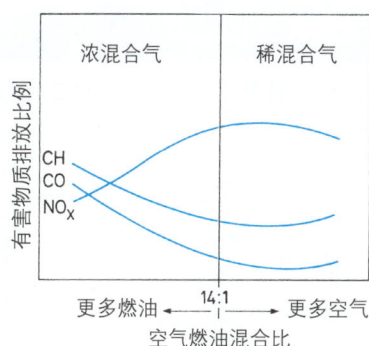 催化转换器最多可转换 90 % 的有害物质

排气门在UT前40~60°时打开（Aö）。气体在0.4~0.7MPa压力的作用下快速流出气缸。压力波会产生强有力的声波，必须在排气装置内进行声波减振。活塞向上移动时排出残余气体。发动机废气中包含无害的二氧化碳和水以及表中列出的有害物质。

示功图：
燃烧后的气体在0.3~0.5MPa压力的作用下快速通过排气通道(6-1)。

废气中的有害物质

有害物质	影响
一氧化碳CO	一氧化碳是一种无色、无味的有毒气体。吸入CO后血液无法正常吸收氧气，心脏和血液循环系统就会受到伤害。持续几个小时吸入$500cm^3/m^3$一氧化碳就会造成生命危险，儿童和心脏病患者长时间停留在一氧化碳含量超过$10cm^3/m^3$的空气环境中就会危害到身体健康。
碳氢化合物CH	废气排出的碳氢化合物除含有少量无害成分外，还有一种毒性很大的致癌物质：苯并芘。
氮氧化物NO_x	一氧化氮NO是一种无色气体。它是一种毒性很大的血液毒素，可以迅速造成中枢神经麻痹。NO在空气中氧化成二氧化氮NO_2是一种带有刺鼻气味的棕红色气体。NO_2是一种强烈的刺激性气体，可对肺组织造成严重的腐蚀性损害。 发电厂排放的氮氧化物和二氧化硫是形成酸雨的主要原因，而且还会直接造成树木损害。烟雾中也包含这些物质。 由于可以形成不同的有毒化合物NO和NO_2，因此通常用NO_x来表示氮氧化物。
铅Pb（无铅汽油含铅量限制在13mg/L）	吸入铅末和摄入受含铅物降雨影响的食物都会影响人体健康。铅是一种毒性很大的代谢毒素，会造成慢性骨质疾病和神经系统损伤。

柴油发动机的工作原理

柴油发动机的四冲程工作原理与汽油发动机相同。但与汽油发动机不同的是，柴油发动机需要吸入高压缩比压缩的纯空气。燃油被喷入压缩后的高温空气中并与空气形成涡流。柴油发动机同样在气缸内形成空气燃油混合气。这种方式称为内部混合气形成方式。

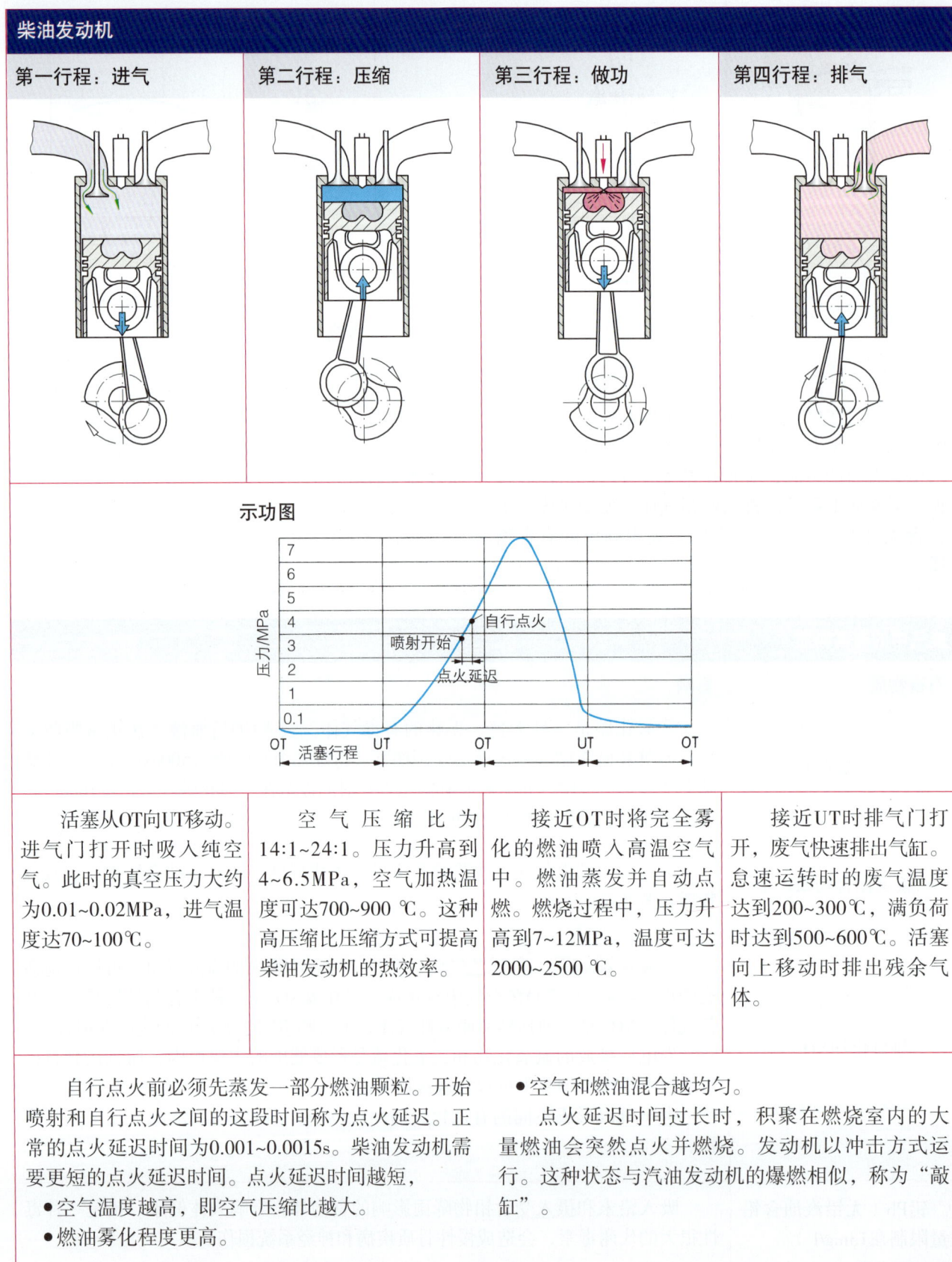

柴油发动机			
第一行程：进气	第二行程：压缩	第三行程：做功	第四行程：排气

示功图

活塞从OT向UT移动。进气门打开时吸入纯空气。此时的真空压力大约为0.01~0.02MPa，进气温度达70~100℃。	空气压缩比为14:1~24:1。压力升高到4~6.5MPa，空气加热温度可达700~900℃。这种高压缩比压缩方式可提高柴油发动机的热效率。	接近OT时将完全雾化的燃油喷入高温空气中。燃油蒸发并自动点燃。燃烧过程中，压力升高到7~12MPa，温度可达2000~2500℃。	接近UT时排气门打开，废气快速排出气缸。怠速运转时的废气温度达到200~300℃，满负荷时达到500~600℃。活塞向上移动时排出残余气体。

自行点火前必须先蒸发一部分燃油颗粒。开始喷射和自行点火之间的这段时间称为点火延迟。正常的点火延迟时间为0.001~0.0015s。柴油发动机需要更短的点火延迟时间。点火延迟时间越短，
- 空气温度越高，即空气压缩比越大。
- 燃油雾化程度更高。
- 空气和燃油混合越均匀。

点火延迟时间过长时，积聚在燃烧室内的大量燃油会突然点火并燃烧。发动机以冲击方式运行。这种状态与汽油发动机的爆燃相似，称为"敲缸"。

燃油系统

四冲程汽油发动机	柴油发动机

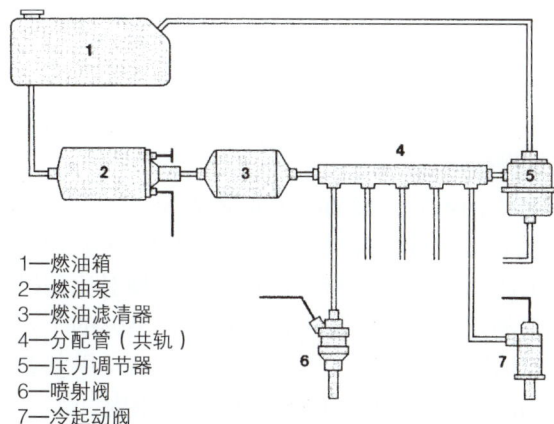

1—燃油箱
2—燃油泵
3—燃油滤清器
4—分配管（共轨）
5—压力调节器
6—喷射阀
7—冷起动阀

燃油泵将燃油从燃油箱处经燃油滤清器输送至带有电磁喷射阀的分配管。每个发动机气缸都配有一个喷射阀。喷射阀在控制单元确定的点火时刻将燃油喷入进气门前方的进气管内。燃油临时存储在进气管内。进气门打开时，进气便与雾状燃油一起涌入。通过涡流方式在进气管内形成混合气。多余燃油通过一个压力调节器返回燃油箱内。

燃油通过燃油箱内的一个燃油泵经滤清器输送

至分配器喷射泵处。该喷射泵产生所需喷射压力。分配器喷射泵内的电磁阀接收到控制单元的控制脉冲时，就会通过喷射阀喷入燃油。多余燃油流回燃油箱内。

冷凝过程产生的水可能会汇集到燃油箱内。与燃油一起流入的水（密度大于柴油）汇集到滤清器下方的一个收集容器内，可通过排放螺钉排放出去。

学习领域
1

工作油液：
　　汽油，柴油。

废弃处理：
　　用合适的容器收集污染过的燃油、燃油滤清器。

事故预防措施：
　　汽油会引起火灾和爆炸，禁止吸烟，避免汽油接触到皮肤、眼睛和衣服（见工作指导第 49 页）。

损坏/故障部位：
　　燃油管路，燃油泵和滤清器的接口，燃油滤清器，燃油喷嘴。

保养：
　　工作油液为汽油时，检查燃油系统是否泄漏，更换燃油滤清器。工作油液为柴油时，为燃油滤清器排水。

燃油

燃油是碳氢化合物合成物。主要通过石油炼制燃油。

汽油	柴油
汽油必须具有以下特性：	柴油必须具有以下特性：

汽油

汽油必须具有以下特性：

- 抗爆性

如果在点火火花点火的同时燃油空气混合气在高温部位自行点燃，两个火焰前锋就会相互撞击，此时就会产生爆炸燃烧现象。此时可以听到爆炸噪声。爆炸燃烧会加剧活塞、气门、轴承的磨损和损坏。因此汽油必须达到较高的自燃温度。

衡量抗爆性的标准是研究辛烷值（ROZ）。通过燃油抗爆性试验发动机确定辛烷值。

ROZ 92 表示：燃油与含92%异辛烷（ROZ 100）和 8%正庚烷（ROZ 0）的对比用燃油具有相同的抗爆性。

- 蒸发特性

汽油必须很容易完全汽化。

柴油

柴油必须具有以下特性：

- 可燃性

与汽油不同，柴油必须非常易燃。

衡量可燃性的标准是十六烷值CZ。十六烷值也由燃油抗爆性试验发动机通过一种对比用燃油来测定，这种对比用燃油由非常易燃的十六烷（CZ0）和一种点燃性很差的燃油（甲基萘）构成。十六烷值在CZ50至CZ55范围内。

- 低温特性

温度较低时可能会因析出石蜡成分造成管路和喷射装置过滤器堵塞以及供油中断。冬季使用柴油时要加入流动促进剂。

环境保护

汽油和柴油是达到水资源危害等级 2（见第101页）的水资源危害物质。

不能让燃油流入下水道内。汽油可以引发爆炸。有汽油或柴油溢出时必须立即用吸附剂进行处理。汽油非常易燃，按照有关易燃液体的法规，汽油属于危险等级A1。尤其在汽油蒸气与空气混合时，会形成易爆混合物。

柴油属于危险等级A3。柴油闪点（55~100℃）远远高于汽油闪点（<21℃）。

工作安全

汽油非常易燃，可以致癌，会刺激皮肤。进行接触汽油的工作时通常存在起火和爆炸的危险。进行燃油系统相关工作时必须禁止明火和吸烟。

其他预防措施：
- 避免接触到皮肤、眼睛、衣服。
- 避免吸入体内。
- 更换已经受到污染的衣服。
- 吸走燃油蒸气。

急救措施：
- 吸入体内后：呼吸新鲜空气，出现呼吸困难时送往医院。
- 接触皮肤后：用水和肥皂清洗皮肤接触部位。
- 溅入眼睛后：用水彻底冲洗。
- 吞食后：千万不要催吐，因为液态汽油可能会进入肺部。立即送往医院。

废弃处理

使用适用于A1液体的密封容器收集和存放受到污染的汽油。
使用合适的容器收集受到污染的柴油并回收利用。

公司	工作指导 按照危险物品法规第20条 汽油发动机用燃油	编号：　　日期： 负责人：

应用范围

工作范围：维修站　　　　　　活动：燃油装置方面的工作

对人和环境的危害

- 非常易燃。
- 可能致癌
- 吸入、误食或接触皮肤时会中毒
- 燃油蒸气与空气形成可爆炸的混合气体。
- 燃油蒸气不可见，最后会落到地面上。

保护措施和行为准则

- 远离火源。禁止明火、火焰和吸烟。
- 不允许排入下水道内–有爆炸危险！
- 避免接触皮肤、眼睛或衣服。
- 确保地面附近通风良好

出现危险时的行为守则

用通用吸附剂清除溢出的材料。

确保工作地点通风良好。

向上级主管报告。

急救

- 将遇到事故的人员移到有新鲜空气处。
- 脱掉尸污染的衣物。
- 用大量清水和肥皂彻底清洗皮肤接触部位。
- 接触眼睛后用流水冲洗眼睛（眼皮保持翻开状态，保护好未受伤的眼睛，取下隐形眼镜）。到眼科医生处治疗。
- 误食后到医院治疗

按规定废弃处理

使用适用于A1液体的密闭容器收集已污染的燃油并单独进行废弃处理。

BTA 编号：6 2001–12–06	工作指导 按照危险物品法规第20条 适用范围和活动 学校名称：维修站等	签名

危险物品名称

柴油发动机用燃油
柴油发动机用燃油，进行燃油装置方面的所有工作时接触燃油

对人和环境的危害

- R21/22与皮肤接触时和误食时对健康有害。

保护措施和行为准则

- S24/25避免与眼睛和皮肤接触。
- S16远离火源，禁止吸烟。

出现危险时的行为守则

- 用通用吸附剂清除溢出的材料。

急救　　　急救中心电话　　112

每次采取急救措施时：注意自我保护并立即到医院治疗！
- 用大量清水和肥皂彻底冲洗皮肤接触部位。
- 换下已污染的衣物。
- 撑开眼皮并用流水彻底冲洗眼睛（保护好未受伤的眼睛！取下隐形眼镜！到眼科医生处治疗！）
- 误食后立即漱口并喝下大量清水。
- 到医院治疗！

按规定废弃处理

A　· 单独收集已污染的柴油并回收利用

BTA 编号：7 2001–12–06	工作指导 按照危险物品法规第20条 适用范围和活动 学校名称：维修站等	签名

危险物品名称

柴油或汽油发动机废气
柴油或汽油发动机运转时产生的废气

对人和环境的危害

- R45可能致癌
- R23吸入时会中毒（汽油发动机废气中含有无色无味的一氧化碳）有毒

保护措施和行为准则

- 车辆静止时一定要用固定式废气抽吸装置排走废气。
- 在封闭的空间内行驶距离应尽可能短。

出现危险时的行为守则

- 确保工作地点通风良好

急救　　　急救中心电话　　112

每次采取急救措施时：注意自我保护并立即到医院治疗！
- 吸入废气后立即到有新鲜空气处。
- 出现头痛、视线模糊、眩晕和呼吸困难等症状时到医院治疗。

按规定废弃处理

- 无

发动机：皮带传动机构

多楔带和正时带传动装置

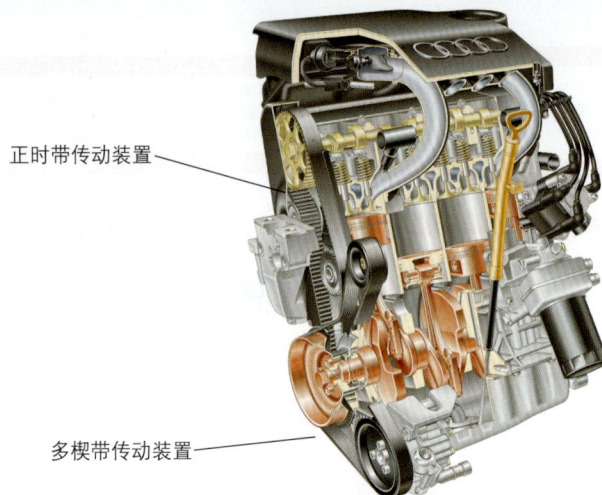

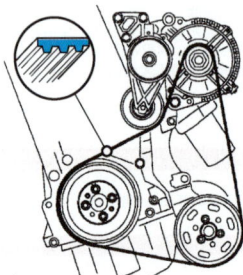

正时带传动装置

多楔带传动装置

多楔带传动装置

水泵、交流发电机、助力转向泵、空调压缩机、风扇等附属总成由曲轴通过一个多楔带进行驱动。多楔带底部固定在一个多楔带成型件上。通过一个张紧系统（张紧轮）使皮带张紧。振动情况、负荷变化、温度、汽油、机油等都会影响多楔带的使用寿命。

正时带传动装置

拉力

辅助传动机构

曲轴

曲轴通过一条正时带驱动顶置凸轮轴。轮齿与齿盘之间的结构连接方式可确保正时带驱动凸轮轴时不会打滑，因此气门可随活塞行程同步开启和关闭。此外还可驱动冷却液泵。通过一个张紧轮使皮带张紧。

故障/损坏部位：	多楔带，正时带。
事故预防措施：	移动部件时可能会造成夹伤或挤伤。
保养：	检查正时带的齿侧磨损、背面横向裂纹、散线、筋部和齿部破损情况、磨损程度（22mm或27mm），检查污物附着情况。

检查正时带的裂纹、侧面鼓起、散线情况

检查磨损程度

2.4.2.3　发动机润滑

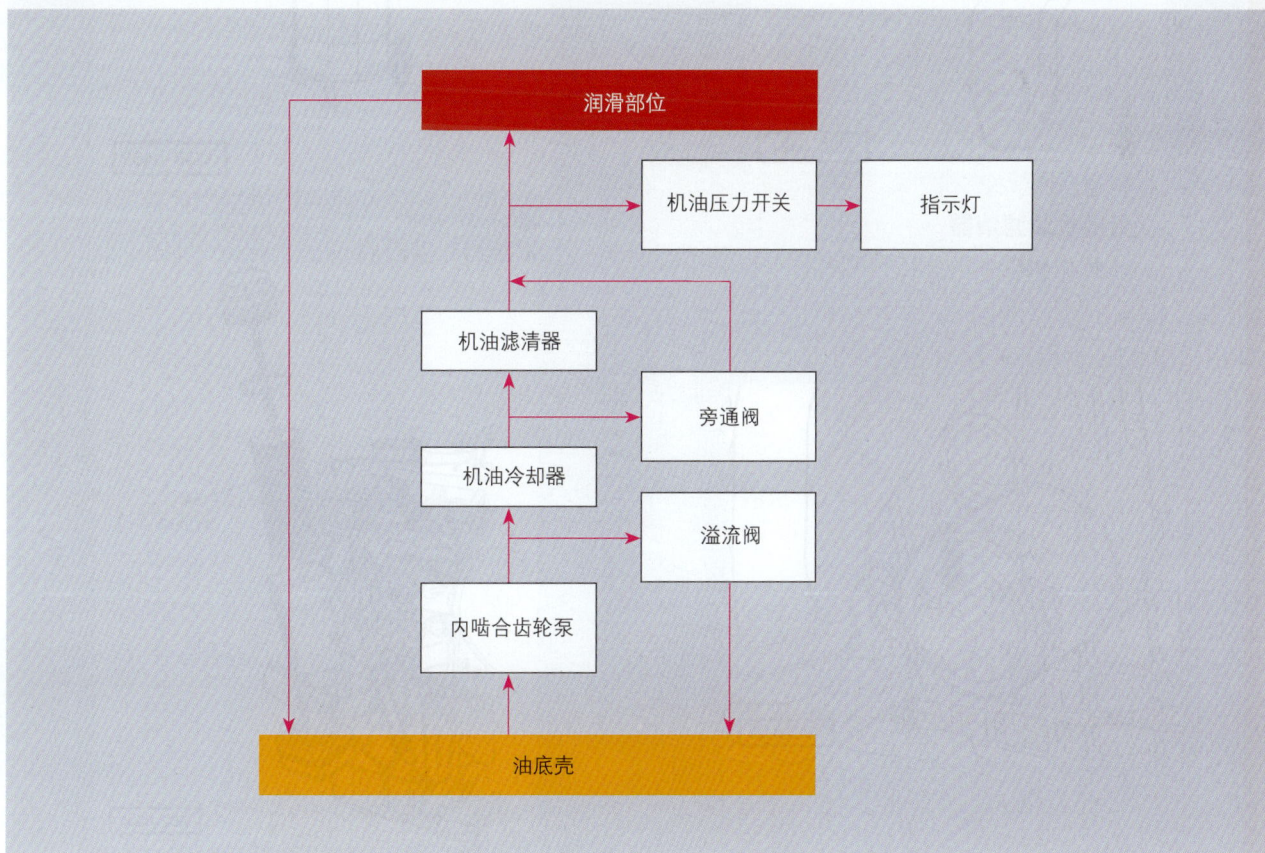

润滑系统

凸轮轴

真空泵

液压桶形挺杆

废气涡轮增压器

活塞喷溅冷却

机油压力调节阀

机油压力开关

旁通阀

机油压力保持阀

溢流阀

机油泵

机油滤清器

机油冷却器

SSP182/27

调节后的机油压力

仪表显示的机油压力

机油

齿轮泵

压力机油

机械能

机械能

损失机油

热能

发动机润滑时由一个内啮合齿轮泵负责物质转换。它从油底壳中抽吸机油并在增压后把机油经过冷却器和一个机油滤清器送到各个润滑部位。机油泵由曲轴直接驱动或者通过一个链条驱动。

最高机油压力由一个溢流阀来调节。这个阀门在系统中出现过压时把流向油底壳的入口打开。机油压力由机油压力开关通过机油压力指示灯表示出来。一个旁通阀保证在滤清器堵塞时使机油直接流到润滑部位。

在涡轮增压柴油直喷发动机中还对废气涡轮增压器进行润滑。

真空泵为制动助力器（虚线）提供真空。

学习领域

1

系统方框图

润滑部位

机油压力开关 → 指示灯

机油滤清器

旁通阀

机油冷却器

溢流阀

内啮合齿轮泵

油底壳

工作油液：

　　发动机油，规格 A C E A　A 3 / B 3，黏度：0W-30，5W-30，10W-30 或大于 30

废弃处理：

　　收集容器

事故预防措施：

　　遵守有关操纵举升机的规定；固定住车辆以防其自行移动；避免接触到眼睛和皮肤；有失火危险，用通用吸附剂清除溅出的机油，否则有滑倒受伤的危险；使用护肤和润肤膏。

工具：

　　举升机，机油收集盘，机油滤清器扳手，废机油抽吸设备

损坏/故障部位：

　　发动机油：由于变稀、变稠和沉淀而变质。

　　发动机：油底壳上的密封垫、气缸盖、气门盖、放油螺塞；曲轴上的径向轴密封环；现场直观检查是否泄漏，检查机油油位，更换机油，更换机油滤清器。

检查机油油位

a：必须添加机油

b：不必添加机油

c：不得添加机油

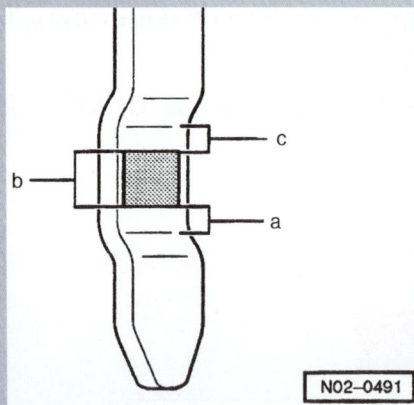

N02-0491

更换机油滤清器
汽油发动机

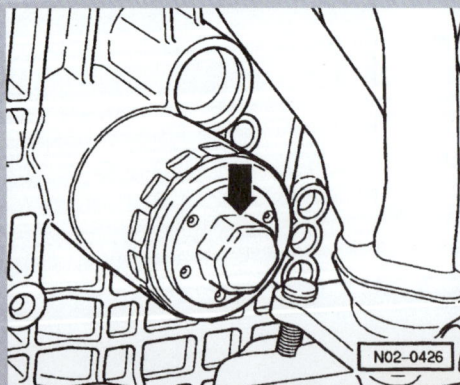

N02-0426

更换机油（利用废机油抽吸设备）

W00-0438

柴油发动机

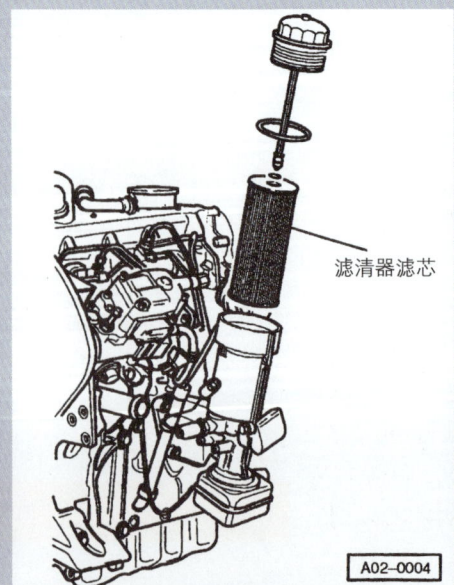

滤清器滤芯

A02-0004

发动机油

任务

发动机油应该能够

- 减少摩擦，以便发动机的功率损失尽可能小。
- 降低磨损。
- 带走轴承和滑动面中产生的摩擦热量。
- 通过在气缸壁和活塞之间形成润滑油膜而将燃烧室和曲轴箱严密地密封起来。
- 从滑动面中带走脏物。
- 防止发动机部件腐蚀。

发动机油的特性

机油的润滑能力以机油分子之间摩擦力很低为基础。润滑能力取决于润滑油的粘滞性，这种粘滞性称为黏度。黏度随温度变化而变化。随着温度的升高机油变稀，而随着温度的降低机油则会变稠。低于某一温度（凝固点）后机油根本无法流动。

机油有氧化倾向，这种情况称为老化。老化时产生油漆状、树脂状和污泥状的沉积物。如果油泥把机油泵下面的滤网堵住，发动机润滑系统就会失效。

矿物油/石油		
基础油通过加热、蒸发和冷凝方式生产（蒸馏）	氢化裂解机油：其出发点是经过多道工序加工成基础油的生产残留物的馏出物	合成机油：其出发点是经过多道工序加工成（合成）基础油的粗苯
废机油的利用（二次精炼）		
费用低，耐老化性一般，黏度指数90至100，挥发损耗性高，耐低温性能中等（单级机油）	价格高，成分均匀，耐老化性较高，黏度指数130至150，挥发损耗性低，耐低温性能非常好	价格高，成分均匀，耐老化性较高，黏度指数130至150，挥发损耗性低，耐低温性能非常好
分子结构：碳（C）+氢（H）		

对发动机的要求

气门传动机构：80~130℃
活塞环区域：180~330℃
活塞销轴承：150~230℃
连杆轴承：130~220℃
主轴承：110~190℃
油底壳：90~170℃

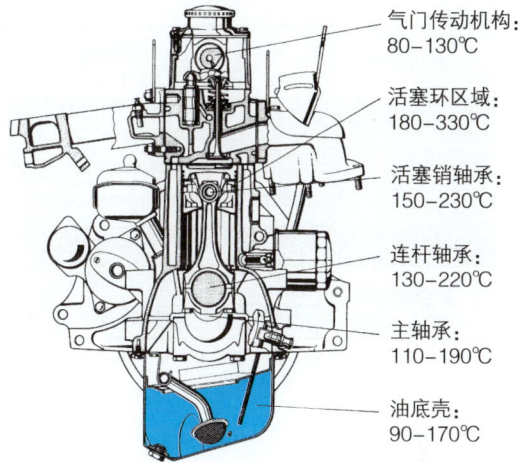

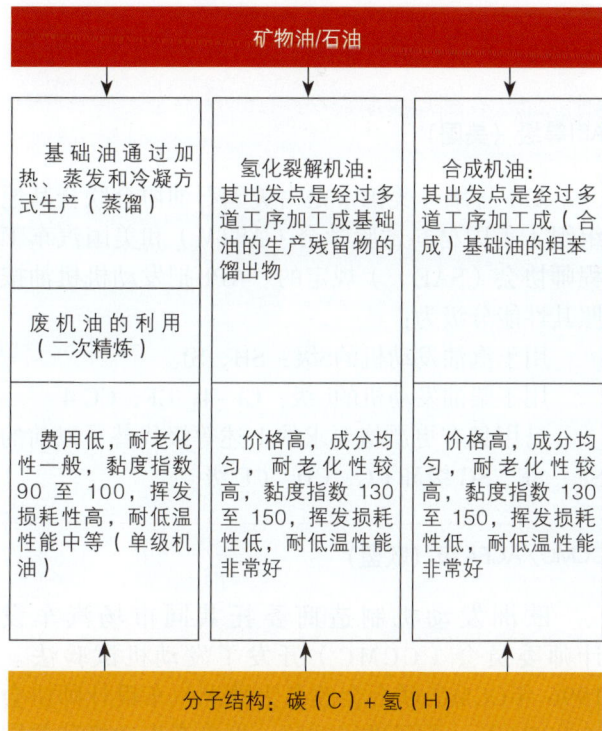

机油必须在很宽的温度范围内形成一层有承载能力且耐破裂的油膜。为了保证发动机中的润滑，机油不许在低温时变得过稠，也不许在高温时变得过稀。

机油必须有一个很低的凝固点，以便即使在低温时也能保持其润滑能力。机油必须能够抗老化且抗沉积。

学习领域 **1**

发动机油添加剂

要向基础油中掺入添加剂，以便在发动机油中获得润滑所需要的但在基础油中所不具备的特性。随着时间的推移，添加剂会失去其功效或完全消耗掉。因此必须定期更换机油。

添加剂能够

- 减小温度的影响。
- 降低凝固点。
- 提高润滑油膜的强度。
- 防止泡沫的产生。
- 防止在发动机部件上产生由浮在机油中的脏物形成的沉淀物。
- 延缓机油的氧化（老化）。
- 防止腐蚀。

发动机油分类

黏度等级

　　发动机机油最重要的特性参数是黏度。黏度是机油流动时内部摩擦的衡量标准。机油处于冷态时，内部摩擦较大（黏度高）。随着机油温度的提高，机油越来越稀，内部摩擦也越来越小（黏度低）。

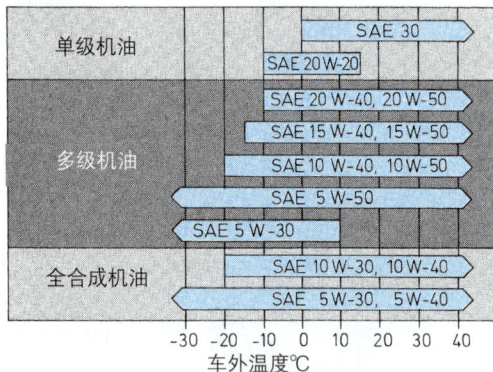

发动机油等级

　　机油质量和性能指数数据通过不同的检验方法（等级）测定。

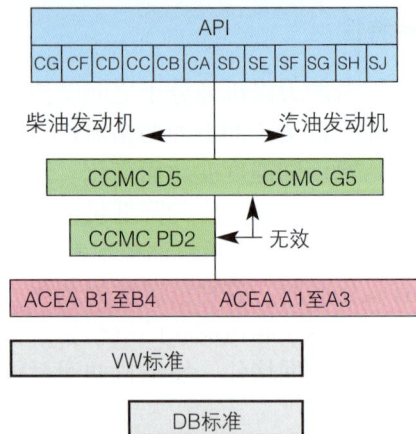

SAE黏度等级

　　美国汽车工程师协会（SAE）把机油划分为不同黏度等级，DIN 51511已采纳了此种黏度等级。SAE不提供关于机油润滑能力的信息，而是提供了能够使用机油的温度范围数据。如果机油只能满足一种ASE级的要求，则它就是一种单级机油，例如发动机油中的10W、30、50和变速器油中的SAE 80W、90、140。

　　多级机油能够满足多个SAE等级的黏度要求。例如：15W–50能满足在–18° 时对SAE 15W的要求和在 +100° 时对 SAE 50的要求。

　　全合成机油能够降低发动机的摩擦，因此能够省油。这一点通过两种途径实现：
- 降低黏度。
- 减少摩擦的添加剂。

因为在发动机中主要存在着流体摩擦，所以降低黏度对减少燃油油耗影响最大：
- 汽油发动机：满负荷3%~5%，部分负荷11%~18 %。
- 柴油发动机：满负荷7%~9%，部分负荷13%~14%。

　　全合成机油的代码：
SAE 5W–X，SAE 0W–X
X 可以是20，30，40，50，60。

API等级（美国）

　　API 等级（美国）是由美国石油协会联合其他组织（美国材料试验学会（ASTM）和美国汽车工程师协会（SAE））规定的。API 把发动机机油按照其性能分级为：

　　用于汽油发动机的S级：SH，SJ。

　　用于柴油发动机的C级：CF-4，CF，CG 4。

　　已用具有更严格要求的上述等级代替了以前的SE、SF、SG 级和 CC、CD、CE 级。

CCMC／ACEA级（欧盟）

　　欧洲发动机制造商委托共同市场汽车设计师委员会（CCMC）开发了发动机试验法。1996 年CCMC 联合会改名为欧洲汽车设计师协会（ACEA）。为了进行试验，把汽车发动机和单缸试验用发动机按照具体规定的条件进行了试验运转。试验后把各台发动机进行解体并对所有重要的部件（例如活塞、气缸工作面、轴承、气门机构、油底壳）作出了评定。

　　ACEA 把发动机按 ACEA 试验顺序分为 3 级：
汽油发动机：A1–96，A2–96，A3–96。
柴油发动机：B1–96，B2–96，B3–96。
数字表示各组内部的功率等级，
96 是采用此规定的年份。

机油变质

机油变稀	机油变稠	机油沉积
汽油发动机在冷起动时，部分燃油凝固在还是很冷的气缸壁上。这一部分尚未燃烧的汽油使发动机机油变得极稀。由此降低了发动机机油的黏度和润滑能力。如果发动机机油达到工作温度，部分汽油就又蒸发出来。部分高沸点的汽油仍留在机油中。	在柴油发动机中，由于炭烟混入到发动机机油中而造成机油变稠。燃烧时生成的部分炭烟作为漏气（通过活塞、活塞环与气缸工作表面之间的间隙）而进入到油底壳中。在寒冷季节机油变稠会造成冷起动困难。	机油沉积会将机油滤网、机油泵和机油管路部分或全部堵塞。由此产生润滑不足。产生黑泥的可能原因有： ● 机油品质欠佳。 ● 未定期保养，换油间隔较长。 ● 燃油和机油在燃烧室中共燃，燃烧残余物随漏气进入到油底壳中。

汽车制造商规定

　　由于机油逐渐变质，所以必须定期更换发动机机油。

　　在轿车使用说明书中，已经规定了更换机油的最大公里数或最长时间。现今的车辆拥有一台能对各种因素进行计算的保养计算机。因此可以考虑汽油发动机在 30000 km以下、柴油直喷发动机在 50000 km以下或者最多为 2 年的允许机油更换间隔。发动机制造商都专门检查发动机机油在其发动机中的适配性。因此只允许使用必须符合CCMC/ ACEA 规定的一种试验顺序的机油。

学习领域
1

环境保护

　　根据回收利用和废弃物处理法规（参见第98页），发动机机油属于需特别监控的废弃物。按水资源法规，发动机机油是一种对水资源有害的液体，属于对水危害较高的物质（等级为WGK 3，参见第 101 页）。

　　机油不得排入地表水域、下水道或地下。漏出的液体要用泥土或其他合适的材料进行围堵。溅出的发动机机油必须立即用通用吸附剂清除。因此只能在防渗的地面上工作。

　　发动机机油是易燃物品，因此必须要远离火源。

工作安全

有因滑倒而受伤的危险！

　　对皮肤的影响会造成皮肤脱脂和刺激皮肤，因此要防止接触皮肤，必要时戴上防护手套，使用护肤和润肤用品。沾上机油的衣服和鞋子要立即换掉。

　　急救措施：

　　吸入后：到有新鲜空气处，通常不需要采取进一步措施。

　　接触皮肤后：用水和肥皂清洗皮肤接触部位。

　　接触眼睛后：用水彻底冲洗至少 10 分钟，然后立即去找眼科医生治疗。

　　吞食后：不要催吐，立即找医生诊治。

废弃处理

废机油、机油滤清器和油封是属于需要特别监控的废弃物且必须将它们分别收集起来。废机油废弃处理有一些特点：把已知来源的废机油暂时储存在企业的废机油收集装置中并经常检查。必须保护废机油的油品纯正，即不得混入异物如制动液、冷却液等等。来源不明的废机油必须是在新鲜机油销售的范围内从用户处收到的废机油，由于可能混入了其他物质，所以必须将它们暂时单独存放。

废机油的交付者要向收购者在移交时讲明废机油中未含有其他物质。收购者在接受废机油时必须取样检查。经销商和收购者各保留一份样品并保留到由废机油的利用者通过检测而确定废机油的处理是合法的为止。废机油利用者将废机油进行再生处理。

BTA 编号：7 2001−12−06	工作指导 按照危险物品法规第20条 适用范围和活动 学校名称：维修站等	签名

危险物品名称

润滑油和润滑脂
发动机油、变速器油、其他润滑剂和润滑脂

对人和环境的危害

- R10易燃。
- R21/22与皮肤接触时和误食时对健康有害。

保护措施和行为准则

- S16远离火源，禁止吸烟。
- S24/25避免与眼睛和皮肤接触。

出现危险时的行为守则

- 用通用吸附剂清除溢出的材料。

急救   急救中心电话 120⊖

每次采取急救措施时：注意自我保护并立即到医院治疗！
- S27立即脱下溅湿的衣物。
- S28与皮肤接触时立即用大量清水和肥皂冲洗。
- 撑开眼皮并用流水彻底冲洗眼睛（保护好未受伤的眼睛！取下隐形眼镜！到眼科医生处治疗！）
- 误食后立即漱口并喝下大量清水。

按规定废弃处理

A
- 单独收集已知来源的废机油并回收利用。
- 受机油污染的布头或抹布不得作为生活垃圾处理。

举升机

利用举升机进行保养工作时，车辆机电维修工常常要在已举起的车辆下面工作：例如，现场直观检查制动系统和底盘是否泄漏，更换机油等等。在进行所有这类工作时重要的是要防止负荷无意间下降。因此，所有举升机每年都必须由专业人员检查一次。在使用举升机方面对操作人员提出以下特殊要求：

- 至少年满 18 岁。
- 有业主提供的操作举升机的书面委托。
- 在操作举升机方面受过培训指导。

举升车辆时还必须注意：
- 固定住车辆以防其自行移动。
- 将举升机支撑臂支撑在制造商规定的支撑点处。
- 用举升机略微举升车辆并再次检查支撑臂的位置是否正确。
- 日常工作中现场直观检查铰链接臂是否安全。并采取了防滑移措施。
  降下时有挤伤危险。

举升点

_____

⊖德国急救中心电话为112，翻译过程中更改为120。（全书同）

2.4.2.4 发动机冷却系统

冷却系统

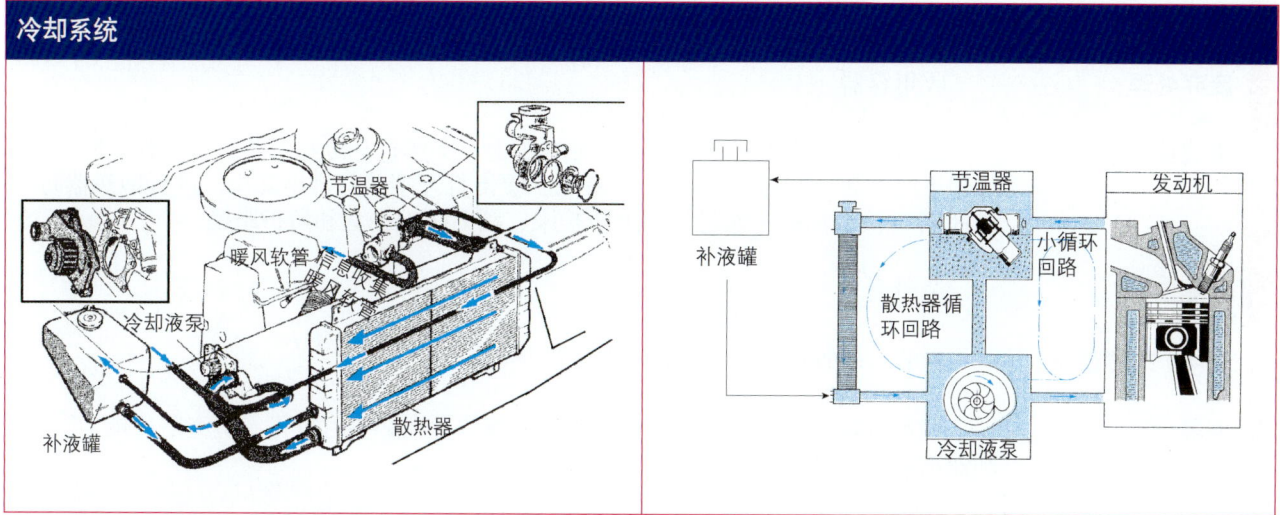

采用水冷系统时，首先将发动机产生的多余燃烧热量传导至冷却系统，然后通过散热器传给环境空气。

水泵布置在回流管路内，用于将冷却液从散热器下部水箱吸出并输送给发动机。冷却液受热上升并流入散热器的上部水箱内。水泵由曲轴通过多楔带驱动。

冷却系统由冷却液节温器控制。发动机处于冷态（t<80℃）时，节温器关闭至发动机的通道并打开小循环回路（发动机—水泵—发动机）。冷却液不

经过冷却，发动机迅速达到其运行温度。发动机处于热态（t>80℃）时，节温器打开散热器循环回路（发动机—散热器—水泵—发动机）并关闭小循环回路。

布置在冷却液内的一个恒温开关控制风扇电动机的接通和关闭。

冷却系统内的冷却液温度较高且压力升高时冷却液流入补液罐内。补液罐内产生高压。高压空气可以通过端盖内的溢流阀排出。冷却液温度恢复正常时，冷却系统内产生的真空将冷却液从补液罐内吸出。补液罐内出现的真空通过端盖内的溢流阀来补偿。

学习领域 1

系统方框图

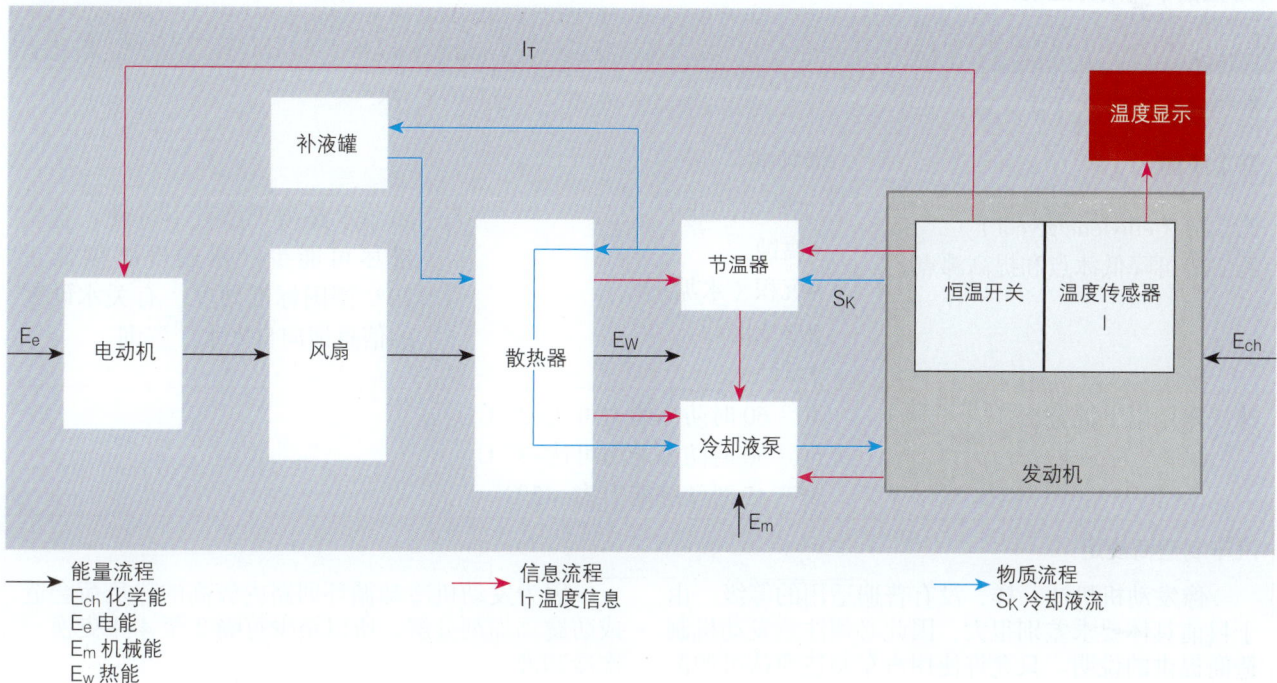

工作油液：	冷却液 = 散热器防护剂 + 水
废弃处理：	收集容器
事故预防措施：	发动机处于热态时冷却系统内带有压力。突然打开冷却系统时有烫伤危险。让冷却系统冷却到冷却液温度低于 90 ℃。缓慢打开端盖并排出高压。进行散热器防护剂/冷却液方面的工作时，穿上防护服、戴上防护手套和防护眼镜。
检测工具：	测量表
损坏 / 故障部位：	软管，软管连接件，冷却液泵，散热器
保养：	现场直观检查冷却系统，检查冷却液液位且在必要时校正，检查防冻能力，冷却液消耗较多时，检查冷却系统的密封性

检查冷却液液位

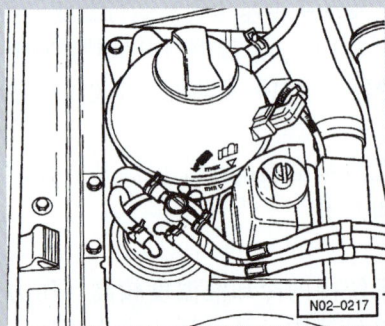

检查防冻能力

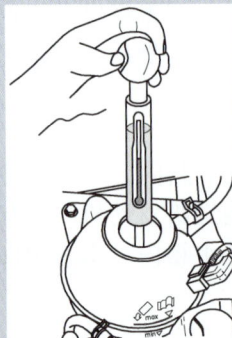

N02–0217

冷却液

冷却液具有以下任务：
- 防腐。
- 防冻。
- 防沉积。
- 提高沸点（冷却液不会很快蒸发）。

冷却液由下列成分组成：

冷却液		
散热器防护剂		**水**
基本液体	**添加剂**	
乙二醇（ethylene glycol） 乙二醇可降低冰点和提高沸点。	添加剂可防止 • 腐蚀。 • 沉积（水垢）。 • 形成泡沫。 • 过热。	水必须干净且不过硬，含盐量尽可能少。水硬度必须低于 20° 德国标准硬度。有关水硬度的信息请向自来水厂咨询。
建议采用以下混合比：	40∶60 时防冻能力可达–25℃。 50∶50 时防冻能力可达–37℃。 55∶45 时防冻能力为–45℃。	
汽车制造商规定		
像发动机机油一样，没有普遍适用的等级。由于目前具体要求差别很大，因此必须注意发动机制造商提供的说明。只允许使用汽车制造商认可的散热器防护剂。	因为发动机冷却循环回路内较高的热负荷会造成防腐添加剂分解，所以至少每隔 2 至 4 年更换一次冷却液。	

添加或更换散热器防护剂时必须注意工作液体的颜色。应始终添加颜色相同的散热器防护剂。

在德国散热器防护剂分为三种颜色：绿色、蓝色、红色。法国制造商（例如雷诺）使用红色防护剂。

散热器防护剂不得混合使用。尤其是含二氧化硅的产品（例如高级乙二醇防腐防冻剂）、大众公司散热器防护剂 G 11 及不含二氧化硅的产品（例如乙二醇防冻剂和铝防腐剂）或大众公司散热器防护剂 G 12。

环境保护

根据回收利用和废弃物处理法规（参见第98页），冷却液属于需特别监控的废弃物。按水资源法规，冷却液是一种对水有污染的液体，属于对水有轻微污染的物质（等级为WGK 1，参见第101页）。因此不允许排入下水道内，而是必须收集起来。

散热器防护剂必须按危险物品规定（参见第99页）标记出来。

劳动安全

必须采取以下预防措施：
- 避免接触皮肤。
- 戴个人防护装备。
- 并养护皮肤。
- 立即脱下溅湿的衣物。

急救

- 吸入后：保持镇静，到有新鲜空气处，就医。
- 接触皮肤后：用水和肥皂清洗皮肤接触部位并彻底冲洗。
- 溅到眼睛上后：翻开眼皮并用流水冲洗眼睛几分钟。
- 吞食后：立即漱口并喝下大量清水。立即到医院就诊。

废弃处理

用过的冷却液不得再使用，因为其防腐添加剂已毁坏，因此必须废弃处理。按分类规定将冷却液收集到带有相应标记的容器内。将容器放在带有托盘的收集点处。收集点应有防撞设施且可锁上，从而防止无关人员接近。所收集的冷却液由废弃处理公司运给回收企业并在那里进行处理。

BASF（Badische Anilin- und Soda-Fabrik）是一个提供回收利用服务的散热器防护剂制造商。借此可以节省资源和保护环境。按BASF公司给出的数据，收集和处理用过的散热器防护剂很有价值：5L防护剂总共节省的能量相当于约3.5L燃料油的热值。这个能量可以使柴油发动机轿车行驶75km。

学习领域 1

BTA 编号: 7 2001-12-06	工作指导 按照危险物品法规第20条 适用范围和活动 学校名称：维修站等	签名

危险物品名称
散热器防冻剂
发动机冷却系统防冻剂

对人和环境的危害
· R21/22与皮肤接触时和误食时对健康有害。

保护措施和行为准则
· S24/25避免与眼睛和皮肤接触。

出现危险时的行为守则
用通用吸附剂清除溢出的材料。

急救　急救中心电话 120
每次采取急救措施时：注意自我保护并立即到医院治疗！
· S27立即脱下溅湿的衣物。
· 用大量清水和肥皂彻底冲洗皮肤接触部位。
· 撑开眼皮并用流水彻底冲洗眼睛（保护好未受伤的眼睛！取下隐形眼镜！到眼科医生处治疗！）
· 误食后立即漱口并喝下大量清水。
· 到医院治疗！

按规定废弃处理
A · 按分类规定收集防冻剂并回收利用。

制造 → 通过销售商销售 → 在车辆上使用 → 在维修站更换散热器防护剂 → 由物流公司收集 → 废弃物处理和回收利用

检查和测量的设备和方法

压力测试仪

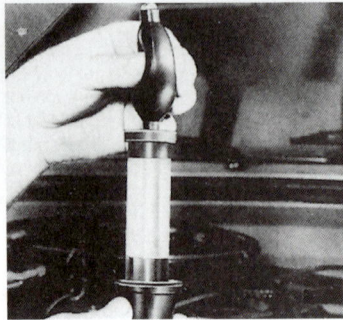

借助压力测试仪在冷却系统内产生0.1MPa压力，让这个压力保持10s。如果在这段时间内压力下降，说明该系统不密封。

CO测试设备

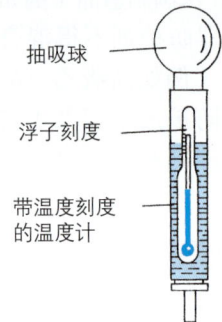

利用CO测试设备抽吸来自冷却系统的空气。如果测试设备内的蓝色液体变成黄色，说明气缸盖或气缸盖密封垫不密封。

防冻剂测量表

抽吸球

浮子刻度

带温度刻度的温度计

借助抽吸球从冷却系统中抽吸冷却液，以便浮子能够浮起。通过温度刻度读取冷却液温度，通过浮子刻度读取防冻剂体积百分比。借助一个表格确定最低防冻温度。

确定冷却液与水的比例

曲线图分析

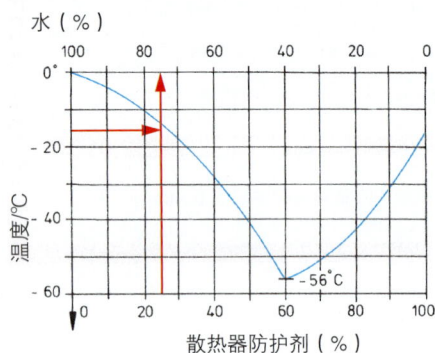

最低防冻温度t=−15℃：
- 水体积75%≈3份
- 散热器防护剂体积25%≈1份

这个曲线图表示冰点与散热器防护剂比例之间的关系：散热器防护剂体积比增加到60%且水含量降低到40%前，防冻能力逐渐增加，最低可达−56℃。散热器防护剂体积比超过这个比例时防冻能力开始减小。

特征值计算

散热器防护剂体积V_G取决于
- 冷却系统体积V_K。
- 散热器防护剂比例A_G。
- 冷却液与散热器防护剂比例之和A_G+A_W。

$$V_G=\frac{V_K A_G}{A_G+A_W}$$

混合比按以下方式计算：

$$混合比（\%）=\frac{水量\ V_W\times100}{水量V_W+散热器防护剂量V_G}$$

例如

某个散热器的冷却液量$V=9l$。冷却液防冻能力最多应达到−15℃。

$$V_G=\frac{9l\cdot l}{3+1}$$

$$\underline{V_G=2.25l}$$

$$V_W=9l-2.25l$$

$$V_W=\underline{6.75l}$$

$$混合比（\%）=\frac{V_W\times100}{V_W+V_G}$$

$$混合比（\%）=\frac{6.75\times100}{6.75+2.25}$$

$$=75\%$$

混合比为75%比25%≈3:1

2.4.2.5　传动装置

驱动类型

标准驱动

　　在标准驱动中：发动机前置，后驱动轮，一个传动轴将转矩从变速器传递到主减速器和差速器，然后从此处通过半轴传递到车轮上。

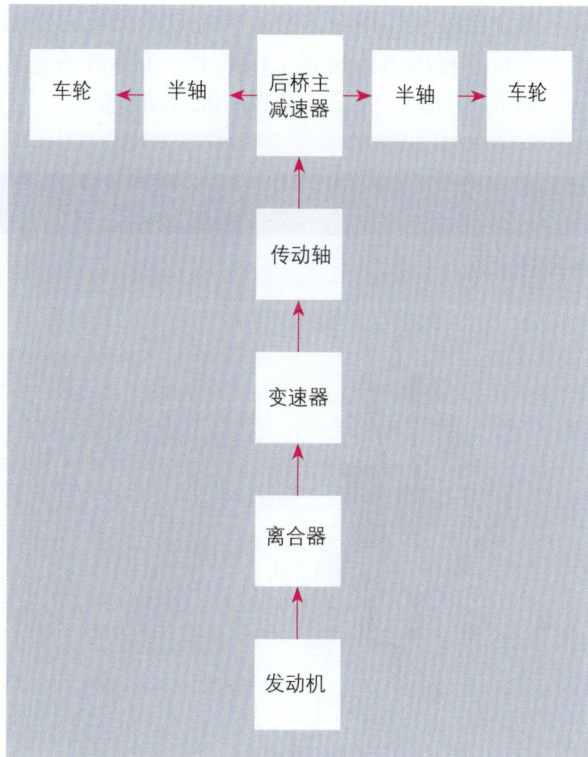

前轮驱动

　　在前轮驱动车辆中发动机、离合器、变速器、主减速器和差速器构成一个紧凑型单元。转矩从此处通过半轴传递到车轮上。

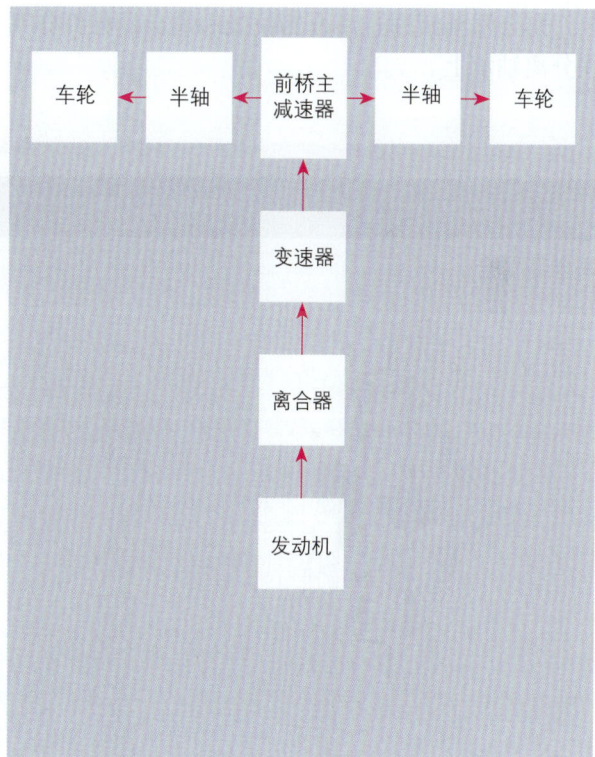

学习领域

1

车轮 ← 半轴 ← 后桥主减速器 → 半轴 → 车轮

传动轴 ↑

变速器 ↑

离合器 ↑

发动机 ↑

车轮 ← 半轴 ← 前桥主减速器 → 半轴 → 车轮

变速器 ↑

离合器 ↑

发动机 ↑

离合器

离合器
- 将动力从发动机传递至变速器。
- 中断该动力传递以便换挡。

- 将发动机转矩传递到变速器。
- 起步时补偿曲轴与变速器输入轴之间的转速差。
- 防止发动机过载。
- 发动机振动缓冲。

带机械操纵机构的离合器

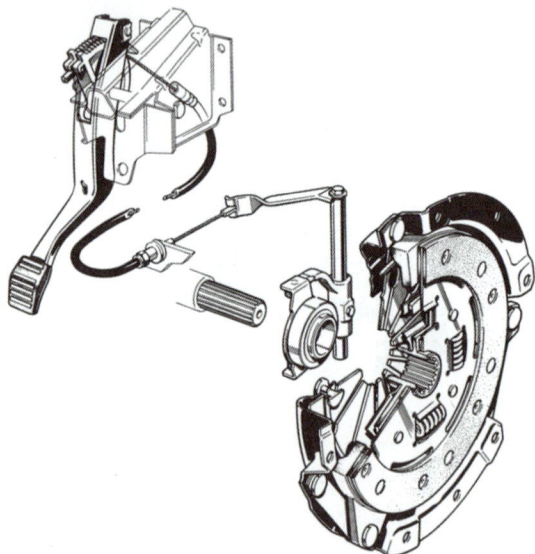

离合器踏板通过离合器拉线和离合器杠杆作用在分离轴承上。

带液压操纵机构的离合器

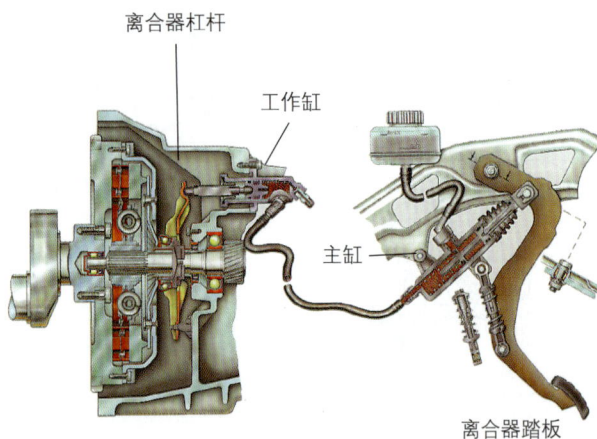

离合器踏板作用在主缸上，主缸产生压力并通过一个管路将压力传递到工作缸上。工作缸活塞将分离轴承压向膜片弹簧。踏板间隙自动调整。

功能

离合器接合

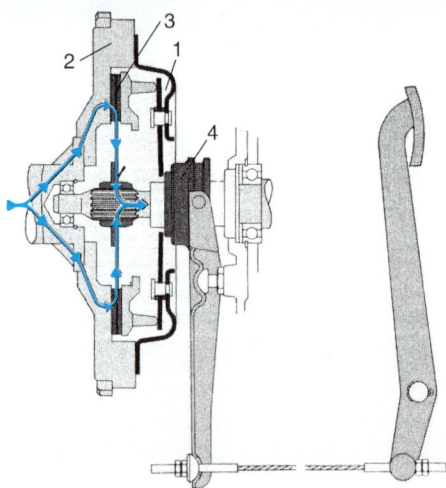

膜片弹簧1通过压盘将离合器从动盘3压向飞轮2的摩擦面。由发动机驱动的飞轮通过离合器从动盘以摩擦方式与变速器连接。

离合器分离

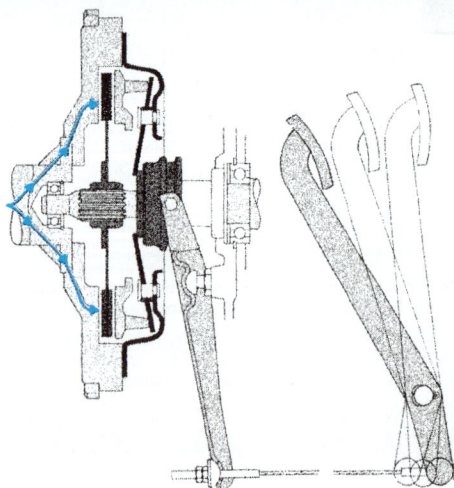

踩下离合器踏板时分离轴承4压向膜片弹簧，弹簧移动距离即为分离行程。压盘从离合器从动盘上抬起。离合器从动盘从摩擦面上松开并自由运转。

工作油液

　　离合器操纵机构的液压系统利用制动系统补液罐内的制动液工作（废弃处理和事故预防措施参见制动器，第74页）。

故障／损坏部位

　　离合器从动盘磨损，压盘变形。损坏部位只能通过拆卸离合器确定。离合器液压系统泄漏。

保养

　　拉紧驻车制动器，起动发动机，挂入3挡：离合器正常时发动机熄火。如果发动机旋转，说明自动调整机构达到了其调整间隙限值，需更换离合器。

　　让发动机怠速运转，将离合器踏板踩到底，等待三秒钟，挂入倒车挡：如果能听到嚓嚓声，说明离合器分离不彻底。

　　现场直观检查液压系统。

变速器

　　变速器内的齿轮
- 增大或减小转速。
- 增大或减小转矩。
- 改变转动方向。

　　换挡啮合套
- 换挡时将处于松动支撑状态的齿轮与轴连接在一起。
- 传递转矩。

变速器的基本功能

变速器增大和减小转速

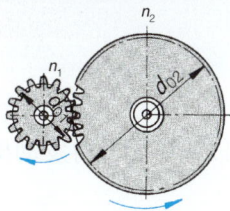

减速传动比	增速传动比
驱动齿轮n_1的齿数比从动齿轮少。因此从动齿轮n_2比驱动齿轮转动慢。采用减速传动比时分母（=1）小于分子，例如$i=2:1$。	驱动齿轮n_1的齿数比从动齿轮多。因此从动齿轮n_2比驱动齿轮转动快。采用增速传动比时分母大于分子，例如$i=0.5:1$。

$$传动比\ i=n_1/n_2=d_{02}/d_{01}$$

变速器增大和减小转矩

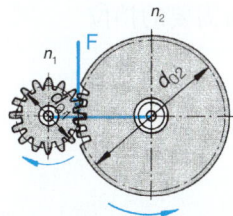

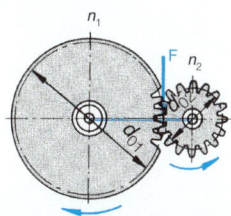

增大转矩	减小转矩
齿轮是一个旋转的杠杆。圆周力作用在从动齿轮的较大力臂$d_{02}/2$处。因此转矩M_{d2}与齿轮直径成正比增大。	圆周力作用在从动齿轮的较小力臂$d_{02}/2$处。因此转矩M_{d2}与齿轮直径成正比减小。

$$M_{d2}=d_{02}/d_{01}\cdot M_{d1}$$

变速器改变输出轴的转动方向		
前进挡		**倒车挡**
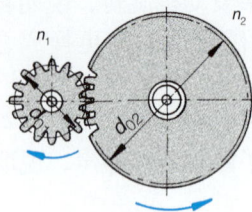	驱动齿轮与从动齿轮的转动方向相反。	中间齿轮 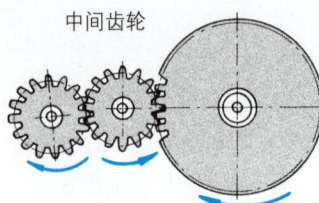　驱动齿轮与从动齿轮的转动方向相同。中间齿轮仅改变转动方向，不改变传动比。

工作油液

变速器机油，规格按汽车制造商规定，例如 VWG50：SAE75W90。

废弃处理

废油收集容器。

事故预防措施

遵守有关操纵举升机的规定，固定住车辆以防其自行移动，变速器机油方面的工作请查阅发动机机油，第 55 页。

工具

螺塞扭矩扳手。

损坏/故障部位

密封垫，发动机缸体与变速器之间的接合部位（径向轴密封环），传动轴与变速器的连接部位，注油螺塞，放油螺塞。

保养

现场直观检查是否泄漏，检查油位。

检查油位

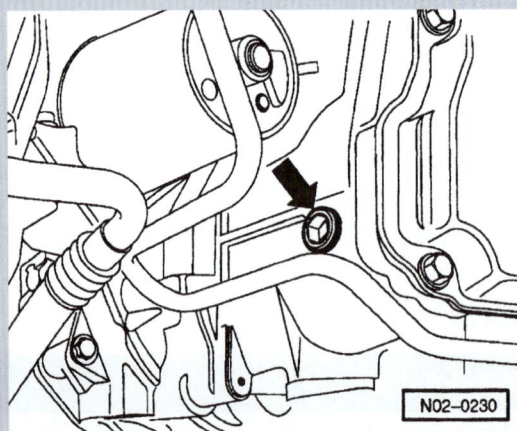

N02-0230

自动变速器

自动变速器由以下部件组成
- 液力变矩器
  该部件由泵、导轮和涡轮组成。壳体内加注有 ATF 油。
- 行星齿轮箱
  单行星齿轮箱由内齿齿圈、太阳轮和支撑在行星齿轮架上的行星齿轮组成。液压操纵式离合器和制动器完成换挡过程。
- 控制装置
  控制装置分为纯液压式和电液式。

液力变矩器
- 作为液压起步离合器使用。
- 使转矩增大到 3 倍。
- 转速较高时最大可传递发动机转矩的85%。

变矩器锁止离合器
- 在接合状态下，转速较高时以机械方式将发动机转矩传递到变速器输入轴上。

行星齿轮箱
- 可在不中断动力的情况下换挡。
- 可以在齿轮不移动的情况下，通过固定或松开各行星齿轮组元件切换到不同的传动比。

控制装置根据以下参数选择所需要的挡位
- 车速。
- 发动机负荷。
- 加速踏板位置和变速杆位置。

液压油泵
- 产生液压油压力以进行润滑、冷却、传递动力和控制换挡过程。

自动变速器和变速器功能单元（液压控制型）

变矩器　离合器　倒车挡　2挡　3挡　自由轮　行星齿轮组　制动带　F驻车锁

工作压力

调节压力

泵轮

调制压力

1—转换滑阀　2—节流阀　3—换挡阀　4—离心式调节器

功能

液力变矩器

　　液力变矩器由泵轮、涡轮和导轮组成。发动机驱动泵轮。泵轮通过离心力将位于叶片之间的液压油向外压。液压油以较高速度流入涡轮内，在涡轮内通过流入弯曲的叶片通道内将液压油的流动能量转换为涡轮的运动能量。涡轮通过变速器输入轴驱动行星齿轮箱。导轮布置在泵轮与涡轮之间。导轮将液压油引回至泵轮。

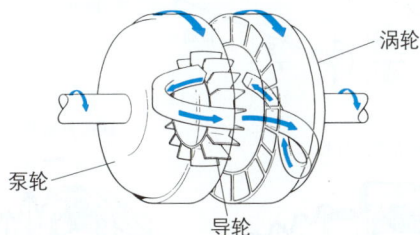

涡轮

泵轮

导轮

行星齿轮箱

　　行星齿轮箱由太阳轮、行星齿轮、齿圈和行星齿轮架组成。所有齿轮都以可转动方式支撑在轴上且始终处于啮合状态。为实现某一传动比，其中一个变速器执行元件必须用制动器或离合器固定住。传动比大小取决于固定住哪个变速器部件。

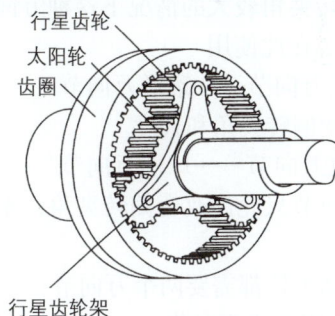

行星齿轮

太阳轮

齿圈

行星齿轮架

工作油液

　　ATF（自动变速器油）

废弃处理

　　收集容器

事故预防措施

　　遵守有关操纵举升机的规定，固定住车辆以防其自行移动，避免接触到眼睛和皮肤，用通用吸附剂清除溅出的ATF。

损坏/故障部位

　　与规定油位有偏差时：油位过低会导致因油泵吸入空气而造成离合器打滑。所产生的泡沫引起部件磨损。液压油变稠并形成油沉积物。油位过高时液压油向上扬起过多，部件受热较多。其影响与油位过低时一样。

保养

　　检查油位（最大量与最小量之间相差较小），检查ATF油状态（干净且呈红色）。

传动轴，半轴

传动轴，半轴

传动轴

- 在后轮驱动且车桥偏置的车辆上连接发动机和主减速器。
- 可以通过万向节适应后桥弹簧的压缩和伸长。
- 通过滑动部件补偿弹簧压缩和伸长时的长度变化。

带有两个或多个传动轴的传动轴装置

- 在后轮驱动车辆中距离较大时连接发动机和主减速器。

半轴

- 将主减速器与驱动车轮连接在一起。
- 通过滑动式万向节补偿驱动车轮的弹簧压缩和伸长时出现的距离变化。
- 在前轮驱动车辆中通过万向节补偿驱动车轮的转向移动。

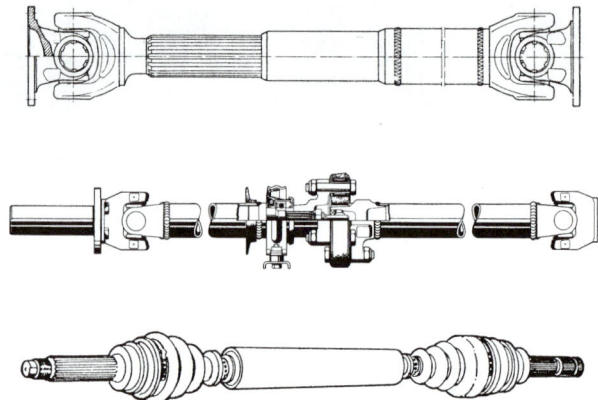

功能

　　只有一个传动轴且传动轴仅带有一个单十字轴万向节时，如果驱动轴均匀驱动，那么从动轴将以不均匀方式转动：在转动半圈的过程中从动轴先快后慢。

　　这种转动不均匀性通过第二个万向节来补偿。但是偏转夹角必须相同。

　　半轴采用等角速万向节，也称为匀速万向节。即使在偏转夹角较大的情况下这种万向节也能均匀传递转动。在此使用

- 滑动式万向节——罐形万向节

  允许改变偏转夹角和长度。
- 固定式万向节——球形万向节

  这种万向节只允许改变偏转夹角，不允许改变长度。

每个驱动车轮都需要两个万向节：

- 车轮：固定式万向节。
- 差速器：滑动式万向节。

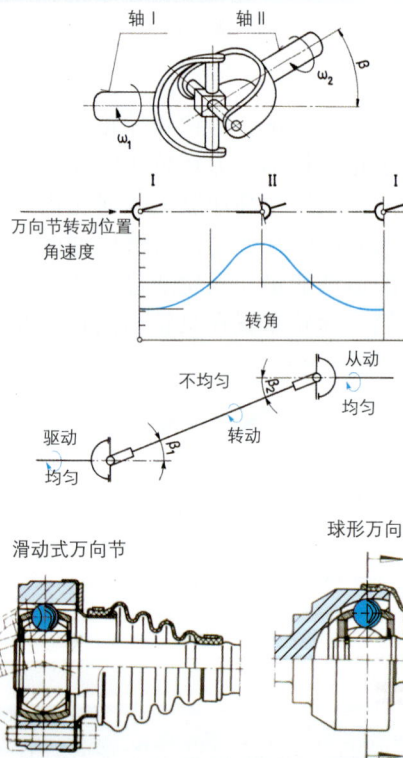

轴Ⅰ　轴Ⅱ

万向节转动位置 角速度

转角

不均匀　从动　均匀

驱动　转动　均匀

滑动式万向节　　　球形万向节

事故预防措施

　　遵守有关操纵举升机的规定，固定住车辆以防其自行移动。

损坏/故障部位

　　传动轴滑动部件上的径向密封环，采用传动轴装置时的橡胶万向节，半轴橡胶防尘套。

保养

　　现场直观检查滑动部件、径向密封环和橡胶万向节。

　　现场直观检查橡胶防尘套上是否有细孔、裂纹和油迹以及防尘套是否因真空而吸入。

检查传动轴装置的橡胶万向节	检查半轴的橡胶防尘套

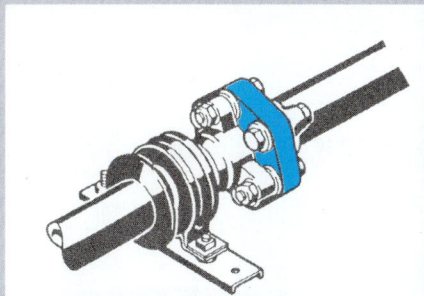

2.4.2.6 底盘

前桥，助力转向系统

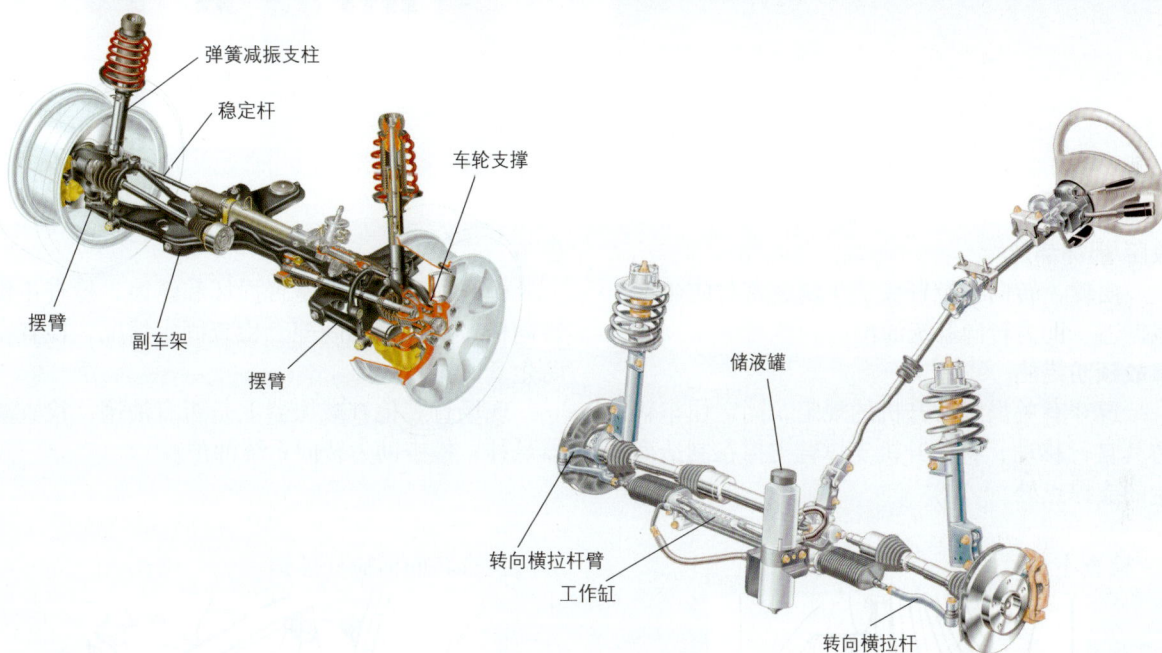

前桥包括以下功能分组：

摆臂

- 连接车轮和车身。
- 是可转动部件。
- 弹簧伸长和压缩时引导车轮。
- 承受车轮作用力。

车轮轴承

- 以灵活转动方式使车轮支撑在转向节上并引导车轮。
- 承受车轮作用力。

带螺旋弹簧的弹簧减振支柱

- 减缓路面冲击。
- 使车轮附着在路面上。

减振器

- 其任务是使路面激励产生的车轮和车桥振动快速衰减下来。

稳定杆

- 连接两个车轮。
- 转弯行驶时减小车身侧倾。
- 防止前车轮颤动。

助力转向系统，由转向盘、转向柱、带液压缸的转向器、液压泵、调节阀、转向横拉杆和转向横拉杆臂组成。

- 使前车轮向所要求的方向转动。
- 通过液压单元为驾驶员提供转向助力并降低施加在转向盘上的作用力。
- 助力功能失灵时确保转向系统工作方式与齿轮齿条式机械转向器一样。

系统方框图

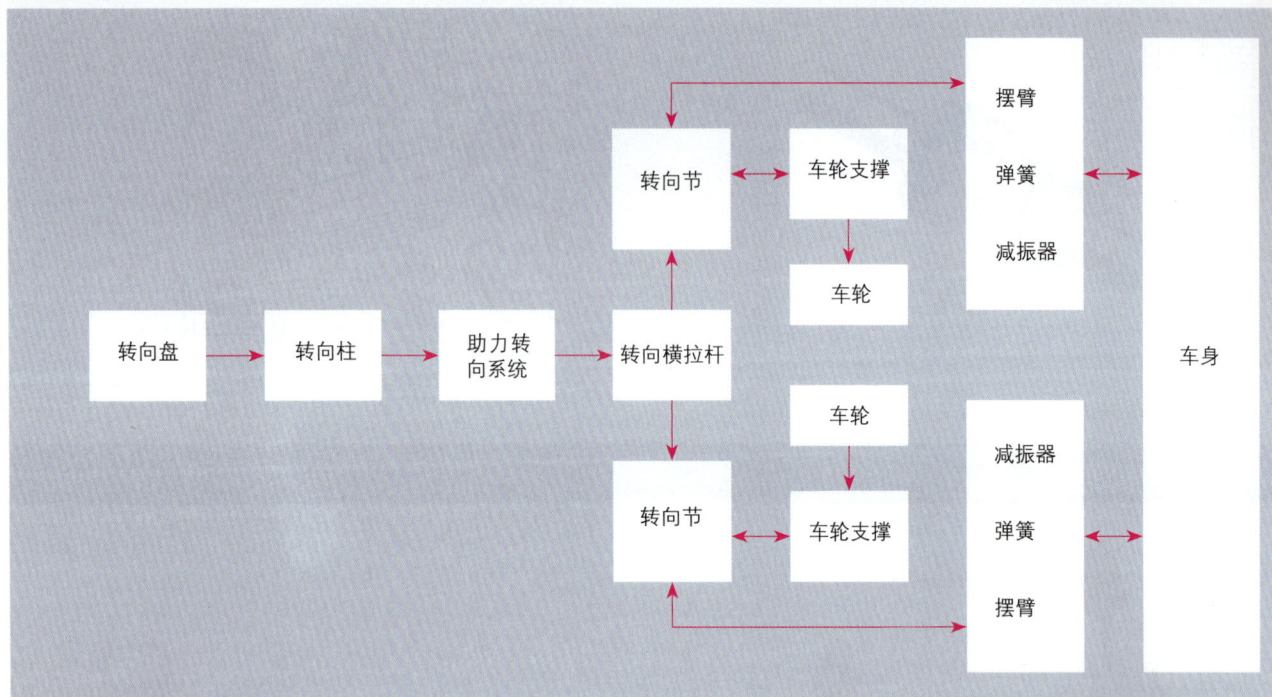

故障/损坏部位

摆臂、转向横拉杆头、主销、密封防尘套、减振器、助力转向系统油位。

事故预防措施

遵守有关操纵举升机的规定，固定住车辆以防其自行移动，将举升机支撑臂支撑在制造商规定的支撑点处。

保养

检查摆臂和弹簧是否损坏和锈蚀，检查主销和转向横拉杆球销的间隙，检查固定情况，检查密封防尘套。

现场直观检查减振器上是否有油迹，检查减振器悬挂；检查助力转向系统油位。

检查主销

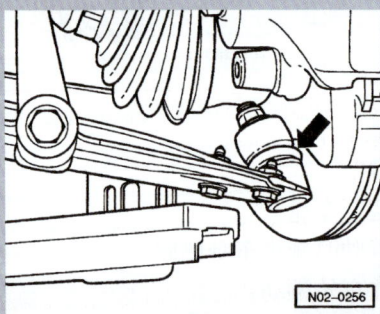

检查转向横拉杆球销

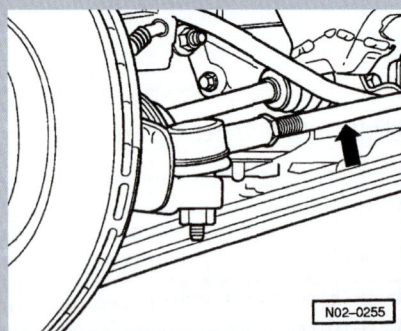

检查助力转向系统油位

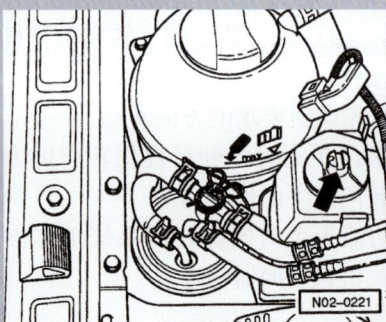

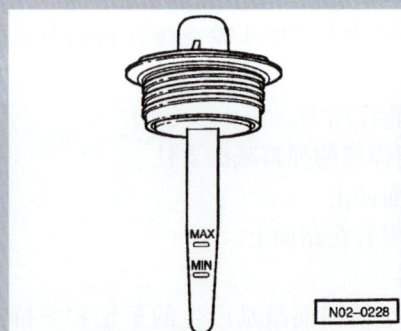

2.4.2.7　车轮和轮胎

车轮和轮胎

带连接法兰的轮毂
- 其任务是固定住车轮并使车轮对中。
- 通过球轴承以可转动方式支撑在转向节上。

轮体
将轮毂与轮辋连接在一起。

轮辋
- 固定轮胎。
- 引导轮胎。

轮胎
- 将驱动力和制动力传递到路面上。
- 弯行驶时承受侧向力。
- 改善行驶舒适性。

轮毂

轮体和轮辋

轮胎

轮胎标记

轮胎标记的含义

CCC检验编号（按照ECE标准经过型式验证的部件）

制造年份和周（404=1994年第40周）

制造国家

"DOT"：美国运输部，证明满足美国和加拿大的法规要求

花纹名称

UTQG等级（仅适用于美国）

制造商/品牌名称

胎面花纹磨损标记（TWI，表示法律规定的最小花纹深度1.6mm）

表示胎体和带束结构

最大承载能力（负荷指数）力　最大允许充气压力（仅适用于美国）

轮胎宽度（175mm）

数字70：轮胎横截面高度／轮胎横截面宽度=70%

结构形式：子午线轮胎

R：子午线轮胎

13英寸（轮辋直径）

无内胎轮胎

负荷指数

速度等级符号（T）

有关按规定处置轮胎的安全提示

图片：UNIROYAL公司

速度符号（GS）				承载能力指数（TK）摘要			
GS	允许最高车速／(km/h)	GS	允许最高车速／(km/h)	TK	最大承载能力/kg	TK	最大承载能力/kg
F	80	U	200	84	500	91	615
M	130	H	210	85	515	92	630
P	150	V	240	86	530	93	650
Q	160	W	270	87	545	94	670
R	170	Y	300	88	560	95	690
S	180	ZR	240 以上	89	580	96	710
T	190			90	600	97	730

故障/损坏部位	保养
胎面，胎肩，侧壁，轮胎压力；轮辋。	检查轮胎是否损坏或有裂纹，检查轮胎磨损痕迹并确定原因，测量轮胎花纹深度，检查轮胎压力并校正，将轮胎标记与机动车行驶证上的数据进行比较。
废弃处理 收集轮胎并交给回收处理公司。	检查轮辋是否有裂纹和变形，固定螺栓是否正确就位。

工具，检测工具

扭矩扳手

为了按规定力矩均匀拧紧螺栓，在此需要一个扭矩扳手。可使用两种类型的扭矩扳手：

- 可读取扭矩的扭矩扳手。扭矩大小通过刻度表示出来。
- 利用旋钮设定扭矩。达到设定值时可听到且可感觉到扳手松脱。

磨损标记，测量花纹深度

法律规定最小花纹深度为1.6mm。但是建议夏季轮胎剩余花纹深度为2mm，冬季轮胎剩余花纹深度为3mm时更换轮胎。

应用：

通过向右转动安全锁止件1使手柄2松开，通过将手柄2转动到所需的数值来设定扭矩——只设定完整刻度值3和4，为固定所设定的扭矩值将安全锁止件1向左拧回。

现在所设定的扭矩值已固定。

磨损标记（轮胎磨损标记TWI）集成在轮胎花纹槽内几个位置处，剩余花纹深度达到1.6mm时即可看到。

当前花纹深度也可以用轮胎花纹测量尺测量。

通过轮胎花纹可以判断转向几何尺寸、减振器、车轮悬挂和制动器可能存在的问题。

故障诊断

故障	原因	故障	原因
轮胎磨损严重	轮胎压力不正确，前车轮调整不正确，转向横拉杆球销振动，前车轮轴承间隙过大或损坏，车轮未进行动平衡	轮胎单侧磨损，斜花纹	前车轮调整不一致
		均匀磨损	减振器损坏
		花纹中部不均匀磨损	不平衡
胎面两侧严重磨损	充气压力过低	轮胎底层结构冲击断裂（开始时只能在轮胎内部看到）	以较高车速驶过路沿或类似地方
花纹中部严重磨损	充气压力过高	有严重磨损部位	制动时车轮抱死

2.4.2.8　制动系统

制动系统

制动系统由以下结构单元构成：

- 串联制动主缸

  在制动主缸内通过制动踏板产生制动回路压力。

- 制动助力器

  制动助力器蓄存发动机产生的部分真空，制动时通过这个真空增大踏板力。在柴油发动机中真空通过真空泵产生。

- 盘式制动器

  盘式制动器通常采用浮钳式制动器，就是说只需要一个活塞即可将两个制动摩擦片压到制动盘上。

- 驻车制动器通过拉线作用在后车轮上。

- 制动防抱死系统（ABS）

  ABS 可防止紧急制动时制动器抱死，因此车辆仍具有转向能力。有一个控制单元接收转速传感器信号，对信号进行分析并计算出制动轮缸内针对最佳制动所需要的制动压力。

- 制动液储液罐布置在制动主缸上方并为制动系统提供制动液。

结构单元

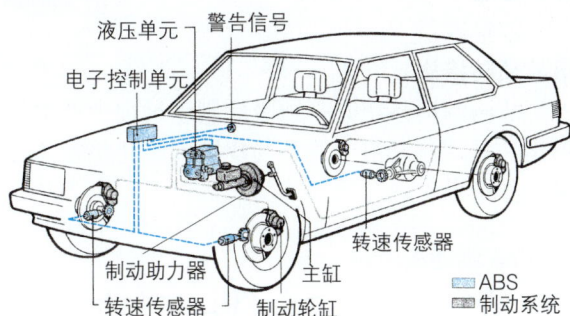

浮钳式制动器

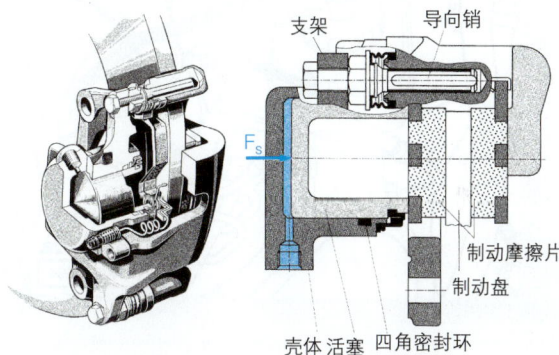

液压制动系统的工作原理以帕斯卡定律为基础。这意味着：

加在密闭液体上的压力在任何方向上都相同。

用脚踏力F_F踩下制动踏板时制动主缸内产生一个液压压力p_L，该压力通过制动管路和制动软管均匀传递到制动轮缸内。液压压力在此处转换为将制动摩擦片压向制动盘的压紧力F_S。

制动系统分为两个制动回路。前桥和后桥各构成一个制动回路。采用对角分布方案时，右前和左后制动器以及左前和右后制动器各构成一个制动回路。

某一制动回路失灵时车辆可以利用另一个功能正常的制动回路停下来。

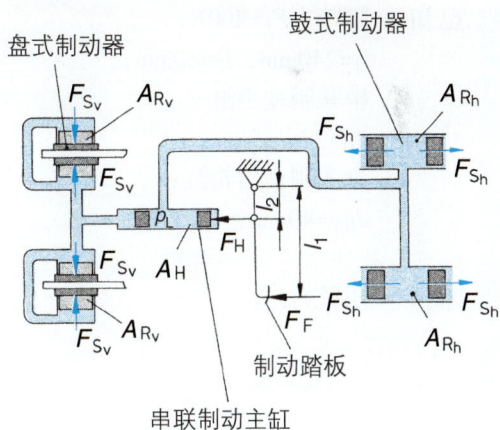

系统方框图

同车桥分布

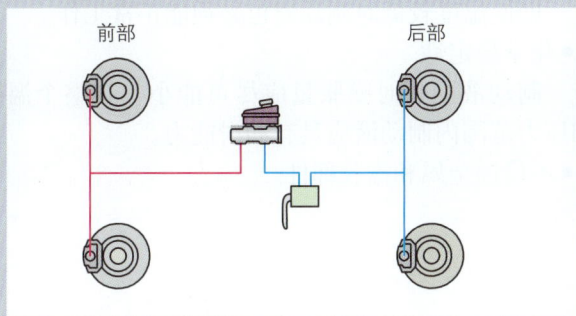

前部　　后部

对角分布

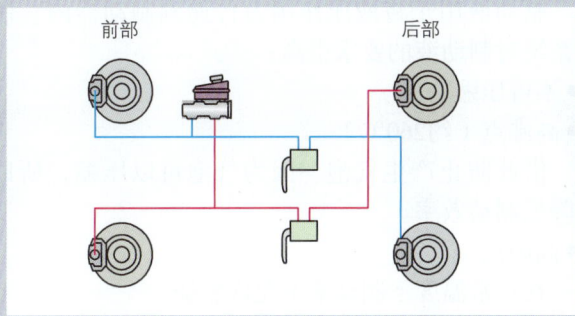

前部　　后部

工作油液

制动液。

废弃处理

收集容器。

事故预防措施

清洁制动系统时必须吸除制动过程中产生的粉尘。处理制动液时避免与皮肤和眼睛接触（参见工作指导）。

损坏/故障部位

制动液液位；裂纹，过热，制动盘磨损，制动摩擦片磨损；制动管路，制动软管。

保养

现场直观检查制动系统是否泄露和损坏，检查制动液液位并在必要时校正，检查制动块的摩擦片厚度，检查制动盘的厚度和状况。制动管路和制动软管上的磨损部位。

检查制动液液位

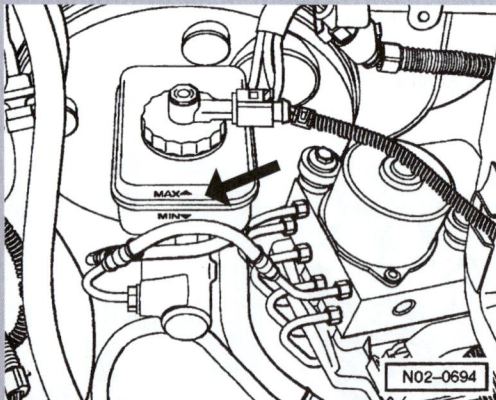

检查制动盘和摩擦片厚度

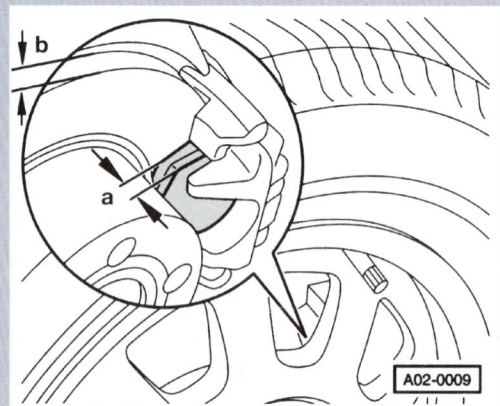

例如

已知：脚踏力 $F_F=400N$，

$l_1=240mm$，$l_2=80mm$，

串联制动主缸

$d_H=22mm$

盘式制动器轮缸：

$d_{RV}=40mm$

求：压紧力 F_{SV}

答案：

$$F_H=\frac{F_H l_1}{l_2}=\frac{200N\times240mm}{80mm}=600N$$

$$A_H=\frac{d_H^2\pi}{4}=\frac{(0.022m)^2\times3.14}{4}=3.8\times10^{-4}m^2$$

$$p=\frac{F_H}{A_H}=\frac{600N}{3.8\times10^{-4}m^2}=1.58MPa$$

$$A_{RV}=\frac{d_{RV}^2\pi}{4}=\frac{(0.04m)^2\times3.14}{4}=1.26\times10^{-3}m^2$$

$$F_{SV}=pA_{RV}=1.58MPa\times1.26\times10^{-3}m^2=\underline{1990.8N}$$

制动液

制动液用于将液压作用力传递到制动器内。制动系统对制动液的要求很高：

● 不可压缩。

● 高沸点（约260℃）

借此防止产生气泡。因为气泡可以压缩，所以会降低制动效率。

● 高闪点

在正常温度下制动液不允许燃烧。

● 低冰点

即使温度较低时制动器也必须能正常工作。

● 化学稳定性

制动液受热时膨胀量应尽可能小，在整个温度和压力范围内制动液应具有润滑能力。

● 不侵蚀金属和橡胶部件。

制动液

制动液由聚乙二醇醚及特殊添加剂组成。此外还使用硅油（美国军队）和以矿物油为基础的特种油（雪铁龙）作为制动液。

基于聚乙二醇醚的制动液应用最广泛。这种制动液吸湿性很强，随着时间的流逝水含量会逐渐增加。制动液通过制动液储液罐的"呼吸孔"和制动软管壁吸收空气中的水分。水含量达到2%时会导致沸点下降60~80℃。制动系统承受较高的负荷时，例如在下坡路段上长时间制动时，较高的水含量可能导致系统内产生气泡。水蒸气作为气体是可压缩的。因此会在未对车辆制动的情况下，制动踏板自行落至地板处。这种情况称为制动衰减。

水含量过高时也会导致液压部件腐蚀。因此必须按保养规定1至2年后更新制动液。因为制动液中不仅水含量会逐渐增加，细磨屑和污物颗粒也会沉积下来，所以更换制动液时必须彻底冲洗制动系统。

分类

制动液按 DOT（美国运输部）规定划分为三个等级：
- 基于聚乙二醇醚的制动液：DOT3、DOT4 和 DOT5.1。
- 基于硅油的制动液：DOT 5。

根据法律规定制动液制造商必须在制动液桶上注明以下提示信息：
- 干沸点：未使用过且不含水的新制动液的沸点。
- 湿沸点：制动液含水量约为 3.5 % 时的沸点。
- 符合 DOT 规定的液体类型。

学习领域

1

	DOT3	DOT4	DOT5.1	DOT5
干沸点	205℃	230℃	260℃	260℃
湿沸点	140℃	155℃	180℃	180℃
颜色	黄色	黄色	黄色	蓝色

在桶上注明：
- 干沸点。
- 湿沸点。
- 符合DOT规定的液体类型。

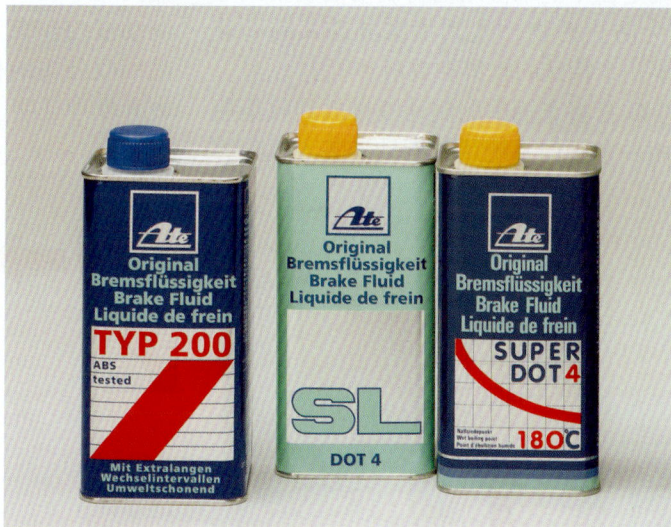

工作说明

请注意，与制动液接触的所有工具和检测设备必须干净且未附着矿物油。即使矿物油量非常少，也会造成所有橡胶部件（例如橡胶防尘套、密封件、制动软管）损坏，从而导致制动系统功能减弱。在这种情况下必须更换所有橡胶部件。

DOT5不得与基于乙二醇醚的制动液DOT3、DOT4和DOT5.1混合使用。

制动液会侵蚀油漆，因此溅到油漆上的制动液必须立即用水冲洗干净。放出的制动液可能不干净，因此不得再次使用。

环境保护

　　根据回收利用和废弃物处理法规，制动液属于需特别监控的废弃物且对水有轻微污染（水污染等级：WKG1，参见第99页）。制动液不得排入水系或下水道内。必须用液态吸附材料清除溅出的制动液。

劳动安全

　　必须采取以下措施：
- 避免接触皮肤。
- 必要时穿戴个人防护装备。
- 清洁并养护皮肤。

　　急救
- 吸入后：让相关人员到有新鲜空气处。
- 接触皮肤后：用水和肥皂清洗皮肤接触部位并彻底冲洗。
- 溅到眼睛上后：翻开眼皮并用流水冲洗眼睛几分钟。感觉不舒服时：到医院治疗。
- 吞食后：喝下大量清水并到有新鲜空气的地方。立即到医院就诊。

BTA 编号：4 2001-12-06	工作指导 按照危险物品法规第20条 适用范围和活动 学校名称：维修站等	签名
危险物品名称		
制动液 用于液压制动装置的制动液		
对人和环境的危害		
[Xn Gesundheits-schädlich] · R21/22与皮肤接触时和误食时对健康有害。		
保护措施和行为准则		
· S24/25避免与眼睛和皮肤接触。		
出现危险时的行为守则		
· 用通用吸附剂清除溢出的材料。		
急救　　急救中心电话　120		
每次采取急救措施时：注意自我保护并立即到医院治疗！ · S27立即脱下溅湿的衣物。 · 用大量清水和肥皂彻底冲洗皮肤接触部位。 · 撑开眼睛并用流水彻底冲洗眼睛（保护好未受伤的眼睛！取下隐形眼镜！到眼科医生处治疗！） · 误食后立即漱口并喝下大量清水。 · 到医院治疗！		
按规定废弃处理		
[A] 按分类规定收集防冻剂并回收利用。		

废弃处理

　　按分类规定在车辆维修站内将制动液收集到专用容器内。为防止污物，尤其是水分进入制动液内，在此需要一个特殊的收集和放液装置。

　　利用一个软管将车辆中的制动液排放到收集瓶内。在此使用一个阀门系统用于制动液装入收集容器内时不吸入环境空气中的水分且不会有污物进入制动液内。在支付一定费用的情况下，制动液由物品回收公司的相关废弃物处理人员处理。必须提供废弃处理证明。

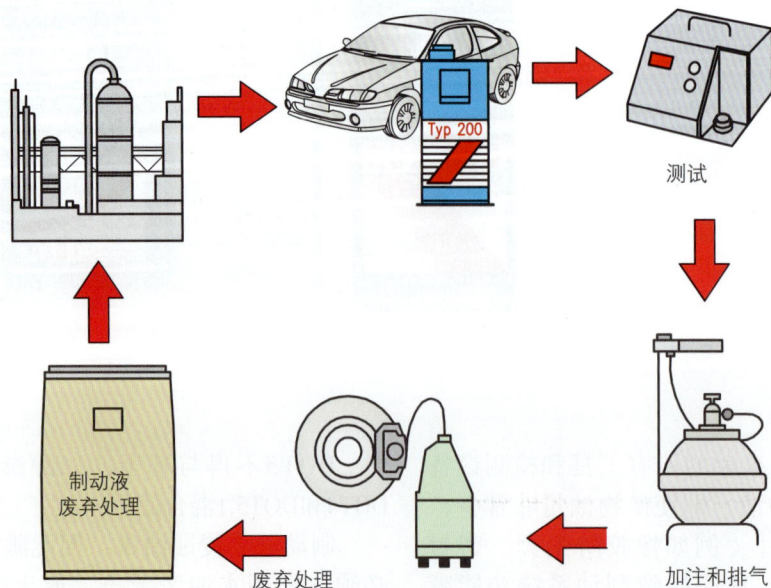

测试

加注和排气

废弃处理

制动液废弃处理

用于检测和测量的设备和方法

制动液测试设备

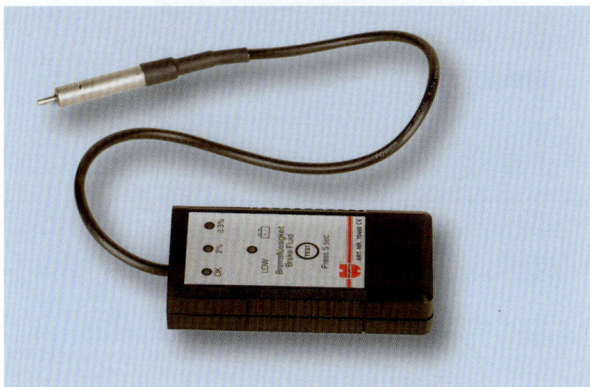

制动液沸点降低时必须更换制动液，否则无法保证制动系统的功能性和可靠性。这一点对 ABS 系统来说特别重要。

制动摩擦产生的热量使轮缸内形成的蒸气越多，在极端情况下制动系统不起作用的危险就越大。

制动液测试设备

测试设备通过一个传感器利用制动液的导电性测量水含量。

为此将传感器浸入制动液中。约 5 秒钟后通过LED显示出百分比形式的水含量（0%~1%，2%，≥3%）。

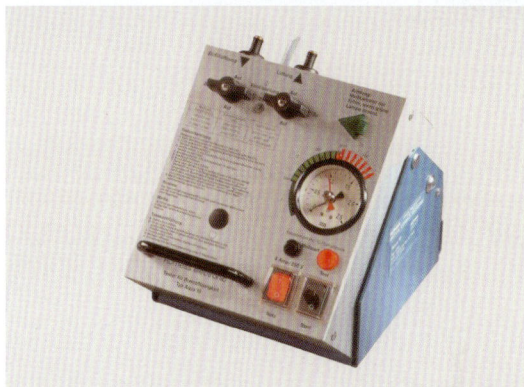

利用图示制动液测试设备可准确确定制动液沸点。测量时准确模拟制动轮缸内的条件。为此将制动液样品放在密闭的压力箱内加热。然后在温度保持恒定的情况下通过蒸气压力评估制动液的质量。测量结果通过数字显示屏显示出来。

更换制动液

更换制动系统内的制动液时需使用一个加注和排气设备以及一个排气瓶。加注和排气时将排气设备通过一个透明软管和一个连接接头连接在补液罐上，将排气瓶连接在制动钳体上的一个排气阀上。打开排气阀后让制动液流动，直至流出清亮的新制动液。关闭排气阀，在所有排气阀处重复进行这个过程。加注制动液后拆卸管接头前打开一个排气阀，以消除制动系统内的压力。

密封性检查

完成制动系统方面的所有工作后需进行密封性检查。进行密封性检查时使用一个踏板固定装置和一个多功能压力检测设备，该设备由一个低压和高压组合测量设备、一个高压测量设备和一个真空测量设备组成。

检测时将低压和高压组合测量设备连接在车轮制动器的排气阀上。进行低压检测时借助踏板固定装置将压力调节到0.2至0.5MPa，进行高压检测时将压力调节到5至10MPa，并在一段时间后确定压力是否下降。如果压力下降，必须找出具体泄漏部位。

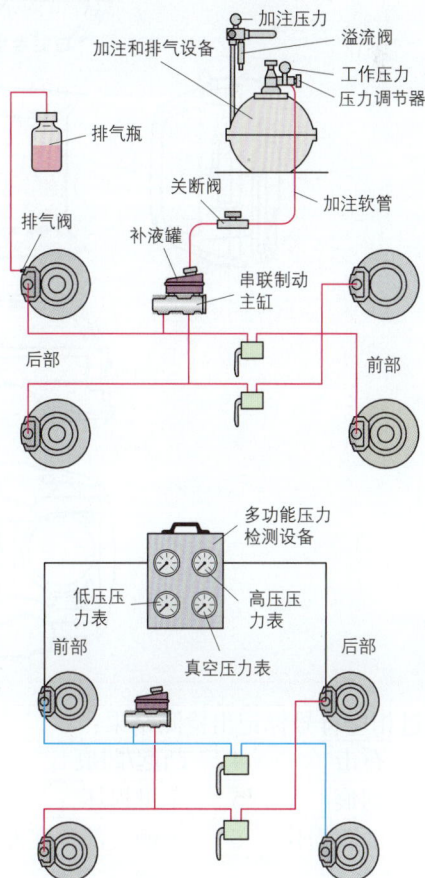

2.4.2.9　车身

油漆／底部防腐保护层

车身主要由有氧化倾向的钢板制成。生产过程中采用不同的工艺方法附上一层长效防腐层。油漆保护位于其下面的表面并提高车身部件的使用寿命。此外油漆还有助于外部造型美观漂亮。

如今的车身大多数采用双面镀锌技术。油漆喷涂在镀锌层上。

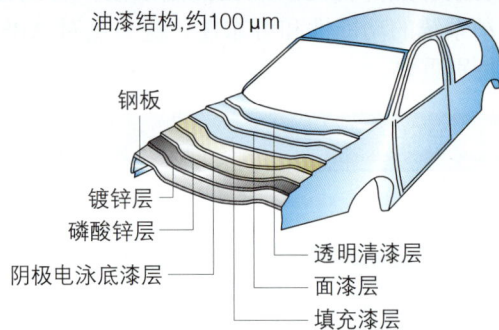

油漆结构,约100 μm

钢板
镀锌层
磷酸锌层
阴极电泳底漆层
透明清漆层
面漆层
填充漆层

保养

现场直观检查车身和车辆底部是否损坏并在保养记录本中记录可能的损坏情况。

符号

● = 1
+ = 2
# = 3
○ = 4
■ = 5

▲ = 6

通过相应符号标记出检测结果：

1	石击	4	凸起/凹痕
2	划痕	5	车身损坏
3	油漆损伤	6	车辆底部，底部防腐保护层，防腐处理

油漆养护

为确保车辆保值，必须根据脏污程度不定期清洗、清洁和养护车辆。这一点不仅适用于车身，也适用于车辆内部养护，车窗玻璃和玻璃部件清洁，轮辋、制动器、轮胎和发动机清洁。不清洗不是解决办法，因为污物不具有保护性。这会造成油漆开裂和车身腐蚀。

车辆维修站承担各种不同的养护工作：
- 车辆上部清洗

车身：车身包括油漆、玻璃部件、塑料部件、橡胶密封条和车锁。

- 内部清洁

内部清洁包括衬垫、饰板、地板垫、皮革、织物、塑料和玻璃的清洁。
- 车辆下部清洗

其中包括车辆底部、地板总成、车轮、轮胎和制动器。
- 发动机清洗

发动机和发动机室。
- 部件清洁（例如进行维修工作前）。

清洁方式

手工清洗

调查表明用海绵手工清洗对油漆损害较大。其原因是，即使经过彻底冲洗海绵内仍带有沙粒，其作用就像砂纸一样，此外手工清洗时用水也不够。如今手工清洗包括
- 高压清洗喷枪

首先利用高压水束以大面积喷射方式溶解和软化表面污物（距离约50cm）。然后在尽可能靠近（距离约10cm）的情况下，用高压水束从上到下缓慢并彻底地冲洗车身。
- 利用泡沫和清洗刷清洗

在附有较多污物的油漆表面上涂敷泡沫。用刷子略微用力刷洗油漆表面。
- 用高压喷枪冲洗干净

用高压水束从上到下冲掉车辆上的洗车香波。
- 用高压喷枪喷涂防腐剂

冲洗过程结束后，以高压束方式将硬蜡喷涂在油漆上（封蜡，距离约50cm）。
- 用高压喷枪抛光冲洗

利用脱矿物质水（渗透水）进行抛光冲洗。这种水在2至3分钟内自行滴落且不会留下痕迹。此后油漆变干。

龙门式清洗设备

在汽车销售服务中心处除了有手工清洗设备外，还可能有龙门式清洗设备。在隧道式清洗设备中清洗刷、水喷嘴和清洗喷嘴依次安装且车辆通过一个牵引装置拉过清洗设备，而采用龙门式清洗设备时，车辆则停在清洗间内的某一位置处。装有清洗刷和喷嘴的龙门架在车辆旁往复移动。

车身清洁包括多个清洗过程。重要的是，驶入清洗设备内之前必须预先彻底清洁车辆，否则会使污物软化，污物在清洗设备内的作用就像砂纸一样。
- 预清洗
  - 用污物溶剂预清洗。
  - 用轮辋清洁剂预清洗。
  - 高压清洗。
  - 手工清洁重要的车身部位。
- 利用泡沫及软织物滚子或清洗刷清洗。
- 冲洗干净。
- 热蜡

硬蜡防腐层可长期保护油漆免受环境影响。
- 利用脱矿物质水抛光冲洗。
- 利用大功率鼓风机和织物带擦干。

学习领域 1

清洁方式

清洁剂		
预清洁剂	**轮辋清洁剂**	**洗车香波**
死昆虫、沥青、树脂和鸟粪等附着性强的污物必须用预清洁剂处理。这样可以明显改善清洗结果。 　　预清洁剂不允许变干，不要在镀锌部件上使用这种清洁剂。	轮辋清洁剂用于清除制动磨屑和附着在车辆部件上的路面污物。喷清洁剂后让其作用一段时间，然后用大量清水冲掉。轮辋清洁剂不允许用于未喷漆的铝合金轮辋。	清洗时通过洗车香波完全隔离已溶解的污物颗粒并用清水冲掉。在清洗刷型设备中，除了清洗车辆这个主要任务外，洗车香波还必须确保清洗刷保持干净。清洗后油漆上不得有残余洗车香波，否则油漆表面不会很快变干。
干燥剂	**防腐剂，石蜡**	**油漆清洁剂**
干燥剂用于使清洗后的水膜大面积快速裂开，以便在使用鼓风机前水已经基本上从车辆油漆上滴落下来。	防腐剂与石蜡一起在车辆油漆上形成一层密封性保护膜，其保护方式是 ● 盖住小面积的油漆损伤部位。 ● 保护油漆层。 ● 阻止污物吸附。	油漆无光泽或受气候侵蚀较严重时使用油漆清洁剂。这种清洁剂可剥离"死"油漆层、消除轻微的划痕并恢复油漆的颜色深度。清洁和防腐在一个工作过程中完成。对新车来说没有必要使用这种清洁剂。

用于油漆养护的清洁剂

物质成分		
活性蜡物质（表面活性剂）	**软化剂**	**消泡剂**
表面活性剂附在含机油和油脂的污物上，使污物溶解并与水一起冲走。表面活性剂降低水表面张力，因此水流动性更好且更容易进行清洁。	软化剂可防止高压清洗机等设备内形成钙沉积物。 　　现在主要使用碳酸钠（苏打）和硅酸钠（水玻璃），与以前使用磷酸盐类物质相比这些物质不具有肥料的作用。	表面活性剂很容易形成泡沫。在此通过消泡剂来防止或减轻泡沫的形成。

➡ 废水处理参见第102页

<table>
<tr><td>公司</td><td colspan="2">工作指导
按照危险物品法规第20条
汽油发动机用燃油</td><td>编号：7.3.12
日期：xx.xx.xx
负责人：</td></tr>
</table>

用碱性清洗液清洁

部门：_____　　　工作地点：_____

清洁剂包含表面活性剂和基础材料

产品名称：_____

- 清洁剂对眼睛和皮肤有刺激作用。·过多接触皮肤
  - 毁坏皮肤的防酸保护层并刺激皮肤。
  - 皮肤有外部损伤时可能导致感染。
- 危害土地和地下水。

- 遵守皮肤防护规定：
  - 工作开始前在手部和胳膊下涂抹皮肤防护剂。
  - 中间休息前和工作结束后用温水和中性（非磨粒型）皮肤清洗剂清洁手部和胳膊下部：_____
  - 随后涂抹皮肤养护剂。
- 避免接触皮肤，其中包括：
  - 不要用手接触清洁剂。
  - 立即换掉污染或湿透的衣物。
  - 切勿用污染的手部接触嘴、鼻子和眼睛。
- 戴上防护手套、围裙和防护眼镜。
- 不要在工作地点处吃零食、喝饮料和存放食物。
- 将浓缩物以密闭方式存放在原装容器内。
- 不要将清洁剂排放到下水道内。

120
- 向上级主管报告。
- 用吸附剂吸除溅出的浓缩物：_____
- 溅出量较少时用大量清水冲洗。

120
- 向救护人员和上级报告。
- 刺激到皮肤和眼睛时用大量清水冲洗。
- 误食浓缩物时漱口并喝下大量清水。
- 误食浓缩物或刺激持续发作时到医院治疗。

- 定期保养设备：_____
- 更换和废弃处理清洁剂，由：_____
- 将沾有清洁剂的手巾收集在带有特殊标记的得容器内：_____
- 进行废弃处理，由：_____

<table>
<tr><td>公司</td><td colspan="2">工作指导
按照生化物品法规第12条</td><td>编号：14.01
日期：xx.xx.xx
签名：</td></tr>
</table>

应用范围

车辆清洗设备－龙门式清洗设备

对人和环境的危害

车辆上的污物包含微生物（真菌、细菌、病毒），清洗时这些微生物溶解并进入清洗水中。这些微生物可能以悬浮颗粒形式通过呼吸空气进入肺部。

也可能通过嘴和皮肤吸入病原体（例如手部割伤或擦伤时）。如果未在使用说明期保养污水处理设备，这种危害就会增加，因为此时微生物可能繁殖非常快。

以下情况还会产生其他危险：
- 移动车辆。
- 车辆废气（例如柴油防发动机排放物）。
- 清洁剂

保护措施和行为准则

- 工作前后按皮肤防护规定使用皮肤防护剂。
- 使用防护手套。
- 使用防护鞋。
- 尽可能不要在预清洗区域逗留，必要时穿上防护服（例如防水围裙）
- 在非必要的情况下不要让发动机运行。
- 只有关闭发动机后才能进行预清洗。
- 确保工作地点通风良好。
- 如果工作时清洗水形成细雾状且排风不足，则使用呼吸保护用具（带颗粒过滤器P2的半截面罩）。
- 不要在清洗区域内吃零食、喝饮料、抽烟、摄鼻涕；不要存放食物和食品。
- 进入休息前前将工作服放在换衣间内；彻底清洗手部、胳膊和脸部；工作结束后洗澡。
- 工作结束后洗澡。
- 将防护服与自己的外衣分开存放；不要穿着外衣工作。
- 每周至少换一次防护服并按需求进行保养和维护，必要时更换。
- 确保清洗设备干燥整洁，按清洁规定进行清洁。

出现事故和危险时的行为守则　急救中心电话　120
- 发生事故时向上级主管报告。
- 有危险时离开工作区域并向上级主管报告。
- 必要时在无危险的情况下将车辆开出龙门式清洗设备。
- 发生火灾时向上级主管报告。
- 发生火灾时立即用准备好的灭火器材灭火。

急救　　急救中心电话　120
- 受伤时立即向救护人员求助并向上级报告。
- 挫伤、擦伤或割伤时让伤口流出血液（1至2分钟），然后消毒并包扎。
- 必要时到医院治疗。

维护，废弃处理
- 按使用说明定期维护和检查设备
- 维护设备，由：_____
- 如果使用杀菌剂来清除废水中的微生物，则注意正确的剂量。
- 清洗水废弃处理，由：_____

学习领域 1

2.4.2.10 能量供给

起动蓄电池

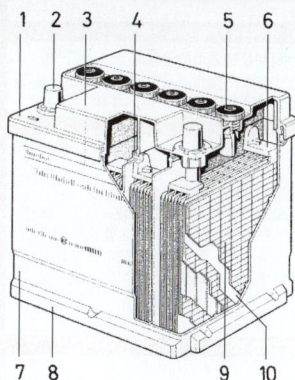

1—电池端盖
2—电极
3—电解液液位标记
4—电解槽直接连接器
5—堵塞
6—电极架
7—电池箱
8—底部支撑
9—正极和负极极板
10—塑料隔板

电眼

只要内燃机以足够高的转速运转，就可以使用交流发电机提供的能量。发动机关闭时或起动发动机时蓄电池必须提供电能。

起动蓄电池是一个蓄能器，充电时电能转化为化学能储存在蓄电池内，放电（连接一个用电器后）时化学能重新转化为电能。

蓄电池特性通过特征值表示。蓄电池壳体上的字样，例如

12V 84Ah 280A 表示：
- 12 V：额定电压（伏）。
- 84Ah：额定容量（安时）。
- 280A：冷态检测电流（安）。

起动蓄电池的额定电压通常为12V。额定容量表示一个蓄电池储存量是多大。额定容量等于电流与时间的乘积，作为基本要求一个12V蓄电池可以在+27℃的温度下输出电流20小时，而蓄电池电压不降

低到10.5V以下。蓄电池接线柱电压达到10.5V前，84Ah蓄电池可以输出84/20=4.2A的电流至少20 小时。发动机冷态时蓄电池的起动能力是一个特别重要的参数。起动能力的一个衡量标准是冷态检测电流。该电流是一个规定放电电流（例如280A），即在蓄电池接线柱电压30s内不下降到9V以下且180s内不下降到6V以下的情况下蓄电池在−18℃时可以输出的电流值。

蓄电池分为以下类型：
- 符合DIN标准的免维护起动蓄电池（参见上面的插图）蓄电池有一个加注口用于加注蓄电池电解液和用于添加蒸馏水至规定电解液液位。
- 完全免维护起动蓄电池

蓄电池没有可见加注口，因为在蓄电池的整个使用寿命期限内不需要添加蒸馏水。
- 铅钙蓄电池（参见上图）

这种蓄电池在较长一段时间内不必进行检查。尽管如此，仍建议不定期检查一次蓄电池，以确保蓄电池功能正常。检查时查看状态显示即可。状态显示是指蓄电池顶部的一个圆形视窗。这个所谓的"电眼"根据蓄电池充电状态和电解液液位改变其颜色。

蓄电池充电时产生的气体通过带有通气孔的塞子或通过一个软管排出。

工作油液
蓄电池电解液+蒸馏水。

废弃处理
在确保电解液不流出的情况下将旧蓄电池存放在特殊容器内。

检测设备
电解液检测仪，便携式折射计。

事故预防措施
蓄电池电解液会引起腐蚀，侵蚀皮肤、黏膜和衣物；请佩戴防酸液手套和眼镜，防止产生电火花，禁止明火和吸烟，因为蓄电池产生的爆鸣气体有爆炸危险。蓄电池电解液只能存放在带有标记的相应容器内。

损坏/故障部位
电解液液位过低，连接部位和电极腐蚀。

保养
检查电解液液位：电解液液位必须位于电解液液位内部标记的塑料凸台处或位于Min与Max（最小与最大）外部标记之间。必要时添加蒸馏水，在电极上涂敷蓄电池电极油脂。用电解液检测仪检查充电状态。蓄电池带有通气软管时：软管是否未受挤压或被夹注？

注意
断开蓄电池接线时会删除某些电子存储器记录：发动机、变速器和制动防抱死系统的故障码存储器记录，收音机的防盗设码，所存储的广播电台设置，时钟。

拆卸蓄电池时原则上首先断开负极电缆，然后断开正极电缆，安装时按相反的顺序进行。

公司	工作指导 按照危险物品法规第20条 蓄电池电解液	编号： 日期： 负责人：
应用范围		
工作范围：维修站/蓄电池间		活动：蓄电池保养

对人和环境的危害

引起严重腐蚀。
毁坏有机织物和纺织品。
蓄电池充电时产生有爆炸危险的爆鸣气体。

保护措施和行为准则

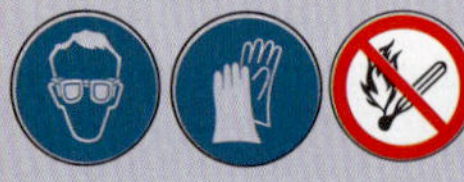

- 避免接触眼睛、皮肤和衣服。
- 戴上防护眼镜（必要时戴上面罩）、手套和围裙。
- 避免产生酸雾。
- 禁止明火、吸烟和火焰。

出现事故和危险时的行为守则

用通用吸附剂清除或用中性材料处理溢出的电解液。
通知_____先生/女士。
溢出的电解液较少时用大量清水稀释并冲净。

急救

- 脱掉已污染的衣物。
- 用大量清水和肥皂彻底清洗皮肤接触部位。
- 接触眼睛后用流水冲洗眼睛15分钟（眼皮保持翻开状态，保护好未受伤的眼睛，取下隐形眼镜），到眼科医生处治疗。
- 误食后立即漱口并喝下大量清水。不要催吐。打电话叫医生。
- 吸入酸雾后立即到有新鲜空气处并休息。
- 到医院治疗。

按规定废弃处理

将旧蓄电池收集在耐酸容器中并回收利用。

用于检测和测量的设备和方法

电解液密度与蓄电池充电状态有直接关系：
- 完全充电：1.28kg/l。
- 充电到一半：1.20kg/l。
- 完全放电：1.12kg/l。

电解液检测仪

电解液密度可以用电解液检测仪（也称为比重计）测量。电解液检测仪由一个带有吸液球的玻璃管组成。玻璃管内有一个带刻度的浮子。从蓄电池中抽吸电解液并检查浮子在液体中的浸入深度。

通过刻度可以读取其密度。

便携式折射计

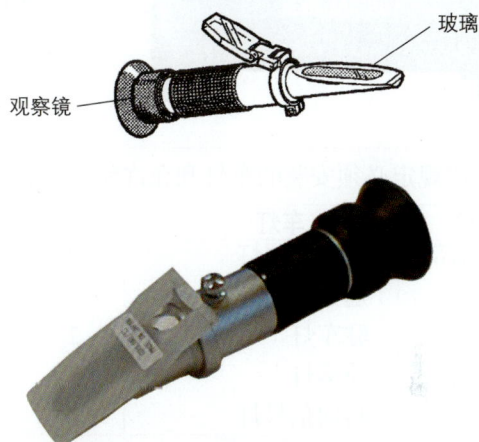

利用吸液管在折射计玻璃上滴一滴液体。查看时会发现一个明暗分界线，通过刻度可以读取电解液密度（kg/l）。

学习领域 1

检查和保养带电眼的蓄电池

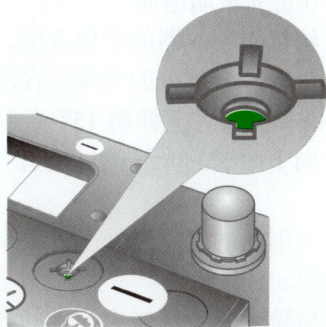

蓄电池已充满电	未充电或充电过少	达到最低电解液液位
电眼颜色：绿色	电眼颜色：黑色	电眼颜色：黄色

2.4.2.11　照明装置

照明装置

转向信号灯
近光灯
前雾灯
远光灯+驻车灯

转向信号灯
倒车灯
尾灯
制动信号灯

法律规定必须安装的车灯和允许额外安装的车灯参见道路交通许可规定 §§49a至55中的规定。

部位	车灯	数量	功率（W）	法律规定
车辆前部	近光前照灯	2	55	驻车灯和尾灯必须同时亮起
	远光前照灯	2	60	同上
	驻车灯（示廓灯）	2	5	行车灯亮起时一起亮起
	前雾灯	2	35~55	驻车灯和尾灯同时亮起
	转向信号灯	2	21	
车辆后部	尾灯	2	5	行车灯亮起时一起亮起
	反光罩	2	5~10	利用牌照照明灯和驻车灯照亮
	牌照照明灯	1或2	21	与行车灯一起亮起
	后雾灯	2	18/21	驻车灯和尾灯同时亮起
	制动信号灯	1或2	至35	挂入倒车挡且打开
	倒车灯			点火开关时
车辆侧面	停车灯	每侧1个	5	向前为白色，向后为红色

前照灯

近光灯灯丝
盖罩
远光灯灯丝
近光灯（光束走向）

近光灯灯丝
盖罩
远光灯灯丝
远光灯（光束走向）

灯泡
远光灯灯丝
灯座
带盖罩的近光灯灯丝
电气接口

前照灯上必须带有 ECE 批准标志，该标志位于车灯的透光玻璃或车灯玻璃上。

前照灯由反射器和透光玻璃组成。

卤素近光灯的灯丝位于反射器的聚焦点前。一个遮光板挡住射向反射器下半部分的光线。在此有一个清晰的明暗分界线。盖罩左侧倾斜15°，从而使明暗分界线弯折。向上照射的光线经过反射后向下照射。

远光灯灯丝位于发射器的聚焦点处。光线平行于反射器轴线反射出去。

通过盖罩和透光玻璃上某一区域内特殊的光线折射元件可确保路面左侧的照射亮度较低，因此不会造成对面来车驾驶员严重眩目。在此采用非对称式光线分布方案。

现场直观检查整个照明装置，包括转向指示灯、闪烁警告装置和车内照明装置，检查并调节前照灯调节装置。

更换卤素灯时必须注意，手指不得直接接触灯泡玻璃壳。即使灯泡上油脂附着量非常少，也可能在灯泡处于高温状态时侵蚀灯泡玻璃并造成其损坏。

H7灯泡内部有一定压力，更换灯泡时可能会爆裂。因此，更换灯泡时应佩戴防护手套和防护眼镜。

用于检测和测量的设备和方法

前照灯调节装置

对轿车来说，调节近光灯和远光灯时必须满足以下条件：

- 轮胎压力必须符合规定。
- 必须有一个人或75kg物品位于驾驶员座椅上。
- 车辆必须移动几米，以便加载后补偿悬架变化带来的影响。
- 车辆必须位于水平平面上。

如果不用检测设备进行调节，则要求检测面与车辆的距离在10m内。

停放好车辆，确保向行驶方向看时中心标志位于待调节前照灯的正前方。

前照灯调节设备
1—校准镜
2—推移用手柄
3—照度计
4—换向镜
5—透镜中心标记

前照灯调节设备

利用一个瞄准装置调整该检测设备相对车辆轴线的位置，使瞄准线指向车辆的两个外侧基准标志。利用一个旋钮调整检测设备的屏幕，从而将前照灯调节到规定的调节量——前照灯相对中心轴的倾斜度。

对于带有非对称式近光灯的前照灯来说
- 明暗分界线必须对准水平限制线。
- 水平部分与上升部分之间的交点必须位于经过中心标志的垂直线上。

对于远光灯来说光束中心必须位于中心标志的限制框内。

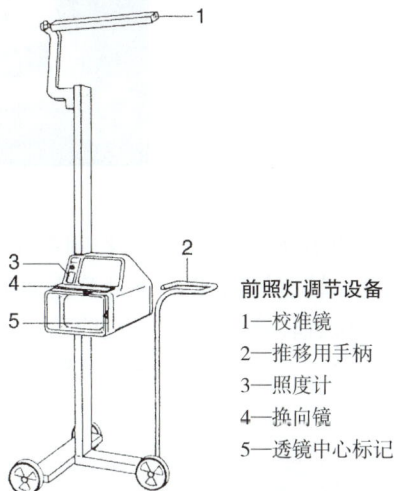

调节设备中的视窗
带有非对称式近光灯时用于明暗分界线的限制线

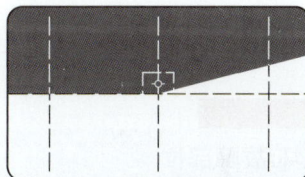

调节设备中的视窗
用于远光灯中心的中心标志

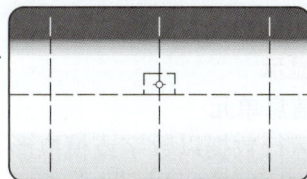

2.4.2.12 电子系统

每个信息处理系统基本上都由三个基本功能组成：

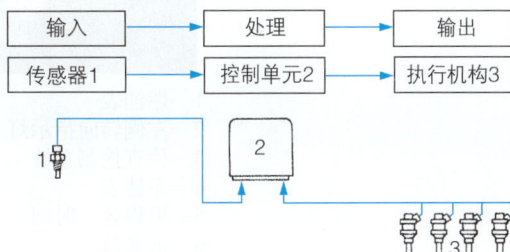

输入 → 处理 → 输出
传感器1 → 控制单元2 → 执行机构3

这个输入—处理—输出原则称为EVA原则。如果按EVA原则分解一个信息处理系统，则会得到以下功能元件：

输入元件： 传感器，探测器，开关	处理元件： 控制单元	输出单元： 喷射阀／火花塞
空气流量传感器　转速传感器 节气门开关　　温度传感器	BOSCH	
传感器、探测器和开关 ● 将空气量、温度、转速等物理参数以及节气门位置转换为电信号。	控制单元 ● 计算需要喷入的燃油量和点火提前角。 ● 产生控制脉冲。	喷射阀 ● 根据控制脉冲打开和关闭燃油供给通道。 ● 使燃油雾化。 控制单元的控制脉冲通过点火线圈和火花塞确保。 ● 在点火时刻点燃燃油空气混合气。

损坏/故障部位
　　电子装置内的故障，火花塞。

保养
　　检查信息单元的显示情况，读取故障代码存储器记录，更换火花塞。

故障显示

信息单元

运行数据以数字或模拟形式传入信息单元内并在此直接显示出来：

● 用于冷却液温度、燃油箱内油位、车速和转速的模拟显示仪表。

● 检查控制系统
该系统探测和处理有助于提高行驶安全性和发动机安全性的附加信息。显示通过符合DIN30600规定的符号实现。

● 灯泡监控系统
该系统监控灯泡电路。

1—燃油表
2—左侧转向指示灯
3—检查控制系统
4—车速表
5—里程表，时间
6—远光灯
7—转速表
8—右侧转向指示灯
9—冷却液温度表

读取故障代码存储器记录

大多数电子系统都带有具有自诊断功能的控制单元，这些控制单元监控传感器电路和传感器信号以及执行机构和调节装置的电路。识别到的故障存储在故障码存储器内。通常情况下控制单元利用其存储器内预先编程的信号替换有故障的信号，以便能够将车辆开到维修站进行诊断和排除故障。

故障通过一个故障读取设备读取。诊断接口是一个专用的诊断连接口。各品牌所采用的故障表示方式不同：

● 以两位、三位或四位数字故障码形式表示，通过对照故障码表可以了解故障码的含义。
● 以文本形式表示。
● 通过组合仪表上的一个警告灯或控制单元上的一个发光二极管表示。
● 通过检测灯（LED检测灯）发出的闪烁代码表示。

故障读取系统不给出损坏的具体部件，只是给出电路和故障类型，例如"522冷却液温度传感器G62偶尔断路/对正极短路"。进一步的故障查询请使用学习领域3和4中介绍的其他测量设备。

如果存储了故障记录，需采取维修措施。

2.4.2.13　火花塞

发动机点火的基本原理是，蓄电池电流（12V）流过点火线圈的初级绕组（圈数较少且导线较粗的一个绕组）。初级绕组内产生强磁场。接近上止点（点火时刻）前控制单元发出一个用于关闭初级电流的控制脉冲。断电后的磁场在点火线圈的次级绕组（圈数很多且导线较细的一个绕组）内产生一个作用在火花塞上的高电压（30000V）。从而在中心电极与接地电极之间产生点火火花，点火火花促使空气燃油混合气燃烧。火花塞承受极端苛刻的化学和物理负荷：

● 周期性往复冲击压力最高为5MPa。
● 温度最高可达3000℃。
● 电压最高达30000V。
● 侵蚀性气体和燃烧残余物。

因此必须按制造商规定定期更换火花塞。符合要求的火花塞参见制造商规定。火花塞外壳上可能标有火花塞型号、运行条件和发动机状态。

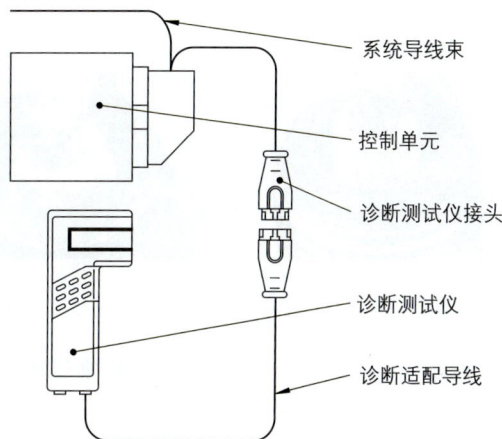

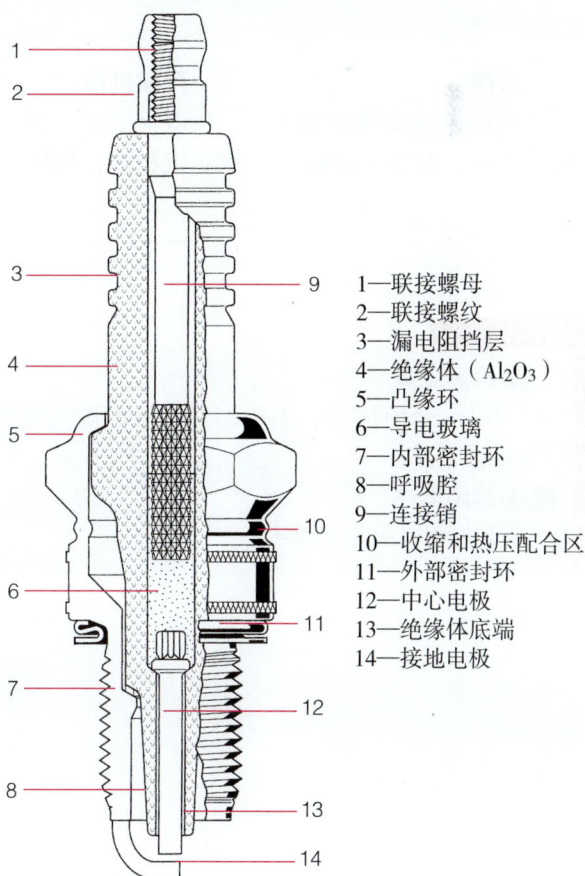

系统导线束
控制单元
诊断测试仪接头
诊断测试仪
诊断适配导线

1—联接螺母
2—联接螺纹
3—漏电阻挡层
4—绝缘体（Al_2O_3）
5—凸缘环
6—导电玻璃
7—内部密封环
8—呼吸腔
9—连接销
10—收缩和热压配合区
11—外部密封环
12—中心电极
13—绝缘体底端
14—接地电极

火花塞外观

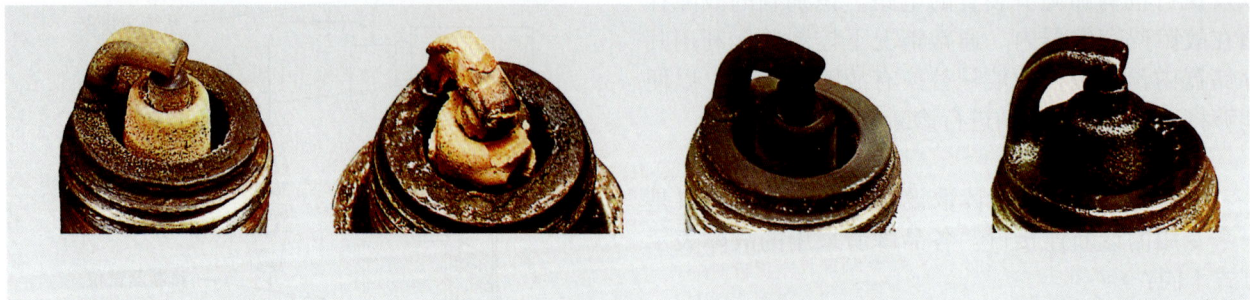

正常
绝缘体底端呈浅灰色至带有棕色

沉积物过多
发动机机油或燃油添加剂产生的残余物，有提前点火的危险

熏黑
炭类软沉积物、油脂混合物或热值不正确

机油沉积
黑色油膜
机油进入燃烧室内

过热
雪白色绝缘体底端，提前点火，混合气过稀

严重过热
电极烧损，提前点火，沉积物，积热

绝缘体底端断裂
爆燃燃烧

形成釉层
绝缘体底端带有黄色光滑层，沉积物熔化造成点火断火

工具/检测工具
16mm套筒扳手，用于测量电极间隙的塞尺（1mm）。

损坏/故障部位
火花塞，火花塞插头。

保养
检查电极间隙，检查火花塞外观，检查火花塞插头是否损坏，按制造商规定更换火花塞。

车窗玻璃清洗装置

车窗玻璃清洗

为确保道路交通安全需使用车窗玻璃清洗装置。该装置包括

- 车窗玻璃刮水器。
- 清洗装置及用于风窗玻璃以及部分用于后窗玻璃和前照灯的喷嘴。

1—用于前照灯和前风窗玻璃的刮水和清洗装置
2—清洗泵及刮水片（前部）
3—喷嘴（前风窗玻璃）
4—前风窗玻璃刮水器
5—后风窗玻璃刮水器
6—喷嘴（后风窗玻璃）
7—后风窗玻璃刮水和清洗装置
8—清洗泵及刮水片（后部）
9—高压清洗装置（前照灯）
10—储液罐
11—高压泵

故障/损坏部位

　　刮水片，喷嘴调整。

保养

　　检查刮水片的橡胶刃口是否硬化或裂开，必要时更新，检查车窗玻璃刮水和清洗装置的功能，检查刮水器摆臂的调整情况，检查喷嘴的调整情况。向清洗液中添加防冻剂。

2.4.3　信息和通信系统

检查表和维修手册

　　为进行车辆保养、检查和修理，车辆机电维修工需要多方面的资料。

　　经常仔细阅读制造商的规定是确保车辆交通和运行安全性的前提。除了专业书籍上的基本信息外，还有汽车制造商、组件和系统供应商、工作油液和辅助材料制造商以及机动车行业组织发布的大量信息系统。

学习领域

1

保养检查表

保养检查表包含保养时必须考虑的所有检查项目。100%保养服务的前提是仔细完成所有检查项目。进行保养工作时应做到

- 完成工作。
- 打对勾。
- 签字。

严格执行规定工作步骤可避免出错。

		检查保养续	正常	不正常	已排除
		发动机舱			
◆		冷却系统,检查冷却液液位和防冻能力/规定值:−25℃,实际值(测量值):___℃			
◆		粉尘和花粉过滤器:更换过滤器滤芯(在夏朗上还要清洁排水槽)			
	◆	更换正时带:发动机代码AHH,ALH(带自动变速器),AJM(2000年款)*,ANU*,AUY(仅限夏朗)* *还要更换正时带张紧轮/附加工作!			
→→		更换正时带:发动机代码AFN,AGP,AGR,AHF,AHU,AOM,ASV,AVG,ALH(带手动变速器),AJM(自2001年起)*,ARL*),ASZ*),ATD*)ATJ*),AUY(非夏朗*),AVB*),AVF*) *)还要更换正时带张紧轮/每隔90 000km附加工作的所有项目			
→→		更换凸轮轴传动机构和喷射泵的正时带(V6 TDI)/每隔120 000km的附加工作			
◆		凸轮轴传动机构和喷射泵的正时带:检查状态(V6 TDI)			
◆		凸轮轴传动机构的正时带和张紧轮:检查(发动机代码AHH,ALH(带自动变速器))			
→→		正时带:检查是否磨损(2000年款4缸TDI/SDI发动机)			
→→		空气滤清器:清洁壳体并更换滤清器滤芯(高尔夫、宝来、新甲壳虫每隔4年*或每隔60 000km,帕萨特每隔2年*或每隔60 000km,夏朗每隔3年*或每隔90 000km) *以先到为准			
◆		燃油滤清器:更换(V6 TDI)			
◆		燃油滤清器:更换(4缸发动机)			
◆		燃油滤清器:脱水处理(4缸发动机)			
◆		检查曲轴箱压力(V6 TDI),发动机代码AFB(直至发动机编号154 591),AKN(直至发动机编号031 889)			
◆		自动变速器:检查ATF液位			
◆		助力转向系统:检查油位			
→→		每隔2年更换制动液/附加工作!			
◆		制动液液位(取决于摩擦片磨损情况):检查			
◆		蓄电池:检查(在夏朗上第二蓄电池位于副驾驶员座椅下)			
→→		进行尾气检测(到期时)/附加工作!			

前照灯照明距离调节装置/文件/最终检查

			正常	不正常	已排除
◆		前照灯照明距离调节装置:检查			
◆		"下次保养"标签:请在长效保养或取决于时间或行驶里程的保养处打对号,必要时填写下次保养日期(包括制动液保养);将标签粘贴在驾驶员侧车门柱(B柱)上			
◆		进行试车(范围参见"保养手册")			

不正常时请查阅维修说明!
我签名确认已按规定完成上述工作。

维修手册

汽车制造商发布的维修手册包括保养、检查和修理所需要的所有保养和维修说明:

- 工作步骤。
- 工具。
- 配件。
- 工作油液,辅助材料。

除了汽车制造商发布的信息资料外,还有出版社出版的维修说明。目前电子信息系统正在逐渐取代维修手册。

➜ ⊛参见CD-ROM

数据处理设备:硬件计算机内的数据处理,键盘、接口、外部存储器、计算机软件利用标准软件工作:使用word处理文本

V.A.G 1551

V.A.G 1551/3 A

V.A.G 1551

V.A.G 自诊断帮助
1-快速数据传输*
2-闪烁代码输出*

利用故障读取设备V.A.G1551查询所有系统的故障码存储器记录:

所需专用工具、检测和测量设备以及辅助工具

- ◆ V.A.G1551故障读取设备
- ◆ V.A.G1551/3A适配电缆

请按以下工作流程完成工作:

连接故障读取设备 V.A.G 1551
–拉紧驻车制动器。
–自动变速器:将变速杆置于位置"P"或"N"。
–手动变速器:将变速杆置于空挡位置。
请在点火开关关闭的情况下按以下方式连接 V.A.G1551:
–打开位于烟灰缸上方的诊断接口盖板1。
–在点火开关关闭的情况下将故障读取设备 V.A.G1551与适配电缆 V.A.G 1551/3A连接在一起。

查询故障码存储器记录:
– 起动发动机并让其怠速运转。
– 按压 Print(打印)按钮接通打印机(按钮内的指示灯亮起)。
– 显示屏上显示:
– 按压用于运行方式"快速数据传输"的按钮1。

维修站信息系统（Bosch 公司的 ESItronic）

保养委托：制动系统保养

该信息系统拥有便于操作的界面，因此可以简单快速地找到所有信息。

1. 识别车辆

根据以下车辆数据是否已知，通过导航栏选择所需要的登录窗口：

- 车型名称。
- 机动车行驶证上的代码。
- 最后30辆车，在最后30辆车处调出了车型时。

在导航栏中点击相应的行时出现对应的窗口，例如"通过名称选择车辆"。

点击选择"车辆种类"、"传动装置类型"，在"品牌"、"车型系列"、"车型"和"发动机编号"栏位内输入具体数据，随后用F12（状态栏内的按钮或符号）确认，此后就会开始查询。

按压 F7 可以显示所选车辆的所有信息。

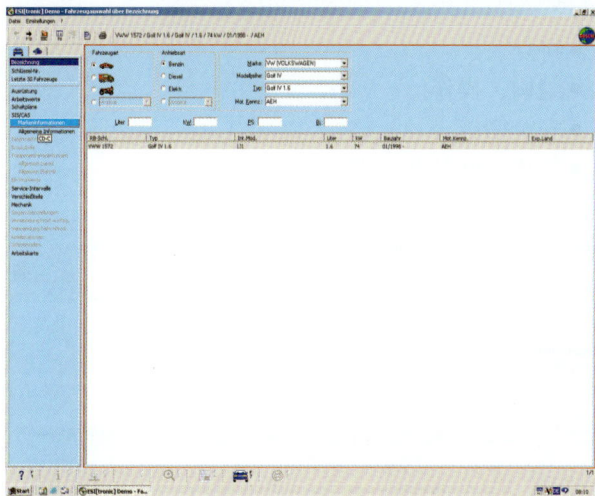

2. 装备

为得到有关车辆制动系统装备的信息，请执行以下步骤：

点击：

1）装备（导航栏）。
2）底盘。
3）分组：前桥或后桥。
4）类别：所有。

3. 机械机构

点击"机械机构"后出现目录：

- 测试值。
- 保养计划。
- 保养插图。
- 正时带。
- 车轮调整数据。
- 钥匙操作和编程。

例如，点击"保养计划"，"行驶里程超过15000km"，"30000km"后出现保养计划。

4. 故障查询说明/服务信息（SIS）

在导航栏内点击SIS/CAS后出现以下方面的信息：

- 附有信息的车辆系统。
- 故障诊断说明。
- 服务信息。
- 利用计算机进行的用于分析自诊断情况的服务。

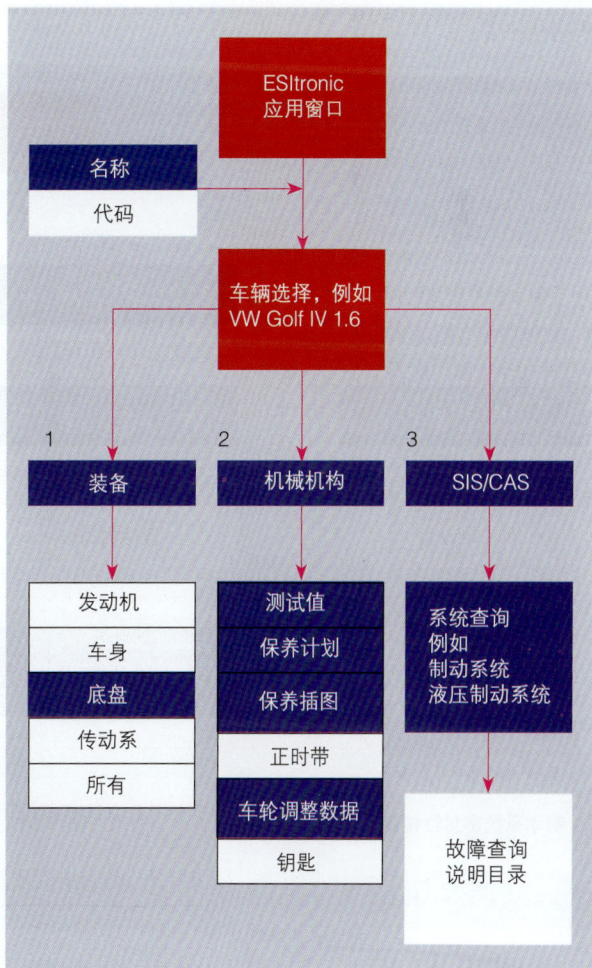

学习领域 1

点击"制动系统"和"液压制动系统，类似说明（其他车辆）"，显示屏上出现各车型的SIS故障查询说明。选择某一故障查询说明后屏幕上显示目录

- 特点。
- 结构，操作。
- 安全措施。
- 禁止维修某些组件。

- 危险部件处理。
- 法律规定。
- 重要信息。
- 修理盘式/鼓式制动器。
- 制动系统检测值。

通过"重要信息"内容和继续翻阅（向下）或获取附加信息可显示大量信息（见下）。蓝色框中的内容对保养委托"制动系统保养"来说非常重要。

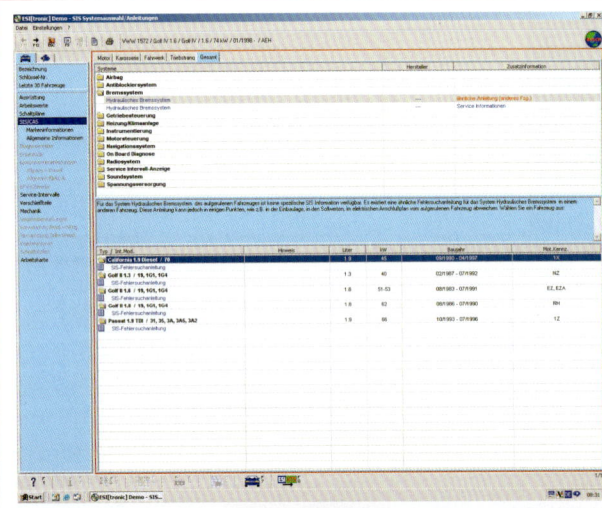

		重要信息	

程序选项

制动部件存放时间	处理制动液	润滑和辅助材料	检测设备和工具
专用工具的使用	液压制动系统保养工作	可能存在的故障	评估制动盘
加工制动盘	评估制动鼓	修整制动鼓	修理制动轮缸
评估/调整车轮轴承	评估制动管路/制动软管	管连接件拧紧力矩	液压装置加注液体和排气
制动系统密封性检查	检查制动力调节器/制动限力器	检查真空制动助力器	检查真空单向阀
制动系统效率检查	维修后试车/检查性制动	保修说明	更改通知

利用 CD-ROM 上的技术信息工作

现在与维修手册类似的技术信息以 CD-ROM 光盘形式提供给维修站。

- Audi/VW：DIS（诊断信息系统），ELSA（电子服务信息查询系统）。
- BMW：DIS，TIS（技术信息系统）。
- Ford：WDS（全球诊断系统）。
- Mercedes：Star 诊断。
- Opel：TIS（技术信息系统）。

VW的技术文件"保养手册"存储在随附的CD-ROM光盘上且可以调出。

文档以PDF文件（可移植文档格式文件）形式存储，在这种文件中允许以压缩文本和图片的方式存储文档并使文本和图片完全嵌入PDF文档内。为了在屏幕上查看PDF文件并打印出原文件，可以到互联网上下载并安装免费软件"Adobe Acrobat Reader"。

将CD-ROM光盘装入CD-ROM驱动器内以调出信息（有文字的一面朝上）：

- 点击"开始"，选择"所有程序"和"附件"，然后点击"Windows资源管理器"（以Windows XP为例，下同）。
- 出现 Windows 资源管理器窗口。
- 在"文件夹"栏位处点击CD-ROM驱动器图标。
- 右侧栏中出现PDF文档格式的CD-ROM文件目录。
- 点击这个PDF文档后出现"技术信息：保养手册"。
- 点击"57工作说明"前的+号后出现目录内容。
- 点击所需要的页码（维修分组），例如"79蓄电池"，显示屏显示有关蓄电池检查的信息。

学习领域 **1**

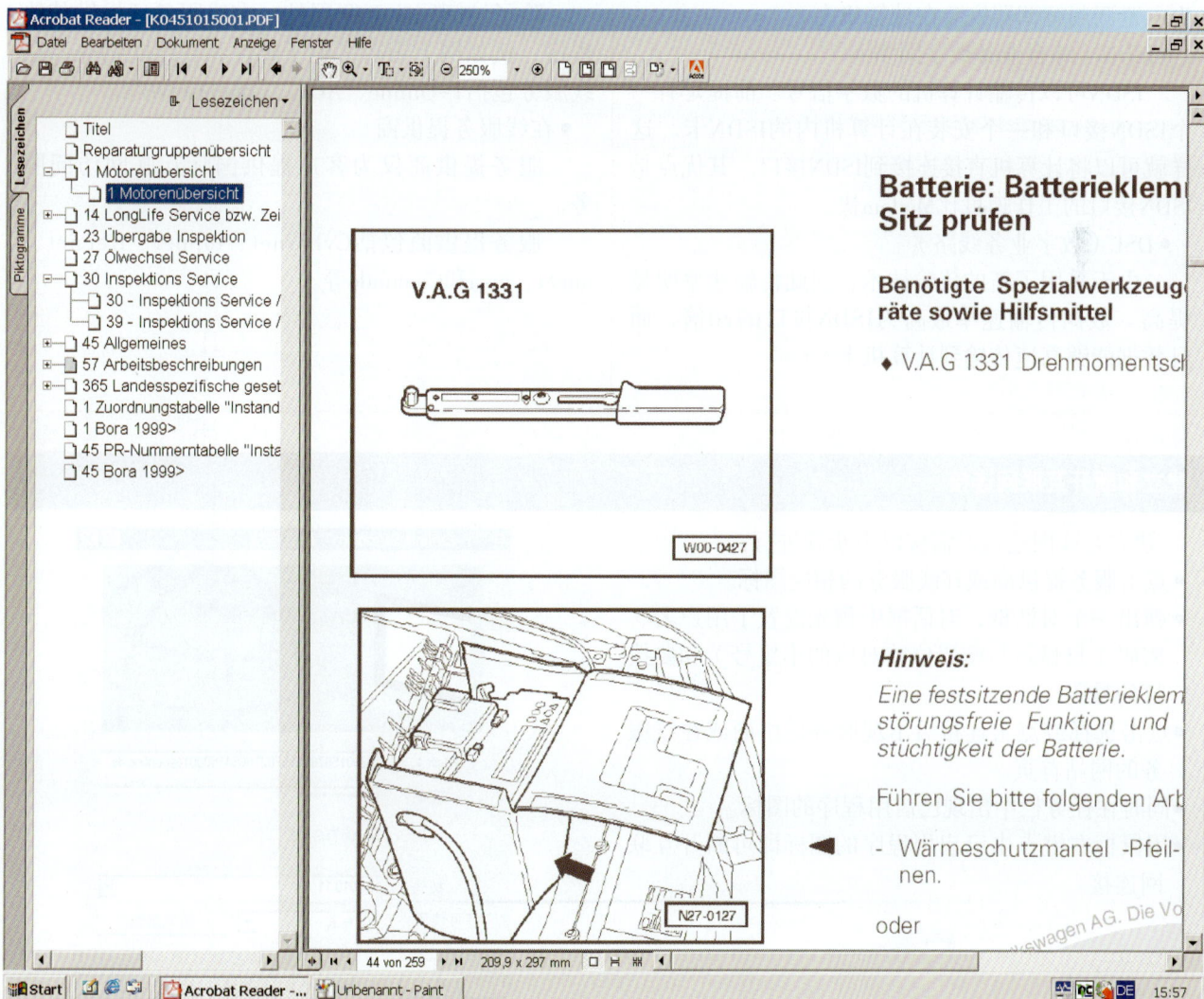

国际互联网

国际互联网（Internet）是世界上最大的计算机网络。国际互联网将全世界数百万个计算机系统连成网络，在互联网上用户可以通过各种各样的途径收集信息，也可以进行通信和沟通。国际互联网最重要的分支或服务是万维网（www）、全方位信息服务和 e-mail 电子邮件。

访问网络的前提

必须具备一定的硬件和软件前提才能使用国际互联网。

硬件配置

现在市场上销售的所有计算机系统都可以连接到国际互联网。

计算机与国际互联网通过电话线建立连接。可以采用以下方案连接：

- Modem（调制解调器）

Modem通过电话线与计算机连接，用于将计算机数字信号转换为电话模拟信号以及进行反向转换。

Modem主要作为外部系统使用，但是也可以作为内置调制解调器安装在计算机内。

- ISDN（综合业务数字网络）

ISDN可以传输计算机的数字信号。前提是有一个ISDN接口和一个安装在计算机内的ISDN卡。这样就可以将计算机直接连接到ISDN接口。其优点是ISDN接口的工作速度比Modem快。

- DSL（数字业务线路）

由于采用了新的传输技术，因此传输速率明显提高。数据传输速率最高为ISDN接口的20倍，而且数据能够高速传输到计算机上。

国际互联网访问软件

访问软件包括Modem或ISDN设备的控制程序、用于建立连接的通信程序和国际互联网浏览器。浏览器是一个可以访问国际互联网和在万维网上冲浪的计算机程序。常用的浏览器是微软Internet Explorer和Netscape Communicator。微软Internet Explorer已经集成在Windows操作系统内。

访问权限由用户与网络服务商之间的许可协议决定：

- 在线服务

除了访问国际互联网外，在线服务还提供其他程序，例如网上银行、电子邮件和在线购物等。在线服务包括T-Online、AOL、Compuserve等。

- 在线服务提供商

服务提供商仅为客户提供国际互联网访问服务。

服务提供商包括Cybernet、topnet、freenet、uunet、msn和Comundo等。

建立和断开互联网连接

建立互联网连接时需按以下步骤进行：
- 点击服务提供商或在线服务的相应图标。
- 弹出一个对话框，对话框中预先设置了用户名、密码（只显示与密码位数对应的小星号）和要拨打的号码。
- 点击选择或点击连接后出现服务提供商或在线服务的网站首页。
- 同时在任务栏中出现已启用程序的图标。
- 用鼠标右键点击已启用程序的图标即可断开互联网连接。

与 "T-Online Standard" 建立连接

用户名：520015678631876216654150001@t-online.de
密码：*************
☑ 保存密码
拨号：0 1910 11
许可使用：只有我　　拨号规则
拨号　　中断　　属性　　帮助

浏览器的操作

最重要的两个浏览器制造商是微软和Netscape。微软提供的浏览器Internet Explorer与微软操作系统集成在一起。Netscape提供的浏览器Communicator是一个特殊程序包的一部分。

Internet Explorer浏览器

为了在万维网中导航，微软Internet Explorer 浏览器提供了
- 按钮。
- 地址栏。

按钮

Zurück：调出上次访问过的页面。

→：已经返回到最近访问过的页面时，重新向前一个页面。

：页面构建持续很长时间时，停止当前的装载过程。

：请求重新构建页面。

：显示调出浏览器时出现的预设主页。

Suchen：切换到预设搜索引擎页面。

Favoriten：在此为预先设置或自动设置的收藏夹，在收藏夹内可以记录地址。

Verlauf：按时间顺序记录访问国际互联网期间的所有页面。因此可以迅速找到以前访问过的网页。

：打开电子邮件程序。

：打印一个页面。

地址栏

- 在WWW中文本显示、图像、声音和视频都集成在文档内。通过给出WWW地址可以访问网页。国际互联网地址通常由使用者以域名方式给出。域名是指可在全世界范围内访问的一个主页（国际互联网网站首页）地址或一个文档的地址。例如，为了得到有关燃油和润滑剂的信息，可以在浏览器地址栏内输入某一燃油或润滑剂制造商的域名。

域名由以下部分组成：

http://www.aral-forschung.de

各部分的含义：
- http：协议名称（超文本传输协议）。
- www：万维网。
- aral-forschung：组织机构、公司或个人等的名称。
- de：德国

在此也可以注册商业域名com，而不采用国家域名de（计算机在德国）。采用商业域名com时意味着其计算机可能放在世界范围内的某个国家或地区。

调出企业网站

主页，网页，链接

主页是在国际互联网上访问某一企业网站时出现的起始页面。主页始终是国际互联网网站的第一页。国际互联网网站的所有其他页面都是网页。网页内包含企业（或个人）提供给用户的数据和信息。

按主题划分的网页构成一个网页。

网页以链接方式连接。

链接是指从一个国际互联网页面连接到另一个页面。链接隐藏在不同元素后：图像、图片、另一种颜色或带下划线的文本或者是通过"继续"或"更多"表示的文本等。

网页元素带有链接时，如果将鼠标指针放在链接部位上，指针就会变成一只食指伸出的手。可以通过以下方式判断某一主页或网页上的链接：

- 将鼠标指针移到图片上。
- 将鼠标指针移到某一文本上。
- 在文本内容结尾处将鼠标指针移到"更多"上。
- 某一互联网网页上边缘或下边缘处的广告条通常带有链接。

点击链接几秒钟后屏幕上出现相应的网页。

例如：
输入地址
"www.aral-forschung.de"后出现网站首页。通过链接可以从一个页面跳转到下一个页面，例如：

- 将鼠标置于"燃油"上。
- 点击"柴油"。
- 点击"特性"。
- 链接到密度、可燃性、含硫量、沸点、黏度、低温特性等信息。

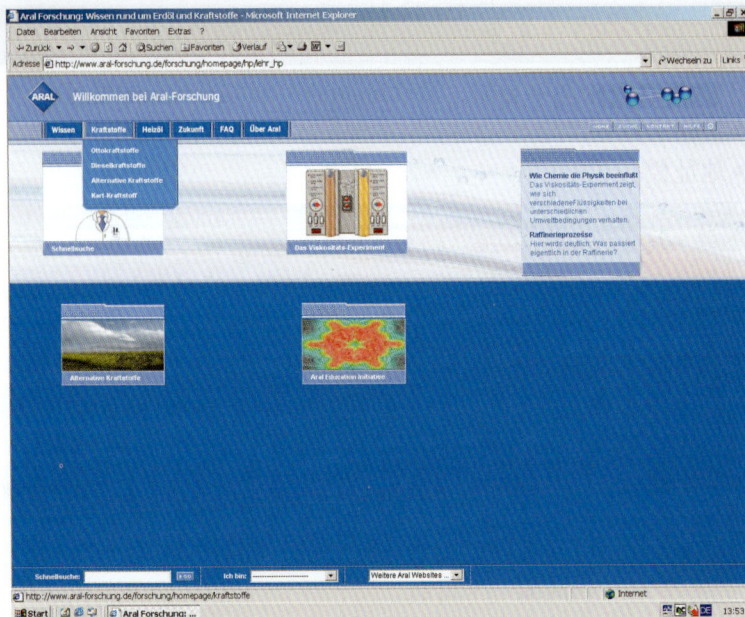

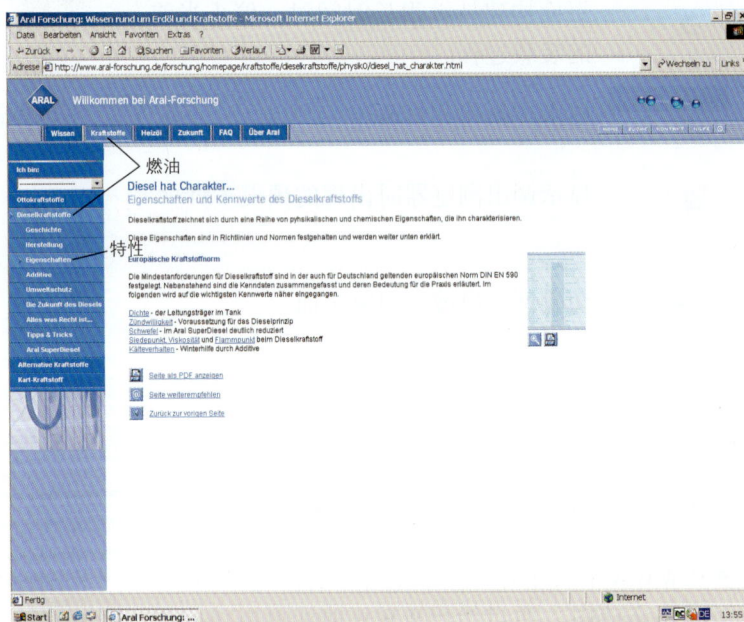

通过搜索引擎在国际互联网内搜索

地址已知时将域名地址输入浏览器的地址栏内并按回车键确认输入。此后出现所查找的主页。

如果不知道地址，则查找信息可能很费力。国际互联网是以无序方式存放不同信息的汇集地。在此可以使用搜索引擎搜索信息，搜索引擎不分昼夜自动搜索万维网网页并将搜索结果存储在一个数据库内。使用者可以通过搜索引擎的主页访问这个数据库。为此使用者输入关键词并很快得到相关网页的地址。

通过搜索引擎搜索

搜索引擎：

Google：www.google.de

Yahoo：www.yahoo.de

Lycos：www.lycos.de

Altavista：www.altavista.de

Fireball：www.fireball.de

Dino：www.dino.de

Web：www.web.de

例如，为得到有关道路交通法规的信息，需按以下步骤进行：

- 建立国际互联网链接。
- 输入地址，例如www.google.de。
- 按回车键确认输入。
- 出现Google的主页。
- 在输入栏内输入关键词"道路交通法规"并点击"搜索"。
- 显示屏上显示所找到的文档（本例中为31300个文档）及相应的说明。
- 页面上显示前10个文档，为显示更多文档请在网页结尾处点击"下一页"。
- 点击"道路交通许可规定（StVZO）"后出现"Verkehrportal.de"的主页。
- StVZO的目录位于这个主页上。
- 点击相应的章节后可以看到法律条文。

搜索引擎常常找到成千上万个结果。通过输入逻辑运算符给出更准确的搜索范围往往会更好：

AND：+，"与"，

OR："或"，

NOT：-，"非"。

查找润滑剂信息：

- 输入：润滑剂
  Yahoo上的搜索结果：21100个结果。
- 输入：润滑剂+发动机
  Yahoo上的搜索结果：2250个结果。
- 输入：润滑剂+发动机+全合成机油
  Yahoo上的搜索结果：31个结果。

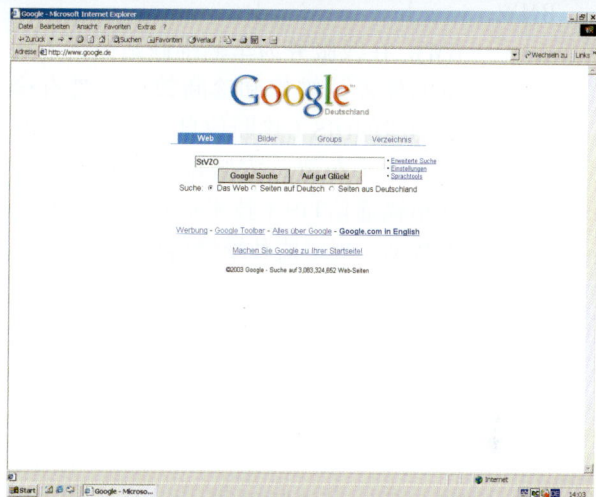

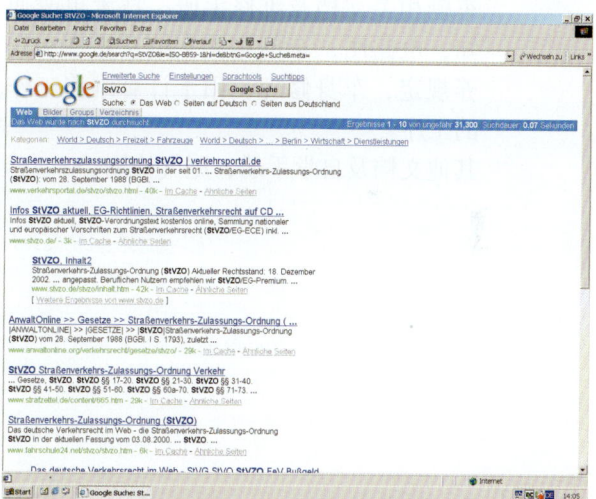

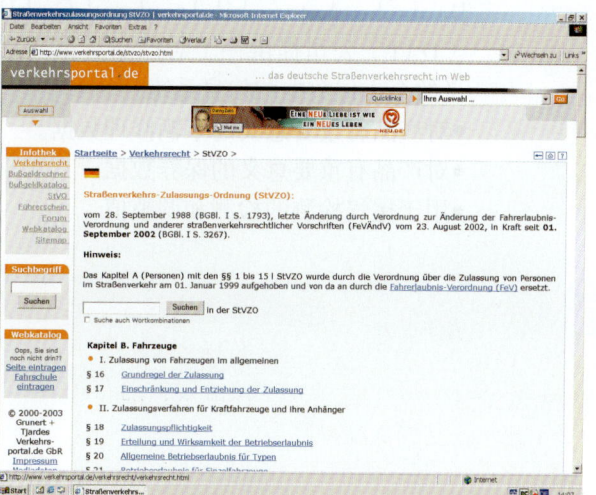

学习领域

1

在线信息

根据集体豁免条例（GVO）和欧盟指导准则，汽车制造商有义务确保所有维修站得到车辆修理和保养所需要的所有技术信息。因此，在进行高技术车辆的诊断、维修和调整工作方面应给每个维修站提供机会。这项服务的使用是免费的。维修站信息通过国际互联网得到。

取自国际互联网的服务和维修说明

BMW： www.bmw-service.de

BMW 在线服务为车辆维修站提供了大量的保养、维修和诊断数据：带有诊断功能的DIS（诊断信息系统），电路图，插头布置，安装位置，功能描述和车辆通信TIS（技术信息系统）及技术数据、规定值和维修信息。

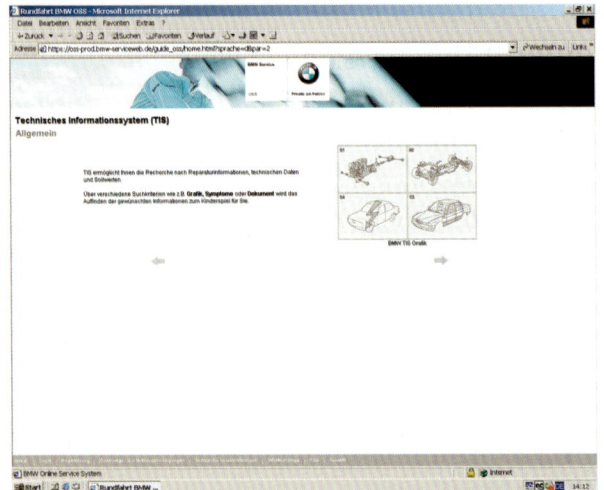

VW： www.erwin.volkswagen.de

车辆相关文档及维修手册，技术更改通知，电路图，车型相关文档及修理和保养规定，车身修理，用于计算维修工作的工序。

其他文档及自学手册，尾气检测。

DAT： www.dat.de

Deutsche Automobil Treuhand GmbH（DAT）公司提供一个对产品有重要意义的全方位数据和信息系统：
- 对产品有重要意义的车辆修理数据。
- 对产品有重要意义的保养数据。
- 用于尾气检测的检测和调整值。

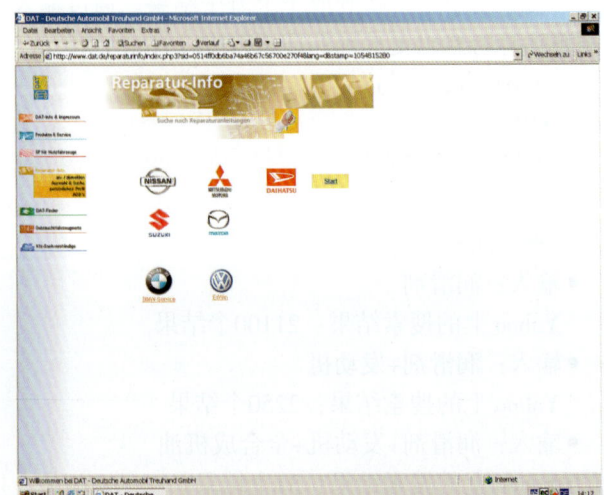

"德国机动车行业中央委员会"（ZDK）等信息系统

在"德国机动车行业中央委员会"（ZDK）、"汽车部件经销商总会"（GVA）和"汽车服务装备制造商和进口商联合会"（ASA）的倡导下开发了一个用于车辆标准维修站的车辆专用信息和服务系统。

EuroKISS：www.eurokiss.de

通过搜索查询用户可以得到有关供应商的数据、零件、工时价格、维修说明等，就是说车辆经销商可以知道从何处调出或得到其所需要的信息。这项服务是免费的。

2.4.4　车辆经销商和法律规定

车辆经销商及其员工在环境保护方面起主要作用。经销商负责
- 汽车方面的环境保护，通过尾气检测和以环保为导向的保养和修理工作。
- 经销商方面的环境保护，环境保护涉及到危险物品、废水、减小噪声、危险物品废弃处理。
- 与环境保护密切相关的劳动保护。

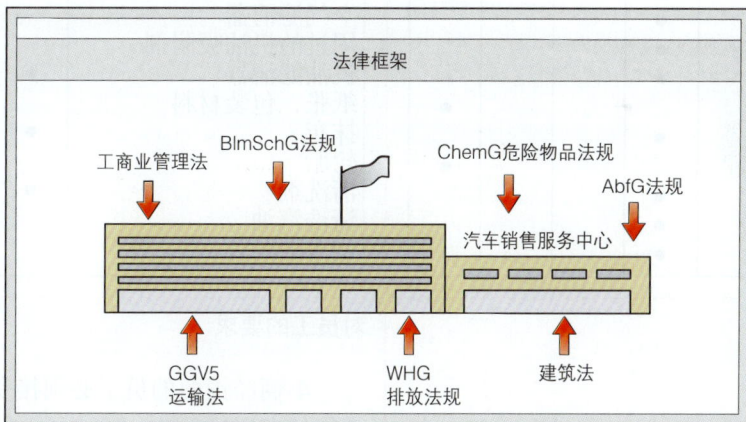

因此，各车辆经销商必须遵守环境保护和劳动保护方面的许多法律规定。
- 联邦污染物排放保护法（BImSchG）
  该法规用于保护自然界和环境免受空气污染、噪声、震动和类似过程造成的有害影响。
- 危险物品法规（GefStoffV）
  该法规用于保护人类免受不利工作条件带来的健康危险和其他情况带来的健康危险，以及保护环境免受不利物质条件带来的损害。
- 回收利用和废弃物处理法规（KrW/AbfG）
  该法规要求回收利用公司爱惜自然资源并按环保规定清除废弃物。
- 水资源法规（WHG）

该法规用于保护水资源免受污染和用于节约用水。国家水资源法规和条例在接触对水资源有害的物质方面做出了规定。
- 易燃液体法规（VbF）
  该法规适用于易燃液体的储存和排放。
- 易燃液体技术规范（TRbF）
  该规范包括接触易燃物品时的安全技术要求。
- 易爆物品法规
  该法规在接触、存放和废弃处理安全气囊单元和安全带拉紧器单元方面做出了规定。

车辆经销商必须实施和遵守这些法规和条例。每位员工也有义务严格遵守相关法规。下面简要介绍一下这些法规。

学习领域
1

回收利用和废弃物处理法规

回收利用和废弃物处理法规（KrW／AbfG）（摘要）

法规的目的

法规的目的是
- 要求（物品回收公司）回收利用，以保护自然资源。
- 确保按环保规定清除废弃物。

法规规定适用于
- 避免产生。
- 回收利用。
- 清除废弃物。

废弃物

按法规规定废弃物
- 首先必须避免产生。
- 其次要从物质方面回收利用或用于获得能源。

必须按环保规定清除无法避免的废弃物或无法相应回收利用的废弃物。

按法规规定废弃物划分为
- 需特别监控的废弃物 ①。
- 需监控的废弃物 ②。
- 需监控的待清除废弃物 ③。
- 不需要监控的待回收利用废弃物 ④。

车辆经销商处废弃物品的归类

废弃物	监控方式			
	①	②	③	④
旧蓄电池	●			
废机油	●			
蓄电池电解液	●			
制动液	●			
密封件				●
冷清洁剂	●			
V 形带				●
污染的燃油	●			
燃油滤清器	●			
冷却液	●			

废弃物	监控方式			
	①	②	③	④
油漆	●			
空气滤清器				●
用过的机油吸附剂			●	●
机油滤清器	●			
纸张，包装材料				●
抹布				●
轮胎		●		
清洗剂	●			
清洗汽油		●		
刮水器刮片				●

对经销商的要求

最高原则是：

1. 避免
- 以最佳方式使用环保型工作油液和辅助材料。
- 教育员工养成避免产生废弃物的观念。

2. 回收利用
- 车辆经销商不自己回收利用，而是在收集、分类和存放后将废弃物提供给回收废弃物的回收利用公司。
- 废弃处理以经销商内分开收集废弃物开始。收集容器应采用不同颜色且带有不干胶标签，从而便于员工按规定类别分开收集。
- 作为废弃物制造者，车辆经销商负责按规定进行废弃处理并承担相应义务。

对员工的要求

车辆经销商的员工必须接受并采取避免产生废弃物的态度：

员工必须
- 尽可能避免产生废弃物。
- 与工作油液接触时认真仔细，例如
  - 小心盛接废机油。
  - 不要让废机油、冷却液、制动液溅出。
  - 立即清除溅出的液体。
- 将上述液体分开存放在相应的收集容器内，以便于废弃处理。
- 基本上实现垃圾分类。
- 盖住收集桶，以免液体溅出或蒸气进入空气中。

危险物品法规

危险物品法规（GefStoffV）（摘要）

　　危险物品法规用于保护人类免受不利工作条件带来的健康危险和其他情况带来的健康危险，以及保护环境免受不利物质条件带来的损害。

　　危险物品通过一个符号以及标准化的R分组（R=危险）、S分组（S=安全建议）和E分组（E=废弃处理）标记出来，这些信息必须在危险物品的包装材料上注明。

R分组（摘要）

R10	易燃
R16	与易燃物品混合时有爆炸危险
R20	吸入时对健康有害
R21	与皮肤接触时对健康有害
R22	吞食时对健康有害
R23	吸入时会中毒
R24	与皮肤接触时会中毒
R25	吞食时会中毒
R 35	造成严重腐蚀
R 36	对眼睛有刺激
R 45	可能致癌

S分组（摘要）

S1	在密封状态下保存
S2	远离儿童
S3	在荫凉处保存
S7	容器保持密闭状态
S8	容器保持干燥状态
S15	防热
S20	工作时不要吃东西和饮水

E分组（摘要）

E1	稀释，排入下水道内
E3	作为生活垃圾处理
E8	作为特殊垃圾处理
E12	不允许排入下水道内

危险物品的危险符号和标记

E 有爆炸危险	O 有助燃作用	F+ 高易燃性	C 有腐蚀性	Xi 有刺激性
F 低易燃性	T+ 有剧毒	T 有毒	Xn 对健康有害	N 对环境有害

车辆方面的危险物品

废弃物名称	危险等级 按：VbF	水污染等级 按：VwVwS	危险物品名称，按：GefStoffV	废弃物名称	危险等级 按：VbF	水污染等级 按：VwVwS	危险物品名称，按：GefStoffV
蓄电池电解液	–	WKG1	C	已污染的燃油	A　I	WKG2-3 （根据质量多少）	F+　T
废颜料，废油漆	A　II–III	WKG2	F　Xn	冷却液	–	WKG1	Xn
已知来源的废机油	A　III	WKG3	F　Xn	溶剂混合物	A　I–III （根据质量多少）	WKG2-3 （根据具体成分）	F+　Xn
未知来源的废机油	A　I	WKG3	F+　Xn	硝基稀释剂	A　II	WKG2	F+　Xn
旧轮胎	–	–	–	已用过的机油吸附剂		WKG3	O
汽车蓄电池	–	WKG1	C	机油滤清器	A　III	WKG3	F+　Xn
被机油污物的工作油液	A　I–III （根据质量多少）	WKG3	F　Xn	干蓄电池		WKG2	Xn
制动液	–	WKG1-2	Xn	清洗汽油	A　I	WKG2	F+
不含卤素成分的冷清洁剂	A　I–III （根据质量多少）	WKG2-3 （根据质量多少）	F　Xn	VbF: VwWwS; GefStoffV:	有关易燃液体的法规 危险物品法规 危险物品法规		

安全数据表

　　危险物品法规规定危险物品供应商必须向商业客户提供一份安全数据表。

　　其中可能列出了易燃液体的数据/规定/搬运说明/按危险物品法使用/按危险物品法运输和存放。

◆ ARAL	Aral 公司安全数据表 按照 91/155/EWG SDB 1001	数据表编号 1001.006 2002.09.12第6版 打印日期：2002.09.17 第2页，共7页

4.4 接触眼睛后：用清水彻底冲洗。向医生咨询。

4.5 误食后：切勿催吐，因为此时液态燃油可能会进入肺部（吸入）
　　不要躺卧，而是采用侧卧姿势。立即向医生咨询。
　　误食量较多时：可能造成甲醇中毒（吸收量的最多3%）

4.6 就医提示：<u>症状</u>：可能出现以下症状：晕倒、呼吸困难、头痛、恶心
　　麻木、头晕、肠胃不适。
　　<u>危险</u>：有循环衰竭危险。有呼吸机能失常危险。对健康的最大潜在危险是，即使吸入少量汽油也会造成肺部组织严重损伤且有死亡危险。
　　<u>处置</u>：根据症状进行相应处置；必要时吸氧。只有事先插管后才允许洗胃。

5. 消防措施

5.1 合适的灭火剂：泡沫；二氧化碳；干粉灭火剂；水雾。

5.2 出于安全考虑不合适的灭火剂：水，切勿使用尖嘴喷水器。

5.3 材料、其燃烧物或材料产生的气体带来的特殊危害：环境温度下汽油很容易挥发。燃油蒸汽具有易燃型且比空气重。
　　防燃防爆：远离火源，禁止吸烟，采取防静电措施。
　　按 DIN EN2的火灾等级：B。
　　燃烧物、烟和其他有机物，一氧化碳，二氧化碳。

5.4 特殊保护装备：使用独立的呼吸保护装置（隔离装置）。烟或蒸气扩散范围较大时穿上连体防护服。

5.5 附加提示：必须按主管部门规定废弃处理已污染的灭火用水。

6. 无意间释放时的措施

6.1 与人相关的预防措施：劳动卫生：避免频繁、长时间、过多接触皮肤；必要时穿戴个人防护装备；清洁并养护皮肤。
　　立即脱下被汽油溅湿的衣物。小心衣物上的静电。尽可能避免吸入汽油蒸气。

6.2 环保措施：大量汽油流入水系、排水系统或地下时，向主管部门通报。不允许排入下水道内。盖住下水道。用泥土或其他合适的材料挡住流出的液体。

6.3 清洁/吸附方法：洒出或溢出后用液体吸附材料吸附并按规定清除这些材料。

6.4 附加提示：移走火源。

7. 处置和存放

7.1 处置：<u>有关可靠处置的提示</u>：避免洒出和产生气雾。
　　<u>个人防护装备</u>：浓度较高时使用的呼吸保护用具，防护眼睛，防静电靴子。
　　<u>手部防护</u>：使用合适的防护手套（例如丁腈橡胶手套）。
　　<u>有关防燃防爆的提示</u>：远离火源，禁止吸烟，采取防静电措施。

工作指导

　　雇主必须按危险物品法规制订一份有关工作范围和物品的工作指导，工作指导应包括以下事项：

- 对人和环境来说有哪些危险。
- 保护措施。
- 行为准则。
- 按规定废弃处理。
- 急救措施。

公司	工作指导 按照危险物品法规第20条 汽油发动机用燃油	编号： 日期： 负责人：

应用范围

工作范围：维修站　　　　　　活动：燃油装置方面的工作

对人和环境的危害

- 非常易燃。
- 可能致癌。
- 吸入、误食或接触皮肤时会中毒。
- 燃油蒸气与空气形成可爆炸的混合气体。
- 燃油蒸气不可见，最后会落到地面上。

保护措施和行为准则

- 远离火源。禁止明火、火焰和吸烟。
- 不允许排入下水道内–有爆炸危险！
- 避免接触眼睛、皮肤和衣物。
- 确保地面附近通风良好

出现事故和危险时的行为守则

用通用吸附剂清除溢出的燃油
确保工作地点通风良好
向上级主管报告。

急救

- 将遇到事故的人员移到有新鲜空气处。
- 脱掉已污染的衣物。
- 用大量清水和肥皂彻底清洗皮肤接触部位。
- 接触眼睛后用流水冲洗眼睛（眼皮保持翻开状态，保护好未受伤的眼睛，取下隐形眼镜）。到眼科医生处治疗。
- 误食后到医院治疗。

按规定废弃处理

使用适用于A1液体的密闭容器收集已污染的燃油并单独进行废弃处理

对经销商的要求

　　雇主必须根据安全数据表制订一份有关工作和物品的工作指导，然后在经销商处张贴或挂起来。

　　车辆维修站的每位员工必须在就职前进行危险物品方面的培训，工作后每年必须至少培训一次。

　　年龄不超过16岁的学徒不允许接触危险物品。如果学徒属于培养之列，则允许该学徒在相关员工的监督下进行与危险物品有关的工作。

对员工的要求

　　员工有义务

- 遵守工作指导要求。
- 接触危险物品时小心谨慎。
- 只按规定使用危险物品。
- 有安全和健康危险时立即报告。

有关易燃液体的法规

有关易燃液体的法规（VbF）（摘要）

该法规规定了易燃液体的存放、排放和使用要求。易燃液体根据闪点和水溶性划分危险等级。

危险等级	闪点	示例
A I	< 21℃	汽油 溶剂
A II	21至55℃	石油 冷清洁剂
A III	55至100℃	柴油 轻质燃料油
B	<21℃，15℃时溶解在水中	醇 酒精

对经销商的要求	对员工的要求
●灭火器。 ●物质抽吸。 ●隔开的可燃液体存放间。 ●制定工作指导。 ●教育员工。	●禁止吸烟。 ●避免使用明火。 ●易燃物品容器保持密闭状态。 ●不要在工作间内存放易燃物品。 进行燃油系统方面的工作时 ●禁止吸烟。 ●避开火源。 ●立即盛接流出的汽油。 ●排走所产生的蒸气。

有关水资源保护的法律和法规

水资源法规

水资源法规是一项联邦框架法规。各州可能通过州水资源会议和通过居民废水排放会议调整具体细节。
水污染物质管理规定（VwVwS）给出了水污染物质和物质等级，并根据污染程度划分了水污染等级。

水污染等级	含义	示例
WKG 3	对水污染较高的物质	废机油 冷清洁剂
WKG 2	对水有污染的物质	柴油 汽油
WKG 1	对水污染较低的物质	冷却液 蓄电池电解液
WKG 0	对水无污染的物质	某些清洁剂 食盐

对车辆经销商的要求	对员工的要求
为遵守废水限值规定，车辆经销商可以采用以下方案： ●避免产生：通过节约使用环保产品防止产生废水。 ●组织：将卫生用水和雨水与工业废水分开。从屋顶流下来的雨水和卫生用水可以直接排入下水道内。 ●技术手段：在废水处理设施内处理工业废水。	●使用对水污染尽可能小的化学制品。 ●清洁车辆时节约用水。 ●使用适合当地水硬度且可以很快分解的清洁剂。 ●小心对待对水有污染的液体，就是说小心盛接液体且不要让其溅出。 ●立即吸附并清除溅出的液体。

学习领域

1

车辆经销商处的废水

车辆经销商处会产生大量废水。

工作	废水量 每次工作时（l）
车辆清洗 • 利用龙门式清洗设备 • 以手工方式清洗上部	 200l 100l
车辆下部清洗 • 高压清洗设备	 20至50l
发动机清洗 • 高压清洗设备	 10至30l
除蜡 • 石蜡 • 丙烯酸聚合物	 400l 100l
维修站地面清洁 • 每个工位	 10l

事故车停放处的雨水、来自维修站区域的污水、部件清洗液、除蜡剂和车辆清洗废水只有经过处理后才能排入下水道内。

屋顶流下来的雨水和来自洗手间和厕所的污水允许直接排入下水道内。

废水处理

车辆经销商处产生的废水通常含有机油乳液。正常情况下水与机油无法混合在一起。即使用力摇动两种液体也会分开，机油因密度较低而浮在水上面。但是加入活性蜡物质（表面活性剂）后会形成一种较稳定的乳液，就是说细小的油珠将分布在水中。因此必须采用技术手段处理废水。

汽油／机油分离器

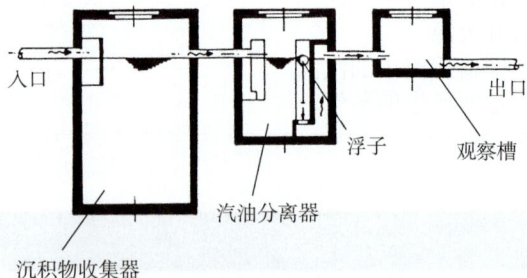

汽油/机油分离器前串联了一个沉积物收集器，废水中的固态物质（污物、粉尘等）在收集器内沉积下来。

流入的废水在沉积物收集器停下来。

燃油在汽油分离器内将密度较低的矿物油分离出来。不含机油的水通过排出口流入下水道内。根据需要或至少每隔6个月必须抽出并废弃处理浮在表面上的机油。

混合物分离器

如果机油因使用高压清洗设备等破裂成非常小的油珠或者由于加入活性蜡物质而形成稳定的乳液，则汽油／机油分离器无法进行分离。

在此必须在汽油分离器后串联一个细分离器（混合物级）。细分离器有一个过滤器，细油珠在该过滤器处沉积下来且最终形成较大的油珠。由于存在密度差，因此大油珠自行分离出来。

循环系统

废水在循环系统内进行处理，以便能够再次用于清洁车辆和部件。借此可以降低用水和排水费用。循环水用于

• 车辆除蜡。
• 部件清洁。
• 车辆上部清洗。

劳动安全事故预防规定（UVV）

劳动保护法规定雇主有义务"根据工作中影响员工安全和健康的具体情况下采取必要的劳动保护措施"（第3条）。雇主必须"在有关工作时间内的工作安全和健康保护方面对员工进行足够且合适的培训"（第12条）。

"员工有义务根据具体情况并按照雇主的培训和指导注意工作安全和健康。根据第1点，员工还应注意不要因自己处理不当或疏忽而影响其他人的安全和健康"（第15条）。

"员工发现明显的安全和健康危险以及发现保护设施损坏时，必须立即向雇主或主管上级汇报"（第16条）。

作为法定事故保险的承保方，同业工伤事故保险联合会有义务制定和提供事故预防规定和安全准则。每个车辆经销商都是南德冶金同业工伤事故保险联合会（美因茨）的成员。企业劳动保护监督局作为监督机关监督企业是否遵守事故预防规定。企业违反劳动保护规定时可能处以罚款。

摘自事故预防规定"一般性规定"：
- 按规定使用设备
  被保险人只能按企业主指定的用途或正常用途使用设备。

- 未经授权使用设备
  未经授权被保险人不允许使用设备和工作材料。未经授权被保险人不允许进入或登上设备。

道路交通许可规定（StVZO）

StVZO 由三个章节构成：
- 章节A
  章节A中取消了第1至15条有关1999道路交通人员许可条例的内容，并替换为"驾驶员许可条例"。

- 章节B
  章节B 内容针对车辆。
  其中包括对车辆机电维修工来说很重要的部分：

说明：详细信息请参见www.verkehrsportal.de

劳动安全和健康保护

手工业同业公会疾病保险公司IKK针对车辆服务行业收集并发布了最常见的事故危险和健康损害。
最常见的事故和受伤危险是：
- 工具或其他材料造成割伤。
- 机器或其他工具造成的挤伤或扭伤。
- 维修站地面光滑（例如有机油）等引起的滑倒或跌倒。
- 车身焊接或钎焊时失火。
- 升降台上等处的材料或工具掉落下来。

此外IKK还规定了以下物质的危害性
- 汽油和柴油发动机的废气。
- 所有工作油液，例如发动机机油、变速器机油、制动液、冷却液和蓄电池电解液。
- 辅助材料，例如触点喷剂、溶锈剂、制动器清洁剂、稀释剂、溶剂、空腔防腐剂、填充剂和各种清洁剂。
- 研磨和车身工作产生的粉尘。

工作态度不正确带来的危害也属于此列。
为减少健康危害，IKK研究了有关车辆机电维修工劳动和安全保护的信息。

相关领域劳动保护和健康保护的详细信息请参见 www.ikk.de。（首先点击"健康在线"，但后点击"适合职业"）：
- 您如何解决工作岗位方面的矛盾？
- 噪声：正确保护自己。
- 危险物品：正确保护自己。
- 防止过敏。
- 预防背痛。

拖车	第18，43，53条
检查性行驶，试车，通过性行驶	第28条
车辆定期检查（HU，SP）	第29条
尾气检测	第47a条
制动系统	第29，41条
车灯技术装置	第49a，50，51，52，53，60条

- 章节C
  章节C包括实施规定、罚款规定和结果规定。

原材料使用情况

插图中给出了 Golf 中使用的材料：

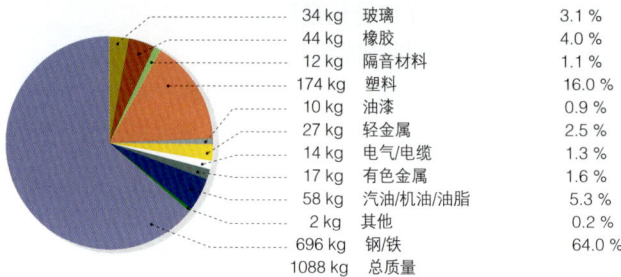

34 kg	玻璃	3.1 %	
44 kg	橡胶	4.0 %	
12 kg	隔音材料	1.1 %	
174 kg	塑料	16.0 %	
10 kg	油漆	0.9 %	
27 kg	轻金属	2.5 %	
14 kg	电气/电缆	1.3 %	
17 kg	有色金属	1.6 %	
58 kg	汽油/机油/油脂	5.3 %	
2 kg	其他	0.2 %	
696 kg	钢/铁	64.0 %	
1088 kg	总质量		

锌	32
石油	48
铜	49
铅	50
锡	52
铁	61
天然气	69
铝	79
无烟煤	102
褐煤	102 / 173

原材料储备量（年）

一个较大的汽车制造商日生产12000辆车时每天处理

- 11000t钢材。
- 11720t有色金属。
- 13000t非金属。

有限的原材料储备面对巨大的材料和原材料需求：

- 铝在大约79年后用完。
- 地球上的铅储量还能开采约50年。
- 锌储量于32年后开采完。
- 铜储量还能开采49年。
- 锡在52年后将开采完。

原材料（尤其是有色金属）越来越紧缺的结果是其价格不断上涨。

能源成本对原材料成本也有决定性影响。原材料的加工处理需要能源。例如，铜必须从越来越少的矿石中提炼。提炼单位质量的铜时，矿石的开采、粉碎和精选消耗的能量越来越多。石油和天然气储量也是有限的，因此这方面的成本同样会提高。

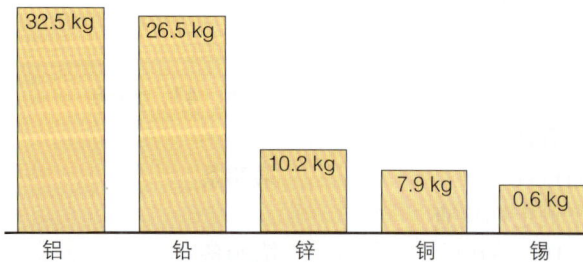

一辆中级轿车中有色金属的含量

回收利用

由于原材料储量越来越少且能源价格不断提高，因此必须重复处理和使用这些材料。从专业角度看重复处理和使用称为回收利用。通过回收利用可

- 节约使用原材料储备。
- 节省能源成本。

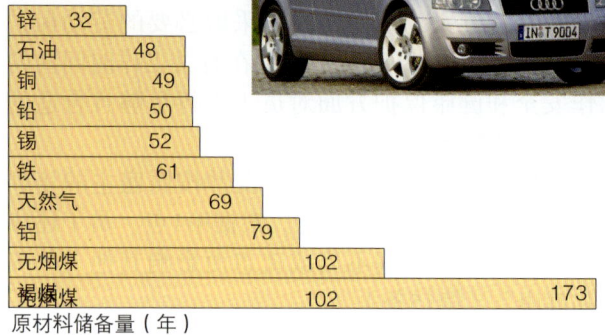

联邦德国每年约有一百八十万辆机动车报废且必须废弃处理。由此产生的金属废料超过一百万吨。

无法再翻新使用的两千两百万条旧轮胎作为碳和能量的载体存放在水泥制造商处。一个旧轮胎的热值等于10kg煤炭。

实验结果表明有害物质会掺入水泥中。所产生的废气基本上没有有害物质。

可回收利用的废发动机机油和变速器机油也可以通过重新精炼生产出高品质的润滑油。

回收利用催化转换器时可得到贵金属白金和铑。

旧车废弃处理

自1998年4月1日起这个旧车废弃处理法规开始生效，该法规要求某辆机动车的最后一位车主必须将其旧车交给授权接收单位或回收利用企业，以便最终报废处理。根据旧车车龄、车型和车况，最后一位车主将得到一定补偿或必须为废弃处理缴纳费用。接收单位将回收利用证明和相关回收利用企业的名称转交给最后一位车主，然后将旧车交给授权回收利用者以进一步回收利用。

回收利用企业让旧车干燥下来并进行解体。可利用部件作为旧配件提供给车辆经销商用于维修。然后将经过预先处理的汽车（剩余车身）交给第三方继续回收及利用粉碎机回收金属。所得到的材料纳入生产新车辆的材料循环体系中。2002年7月1日制定的新旧车废弃处理法规规定，原则上最后一位车主可以将其车辆无偿提供给制造商/进口商。对于2002年7月以前登记注册的车辆来说，该法规从2007年起生效。该法规规定，从2006年起必须回收利用一辆旧车平均质量的至少85%，且至少80%的材料要回收利用或重复使用。从2015年起至少达到95%及85%。

2.5　执行工作计划

2.5.1　工作计划

"冬季检查"信息分析

必须有以下资料

1. 专业信息，参见第 57 及以后的部分。

2. 制造商信息。

冷却液循环回路（结构与不带废气涡轮增压器的AEH 发动机类似）：

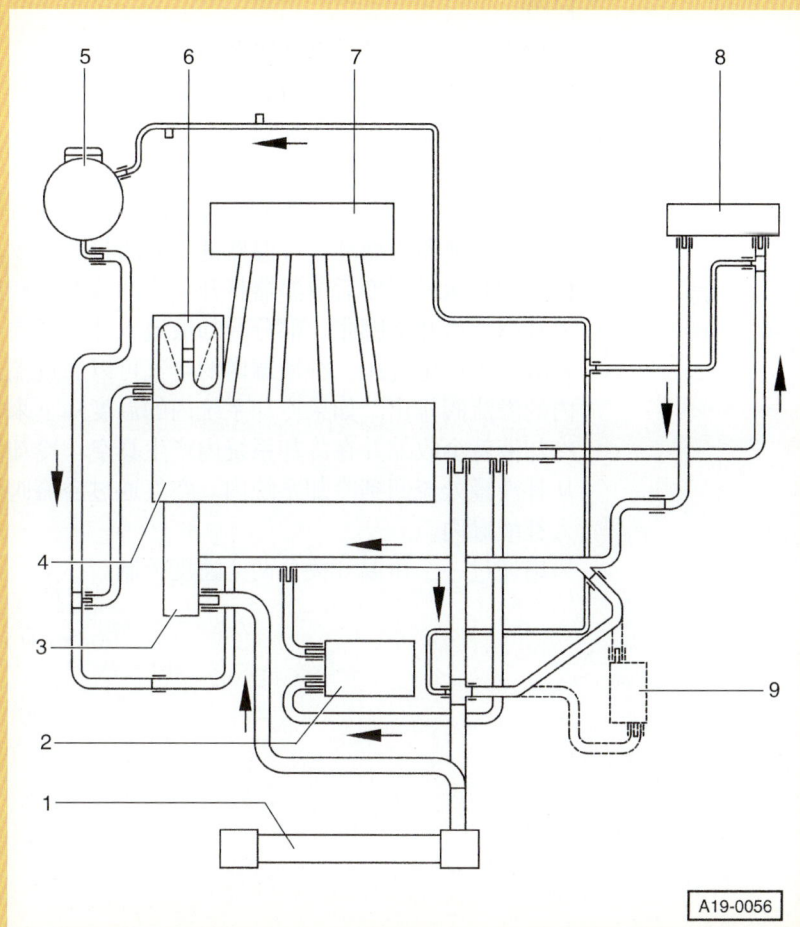

1—8l涡轮增压发动机冷却液循环回路
1—散热器
2—机油冷却器
3—冷却液泵/冷却液泵调节器
4—气缸盖/发动机缸体
5—补液罐
6—废气涡轮增压器
7—进气管
8—暖风热交换器
9—ATF 冷却器
仅限使用自动变速器时

客户委托：冷却系统冬季检查

整理、组织并记录信息

1 系统分析

1）这个待保养的系统称为什么？

2）这个待保养的系统由哪些功能元件组成？

3）这些系统元件有哪些任务？
（在此仅限冷却系统）

4）整个系统如何工作？
（在此仅限冷却系统）

1）带有补液罐的泵循环冷却系统，暖风热交换器，车窗玻璃清洗装置。

2）散热器，冷却液泵，节温器，补液罐，暖风热交换器，风扇。
前风窗玻璃和后风窗玻璃刮水器，喷嘴，带刮水器刮片的清洗液泵

3）散热器是一个热交换器：冷却液将热量排出到环境空气中。
冷却液泵使冷却液在冷却系统内循环流动。达到发动机运行温度（80 ℃）后节温器打开散热器循环回路。
发动机处于冷态时只打开短循环回路。
补液罐补偿系统内的压力和液位。
暖风热交换器负责车内加热。
风扇提高流过散热器的冷空气量。

4）发动机冷态时冷却液在发动机缸体、气缸盖和暖风热交换器内循环。节温器处于关闭状态。发动机达到其运行温度后节温器打开。冷却液温度和压力升高。冷却液膨胀。部分冷却液流入补液罐内。补液罐内产生过压。补液罐内的空气可以通过端盖内的溢流阀排出。如果冷却系统内的温度降下来，冷却液就会收缩并在冷却系统内产生真空。冷却液从补液罐处流回到冷却系统内。空气通过溢流阀流入补液罐内。
风扇通过一个恒温开关分两个速度控制。

5）系统方框图

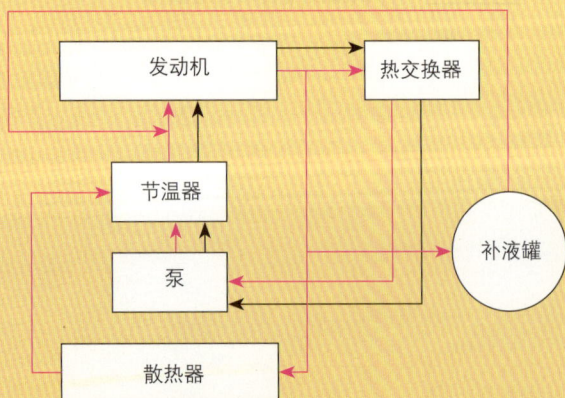

整理、组织并记录信息

整理、组织并记录信息

2 保养 1）哪些功能元件纳入保养范围内？ 2）安装位置在何处？ 3）必须进行哪些保养工作？ 4）制造商给出了哪些技术数据（例如拧紧力矩）？ 5）需要哪些工具或检测工具？ 6）是否拥有工具／检测工具？ 7）需要哪些工作油液／辅助材料？	1）冷却和加热软管、软管接口、散热器、冷却液泵，车窗玻璃清洗装置。 2）发动机室。 3）现场直观检查冷却系统的密封性和状态，检查冷却液液位并在必要时校正，冷却液损耗较多时检查密封性。 利用折射计检查冷却液浓度。 检查车窗玻璃刮水／清洗装置的功能：喷嘴调整，车窗玻璃刮水器刮片静止位置，刮水器刮片。 检查冷却液的防冻能力并在必要时校正。 4）出厂时散热器内加注的冷却液防冻能力约为−28.5℃。 5）折射计，可能需要压力测试仪或CO测试设备。 6）进行保养工作前检查是否有所有工具／检测工具，工具不全时通知主管人员。 7）水及散热器防护剂，车窗玻璃清洗液。
3 工作油液/辅助材料 1）需要哪些工作油液／辅助材料？ 2）制造商要求工作油液必须达到哪个质量标准？ 3）制造商给出了哪些其他规定？	1）由散热器防护剂（乙二醇＋添加剂）和水组成的冷却液，用于车窗玻璃清洗装置的车窗玻璃清洗液。 2）在至某一底盘编号的标准配置车辆上，作为发动机AEH(VW，AUDI)的散热器防护剂使用散热器添加剂G11。G11为绿色。从某一底盘编号起只允许使用G12。 识别方式：红色。散热器添加剂G11和G12不允许混合使用。 3）对水质的最低要求是达到饮用质量的自来水。4年后必须更换防冻剂。 试车后必须再次检查浓度。 未经过批准的散热器防冻剂或者浓度过低或过高可能会引起发动机损坏和过热损坏。 使用未经过批准的散热器防冻剂时将取消保修资格。
4 工具，检测工具 1）执行工作委托时需要哪些工具？ 2）如何使用工具？ 3）需要哪些检测工具？	1）不需要。 2）取消。 3）用折射计测量防冻能力，用压力测试仪或CO测试设备检测冷却系统密封性。

客户委托：冷却系统冬季检查

学习领域
1

客户委托：冷却系统冬季检查

整理、组织并记录信息

4）如何使用工具？	4）利用吸管在折射计玻璃上滴一滴冷却液。通过"水线"可以清楚地看出明暗分界线。在此可以通过一个刻度读取防冻温度。 检查冷却系统密封性时：借助压力测试仪在冷却系统内产生0.1MPa压力。这个压力必须保持10s不下降。 利用CO测试设备抽吸来自冷却系统的空气。如果测试设备内的蓝色液体变成黄色，说明冷却系统不密封。
5　工作指导，废弃处理 1）按KrW/AbfG规定工作油液如何分级？ 2）处理工作油液时必须考虑哪些保护措施和行为准则？	1）冷却液属于需特别监控的废弃物。 2）避免接触皮肤。穿上个人防护服。清洁并养护皮肤。立即脱下溅有液体的衣物。 呼吸防护：排走所产生的雾气。 手部防护：戴上由合适材料（例如丁腈橡胶）制成的防护手套。 眼部防护：防护眼镜。 身体防护：紧袖口工作服。 避免冷却液溅出。 工作时不要吃东西、饮水和吸烟。
3）应如何对待危险情况？	3）溅出量较多时立即用吸附剂清除。按WHG规定冷却液是一种对水有污染的液体，水污染等级为1，未经过稀释的冷却液量较大时不得排入地下水内、水系内或下水道内。 发生火灾时适合使用大面积喷水、干粉灭火剂、泡沫或二氧化碳，不适宜使用小面积水束灭火。
4）需要采取哪些急救措施？	4）立即脱掉已污染的衣物。 吸入后：需保持镇静，到有新鲜空气处，就医。 接触皮肤后：用水和肥皂清洗皮肤接触部位并彻底冲洗。 接触眼睛后：翻开眼皮并用流水冲洗眼睛几分钟。 吞食后：立即漱口并喝下大量清水。立即到医院就诊。
5）如何进行工作油液废弃处理？	5）车辆经销商有冷却液收集容器。经过许可的废弃处理企业将冷却液运到回收利用公司进行再次处理。
6）必须遵守哪些事故预防规定？	6）即使关闭点火开关后，电风扇也可能因发动机积热而再次接通。补救措施：拔下散热器风扇插头。

制订工作计划

1. 需要执行哪些工作步骤？ 2. 需要哪些工具 / 检测工具？ 3. 需要哪些工作油液和辅助材料？ 4. 必须遵守哪些安装说明？	1. 2. 3.　参见工作计划，第109/110页 4

2.5.2 制订保养计划

保养计划可以从客户委托单中直接导出。对所有与保养相关的工作来说保养计划是基础。保养计划是制订系统性计划以及随后与同事和客户谈话的一个重要辅助工具。

在保养计划中以简短形式给出以下说明：

- 工作流程。
- 所需工具、检测和测量设备。
- 工作油液和辅助材料。
- 原则、规定、技术数据等安装说明。

保养计划没有标准化样本，各经销商之间可能存在差异。

保养计划表格可以用 Word 制作。在此有四种方案：

▶ **利用功能"绘制表格"（✐）可以按自己的想法绘制一个表格。**

- 确定位置，方法是点击要建立表格的部位。
- 在符号栏内点击"绘制表格"或"表格和边框"。鼠标指针变成一支笔。
- 用这个笔形指针从待绘制表格的一角横向拖向对角。

- 用这个笔形指针绘制列线和行线。

编号	工作步骤	工具，检测工具	工作油液和辅助材料配件	原则，技术数据，规定

- 为删除线条，必须点击符号"圆橡皮"（▱）。鼠标指针变成一个可拖到线条上的圆橡皮。
- 为输入数据，请用鼠标指针点击表格外的空白处。

▶ **用符号"插入表格"创建简单表格**

- 在符号栏内点击符号"插入表格"。
- 此后出现一个带有 20 个与列和行对应的方框。
- 将鼠标指针拖到方框上方以确定行和列的数量。
- 再次点击后出现一个简单表格。
- 为改变列尺寸请将鼠标指针移到线条上，鼠标指针变成一个双箭头形状。按住鼠标左键并向左移动鼠标指针时，列尺寸变小。

编号	工作步骤	工具，检测工具	工作油液和辅助材料配件	原则，技术数据，规定

▶ **根据样本创建表格**

- 在菜单栏内点击"表格"，然后点击"插入表格"。
- 此后出现一个提供两种选择的窗口：

确定列数和行数，点击"确定"，此后出现一个表格。

编号	工作步骤	工具，检测工具	工作油液和辅助材料配件	原则，技术数据，规定

▶ **利用自动套用格式创建表格**

- 在菜单栏内点击"表格"、"插入表格"，然后点击"自动套用格式"。
- 此后出现带有不同表格样式的"表格自动套用格式"窗口。选择一个合适的表格样式（例如网格型5）并点击"确定"后再次出现"插入表格"窗口，在此可以确定列数和行数。点击"确定"后出现所需要的表格，但是该表格的列宽还需要调整。

编号	工作步骤	工具，检测工具	工作油液和辅助材料配件	原则，技术数据，规定

学习领域

1

2.5.3　保养计划

工作计划：冷却系统和车窗玻璃清洗装置冬季检查

编号	工作步骤	工具／检测工具	工作油液／辅助材料，配件	原则，技术数据，规定
	现场直观检查			
1	检查所有软管是否有裂纹以及状况是否较差			用手使软管弯曲
2	检查软管连接件、散热器、冷却液泵是否泄漏			
3	通过补液罐上的液位标记检查冷却液液位			
4	消除系统压力，方法是将端盖转动90°			有烫伤危险，打开端盖前用抹布盖住端盖
5	校准冷却液液位 防冻防腐剂		防冻剂，水	只能使用经过批准的散热器防护剂
6	借助抽吸球从冷却系统中抽吸冷却液	防冻剂测量表		浮子必须浮起
7	通过浮子刻度读取防冻剂体积百分比			
8	借助表格确定最低防冻温度			防冻剂浓度为45%时相当于防冻能力可达-35℃
9	必要时校正防冻能力		防冻剂	经过批准的防冻剂：G12/TLVW774F
	车窗玻璃清洗装置			
10	检查刮水器刮片是否硬化以及是否有裂纹，必要时更换		刮水器刮片	
11	检查喷嘴调整情况			
12	检查刮水器摆臂调整情况			
13	检查防冻能力	防冻剂测量表		
14	必要时校正清洗液液位		车窗玻璃清洗液，水	经过批准的车窗玻璃清洗液：G052164

2.6　执行保养工作

2.6.1　准备工作

开始保养前首先确定是否有
- 所需要的工具。
- 需要使用的检测工具。

必要时还要让库房提供散热器防护剂。

用一次性护套罩住左翼、转向盘和脚步空间，以防弄脏。必要时用护罩盖住翼子板。现在可以将车辆开到工作间内并固定住车辆以防其自行移动。

事故预防措施

打开端盖时可能因冷却液喷出而造成烫伤。只有冷却液温度低于+90℃时才能打开端盖。

发动机处于热态时要小心打开端盖。缓慢地拧开端盖并让压力排出，必要时将抹布放在端盖上。

2.6.2　工作原则

检查保养的十一项原则（VW/Audi）

1. 检查保养工作不是维修工作而是检查和调整工作，在这些工作中需要检查某些零件的磨损、密封性、调整和功能情况。经常遇到的情况是车辆完全正常。客户可以放心，在接下来的一段时间内车况不会有太大变化。

2. 没有不重要的检查项目。
从技术角度找出所有项目的依据。
不做不需要做的事。

3. 在任何情况下都要使用"检查保养工作说明"表格，以防漏掉具体项目。

4. 请注意，根据车型、里程数和时间间隔可能需要进行一些附加工作。

5. 100% 检查保养的前提是仔细完成所有检查项目。

6. 不要按自己的想法进行检查保养工作。
在技术资料中肯定能找到合适的检查和调整说明。

7. 确保拥有所有必要的工具、检测和测量工具。工具不全时通知主管人员。

8. 一定要在保养检查说明上或结算单上注明无法或不应立即排除的已确认故障。

9. 工作时注意保持清洁。显而易见，客户会通过车辆是否整洁联想到工作质量。

10. 再次自行检查所有工作是否按规定完成。应当比对待自己的汽车还要严格。

11. 许多检查项目都可以由客户事后再次检查。客户是员工工作质量的一面镜子而且会影响经销商的形象。

客户委托：冷却系统冬季检查

学习领域
1

2.6.3　冷却系统和风窗玻璃清洗装置保养

保养应按工作计划或程序流程图进行。

冬季检查程序流程图

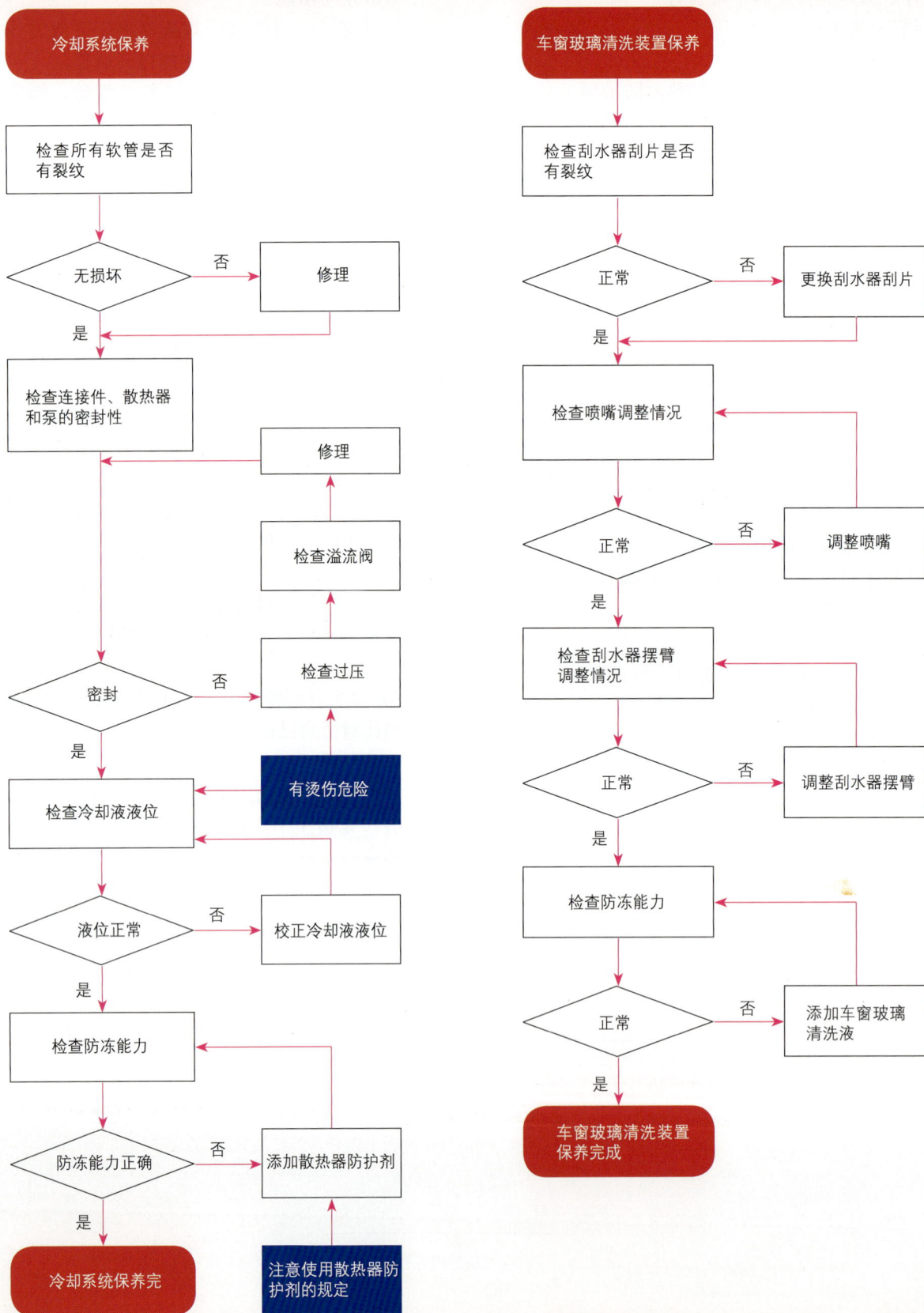

冷却系统保养

检查所有软管是否有裂纹

无损坏 — 否 → 修理

是 ↓

检查连接件、散热器和泵的密封性

密封 — 否 → 检查过压 → 检查溢流阀 → 修理

是 ↓

有烫伤危险

检查冷却液液位

液位正常 — 否 → 校正冷却液液位

是 ↓

检查防冻能力

防冻能力正确 — 否 → 添加散热器防护剂

是 ↓

冷却系统保养完

注意使用散热器防护剂的规定

车窗玻璃清洗装置保养

检查刮水器刮片是否有裂纹

正常 — 否 → 更换刮水器刮片

是 ↓

检查喷嘴调整情况

正常 — 否 → 调整喷嘴

是 ↓

检查刮水器摆臂调整情况

正常 — 否 → 调整刮水器摆臂

是 ↓

检查防冻能力

正常 — 否 → 添加车窗玻璃清洗液

是 ↓

车窗玻璃清洗装置保养完成

2.6.4 保养过程插图

检查软管是否有裂纹，检查软管连接件

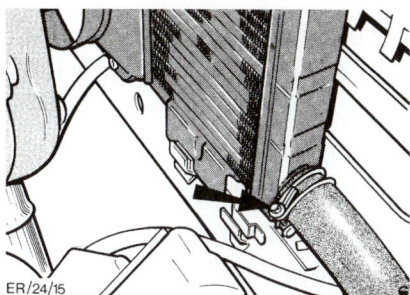

检查冷却液液位

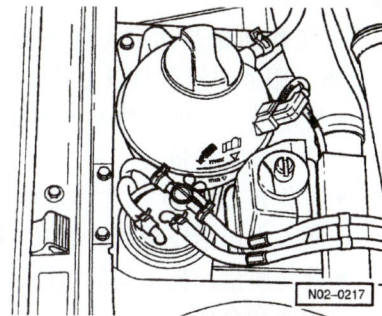

进行压力检查

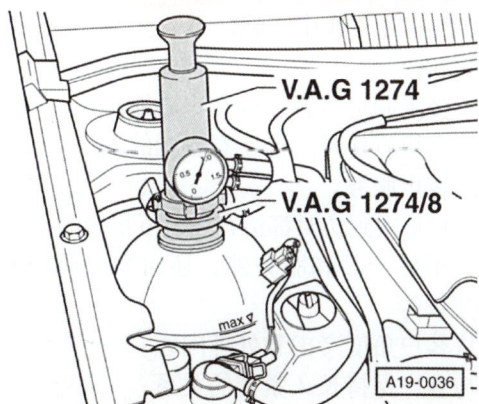

检查安全阀

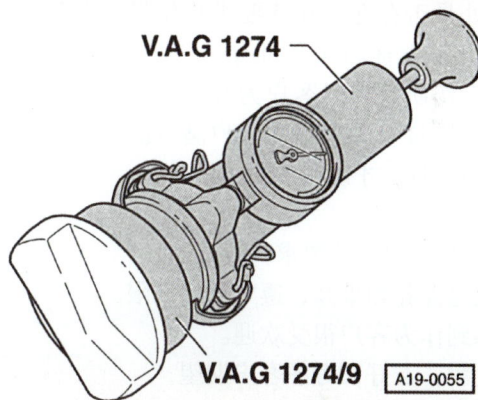

检查防冻能力：冷却系统和车窗玻璃清洗装置

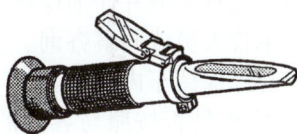
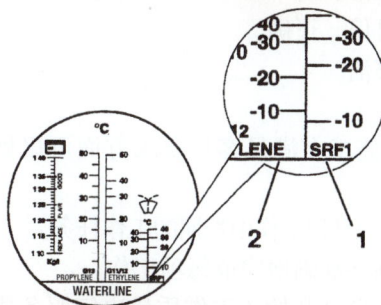

检查喷嘴调整情况，检查刮水器橡胶刮片是否裂纹和硬化，更换车窗玻璃刮水器刮片：检查静止位置

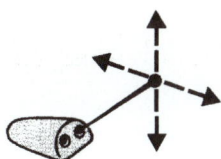

2.7   检查工作质量

2.7.1   工作质量

工作质量是达到（约定的）长期客户满意度要求。服务质量源自以下各方面的工作质量：
- 技术质量，即维修站配有现代化检测设备、工具和技术装备。
- 工作流程质量，尤其是员工的专业能力和资质，也包括经销商的组织情况。
- 社交质量，员工如何对待客户以及同事间如何沟通和合作。

每位客户都会很快感觉到上述企业文化在经销商处是否存在。在此要求每位员工及每位车辆机械电子学徒将工作质量作为自己非常关注的事。工作质量与以客户为导向之间联系紧密，就是说高质量有助于提高客户满意度。只有不存在质量问题时，才说明达到质量要求。

客户提出哪些要求？
- 快速保养和维修，遵守约定期限。
- 感到作为客户很受欢迎。
- 礼貌，友好，考虑客户期望。
- 高质量且专业化地完成工作。
- 员工能力和专业知识。
- 确保按规定维修。
- 员工说话的可信，正确。
- 取车时车辆整洁。

车辆机电维修工在满足客户要求方面可以做出哪些贡献？
- 把工作质量作为日程工作中长期的工作任务。
- 专业化、仔细并准确地完成每项工作。
- 认识到质量从自己开始（工作质量决定服务质量）。
- 把自己当作自己的质量检查员，即由自己检查取代他人检查。
- 在自己的工作范围内不断改善工作流程并尽量避免犯错误而不是改正错误。
- 研究备选修理方案。
- 遵守环保法规和事故预防规定。
- 提供一项服务，以便让客户再次光临，而不是不再光顾或一封投诉信。
- 将客户放在经销商的中心地位。
- 认识到"工作质量"、"友好"和"礼貌"等因素可保住自己的工作岗位。
- 将经销商处的每个人都看作是客户和供应商（主管人员也是客户。）
- 以个人角度赢得客户满意。
- 倾听客户意见，不要与客户争论对错。
- 知道不讲理的客户也始终有公正的一面，即使以后客户到其他经销商处保养或维修。
- 对客户、同事、企业和环境有责任感。
- 已为团队工作做好准备。
- 为自己的继续培训负一定责任。

在日常实际工作中实施，
- 对待客户：
  - 不受限制地将客户放在中心地位。
  - 将客户看作是一个愿意看到的人。
  - 为客户服务。
  - 客户每次到访时都给客户留下积极的印象。
  - 除了好产品和服务外，还向客户提供关怀和建议等。
  - 从客户角度考虑和处理问题。
  - 与客户保持长久紧密的关系。
  - 即使保养后也关照客户和为客户提建议。
  - 认真接待客户，使客户每次到访维修站后还愿意再来。
- 对待工作：
  - 做好工作计划，认真完成并仔细检查。
  - 出现问题时向主管人员或同事咨询。
  - 使用脚垫和护套以保持车内整洁。
  - 工作完成后，检查是否按照与客户的约定和检查表进行了所有工作项目。
  - 按规定废弃处理工作中产生的所有废弃物。
  - 记录并向客户通报工作结果。
  - 仔细考虑工作流程，做出改善，以避免将来犯错误。

2.7.2　检查

工作质量

　　保养工作结束后，车辆机电维修工确认是否所有部件和功能都正常。

1. 是否按检查表或工作计划进行了所有工作项目？

2. 是否按时完成了保养工作？
3. 是否按规定将产生的废弃物进行废弃处理？

4. 是否按规定记录了所有数据？

5. 车辆是否干净整洁？
6. 哪些信息必须向客户通报？

7. 工作是否有助于质量改进？

8. 试车。

1. 复核检查表中的所有项目并以此确认所有检查项已仔细完成。
2. 工时符合厂商标准。
3. 更换冷却液后将旧液放到为此指定的容器内。溅出的冷却液立即用吸附剂吸除。
4. 将配件及工作油液填写到工作卡上，同时记录到检查表和保养手册中。
5. 检查车辆是否进行过清洁。
6. 通知客户所做的工作，交付检查表，解释结算单，提示下次更换冷却液的日期或其他检查出而没有进行维修的问题。
7. 回想准备工作是否完善，检查工作步骤的顺序，是否有所需要的工具，工作油液，检测工具，时间分配等等。
8. 只能对有行驶证的车辆在公共道路上进行试车，并且需由具有相应车型驾驶证及专业知识的人员完成。

　　不允许由于试车而影响或阻碍公共交通。试车前驾驶员必须确认车况是否符合法规、运行安全和交通安全要求。需遵守的法规有道路交通法（StVG）、道路交通规定（StVO）和道路交通许可规定（StZVO）。

客户委托：冷却系统冬季检查

学习领域 1

记录

记录
1. 是否在检查表内记录了所进行的所有检查项目？
2. 是否在检查表的故障栏处列出了无法或不应立即排除的所有已确认故障？
3. 是否已在检查表上签名？
4. 是否在客户的保养手册上填写所进行的工作？
5. 是否（以盖章形式）记录了工作开始和结束时间，或将其输入到计算机内？

对解释说明的反思

应回答以下问题：
1. 解释说明是否达到了应有的效果？
2. 有什么需在下一次改善的的？
3. 客户对保养工作是否满意？
4. 与客户的接触是否顺利？
5. 所使用的表格和单据是否有意义？

练习作业

保养委托 1

按照保养项目为一辆1.9l TDI 发动机的Golf IV更换机油。
发动机代码：AGR
机动车行驶证：

	代码							16	允许车轮负荷kg	前	950	中		后	845
区域1	010226	区域2	0603	区域3	75			17	车轮和/或防滑链			18	车桥数 2	19	其中驱动车桥数 1
1	普通轿车 欧2							20	轮胎规格代码	前部	195/65 R15				
2	大众（德国）							21		中间和后部	195/65 R15				
3	高尔夫IV							22		或前部	205/60 R15				
4	车辆识别号	WVWZZZ1JZWB054278						23		中间和后部	205/60 R15				
5	汽油发动机/普通催化转换器			6	最高车速km/h	188			制动接口处压力	24	单回路制动器		25	双回路制动器 巴
7	功率kw/rpm	K66/4000						26	挂车挂钩 DIN740, 形状和尺寸	–					
8	排量cm³	1896						27	挂车挂钩检查标志	–					
9	有效或承载负荷			10	燃油箱容积l/m³	–		28	拖挂负载kg	1300	29	挂车不带制动时	600		
11	座椅/脑椅数			12		5			30	停车时噪声dB(A)	75	31	行驶时噪声 dB(A)	71	
13	最大尺寸 mm	长 L	4149	宽	1735	高	1439	32	首次注册登记日期	01.02.98	Farbe: 7				
14	整备质量kg	1241	15	允许最大质量kg	1750			33	备注						

附加说明，例如轮胎和轮辋

1. 车辆识别
进行车辆识别。

2. 发动机的工作原理
1）解释涡轮增压柴油发动机的工作原理。
从专业书籍、制造商资料、互联网上了解有关涡轮增压柴油发动机功能的信息。
2）用英语简要说明涡轮增压柴油发动机的工作原理（专业词汇参见 http://dict.leo.org）。

3. 计算
根据机动车行驶证上的信息计算出：
1）单缸排量V_h。
2）行程$s=95.5$mm时的活塞直径d。
3）压缩比$\varepsilon=19.5$时的压缩室容积。

4. 分析曲线图
根据曲线图确定达到最大转矩和最大功率时的发动机转速。

5. 保养
为上述车辆进行"换机油保养"。
针对需要保养的系统"发动机润滑系统"、"燃油供给系统"和"正时带传动装置"描述系统功能并绘制系统方框图。
按照"保养手册"的检查保养规定进行保养。以小组方式借助脑图确定所需信息。
答案依据参见第32页上的"问题"。但是必须根据具体保养工作进行调整。

6. 解释说明
保养工作解释说明。
解释说明还包括与"客户"进行接车谈话和咨询谈话。

1.9 ITDI　发动机

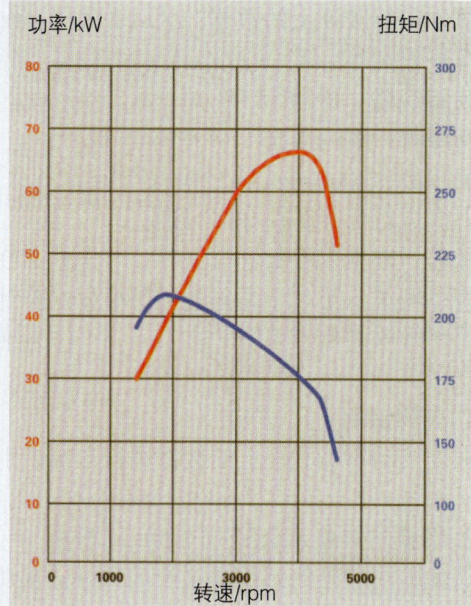

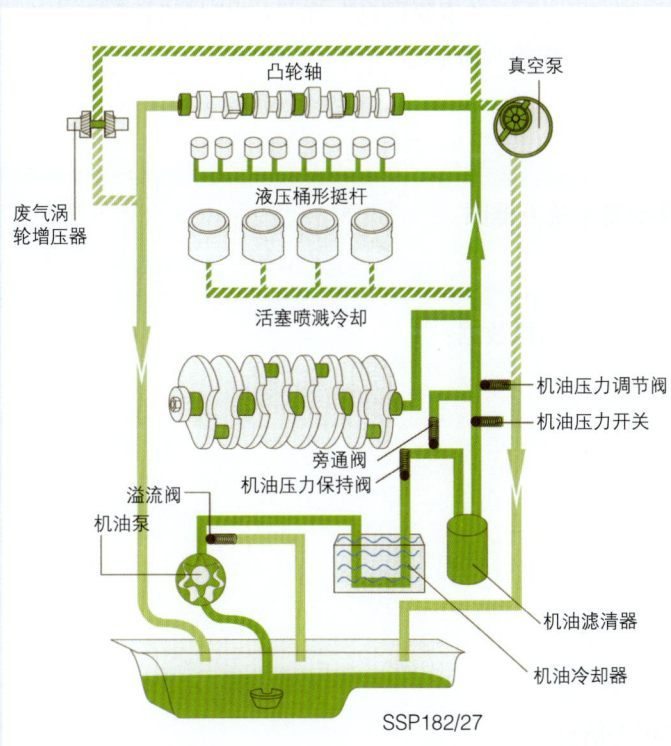

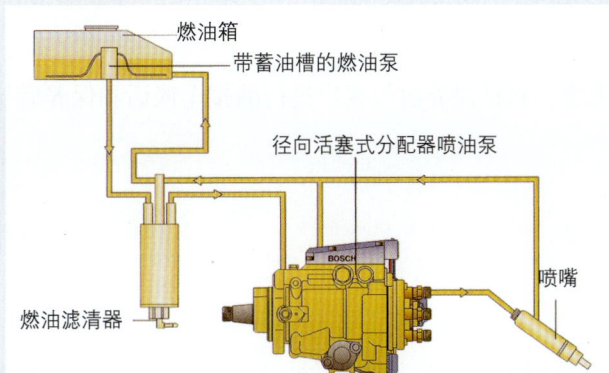

功率/kW　　扭矩/Nm

转速/rpm

凸轮轴　真空泵

废气涡轮增压器

液压桶形挺杆

活塞喷溅冷却

机油压力调节阀
机油压力开关

旁通阀
机油压力保持阀

溢流阀
机油泵

机油滤清器

机油冷却器

SSP182/27

A02-0060

燃油箱
带蓄油槽的燃油泵

径向活塞式分配器喷油泵

喷嘴

燃油滤清器

保养委托2

客户报修：长时间持续制动后制动踏板位置下降。

车辆：Golf IV，1.6l轿车

机动车行驶证上的数据：区域 2 代码：0603；区域 3 代码：421

车辆识别号：WVWZZZ1JYW221136

轮胎规格：195/65R15

牌照号：WI–SX 534

里程数：30000 km

上次进行保养是在 24 个月前。

保养：根据里程数进行保养："根据 2000 显示时间或里程数进行检查"

将车辆举升至"半高位置"，根据保养计划与客户一起协商检查和保养项目。

使用维修站信息系统 ESI（tronic）作为维修说明。

1. 车辆识别

根据机动车行驶证上的数据进行车辆识别（→ 代码，→ 功能按钮 F7）。

2. 维修站信息系统ESI（tronic）分析

借助脑图从维修站信息系统的程序选项（"SIS/CAS"，→ "重要信息"和 → "机械机构"）中选择用于界定故障（→ 可能出现的故障）和完成保养委托工作的所需信息。

有关程序选项的说明参见第89页和第90页。

3. 制动系统的工作原理

用德语和英语简要说明制动系统的工作原理并绘制系统方框图。

4. 计算

根据来自车辆识别的数据（→ 机械机构）计算以下发动机数据：

1）气缸排量V_h。

2）活塞直径$d=81$mm时的行程s。

3）压缩室V_c。

5. 分析曲线图

确定相应转速时的最大扭矩和最大功率。

6. 保养

打印出保养计划。

答案依据参见维修站信息系统ESI（tronic）的相关信息。

7. 解释说明

解释说明问题解决方案，包括保养前与客户进行的接车谈话和保养后与客户进行的咨询谈话。

保养委托2

1.6 l汽油发动机

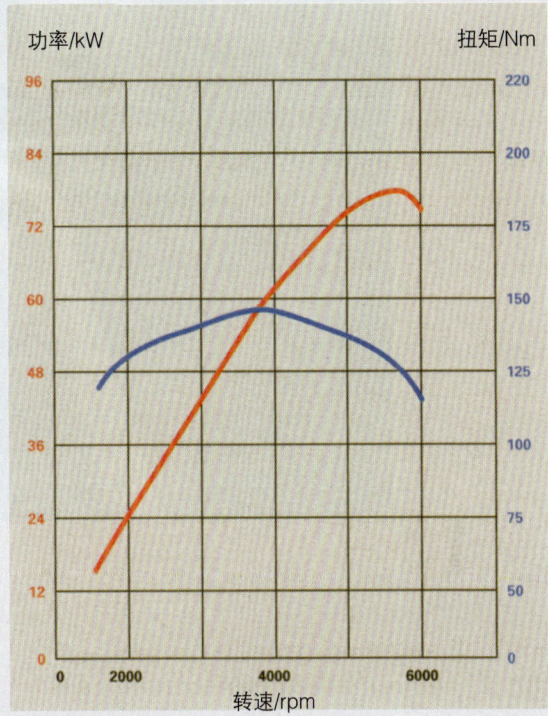

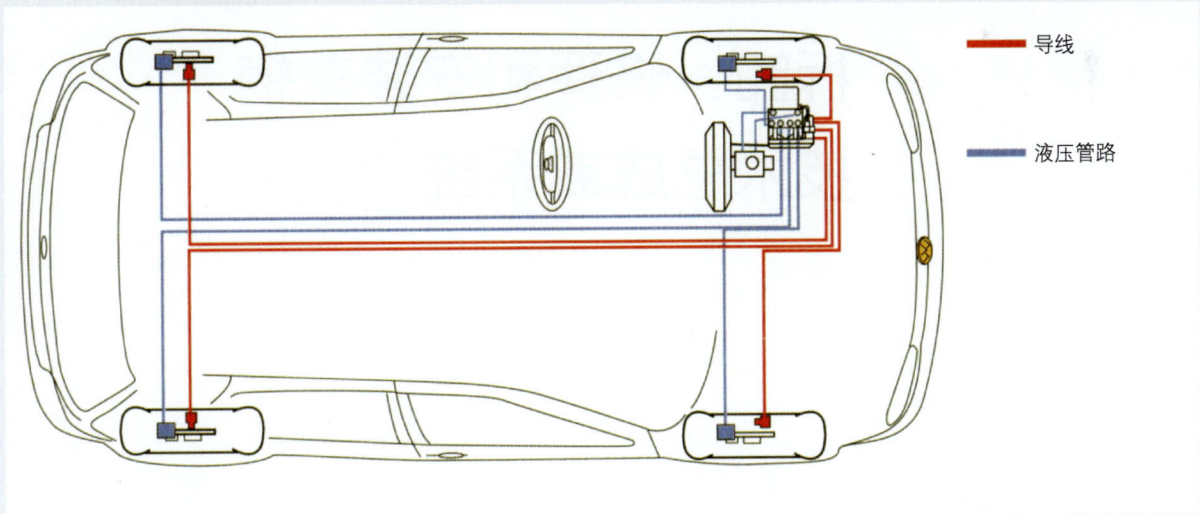

导线

液压管路

学习领域 2

拆卸、修理和安装车辆技术总成或系统

1 客户报修：制动器单侧起作用

1.1 修理工作流程

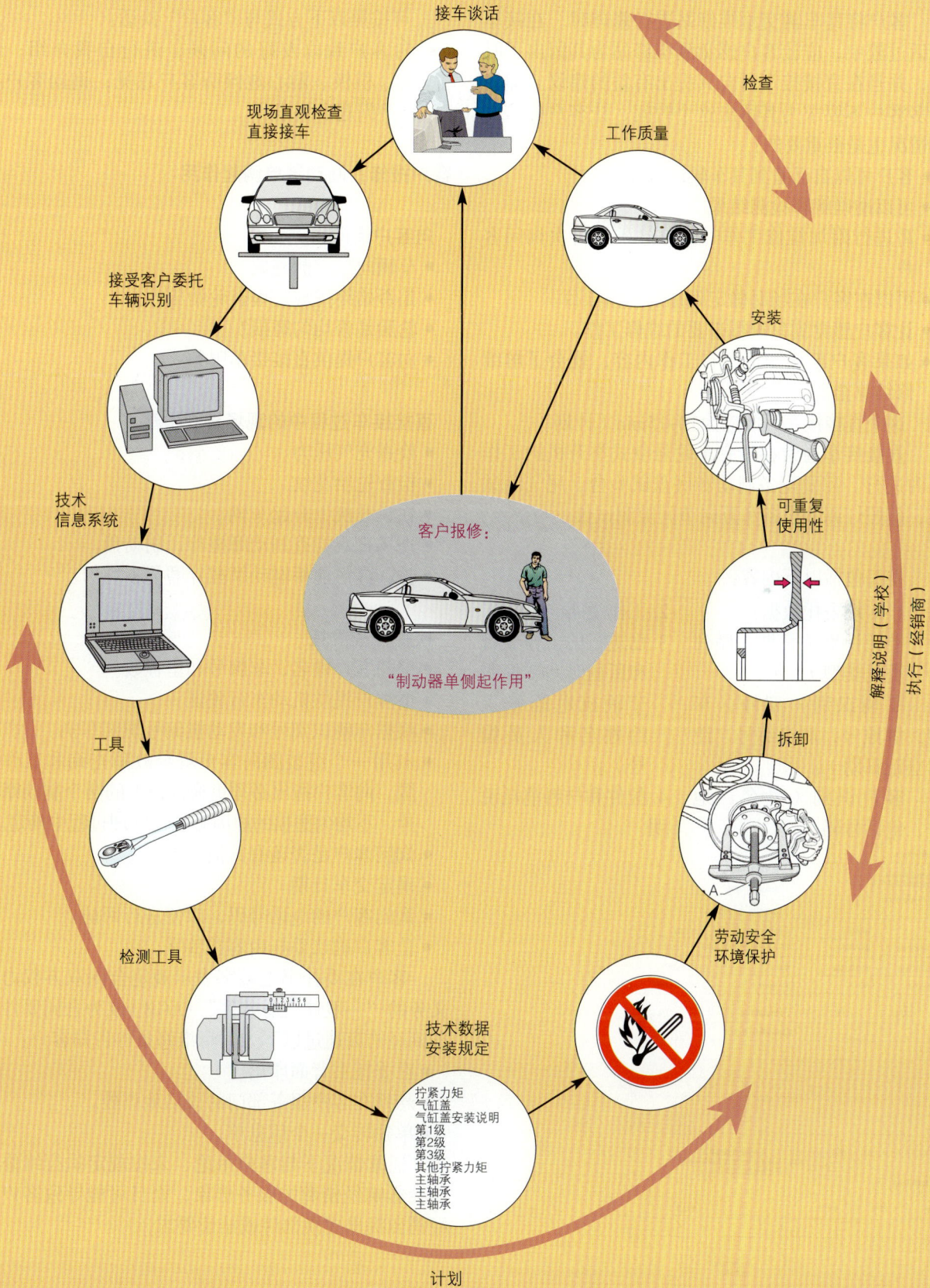

接车谈话

现场直观检查
直接接车

工作质量

检查

接受客户委托
车辆识别

安装

技术
信息系统

客户报修：

可重复
使用性

"制动器单侧起作用"

解释说明（学校）

执行（经销商）

工具

拆卸

检测工具

劳动安全
环境保护

技术数据
安装规定

拧紧力矩
气缸盖
气缸盖安装说明
第1级
第2级
第3级
其他拧紧力矩
主轴承
主轴承
主轴承

计划

1.2   接车谈话和接受客户委托

客户分为外部和内部客户：外部客户是指带其车辆到维修站进行修理的车主；内部客户是指给车辆机电维修工分派工作的维修站主管，以及从象征意义上来说的职业学校中向一个团队提出修理委托的教师。

<table>
<tr><td>直接接车</td><td>接受修理委托</td></tr>
</table>

直接接车

客户将其车辆交给维修站进行修理时，在接车谈话过程中，应让客户感觉到维修站为其留出了时间，并且在直接接车时向其提出有益的建议。即使许多客户不要求为其留出这个时间，让客户确信以下情况也是很重要的：

- 客户可以自己看到其车辆的故障。
- 可以准确解释检测结果。
- 需进行附加维修工作时维修站不必再次询问客户。
- 可以在客户在场时确定附加的维修项目。
- 让客户感觉到只进行必要的维修工作。
- 如果客户事先知道所有工作内容，就会了解维修结算金额。

这个直接接车时间应为10~15min（计划）。

直接接车通常在带有车轮悬空式举升机的工作间内进行。需要配备制动和底盘试验台、尾气测试仪、前照灯调节设备和万向节间隙测试仪。

委托包括以下内容：

1. 常规委托数据：
委托识别（日期，序列号，委托类型）。
车辆识别（型号，车型，牌照号，底盘编号，注册登记日期）。
客户识别（姓名，地址，电话号码）。

2. 工作说明。

3. 已进行的工作项目和所用时间（标明车辆机电维修工的姓名和人员编号）。

4. 配件和材料消耗说明。

接受修理委托

可按照以下方式与"客户"谈话：

- 向客户致以友好的问候，进行自我介绍；认真、积极、耐心地倾听客户意见；询问客户有哪些问题和要求。

客户报修：制动器单侧起作用

向客户询问：
- 车辆向哪一侧跑偏？
- 是否始终按规定检查轮胎压力？
- 轮胎是否均匀磨损？
- 向客户提供直接接车服务。

直接接车过程中的现场直观检查：
- 检查充气压力。
- 检查轮胎花纹。
- 在举升机上升起车辆。
- 现场直观检查制动摩擦片，制动盘。
- 告诉客户前桥制动摩擦片磨损不均匀。

接受修理委托
- 询问客户姓名、车牌号和里程数。
- 请客户提供机动车行驶证。
- 根据车辆识别号和发动机编号识别车辆。
- 利用一个组装图向客户解释故障查询和工作范围。向客户指出必须更换前桥上的两个制动摩擦片。不均匀磨损的原因必须在修理过程中确定。
- 询问客户是否还有其他要求。
- 确定交车日期。
- 询问客户的电话号码，以便进行回访。
- 让客户确认委托内容并签字。

客户在委托书上签字表示规定合同双方权力和义务的"一般性交易条件"（AGB）成为合同要件。车辆经销商通过以下方式将维修条件告知客户：
- 在委托书背面印出。
- 悬挂在客户服务部门的谈话地点处。
- 单独转交一个信息单。

通常情况下与客户争论、未按规定执行维修工作会影响经销商的服务形象，而且可能导致客户向经销商提出更换部件或赔偿要求。

客户通信地址：
先生、Erich Mustermann、Rheinstraße 街道15号、685189 Wiesbaden

委托编号：0201
客户编号：1289
委托日期：02.25.2003

类型	牌照号	车辆识别号	里程数
VW 高尔夫 98	WI-XX 345	WVWZZZ1JZY(1)W000279	25400

首次注册登记	发动机代码	接车人	电话号码
02.25.2003	AEH	A-Meyer	0611/543267

项目	工时	时间	工作内容描述	价格
01			更换前部制动摩擦片	

完工日期：07.01.2003, 16.00点

此委托书是在明确确认"车辆、总成及其零件工作估算费用条件"之后才签名并当面交给我的。

车辆最终检查

日期	时间	验收人	里程数

Mustermann
客户签名

车辆信息

车辆识别和发动机识别

机动车行驶证是车辆数据的一个重要来源，它为接受客户委托时的车辆识别工作提供了很大帮助。

利用维修站信息系统 ESItronic 可以进行车辆和发动机识别。

车辆识别

在导航栏处选择所需要的登录窗口。

- 名称

  品牌、车型系列、车型和发动机代码已知。
- 代码
  - 输入德国机动车行驶证上的代码：

    区域"2"代码：车辆制造商。

    区域"3"代码：车型和型号。

    注册登记日期（第 32 行）。
  - 通过 Robert Bosch 公司代码选择车辆：

    品牌名称缩写

    编号

    年款
- 最后 30 辆车，在最后 30 辆车处调出了车型时。

  按压 F12 或回车键后出现所查找车辆的数据。

  为继续识别车辆可以按压 F7 调出所选车辆的所有技术信息。

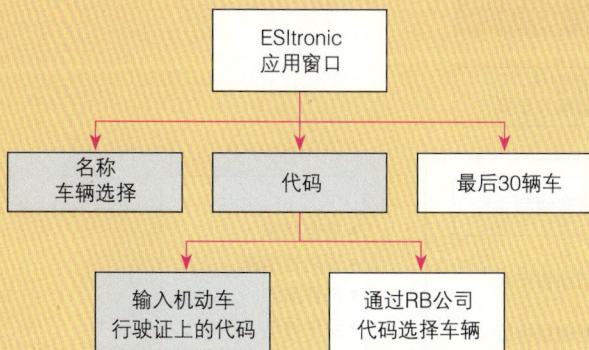

通过以下车辆信息识别车辆：

品牌：VW

车型系列：Golf IV

车型：Golf IV 1.6

发动机代码：AEH

通过德国机动车行驶证识别车辆：

区域"2"代码：0603

区域"3"代码：421

注册登记日期：1998

通过 Robert Bosch（RB）公司代码识别车辆：
VWW 1572

图表流程：

ESItronic 应用窗口
→ 名称 车辆选择
→ 代码
→ 最后 30 辆车

代码 →
- 输入机动车 行驶证上的代码
- 通过 RB 公司 代码选择车辆

在汽车销售服务中心直接接车

即使车辆机电维修学徒通常不从事直接接车人员的工作，其工位处的主管人员也应当接受委托后让学徒检查直接接车的各个阶段，以便及时提醒维修站主管或服务顾问注意其他不足之处。

在学校直接接车

委托给团队：

- 进行直接接车。
- 引导客户谈话。
- 遵守沟通的基本原则。

重要的是，与客户和维修站主管（作为内部客户）沟通时在任何情况下都必须考虑沟通的基本原则。

客户报修：制动器单侧起作用

学习领域 2

1.3　修理委托"更换制动摩擦片"的前期计划

1.3.1　脑图（Mind-Map）

　　按照头脑风暴法收集有关制动器修理的关键点，借助脑图（Mind-Map）记录团队成员提出的想法，以脑图（Mind-Map）为基础确定提问问题。此外还必须确定 ESItronic 提供哪些信息。

制动器信息收集：

质量保证　文件　→ 工作质量

结构　功能元件　功能　→ 系统分析

安装/折卸　可重复使用性　安装规定　→ 修理

CD-ROM　安装图　技术数据　→ 技术信息资料

工具　检测工具　→ 辅助工具

环境　责任法　劳动保护　→ 法规

工作计划

工作油液　辅助材料　→ 材料

修理制动器

ESItronic 分析：

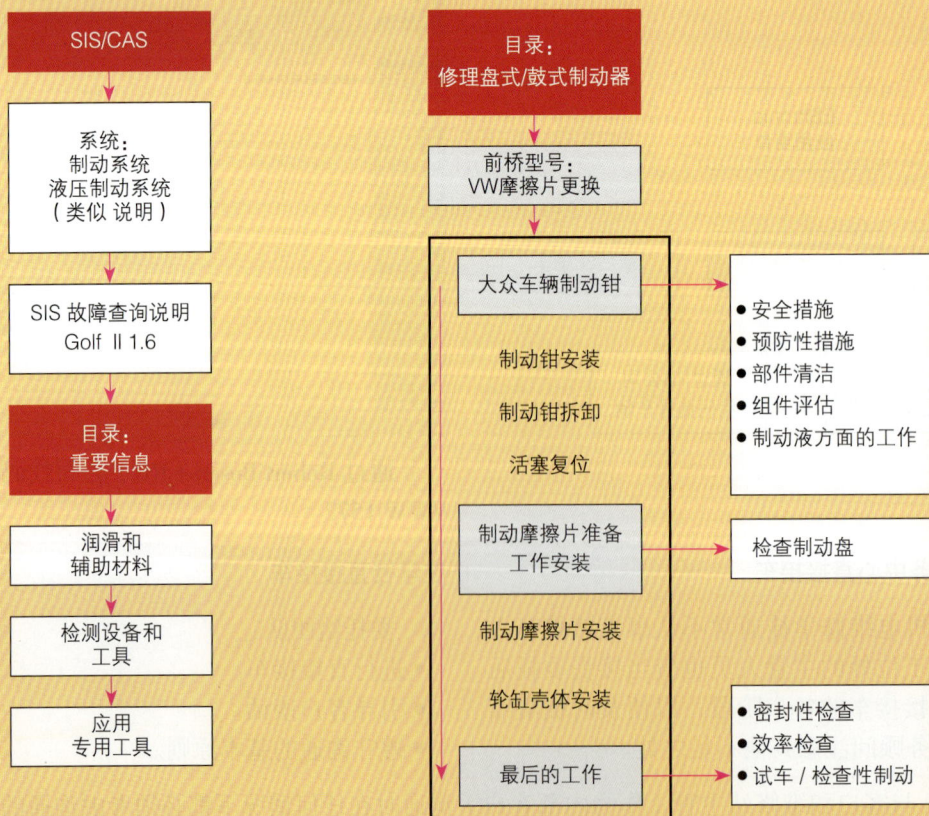

SIS/CAS
↓
系统：
制动系统
液压制动系统
（类似 说明）
↓
SIS 故障查询说明
Golf Ⅱ 1.6
↓
目录：
重要信息
↓
润滑和辅助材料
↓
检测设备和工具
↓
应用专用工具

目录：
修理盘式/鼓式制动器
↓
前桥型号：
VW摩擦片更换
↓
大众车辆制动钳
制动钳安装
制动钳拆卸
活塞复位　→
- 安全措施
- 预防性措施
- 部件清洁
- 组件评估
- 制动液方面的工作

制动摩擦片准备工作安装　→ 检查制动盘

制动摩擦片安装
轮缸壳体安装

最后的工作　→
- 密封性检查
- 效率检查
- 试车 / 检查性制动

客户报修：制动器单侧起作用

1.3.2 问题

1. 信息收集

信息系统

- 专业书籍
  专业书籍的特点是系统化、条理清晰且关联性强。
  利用术语索引处的关键词可以很快找到所需信息。

  专业信息，信息收集见第 128 页以后的内容

  术语索引：例如制动系统

- 公司资料
  汽车制造商、系统供应商和专业出版社出版信息资料：
  - 有关系统结构和功能的技术信息。
  - 纸张形式的维修说明。
  - CD-ROM 形式的维修说明。

  汽车制造商的技术信息

  维修说明，例如"ESItronic"和"日常保养手册"（参见 CD-ROM 学习领域 1）

- 专业杂志
  专业杂志针对汽车行业的最新发展情况。通过每年发布一次的目录或术语索引可以找到所需专业文章是在哪一年度的哪一期中发表的。

  每年的术语索引

- 国际互联网查找
  组件和系统供应商、工作油液和辅助材料的制造商在国际互联网上发布各种各样的免费信息。

  CD-ROM 上的国际互联网地址

- 法律规定
  环保法规。
  事故预防规定。

  环保法规参见学习领域 1，CD-ROM
  事故预防规定参见 CD-ROM 或第 172 页

- 企业内部规定
  按照危险物品法规第 20 条制订的工作指导，工作油液废弃处理。
  事故预防规定。

  企业工作指导参见学习领域 1 或 CD-ROM

2. 信息分析

2.1 了解概况，理解文字内容

1. 通读文字内容和信息。
2. 标记出涉及修理工作或待修理部件的关键内容。

客户报修：制动器单侧起作用

学习领域
2

客户报修：制动器单侧起作用

2.2 信息的整理、组织和记录

1. 系统分析
1）这个待维修的系统称为什么？
2）这个待维修的系统由哪些功能元件组成？
3）这些系统元件有哪些任务？
4）整个系统如何工作？
5）1）处所述系统与其他系统相比有哪些优点？
6）绘制一个系统框图。

专业信息参见第 199 页和第 200 页
汽车制造商提供的车辆信息

2. 安全措施
1）进行制动系统方面的工作时必须遵守哪些安全措施？
2）修理工作结束后必须采取哪些安全措施？

安全措施参见 CD-ROM "ESItronic"

3. 预防性措施
1）维修站信息系统 ESItronic 针对其他可能存在的故障给出什么建议？
2）修理前必须做好哪些准备工作？

修理盘式 / 鼓式制动器：
可能存在的故障参见 CD-ROM "ESItronic"

4. 修理
1）需进行哪些拆卸和安装工作？
2）附加修理工作（参见可能存在的故障）是否超出了委托书中的约定内容？必须做什么？
3）需进行哪些清洁工作？
4）如何清洁部件？
5）出于健康保护考虑，清洁制动器部件时必须注意什么？
6）必须检查哪些功能元件是否处于正常状态？
7）哪些功能元件可以重复使用？哪些必须更新？
8）检查部件是否可重复使用？必须注意什么？
9）必须遵守哪些安装规定？
10）制造商给出了哪些安装数据？

CD-ROM "ESItronic" 和专业信息参见
第 135 页至第 157 页

5. 计算
1）按制造商规定的拧紧力矩拧紧强度等级为 12.9 的高强度螺栓 M12×1.5。车轮螺栓扳手的长度 $l = 520$ mm。
请确定
a) 预紧力 F_V（利用经验公式）。
b) 需施加的作用力 F_H。
c) 安全系数 v。
2）制动时制动盘最高温度可达750℃。当制动盘厚度为 10 mm 时，其厚度增加多少？

计算过程参见第 139 页至第 143 页和第 152 页

6. 工作油液 / 辅助材料
1）拆卸 / 安装时需要哪些工作油液或辅助材料？
2）辅助材料用在何处？

辅助材料参见第 146/147 页

2.2 信息的整理、组织和记录

7. 工具，设备，检测工具
1）执行工作委托时需要哪些工具？
2）执行工作委托时需要哪些检测工具？
3）实际数据或规定数据是什么？

工具，检测工具参见第 158 以后的内容。

8. 法律规定，事故预防规定
1）如何按环保法规将修理时所需要的或准备废弃处理的工作油液分级？
2）如何进行工作油液废弃处理？
3）进行工作油液方面的工作时必须遵守哪些保护措施和行为准则？
4）安装 / 拆卸时必须遵守哪些事故预防规定？
5）AGB 对修理工作给出的答复是什么？

工作油液参见CD–ROM "ESItronic" 和学习领域 1 第 2.4.4 章
事故预防规定参见 CD–ROM "ESItronic"
工作指导
责任法参见 CD–ROM
国际互联网：工作油液：www.ate.de
辅助材料：www.loctite.com
搜索引擎：制动摩擦片

2.3 工作计划的执行

1. 需要执行哪些工作步骤？
2. 需要哪些工具 / 检测工具及工作油液和辅助材料？
3. 必须遵守哪些规定 / 原则？
4. 是否能够制订一份程序流程图？

工作计划参见第 207 页

3. 检查，记录，后续工作

3.1 工作质量

修理工作结束后，车辆机电维修工确认其工作质量是否 100% 符合要求。
1. 是否按工作计划进行了所有工作？
2. 哪些工作项目必须以现场直观检查方式进行检查？
3. 需要采取哪些其他措施？
4. 是否遵守规定的维修工时？
5. 车辆是否干净整洁？
6. 哪些信息必须向客户通报？
7. 对质量改进的贡献。

工作质量参见学习领域 1：车辆或系统的保养和养护，第 2.7 章

3.2 记录

1. 是否记录了配件和材料需要量？
2. 是否记录了工作开始和结束时间？

3.3 对解释说明的反思

- 是否达到了规定目标？
- 可视化解释说明方式是否正确？
- 与相关人员沟通的效率是否很高？
- 组织工作是否很好？

客户报修：制动器单侧起作用

学习领域
2

2 信息收集

2.1 技术信息资料

必须向车辆机电维修工提供有助于其按专业化要求进行修理的技术信息资料。对于机械系统修理来说需要下述信息和通信系统:

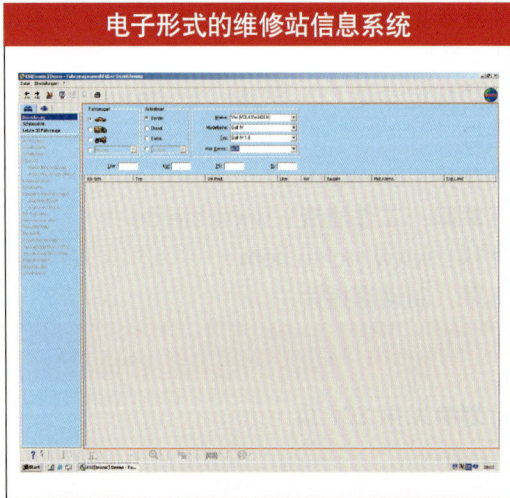

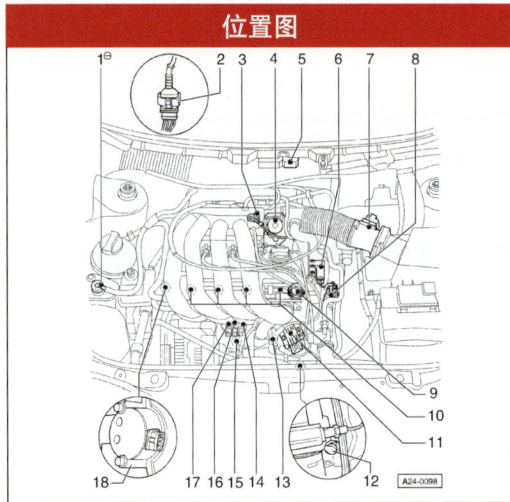

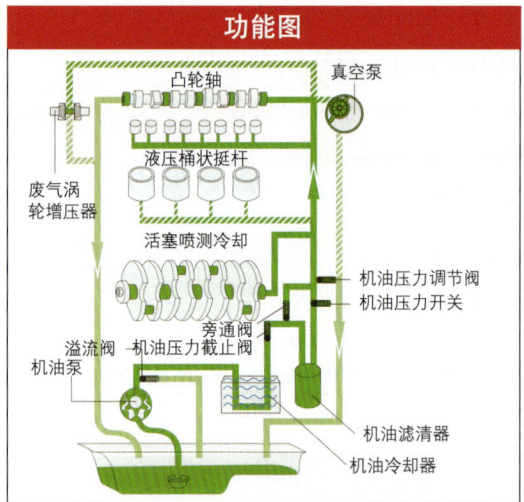

电子形式的维修站信息系统

位置图

功能图

凸轮轴
真空泵
液压桶状挺杆
废气涡轮增压器
活塞喷测冷却
机油压力调节阀
机油压力开关
旁通阀
溢流阀
机油压力截止阀
机油泵
机油滤清器
机油冷却器

制造商规定 — 安装数据

拧紧力矩	
气缸盖	
气缸盖安装说明	更新螺栓:是
第1步	气缸盖:40 N·m
第2步	气缸盖:90°
第3步	气缸盖:90°
其他拧紧力矩	
主轴承	:否
主轴承	:65 N·m
主轴承	第2步:90°
连杆轴承	:是
连杆轴承	:30 N·m
连杆轴承	第2步:90°
飞轮/从动盘	
机油泵安装在气缸体上	:15 N·m
油底壳螺栓	:15 N·m
放油螺塞	:30 N·m
离合器压盘安装在飞轮上	:20 N·m
V带轮	
凸轮轴齿轮	:100 N·m
凸轮轴轴承/壳体	:20 N·m
气缸盖罩	:10 N·m
进气管安装在气缸盖上	:15 N·m

技术图样

2.1.1　维修站信息系统

如今经销商利用与制造商有关的维修站信息系统，这些系统与诊断系统配合可以合理、准确、全面且经济地进行故障查询：

- Audi/VW：ELSA（电子服务信息查询系统）。
- BMW：TIS（技术信息系统），DIS（诊断信息系统）。
- Ford：WDS（全球诊断系统）。
- Mercedes：Star 诊断。
- Opel：TIS（技术信息系统）。

除了制造商提供的信息系统外，还有用于处理其他修理委托的独立信息系统，例如 Bosch 公司的 ESItronic 软件。

ESItronic：修理委托"更换前制动摩擦片"

该信息系统拥有便于操作的界面，因此可以简单快速地找到所有信息。

1．识别车辆

根据车辆数据的已知情况，在导航栏处选择所需要的登录窗口：

- 车型名称。
- 机动车行驶证上的代码。
- 最后30辆车，在最后30辆车处调出了车型时。

在导航栏中点击相应的行时出现对应的窗口，例如"通过名称选择车辆"。

点击选择"车辆种类"、"传动装置类型"，在"品牌"、"车型系列"、"车型"和"发动机编号"栏内输入具体数据，随后用 F12（状态栏内的按钮或符号）确认，此后就会开始查询。

按压 F7 可以显示所选车辆的所有信息，按压 F8 可以显示车型铭牌或发动机型号铭牌的位置。

2．装备

为得到有关车辆制动系统装备的信息，请执行以下步骤：

点击：

1）装备（导航栏）。
2）底盘。
3）分组：前桥。
4）产品：所有。

3．机械机构

点击"机械机构"后出现目录及

- 测试值 → 制动盘和制动鼓。
- 保养插图 → 举升点。

4．故障查询说明 / 服务信息（SIS）

在导航栏内点击 SIS/CAS 后出现以下方面的信息：

- 附有信息的车辆系统。
- SIS 故障查询说明。
- 目录 → 修理盘式 / 鼓式制动器 → 前桥型号：VW摩擦片更换。

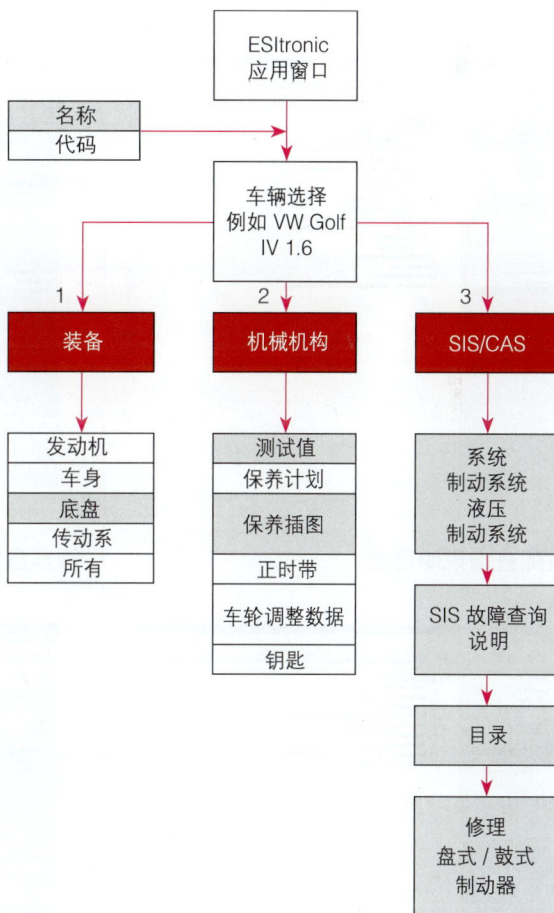

学习领域
2

制动器信息

车辆选择

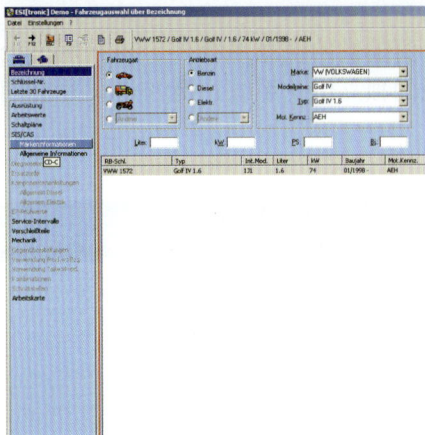

装备

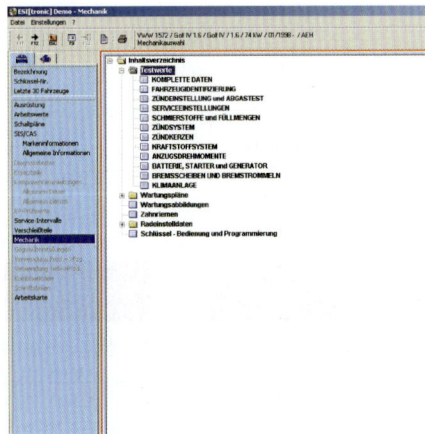

机械机构

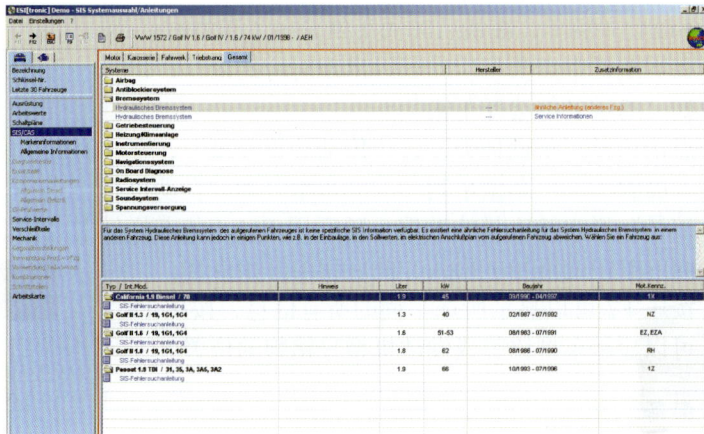

SIS 故障查询说明

故障查询说明目录

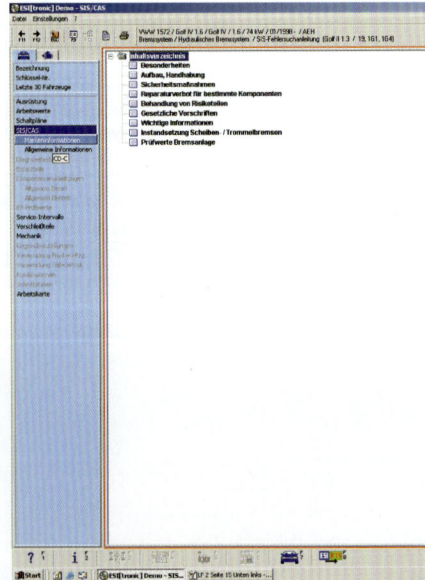

修理盘式/鼓式制动器

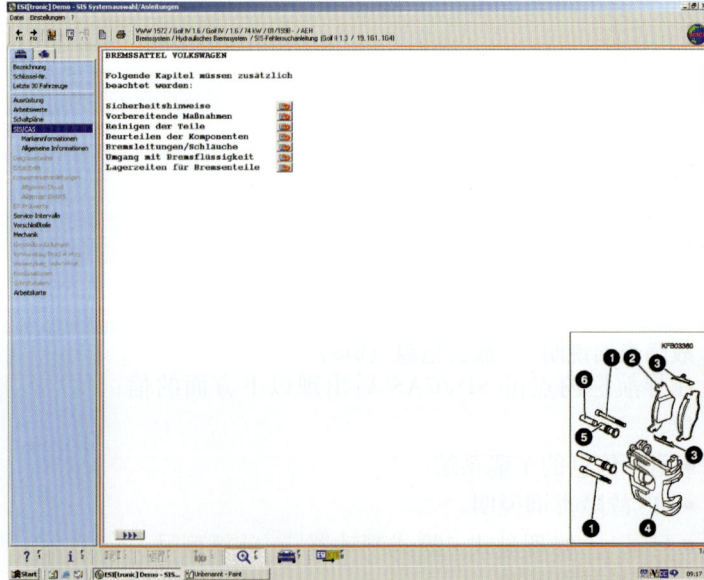

2.1.2　装配图—分解图

在车辆技术中主要使用装配图。在安装图中功能单元分解为功能元件并以轴侧图方式表示出来。这些图也称为分解图。从分解图中可以看出功能元件的形状。

图中功能元件通过细点画线连接。借此一方面可以判断出分隔和接合面，另一方面可以看出拆卸和安装顺序。所有功能元件都带有序号，这些序号在一个配件列表中列出。配件列表通常是分解图的组成部分。除了序号外，配件列表中还包括功能部件的订货号码、数量和名称，以及功能元件是否划分为易损件、配件或危险部件的信息（另见功能部件的重复使用，第 149 页以后的内容）。

配件				
产品	0	301	051	201

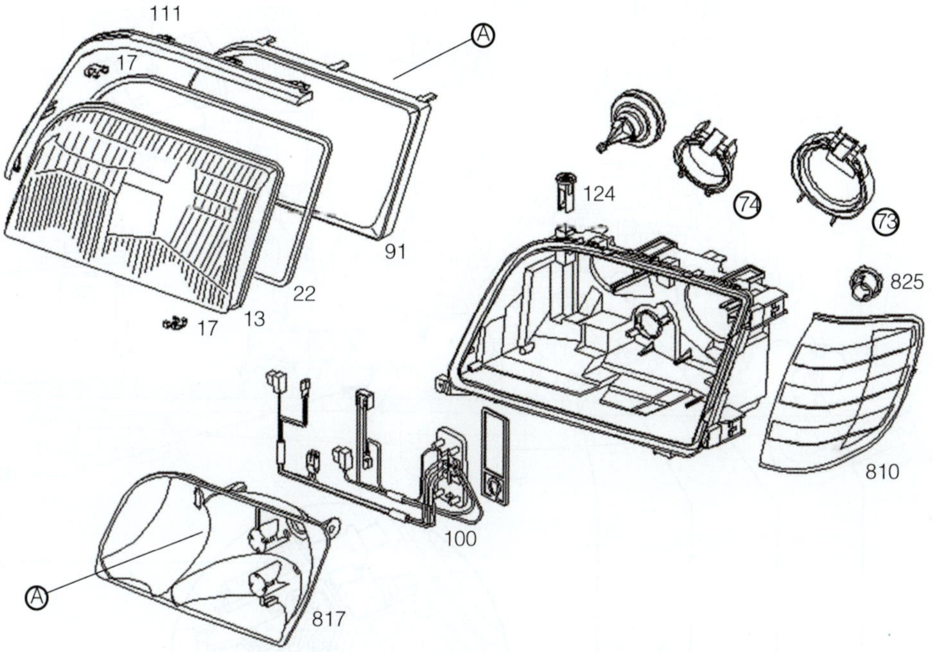

序号	订货号码	信息	数量	名称
13	1 305 621 633	A	1	透光玻璃
17	1 301 251 062	A	6	固定弹簧
22	1 301 014 314	A	1	密封条
73	1 305 219 027	A	1	护罩
74	1 305 239 070	A	1	护罩
91	1 305 542 151	A	1	盖板框架
100	1 304 490 216	A	1	导线束
111	1 301 016 049	A	1	密封框架
124	1 301 328 504	A	1	支架
810	1 305 233 938	A	1	转向信号灯
817	1 305 321 818	A	1	反射器
825	1 300 636 211	A	1	灯座

说明	
A	易损件

2.1.3 位置图

位置图用于表示不同系统在车辆内的安装位置。

在下述位置图中给出了柴油喷射装置的功能单元。

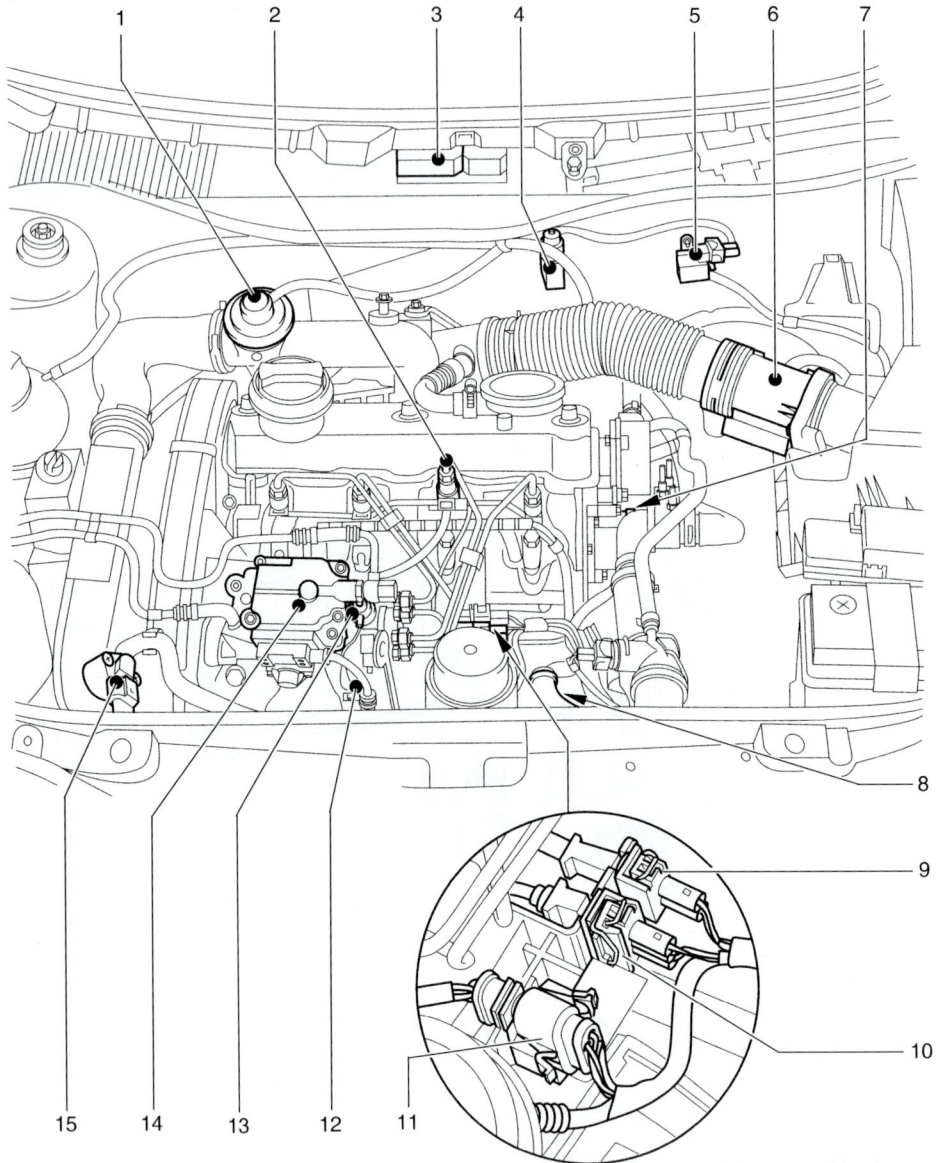

1—废气再循环阀

2—带有喷嘴针行程传感器的喷嘴

3—柴油直接喷射装置控制单元，车辆高度传感器集成在该控制单元内

4—废气再循环调节阀

5—增压压力限制电磁阀

6—空气质量流量计

7—冷却液温度传感器

8—发动机转速传感器

9—喷嘴针行程传感器的插接连接件

10—发动机转速传感器的插接连接件

11—喷射泵插接连接件用于燃油温度传感器、喷射量调节器、调节滑阀行程传感器、燃油关断阀和喷射起始阀

12—喷射起始阀

13—燃油关断阀

14—喷射泵的喷射量调节机构带有燃油温度传感器、喷射量调节器和调节滑阀行程传感器

15—进气管压力传感器及进气管温度传感器

2.1.4　功能图

功能图表示不同功能单元的相互作用关系。下述功能图给出了一个汽油发动机的机油回路。用虚线画出的机油通道在 TDI 发动机上也使用。

凸轮轴

真空泵

废气涡轮增压器

液压桶状挺杆

活塞喷测冷却

机油压力调节阀

机油压力开关

旁通阀

机油压力截止阀

溢流阀

机油泵

机油滤清器

机油冷却器

2.1.5　技术图样

与分解图相比，技术图样在车辆修理方面的作用很小。尽管如此，车辆机电维修工也应能够看懂技术图样，尤其是用于表示组装状态下的车辆技术总成的总装配图。这些图样包含各部件之间布置位置和相互作用关系方面的所有信息。每个独立部件都分配了一个序号。在部件列表中的序号处给出了该部件的详细信息。

此外还可能要求车辆机电维修工绘制某一部件的草图。为此维修工必须具备绘图和测量记录方面的基本知识。

12

Ø239

2.1.6 制造商规定（以 ESItronic 为例）

BOSCH
ESI [tronic]
电子服务信息

车辆	VW（VOLKSWAGEN）/ Golf IV1.6 / 01/1998 – / 轿车
制造商所在国家	D
排量 / 功率	1.6 / 74 kW
发动机代码	AEH
RB 代码	VWW 1572

拧紧力矩

气缸盖
气缸盖安装说明

	更新螺栓：是
第 1 步	气缸盖：40 N·m
第 2 步	气缸盖：90°
第 3 步	气缸盖：90°

其他拧紧力矩

主轴承	：否
主轴承	：65 N·m
主轴承	第 2 步：90°
连杆轴承	：是
连杆轴承	：30 N·m
连杆轴承	第 2 步：90°
飞轮 / 从动盘	：
机油泵安装在气缸体上	：15 N·m
油底壳螺栓	：15 N·m
放油螺塞	：30 N·m
离合器压盘安装在飞轮上	：20 N·m
V带轮	：
凸轮轴齿轮	：100 N·m
凸轮轴轴承 / 壳体	：20 N·m
气缸盖罩	：10 N·m
进气管安装在气缸盖上	：15 N·m
排气歧管安装在气缸盖上	：25 N·m
火花塞	：30 N·m
氧传感器	：50 N·m
爆燃传感器	：20 N·m
前轮毂	：
后轮毂	：175 N·m
外侧转向横拉杆球销	：45 N·m
轮缸壳体安装在浮钳支架上	前部：28 N·m
轮缸壳体安装在浮钳支架上	后部：35 N·m
制动钳安装在车轮托架上	后部：65 N·m
ABS 车轮转速传感器	前部：10 N·m
ABS 车轮转速传感器	后部：10 N·m
车轮螺母 / 螺栓	：120 N·m

2.2　车辆中使用的联接技术

发动机、变速器、底盘和制动系统由许多独立部件组成，这些部件通过不同的联接技术彼此联接在一起。带有半轴的下述差速器由通过不同联接元件联接在一起的 70 多个独立部件组成：

- 螺栓联接件。

- 细齿联接件。
- 销轴联接件。
- 卡环。
- 夹紧联接件。

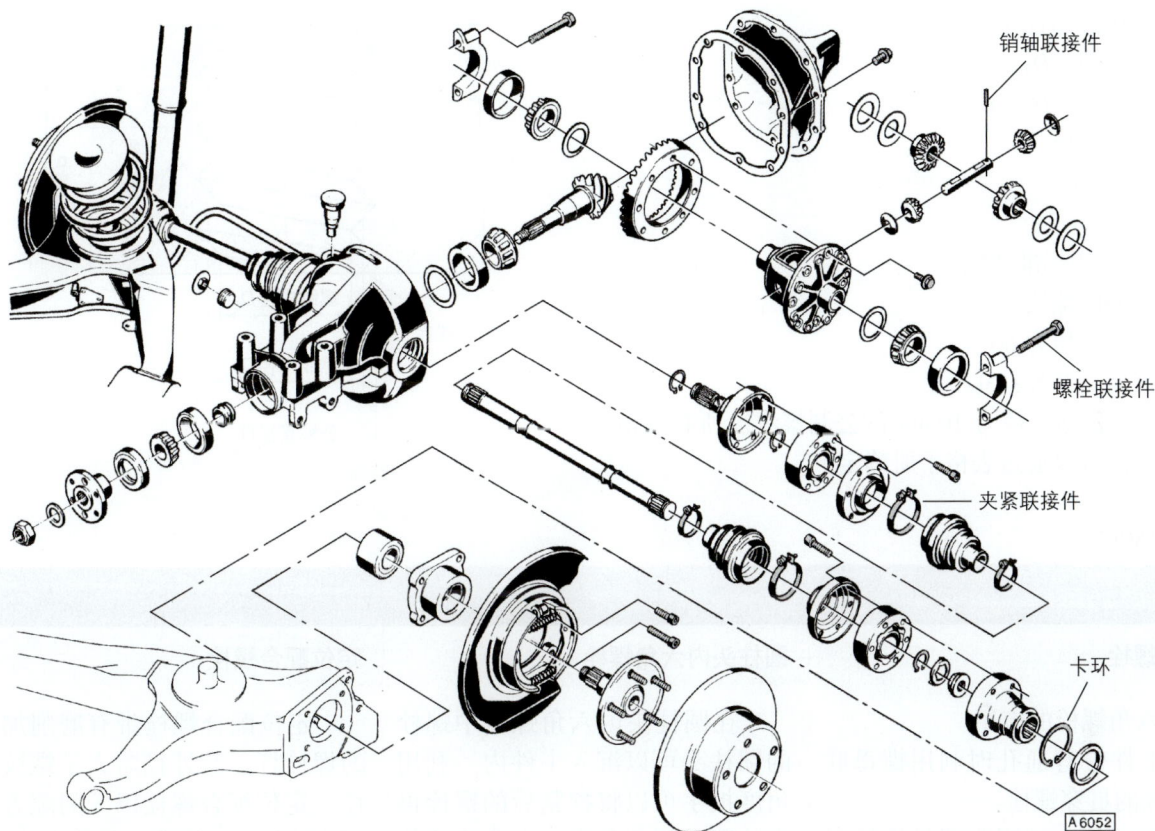

销轴联接件

螺栓联接件

夹紧联接件

卡环

A 6052

功能部件通过不同方式组合在一起：

力附着联接	形状附着联接
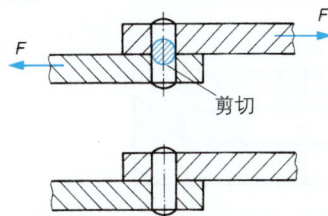 摩擦	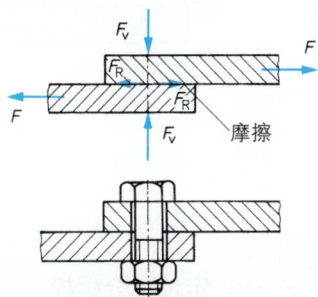 剪切
拧紧螺栓时工件通过螺栓的压紧力 F_V 彼此压紧。如果现在一个力 F 作用在联接件上，那么作用在压紧面之间的摩擦力就会阻止部件移动。这个力通过力附着（摩擦附着）方式传递。	销轴作为联接元件用于两个工件。如果一个力 F 作用在联接件上，那么插在两个部件中的销轴通过其结构形状阻止部件移动。这个力通过形状附着方式传递。

2.2.1 力附着联接

2.2.1.1 螺栓联接件

螺栓是一种在螺栓与螺母之间的螺纹内产生作用力的联接技术，这个作用力将部件彼此压紧，从而利用两个部件之间的摩擦力阻止部件移动。螺栓和螺母最重要的结构特点是螺纹。在螺栓联接件中使用尖角螺纹。这种螺纹通过以下数值表示出来：

- 外径和公称直径（D，d）。
- 螺纹中径（D_2，d_2）。
- 螺纹内径（D_1，d_3）。
- 螺纹啮合角。
- 螺距（P）。

  螺纹采用标准化结构：
- 公制 ISO 螺纹：
  螺纹啮合角为 60°。
  螺纹缩写符号：M。
  M10：公称直径为 10mm 的公制螺纹。所有其他数值都可以通过表格手册确定。

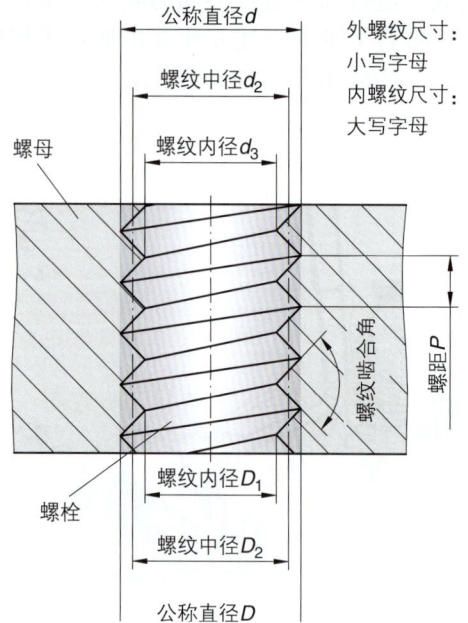

外螺纹尺寸：小写字母
内螺纹尺寸：大写字母

公称直径d / 螺纹中径d_2 / 螺纹内径d_3 / 螺母 / 螺纹啮合角 / 螺距P / 螺栓 / 螺纹内径D_1 / 螺纹中径D_2 / 公称直径D

螺栓和螺母

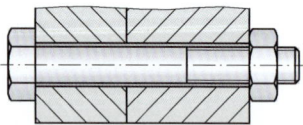

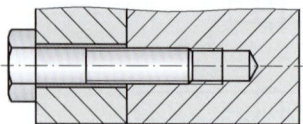

螺栓		
六角螺栓	**圆柱头内六角螺栓**	**定位配合螺栓**
六角螺栓的应用 • 工件带有通孔时利用螺母联接的贯穿螺栓。 • 在工件上切削出螺母螺纹时不使用螺母的单个螺栓。	在圆柱头内六角螺栓中螺栓的圆柱头可以沉入工件内。利用角度扳手可以将拧紧后的螺栓再次拧紧到规定角度，在此无法使用环形扳手。	定位配合螺栓带有磨削加工的螺栓杆，其外径略大于螺纹直径。定位配合螺栓以无间隙方式压入精加工（绞孔）的孔中。
螺栓联接件在工件接合面之间产生较大的摩擦力，从而阻止两个工件移动。 　　因为工件孔直径略大于螺栓杆直径，所以螺栓因存在间隙而 • 不会承受剪切负荷。 • 无法确保部件之间精确定位。		定位配合螺栓 • 精确确定工件彼此之间的位置。 • 可以通过接合面传递较大的摩擦力。 • 可以承受剪切负荷。

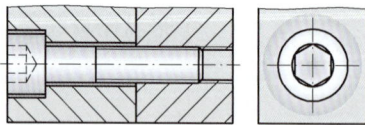

双头螺栓

双头螺栓的应用：

- 在没有为螺栓头留出安装空间的部位处。
- 螺栓联接件必须经常松开时。
- 工件内螺纹可能损坏时。

双头螺栓用一个双头螺栓安装工具拧入，通常情况下不再拧出。

应力螺栓

承受脉动和交变应力的部件（例如连杆轴承或气缸盖）利用应力螺栓来联接。应力螺栓的螺栓杆直径减小到螺纹内径的 90%，除了螺栓应靠在孔壁上的部位。螺栓杆表面光滑，以圆角形式过渡到螺纹。将应力螺栓用扭矩扳手拧紧到规定的扭矩并预紧到预紧力大于运行时出现的拉力。因此应力螺栓不需要进行螺栓防松处理。

带槽螺钉和十字槽螺钉

这类螺钉作为带槽或带十字槽的圆柱头螺钉、埋头螺钉、半圆头圆柱螺钉和半埋头螺钉使用。

圆柱头螺钉　埋头螺钉　半圆头圆柱螺钉　半埋头螺钉

自攻螺钉

自攻螺钉用于联接板材。拧入时螺钉本身在预先钻孔的板内切出螺母螺纹，或者将预先冲孔的板作为螺母使用。

夹紧螺母

特殊螺栓头和商标

符号	名称	符号	名称	符号	名称
	外 Torx® 螺栓[1]		内 Torx® 螺栓[1]		带轴颈导向部位的内 Torx® 螺栓[1]
	POZIDRIVE®[2]		内梅花螺栓 XZN[3]		带轴颈导向部位的内梅花螺栓 XZN[4]
	PHILLIPS RECESS 十字槽螺钉		内楔形螺栓 RIBE CV[5]		五星特殊形状螺栓

[1] Torx® 是 CAMCAR TEXTRON INC 公司的商标。
[2] POZIDRIVE® 是 European Industrial Services Ldt 公司的注册商标。
[3] 用户包括 Mercedes-Benz，Ford，Renault 等。
[4] 用户包括 Opel（Frontera），Audi A4，A6 等。
[5] 用户包括 Ford 等。

螺纹套

轻金属部件中的螺母螺纹损坏或拉断且无法实现螺纹的功能时使用螺纹套，例如轻金属气缸盖中的火花塞螺纹。

螺纹套带有外螺纹和内螺纹，在拧入端有切削槽。螺纹套采用淬火方式处理。

螺纹损坏时首先扩孔，然后用拧入工具将螺纹套拧入孔内。

切削槽

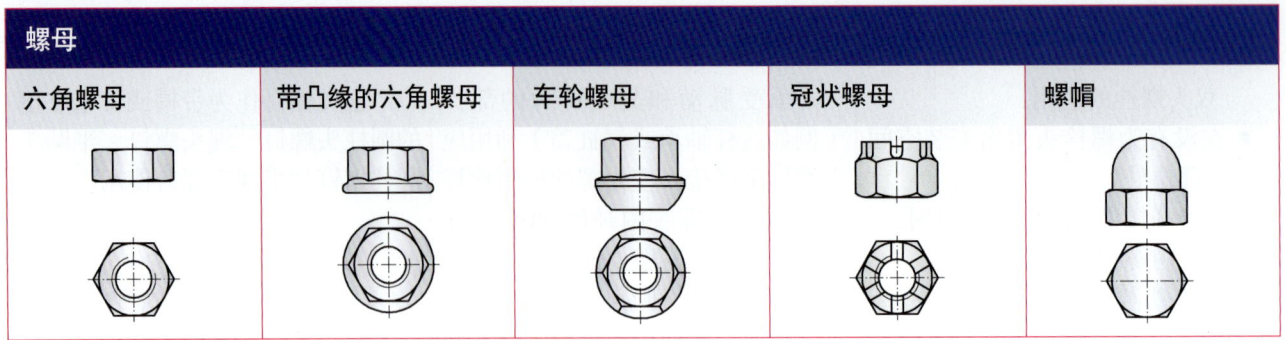

螺母				
六角螺母	带凸缘的六角螺母	车轮螺母	冠状螺母	螺帽

2.2.1.2　材料

车辆中使用非合金钢和合金钢制成的螺栓和螺母，其强度等级按 DIN 来划分。

高强度螺栓带有制造商标志和强度等级标志。

强度等级由两个数字和位于其中间的一个点组成。利用这些数字可以确定：

- 最小抗拉强度 R_m。
- 最小屈服极限 R_e。

螺母只标出强度参数。螺母可承受的负荷与相同强度等级的螺栓相同。

强度等级：　　　　　　10.9
$R_m = 100 \times 10$
$R_m = 1000$ MPa
$R_e = 10 \times 10 \times 9$
$R_e = 900$ MPa

螺母 10 　→　 螺栓 10.9

2.2.1.3　螺栓防松

螺栓防松用于防止螺栓联接件自行松开。

形状附着	力附着	材料附着
带开口销的冠状螺母　　固定板	弹簧垫圈　　弹簧环　　自锁联接 齿形垫圈	 微囊状粘结剂 拧入时这些细小的微囊破裂。粘结剂与硬化剂混合在一起并使螺纹湿润。

2.2.1.4　拧入深度

低密度材料的强度较低，必须补偿这种强度损失。为此必须提高铝合金和镁合金壳体的拧入深度（包括增加壁厚）。

镁、铝与铁之间插入深度对比

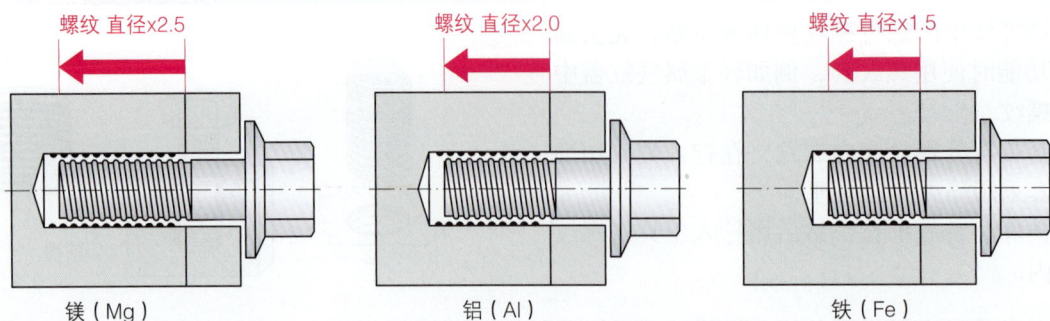

螺纹 直径x2.5　　　　螺纹 直径x2.0　　　　螺纹 直径x1.5

镁（Mg）　　　　　　铝（Al）　　　　　　铁（Fe）

2.2.1.5 螺栓联接件中的作用力

螺栓是斜面的一种应用情况。如果将一个斜面围在一个圆柱上，即可看到一个螺栓的螺旋线。

在螺栓联接件中力附着所需要的高作用力通过以下方式实现：

- 通过杠杆施加作用力。
- 提高螺旋线上的作用力。

扭矩／拧紧力矩

概述

在一个转动支撑的物体（例如曲轴）旋转点外侧施加作用力，物体就会开始旋转。这种旋转作用称为扭矩。

扭矩越大，

- 作用力 F 越大。
- 力臂 r 越大。

适用情况：

$$M = Fr$$

参数	公式符号	单位
扭矩	M	N·m
力	F	N
力臂	r	m

扭矩称为

- 右旋扭矩，顺时针旋转时。
- 左旋扭矩，逆时针旋转时。

例如：

在力臂为 300mm 处施加 120N 的作用力，扭矩等于多少？

已知： $F = 120N$；$r = 300mm = 0.3m$

求： 扭矩 M

解： $M = Fr = 120N \times 0.3m$

$\underline{M = 36N·m}$

螺栓联接件

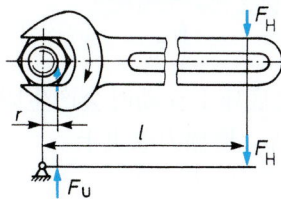

螺栓联接件的功能取决于拧紧或预紧螺栓时所产生的作用力。所要求的预紧力通过施加某一扭矩达到。

利用螺栓扳手产生的扭矩（拧紧力矩 M_{AN}）

$$M_{AN} = F_H l$$

例如：

用手施加作用力 $F_H = 200N$ 拧紧一个 M8 螺栓联接件。螺栓扳手长度 $l = 140mm$。拧紧力矩 M_{AN} 是多少？

已知： $F_H = 200N$，$l = 140mm$

求： M_{AN}

解： $M_{AN} = F_H l = 200N \times 0.14m$

$\underline{M_{AN} = 28N·m}$

实际工作中的拧紧力矩

在实际工作中拧紧力矩由汽车制造商规定或者从表格中找出。拧紧力矩也可以通过经验公式计算得出：

$$M_{AN} \approx 0.2 F_V d_2$$

F_V 预紧力（N）（参见第 140 页）

d_2 螺纹中径（mm）

摩擦

概述

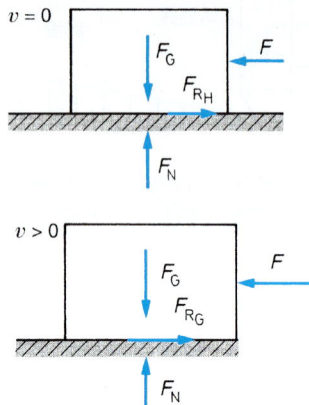

一个物体在底座上移动时会产生阻力，这个阻力称为摩擦力 F_R。摩擦力取决于

- 法向力（压紧力）F_N（N）。
- 摩擦因数 μ。

$$F_R = F_N \mu$$

摩擦因数取决于：

- 摩擦类型。
  静摩擦：物体和底座处于静止状态。
  滑动摩擦：物体在底座上移动。
- 材料配对。
- 部件表面质量。
- 润滑状态（干燥，液态）。

例如：两种材料都为钢材
静摩擦：
     干燥：$\mu_H = 0.15$ 润滑时：$\mu_H = 0.12$
滑动摩擦：
     干燥：$\mu_G = 0.1$ 润滑时：$\mu_G = 0.08$

例如：

在一个钢制底座上推移质量 $m = 600\text{kg}$ 的钢制部件，在此必须计算克服静摩擦和滑动摩擦的作用力。

已知： $m = 600\text{kg}$, $\mu_H = 0.15$, $\mu_G = 0.1$
求： F_{RH}, F_{RG}

解：   必须首先计算出质量 $m = 600\,\text{kg}$，在重力加速度 $g = 9.81\text{m/s}^2 \sim 10\text{m/s}^2$ 的作用下压在底座上的力。

$$F_N = mg = 600\text{kg} \times 10\text{m/s}^2 = 6000\text{N}$$

$$F_{RH} = F_N \mu_H = 6000\text{N} \times 0.15 = \underline{900\text{N}}$$

$$F_{RG} = F_N \mu_G = 6000\text{N} \times 0.1 = \underline{600\text{N}}$$

螺栓联接件

拧紧螺栓或螺母时工件通过螺栓的预紧力 F_V 彼此压紧。因此表面之间出现静摩擦。联接件承受负荷时作用在表面之间的静摩擦力阻止部件移动。可传递的作用力取决于预紧力 F_V 和摩擦因数 μ。

适用情况：

$$F_R = F = F_V \mu$$

预紧力 F_V 相当于作用在螺栓上的拉力。

例如：

利用一个 M8 螺栓联接两个钢板。

已知： $F_V = 7000\text{ N}$, $\mu_H = 0.15$（钢对钢）
求：   可传递的力 F

解： $F_R = F_V \mu = 7000\text{N} \times 0.15 = 1050\text{N}$
       $\underline{F = F_R = 1050\text{N}}$

机械功

概述

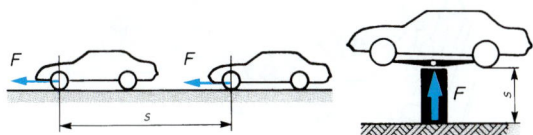

如果一个物体在力 F 的作用下移动一个行程 s，则所做的功为机械功 W。

适用情况：

$$功 = 力 \cdot 行程$$
$$W = Fs$$

参数	公式符号	单位
功	W	N·m
力	F	N
行程	s	m

功的单位是

- 牛顿米（N·m）或
- 焦耳（J）或
- 瓦时（W·s）

一辆车可以通过不同方式移动到较高的平面上：

举升机：　力 F_G 较大，行程 h 较短。

斜面：　　力 F_Z 较小，但是行程 s 较大。

力与行程的乘积始终相等。

$$F_Z s = F_G h$$

螺栓联接件

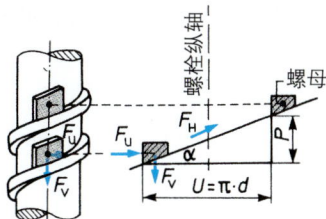

拧紧或松开螺栓联接件相当于车辆在斜面上向上或向下移动。

螺栓是斜面的一种应用情况。

圆周力 F_U 使通过预紧力 F_V 压在斜面上的螺母沿着斜面移动，螺母转动一圈相当于移动一个螺距 P。

机械机构的基本准则：

小作用力人行程可转换为人作用力小行程。

- 小作用力大行程：所施加的力乘以人手行程
$$W_2 = F_H \times 2l\pi$$

- 大作用力小行程：螺栓力乘以螺距
$$W_1 = F_V P$$

做功值 W_1 等于 W_2，即

$$F_H \times 2l\pi = F_V P$$

学习领域

2

螺栓联接件拧紧时的特性

材料抵抗力负荷时产生的阻力构成了材料的机械特性：强度、弹性、塑性、韧性、脆性。为避免损坏，拧紧气缸盖螺栓时必须考虑材料的特性。

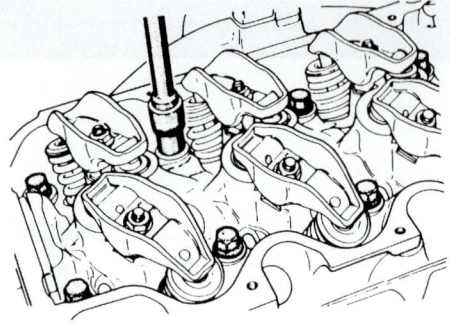

强度

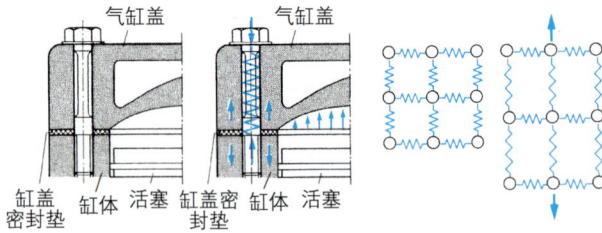

气缸盖通过气缸盖螺栓固定在气缸曲轴箱上。

拧紧气缸盖螺栓时出现一个沿轴向作用的外力，该作用力使螺栓杆承受拉力负荷。材料粒子（原子和分子）通过内力（也称为内聚力）结合在一起。内聚力阻止材料粒子分离。为了确保气缸盖螺栓不断裂，外力与内聚力必须处于平衡状态。外力提高到超过内聚力时，就会导致材料粒子分离，螺栓断裂。

人们将材料抵抗变形或毁坏（在外力作用下）时产生的内部阻力称为强度。强度是材料负荷能力的一个特性值。强度等于最大负荷与横截面面积之比。

弹性，塑性，韧性

拧紧螺母时轴向作用力使螺栓杆伸长。松开螺栓后螺栓恢复到原来的长度。这种特性称为弹性。

对气缸盖螺栓来说弹性特别重要。在弹性范围内拉伸的螺栓会尽量缩回到原始长度。因为气缸盖阻止螺栓收缩，所以螺栓在气缸与气缸盖之间的联接部位上施加一个压紧力。如果预紧力大于其反向运行力（燃烧压力），联接部位即可密封住气体。如果压紧力较小，联接部位就会抬起并造成泄漏。

如果继续拧紧螺栓到某一限值（人们将其称为弹性极限）之上，则螺栓开始保持拉伸状态。松开螺栓联接件时螺栓不再完全缩回到原始长度。螺栓发生了塑性变形。人们将材料变形但不立即断裂的能力称为韧性。

强度

外力使螺栓材料内产生大小相等、作用方向相反的内力，内力作为抵抗变形的阻力表现出来。材料中的内力称为应力。应力用公式符号 σ（希腊字母"西格马"）表示。螺栓材料内应力的计量单位是单位面积（1mm^2，1cm^2）上的作用力，即作用力与横截面面积之比。

适用情况：

$$应力 = \frac{力}{横截面面积}$$

$$\sigma = \frac{F}{S}$$

如果在力-伸长曲线图中绘制出螺栓特性曲线，则可以看到最初时随着负荷不断提高伸长量不断增加，直至拉伸应力达到弹性极限 R_p。螺栓在弹性范围内拉伸，即卸载后螺栓缩回到原始长度。如果继续增加负荷使螺栓拉伸应力超出弹性极限 R_p，螺栓就会发生塑性变形，即卸载后螺栓不再缩回到原始长度。处于屈服极限 R_e 范围内时，材料迅速屈服变形且长度变化较大，螺栓伸长，材料内部流动变形。

晶体扭曲后产生冷拉硬化作用。如果此后继续拉伸，则拉力提高到最高拉力 F_m。

在力-伸长曲线图中曲线的最高点用于计算抗拉强度。

抗拉强度 R_m 表示材料断裂前的最高应力。

适用情况：

$$抗拉强度 = \frac{最高拉力}{原始横截面面积}$$

$$R_m = \frac{F_m}{S_o}$$

为了不造成部件损坏，部件中出现的应力只允许达到最高应力的几分之一。这个几分之一的应力称为允许应力 σ_{zul}。抗拉强度 R_m 与允许应力 σ_{zul} 之比等于安全系数 ν：

$$\nu = \frac{R_m}{\sigma_{zul}}$$

代入上述公式即可得到允许拉力：

$$F = \sigma S \qquad \nu = \frac{R_m}{\sigma_{zul}}$$

$$F_{zul} = \sigma_{zul}S \qquad \sigma_{zul} = \frac{R_m}{\nu}$$

$$F_{zul} = \frac{R_m}{\nu}S$$

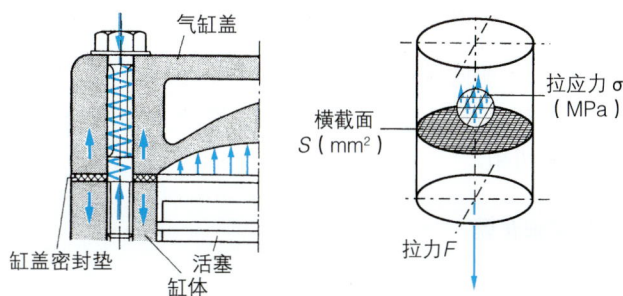

参数	公式符号	单位
应力	σ , σ_{zul}	MPa
力	F	N
横截面面积	S , S_o	mm^2
抗拉强度	R_m	MPa
安全系数	ν	—

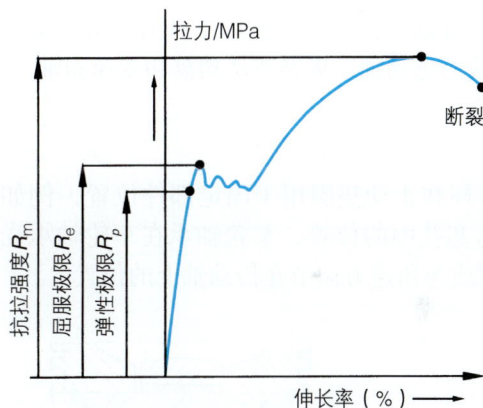

例如：

气缸盖的 4 个螺栓承受最高燃烧压力产生的 24000N 作用力。M8 气缸盖螺栓的抗拉强度为 $R_m = 800\ \text{MPa}$。

检查安全系数为 4 时这些螺栓是否过载。

已知：　$R_m = 800\ \text{MPa}$
　　　　$\nu = 4$
$$F = \frac{24000\ \text{N}}{4} = 6000\ \text{N/螺栓}$$

M8 螺纹：
利用螺纹内径计算螺栓强度。
螺纹内径：$d_3 = 6.466\ \text{mm}$（取自表格手册）。

求：　　σ_{zul} , σ

解：
$$\sigma_{zul} = \frac{R_m}{\nu} = \frac{800\ \text{MPa}}{4}$$

$$\sigma_{zul} = 200\ \text{MPa}$$

$$S = \frac{d_3^2 \pi}{4} = \frac{6.466^2\ \text{mm}^2 \times 3.14}{4} = 32.82\ \text{mm}^2$$

$$\sigma = \frac{F}{S} = \frac{6000\ \text{N}}{32.82\ \text{mm}^2}$$

$$\sigma = 182.8\ \text{MPa}$$

$$\sigma \leq \sigma_{zul}$$

$$\underline{182.8\ \text{MPa} \leq 200\ \text{MPa}}$$

学习领域 **2**

2.2.2　车辆中使用的形状附着联接

2.2.2.1　轴和毂的联接

这种联接通过轴与毂以特殊形状互相啮合的方式传递扭矩。

这些特殊形状包括花键轴花键和细齿花键。

花键轴花键	细齿花键
花键轴花键	细齿花键
花键轴花键联接主要用于纵向移动联接，例如带滑块的传动轴、离合器从动盘和变速器轴。	细齿花键在紧配合联接中使用，例如传动轴和差速器的半轴法兰或半轴齿轮。

2.2.2.2　卡环和止动垫圈

卡环和止动垫圈用于固定部件位置，例如活塞销在活塞孔中的位置，车轮轴承在车轮轴承壳体中的位置或等角速万向节在传动轴上的位置。

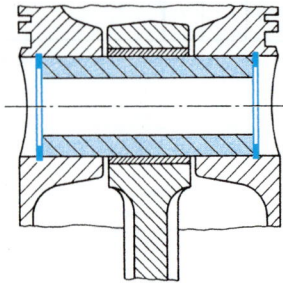

DIN 471 卡环　　　　DIN 472　　　　DIN 6799 止动垫圈

销轴　　　　销轴

2.2.2.3　销轴联接件

销轴联接件是一种可松开的形状附着联接件。销轴分为

- 定位配合销
  这种联接件将两个部件彼此固定在一起（位置准确）。
- 固定销
  敲入时因销轴尺寸较大而在销轴与孔之间产生压力。因此以力附着方式防止销轴松动。
- 剪切销
  这种联接件用于过载保护。负荷过高时导致销轴剪断。

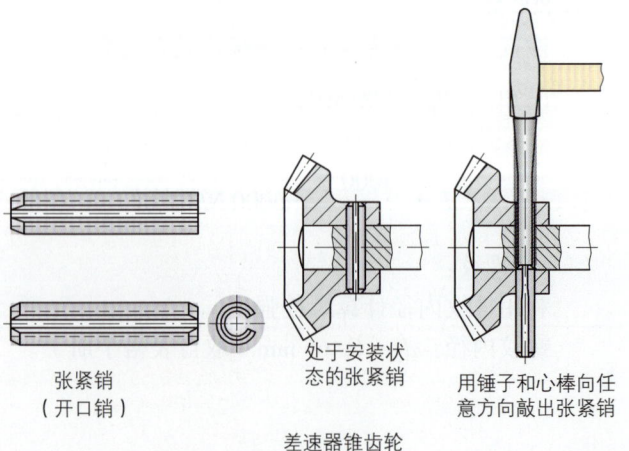

张紧销
（开口销）

处于安装状态的张紧销

用锤子和心棒向任意方向敲出张紧销

差速器锥齿轮

销轴类型			
圆柱销	**锥形销**	**切口销**	**开口销**
这种销轴采用不同的配合方式。 对应的孔利用铰刀加工。	圆锥度为 1：50。 对应的孔利用圆锥铰刀加工。	其圆周上有三个切口。 敲入时凸起部位挤压变形。	其直径比孔大0.3~0.5 mm。 在此通过弹簧钢的应力来压紧。

2.2.3　部件清洁

　　拆卸下来的部件通常附有污物和机油。为了判断部件是否能重复使用（参见第 153 页），必须清洁这些部件。普通清洁在部件清洁设备内用刷子清洁。

　　清洁设备由 ·个带有防喷溅挡板的工作台和一个装有清洗液的 200 L桶组成。自吸式泵将清洁剂（基本上无压力）输送到空心刷内。手工清洗期间液体始终继续输送。借此冲洗刷子并确保刷毛上无污物。滤网和过滤器过滤掉污物颗粒，以防其再次进入循环回路。

　　在此使用含碳化氢的专用清洁剂（通常为冷清洁剂）作为清洗液。冷清洁剂属于需特别监控的废弃物，对水污染较高，对健康有害且易燃。因此，用过的冷清洁剂应由供货商利用新容器免费收回并由正规废弃处理公司进行继续处理。

　　清洗过程结束后用棉丝或非纤维织物擦干经过清洁的部件。不要使用压缩空气枪，因为压缩空气有可能造成污物颗粒或金属磨屑飞起。如果需要使用压缩空气（例如吹洗喷嘴时），必须佩戴防护眼镜。

学习领域 **2**

BTA 编号：9 2001–12–06	工作指导 按照危险物品法规第20条 **适用范围和活动** 学校名称：维修站等	
		签名
危险物品名称		
含碳氢化合物的冷清洁剂 含碳氢化合物的冷清洁剂，在部件清洗 设备内使用以及用于清洗总成部件。		
对人和环境的危害		
· R10 易燃。 · R21/22与皮肤接触时和误食时对健康有害。 · 注意：清洁被燃油或机油污染的部件时燃点可能会下降或形成有爆炸危险的蒸气和空气混合气。		
保护措施和行为准则		
· S16远离火源，禁止吸烟。 · S24/25避免与眼睛和皮肤接触。 · S37/39工作时使用合适的防护手套、防护眼镜／防护面罩。		
出现危险时的行为守则		
· 用通用吸附剂清除溢出的材料。		
急救		急救中心电话　120
每次采取急救措施时：注意自我保护并立即到医院治疗！ · 换下已污染的衣物。 · 用大量清水和肥皂彻底冲洗皮肤接触部位。 · 撑开眼皮并用流水彻底冲洗眼睛（保护好未受伤的眼睛！取下隐形眼镜！到眼科医生处治疗！） · 误食后立即漱口并喝下大量清水。		
按规定废弃处理		
A	· 单独收集残余材料并回收利用。 · 受机油污染的布头和抹布不得作为生活垃圾处理。	

2.2.4　用于安装和拆卸的辅助材料

只有制造商认为没有问题时，才能使用用于安装和拆卸的辅助材料，因此最好在制造商的说明中给出有关信息。

固定，密封，接合	
螺栓防松 　辅助材料可防止螺栓、螺母、双头螺栓因振动而松动，同时具有密封作用。螺栓可以用普通工具拆卸，涂有特殊粘结剂时只有加热到 300℃ 后才能进行拆卸。 　使用范围： 　用于固定飞轮螺栓、被动锥齿轮螺栓、曲轴螺母和盖板螺栓。用于固定和密封放油螺塞。	**螺纹密封** 　用于密封和固定金属螺纹的液态螺纹密封胶。可替代棉麻、密封膏、聚四氟乙烯带，耐汽油、机油、冷却液和液压油。 　使用范围： 　液压和气动循环回路，例如制动系统、空调系统、助力转向系统。
平面密封 　长效弹性平面密封用于密封非抗扭法兰或凸缘。 　这种密封也用于替代固态材料密封。 　使用范围：油底壳、壳体端盖、发动机、变速器、冷却液泵。	**接合** 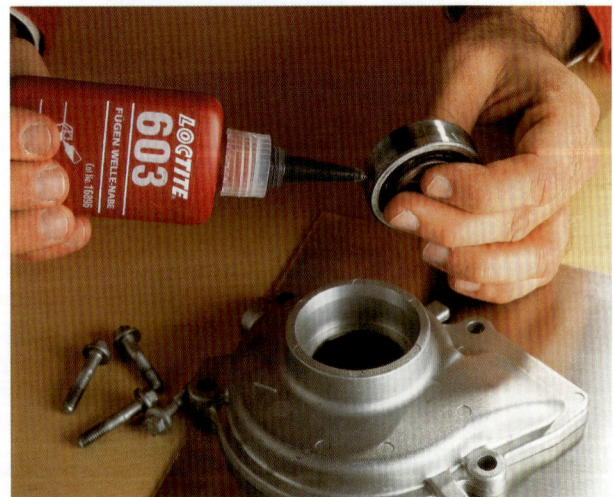　接合产品用于轴承固定或用于轴、轴套和轴承可靠连接。接合产品用于维修时补偿配合间隙、进行密封和防止接触腐蚀。

清洁和表面预处理

制动器和离合器清洁剂

　　这种清洁剂可迅速彻底地清洁制动器、离合器和变速器部件以及清除部件上的油脂，也可以彻底清除发动机和变速器法兰上的残余粘结剂和密封剂以及铰链和万向节上硬化的润滑剂。

燃油和密封材料清除剂

　　这种辅助材料用于清除残余密封剂、机油、沥青、炭黑和油漆。可防止因刻划而造成损坏。适用于发动机、变速器、冷却液泵和汽油泵、后桥等金属部件的密封部位。

润滑和溶解

除锈剂

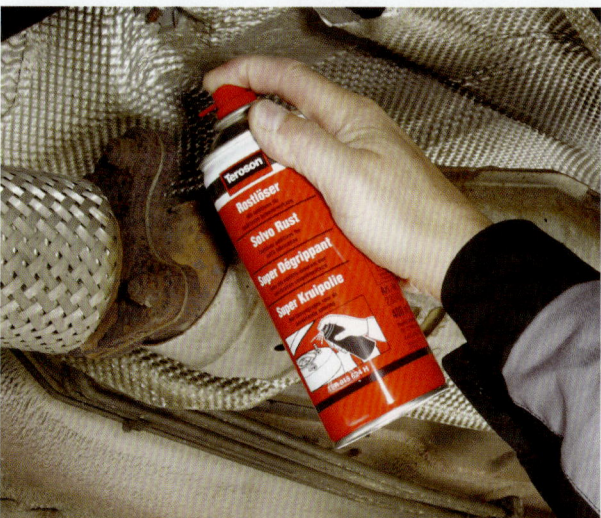

　　除锈剂是一种用于使锈蚀脱落，使螺栓、螺母和铰链松动的通用溶剂。

　　可消除所有运动部件发出的尖叫声，防止锈蚀，防止点火系统受潮，清洁和养护金属部件。

　　蠕变能力非常强。专用添加剂具有附加润滑作用且在有限时间内具有防腐作用。快速除锈剂作用速度很快。

塑性润滑剂

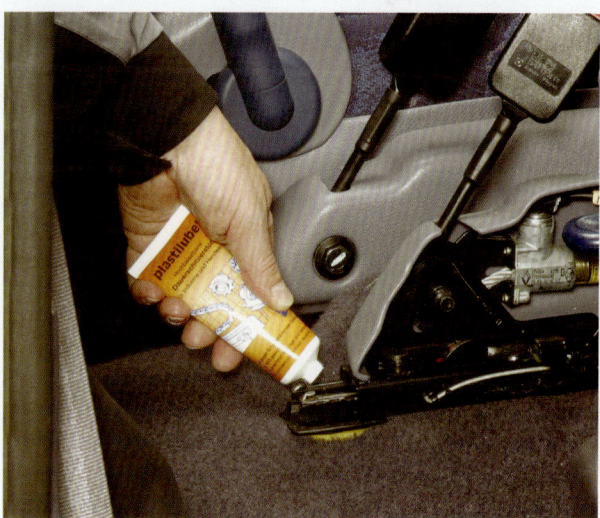

　　塑性润滑剂是一种长效塑性润滑剂，可防止侵蚀和腐蚀，防止鼓式和盘式制动器、车门限制带和座椅导轨发出尖叫声。适合 ABS 塑料，不会滴落，耐水且有助于拆卸和安装部件。

2.2.5 健康保护

皮肤防护规定			
工作材料	工作前的皮肤防护	清洁	工作后的养护
油脂 机油 燃油 冷却液 溶剂 制动液 底部防腐剂 PUR 和 MS 密封材料	**看不见的手套** 　　这种防护剂用于预防难清除的污物（例如油漆、粘结剂、底部防腐剂）刺激人手。 　　工作前在手上涂敷防护剂并让其作用约1~2min。 　　工作后用水洗掉污物即可。	**手清洁凝胶** 　　手清洁凝胶可迅速彻底清除污物且对手有保护作用。这种凝胶可清除维修站范围内存在的所有污物。 **手清洁剂及浮石** 　　手清洁剂用于污物较多的手，例如维修后。 　　添加浮石粉可提高清除作用并在不使用侵蚀性溶剂的情况下清除污物。 **手清洗膏** 　　这种手清洁剂是一种无沙型手清洗膏，利用软木粉作为摩擦剂。 **手清洁剂**	皮这种清洁剂适用于手部清洁，可保持和调节手部水分。

有关辅助材料的详细信息：
- www.loctite.com
- www.liqui-moly.de
- www.ikk.de

2.3　功能元件的重复使用、材料、防腐

　　功能元件承受力作用下的机械负荷、热作用下的热负荷以及液体和气体作用下的化学负荷。重复使用前必须检查这些元件的功能是否正常。发现损坏时不仅需要更换功能部件，而且要找出原因。为此车辆机电维修工需具备作用负荷和所用材料方面的知识，以便作出判断。

针对负荷采取的措施	负荷

材料

　　制动盘由耐热材料（例如铸铁、可锻铸铁、铸钢、陶瓷）制成。

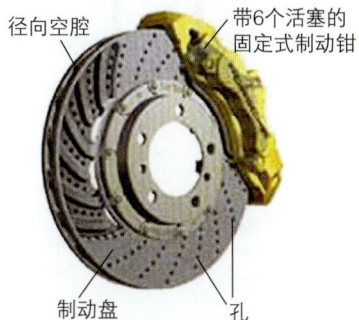

径向空腔
带6个活塞的固定式制动钳
制动盘
孔

机械负荷

　　制动力导致部件磨损。

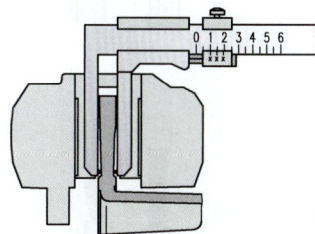

防腐

　　螺栓上的防接触腐蚀涂层。

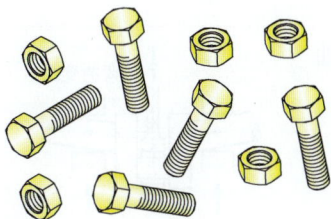

热负荷

　　制动时温度最高可达 800℃。

N46-0147

结构措施

　　用提高散热效率的内通风型制动盘。

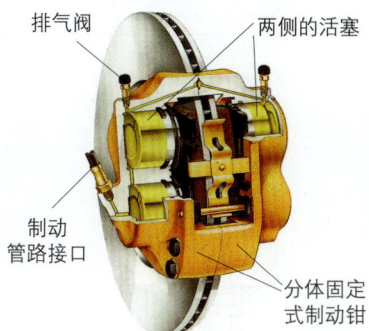

排气阀
两侧的活塞
制动管路接口
分体固定式制动钳

化学负荷

　　较长的使用寿命：融雪盐和潮湿的空气会造成部件上出现锈痕。

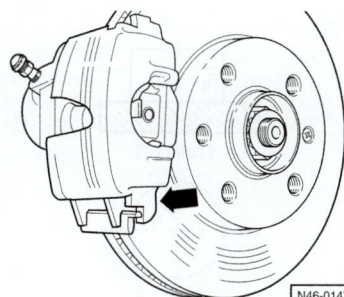

N46-0147

学习领域

2

2.3.1 车辆中功能元件的负荷

负荷类型	外力 / 作用	发动机内的负荷
拉力	拉力作用在杆轴方向上。杆拉伸并变长。卸载后杆恢复到原始形状	气缸盖螺栓
压力	压力作用在杆轴方向上。压力与拉力方向相反。杆缩短	活塞
压弯	压力作用在杆轴方向上。细长杆横向弯曲	连杆
剪切	剪切力作用在杆轴的垂直方向上。部件（杆）承受剪切负荷	活塞销
弯曲	弯曲力作用在杆轴的垂直方向上。杆弯曲变形	曲轴
扭转	扭转力使各横截面在垂直与杆轴的平面内相对扭转	曲轴
摩擦	摩擦力出现在彼此接触且相对移动的部件表面之间。摩擦力阻止部件相对运动。摩擦的结果是产生磨损	

2.3.1.1　化学负荷

车辆中化学负荷是通过电化学腐蚀产生的。

电化学腐蚀

只有"贵"金属与"非贵"金属彼此接触且两种金属之间有电解液时，才会出现电化学腐蚀。电解液是一种通过溶解的食盐或酸液导电的液体（例如雨水）。在此产生的电流使非贵金属分解。车辆蓄电池按照类似的原理工作。

如果一种金属很容易分解，那么人们将其称为非贵金属；如果该金属很难分解，则称其为贵金属。如果将金属按非贵金属至贵金属顺序排列，即可得到金属的电化学电压顺序。在电压顺序中金属彼此相隔越远，所产生的电流越大，非贵金属的分解越多。

非贵金属几乎总是通过贵金属痕迹造成"污染"。与水接触时，这些痕迹可能造成电化学腐蚀。

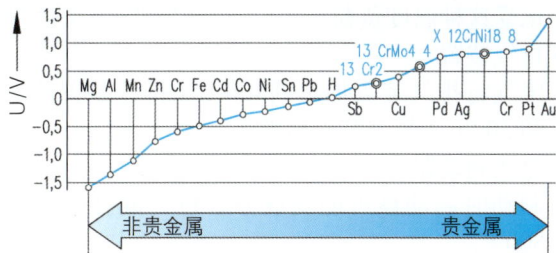

表面腐蚀

平行于表面的腐蚀，空气中的氧气和水分与铁等金属发生化合反应时。由此形成一个多孔锈蚀层，空气中的氧气和水分可能深入至锈蚀层下面的铁层处，从而造成锈蚀层厚度不断增加。这种情况导致金属表面不断受到侵蚀。

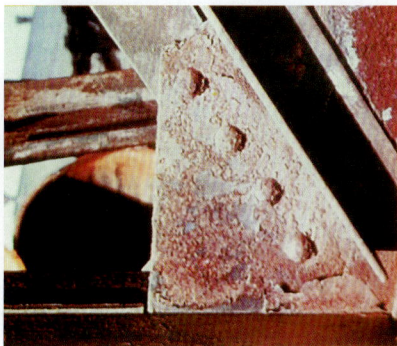

接触腐蚀

如果将不同材料制成的部件接合（连接）在一起，而这些材料在电压顺序中彼此相隔较远，那么水分渗入时就会产生腐蚀。因此，螺栓和铆钉等联接元件的材料应与要联接的部件相同，或者联接元件上应涂有隔离保护层。

例如：用钢制螺栓固定镁合金变速器壳体。

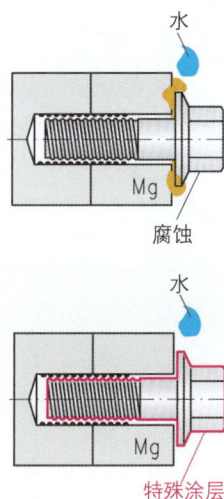

孔穴腐蚀

孔穴腐蚀常常出现在石击造成镀锌层损坏的镀锌钢板车身上。雨水起电解液的作用。孔穴腐蚀发生在非贵金属锌毁坏的局部部位。

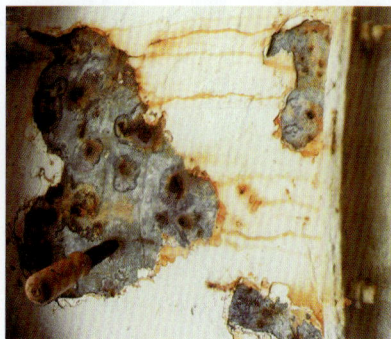

2.3.1.2 热负荷

车辆中有三个功能单元承受高温负荷。

- 发动机
  根据工作行程不同，燃烧室内的温度在250~2500℃之间，气缸、气缸盖、气门和活塞承受这种温度负荷。
- 排气装置
  废气将排气装置加热到800℃（排气装置前端）和500℃（排气装置后端）。
- 盘式制动器
  制动时制动盘可能变成赤红色，温度最高可达800℃。

热负荷过高时，尤其是散热失效时，可能会导致功能部件的过热部位烧断，例如活塞顶或其连接结构可能变形，制动摩擦片可能烧毁。

所有功能部件受热时基本上都会膨胀。

功能元件纵向延伸

部件受热时膨胀，冷却时收缩。纵向延伸越大，

- 部件原始长度越长。
- 温度增量越大。
- 纵向延伸系数越大。

纵向延伸

$$\Delta l = l_1 \alpha (t_2 - t_1)$$

最终长度 = 原始长度 + 纵向延伸
$$l_2 = l_1 + \Delta l$$

温度差（$t_2 - t_1$）或长度差（$l_2 - l_1$）通常用希腊字母 Δ（得耳塔）表示。

因此可表示为

$$\Delta l = l_2 - l_1$$
$$\Delta t = t_2 - t_1$$

纵向延伸系数 α	
低碳合金钢	0.000011
高碳合金钢	0.000017
非合金钢	0.000011
铝合金	0.000022
非合金铸铁	0.0000105

参数	公式符号	单位
长度	l	mm
延伸系数	α	1/K
温度	t	℃ 或 K

例如：

已知：　$d = l_1 = 74$ mm
　　　　$t_1 = 20℃$
　　　　$t_2 = 250℃$
　　　　$\alpha = 0.000022$ 1/K

求：　l_2

解：　$l_2 = l_1 + l_1 \alpha (t_2 - t_1)$
　　　$l_2 = 74mm + 74\ mm \times 0.000022\ 1/K \times (250-20)\ K$
　　　$l_2 = 74.37$ mm

2.3.2　功能元件的重复使用

机械、化学和热负荷会导致功能元件损坏。功能元件损坏时必须确定

- 损坏的原因是什么。
- 是否有修理价值。
- 是否允许修理。
- 部件是否磨损或损坏。

必须检查该功能元件属于哪一类：

- **危险部件**

危险部件是指必须高度关注的功能部件，因为这些部件失灵时可能造成严重后果。危险部件包括制动系统组件（属于与安全相关的部件）。这些组件不得进行修理。禁止维修制动主缸、制动助力器、制动力调节器、制动限力器、带有集成式制动限力器的轮缸。这些组件损坏时必须通过新部件整个替换。

用于气缸盖、飞轮、曲轴带轮和排气歧管等部件的螺栓，前部和后部轮毂的螺母也必须更换为新螺栓或螺母。注意制造商给出的说明。

未按规定执行时维修企业可能要为由此产生的损坏承担责任。原则上必须将所有旧部件报废处理，以免重复使用。

- **易损件**

制造商将某些部件称为易损件。维修时必须更换这些部件。

- **可重复使用的部件**

这些部件必须通过

- 现场直观检查。
- 以测量方式检查。
- 磨损程度检查。

来确定是否可以重复使用。

组件评估

可重复使用性检查包括以下方面：

- 因承受作用力而出现机械过载
  - 裂纹，断裂，变形。
  - 条痕，擦伤，侵蚀。
  - 过度或异常磨损。
  - 松动。
  - 老化。
- 因受热而出现热过载
  - 裂纹。
  - 熔化。
  - 退火。
  - 玻璃化。
- 化学负荷
  - 腐蚀，锈痕。

为评估功能部件是否可重复使用以及为确定损坏原因，除了实际应用方面的知识外，还需具备材料知识。

2.3.3　车辆中使用的材料

钢				铸造材料			
钢是碳的质量分数为 0.05% 至 2.06% 的铁碳合金。碳不以纯碳形式存在，而是与部分铁元素发生化学反应后形成碳化铁（Fe_3C）。碳含量决定了 • 钢材的机械特性。 • 工艺特性。 碳含量提高时 • 抗拉强度、硬度和脆性提高。 • 韧性、可变形性和焊接性降低。				铸造材料是碳的质量分数为 2% 至 5% 的铁碳合金。铸铁由一种基本组织构成，碳以层状、球状和片状形式聚集在这种组织中。 　石墨析出物的基本结构和类型决定了铸造材料的机械和工艺特性。与片状和球状石墨相比，层状石墨会进一步削弱这种基本结构。片状石墨造成应力集中，由此可能产生裂纹。			
结构钢	渗碳钢	调质钢	合金钢	铸铁	球墨铸铁	可锻铸铁	铸钢
0.1%~0.5% C，变形性、焊接性较好。	0.1%~0.15% C，可进行表面淬火处理。	0.35%~0.6% C，可通过调质提高强度。	通过添加铬、镍、钒、钼等制成合金来提高强度。	带有层状石墨，较脆，能承受一定压力，耐腐蚀，减振，铸造性和切削加工性好。	球状石墨：高强度，可延伸性。	片状石墨：有韧性且可延伸性。	碳发生化学反应。
例如：车身	例如：齿轮	例如：连杆	例如：气门	例如：发动机缸体	例如：曲轴	例如：凸轮轴	例如：轮毂

有色金属

铝，铝合金

物理特性	化学特性	工艺特性
⊕ 密度较低（2.7 kg/dm³） ⊕ 熔点较低（660℃） ⊕ 导电率较高 ⊕ 导热性较好 ⊖ 热膨胀系数较高 ⊖ 强度较低 ⊖ 硬度较低	⊕ 耐腐蚀 　在空气中氧气的作用下铝表面形成较薄的氧化层，这个氧化层可保护位于其下面的材料。 ⊖ 无毒	⊕ 冷变形和热变形性较好 ⊕ 切削加工性较好 ⊕ 铸造性较好

　　通过向纯净材料中添加合金可以改善材料特性（尤其是强度和硬度）并使其特性满足各种要求。主要合金元素是：镁（Mg），硅（Si），铜（Cu），锌（Zn），锰（Mn）。

　　铸铝合金（Al + Si + Mg，铸造成形）：轿车车轮、浮式制动钳、摆动支座和车桥托架

　　塑性铝合金（Al + Mg + Mn，锻造，轧制）：轿车车轮，车身部件

镁，镁合金

物理特性	化学特性	工艺特性
⊕ 密度很低（1.74 kg/dm³） ⊕ 熔点较低（650℃） ⊖ 强度较低 ⊖ 较软	⊕ 在酸液和盐溶液的作用下容易腐蚀 ⊖ 纯镁属于易燃物品 ⊖ 不能用水灭火，只能用沙子或粉末灭火剂灭火	⊕ 铸造性较好 ⊕ 切削加工性很好 ⊖ 可变形性中等 ⊖ 由于具有易燃性，因此高温时加工性较差

　　镁与铝、锌和锰一起制成合金后耐腐蚀、坚固且具有焊接性。由于镁合金质量较轻，因此在车辆技术中得到使用，例如用于变速箱壳体。

铜，铜合金

物理特性	化学特性	工艺特性
⊕ 导电率很高 ⊕ 导热性很好 ⊕ 较软且有韧性 ⊖ 强度比钢低	⊕ 耐腐蚀 　铜与空气中的碳酸反应后形成绿色密封性氧化层（铜绿）。该氧化层可防止材料进一步氧化 ⊖ 铜与乙酸接触时产生具有毒性的乙酸铜	⊕ 变形性较好 ⊕ 钎焊性较好 ⊖ 切削加工性较差 ⊖ 铸造性较差 ⊖ 溶解性较差，焊接性较差

铜合金

铜锌合金（黄铜）	铜锡合金（锡青铜）	铜锡铅合金（铅青铜）
铜的质量分数至少为50%且主要合金成分为锌的铜锌合金称为黄铜。 　锌含量越高，黄铜可变形性越差，铸造性和切削加工性越好。 　例如：同步环。	铜的质量分数至少为60%且主要合金成分为锡的铜锡合金称为锡青铜。锡可提高耐腐蚀性，提高强度和耐磨损性。 　例如：蜗杆滚轮式转向系统的转向滚轮。	铅的质量分数最多为30%且锡的质量分数最多为10%的铜锡铅合金称为铅青铜。铅可提高应急运行特性，因为润滑短时间中断时铅可起润滑作用。 　例如：滑动轴承的摩擦层。

塑料

塑料利用石油以化学方式制造。基本粒子是碳原子，这些原子可以与氢、氧、氮、氯或氟形成化合物。

热塑性塑料	热固性塑料	弹性体
在热塑性塑料中分子不结成网状（大分子＝巨分子）。温度超过 100℃ 时塑料变软且能发生塑性变形。	在热固性塑料中大分子结成细网。热固性塑料加热到 170℃ 以上后变硬，此后不再变形。	弹性体是由粗网状大分子组成的塑料。弹性体具有类似于橡胶的特性。结成网状后不再能熔化。
⊕ 可重复变形	⊕ 即使在高温下也保持坚硬和坚固状态	⊕ 类似于橡胶的特性
⊕ 受热时可变形且可焊接	⊕ 切削加工性较好	⊖ 受热时不变形
⊕ 粘结性较好	⊕ 可粘结	
⊖ 温度 70℃ 时变软	⊖ 无法焊接	
⊖ 温度较低时像玻璃一样硬		

塑料的共性

物理特性	化学特性	工艺特性
⊕ 密度较低	⊕ 耐酸、耐碱液、耐水、耐氧腐蚀	其工艺特性主要由塑料的结构决定。
⊕ 绝缘性很好	⊖ 不耐溶剂，例如苯	
⊕ 导热性较差		
⊖ 不耐高温		
⊖ 热膨胀系数较高		

应用示例

热塑性塑料		热固性塑料
风扇：聚丙烯（PE）	散热器格栅：	玻璃纤维加强型车身部件：环氧树脂（EP）
车轮装饰罩：聚氨酯（PUR）	丙烯腈-丁二烯-苯乙烯（ABS）	分电器罩：三聚氰胺甲醛（MF）
橡胶防尘套：聚乙烯（PE）	车灯透光玻璃：	由层压塑料制成的密封件：苯酚甲醛（PF）
侧饰板：聚碳酸酯（PC）	丙烯酸玻璃（PMMA）	填料：不饱和聚酯（UP）
排水槽：聚酰胺（PA）		
车灯盖板：聚苯乙烯（PS）		
电缆绝缘层：聚氯乙烯（PVC）		

烧结材料

制造烧结材料时将金属和／或非金属材料粉碎成粉末状，然后在高压下制成烧结物。随后加热到熔点之下炽热状态，以使粉末颗粒结成一个紧密的组织结构，即烧结材料。利用烧结可以

⊕ 将很难溶化的金属（例如用于灯丝的金属钨）

⊕ 金属和非金属材料（例如用于制造电动机和发电机炭刷的铜和碳）结合在一起

⊕ 通过高压和钝化处理方式可以在不进行后续加工的情况下制造精密部件，例如正时带轮

其他示例：由烧结青铜制成的轴瓦，由磷青铜制成的粗滤器，由烧结钢制成的机油泵内齿轮和外齿轮或离合器部件。

2.3.4   防腐

2.3.4.1   车身防腐

为确保车身能够长期防腐，所有车身部件都采用镀锌方式进行处理。

部件镀锌工艺分为火焰镀锌和电镀锌。

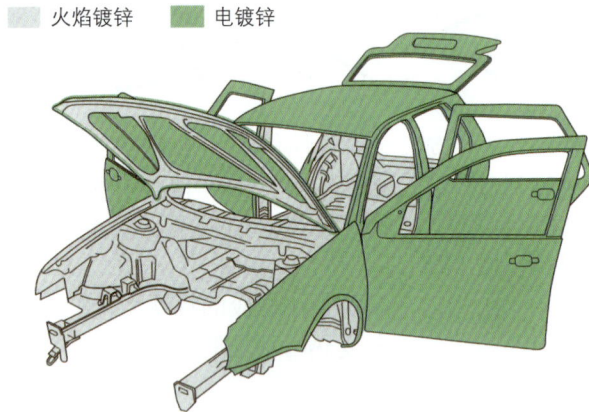

从外面看不到所有部件都采用火焰镀锌，外部面板采用电镀锌。

然后通过喷漆进一步提高防腐性能。

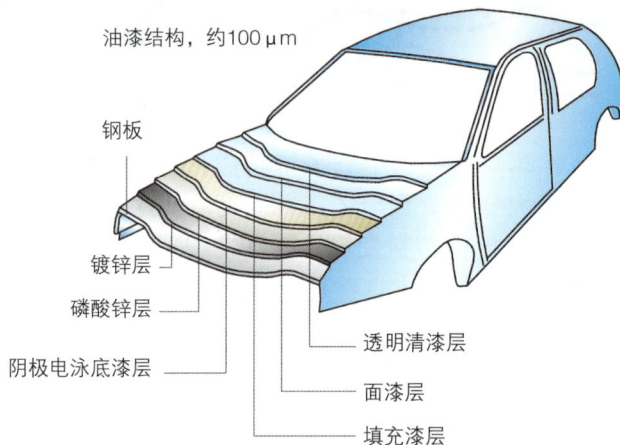

火焰镀锌　　电镀锌

油漆结构，约100μm

钢板

镀锌层

磷酸锌层

阴极电泳底漆层

透明清漆层

面漆层

填充漆层

2.3.4.2   底部防腐剂

汽车制造商涂敷底部防腐剂作为石击保护层。这种防腐剂由塑料、橡胶或含沥青的物质组成，可以长时间保持弹性。随着时间的流逝可能会因脆化

而出现裂纹，因此必须每年对底部防腐剂现场直观检查一次。必须修理损坏的部件。

2.3.4.3   空腔防腐剂

喷溅的水和冷凝水进入横梁、纵梁、车门等处的空腔内时有造成部件腐蚀的危险。因此这些部件应通过空腔防腐剂来防止腐蚀。在此使用附着和渗

透能力较强的机油、石蜡、阻锈剂和溶剂作为喷剂。进行车身维修工作后必须进行空腔防腐处理。

2.3.4.4 功能元件防腐

<table>
<tr><td colspan="2" style="background:navy;color:white">镁合金螺栓</td></tr>
<tr><td>变速器壳体接触腐蚀</td><td>带有特殊涂层的螺栓</td></tr>
<tr>
<td>

在带有镁制壳体的变速器上使用钢制螺栓进行联接。接触面上有水时会导致两种金属之间产生电流。此时镁金属分解。
</td>
<td>

阻止两种金属之间产生电流即可防止接触腐蚀。

其方式是在螺栓上涂敷一种不导电的绝缘层。
</td>
</tr>
<tr><td>制动管路</td><td>带有高效防腐涂层的螺栓</td></tr>
<tr>
<td>

制动管路由带有多个防腐层的可弯曲钢管组成。

</td>
<td>

所有位于外部的螺栓都带有高效防腐涂层，即使用一种锌铝粉末涂层来防止腐蚀。

</td>
</tr>
</table>

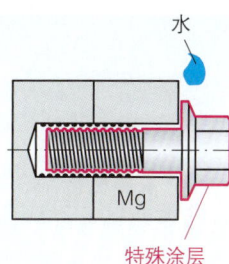

2.4 车辆维修站中的工具

2.4.1 装配工具

为了按专业要求进行维修，必须为车辆机电维修工提供大量不同类型和尺寸的工具。插图中所示的工具属于通用工具，此外还需要从工具室领取专用工具和特殊工具。这些工具通常可用于某一车辆品牌，有时仅用于某一具体车型。

工具、小部件和辅助材料可以按规定整齐摆放在工具车内。工具摆放方式是每类工具占据一个空间，即使用一个工具盒。

工作结束后必须仔细清洁工具，然后放回到规定的位置处。工作地点整齐有序可节省找工具的时间。

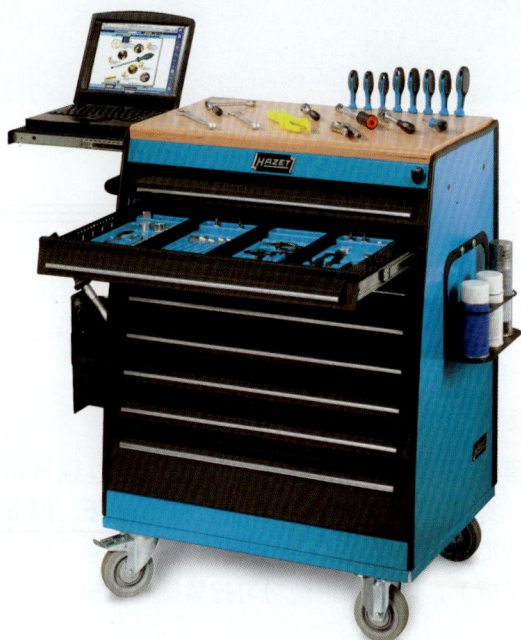

必须确保工具处于完好且安全的状态。工具损坏（例如旋具手柄损坏、刀具断裂，扳手开口宽度变大，锉刀手柄或锤子未安装到位，錾子头部边缘

磨损，台虎钳口沟槽磨损等）可能导致事故或部件损坏。此外还会妨碍工作且花费较多时间。

用于拆卸和安装的工具

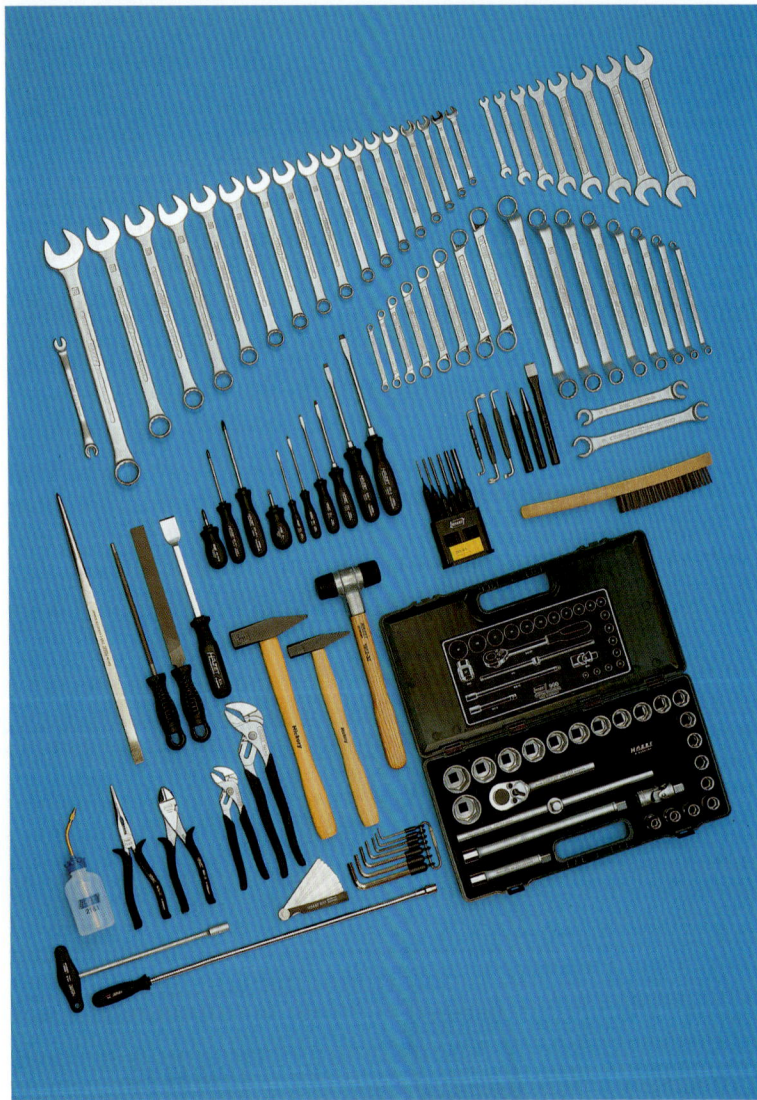

开口环形扳手

TOEX 环形扳手

曲柄状环形扳手

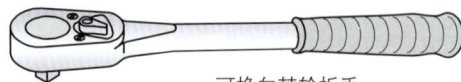

可换向棘轮扳手

套筒扳手工具头　　内六角工具头

内梅花工具头

内TORX工具头　　内楔形工具头

一字旋具

十字旋具

内六角杆式扳手

内梅花扳手

力矩扳手

螺栓联接件拧紧过度时，会造成其过载且可能断裂；拧紧程度过低时，可能会自动松开。因此汽车制造商针对车辆中的许多螺栓联接规定了拧紧力矩（扭矩），以确保正确均匀拧紧螺栓或螺母。

为了按规定力矩均匀拧紧螺栓，在此需要一个力矩扳手。扭矩可利用旋钮设定。达到设定值时可听到且可感觉到扳手松脱。

2.4.2　材料的手工切削和切割加工

材料的手工切削加工

凿

錾子是一种单刃工具。

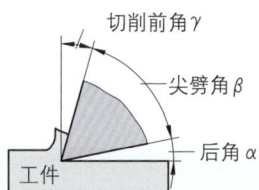

錾子的尖劈角取决于待加工的材料：

材料	尖劈角
铝，铜	40°~50°
结构钢	50°~60°
高强度钢	65°~75°

- 切削前角与后角取决于錾子的位置。
  錾子由非合金工具钢制成。錾子的刀刃区域经过淬硬处理。硬度从刀刃向刀柄逐渐减少，头部较软。
  我们把錾子分为：
- 用于表面加工的扁錾。

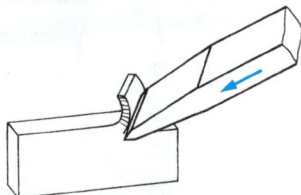

- 用于表面窄槽的扁尖錾。

锉

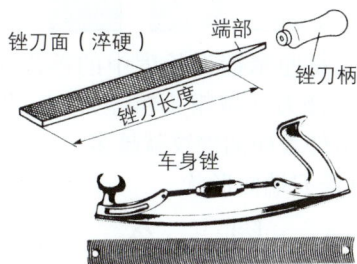

锉刀是一种多刃刀具。锉刀按下述标准来分类：
- 加工方式：

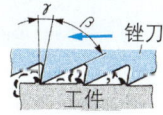

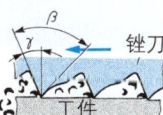

铣削式锉刀	凿式锉刀
正尖劈角–切削效果 小尖劈角–软材质	负尖劈角–刮削效果 大尖劈角–硬材质

- 锉纹方向
  为使锉屑排出通畅，锉纹方向与锉削轴垂直或斜对锉削轴。

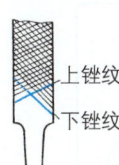

单纹锉刀	交叉纹锉刀
单纹锉刀锉出宽锉屑。这种锉刀适用于软材料。	交叉纹锉刀锉断锉屑。这种锉刀适用于硬材料。

- 锉纹距
  人们把两个相邻锉齿之间的距离称为锉纹距。每厘米锉刀长度中的锉齿越多，锉刀就越细（细锉刀、最细锉刀），加工后的表面粗糙度越小。

锯

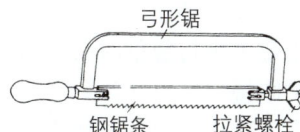

锯是一种带有许多连续排列锯齿的多刃刀具。

为使锯能顺利工作，必须满足两个条件：
- 锯条的自由切削。

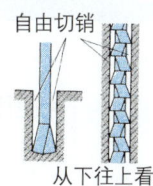

交叉齿自由切削	波浪形自由切削
自由切销 从下往上看	自由切削 从下往上看

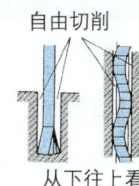

为了防止夹住锯条（因受热和膨胀），锯缝必须要比锯条宽。这一点通过使用交叉锯齿或波浪形锯条来达到。

- 大屑槽
  因为锯屑无法从侧面排出，所以首先积聚在屑槽中，然后再从锯缝中输送出去。

齿距对选择齿条非常重要。齿距决定了屑槽的大小：

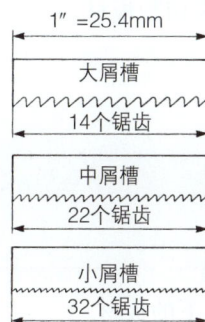

材料的手工切削加工

冲錾

事故预防措施
- 錾子头部必须无毛刺。
- 用錾子进行錾削时必须戴上防护眼镜。
- 为了防止飞出的錾屑伤害其他人，需要立放防护挡板。

锉削

每厘米锉刀长度中的锉齿越少，锉刀就越粗（粗锉刀），锉削工件表面的锉纹就越多。
- 锉刀端面形状

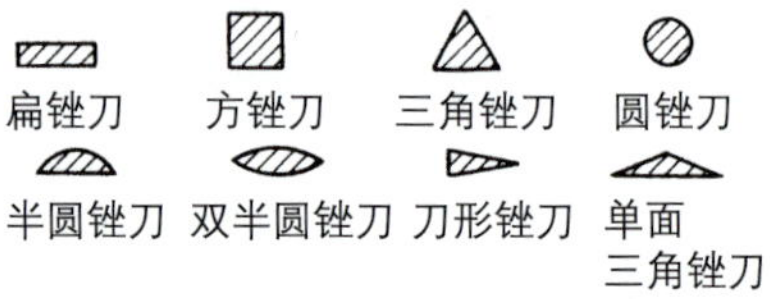

扁锉刀　方锉刀　三角锉刀　圆锉刀
半圆锉刀　双半圆锉刀　刀形锉刀　单面三角锉刀

事故预防措施：
- 锉刀柄必须安装牢固。
- 不得使用无刀柄的锉刀。

锯切

锯切软材料产生锯屑多且要求大齿距的锯条。锯切硬材料产生锯屑少，因此小齿距锯条就适用。

即使是薄壁工件也总是要使用小齿距锯条，以防止锯条卡住和防止锯齿断裂。

事故预防措施：
- 锯条必须充分张紧。
- 必须在锯切点附近夹持工件。

材料的手工切割加工

楔錾切断

- 使用扁錾子。

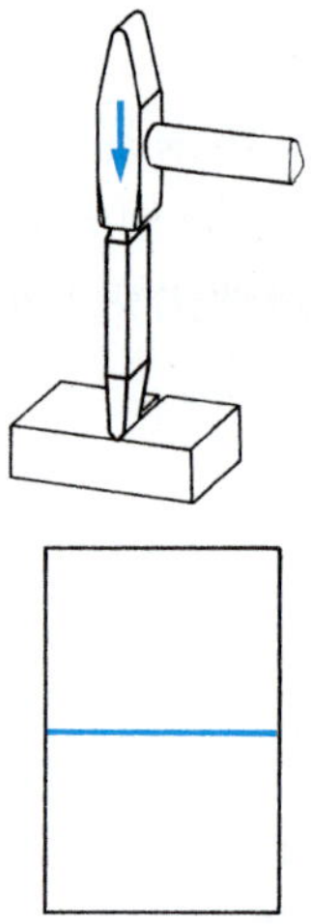

扁錾子适用于以直线切割线来切割板材。

- 使用冲錾子。

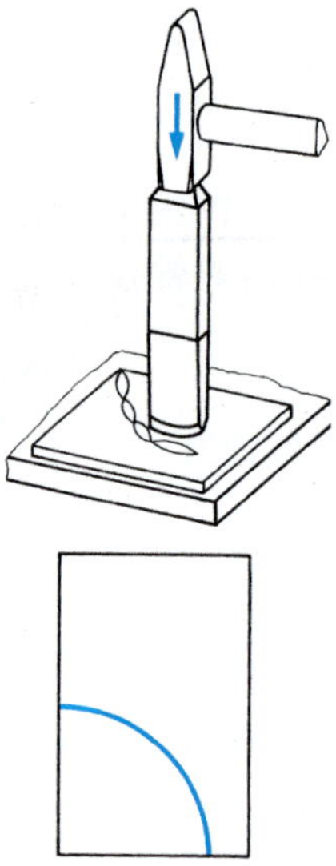

冲錾子带有圆形圆刀刃，因此适用于以任意形状切割线切割。

剪切

- 使用直缝剪刀。

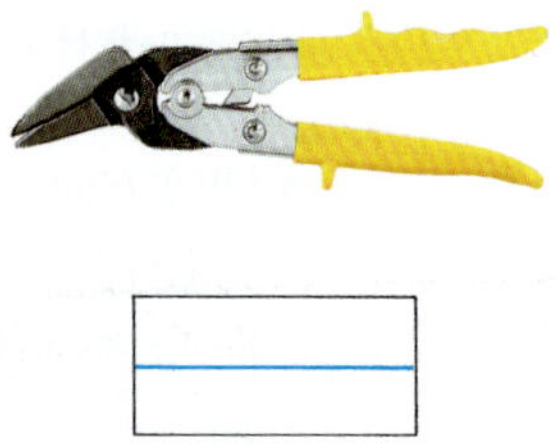

直缝剪刀适用于长直线剪切。
- 使用成形剪刀或裁孔剪刀。

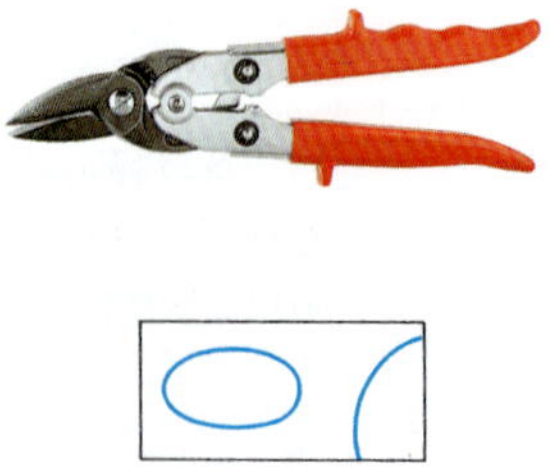

成形剪刀适用于曲线剪切和裁孔。

- 使用手动杠杆式剪切机。

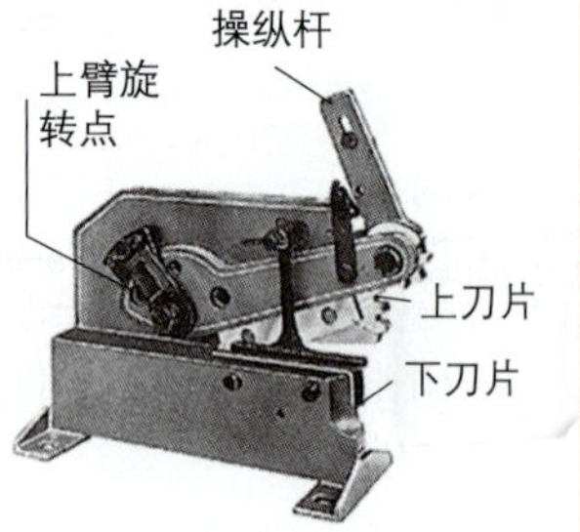

操纵杆
上臂旋转点
上刀片
下刀片

- 使用分段冲截剪。

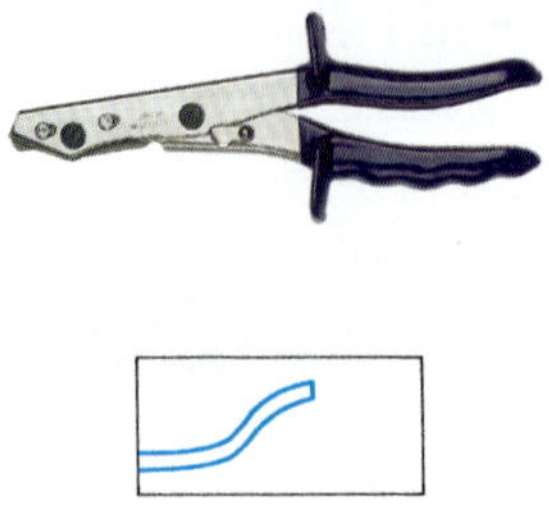

分段冲截剪能以分段冲截方式切割任何形状和大小的开口。

| 5 mm 以下的板材 | 3 mm 以下的板材 | 1.5 mm 以下的板材 | 0.6~1.2 mm 以下的板材 |

2.4.3　钻孔，锪孔

2.4.3.1　钻孔过程

钻孔时通过两种运动的共同作用来进行切削：

- 钻头旋转运动＝切削运动
电动机产生的旋转运动通过 V 带传递到钻床主轴和钻头上。
- 钻头直线运动＝进给运动
进给运动通过手轮传递到钻床主轴上。

- 钻头轴线
- 进给运动
- 旋转运动（切削运动）

2.4.3.2　钻头

钻头是一种双刃刀具。钻头通过圆锥形刃磨产生两个主切削刃。屑槽把钻屑运送出钻孔。导向刃用于钻头在钻孔内导向。两个主切削刃通过横切削刃连接。横刃有刮削作用。

- 公称直径
- 螺旋槽（屑槽）
- 螺旋线节距
- 导向刃
- 切削长度或有效长度
- 主切削刃
- 主切削刃
- 横切削刃（副切削刃）

钻头切削刃的角度		
切削后角	**尖劈角**	**切削前角**
切削后角通过铲磨自由面而产生。切削后角为 6～8°。	钻头自由面与切削面之间的夹角称为尖劈角。 适用情况： ● 软材料—小尖劈角， ● 硬材料—大尖劈角。	切削面与钻头轴线之间的夹角称为螺旋角。螺旋角相当于切削前角 γ。 适用情况： ● 软材料—大切削前角， ● 硬材料—小切削前角。

钻头类型			
钻头类型	**切削前角**	**刀尖角**	**材料**
W 型	30°～40°	140°	软材料和韧性材料 铜、铝和铝合金
N 型	20°～30°	118°	普通材料： 钢、灰铸铁
H 型	10°～13°	140° 118° 80°	硬材料： 高强度钢 黄铜 塑料，胶木

2.4.3.3　锪孔

通过锪孔可去掉钻孔的毛刺和钻出安装埋头螺钉的圆柱形或锥形锪孔。锪孔钻是与锪孔形状相应的单刃或多刃刀具。切削速度大约为钻孔速度的一半。

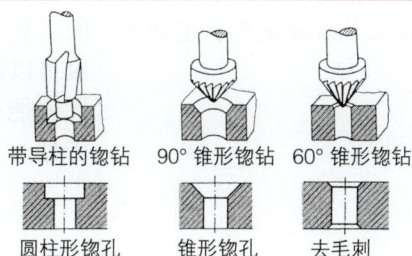

- 带导柱的锪钻
- 90°锥形锪钻
- 60°锥形锪钻
- 圆柱形锪孔
- 锥形锪孔
- 去毛刺

2.4.3.4 立式钻床

立式钻床由下述功能单元组成：
- 电动机。
- 主传动装置。
- 进给传动装置。
- 钻床主轴。
- 钻床工作台。
- 钻床机架。

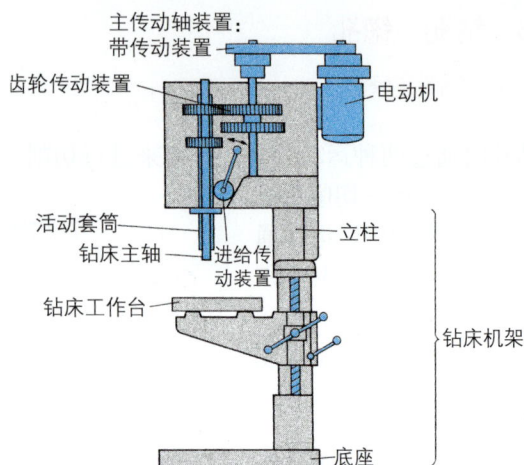

功能单元

钻床主轴 / 进给传动装置	主传动装置	夹紧装置
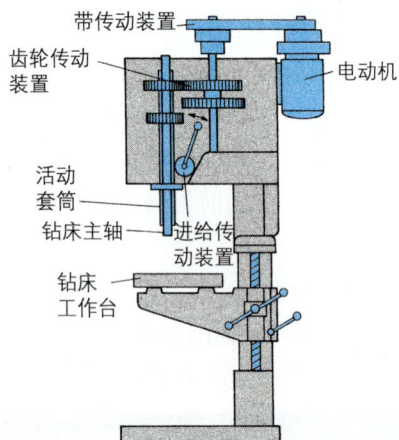	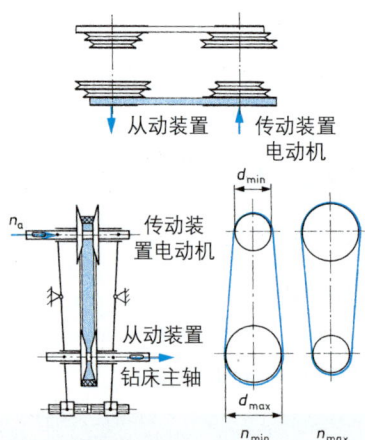	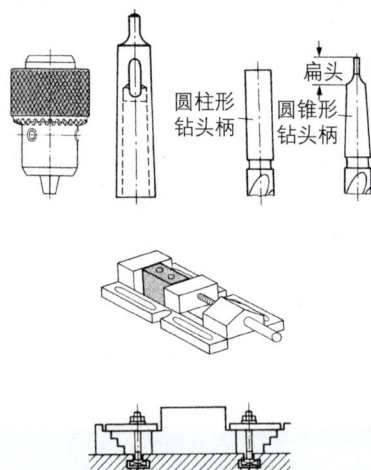
钻床主轴进行切削运动和进给运动。主轴由电动机通过主传动装置驱动。钻床主轴由真正用于旋转运动的主轴和执行进给运动的钻床主轴套筒（活动套筒）组成。钻床主轴有一个与小齿轮啮合的齿条。小齿轮用一个手轮操纵。 钻床主轴有一个用来安装钻床卡盘或锥形钻头柄的内圆锥。用一个顶出器通过排出装置通孔可以将钻床卡盘或钻头从主轴上松开。	利用主传动装置可以逐级或无级调节转速。 **有级变速装置** 在电动机轴和钻床主轴上有多个V带轮。通过改变V带转动方向可获得不同转速。 **无级变速装置** 无级变速装置带有双体锥形带盘，一根V带位于这些带轮之间。利用调节轴的右旋和左旋螺纹可以改变锥形带盘的距离。由此就能改变V带的位置并在锥形带盘上产生不同的转动直径。	把钻头的圆柱形钻柄夹入钻床卡盘中，把钻头的圆锥形钻头柄直接插入钻头主轴的内圆锥中或插入与内圆锥匹配的变径套筒之中。 把小工件夹入到一个机床用平口台虎钳之中。用棱形钳口夹住圆柱形工件。 机床用平口台虎钳可以用夹紧螺栓固定在钻床工作台上。大工件可以用夹紧装置直接固定在钻床工作台上。 在薄板上钻孔时使用手动台虎钳并在薄板下面垫上木块。

2.4.3.5　手钻

手电钻主要用于安装工作，适合大而笨重的工件。但是钻孔的精度和表面质量不高。

手电钻通常具有一个电子无级调速的两挡减速器。

三爪自定心卡盘能够夹住直径13mm以下的钻头。现在大多数手钻都有一个在水泥上钻孔的冲击钻孔装置。

2.4.3.6　圆周速度，转速，切削速度

圆周速度取决于

● 转速 n

● 外圆直径 d

转速是指每分钟旋转的次数。旋转频率是指每秒钟旋转的次数。

物体的圆周速度 v 是指一秒钟内物体在圆周上移动的行程 $s = d \times \pi$。计算圆周速度的公式为

$$v = d\pi n$$

在加工技术中把钻头的圆周速度称为切削速度。该速度相当于钻头圆周上刀刃的一个点在一分钟内移动的行程。计算公式为

$$v = d\pi n$$

$$\downarrow$$

$$n = \frac{v}{d\pi}$$

$$d = \frac{v}{n\pi}$$

$$转速 = \frac{旋转次数}{时间（分钟）} \qquad n = \frac{z}{t}$$

$$旋转频率 = \frac{旋转次数}{时间（秒）} \qquad n = \frac{z}{t}$$

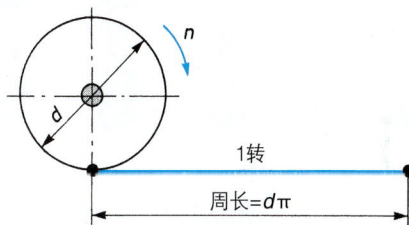

周长＝$d\pi$

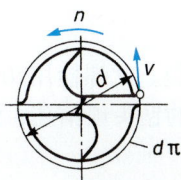

参数	公式符号	单位
切削速度	v	m/min
直径	d	m
转速	n	min^{-1}

为确保钻头能经受各种切削应力——热、磨损和切削力，就不得超过允许切削速度。通过试验得出的切削速度值汇总在下表中。

举例：

要在强度不超过260MPa的灰铸铁工件上钻孔。钻头直径20mm时，请计算出应该在钻床上设定的转速。

已知：　　$d = 20$ mm $= 0.02$ m

　　　　　v　按表格已知灰铸铁为：15～25 m/min

　　　　　$v = 20$ m/min（优选）

求：　　　n（单位为min^{-1}）

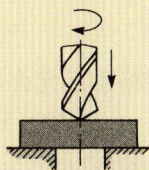

解：　　　$v = d\pi n$

$$n = \frac{v}{d\pi}$$

$$n = \frac{20 \text{ m/min}}{0.02 \text{ m} \times 3.14}$$

$$\underline{n = 318.5 \text{ 1/min}}$$

允许钻削速度，单位为m/min	
材料	**高速钢钻头**
500 MPa以下的钢材	30～40
700 MPa以下的钢材	25～35
260 MPa以下的灰铸铁	15～25
260 MPa以上的灰铸铁	12～16
铝合金（w_{Si} 11%以下）	40～50
黄铜	30～50
带有填料的塑料（玻璃纤维）	16

2.4.3.7 钻孔工作

取出断裂的螺栓

拧紧螺栓时螺栓有时候会断裂且无法将其从螺纹孔中取出。此时必须在螺栓上钻孔。将拧出销敲入所钻孔中，此销可以利用一个拧出螺母将螺栓从螺孔中松开。必要的操作步骤如下：

- 预钻孔。
- 敲入拧出销。
- 扩孔。
- 拧出。

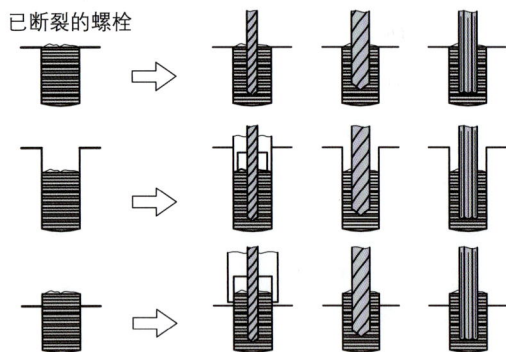

已断裂的螺栓

举例：

已知：

拧紧时M10螺栓断裂。此螺栓用700 MPa以下的钢材制成。用 ϕ4.6mm的钻头预钻孔，然后用 ϕ6.4mm的钻头扩孔。

求：

钻孔时的转速。

解：

根据上述表格确定允许切削速度：700 MPa以下的钢材 → $v = 25 \sim 35$m/min。

选择：30m/min。

根据以下公式计算出钻孔时的切削速度：

$$v = d\pi n$$

通过公式转换可以计算出在钻床上需要设定的转速。

已知：

$v = 30 \ \text{min}^{-1}$

$d = 4.6 \ \text{mm} = 0.0046\text{m}; \ d = 6.4\text{mm} = 0.0064\text{m}$

$$n = \frac{v}{d\pi} = \frac{30 \ \text{min}^{-1}}{0.0046\text{m} \times 3.14} = 2077 \ \text{min}^{-1}$$

$$n = \frac{v}{d\pi} = \frac{30 \ \text{min}^{-1}}{0.0064\text{m} \times 3.14} = 1493 \ \text{min}^{-1}$$

修复磨损和破损的螺纹

轻金属螺纹有时候可能会破损。例如轻金属气缸体中的火花塞螺纹。这种情况下要在螺纹孔中装入一个钢制的螺纹套。将损坏的火花塞孔进行扩孔钻孔，随后用拧入工具将螺纹套拧入孔中。螺纹套有自切削作用。

拧入工具

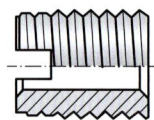

螺纹套

对于低强度金属材料（例如铝合金）中承受高负荷的螺纹来说，要使用由精密成形菱形钢丝制成的螺纹嵌入件。为此在底孔上钻孔并用丝锥攻出用于螺纹嵌入件的螺纹。用拧入工具通过预加压力将螺纹嵌入件拧入底孔中。

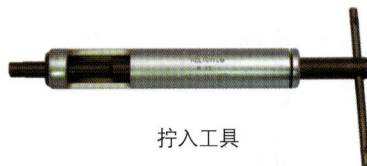

拧入工具

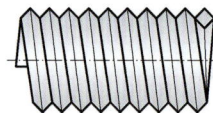

螺纹嵌入件（Helicoil®）

举例：

已知：

在轻金属气缸盖中的M14火花塞螺纹破损。钻头直径为17mm。

求：

钻孔时的转速。

解：

根据表格确定允许切削速度：

铝合金 → $v = 40 \sim 50$m/min。

选择：45m/min。

已知：$v = 45$m/min

$d = 17$mm $= 0.017$m

$$n = \frac{v}{d\pi} = \frac{45\text{m/min}}{0.017\text{m} \times 3.14} = 843\text{min}^{-1}$$

2.4.4　螺纹加工

内螺纹

用丝锥扳手将丝锥拧入底孔中来手动切削内螺纹。切削工作通过三个丝锥完成。这些丝锥带有圆环标记。

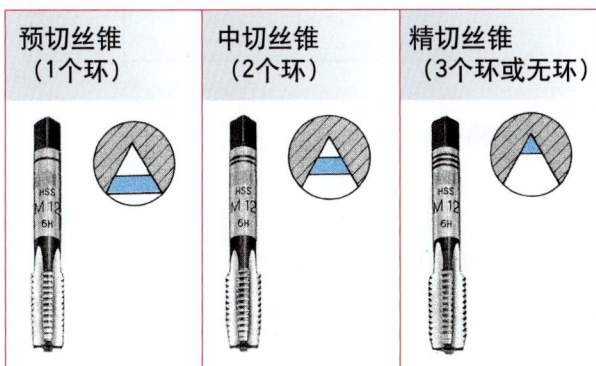

| 预切丝锥（1个环） | 中切丝锥（2个环） | 精切丝锥（3个环或无环） |

底孔直径必须比精切螺纹的螺纹内径大一点，因为切削螺纹时不仅切断材料，而且会同时发生塑性变形和材料堆积。

螺纹	底孔钻头直径/mm
M4	3.3
M5	4.2
M6	5.0
M8	6.8
M10	8.5
M12	10.2

根据材料使用作为润滑剂的切削液或冷却润滑液（水和油的混合物），由此降低切削过程中的摩

外螺纹

外螺纹用板牙来切削。外螺纹以一道工序切削完成。

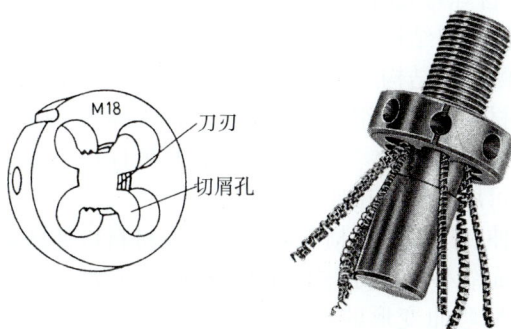

螺栓外径必须比螺纹外径小一些，因为切削外螺纹时也要发生材料堆积。单刃便于切开。

螺纹	螺栓直径/mm
M4	3.9
M5	4.9
M6	5.9
M8	7.9
M10	9.85
M12	11.85

擦并改善螺纹轮廓侧面的质量。

内螺纹的切削

1. 钻削底孔：从表格中查出或通过经验公式算出直径：
   底孔直径≈0.8×螺纹公称直径。
2. 底孔平底扩钻。
3. 把预切丝锥夹入丝锥扳手中并用它切入底孔。
4. 用均匀的压力把丝锥拧入1~2个螺距。
5. 用平角尺检查切入的垂直度。
6. 拧入丝锥：
   - 朝切削方向拧入半个螺距。
   - 把丝锥转回一点，以便切断切屑。
   - 使用冷却润滑液。
7. 预切后用手分别拧入中切和精切丝锥，然后用丝锥扳手完成精切。

外螺纹的切削

1. 把圆柱销端部铣削成圆锥形。
2. 把板牙垂直装到工件上。
3. 在轻轻加压的情况下切出第1个螺距。
4. 切削螺纹：
   - 朝切削方向转动半圈。
   - 将板牙转回去一点，以便切断切屑。
   - 在此也要使用冷却润滑液。

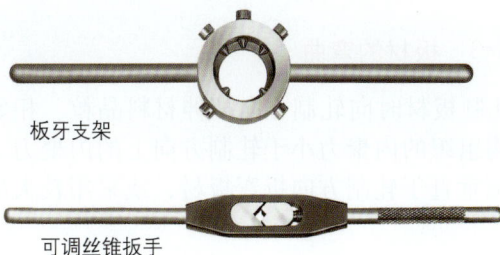

板牙支架

可调丝锥扳手

2.4.5 弯曲变形

弯曲是板材、半成品和管材变形加工时使用的一种无切削加工方法。

2.4.5.1 弯曲过程

棒材等弯曲时发生下述变化：

- 外侧材料结构组织伸长。
- 内侧材料结构组织缩短。
- 棒材中部结构组织层既未伸长也未缩短。这个结构组织层称为"中性层"。其长度保持不变，所以可用于计算拉伸长度。
- 拉伸和压缩产生横断面变化。在材料拉伸区域横断面缩小，在材料压缩区域横断面扩大。
- 容易弯曲变形的材料包括低强度钢、软黄铜、铜、锌、铝。
  不易弯曲变形的材料包括高强度钢、合金钢、硬铝合金、镁合金。
  不能弯曲变形的材料包括灰铸铁、可锻铸铁、硬质钢材（参考第153页后几页的"材料"）。

弯曲前的棒材

压缩的结构组织（内侧）

F

中性结构组织

拉伸的结构组织（外侧）

承受弯曲力 F 负荷的棒材

2.4.5.2 型材的弯曲

扁钢弯曲时必须考虑以下方面：

弯曲角和弯曲半径	横断面的大小和位置
弯曲半径 弯曲角	F_2 F_1
大弯曲半径—外侧和内侧结构组织变形小—弯曲应力小。 小弯曲半径—外侧和内侧结构组织变形大－弯曲应力大。	厚边扁钢—结构组织拉伸和压缩较多—弯曲应力大。 薄边扁钢—结构组织拉伸和压缩较少—弯曲应力小。

2.4.5.3 板材的弯曲

轧制板材时向轧制方向拉伸材料晶粒。相邻轧制结构组织的内聚力小于轧制方向上的内聚力。因此必须垂直于轧制方向折弯板材，或采用较大的弯曲角。

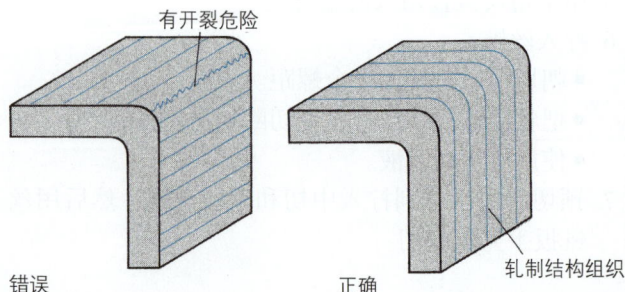

有开裂危险

错误   正确

轧制结构组织

2.4.5.4　管材的弯曲

　　在车辆中尤其是制动管路都是用钢管制成的。这些管路都带有多层防锈漆。弯曲和圆弧形部位不得过窄。必须避免管路弯曲直径<5倍的外径。

　　最简单的方法是在弯管装置中折弯制动管路和制动管，以避免外侧边缘处产生皱痕和直弯。管路焊缝应尽可能位于中间区域，以防止焊缝破裂。

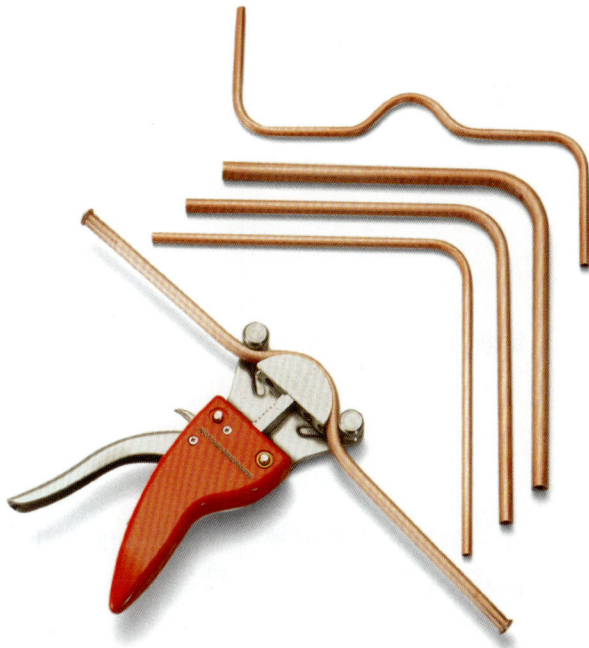

2.4.6　管箍的制作

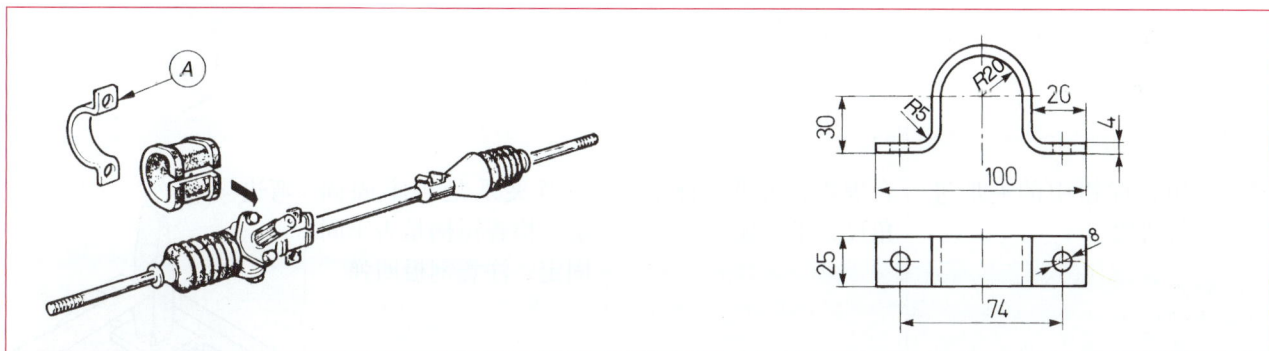

1. 拉伸长度的计算

拉伸长度利用中性结构组织计算得出。

$l_1 = 26mm - 5mm$

$\underline{l_1 = 21mm}$

$l_2 = \dfrac{1}{4} \times 2r_2 \pi$

$\quad = \dfrac{1}{4} \times 2 \times 7mm \times \pi$

$\underline{l_2 = 11mm}$

$l_3 = 30mm - 5mm - 4mm$

$\underline{l_3 = 21mm}$

$l_4 = \dfrac{1}{2} \times 2r_1 \pi$

$\quad = \dfrac{1}{2} \times 2 \times 22mm \times \pi$

$\underline{l_4 = 69.1mm}$

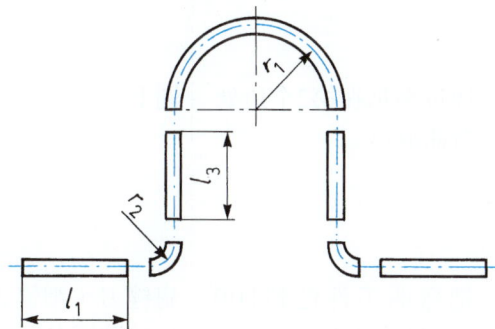

$l_S = 2l_1 + 2l_2 + 2l_3 + l_4$

$\quad = 2 \times 21mm + 2 \times 11mm + 2 \times 21mm + 69.1mm$

$\underline{l_S = 175.1mm}$

2. 材料的选择

DIN EN 10025 – S235JR

扁钢，宽25mm，厚4mm，最小屈服极限R_{eH}=235MPa的普通结构钢

加工计划

序号	工序	工具，检测工具，辅助材料	操作规程，劳动安全	示意图
1	工件划线	划线针，角尺，刻度尺	使用后用软木来保护划线针	划线
2	锯断长度为177 mm	钢锯	将锯条张紧，在切割部位旁夹紧扁钢	锯割
3	在一侧以一定角度锉削并去毛刺	扁锉刀，细锉刀，平角尺	检查锉刀柄安装是否牢固	锉削
4	在弯边处划线	划线针，角尺，钢尺	使用后用软木保护划线针	
5	用台虎钳中的夹爪进行弯边	台虎钳，夹爪，锤子，角尺，半径规	注意夹爪是否牢固固定，检查锤柄是否牢固固定，注意钢板回弹	弯边
6	通过一根心棒进行弯曲成形	台虎钳，夹爪，心棒，锤子，半径规，钢尺	同上	
7	通过夹爪在第2个边处弯曲成形	同上	同上	垫块
8	把弯曲工件锉到100 mm尺寸并去毛刺	扁锉刀（细锉刀），角尺，游标卡尺	检查锉刀柄安装是否牢固	冲眼
9	在孔中心点处划线并冲眼	划线针，钢尺，冲头，锤子	使用后用软木来保护划线针，检查锤柄安装是否牢固	

10	转速的计算	根据第165页的表格确定允许切削速度。 $v = 30$ m/min $d = 8$ mm $= 0.008$ m $$n = \frac{v}{d\,\pi} = \frac{30\text{m/min}}{0.008\text{m} \times 3.14} = 1194\ \text{min}^{-1}$$	如果计算得出的转速在钻床上不能调节，则必须选择下一个较低的转速。
	根据钻床上的图表确定转速	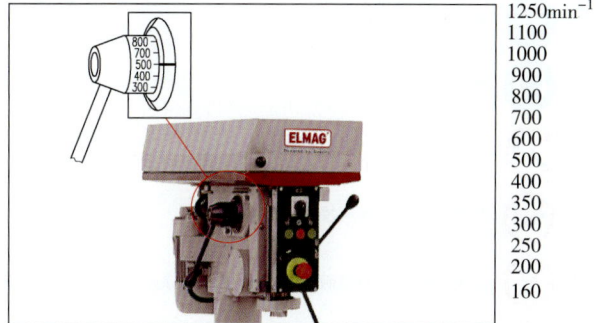	转速的选择： 1250min⁻¹ 1100 1000 900 800 700 600 500 400 350 300 250 200 160
11	钻孔	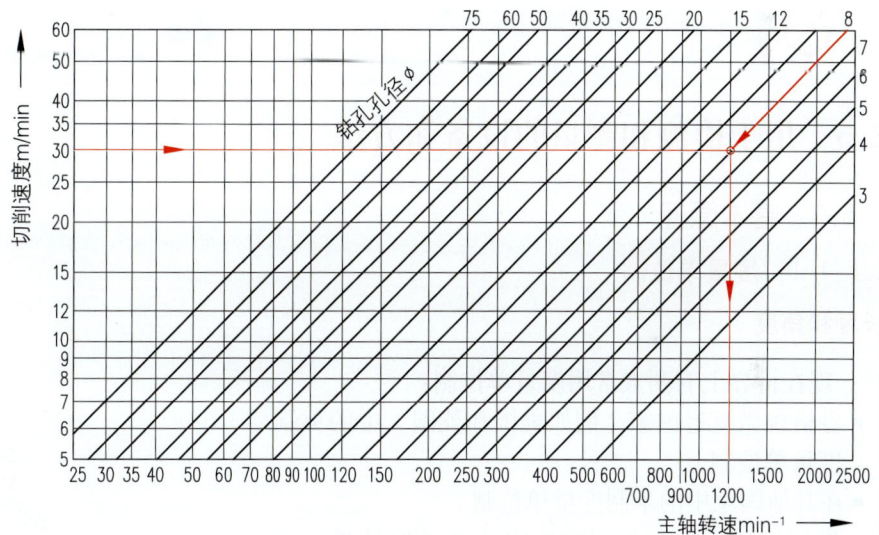	
		钻头直径 $d=8$ mm 机床用台虎钳	穿紧身的衣服（衣袖），长头发用发网罩住，戴上防护眼镜。钻孔时把钻头尖放入样冲眼孔中，同时不要选择进给挡。手工钻孔时进给力要均匀。把钻头从工件中退出来时要减少进给力，否则钻头会卡住且可能断裂。钻孔后将去毛刺。	钻孔 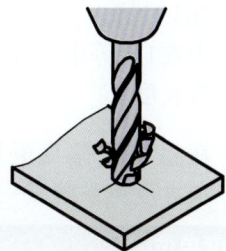

2.4.7　事故预防措施

请选用正确的工具。请按使用说明书使用工具。请戴好防护眼镜。

请确保工具整洁。请使用符合对电气设备绝缘的德国电工规范（VDE）工具。

使用前请通读使用说明书。

工具上有尺寸标记，以便于按规定摆放。

请戴好防护眼睛。

只有工具受力正确时，才能保证工具和螺栓具有较长的寿命。

请戴上防护耳罩。

对工具进行后续加工（例如用磨削设备加工）会导致工具产生裂纹和断裂点—这会增加发生事故的危险。

原则上不要套上钢管来加长杠杆臂，而是使用专用工具。

不要把手动工具头和手动工具用于冲击式螺栓扳手。

手工工具只能用手操作，不能用锤子。

无人能同时观看所有抽屉—所以每次只能拉出一只抽屉并防止其倾翻。

错误的敲击会导致破碎并危及视力（原则上要佩戴防护眼镜）。

请勿踩踏在抽屉上。

旋具是精细的手工工具，不允许作为撬棒或錾子使用。

不要把维修小车拖在自己身后。

螺栓不仅需要符合要求的旋具，而且要求旋具头垂直放到螺栓头上。

世间万物都是有限度的。工具也是这样。将用过的零部件进行报废处理。

2.5　用于检测和测量的设备和方法

2.5.1　基本原理

2.5.1.1　度量单位制

长度和角度

现在世界上有两大常用度量单位制：

- 盎格鲁撒克逊国家（例如美国和英国）中的英制度量单位制。
- 在其他国家中的米制度量单位制。

米制长度度量单位制的法定长度单位是米。在1889年规定地球子午线的四千万分之一为1米。为了满足今天的精度要求，在1960年对"米"重新作了定义。在此人们利用物质受热时发射不同波长光的特性。

以前1米等于惰性气体氪发射出橙色光波波长的1650763.73倍。

现在1米等于光在真空中在1/299792458s内经过的行程长度。

在盎格鲁撒克逊国家中英寸是法定的长度单位，英寸度量系统以一拇指宽度作为基础。

在车辆技术中以度来表示角。1度是1个圆的360分之一。度（°）这个单位分为分（′）和秒（″）。

长度单位

1 m = 10 分米 = 10dm
1 m = 100 厘米 = 100cm
1 m = 1000 毫米 = 1000mm
1 m = 1 百万微米 = 1000000 μm
1″ = 1 英寸
1″ = 25.4 mm

角的单位

1° = 60分 = 60′
1° = 3600秒 = 3600″

2.5.1.2　尺寸偏差，尺寸公差

曲轴、连杆、轴承等都是单个制造然后装配而成的。在此重要的是不需要进行修整。因此每个结构元件必须保持其规定尺寸。制造精度决定结构元件的功能。因为随着精度的提高制造成本明显增加，所以适用的原则是：

以必要的精度加工，而不是以能达到的精度加工。

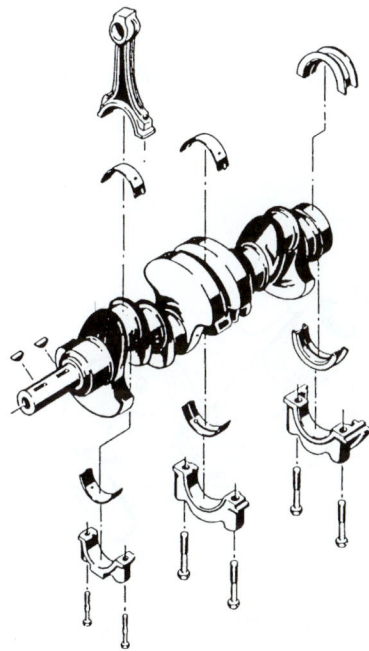

制造过程中允许与规定尺寸存在一定的偏差。我们把尺寸分为：

- 公称尺寸N
  公称尺寸是真正的尺寸规定值，例如58mm。

- 轴的极限偏差：es，ei，孔的极限偏差：ES，EI
  极限偏差规定了相对公称尺寸的允许偏差，相对公称尺寸的允许上偏差是上极限偏差es或ES，下偏差是下极限偏差ei或EI。

- 最大尺寸G_o，最小尺寸G_u
  从公称尺寸和极限偏差中可计算出最大允许尺寸=最大尺寸G_o及最小允许尺寸=最小尺寸G_u。

- 配合尺寸
  带有允许尺寸偏差的尺寸称为配合尺寸。

- 尺寸公差
  最大尺寸G_o和最小尺寸G_u之差即为尺寸公差T。

- 实际尺寸
  在工件上实际测得的尺寸称为实际尺寸。实际尺寸必须位于最大尺寸与最小尺寸之间。

间隙配合

组装曲轴、连杆和轴承时，在零件配对后必须留有轴承间隙。因此轴的实际尺寸必须小于孔的实际尺寸。

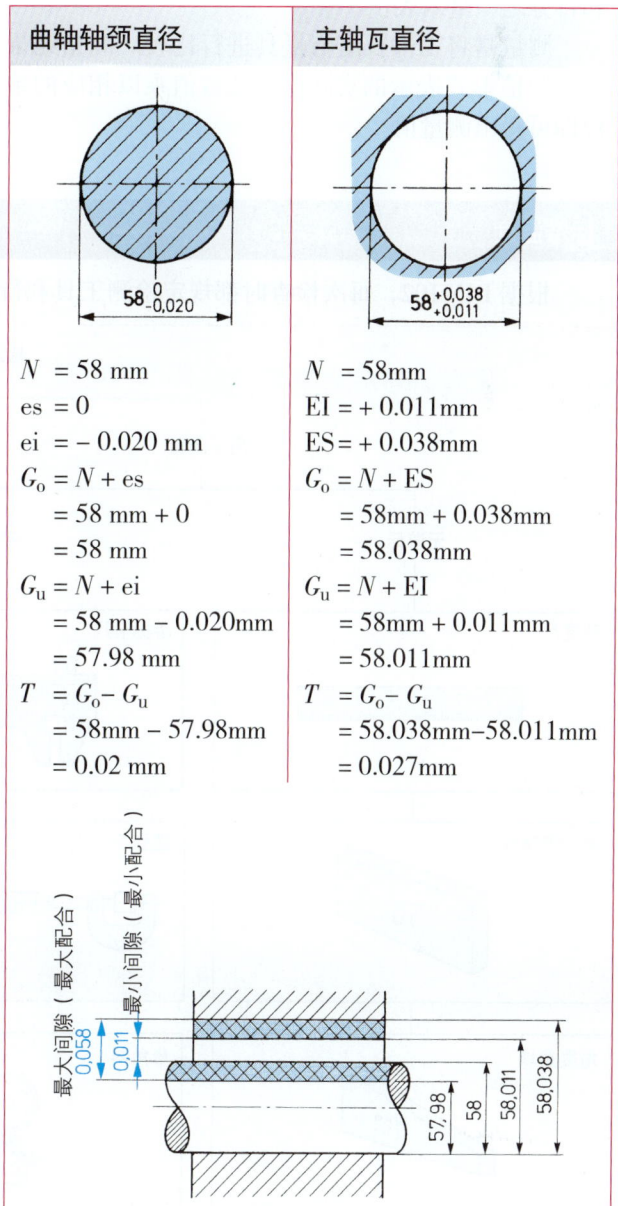

曲轴轴颈直径	主轴瓦直径
$58^{0}_{-0,020}$	$58^{+0,038}_{+0,011}$

$N = 58$ mm
es $= 0$
ei $= -0.020$ mm
$G_o = N + \text{es}$
　$= 58$ mm $+ 0$
　$= 58$ mm
$G_u = N + \text{ei}$
　$= 58$ mm $- 0.020$ mm
　$= 57.98$ mm
$T = G_o - G_u$
　$= 58$mm $- 57.98$mm
　$= 0.02$ mm

$N = 58$mm
EI $= + 0.011$mm
ES $= + 0.038$mm
$G_o = N + \text{ES}$
　$= 58$mm $+ 0.038$mm
　$= 58.038$mm
$G_u = N + \text{EI}$
　$= 58$mm $+ 0.011$mm
　$= 58.011$mm
$T = G_o - G_u$
　$= 58.038$mm-58.011mm
　$= 0.027$mm

2.5.1.3 检测、测量，用量规检验

通过检查可以确定一个工件是否符合要求的尺寸和 / 或规定的形状。检查可以通过测量和用量规检验来实现。

测量	用量规检验
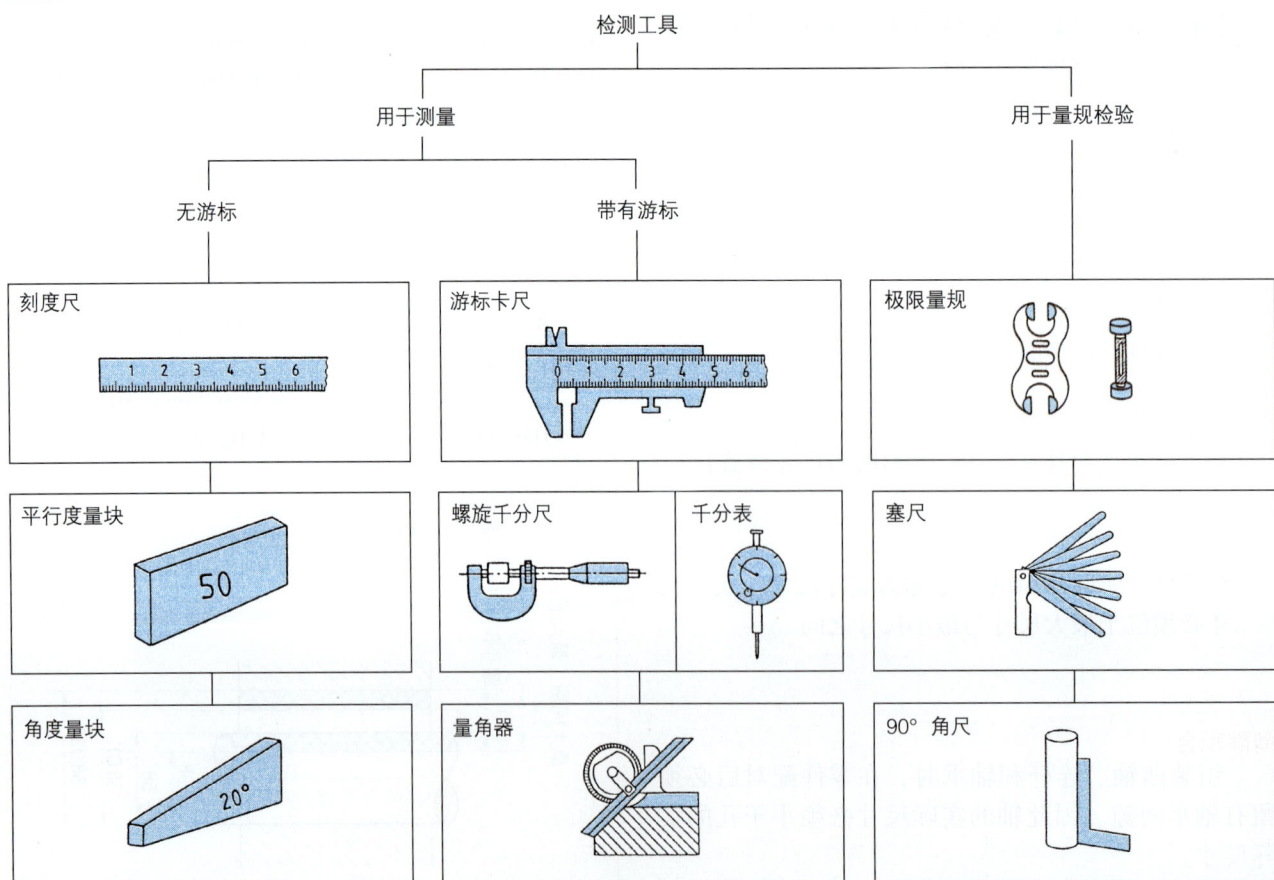	
活塞环的厚度用千分尺来测量，其尺寸以毫米和百分之一毫米表示。 测量是将工件长度与量具进行比较。测量结果是以数值形式表示的实际值。此数值乘以相应的单位即可得出测量值。	用塞尺可以确定活塞环是否有足够大的切口间隙，以便受热时能够无阻挡地膨胀。 用量规检验时将试样与量规进行比较。量规具有规定尺寸和规定形状。用量规检验可以确定实际尺寸或实际形状是否与规定尺寸或规定形状有偏差。此检验不得出数值。

标准温度

根据 DIN 102，每次检查时都规定检测工具和待检工件的标准温度为 20℃。

2.5.1.4　长度检测方法

直接测量

直接测量时将试样的长度与长度量具的刻度进行比较。

用成形量规检验

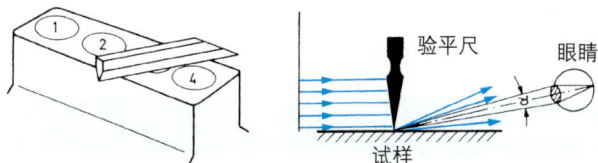

成形量规用于检查平面、角度、半径等。用验平尺通过透光性检查可以检查气缸盖平面的平面度。

间接测量

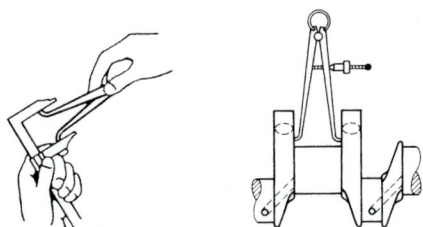

通过辅助测量工具（例如内卡规或外卡规）间接测量工件上量具难以接触到的部位。

用量规检验

塞尺

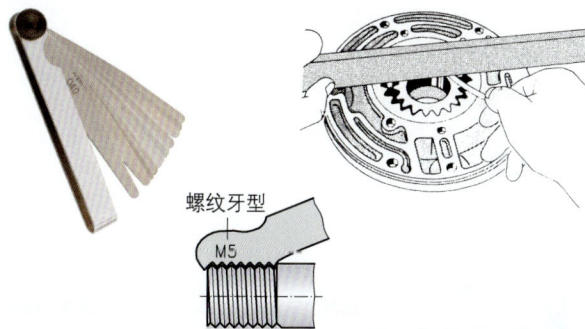

量规检验用于检查某一特定尺寸。塞尺由多片具有不同厚度的塞尺片组成。塞尺片为公称尺寸。当活塞环高度间隙正确时，塞尺必须刚好能在活塞环与活塞槽之间移动。

误差测量

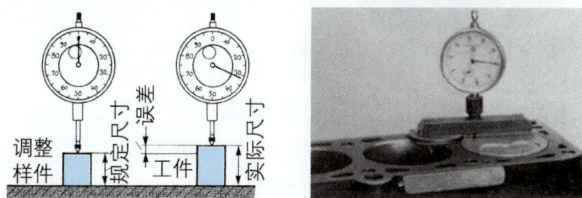

千分表用于测量误差。借助调整样件将千分表调整到规定尺寸，随后将其与工件的实际尺寸进行比较。千分表指示出规定尺寸与实际尺寸之差。

安装新活塞时必须检查活塞在上止点处的位置，以便选择合适的气缸盖密封垫。

为此首先将千分表装在气缸曲轴箱的平面上，然后装在活塞表面上，最后读出两者之差。该差值相当于气缸盖密封垫的最小厚度。

用极限量规检验

极限量规检验用于检查工件的实际尺寸是否在规定的公差范围之内。极限卡规用于检查轴的尺寸，极限塞规用于检查孔的尺寸。这些量规都有一个通端和一个止端。通端分别表示轴的最大尺寸和孔的最小尺寸，止端则分别表示轴的最小尺寸和孔的最大尺寸。在以下情况下工件的实际尺寸位于最大和最小尺寸之间。
- 通端依靠量规的自重能插到轴上或孔内。
- 止端仅卡在工件外边。

学习领域
2

2.5.2　测量长度和角度的量具

2.5.2.1　非指示性量具

刻度尺属于非指示性量具，因为它们是通过刻度线之间的距离来表示长度单位的，刻度线间距为

1mm。读数精度等于刻度线间距。

刻度尺					
名称	材质	尺寸规格	名称	材质	尺寸规格
钢直尺	弹簧钢 钢	300 mm 500 mm 0.5 m, 1.2 m	卷尺	钢带	1 m, 2 m, 10 m, 20 m, 30 m, 50 m
折尺	木材 钢 铝	1 m 2 m			

2.5.2.2　指示性量具

游标卡尺和螺旋千分尺

游标卡尺	螺旋千分尺
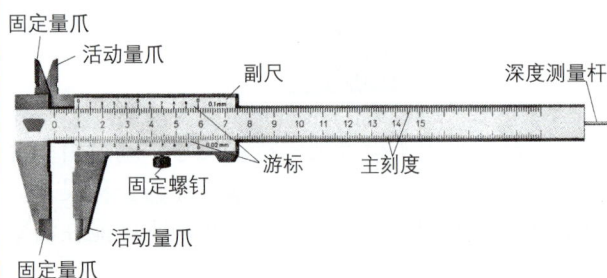	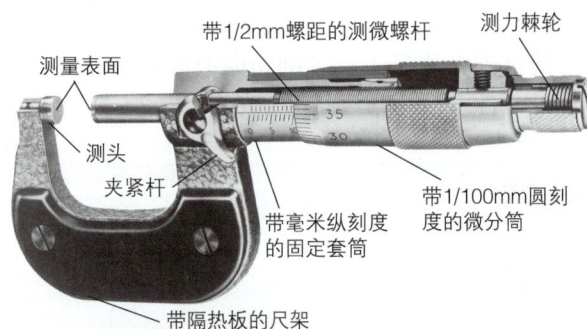

游标卡尺由以下部件组成：
- 带有主刻度尺（单位为毫米）的固定测爪和
- 带有副尺的活动测爪，副尺上刻有游标。

例如副尺全长19mm。把19mm的长度分成10等分。两个刻度线之间的距离为1.9mm。至主尺"2mm"刻度线的距离为0.1mm。

如果把副尺向右移动到游标的第1个刻度线与主刻度尺的第2条刻度线（2mm）对齐，那么两个量爪分开的距离为2mm-1.9mm=0.1mm。

游标卡尺的测量精度为0.1mm=1/10mm。

千分尺由以下功能元件组成：
- 带有测头和纵刻度固定套筒的尺架
  在纵刻度固定套筒上有整毫米和半毫米的刻度，在内部有螺距为0.5mm的内螺纹。
- 带有微分筒的测微螺杆
  测微螺杆带有螺距为0.5mm的外螺纹，微分筒带有一个分为50个分度的刻度盘，测力棘轮用于产生均匀的测量压力。
  微分筒旋转一周时，测微螺杆纵向移动0.5mm。
  如果微分筒转动一个分度，则测微螺杆轴向移动：

$$0.5mm的1/50 = 1/100mm$$

螺旋千分尺测量精度为0.01mm。

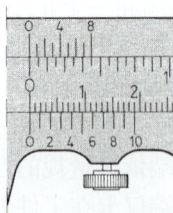

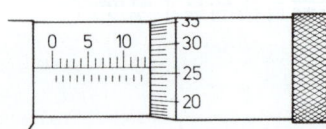

读数举例

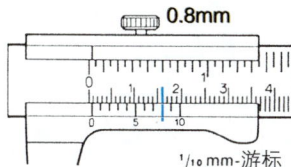

0.8mm

¹/₁₀ mm-游标

- 毫米整数在游标零刻度线左侧通过主尺刻度尺读出。
- 0.1毫米数在游标零刻度线右侧通过游标读出。游标起始刻度线称为 0刻度线，游标上与主刻度尺分度线对齐的刻度线表示0.1mm。
- 把各个读数相加得出测量值。

读数举例

2.02mm **11.37mm** **5.99mm**

- 毫米整数和0.5mm数在固定套筒上测微分筒的圆锥形边前读出。
- 0.01mm数在微分筒上读出，标记是固定套筒上的水平刻度线。
- 把各个读数相加得出测量值。
  用螺旋千分尺可以测量外径。

用游标卡尺测量

测量外部　　测量内部　　测量深度

测量狭窄部位

测量高度

测量直径

用螺旋千分尺测量

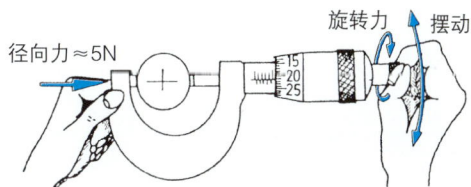

径向力≈5N　　旋转力　摆动

使用千分尺需要进行一些练习，最好用双手操作，一只手握住千分尺并把测砧顶住工件，另一只手只要转动测微螺杆。

通过把测微螺杆围绕作为旋转点的测钻轻轻摆动来测出轴的最大直径。

其他形式

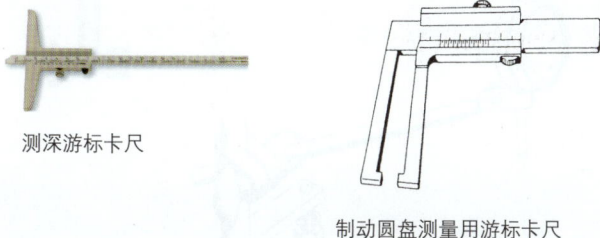

测深游标卡尺

制动圆盘测量用游标卡尺

其他形式

内径螺旋千分尺

测深螺旋千分尺

学习领域
2

量角器

简单的量角器由一个带有角度刻度的固定量爪和一个带有指针的活动量爪组成，测微范围是从0°至180°，读数精度为1°。

读取角度时必须考虑工件的位置。只有指针靠在工件右侧时，读数值才等于测量值。

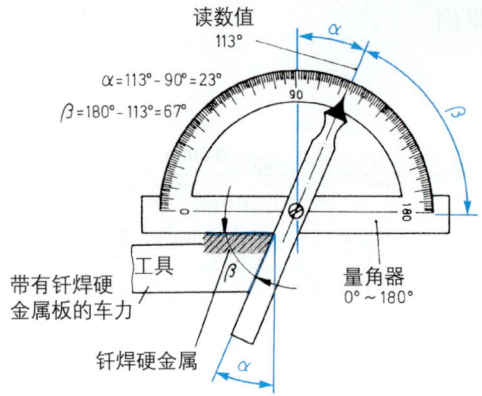

读数值
113°

$\alpha = 113° - 90° = 23°$

$\beta = 180° - 113° = 67°$

带有钎焊硬金属板的车力

工具

量角器
0° ~ 180°

钎焊硬金属

通用量角器有一个能提高读数精度的游标。角度整数在主刻度尺的零刻度线上读出，角分数在游标刻度上读出。工件测爪的放置位置决定了向左或向右读取。

测量范围：360°
读数精度：5′

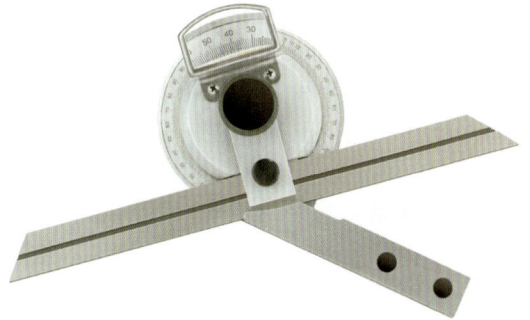

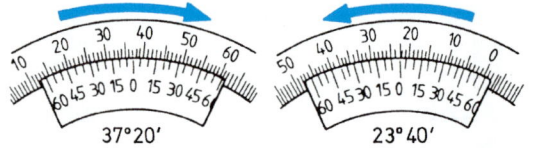

37°20′   23°40′

千分表

千分表是将测微螺杆行程通过一个齿轮传动装置传递到指针上的长度测量仪。测微螺杆纵向移动1mm，指针转动360°。

千分表有一个刻度盘，可以转动刻度盘使其零刻度位于当前指针位置之下。刻度盘分为100个分度。因此指针从一条刻度线到另一条刻度线的行程相当于测微螺杆移动1/100mm。

除大刻度盘外还有一个小刻度盘，在小刻度盘上指示大指针的转动圈数，即毫米整数。

刻度公差符号表示控制范围，检验工件时允许指针在此控制范围极限内移动。

每次测量时千分表都需要一个夹持装置：
• 外部测量
  进行外部测量时将千分表夹在测量支架中。
• 内部测量
  进行内部测量时使用一个装有千分表的自对中内部测量仪。

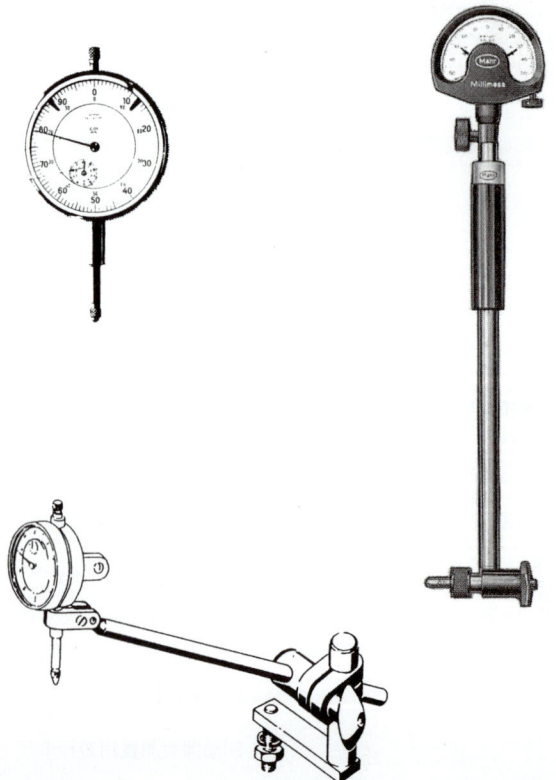

在车辆工程中用千分表测量

端面圆跳动和径向圆跳动检测

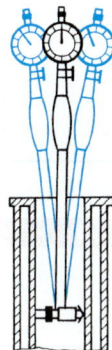

确定端面和径向圆跳动量时，将千分表放置在试样的任何一点上，然后转动千分表使刻度盘的零刻度线位于指针位置下。通过转动试样可以确定径向圆跳动和端面圆跳动偏差。

进行端面圆跳动和径向圆跳动检测时，将拆卸下来的试样夹紧在顶尖之间，对于轴件来说则支撑在棱柱内。

上述各图分别表示以下部件的端面圆跳动检测：

- 离合器从动盘。
- 制动盘。
- 车轮轴颈法兰。

还要检测车轮轴颈的径向圆跳动。

误差测量

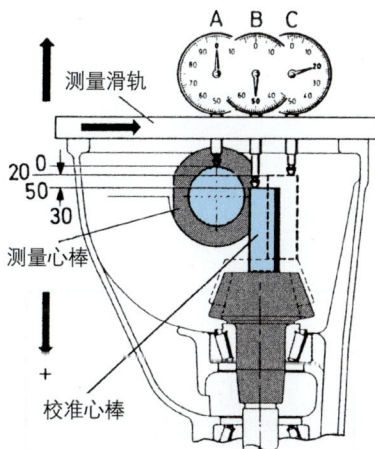

维修差速器时必须检查主动锥齿轮的中心线高度。由制造商刻在锥齿轮上的数字+20表示，主动锥齿轮必须低于零线多少毫米的百分之一。零线用一个插入从动锥齿轮支座内的测量心棒给出。

把千分表置于测量心棒最高点上并调到"0"，然后利用测量滑轨移动千分表，直到测微螺杆靠在校准心棒上为止：

测量值为50/100mm。

根据上述检查数+20，内侧轴承的外圈必须用0.30mm厚的补偿垫圈来垫高。

内部测量

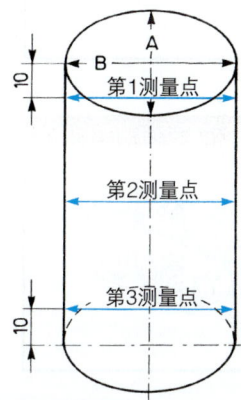

摩擦和腐蚀造成气缸磨损。通过对气缸精密测量可确定气缸是否需要修整。

测量气缸时规定了3个测量平面。测量在同一平面内沿着活塞工作方向和垂直于工作方向进行。

测量前用测微螺杆把内部测量仪调节到制造商规定的气缸直径。

通过把内部测量仪移动到各个测量平面内可直接读取各个偏差值。在气缸内转动内部测量仪即可得出气缸孔的圆度尺寸。

学习领域 2

2.6   拆卸，修理，安装

油底壳密封

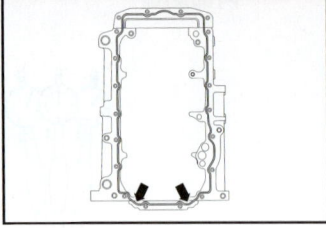

轮胎

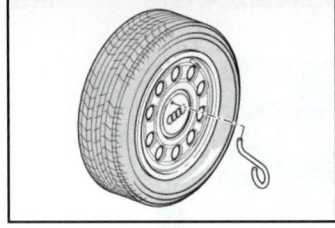

冷却系统节温器

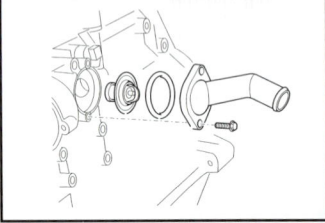

制动摩擦片

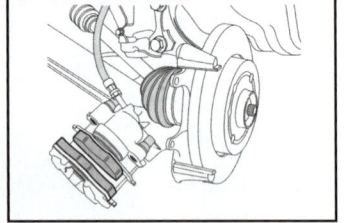

正时带

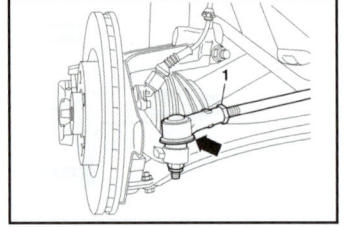

转向横拉杆头

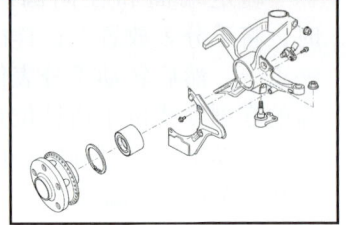

拆卸：
松开联接件

修理：
恢复到规定状态
的措施

安装：
安装联接件

排气装置

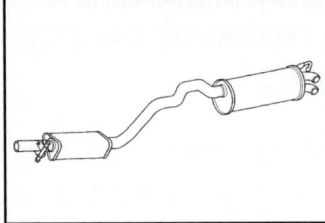

车桥主销

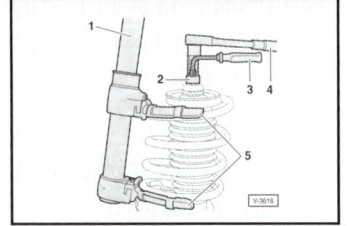

离合器

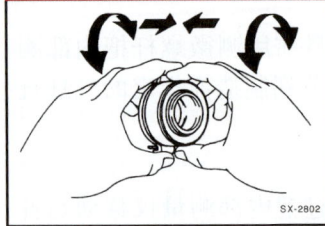

SX-2802

减振器

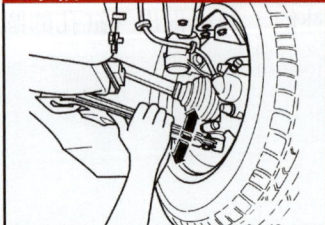

V-3618

半轴

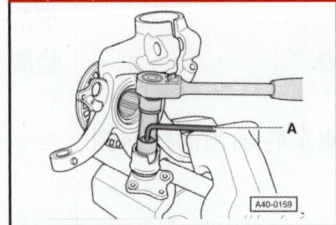

车轮轴承

A40-0159

2.6.1　发动机：密封垫

客户谈话

客户报修：	机油消耗高，发动机油泄漏。
现场直观检查：	因为发动机油泄漏时无法立即找到机油泄漏部位，因此应向客户建议清洗发动机。清洗后在各密封部位处涂滑石粉，此外还要检查机油油位并在必要时校正。
直接接车：	通过几公里的试车使发动机达到工作温度，因为热机油黏度较低，因而能更快从泄漏部位流出。然后查找发动机的泄漏部位。
原因：	气缸盖罩密封垫，油底壳密封垫，曲轴前部轴密封环

获取信息　发动机上的密封垫

在发动机上以下接合部位通过密封垫密封：

- 机油加注口盖密封垫。
- 气缸盖罩密封垫。
- 气缸盖密封垫。
- 机油排放螺塞密封垫。

- 机油滤清器密封垫。
- 油底壳密封垫。
- 进气管和排气歧管密封垫。
- 曲轴和凸轮轴的轴密封环（前部和后部）。

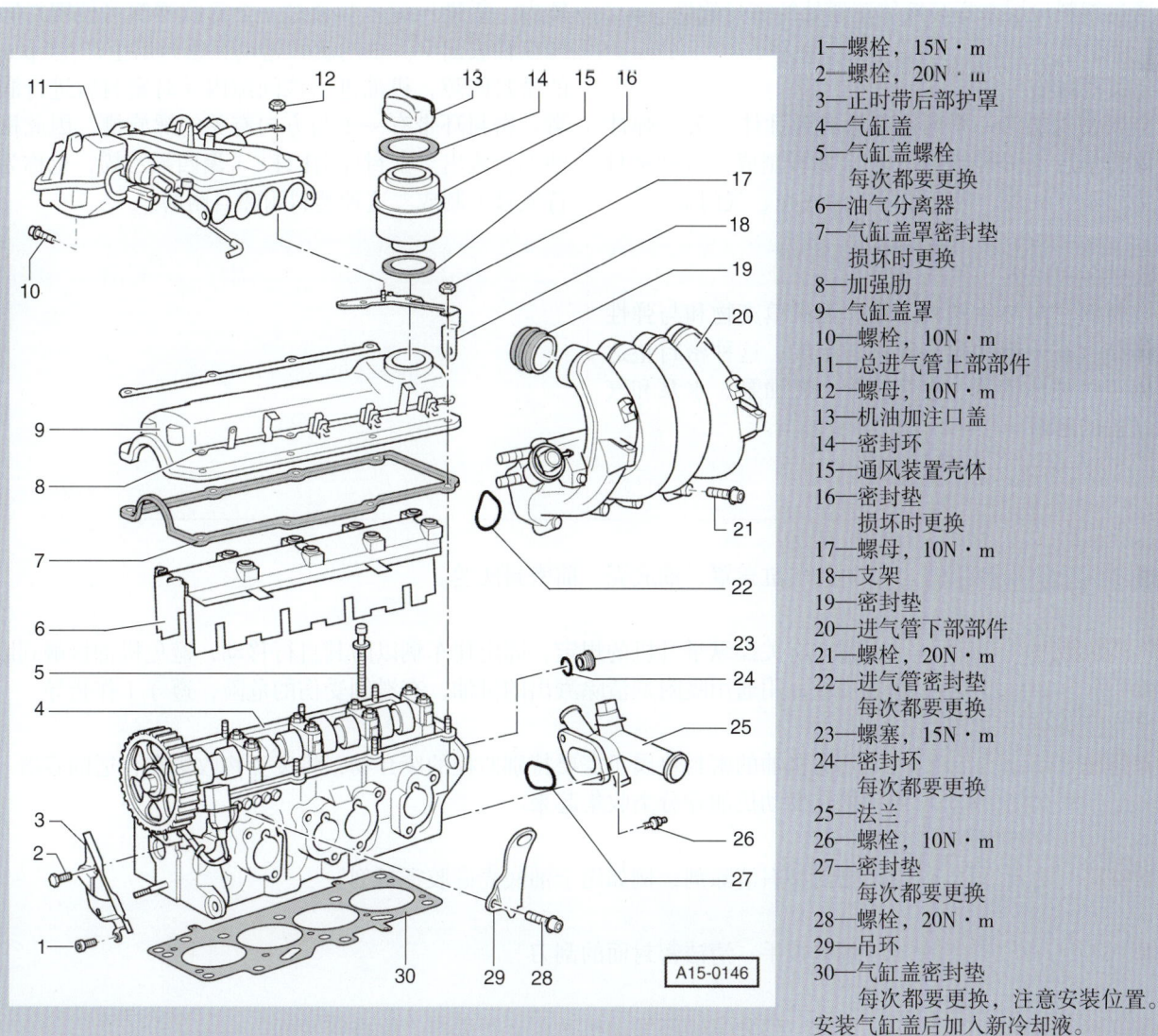

1—螺栓，15N·m
2—螺栓，20N·m
3—正时带后部护罩
4—气缸盖
5—气缸盖螺栓
　　每次都要更换
6—油气分离器
7—气缸盖罩密封垫
　　损坏时更换
8—加强肋
9—气缸盖罩
10—螺栓，10N·m
11—总进气管上部部件
12—螺母，10N·m
13—机油加注口盖
14—密封环
15—通风装置壳体
16—密封垫
　　损坏时更换
17—螺母，10N·m
18—支架
19—密封垫
20—进气管下部部件
21—螺栓，20N·m
22—进气管密封垫
　　每次都要更换
23—螺塞，15N·m
24—密封环
　　每次都要更换
25—法兰
26—螺栓，10N·m
27—密封垫
　　每次都要更换
28—螺栓，20N·m
29—吊环
30—气缸盖密封垫
　　每次都要更换，注意安装位置。
安装气缸盖后加入新冷却液。

A15-0146

学习领域　2

提示：拧紧力矩（N·m）只是举例。车型不同拧紧力矩不同。

密封垫	轴密封环
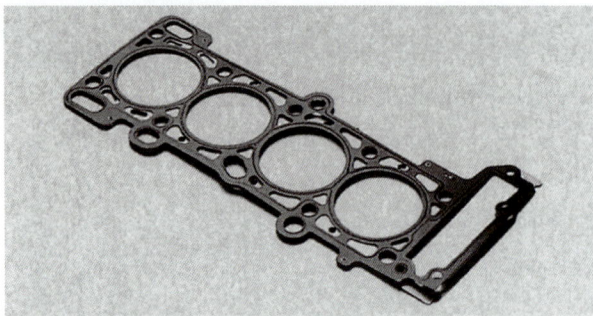	

密封垫

- 多层钢制密封垫
  多层钢制密封垫用于气缸盖密封。这种密封垫由多层金属层组成。压槽和薄板镶边在压紧时对液体和燃烧室内气体流通处有良好的密封作用。可通过塑料涂层来提高液体流通处的密封效果。

- 金属密封垫
  金属密封垫由一个两面都涂有弹性体（关于弹性体的信息查阅第155页）的金属板制成，这种密封垫用于气缸盖、进气歧管、油底壳、气门盖。

- 软材料密封垫
  软材料密封垫由塑料纤维、无机填充物和与弹性体结合在一起的耐高温材料制成。这种密封垫适用于机油滤清器、进气歧管、燃油泵、水泵和气门盖的密封。

轴密封环

旋转式功能元件，例如凸轮轴、曲轴和变速箱轴用径向轴密封环进行密封。

外径上带肋的密封垫采用压配合方式安装到壳体内。借助压配合和通过一个管状弹簧可使密封唇压在轴表面上。轴的旋转运动在密封唇上产生 $1\mu m$ 的密封间隙，机油进入该间隙内并对密封唇进行润滑。密封环带有一个与方向有关的螺旋槽，因此机油不会流出。密封环由PTFE（聚四氟乙烯，也称为特氟隆）制成。这种塑料耐热且耐磨。

修理	拆卸气缸盖罩、油底壳、前密封法兰。
事故预防措施	遵守有关操纵举升机的规定，固定住车辆以防其自行移动，避免机油接触到眼睛和皮肤，用通用吸附剂清除溅出的机油，有滑倒受伤的危险，遵守工作指导。
废弃处理	沾有机油的密封垫属于需要特别监控的废弃物，将废弃物收集在合适的容器内，接住发动机油并分类收集起来。
辅助材料	密封材料清除剂，例如用于油底壳硅胶密封剂。
工具	螺栓扳手、清洁密封面的刮刀。
质量保证	试车：驾驶车辆至发动机达到运行温度，检查密封面。

2.6.2　发动机：冷却系统

客户谈话

客户报修： 加热功率不足，只能缓慢地达到发动机运行温度。

现场直观检查，直接接车： 检查冷却液液位，检查冷却系统的密封性。检查上部冷却液软管是否处于冷态。

原因： 如果上部冷却液软管处于冷态，则可能是节温器堵塞。

信息收集　　　　**冷却系统**

采用水冷系统时，首先将发动机产生的多余燃烧热量传导至冷却系统，然后通过散热器传给环境空气。水泵布置在回流管路内，用于将冷却液从散热器下部水箱吸出并输送给发动机。冷却液受热上升并流入散热器的上部水箱内。水泵由曲轴通过多楔带驱动。冷却系统由冷却液节温器控制。发动机处于冷态（$t < 80℃$）时，节温器关闭至发动机的通道并打开小循环回路（发动机—水泵—发动机）。冷却液不经过冷却，发动机迅速达到其运行温度。发动机处于热态（$t > 80℃$）时，节温器打开散热器循环回路（发动机—散热器—水泵—发动机）并关闭小循环回路。布置在冷却液内的一个恒温开关控制风扇电动机的接通和关闭。

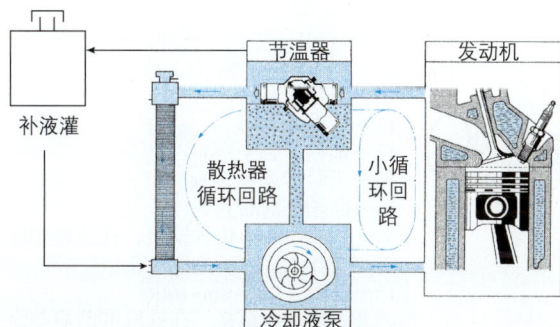

冷却系统内的冷却液温度较高且压力升高时，冷却液流入补液罐内。补液罐内产生高压。高压空气可以通过端盖内的溢流阀排出。冷却液温度恢复正常时，冷却系统内产生的真空将冷却液从补液罐内吸出。补液罐内出现的真空通过端盖内的溢流阀来补偿。

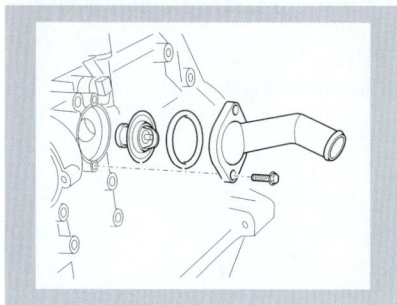

修理　　检查冷却液中节温器的功能，必要时更换节温器。
额外检查：冷却液软管上是否有裂缝，软管连接是否泄漏。

节温器的拆卸和安装	检查节温器的功能	密封性检查

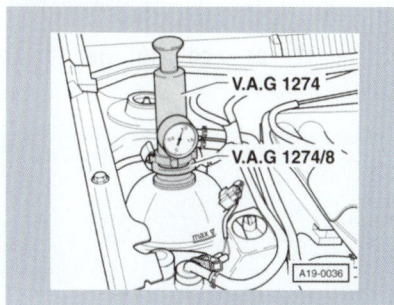

事故预防措施　　发动机处于热态时冷却系统内带有压力，突然打开冷却系统时有烫伤危险。让冷却系统慢慢冷却到冷却液温度低于90℃。慢慢打开端盖并排出高压。即使关闭点火开关后，电风扇也可能再次接通。因此最好拔下散热器风扇的插头。
避免皮肤和眼睛接触流出的冷却液。立刻脱掉沾有冷却液的衣服。遵守工作指导。

质量保证　　检查新节温器的功能，让发动机暖机运行并保持怠速运行状态，直至从小循环回路切换到散热器循环回路。检查冷却系统的密封性。检查冷却液液位；发动机处于运行温度时液位必须在最大标记处。

2.6.3　发动机：正时带传动装置

客户谈话：

客户咨询：　保养时发现正时带磨损。告诉客户更换正时带的必要性并解释工作的范围。

信息收集　正时带传动装置

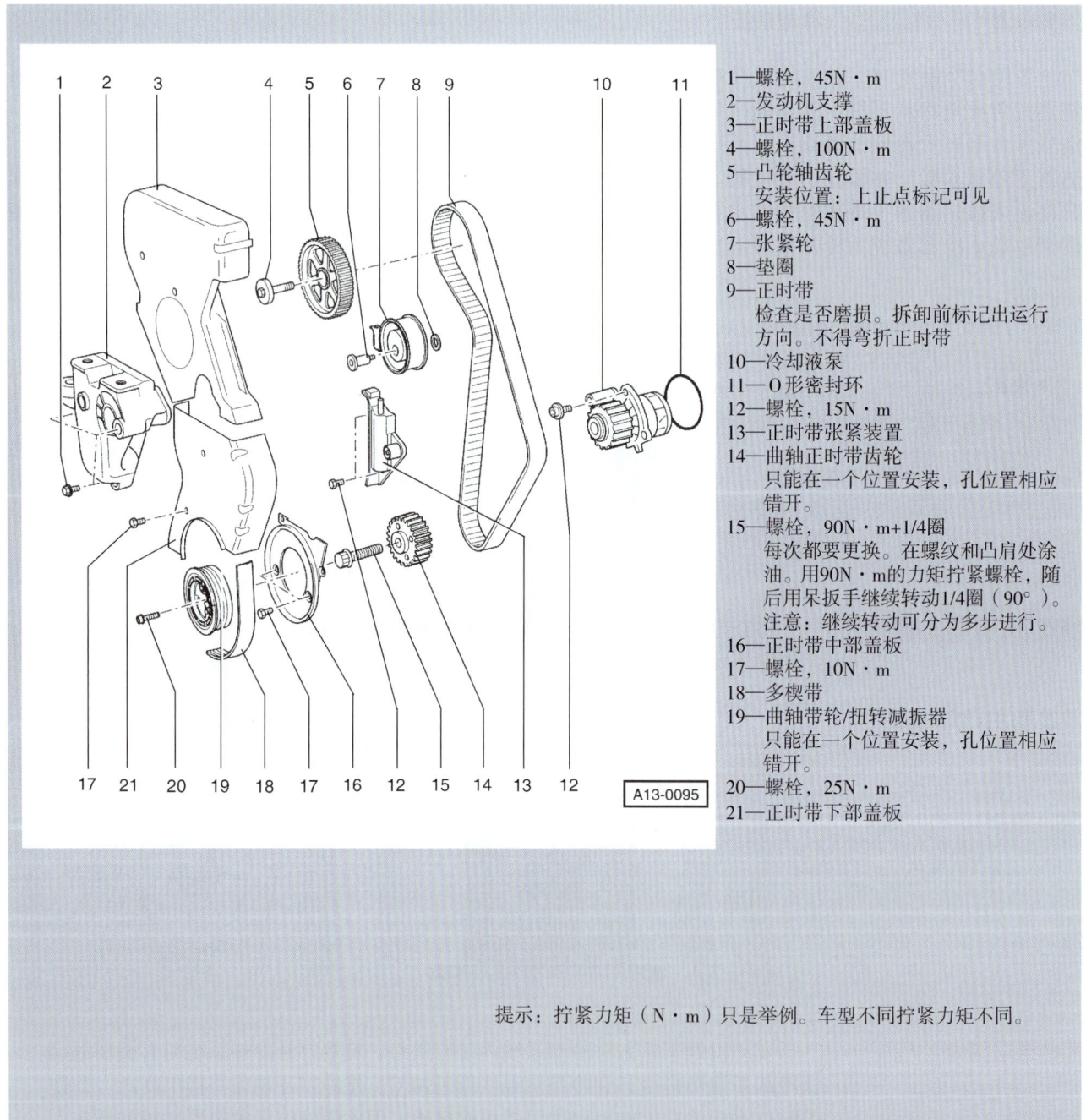

```
A13-0095
```

1—螺栓，45N·m
2—发动机支撑
3—正时带上部盖板
4—螺栓，100N·m
5—凸轮轴齿轮
　　安装位置：上止点标记可见
6—螺栓，45N·m
7—张紧轮
8—垫圈
9—正时带
　　检查是否磨损。拆卸前标记出运行方向。不得弯折正时带
10—冷却液泵
11—O形密封环
12—螺栓，15N·m
13—正时带张紧装置
14—曲轴正时带齿轮
　　只能在一个位置安装，孔位置相应错开。
15—螺栓，90N·m+1/4圈
　　每次都要更换。在螺纹和凸肩处涂油。用90N·m的力矩拧紧螺栓，随后用呆扳手继续转动1/4圈（90°）。注意：继续转动可分为多步进行。
16—正时带中部盖板
17—螺栓，10N·m
18—多楔带
19—曲轴带轮/扭转减振器
　　只能在一个位置安装，孔位置相应错开。
20—螺栓，25N·m
21—正时带下部盖板

提示：拧紧力矩（N·m）只是举例。车型不同拧紧力矩不同。

联接件：　　螺栓联接件。

正时带：　　正时带通过齿廓形状的带传递作用力，适合驱动凸轮轴，因为气门开始开启取决于曲折的角度位置。正时带通过一个自动张紧轮保持张紧力不变。
　　　　　　更换正时带时必须注意发动机壳体、正时齿轮和飞轮上的标记。

修理　正时带宽度小于22mm时必须更换正时带。根据车辆类型更换正时带时需进行大量的工作，因为必须先拆卸多楔带和一个发动机支座。

拧下带轮

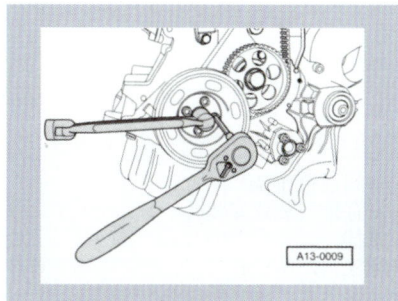

松开正时带张紧轮的紧固螺母

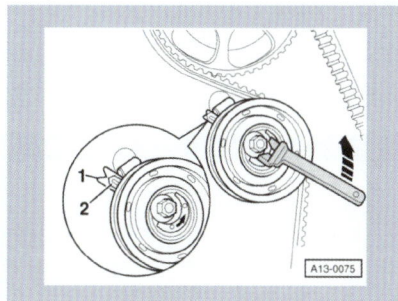

正时带张紧轮卡止

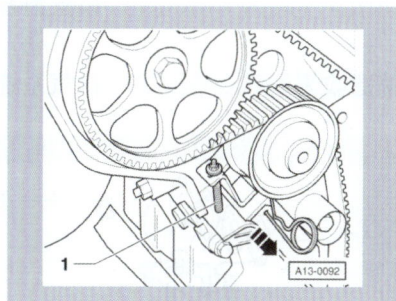

检查标记

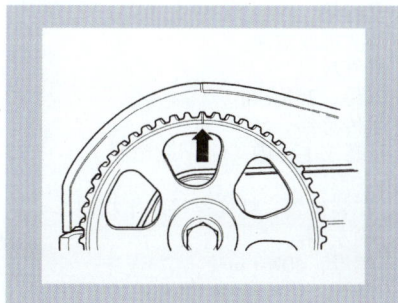

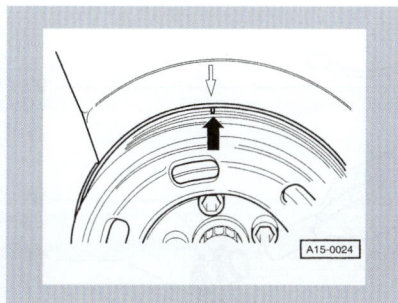

工具　螺栓扳手，换向棘轮和内六角工具头。

质量保证　将发动机转动两圈并检查凸轮轴和曲轴的上止点位置。

正时带张紧时所有标记必须同时对齐。

起动发动机并检查传送带运转情况：凸轮轴齿轮的上止点标记对准气缸盖罩，曲轴齿轮标记对准正时带下部盖板上的箭头。

2.6.4　发动机：排气装置

客户报修：滑行时从排气管中发出沉闷声和爆鸣声。
现场直观检查，直接接车：检查排气装置的密封性。

原因：后置消音器锈穿。

信息收集　　排气系统

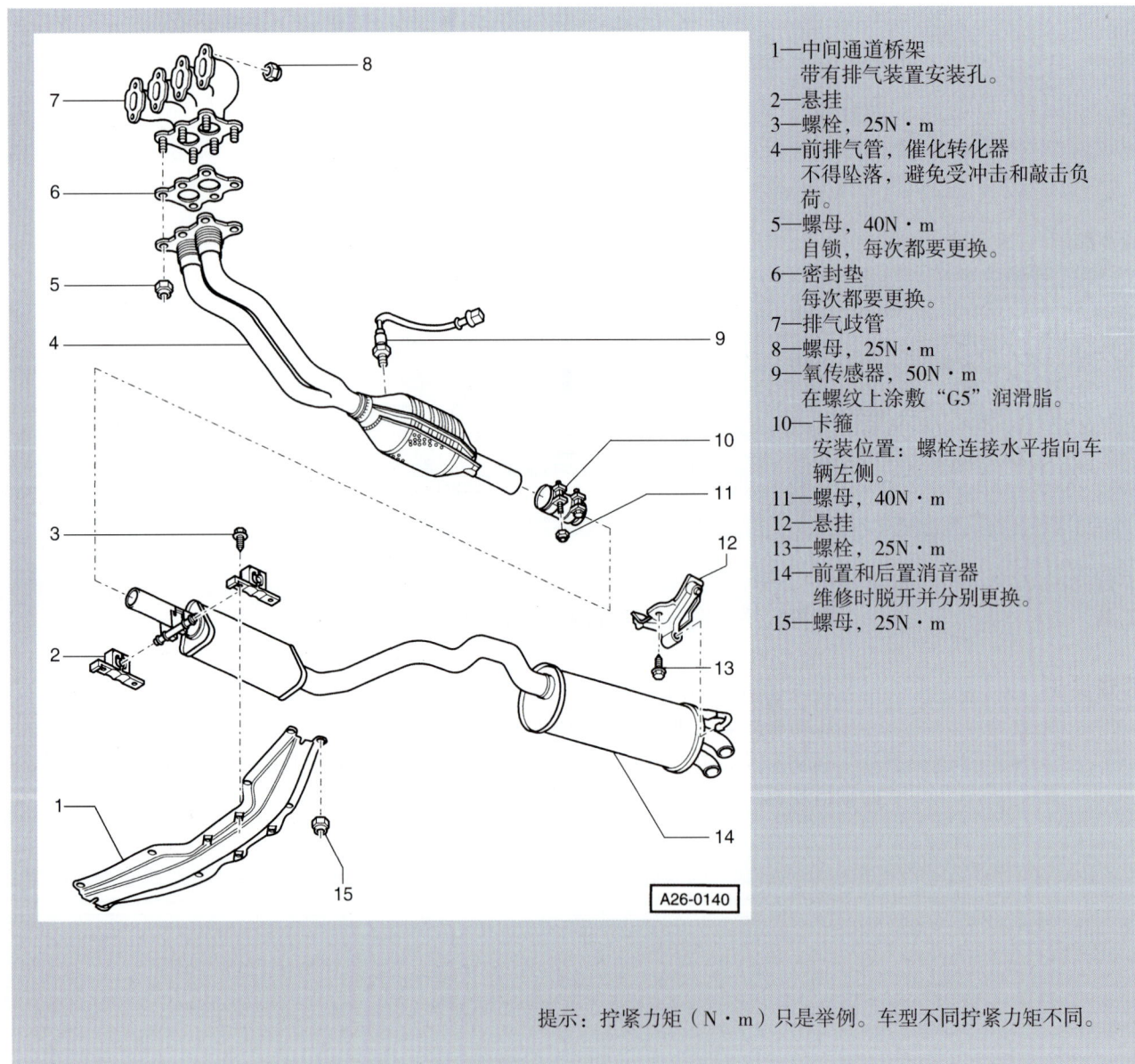

1—中间通道桥架
　　带有排气装置安装孔。
2—悬挂
3—螺栓，25N·m
4—前排气管，催化转化器
　　不得坠落，避免受冲击和敲击负荷。
5—螺母，40N·m
　　自锁，每次都要更换。
6—密封垫
　　每次都要更换。
7—排气歧管
8—螺母，25N·m
9—氧传感器，50N·m
　　在螺纹上涂敷"G5"润滑脂。
10—卡箍
　　安装位置：螺栓连接水平指向车辆左侧。
11—螺母，40N·m
12—悬挂
13—螺栓，25N·m
14—前置和后置消音器
　　维修时脱开并分别更换。
15—螺母，25N·m

提示：拧紧力矩（N·m）只是举例。车型不同拧紧力矩不同。

螺栓联接件：　排气歧管与叉形管（排气总管的总导管）之间的耐高温双头螺栓联接和催化转化器与连接管之间的夹紧连接。

其他信息请参阅：　www.elringklinger.de; www.reinz.de

消音器

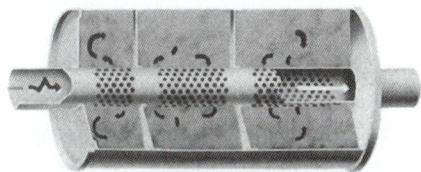

吸声消声器

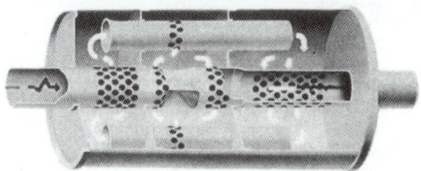

反射消声器

排气装置由下述功能元件组成：

- 带有排气管的排气歧管。
- 中置消音器或前置消音器
  该部件主要用于调节发动机功率。
- 后置消音器
  该部件真正用于消音。
  消音有两种方式：
  - 通过吸音来消音
    在吸音材料（玻璃棉或矿物棉）中以摩擦形式将声能转换为热能。
  - 通过反射来消音
    声波在结实的侧壁和障碍物上反射回来并多次往返传播，直至像逐渐衰减的回声一样地失去能量。

排气装置的所有部件都是互相匹配的。

催化转换器／氧传感器

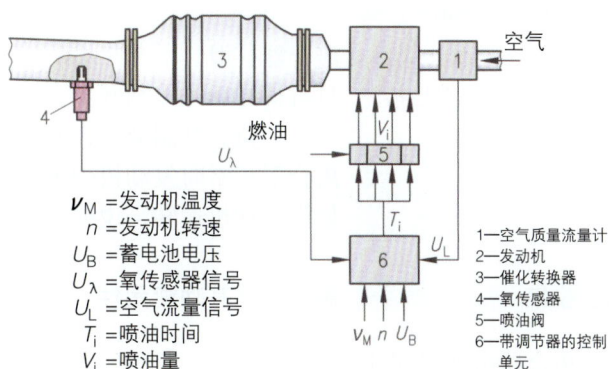

ν_M ＝发动机温度
n ＝发动机转速
U_B ＝蓄电池电压
U_λ ＝氧传感器信号
U_L ＝空气流量信号
T_i ＝喷油时间
V_i ＝喷油量

1—空气质量流量计
2—发动机
3—催化转换器
4—氧传感器
5—喷油阀
6—带调节器的控制单元

催化转换器的基体是一个由耐高温镁–铝–硅酸酯制成的圆筒体。数千个细小的平行通道顺着气流方向穿过催化转换器。基体上涂有铂、铑或钯等贵金属。

催化转换器内产生化学反应，而其本身则不发生变化或损耗：

- 碳氢化合物（HC）与氧化合形成二氧化碳（CO_2）和水（H_2O）。
- 一氧化碳（CO）与氧化合形成二氧化碳（CO_2）。
- 氮氧化物则还原为氮。

为了实现这种化学反应过程，催化转换器需要至少达250℃的启动温度和约为14.7:1（$\lambda=1$）的空气燃油混合比。这个过量空气系数称为λ窗口。控制回路精确控制混合气成分，在控制回路中氧传感器持续测量废气中的剩余氧含量并通过控制单元控制燃油供给量。

修理　更换损坏的部件。安装时使用新的耐高温螺栓和螺母，注意规定的拧紧力矩。修理时只允许安装经过批准的部件，否则会导致机动车行驶失效。安装新部件后必须调整排气装置，否则会出现导致产生裂纹和/或噪声的应力。

排气管的拆卸和连接

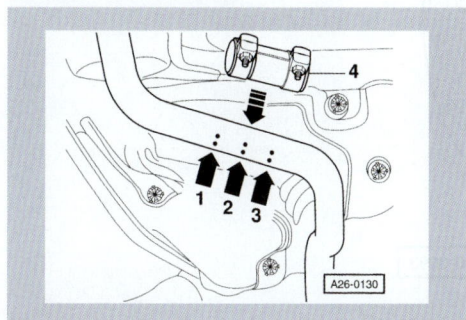

A26-0130

事故预防措施　遵守有关操纵举升机的规定，固定住车辆以防其自行移动。

废弃处理　催化转换器含有可回收的贵金属。

辅助材料　拆卸前：在所有螺栓和螺母上喷溶锈剂。

工具　链式管子截断器或弓形锯。

质量保证　检查排气装置的密封性，必要时在连接部位喷检漏剂并检查是否有气泡。

学习领域
2

2.6.5　传动装置：离合器

客户谈话

客户报修　　　　　　　　离合器打滑。

现场直观检查，直接接车　只有拆卸后才能判断离合器故障的原因。

　　　　　　　　　　　　　检查：拉紧驻制动器，起动发动机，挂入3挡、慢慢接合离合器并踩下加速踏板。

　　　　　　　　　　　　　离合器正常时发动机熄火。

原因　　　　　　　　　　如果发动机运转，说明离合器从动盘磨损或有油污。

信息收集　　　　　**离合器及其功能元件**

离合器由下述部件组成

- 带有离合器盖、膜片弹簧和压盘的离合器压盘。
- 压盘壳体与飞轮通过螺栓联接在一起。

  飞轮内装有用于变速器轴导向的导向轴承。压盘通过三个钢板弹簧在壳体上定心。压盘传递转矩并在分离过程中起复位弹簧的作用。
- 离合器从动盘

  离合器从动盘通过离合器毂装在花键轴上且能够轴向移动。

- 离合器分离轴承

  离合器分离轴承由一个封装式球轴承组成。轴承外圈固定不动，内圈可在轴上移动。内圈在一个滑套上对中导向，滑套则与变速器壳体连接在一起。发动机运转时内圈始终紧靠在分离杠杆或膜片弹簧指端上并随之一起转动。
- 离合器液压操纵机构

  踩下离合器踏板时通过主缸建立压力，该压力通过液压管路传递给离合器工作缸。工作缸活塞将分离轴承推向膜片弹簧指端，而膜片弹簧指端则将压盘从离合器从动盘上移开。离合器从动盘从摩擦面上松开并自由运转。

  该液压系统利用制动液补液罐内的制动液工作。

离合器及其功能元件

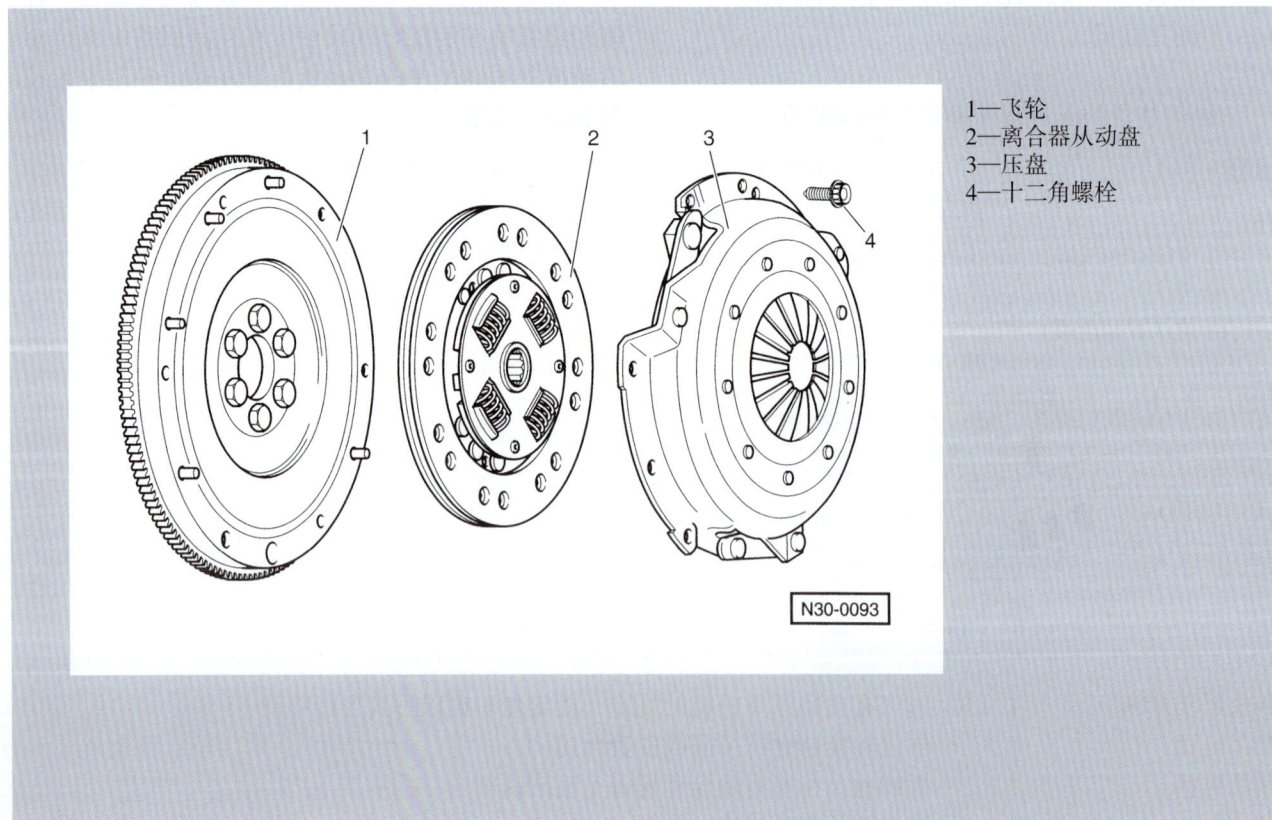

1—飞轮
2—离合器从动盘
3—压盘
4—十二角螺栓

N30-0093

联接：　　　　　　　　飞轮与离合器盖之间的螺栓联接件。变速器轴与离合器从动盘之间的花键。

离合器液压操纵机构及其功能元件

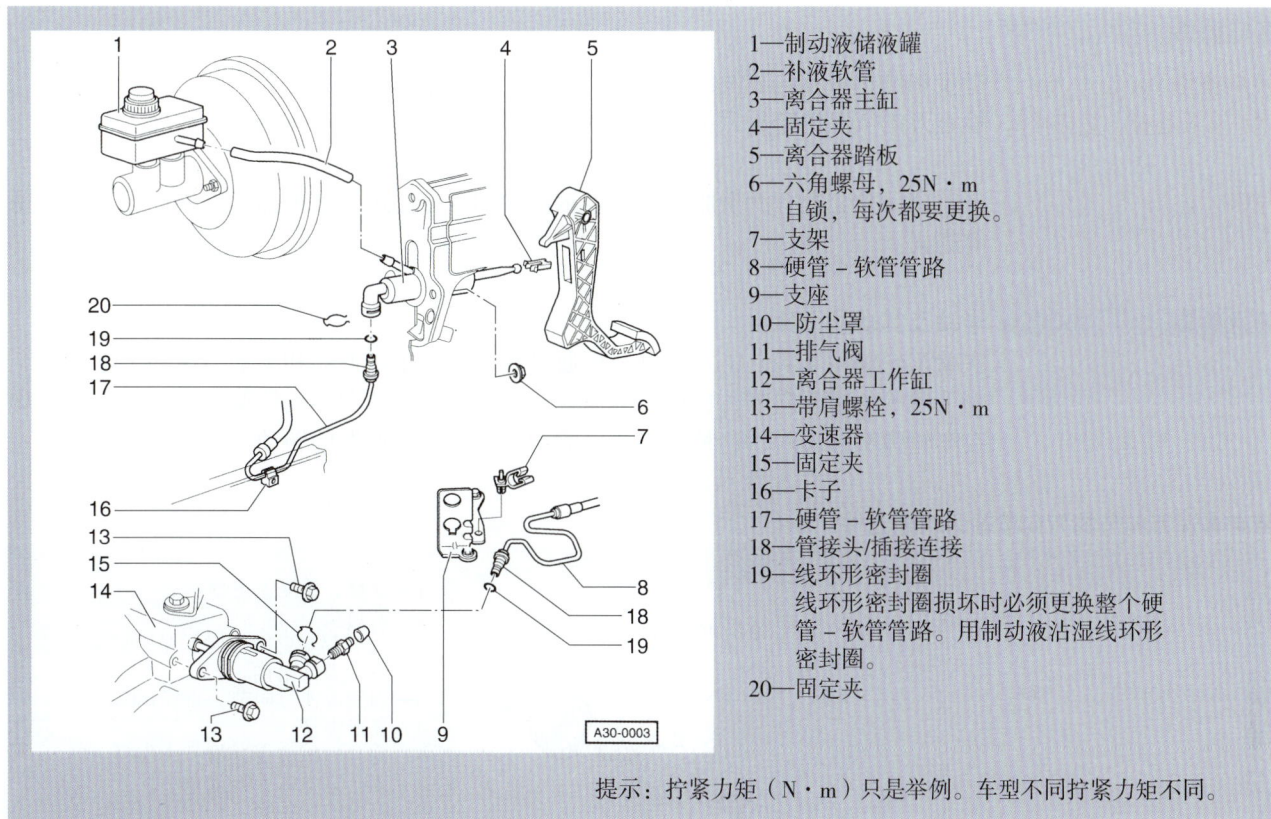

1—制动液储液罐
2—补液软管
3—离合器主缸
4—固定夹
5—离合器踏板
6—六角螺母，25N·m
　自锁，每次都要更换。
7—支架
8—硬管－软管管路
9—支座
10—防尘罩
11—排气阀
12—离合器工作缸
13—带肩螺栓，25N·m
14—变速器
15—固定夹
16—卡子
17—硬管－软管管路
18—管接头/插接连接
19—线环形密封圈
　线环形密封圈损坏时必须更换整个硬
　管－软管管路。用制动液沾湿线环形
　密封圈。
20—固定夹

A30-0003

提示：拧紧力矩（N·m）只是举例。车型不同拧紧力矩不同。

修理　更换离合器从动盘。重新安装前，检查离合器所有其他部件是否能重复使用。检查离合器压盘是否有烧裂、细凹槽和磨损，检查分离轴承的运转灵活性。每次松开后都要使用新螺栓。用规定力矩拧紧螺栓。

辅助耗材　在花键齿廓上涂敷二硫化钼（MoS_2）润滑脂。

用于定中心和顶紧的心棒

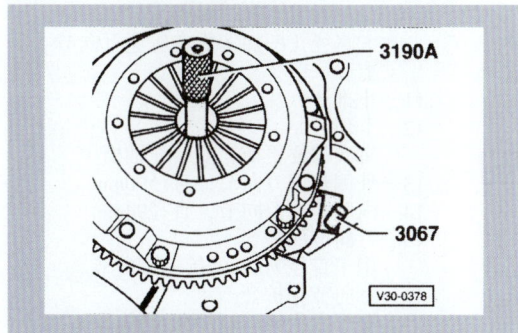

检查膜片弹簧指端

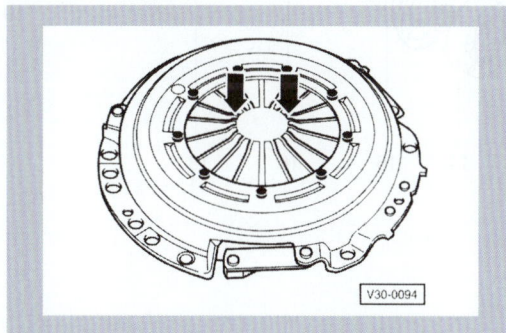

检查磨损情况

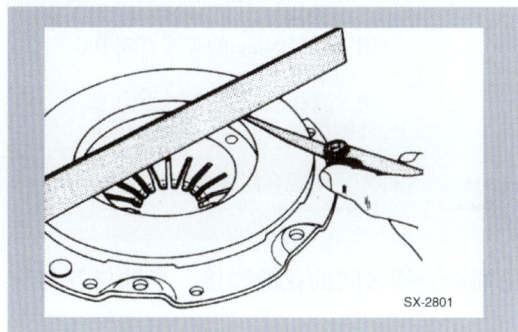

检查分离轴承

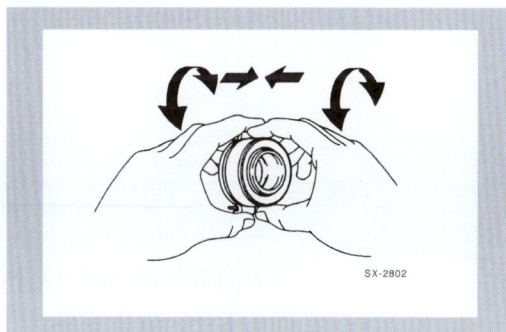

2.6.6 传动装置：半轴

客户谈话

客户报修　起步和倒车时万向节发出咔嚓声。

现场直观检查，直接接车　检查万向节保护套是否损坏，前后推移车辆，以便确定咔嚓声来自何处。

原因　万向节保护套上有润滑脂痕迹时表示污物和水分已进入其内部，这种情况下导致提前磨损。

信息收集　**半轴及其功能元件**

在前车轮驱动车辆上，发动机力矩通过变速器、主减速器和半轴传递到车轮上。半轴采用等角速万向节，也称为匀速万向节，即使在转向移动使偏转夹角增大时以及在车轮弹簧移动时，这种万向节也能均匀传递主减速器的转动。

带有等速万向节的万向节轴的功能元件：

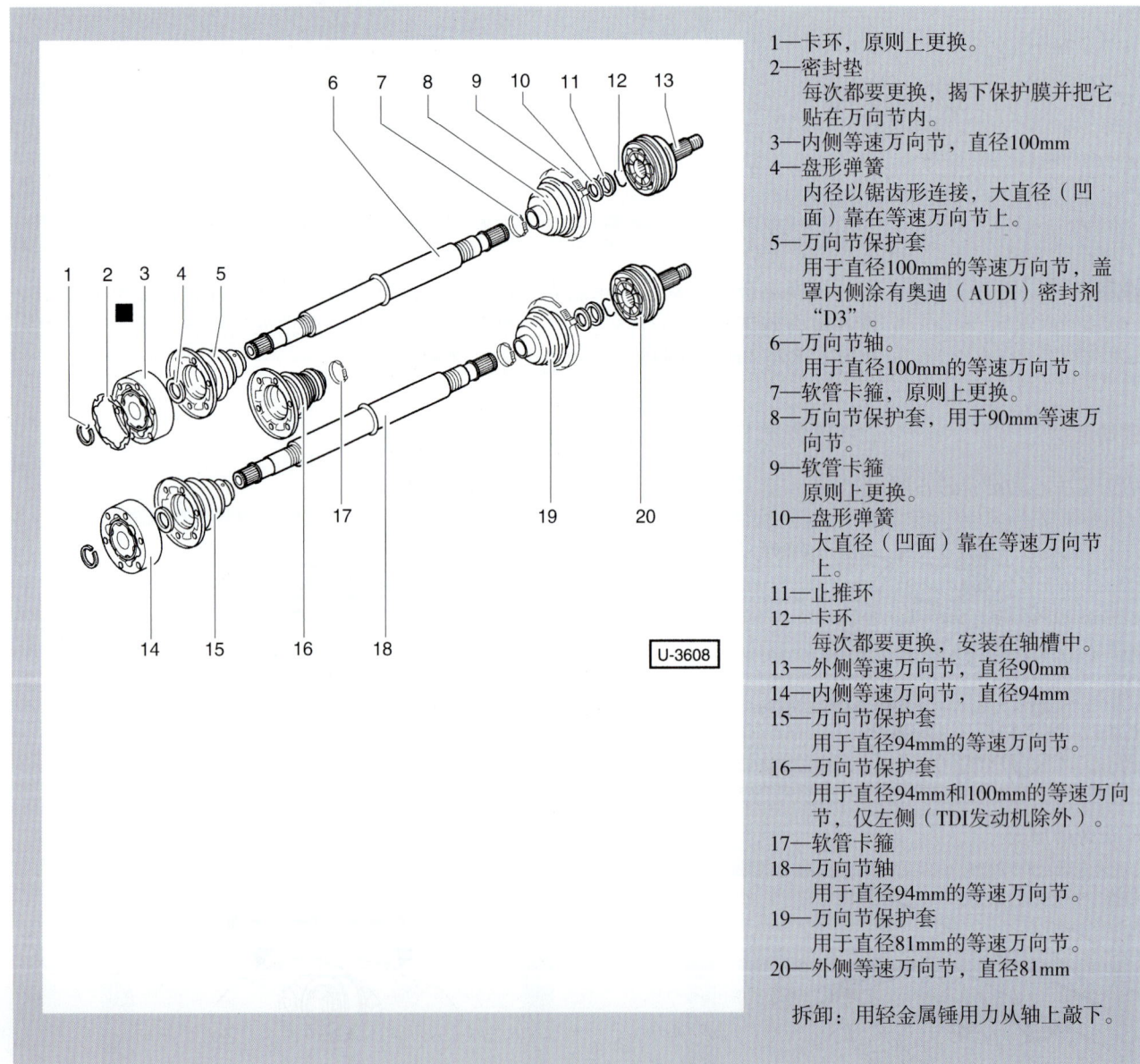

U-3608

1—卡环，原则上更换。
2—密封垫
　每次都要更换，揭下保护膜并把它贴在万向节内。
3—内侧等速万向节，直径100mm
4—盘形弹簧
　内径以锯齿形连接，大直径（凹面）靠在等速万向节上。
5—万向节保护套
　用于直径100mm的等速万向节，盖罩内侧涂有奥迪（AUDI）密封剂"D3"。
6—万向节轴。
　用于直径100mm的等速万向节。
7—软管卡箍，原则上更换。
8—万向节保护套，用于90mm等速万向节。
9—软管卡箍
　原则上更换。
10—盘形弹簧
　大直径（凹面）靠在等速万向节上。
11—止推环
12—卡环
　每次都要更换，安装在轴槽中。
13—外侧等速万向节，直径90mm
14—内侧等速万向节，直径94mm
15—万向节保护套
　用于直径94mm的等速万向节。
16—万向节保护套
　用于直径94mm和100mm的等速万向节，仅左侧（TDI发动机除外）。
17—软管卡箍
18—万向节轴
　用于直径94mm的等速万向节。
19—万向节保护套
　用于直径81mm的等速万向节。
20—外侧等速万向节，直径81mm

拆卸：用轻金属锤用力从轴上敲下。

联接　万向节与轴之间以及外万向节与车轮轴承壳体之间的花键联接，半轴与万向节之间的卡环，软管卡箍。

| 修理 | 更换万向节，安装新万向节保护套。 |

拧紧十二角螺母（用300N·m拧紧，松开一圈，用50N·m 拧紧，继续转动30°）

用起拔器压出万向节轴

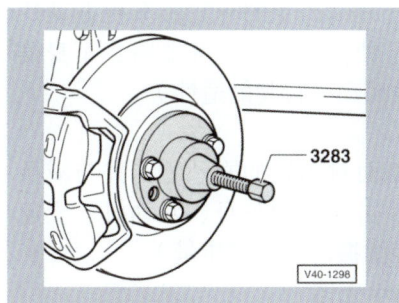

夹紧软管卡箍

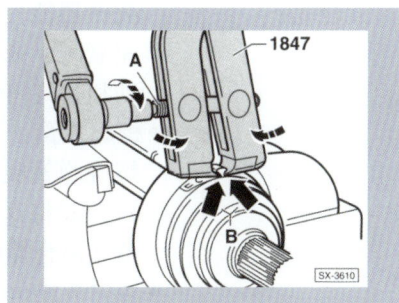

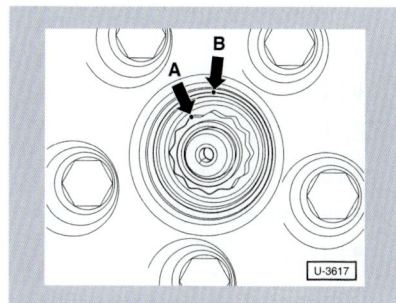

事故预防措施	松开万向节轴的十二角螺母时，车辆应四轮着地。遵守有关操纵举升机的规定，固定住车辆以防其自行移动。
工具	轮毂起拔器，力矩扳手，转角扳手，卡环钳，软管卡箍夹紧钳。
工作油液	润滑脂。

2.6.7 底盘：前桥

前桥的功能元件

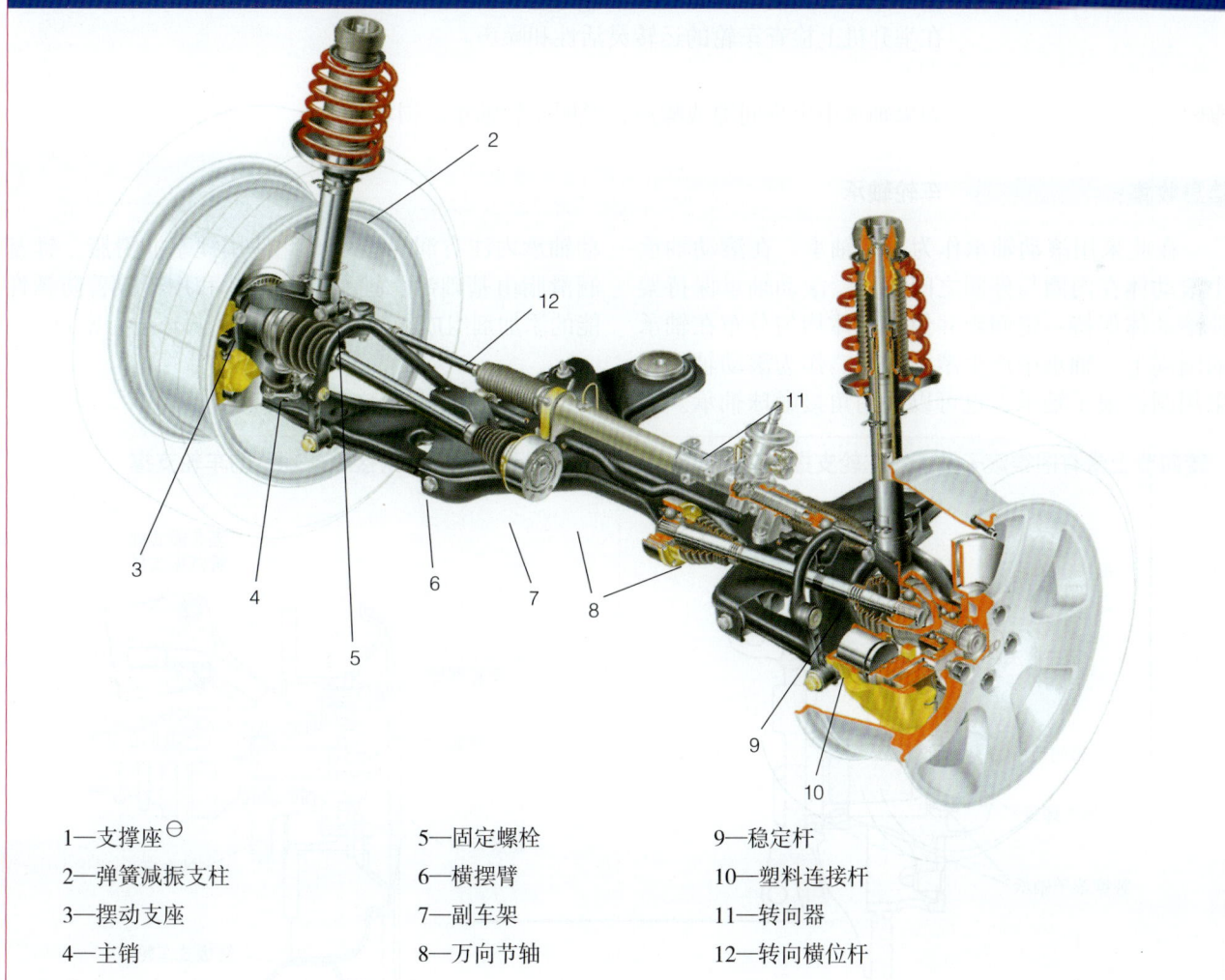

1—支撑座⊖	5—固定螺栓	9—稳定杆
2—弹簧减振支柱	6—横摆臂	10—塑料连接杆
3—摆动支座	7—副车架	11—转向器
4—主销	8—万向节轴	12—转向横位杆

⊖原德文版图中未示出。

车轮悬架	麦弗逊式弹簧减振支柱

车轮悬挂通过横摆臂实现，就是说其旋转轴与车辆纵轴线平行。
 	
    弹簧减振支柱与转向节之间的连接元件是：
• 橡胶支座。
• 球销。
稳定杆
• 连接两个车轮。
• 转弯行驶时降低车身侧倾。
• 阻止前车轮颤动。
	麦弗逊式弹簧减振支柱由下述部件组成：
	• 减振器
	  减振器能使路面激励产生的车轮和车桥振动快速衰减下来（行驶安全性），并能阻止车身摆动和长时间受激振动（行驶舒适性）。
	• 螺旋弹簧
	  螺旋弹簧吸收路面对车轮的剧烈冲击并与减振器一起将这种冲击转换为车身、发动机、变速器和离合器的轻微振动（簧载质量）。
	• 转向节或车轮轴承壳体
	  转向节或车轮轴承壳体用于安装车轮支撑。

2.6.7.1　行驶系：车轮轴承

客户谈话

客户报修：　　　　　　在小半径转弯行驶时发出噪声。

现场直观检查，直接接车：　抓住停在地面上车轮的上部并向垂直于车辆的方向推动车轮，借此检查轴承间隙。在举升机上检查车轮的运转灵活性和噪声。

原因：　　　　　　如果轴承中出现间隙或噪声，说明车轮轴承已损坏。

信息收集：　　　　**车轮轴承**

    在此采用滚动轴承作为车轮轴承。在滚动轴承中滚动体在内圈与外圈之间滚动。滚动轴承保持架使滚动体保持一定间距并使滚动体均匀分布在轴承的圆周上。轴承中产生滚动摩擦。作为滚动轴承可采用圆锥滚子轴承，也可以采用角接触球轴承。滚动轴承内注有润滑脂。在此使用锂基润滑脂。锂基润滑脂由基础油、锂基脂肪酸盐和用于改善防锈性能的添加剂组成。轴承用径向轴密封环进行密封。

转向节上带有圆锥滚子轴承的车轮支撑	车轮轴承壳体中带角接触球轴承的车轮支撑

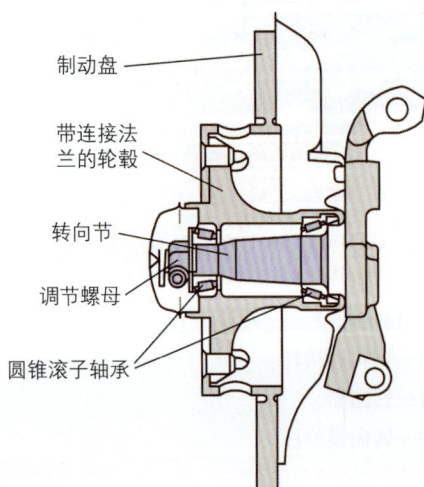

转向节上带有圆锥滚子轴承的车轮支撑	车轮轴承壳体中带角接触球轴承的车轮支撑
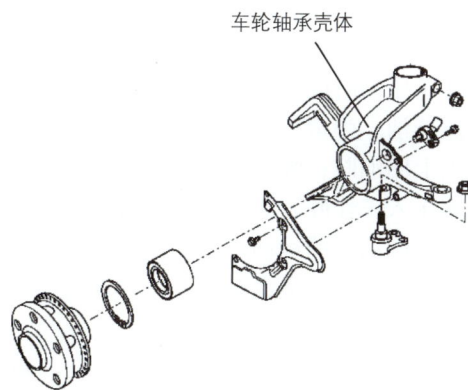 转向节	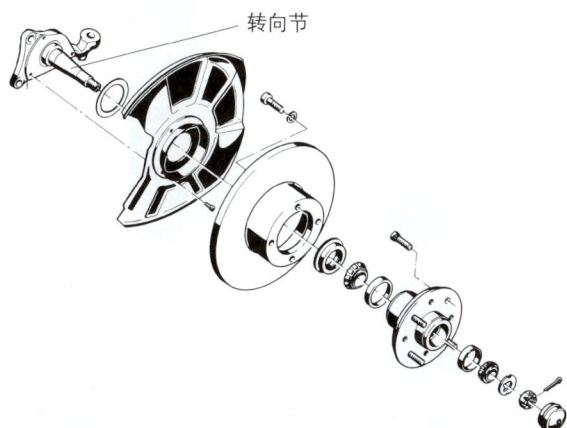 车轮轴承壳体
该轴承外圈以压配合方式固定在壳体中，轴承与转向节之间为间隙配合。 　　轴承间隙用调整螺母来调整，采用开口销、止动垫圈、防松螺母或紧固螺栓来防止调整螺母松动。	轴承以压配合方式安装在车轮轴承壳体中。更换时必须以毁坏方式压出轴承。 　　轴承间隙用十二角螺母来调整。

修理　　　　　　　　更换两侧车轮轴承

1.车轮轴承的拆卸　　　*2.车轮轴承的安装*　　　*3.轮毂的安装*

学习领域
2

事故预防措施　　　　遵守有关操纵举升机的规定。

工具　　　　　　　　起拔器或车轮轴承专用工具（参见上图）。

质量保证　　　　　　检查车轮螺栓是否已拧紧。检查车轮是否移动灵活，以试车方式检查噪声。

2.6.7.2　行驶系：减振器
客户谈话

客户报修：　　　　　　转向系统颤动，转弯行驶不稳定，发出嘈杂的噪声。
现场直观检查，直接接车：现场直观检查有无油迹，检查轮胎。
原因：　　　　　　　　轮胎胎面上的冲蚀孔穴表示减振器已损坏。

信息收集　　　　　　**减振器**

- 双筒减振器

  两个不同直径的套筒套在一起。活塞和活塞杆固定在车身上，内侧和外侧套筒固定在车桥上。
  弹簧压缩（压缩阶段）和伸长（拉伸阶段）时活塞挤压减振器油。弹簧压缩时活塞将减振器油通过底座阀压入上储油腔；弹簧伸长时活塞将减振器油通过活塞阀压入工作腔。阀门在流动的减振器油上施加阻力并抑制活塞的运动。
  安装位置：相对垂线最大45°。

- 单筒减振器（充气减振器）

  套管补偿腔中填有压力为2~3MPa的氮气。减振器油与氮气通过一个浮动隔离活塞完全隔开。减振方式与双筒减振器相同。容积补偿通过隔离活塞的移动实现。
  安装位置：任意。

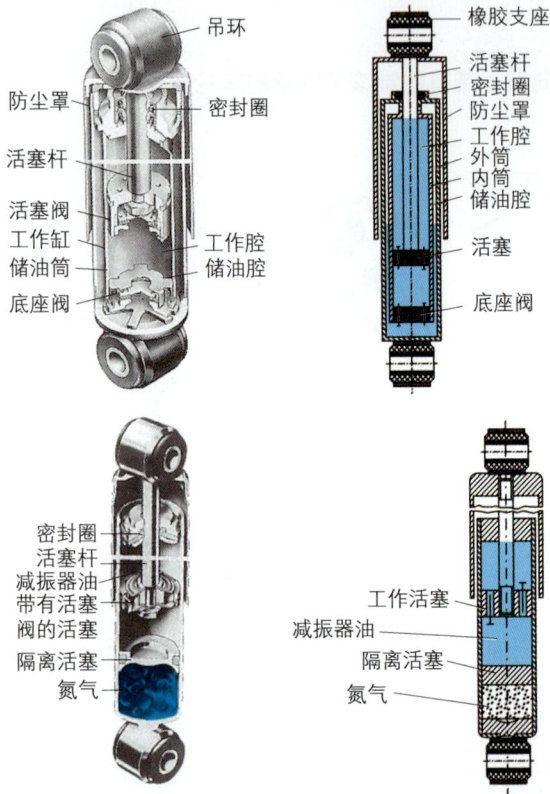

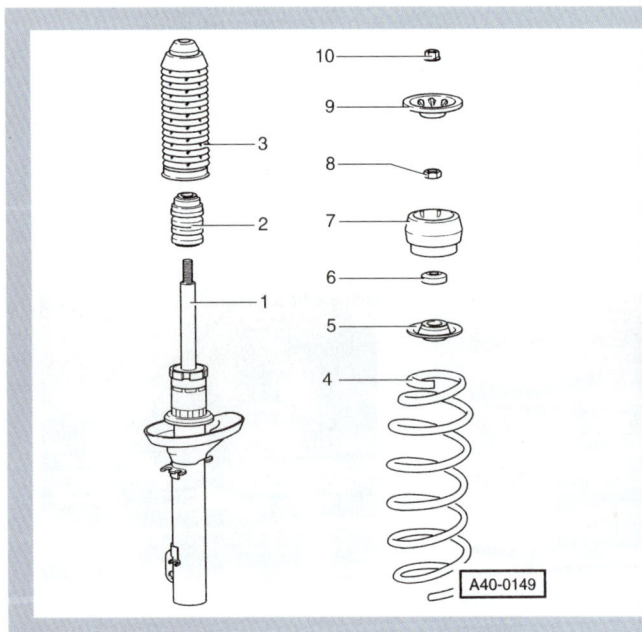

1—减振器
　只能整个更换。
2—缓冲块
3—防尘罩
4—螺旋弹簧
　注意：螺旋弹簧处于压紧状态，用夹具将其压缩，有发生事故的危险！
5—弹簧座
6—推力球轴承
7—弹簧减振支柱支座
8—六角螺母，60N·m
　每次松开后都要更换。只有事先夹紧螺旋弹簧后，才能松开。
9—定心盘
10—六角螺母，60N·m
　自锁，每次都要更换。

提示：拧紧力矩（N·m）只是举例。车型不同拧紧力矩不同。

联接：　　　　螺栓联接，自锁螺母。

修理　　　　成对更换减振器，更换螺母，注意拧紧力矩。

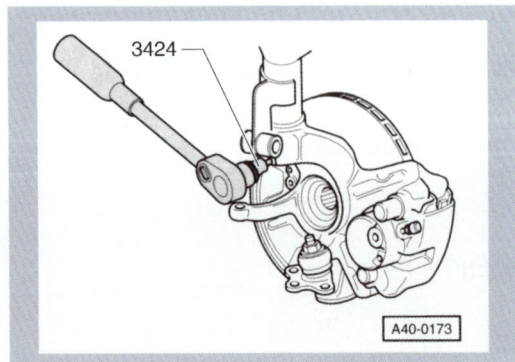

松开弹簧减振支柱

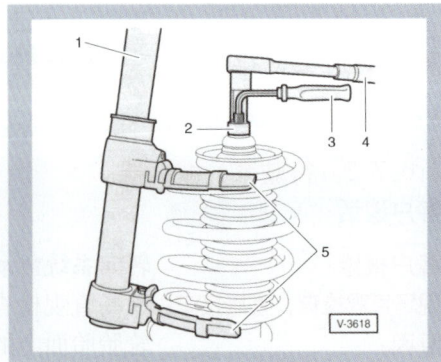

拆卸减振器

事故预防措施	螺旋弹簧处于预紧状态。
	只有用弹簧夹紧器将弹簧夹紧后，才能松开减振器螺母。
工具	弹簧夹紧器，弯头环形扳手，顶紧用扳手。
废弃处理	废弃处理时通过一个孔使充气减振器泄压。减振器油也必须通过钻孔排出并进行废弃处理。没有油气的减振器作为废铁处理。戴上防护眼镜！
质量保证	只能使用制造商认可的减振器。检查所有螺栓是否都已牢固拧紧。

2.6.7.3 行驶系：主销

客户谈话

客户信息：	在技术监督学会认证时发现缺陷；支撑销有间隙。
现场直观检查，直接接车：	用手上下移动摆臂，向内和向外推动车轮下部，观察主销，检查主销防尘罩。
原因：	主销磨损。

信息收集　　　　**车轮悬架的功能部件**

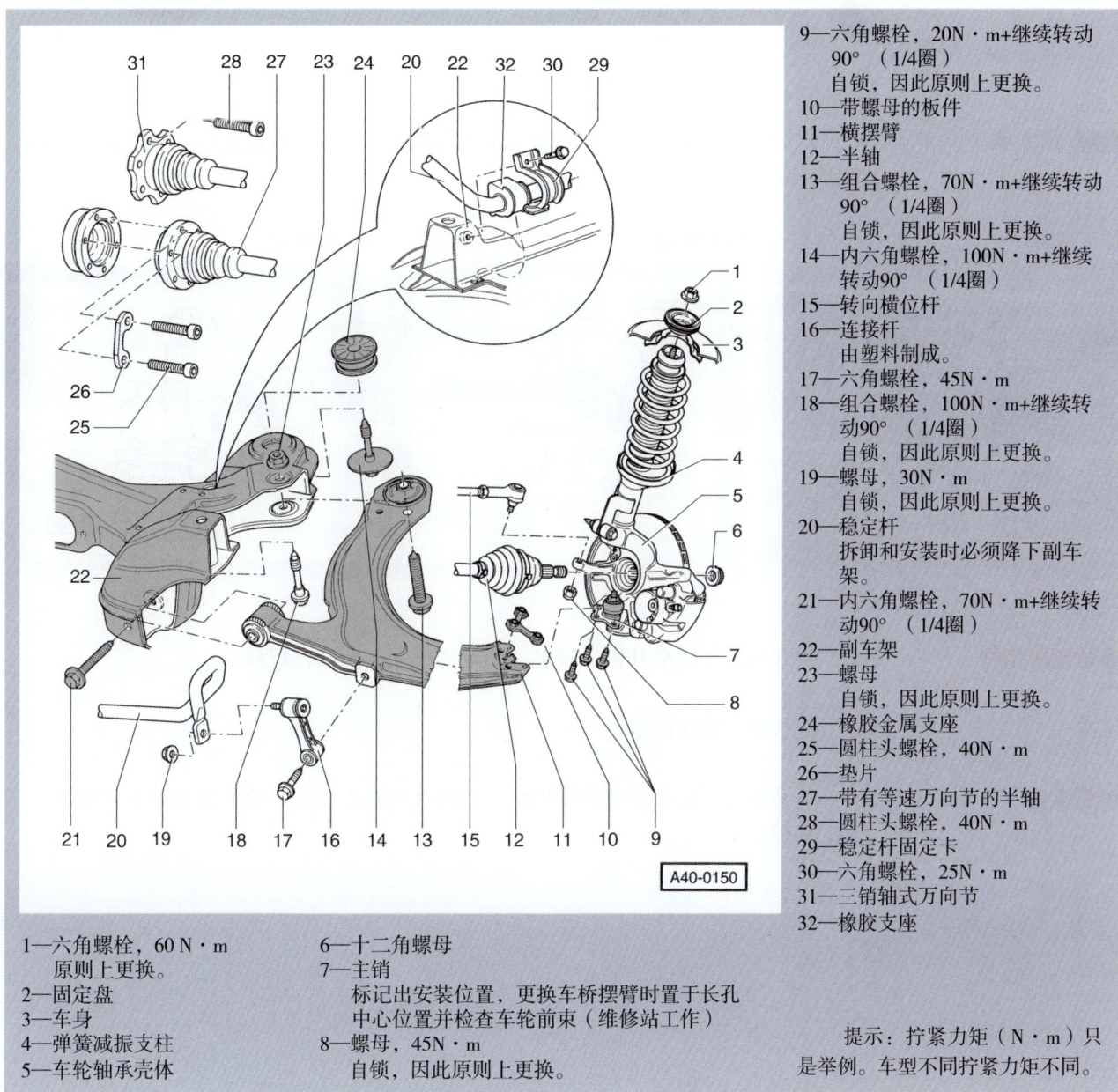

9—六角螺栓，20N·m+继续转动90°（1/4圈）
　　自锁，因此原则上更换。
10—带螺母的板件
11—横摆臂
12—半轴
13—组合螺栓，70N·m+继续转动90°（1/4圈）
　　自锁，因此原则上更换。
14—内六角螺栓，100N·m+继续转动90°（1/4圈）
15—转向横位杆
16—连接杆
　　由塑料制成。
17—六角螺栓，45N·m
18—组合螺栓，100N·m+继续转动90°（1/4圈）
　　自锁，因此原则上更换。
19—螺母，30N·m
　　自锁，因此原则上更换。
20—稳定杆
　　拆卸和安装时必须降下副车架
21—内六角螺栓，70N·m+继续转动90°（1/4圈）
22—副车架
23—螺母
　　自锁，因此原则上更换。
24—橡胶金属支座
25—圆柱头螺栓，40N·m
26—垫片
27—带有等速万向节的半轴
28—圆柱头螺栓，40N·m
29—稳定杆固定卡
30—六角螺栓，25N·m
31—三销轴式万向节
32—橡胶支座

A40-0150

1—六角螺栓，60 N·m 原则上更换。	6—十二角螺母
2—固定盘	7—主销
3—车身	标记出安装位置，更换车桥摆臂时置于长孔中心位置并检查车轮前束（维修站工作）
4—弹簧减振支柱	8—螺母，45N·m
5—车轮轴承壳体	自锁，因此原则上更换。

提示：拧紧力矩（N·m）只是举例。车型不同拧紧力矩不同。

学习领域

2

联接： 带螺母的球窝关节，横向导臂、轴承、球头节、橡胶金属轴承和桥梁之间为螺栓联接。

摆臂	球销	橡胶金属支座
横摆臂用于将车桥与车轮轴承壳体或转向节连接起来。通过橡胶金属支座和球销（主销）实现支撑。	球销轴颈支撑在一个钢制外套内或支撑在预紧的塑料外套之间。有一个密封防尘套防止润滑剂流出。	橡胶金属支座（吸音块）由一个内部和外部金属套管组成，金属套管之间装有橡胶。

橡胶支座

横梁

球销

摆动支撑　球头　支撑臂

锥形座　　钢制锥形座

钢制外部套管
软橡胶
硬橡胶
支撑套管

修理 更换球销，为此拆卸带有车轮轴承壳体或转向节的弹簧减振支柱，使用新的自锁螺母。

检查球销

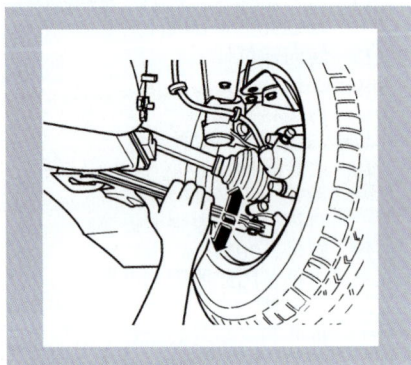

拆卸球销

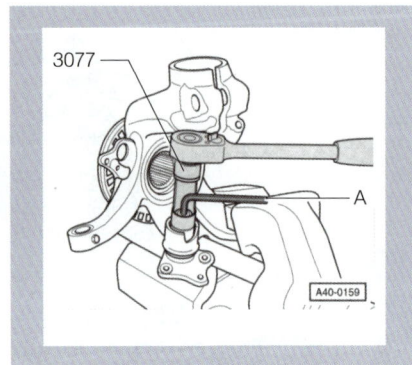

压出球销

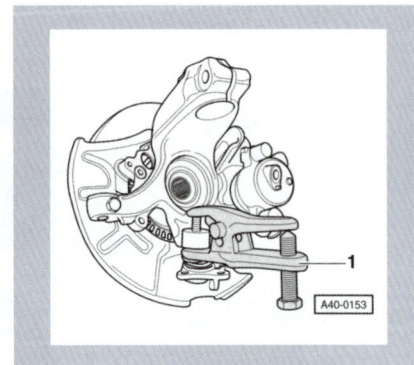

事故预防措施 遵守有关操纵举升机的规定，固定住车辆以防其自行移动。

工具 起拔器，螺栓扳手。

质量保证 安装新球销后检查螺栓联接件。现场直观检查球销。检查是否存在可感觉到的间隙。

2.6.7.4　行驶系：车轮定位

　　车轮定位对车辆行驶性能（例如自转向性能、直线行驶性能、转向稳定性）、轮胎磨损、车轮导向机构间隙补偿和车轮颤动倾向都有影响。车轮定位对车轮悬架、转向系统和轮胎故障的影响非常明显。因此以下将从车辆行驶系元件修理的角度出发简要介绍车轮定位。

车轮前束		车轮外倾	
车轮前束是指直线行驶时车桥前后车轮辋边缘间距之间的尺寸差。		车轮外倾是指车轮平面与垂直于路面的平面之间的夹角。	
前束（正前束）	**后束（负前束）**	**车轮正外倾**	**车轮负外倾**
后车轮驱动车辆：向行驶方向看，车桥前车轮辋边缘的间距 a 小于车桥后的间距 b（1~4mm）。	前车轮驱动车辆：向行驶方向看，车桥前车轮辋边缘的间距 a 大于车桥后的间距 b（1~3mm）。	车轮上部向外倾斜（0°20′至1°30′）。	车轮上部向内倾斜（0°30′至2°）。

车轮前束的作用：
- 减小主销间隙。
- 确保直线行驶稳定性。
- 对车轮平行导向。

车轮正外倾的作用：
- 直线行驶性能良好。
- 减少车轮螺母和车轮轴承的负荷。
大多数车辆的前车轮都采用正外倾。

车轮负外倾的作用：
- 在转弯行驶中改善侧向力。
后车轮大多数情况下采用负外倾。

主销内倾	主销后倾
主销内倾是指向车辆横向方向看转向主销轴与垂直于路面的平面之间的夹角（5°~8°）。	主销后倾是指转向主销轴或转向节销相对车辆纵向垂直平面的倾斜角度（0°~7°）。

主销内倾的作用：
- 转弯行驶后转向系统回正。

主销后倾的作用：
- 减小转弯行驶时的回正力。
- 减少对侧风的敏感性。

2.6.8 转向系统

客户谈话

客户报修：	转向移动过于灵活。
现场直观检查，直接接车：	检查转向横位杆头的间隙。为此用手来回移动左侧和右侧转向横拉杆。检查防尘罩是否损坏。还要检查橡胶防尘套。
原因：	由于磨损产生了间隙。

信息收集　　**转向系统功能元件**

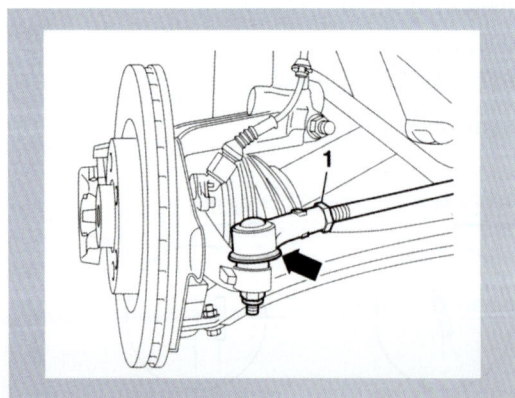

1—转向横拉杆头
　　左右结构不同。
2—锁紧螺母，50N·m
3—卡箍
4—橡胶防尘套
5—卡箍
　　只能使用原厂卡箍用于橡胶防尘套。用夹钳张开卡箍。
6—转向横拉杆
　　用螺栓以75N·m的力矩固定在齿条上，拧紧时用开口扳手在齿条平面处固定住。
7—带有橡胶内芯的卡箍
　　用于固定在副车架上。
8—助力转向器
　　拆卸时事先必须降下副车架（维修站工作）。

　　提示：拧紧力矩（N·m）只是举例。车型不同拧紧力矩不同。

联接：	带螺母的转向横拉杆，卡箍，转向器和转向柱的细齿花键。
修理	出现间隙时必须更换转向横拉杆头。

检查转向横拉杆头的间隙　　　　　　　　*将转向横拉杆头从转向横杆上压下*

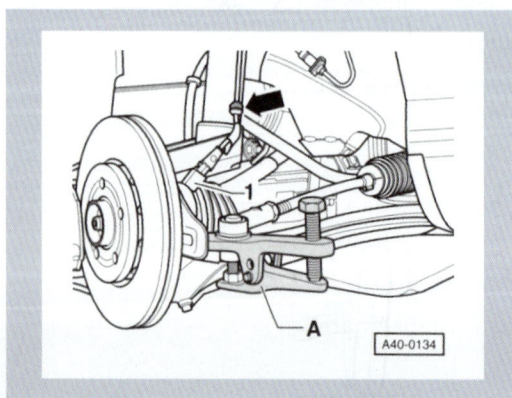

事故预防措施	遵守有关操纵举升机的规定。
工具	起拔器，螺栓扳手。
质量保证	检查螺栓联接件是否已拧紧，检查车轮前束的调整情况。

2.6.9　制动系统

客户谈话

客户报修：　尽管用力踩下制动踏板，制动效果仍然较差。

估计原因：　制动摩擦片磨损或上面有油污。

现场直观检查，直接接车：　拆卸前乘客侧的前车轮（此处制动摩擦片磨损相对较大），并用游标卡尺测量制动摩擦片（连同支撑板）的厚度。

原因：　摩擦片厚度低于7mm的磨损极限值：制动摩擦片过度磨损。

信息收集　　双回路制动系统

制动系统分为两个回路。前桥和后桥分别构成一个回路，或者一个制动回路包括右前/左后制动器，另一个制动回路包括左前/右后制动器。踩下制动踏板时分别对每个制动回路的车轮进行制动。一制动回路失灵时，车辆可以利用另一个功能正常的制动回路停下来。

液压压力通过制动踏板在一个串联主缸内产生。

制动助力器利用外部空气与发动机进气管真空之间的压力差进行工作，因此踩下制动踏板时可增大踏板力。

制动防抱死系统（ABS）用于防止制动时车轮抱死。从原理上看，ABS是一种间断点刹式制动器。制动是在电子系统和液压系统的共同作用下完成的，车辆仍具有转向能力。

盘式制动器装备有浮式制动钳。这种制动钳只需要一个活塞。制动时活塞作用在内侧制动摩擦片上，然后通过壳体将作用力传递到外侧制动摩擦片上。

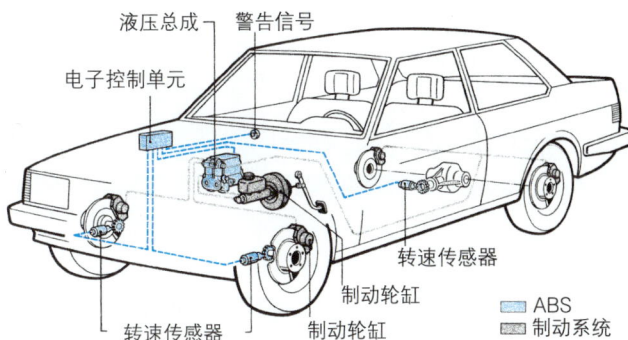

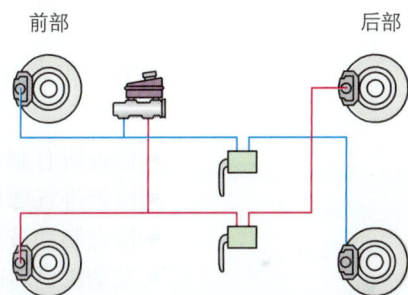

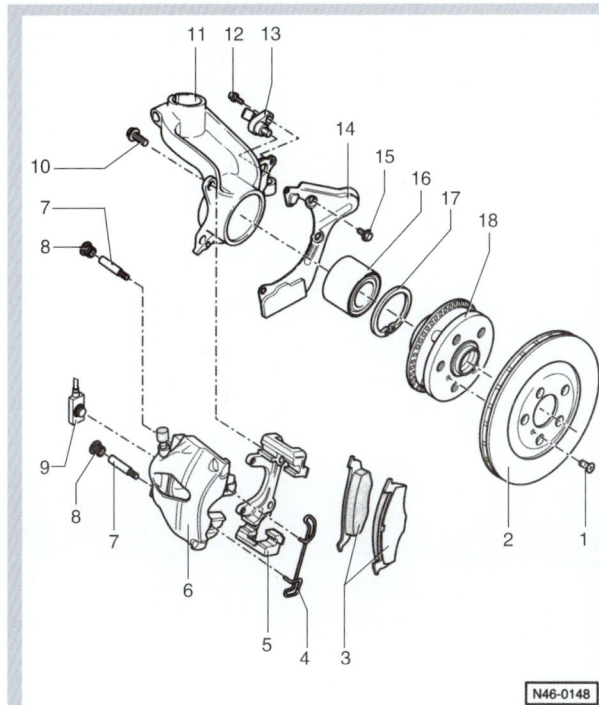

1—十字槽螺钉，4N·m

2—制动盘
在一个车桥上同时更换。拆卸时先拧下制动钳。

3—制动摩擦片
外侧制动摩擦片背板上带有粘接膜。安装后把粘接膜贴上。在一个车桥上同时更换制动摩擦片。
提示：安装新制动摩擦片前须彻底清除制动钳上的污物（无油脂）。在此请注意，必须清除外侧制动摩擦片接触面上可能残留的粘接膜。

4—止动弹簧
安装在制动钳的两个孔中。

5—制动钳支架
更换损坏的防护套。维修套件中有用于润滑导向销的润滑脂垫。

6—制动钳

7—导向销，28N·m

8—盖板

9—带有接头和空心螺栓的制动软管，35N·m

安装时必须把制动摩擦片的螺栓旋掉并把摩擦片卸掉。

10—螺栓，125N·m
拧入前清洁接触面和螺纹。

11—车轮轴承壳体

12—内六角螺栓，8N·m

13—ABS转速传感器
安装前要清洁安装孔并涂上一层VW-G000650润滑脂膏。

14—盖板

15—螺栓，10N·m

16—车轮轴承

17—卡环

18—带转子的轮毂

提示：必须在所有暴露在外的螺栓上涂敷防锈材料，所以必须使用原装备件螺栓。

提示：拧紧力矩（N·m）只是举例。车型不同拧紧力矩不同。

N46-0148

学习领域 2

修理

更换两侧的制动摩擦片。

更换时附加的检查工作：检查制动盘上是否有沟痕，测量制动盘厚度，检查制动活塞防尘罩上是否有裂纹，检查活塞的运转灵活性。

撬出制动摩擦片的止动弹簧   *从制动钳中拧出导向销*   *用工具将制动活塞复位*

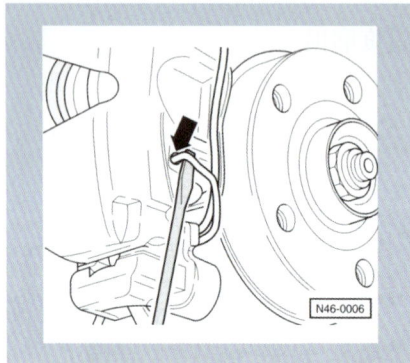

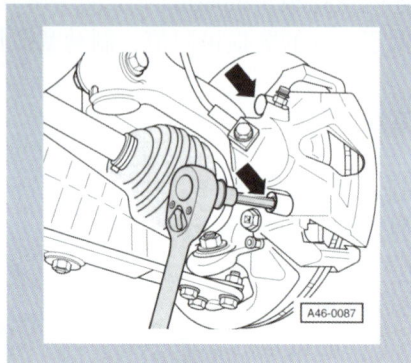

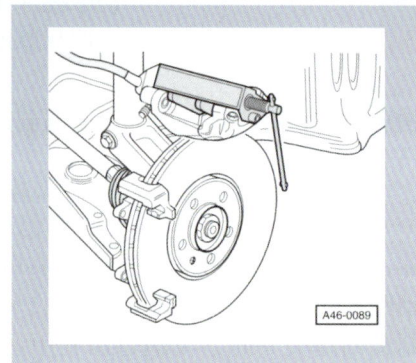

事故预防措施

吸除制动磨屑，而不是吹除。制动液流出时避免接触到眼睛和皮肤。遵守工作指导要求。

遵守有关操纵举升机的规定，固定住车辆以防其自行移动。

工具

旋具，带有内六角套筒工具头的换向棘轮，用于压回制动活塞的复位工具。

质量保证

- 检查所有制动软管是否牢固固定且位于固定支架中。
- 检查排气螺栓。
- 检查制动液液位。
- 发动机运转时检查密封情况：
  踩住制动踏板约10s。
  制动踏板不得松弛下移。
  检查各接头的密封性。

2.6.10　车轮，轮胎

客户谈话

客户报修：	行驶期间转向盘颤动。
现场直观检查，直接接车：	检查轮胎压力，检查轮胎状态：不均匀磨损，转向横拉杆球头，减振器。
原因：	如果转向横拉杆球头和减振器正常，则原因可能是车轮动平衡问题。轮胎不均匀磨损表示车轮动平衡有问题。

信息收集　　　车轮和轮胎

车轮

车轮由轮体和轮辋组成。车轮由钢材或轻金属合金（铸造或锻造）制成。轻金属车轮表面涂有一层防锈清漆。轮体用车轮螺栓或车轮螺母通过辐板式车轮的定心座固定在轮毂上。

对轿车来说，制造深槽轮辋时带有压入胎圈座内的凸峰，凸峰的用途是快速转弯行驶时无内胎轮胎不会从胎圈座上压下。

轮辋标记：6J × 15H27812S

6	轮辋宽度（英寸）
J	轮辋边缘形式
×	深槽轮辋
15	轮辋直径（英寸）
H2	凸峰形式和数量数据
7812	DIN（德国）标准
S	对称形深槽

轮胎

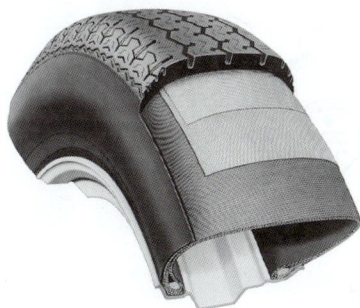

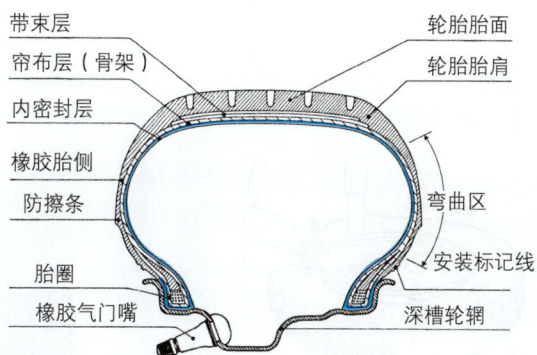

轮胎由以下部分组成：

- 由多层织物层和橡胶缓冲层制成的胎面层。
- 由嵌入橡胶中的多层钢丝或塑料/芳族聚酰胺制成的带束层。
- 由涂胶人造纤维、钢丝、聚酯或芳族聚酰胺制成的织物帘布层（骨架）。
- 内嵌钢丝或芳族聚酰胺丝的胎圈。
- 内侧橡胶密封层。
- 带有织物帘布层防擦条的橡胶胎侧。

轮胎标记：195/70R1489H

195	轮胎宽度（mm）
/70	高度与宽度比（%）
R	轮胎结构形式：子午线轮胎
14	轮辋直径（mm）
89	负荷能力等级
H	速度等级：最高允许210km/h

学习领域

2

轮胎制造日期：	轮胎制造日期用 DOT 编号（美国运输部）表示。从1990年开始制造年份用一个数字和位于其后面的一个三角形来表示。例如：198▽ → 1998年第19周制造。1998年10月1日后制造的轮胎在轮胎侧壁上必须有一个ECE 检验编号。因此该轮胎是一个经过形式验证的部件。1998年10月1日后制造的新轮胎若无此检验编号则不准上市。
客户咨询：	为购买新轮胎提出建议，为购买合适的轮胎提出建议。
修理	拆卸和安装轮胎，拆卸旧轮胎，安装新轮胎，进行动平衡。

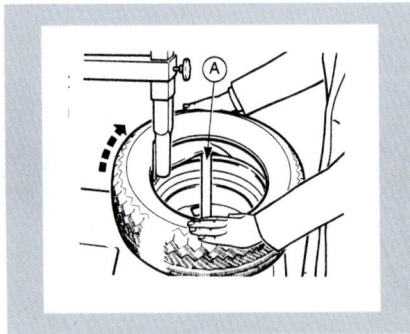

从轮辋边缘压下轮胎　　拉下旧轮胎　　在新轮胎上涂润滑剂

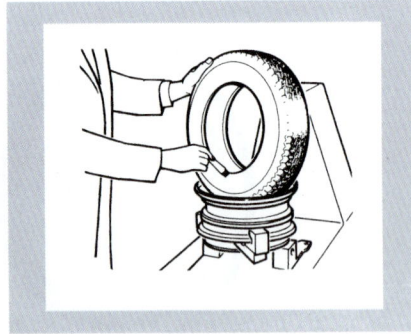

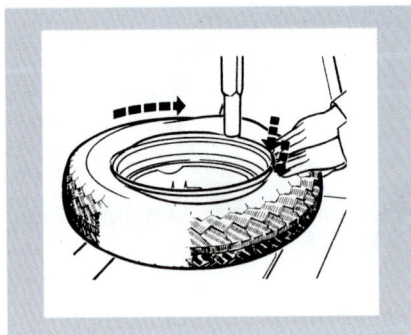

安装轮胎　　对轮胎做动平衡

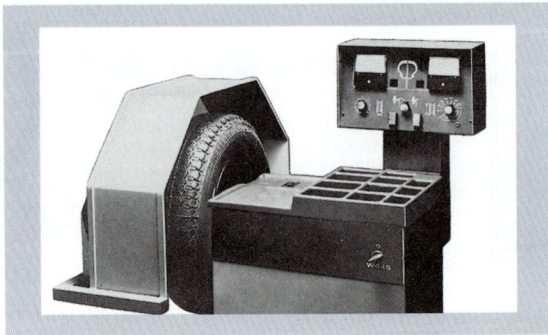

事故预防措施	遵守有关操纵举升机的规定，固定住车辆以防其自行移动。
工具	轮胎压出机，轮胎安装杆，轮胎安装机，轮胎动平衡机
辅助材料	润滑剂。
质量保证	检查车轮螺栓，检查轮胎压力，检查备用车轮轮胎压力，牢固安装车轮饰罩，清除工作时在车辆上留下的污物，填写相关文件。

3 执行工作计划

3.1 信息分析"更换前制动摩擦片"

3.1.1 了解概况，理解文字内容

有以下资料可供使用：
1. 专业信息请参见第199页及以后的内容。
2. 制造商信息：制动系统结构。
3. 有关盘式制动器结构的信息：维修站信息系统 ESItronic。

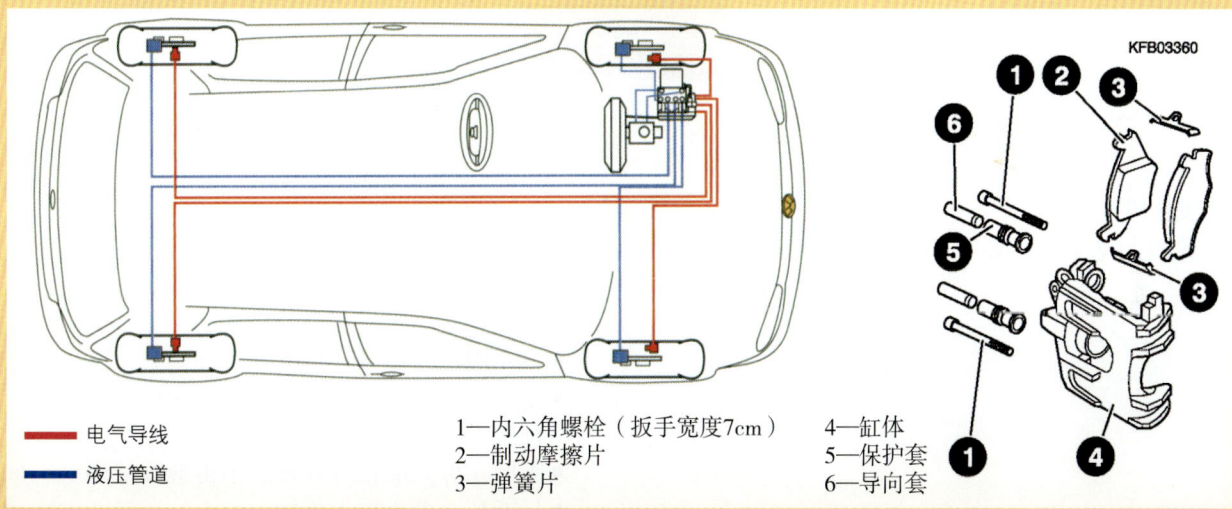

KFB03360

—— 电气导线
—— 液压管道

1—内六角螺栓（扳手宽度7cm）　　4—缸体
2—制动摩擦片　　　　　　　　　　5—保护套
3—弹簧片　　　　　　　　　　　　6—导向套

3.1.2 分析、整理、组织和记录信息

1. 系统分析

1）这个待维修的系统称为什么？

2）这个待维修的系统由哪些功能元件组成？

3）这些功能元件有哪些任务？

4）整个系统如何工作？

1）浮钳盘式制动器。

2）制动钳、制动摩擦片、制动盘、制动软管、制动管路。

3）制动钳：制动钳内安装了带活塞的制动轮缸。防尘罩阻止水和污物进入制动轮缸内。密封环阻止制动液外流并在制动后使活塞返回原位。

制动摩擦片：制动摩擦片粘贴在钢制摩擦片支架上。摩擦片由金属、填料、增强纤维、润滑剂和粘结剂制成。制动摩擦片是制造商为具体车辆定做的。它们是一般性使用许可证的组成部分。

制动盘：制动盘通过螺栓与轮毂连接在一起。制动盘由钢或球墨铸铁制成。制动盘通常采用内通风形式，也就是说制动盘带有沿径向布置的空气通道，能起到较好的冷却作用。

4）驾驶员进行制动时，制动主缸产生压力，该压力通过制动管路作用在制动轮缸内。制动轮缸活塞将一个制动摩擦片压向制动盘。制动钳将另一个制动摩擦片压向制动盘。制动后密封环将制动摩擦片移回到初始位置，因此制动盘可以自由运转。

5）待维修系统与其他系统相比有哪些优点？

5）在浮钳盘式制动器中只需一个活塞即可将两个制动摩擦片压向制动盘，由此减轻了重量。

系统框图

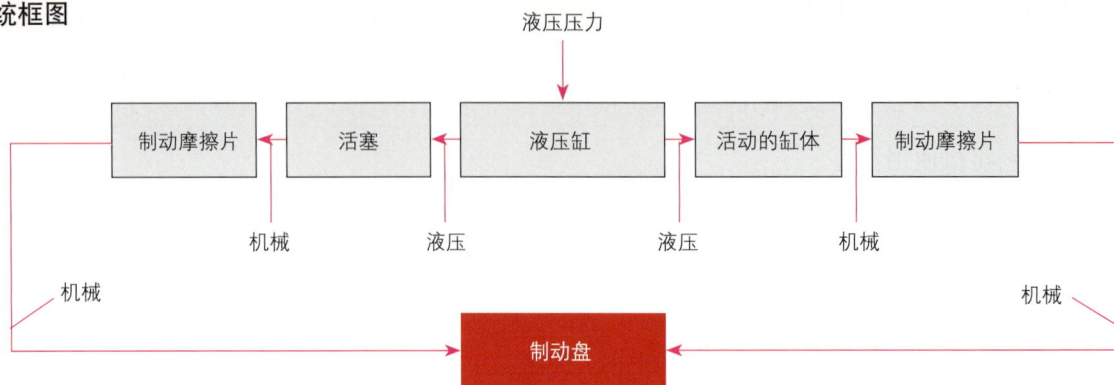

液压压力

| 制动摩擦片 | 活塞 | 液压缸 | 活动的缸体 | 制动摩擦片 |

机械　　　　液压　　　　液压　　　　机械

机械　　　　　　　　　　　　　　　　　　　　机械

制动盘

2．安全措施

1）修理制动系统时必须采取哪些安全措施？

1）修理制动系统时，原则上需要满足下述条件：
- 在专业维修站内有经过培训的专业人员。
- 使用合适的工具。
- 只使用经过许可和批准的备件。
- 使用未经许可和批准的备件将导致使用许可证失效。
- 废旧零件只能报废处理，不得继续使用。
- 只能在一个车桥上维修。

2）修理工作结束后必须采取哪些安全措施？

2）修理工作结束后：
- 检查密封性。
- 检查制动信号灯开关。
- 在制动试验台上进行检查。

3．预防性措施

1）针对可能存在的故障，维修站信息系统ESItronic给出什么建议？

1）制动器单侧起作用：
- 制动摩擦片磨损或不合适。
- 制动摩擦片上有油污。
- 制动摩擦片已磨损至铆钉，制动蹄片或摩擦片背板磨损。
- 制动轮缸或制动钳移动不灵活或卡住。
- 制动管路堵塞或制动软管膨胀老化。
- 制动蹄片或驻车制动器的基本调整参数错误。

2）修理前必须做好哪些准备工作？

2）将举升机支撑臂支撑在制造商规定的支撑点处，把车辆置于工作位置，固定住车辆以防其滚动。

4．修理

1）需进行哪些拆卸和安装工作？

2）附加修理工作（参见可能存在的故障）是否超出了工单中的约定内容？必须做什么？

1）拆卸车轮和制动摩擦片，安装制动摩擦片和车轮。

2）必须附加检查制动轮缸和制动钳的动作灵活性并检查制动管路和制动软管。需进行附加维修工作时必须将具体情况电话通知客户。

3）需进行哪些清洁工作?

4）如何清洁部件?

5）出于健康保护考虑，清洁制动器部件时必须注意什么?

6）必须检查哪些功能元件是否处于正常状态?

7）哪些功能元件可以重复使用?

8）检查部件是否可重复使用时必须注意什么?

9）必须遵守哪些安装规定?

10）制造商给出了哪些安装数据?

5. 计算

1）按制造商规定的拧紧力矩拧紧强度等级为12.9的高强度螺栓M12×1.5。
车轮螺栓扳手的长度 $l=520mm$。
请确定
a）预紧力 F_v（利用经验公式）。

b）需施加的作用力 F_H。

c）安全系数 ν。

2）制动时制动盘最高温度可达750℃。当制动盘厚度为10mm时，其厚度在最高温度下增加多少?

6. 工作油液/辅助材料

1）拆卸/安装时可能需要哪些工作油液或辅助材料?

2）辅助材料用在何处?

3）清洁制动器外侧、导轨、导向套。

4）较大污物和锈蚀部位用钢丝刷清除，然后用制动清洁剂或热水冲洗掉。导向表面用酒精擦干净，随后用压缩空气吹干。

5）车轮制动器上的沉积物不得用压缩空气吹除，只能用吸尘器吸掉。

6）制动盘，制动软管，制动轮缸和制动钳的动作灵活性。

7）经过现场直观检查后，制动盘和制动软管可以重复使用。

8）制动盘有无裂纹、划痕、小锈坑、灼伤区，磨损和表面承载是否不均匀，否则不能重复使用
制动软管有无裂纹、破裂、变形，否则不能重复使用

9）必须同时更换一个车桥上的所有制动摩擦片。制动摩擦片拆卸后不得踩下制动踏板，否则会将活塞从缸体中压出。

10）拧紧力矩:
内六角螺栓：25N·m
车轮螺栓/车轮螺母：120N·m

1）已知：$M_{AN}=120N\cdot m$
☺根据光盘上的表格
$R_m=1200MPa$，$d_2=11.35mm$，
$d_3=10.773mm$，$l=520mm$
求：F_v，F_H，ν
解：

a) $F_v \approx \dfrac{M_{AN}}{0.2 \times d_2} = \dfrac{120\ N \cdot m}{0.2 \times 0.01135\ m} = 52863\ N$

b) $F_H = \dfrac{F_v \times P}{2l \times \pi} = \dfrac{52863\ N \times 0.001\ m}{2 \times 0.520\ m \times 3.14} = 16.2\ N$

c) $\sigma = \dfrac{F_v}{S} = \dfrac{52863\ N}{10.773^2\ mm^2 \times 3.14} = 580\ MPa$

$\nu = \dfrac{R_m}{\sigma} = \dfrac{1200MPa}{580MPa} = 2.07$

2）已知：$l_1 = 10mm$，$\alpha = 0.000011\ 1/K$，
$t_2 = 750℃$，$t_1 = 20℃$
求：长度增量 Δl
解：$\Delta l = l_1 \cdot \alpha \cdot (t_2 - t_1)$
$= 10\ mm \times 0.000011\ 1/K（750-20）℃$
$= 0.0825\ mm$

1）将活塞压回时制动液从制动轮缸压入到补偿罐中。用虹吸管把多余的制动液吸出并进行废弃处理。
Plastilube润滑脂，螺栓防松剂。

2）Plastilube润滑脂：制动器底板上弹簧片的支撑面，制动摩擦片背面，导轨。

客户报修：制动器单侧起作用

7. 工具，设备，检测工具 1）执行工单任务时需要哪些工具和设备？ 2）执行工单任务时需要哪些检测工具？ 3）实际数据或规定数据是什么？	1）举升机，车轮螺栓用扭矩扳手，内六角扳手（扳手宽度7cm），活塞复位工具，冲击式制动蹄片起拔器。 2）制动盘测量卡尺，压力检测仪，制动试验台。 3）最小制动盘厚度：7mm 　最小内通风前制动盘厚度：19mm 　最小制动摩擦片厚度：7mm
8. 法律规定，事故预防规定 1）如何按环保法规将修理时所需要的或准备进行废弃处理的工作油液分级？ 2）如何进行工作油液废弃处理？ 3）使用和接触工作油液时必须遵守哪些保护措施和行为准则？ 4）安装/拆卸制动器时必须遵守哪些事故预防规定？ 5）AGB 规定车辆机电维修工对客户负哪些责任？	1）制动液是一种需特别监控的废弃物，对健康有害且对水有轻微污染（水污染等级WGK1）。 2）将制动液收集到专用容器中，不允许排入下水道、水域或土壤中。 3）制动液是有毒物质。 　制动液桶应在密闭状态下存放在儿童接触不到的地方。意外吞饮后可能出现剧烈中毒症状，应打求援电话，立即送入医院就诊。 　眼睛接触制动液后应立即用大量清水冲洗并到医院就诊。皮肤接触制动液后应用水和肥皂清洗接触部位，立即换下沾有制动液的衣服。进行制动液方面的工作时应佩戴防护眼镜和防护手套。 4）使用举升机时必须遵守事故预防规定。 　固定住车辆以防其自行移动。将举升机支撑臂支撑在制造商规定的支撑点处。略微举升车辆并再次检查支撑臂的位置是否正确。松开驻车制动器并将车轮举升到正确的工作高度。 　选用正确的工具。 5）接受工单任务的员工仅在故意或出现严重过失时才对工单派出人承担责任。 　除此之外，车辆机电维修工还要在工单上签名，以证明按规定进行了修理。维修工频繁接到投诉可能导致警告直至解雇。

3.1.3　执行工作计划

1. 需要执行哪些工作步骤？ 2. 需要哪些工具/检测工具及工作油液和辅助材料？ 3. 必须遵守哪些规定/准则？ 4. 是否能够制订一份程序流程图？	参见下一页上的 "工作步骤" 和下一章中的 "程序流程图"。

3.2 制订拆卸和安装计划

序号	工作步骤	工具、检测工具、备件、工作油液／辅助材料	准则、技术数据、事故预防规定（UVV）、废弃物处理规定	工时
	准备工作			
1	标记出前车轮位置		将经过动平衡的车轮安装在原来的位置	
2	把车辆停放在举升机上	举升机	遵守操纵举升机的事故预防规定	
3	松开车轮螺栓	冲击式扳手		
4	固定住车辆以防其自行移动			
5	略微举升车辆并检查支撑臂的位置是否正确		注意制造商规定的支撑点	
6	将车辆举升到工作位置			
7	拧出车轮螺栓并取下前车轮			
8	清洁制动器	制动器清洁剂		
	拆卸			
9	从固定支架中松开软管			
10	拧出内六角螺栓	内六角扳手		
11	将液压缸体从下向上转出并用钢丝钩挂好		制动软管不得承受拉力 制动摩擦片拆卸后不得踩下制动踏板，否则会将活塞从缸体中压出	
12	向外侧拆卸制动摩擦片			
13	取下弹簧片			
	检查是否可重复使用			
14	测量制动盘厚度 检查制动盘上是否有裂纹、划痕和小锈坑	游标卡尺	磨损极限：19mm 发丝状裂纹最大为0.5mm	
15	检查制动活塞防尘罩上是否有裂纹		有裂纹时更换损坏的防尘罩 损坏时更换	
16	检查制动管路/制动软管			
	清洁			
17	清洁液压缸体槽中制动摩擦片的安装部位	酒精		
	安装			
18	压回制动活塞，此时注意补偿罐中的制动液液位	复位工具	制动液液位不得超过最大标记，必要时用虹吸管吸出	
19	检查浮动框和导向销的动作灵活性			
20	安装弹簧片		短边必须向内，凸耳彼此相对	
21	从侧面安装制动摩擦片	制动摩擦片		
22	装入液压缸体上部，然后向下翻转并将其压到弹簧片上		摩擦片的小摩擦面必须位于制动活塞侧	
23	安装、拧入并拧紧内六角螺栓	扭矩扳手	拧紧力矩28N·m 在螺纹上涂敷螺栓防松剂	
24	拧紧前车轮螺栓	扭矩扳手	拧紧力矩110N·m	
25	放下举升机			
26	停车状态下将制动踏板踩到底		各制动摩擦片都紧贴在制动盘上	0.42 min
27	校准制动液液位			

客户报修：制动器单侧起作用

学习领域 2

4 修理 / 解释说明

4.1 前期计划

执行 / 解释说明	
• 可根据协商结果按工作计划在车辆维修站内进行。 • 可在学校车辆试验室中以解释说明方式进行。 • 可由团队成员在教室中利用相应媒体（参见学习领域1，第24页）以解释说明方式进行。 　在后两项中必须做好解释说明的准备工作。 内容准备： • 根据计划选出重点。 • 压缩已选内容，仅保留主要内容。 • 解释说明内容的可视化显示。 • 时间计划：解释说明时间最多持续20min，接着通过10~15min提问来作为补充。 实施： • 简要介绍： 　点明主题。 　简述内容。 　提出目标。 • 主要内容： 　合乎逻辑地、通俗易懂地讲明实际情况，解释后果、风险和优点。 　征求可行的后续方案。 • 结束： 　总结要点。	 维修工单 工作计划，用于检查可继续使用零件的流程图，工作卡 平视投影机和复印机 时间计划：45min（扮演角色较多的时间） 扮演角色：客户 – 接受委托的员工 修理工单 介绍信息收集和信息分析情况。 介绍工作计划。 在实物目标上或借助面向实际的图片实施。

4.2 与客户通电话

　　如果保养时发现一个为确保发动机安全和行驶安全而必须排除的故障，则必须将此情况通知客户并征得客户对维修的同意。如果未征得"客户"同意而单方面扩展维修工单，维修站将承受实施附加工作后收不到付款的风险。大多数情况下通过电话通知客户。每次通话都要认真准备并实施。

　　通话准备：
• 记录需要通知给"客户"的信息。
• 准备资料。
• 准备答复"客户"可能提出的提问。

进行通话：
• 语言表达明确、友善并有礼貌，语速不宜太快。
• 通报姓名和公司名称。
• 以姓名招呼"客户"。
• 按顺序说明通知内容。
• 笔录"客户"说出的要点。
• 通话结束时再次总结结果。
• 感谢"客户"。
• 告诉"客户"如何联系到自己。

4.3　进行修理 ／ 解释说明："更换前制动摩擦片"

有关盘式制动器的信息

概览

KFB03360

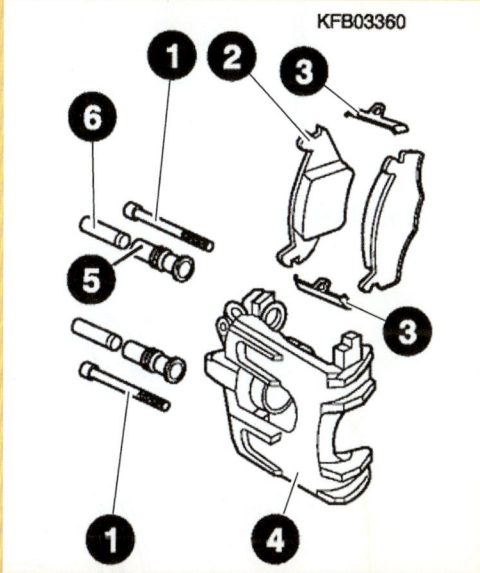

1—内六角螺栓（扳手宽度7cm）
2—制动摩擦片
3—弹簧片
4—液压缸体
5—防护套
6—导向套

更换前制动摩擦片

举升机支撑点

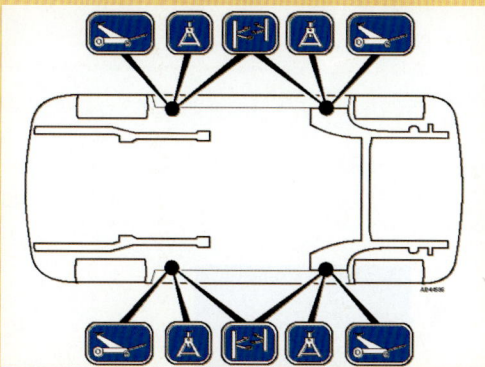

拆卸制动摩擦片

挂起制动钳

评价制动摩擦片

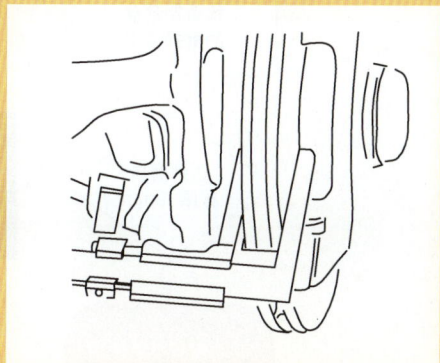

客户报修：制动器单侧起作用

学习领域
2

评价制动摩擦片的磨损形式	压回制动活塞

1—如果不低于最小尺寸，则可继续使用制动摩擦片。

2——个车桥上的制动盘和制动摩擦片必须同时更换。

A46-0042

安装制动摩擦片	安装制动钳

1—弹簧片短边
2—凸耳

4.4　检查制动盘是否可重复使用

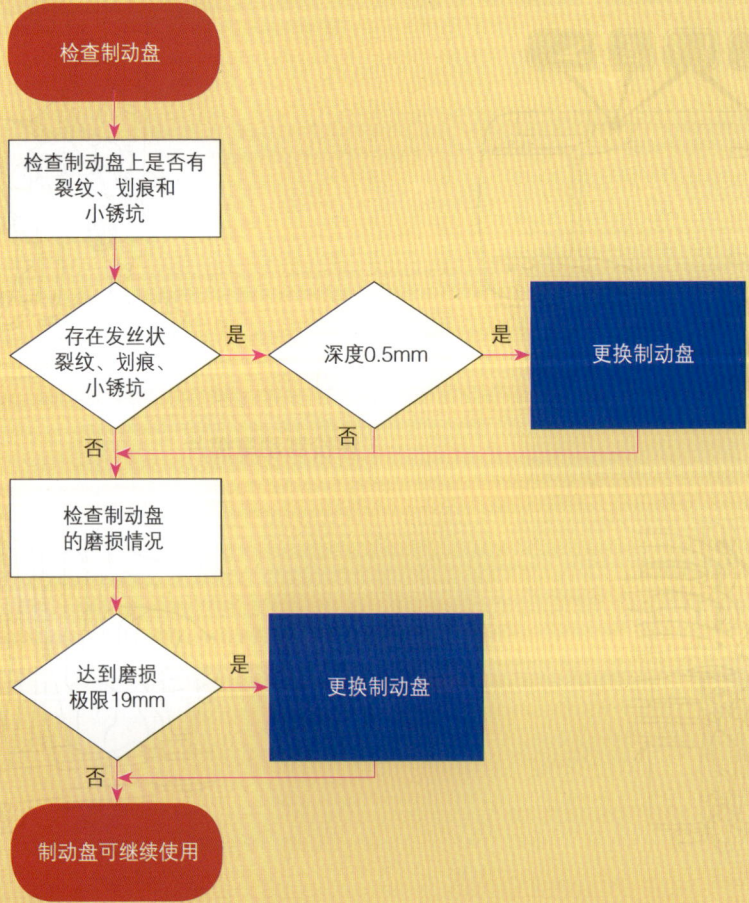

检查制动盘

检查制动盘上是否有裂纹、划痕和小锈坑

存在发丝状裂纹、划痕、小锈坑　是→　深度0.5mm　是→　更换制动盘

否↓　　否→

检查制动盘的磨损情况

达到磨损极限19mm　是→　更换制动盘

否↓

制动盘可继续使用

5 检查工作质量

检查

保养工作结束后，车辆机电维修工确认是否所有部件和功能都正常。

1. 是否按工作计划进行了所有工作？

2. 哪些工作项目必须以现场直观检查方式进行检查？

3. 需要采取哪些其他措施？

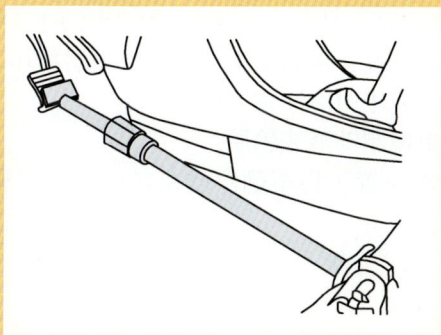

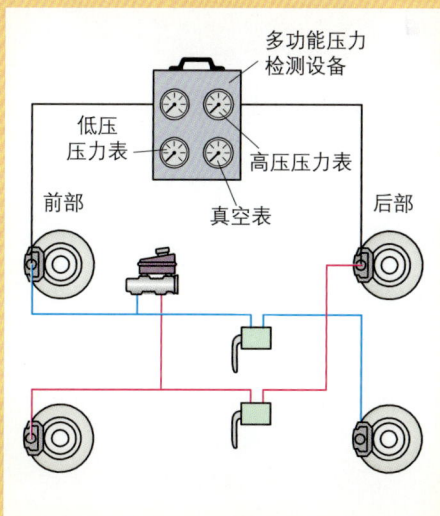

1. 把工作计划中的所有项目检查一遍，确认所有项目都已圆满完成，或者在解释说明范围内给出了广泛的解释。

2. 检查以下工作项目：
   - 制动软管是否拧紧。
   - 制动软管是否在固定支架件上。
   - 排气螺栓是否拧紧。
   - 制动液液位是否正确。
   - 车轮螺栓是否拧紧。

3. 密封性检查：
   完成制动系统及其组件的所有工作后，需要用一个多功能压力检测设备进行密封检查。

   低压检查：
   拆下排气阀后通过适配接头连接压力检测设备。通过多次踩下制动踏板在待检测的制动回路中建立大约2MPa的压力，然后用踏板固定装置施加约2MPa的压力，并通过转动压紧螺母将该压力降到0.2~0.5 MPa。经过1min和5min后在压力表上读出压力读数。此压力不得下降。压力下降时必须找出泄漏部位。检查期间此设备必须保持绝对静止状态。

   高压检查：
   进行高压检查时用踏板固定装置施加一个5~10MPa的压力。10min内此设定压力不得降低10%以上。出现更大的压力降时必须找出泄漏部位。

   制动信号灯开关检查：
   达到检查压力（2个电气接口时为0.3~0.6MPa，3个电气接口时为0.5~0.7MPa）时制动信号灯必须亮起，超过检查压力后继续亮着。

   试车：
   请遵守交通法规规定！只有具有有效机动车行驶证且满足专业前提条件的情况下，才允许进行试车。
   制动摩擦片必须能够：
   - 在轻微制动时从60km/h减速到40km/h。
   - 在正常制动时从60km/h减速到停车。
   试车时必须注意以下事项：
   - 踏板行程正确。
   - 踏板力正确。
   - 制动效果不减弱。
   - 无制动噪声。
   - 具备制动信号灯的功能。
   - 具备驻车制动装置的功能。
   - 具备指示装置的功能。

学习领域
2

检查

4. 是否遵守规定的维修工时？	4. 拆卸和安装左侧和右侧前车轮，以及拆卸和安装左侧和右侧制动摩擦片（前桥）的规定时间为42min。
5. 车辆是否干净整洁？	5. 检查车辆是否干净整洁，护套或护罩是否已取下。
6. 哪些信息必须转告客户？	6. 指出需更换制动液或下次保养时必须排除的其他的已确认故障。
7. 对质量改进的贡献：	7. 考虑一下，维修和工作计划准备，工具、检测工具、工作油液和辅助材料供应情况，时间安排等是否达到了最佳程度。 提出改善建议并在下次修理时予以考虑。

记录

1. 是否记录了配件和材料需要量？
2. 是否记录了工作开始和结束时间？

保养后的咨询谈话

客户取车时期望对下述内容作出解释： • 检查表。 • 已完成的工作项目。 • 结算单。 • 移交保养记录本。	在维修后谈话的范围内向"客户"转告以下信息： • 发现异常情况，例如车漆和底部保护层损坏。 • 车辆日常使用中应注意之处。 • 多久需更换制动液或轮胎。 • 车辆停车位置（将车辆停放在客户不必调头的位置）。

对解释说明的反思

• 是否达到了规定目标？
• 可视化方式是否正确？
• 与相关人员沟通的效率是否很高？
• 组织工作是否很好？

练习作业

修理委托 1

车辆:
Ford Mondeo(福特蒙迪欧)
里程数: 120000km
注册登记日期: 1996年
机动车行驶证: 区域2代码: 0928,区域3代码: 868

客户报修:
制动时制动器跳动。
上一次保养时检查了制动盘厚度、摆差和车轮悬架。当时未提出异议。

1. **维修站信息系统ESItronic分析**
   利用脑图或系统框图选择进行修理所需要的信息。

2. **车辆识别**
   进行车辆识别。

3. **直接接车**
   描述直接接车并说明各项工作项目。

4. **车轮支撑的结构**
   用德语和英语简要描述车轮支撑的结构。绘制车轮支撑的结构简图。

5. **修理**
   针对上述车辆制订修理计划。
   必须在工作单3~5中给出答案。答案依据参见维修站信息系统ESItronic和配套CD-ROM光盘中的信息,此外也可以在互联网上查找有关本主题的信息。

6. **一般性交易条件(AGB)**
   在保修方面一般性交易条件(AGB)提供哪些信息?

修理委托 2

车辆:
FiatPunto75(菲亚特蓬托)
里程数: 135000km
注册登记日期: 1995年
机动车行驶证: 区域2代码: 4001,区域3代码: 662

客户报修:
全速行驶时有一个火花塞从气缸体中甩出。

1. **车辆识别**
   进行车辆识别。

2. **直接接车**
   描述直接接车并说明各项工作项目。

3. **修理**
   针对上述车辆制订修理计划。
   利用脑图制订前期计划。
   必须在工作单3~5中给出答案。答案依据参见配套CD-ROM光盘上的信息,此外也可以在互联网上查找有关本主题的信息。
   必须用德语和英语填写工作单3。

修理委托 3

车辆：
RenaultTwing（雷诺丽人行）
里程数：90000km
注册登记日期：1996年
机动车行驶证：区域2代码：3004，区域3代码：712

修理委托：
消声器与排气管之间的管箍丢失，无法立即买到备件，因此需要制作一个管箍。排气管直径$d = 40$mm。

图样

1. **车辆识别**
    进行车辆识别。

2. **修理**
    制订修理计划。
    a）利用脑图制订前期计划。
    b）绘制管箍草图。
    c）确订管箍的毛坯尺寸（选择宽度，计算长度）。
    d）确订制作管箍的准备工作和事故预防措施，选择所需要的工具/设备、检测工具、辅助材料。
    e）将工作单3的内容译成英语。
    f）起草工作计划。

学习领域 3

电气和电子系统的检查和修理

1 客户报修：雾灯不亮

1.1 工作流程：检查和修理

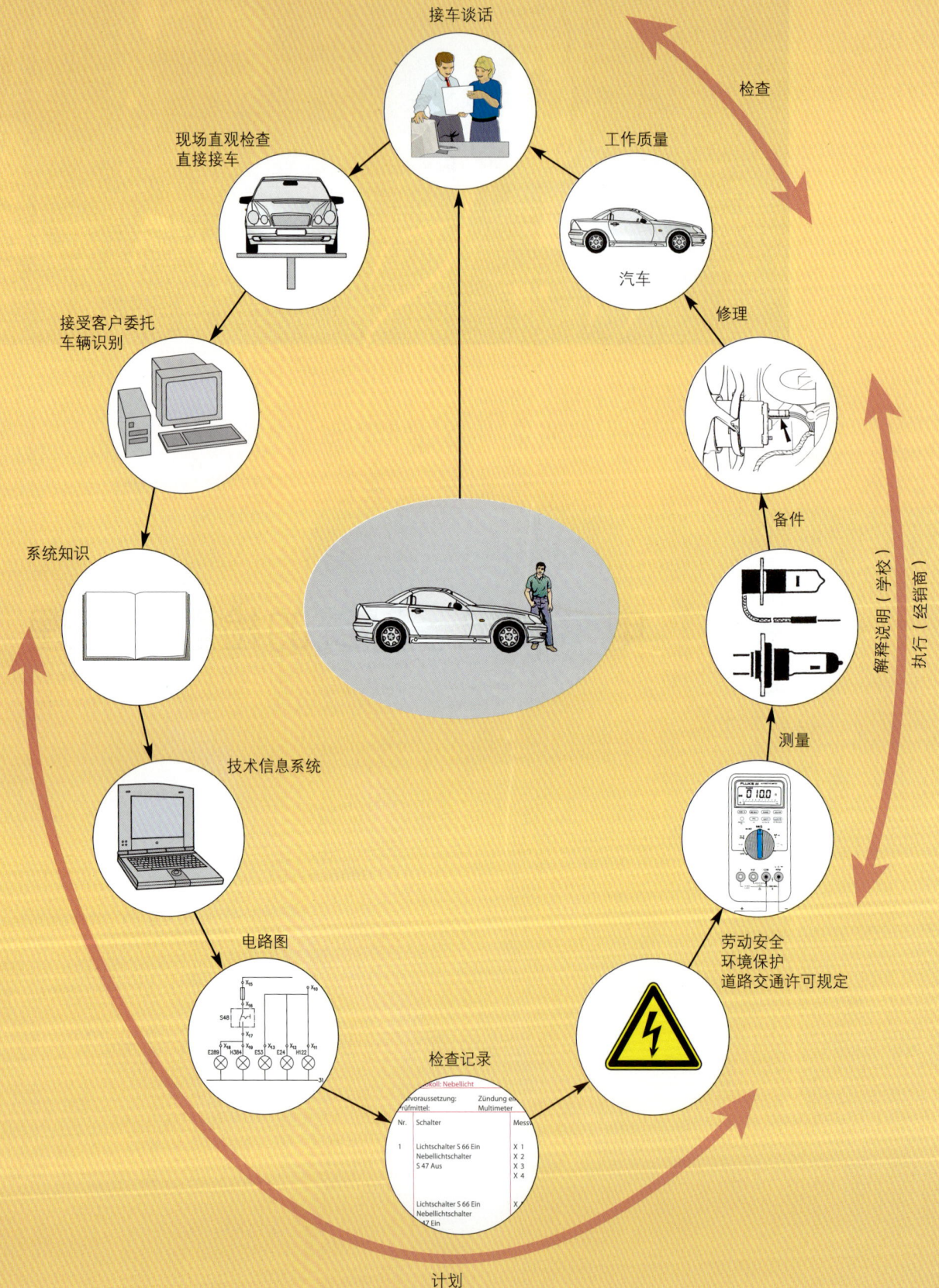

接车谈话

检查

现场直观检查
直接接车

工作质量

汽车

修理

接受客户委托
车辆识别

系统知识

备件

技术信息系统

解释说明（学校）

执行（经销商）

测量

电路图

劳动安全
环境保护
道路交通许可规定

检查记录

Protokoll: Nebellicht		
Voraussetzung:	Zündung ei	
Prüfmittel:	Multimeter	
Nr.	Schalter	Mess
1	Lichtschalter S 66 Ein	X 1
	Nebellichtschalter	X 3
	S 47 Aus	X 4
	Lichtschalter S 66 Ein	X
	Nebellichtschalter	
	S 47 Ein	

计划

1.1.1　接车谈话和接受客户委托

直接接车	接受修理委托

直接接车

　　当客户将其车辆交给维修站进行修理时，在接车谈话过程中应让客户感觉到，维修站为其留出了时间且在直接接车时向其提出有益的建议。即使许多客户不要求为其留出这个时间，让客户确信以下情况也是很重要的：

- 客户可以自己看到其车辆的故障。
- 可以准确解释检测结果。
- 需进行附加维修工作时，维修站不必再次询问客户。
- 可以在客户在场时确定附加的维修项目。
- 让客户感觉到只进行了必要的维修工作。
- 如果客户事先知道所有工作内容，则需要了解维修结算金额。

　　这个直接接车时间应为 10～15 min（计划）。

客户通信地址：

艾利希·穆斯特曼先生
兰茵路 15 号
66180 维斯巴登

委托编号：
用户编号：
委托日期：

车型	牌照号		车辆识别号
BMW	325		121250
注册登记日期	发动机编号	接车人	电话号码
1995年8月25日	256S1/S2	A·迈尔	0611/543267

序号	工时	时间	工作说明	价格
01			雾灯不亮	

完工日期：2003年4月12日16点钟

此委托是在"书面确认车辆、总成及其零件维修工作估算费用条件"后才制作并当面交给我的。

车辆最终验收

日期	时间	验收人	里程数

穆斯特曼
客户签名

接受修理委托

客户报修：雾灯不亮

询问客户：
- 起初这个故障是否偶尔出现？
- 向用户提供直接接车服务。

直接接车时现场直观检查：
- 检查熔体。
- 检查灯泡。
- 用手轻轻叩击继电器壳体。
- 执行其他可行的直接接车项目。

接受修理委托：
- 询问客户姓名、牌照号和里程数。
- 请客户出示机动车行驶证。
- 根据机动车行驶证上的数据进行车辆识别：
  车辆：BMW
  区域 2 代码：0005
  区域 3 代码：506
  注册登记日期：1995年

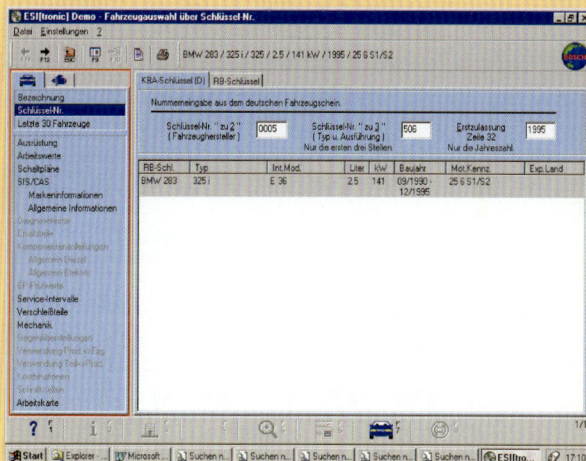

- 向用户解释可能的故障原因和工作范围。准确的故障原因必须通过测量电路确定，因为现场直观检查时没有看到明显的故障。
- 询问客户是否还有其他要求。
- 确定交车日期。
- 询问客户的电话号码，以便进行回访。
- 让客户确认委托内容并签字。

学习领域

3

1.1.2　检查和修理的前期计划

　　故障查询和故障排除的结果取决于一系列因素：

- 系统知识
  系统知识是分析具体过程和系统特性的先决条件。
- 严格遵守相关维修站信息系统的检查和修理说明。

- 所有必要检测和测量设备的可用性。
- 合适工具的可用性。
- 工作场地干净整齐。

"雾灯不亮" 脑图

　　在头脑风暴法的框架内进行故障查询和修理的准备工作。根据脑图和因果分析图（UWD）提出问题，然后解答这些问题以进行信息收集和分析、制订工作计划和执行具体工作。

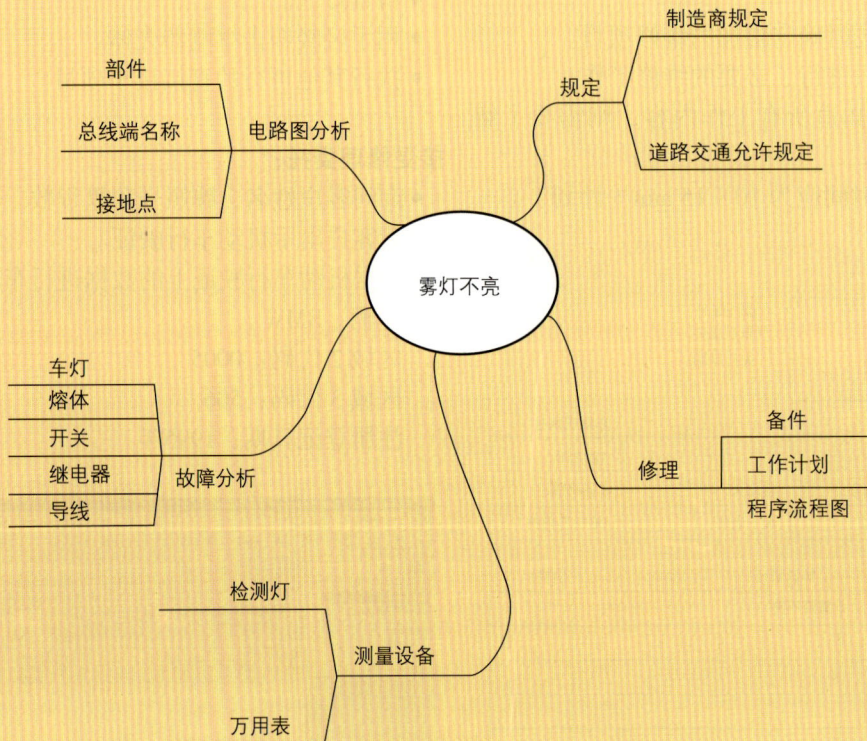

因果分析图（UWD）

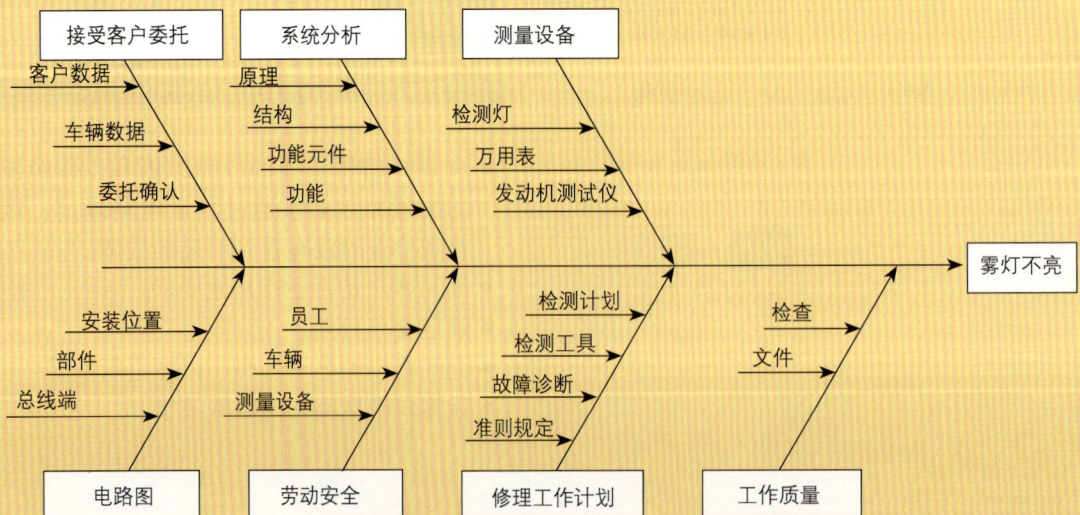

1.1.3　问题

1. 信息收集

信息系统

- 专业书籍
  专业书籍的特点是内容系统化、条理清晰且关联性强。
  利用术语索引处的关键词可以很快找到所需信息。

专业信息、信息收集参见第 266 页以后的内容。

术语索引：例如外部照明装置

- 公司资料
  汽车制造商、系统供应商和专业出版社出版信息资料：
  – 有关系统结构和功能的技术信息。
  – 纸质电路图。
  – CD-ROM 形式的电路图。

汽车制造商的技术信息

CD-ROM 形式的电路图

- 专业杂志
  专业杂志针对汽车行业的最新发展情况。通过每年发布一次的目录或术语索引可以找到所需的专业文章是在哪一年度的哪一期中发表的。

年度术语索引

- 国际互联网
  组件和系统供应商、工作油液和辅助材料的制造商在国际互联网上发布的各种各样的免费信息。

CD-ROM 上的国际互联网地址

- 法律规定
  – 环境法规。
  – 道路交通许可规定（StVZO）。
  – 事故预防规定。

环境法规
StVZO（道路交通许可规定）请参见
www.verkehrsportal.de 或第273页
事故预防规定请参见学习领域1或 CD-ROM

- 企业内部规定
  – 按照危险物品法规第 20 条制订的工作指导。
  – 接触和废弃处理：蓄电池。
  – 事故预防规定。

企业工作指导请参见学习领域 1 或 CD-ROM

2. 信息分析

2.1　了解概况，理解文字内容

1. 通读文字内容和信息。
2. 标记出涉及修理工作或待修理部件的关键内容。

学习领域

3

客户报修：雾灯不亮

2.2   表述问题

客户报修：雾灯不亮

1. 电路图分析

1）这个待保养的系统称为什么？

2）该电路由哪些功能元件组成？设备标记是什么？

3）这些功能元件有哪些任务？

4）哪些熔体是属于前雾灯和后雾灯电路的?

5）各个电路使用多大电流的熔体？

6）哪个继电器用于接通雾灯？

7）电缆带有什么颜色的标记？

8）用德语和英语解释雾灯电路的工作原理。

9）该系统如何工作？

10）12V/55W 卤素灯泡的耗电量多大？

11）从配电盒至总线端30继电器的导线必须采用多大横截面？设导线长度为 2.2 m，允许电压损失最高为 0.5 V。

12）在以下情况下从配电盒处开始，电流走向如何？

a）雾灯接通时。

b）远光灯接通时。

2. 安全措施，事故预防规定

检查照明装置时必须采取哪些安全措施？

3. 预防性措施

修理前必须做好哪些准备工作？

4. 故障诊断

1）哪些原因可能导致"雾灯不亮"故障？

2）如何确定故障范围？

3）接地点在何处？

5. 工具，设备，检测工具

1）执行修理委托时需要哪些工具？

2）执行修理委托时需要哪些检测工具？

3）待检测元件的实际数据或规定数据是什么？

6. 制造商规定，法律规定

1）更换雾灯灯泡 H7 时必须注意什么？

2）在前雾灯方面，道路交通许可规定（StVZO）有什么规定？

专业信息请参见第221~275页
汽车制造商提供的车辆信息电路图请参见
Bosch ESItronic CD-ROM

检测工具参见第225页以后的内容

制造商规定
国际互联网：StVZO 参见 www.verkehrsportal.de

2.3   制订检测计划

1. 必须遵守哪些检测前提条件？

2. 需要哪些检测工具？

3. 必须遵守哪些规定 / 准则？

4. 测量点在何处？

5. 规定值必须为多少？

6. 绘制一个程序流程图。

检测计划参见第288页

2 信息收集

2.1 电压、电流和电阻

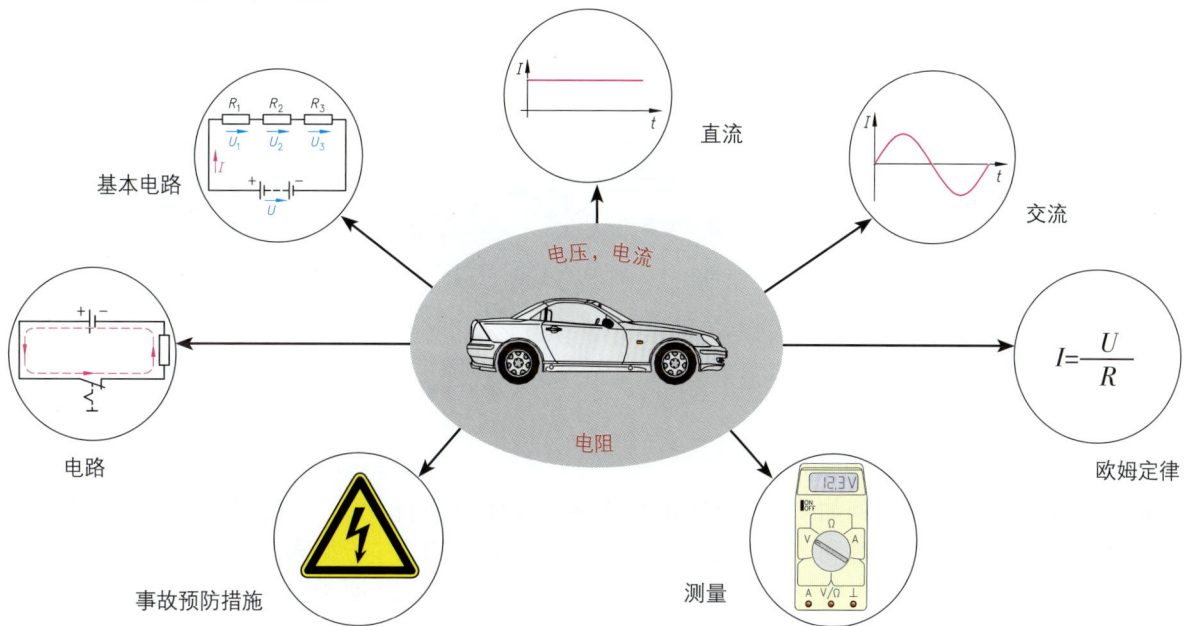

- 基本电路
- 直流
- 交流
- 电路
- 事故预防措施
- 测量
- 欧姆定律 $I = \dfrac{U}{R}$
- 电压，电流
- 电阻

2.1.1 电路中的相互关系

2.1.1.1 简单直流电路

用于照明的简单直流电路由下述元件组成：

- 电源：电池。
- 用电器：白炽灯。
- 开关。
- 连接导线。

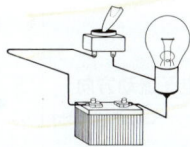

各功能元件和它们的相互作用在电路图中用电路符号来表示。电路符号按DIN EN 60617标准给出。电路图原则上按无电流且无机械操纵状态绘制。

电路图是一个电路具体细节的详图。

它以电流路径概览图方式表示一个电路的工作原理。电路有以下几种布置图：

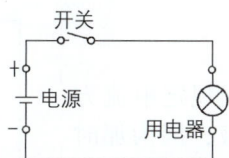

设 备		电路符号
电池		
灯泡		
开关		
导线		

学习领域

3

闭环电路图

在闭环电路图中，一个电气设备的所有电路符号都按其位置以关联形式绘制。机械关联连接用点画线来表示。

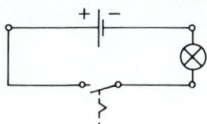

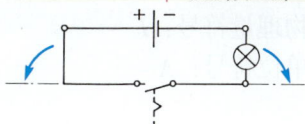

开环电路图

在开环电路图中，电路符号以分开形式布置，而不考虑电路元件的空间位置和机械连接。这种布置的主要目的是用于识别一个电路的功能。每个电流路径都尽可能以直线方式延伸。

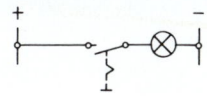

2.1.1.2　基本电气参数

电压	电流	电阻

电压

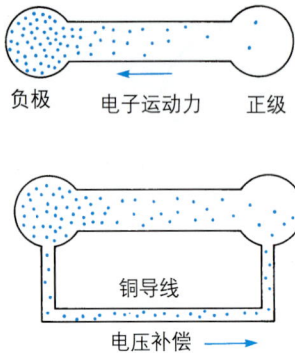

负极　　电子运动力　　正级

铜导线

电压补偿 →

电压通过电压发生器（例如电池）产生。电压发生器通过利用能量（例如为蓄电池充电）将大量电子输送至一个总线端。该处出现电子过剩。因为电子带有负电荷，所以该总线端处充有负电。该总线端称为负极。在另一个总线端上则出现电子空穴。电子空穴等同于带有正电荷。因此该总线端处充有正电，称为正极，正极和负极处的不同充电状态有促使电荷平衡的趋势。这种平衡电荷的趋势称为电压。只有在闭合电路中才能在一个电源的电极之间进行电荷平衡。

电压用伏特来计量。

物理量符号：U

单位符号：V

在电路符号中用长线条表示电池的正极。

电流

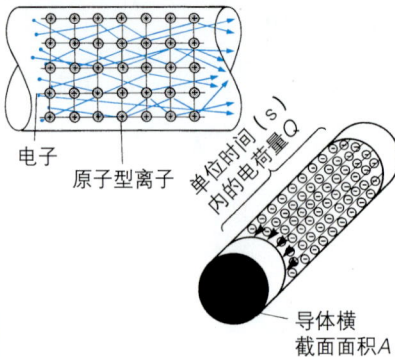

电子　　原子型离子　　单位时间（s）内的电荷量 Q

导体横截面面积 A

金属带有能够在导体内部自动运动的自由电子。只有作用力作用在电子上时，就是说只有在电压作用在电子上时，电子才能向前移动。在闭合电路中电压将自由电子从电源负极经过导线和用电器送至正极。

电子流动方向

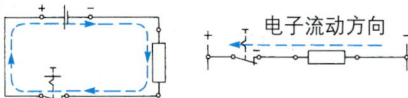

电子流动方向

技术上的电流方向

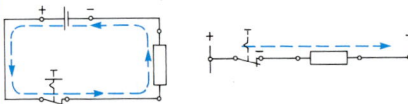

上个世纪时人们规定电流方向为从正极流向负极，因为那时人们还未认识到电子的运动规律。在技术上人们保留了以前规定的这种电流方向。电流的大小表示在一定时间内流过导体横截面的电子的多少。电流用安培来计量。

物理量符号：I

单位符号：A

电阻

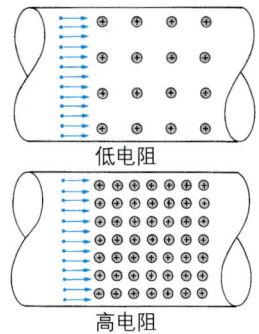

低电阻

高电阻

在流经导体过程中电子从原子型离子中穿过。此时电子撞向原子型离子并造成其移动受阻。电流的这种阻力称为电阻。

电阻用欧姆来计量。

物理量符号：R

单位符号：Ω

导体的电阻取决于以下参数：

- 导体材料

  每种材料都有其特有的单位电阻，也称为电阻率 ρ。

- 导体横截面

  电阻与导体横截面成反比。

- 导体长度

  导体电阻与其长度 l 成正比。

这种关系用以下数学公式表示：

$$R = \frac{\rho l}{A}$$

ρ 单位为 $\Omega \cdot mm^2 / m$

l 单位为 m

A 单位为 mm^2

R 单位为 Ω

| 电压 | 电流 | 电阻 |

电压

直流电压值和极性始终保持相同。相同极性，即电源的正极保持正极性，负极保持负极性，如蓄电池。

在交流电压中电压的大小和极性不断变化。直流电压产生直流电流，交流电压产生交流电流。

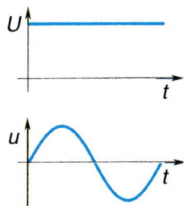

电位

电位是指正极与参考点之间的电压，例如：

- 蓄电池的电压为12V。在蓄电池正极与作为参考点的车辆接地点之间存在12V的电位。
- 发电机以14V的电压向12V蓄电池充电时，参考点是12V的蓄电池电压。此时存在的2V电位就是两个正极之间的充电电压。

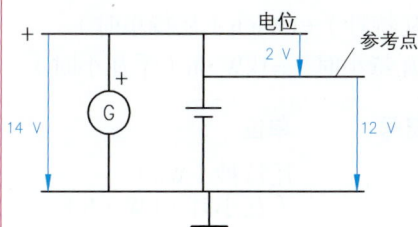

电流

如果电流始终向相同方向以相同大小流经导体，则将其称为直流电流。如果电流在相同时间间隔内始终在改变其流向和大小，则将其称为交流电流。

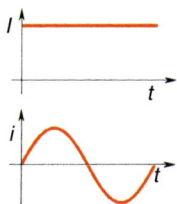

一个负半波和一个正半波表示交流电压的一个周期。每秒钟内的周期数（波动次数/s）称为频率。频率的计量单位是按德国物理学家赫兹的名字命名的——赫兹（Hz）。

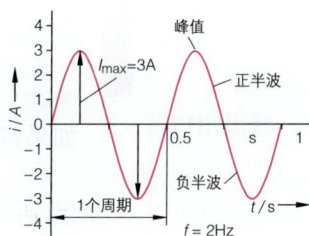

三相交流电由彼此之间相位差为120V的交流电压组成。

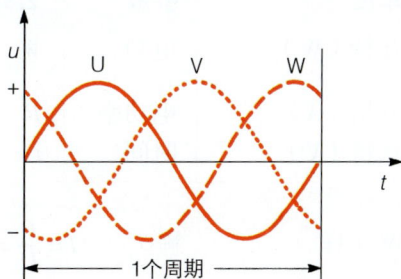

电阻

为了得到电阻率实际值，经常用电导率 κ 来计算，即

$$\rho = l/\kappa \qquad R = \frac{l}{\kappa A}$$

l：导体长度（m）；
A：横截面面积（mm^2）。

材料	电阻率 $\rho /$ $(\Omega \cdot mm^2/m)$	电导率 $\kappa /$ $(m/\Omega \cdot mm^2)$
银	0.0165	60
铜	0.0178	56
铝	0.028	36
铜镍合金	0.5	2.04

材料按其电阻分为：

- 导体
  导体是指导电能力较好的材料，如金属和石墨。
- 非导体
  非导体是指不导电的材料，如塑料、橡胶和陶瓷等。
- 半导体
  半导体是指电导率比较小的材料，例如锗、硅等。通过将少量杂质掺入纯材料中，就可从绝缘体变为半导体，并可任意改变电导率。半导体是电子设备的核心。

2.1.1.3　基本电气参数之间的相互关系：欧姆定律

电路基本参数电压U、电流I与电阻R之间的相互关系由物理学家欧姆用数学方式给出：

- 电阻恒定时电压越高，电流越大。
- 电压保持不变时电阻越大，电流越小。

在电工学中用电阻这一术语表示两个概念：

- 电流流经材料（例如导线）时的电阻。
- 作为器件存在的电阻。

因为每个用电器都有电阻，所以在电路图中常用电阻符号替代用电器。

学习领域 **3**

$$电流\ I = \frac{电压\ U}{电阻\ R}$$

$$I = \frac{U}{R}$$

参数	公式符号	单位
电流	I	安培（A）
电压	U	伏特（V）
电阻	R	欧姆（Ω）

示例：

一个卤素灯的额定电压为U=12V。螺旋形灯丝的电阻为2.4Ω。流经螺旋形灯丝的电流有多大?

已知：$U = 12\ V$

$R = 2.4\ Ω$

求：电流 I

解：$I = U / R = \dfrac{12V}{2.4\ Ω}$

$I = 5A$

单位换算：

1安培 = 1000 毫安， 1 A = 1000 mA

1千欧姆 = 1000 欧姆， 1kΩ = 1000 Ω

示例：

$I = 653mA = 0.653A$

$I = 3A = 3000mA$

$R = 3.4kΩ = 3400Ω$

$R = 400Ω = 0.4kΩ$

2.1.1.4 电功率，电功

电功率

在卤素灯中电能转变成光能和热能。电流越大，电压越高，做功功率就越大。因此电功率是电压与电流的乘积：

$$电功率 = 电压 × 电流$$

$$P = UI$$

如果将 $U = IR$ 或 $I = U/R$ 代入上式中，就得出以下公式： $P = I^2R$

$$P = U^2 / R$$

电功率的单位是瓦特（W）。

1瓦特 $= 1V \cdot A$， 1000瓦特 $= 1\ kW$

电功

如果一个卤素灯泡通电若干小时，则它要从车载电网中吸收一定数量的电能，并做出一定数量的功。用电器功率越大，通电时间越长，则做的功也越大。因此用以下公式计算电功：

$$电功 = 电功率 × 时间$$

$$W = Pt$$

如果将$P=UI$代入上式中，则得到以下公式：

$$W = UIt$$

电功用瓦特秒（$W \cdot s$）或者千瓦小时（$kW \cdot h$）来表示。

$3600W \cdot s$（瓦特秒）$=1W \cdot h$（瓦特小时）

$1000W \cdot h$（瓦特小时）$=1kW \cdot h$（千瓦小时）

参数	公式符号	单位
电功率	P	瓦特（W）
电流	I	安培（A）
电压	U	伏特（V）

参数	公式符号	单位
电功	W	瓦特秒（Ws）千瓦小时（kW·h）
电功率	P	瓦（W），千瓦（kW）
时间	t	秒（s），小时（h）

示例：

在卤素灯的灯头上标有 12V / 60W字样。该灯泡通电4h。

已知：

12 V：电压额定值

60 W：功率额定值（瓦特）

时间 $t = 4h$

求：

电流 I（A）

功 W（kW·h）

解： $I = \dfrac{P}{U} = \dfrac{60W}{12V} = \underline{5A}$

$W = Pt = 60\ W × 4\ h$

$W = 240\ W \cdot h = \underline{0.240\ kW \cdot h}$

2.2 电压、电流和电阻的测量

2.2.1 万用表

万用表是用于测量电压、电流和电阻的测量仪表。

模拟指示式测量仪表

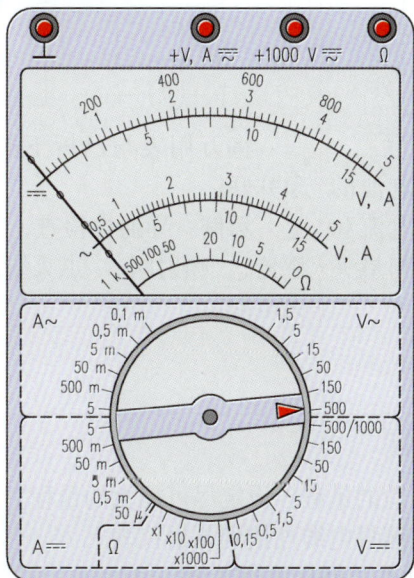

指针式测量仪表是模拟指示式测量仪表。这种仪表将一个测量参数的测量值转换为模拟指针的相应偏转量。模拟指示式测量仪表（模拟万用表）适用于测量电压和电流。测量电阻时需测量流经电阻的电流。为此需要由电池供电。电阻越大，电流就越小。电阻为无穷大时指针不偏转，电阻为零时指针满刻度偏转。因此电阻刻度分布与电流刻度相反。

这种测量仪表有多个可用量程选择开关设定的量程。

测量值按以下公式求得：

> **测量值 = 指示分格 × 量程 / 刻度终值**

示例：量程：2.5V
指示分格：30
刻度终值：50
测量值 = 30 × 2.5V / 50 = <u>1.5V</u>

测量插孔的标记

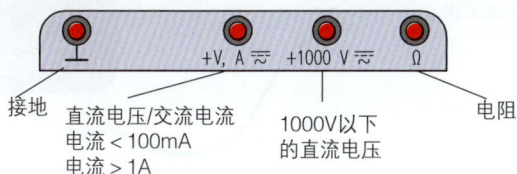

接地
直流电压/交流电流
电流 < 100mA
电流 > 1A
1000V以下的直流电压
电阻

数字显示式测量仪表

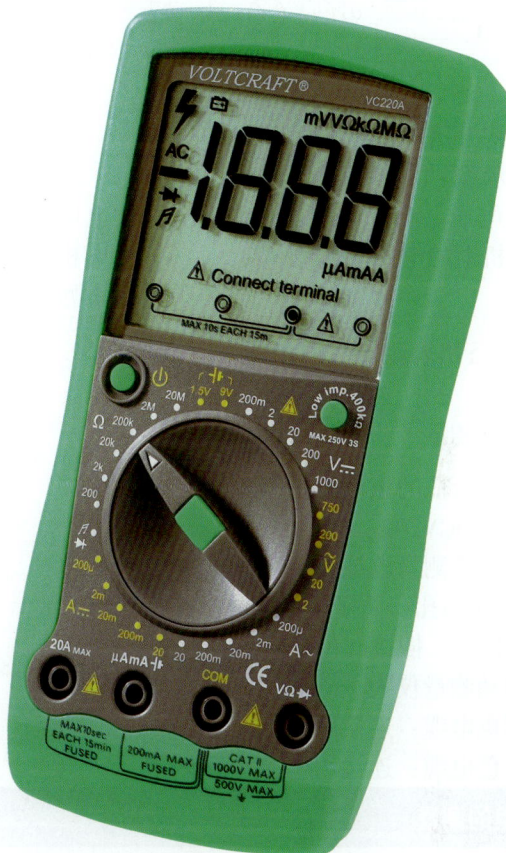

数字显示式测量仪表是用数字显示的测量仪表。一个测量参数的测量值直接以数列形式给出。这种数字式万用表的优点是结实、精度相对较高且容易读出。这种仪表适用于测量电压、电流和电阻。

测量参数和量程用一个旋转开关来设定。在许多测量仪表中能够自动切换。仪表中通常带有分段形式的模拟显示。

测量插孔的标记

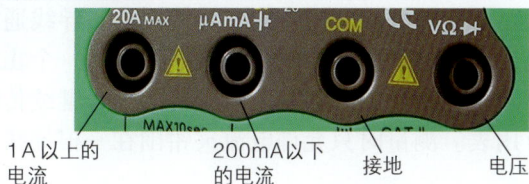

1A以上的电流
200mA以下的电流
接地
电压

电压的测量	电流的测量	电阻的测量
将万用表与测量对象并联。 示例：蓄电池电压，发电机充电电压，白炽灯泡上的电压，起动机上的电压。	将万用表与测量对象串联。 示例：灯泡电流，蓄电池的放电电流，大电流（起动电流和发电机充电电流）用电流测量夹钳来测量。	将万用表与已拆下的测量对象并联。 示例：导通性检查，温度传感器，喷射阀，点火线圈，点火电缆。

用数字万用表测量

电压的测量	电流的测量
• 选择合适的量程：在车辆车载电网中测量：DCV20。 • 首先将测量电缆连接到测量仪表上。 • COM插孔：插接黑色电缆。 • V插孔：插接红色电缆。 • 启动测量仪表。 • 黑色电缆：连接用电器的负极。 • 红色电缆：连接用电器的正极。	• 选择合适的量程：设定尽可能大的量程。 • 首先将测量电缆连接到测量仪表上。 • COM插孔：插接黑色电缆。 • V插孔：插接红色电缆。 • 启动测量仪表。 • 黑色电缆：连接负极或电流输出端。 • 红色电缆：连接正极或测量仪表上的电流输入端。

电阻的测量

• 测量对象必须已拆下且无电压。
• 测量阻值未知的电阻时必须选择最大量程。
• 测量带有极性的对象（例如二极管和晶体管）时必须注意极性。
• 测量没有极性的对象（例如白炽灯泡、电阻、导线等）时不必考虑极性。
  只有器件的额定值已知且能够进行比较时，测量器件的电阻才有意义。

2.2.2　用电流夹钳测量

　　测量电流时必须断开电路，这一点在车辆中并非总是可行的。利用电流夹钳可以在不拆开电路接线的情况下以非接触方式在较大的范围内测量电流。连接一个量程为200mA的万用表时即可无接触地测量0.1~1000A的电流。电流夹钳直接连接在万用表的输入插孔中。

　　测量期间电流夹钳要围在导线周围。导线通电电流产生的磁场作用在电流测量夹钳内的一个霍尔传感器上，霍尔传感器将用于分析的信号继续传输给万用表。测量时只允许电流夹钳围在一根导线周围。

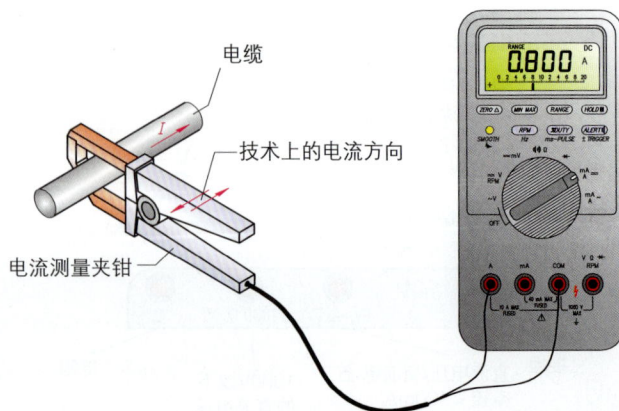

电缆

技术上的电流方向

电流测量夹钳

2.2.3　检测灯，LED（发光二极管）检测灯

利用由灯泡（12V，2W）和2根尖触针组成的检测灯可以简单快捷地进行检测。

检测电子系统功能元件的供电时不得使用传统的检测灯。这种检测灯的耗电量较高，因此可能导致电子功能元件毁坏。

耗电量很小的发光二极管检测灯适合检测电压。通过使用2个发光二极管可以同时确定电压类型和直流电压测量部位的极性。

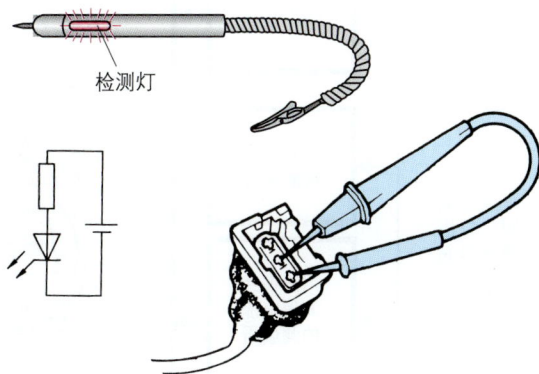
检测灯

2.2.4　用发动机测试仪测量

用发动机测试仪可以测量"多项目测试"运行模式中所有车辆的电气参数。这样就既能"在线"（即通过拆开导线）来测量电流，也能用电流夹钳来测量电流。

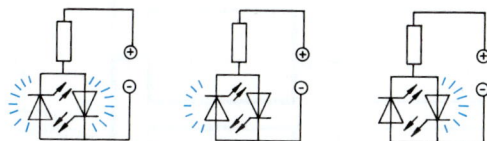

显示单元	带有传感器架的测量单元	带有支架的传感器
用于测量电压和电阻的多功能夹子和用于测量电流的电流夹钳		多项目测试的显示器

测量触针
香蕉插头
测量总线端
15 芯插头

12.13V　8.7A　1700/min

学习领域 **3**

2.2.5　车辆诊断、测量和信息系统

大众汽车公司的车辆诊断、测量和信息系统是测量仪器与计算机组合，其中包括系统单元、一台触摸屏式彩色显示器、一个集成式诊断和测量技术组件、一台集成式 CD-ROM 驱动器、一个用于控制打印机的红外线接口、一个用于连接外部监视器的VGA接口和一个用于扩展测试仪（例如通过ISDN连接进行远程诊断）的PC 卡接口。此外还有测量导线、测量电缆、电流夹钳和诊断电缆。

测试仪通过触摸显示屏上相关文字部位或导航部位来控制。操作系统和应用程序存储在测试仪内。车辆专用数据、测试程序和其他数据通过 CD-ROM和 CD-ROM 驱动器读入并存储在硬盘上。CD-ROM 中包括有关装备、控制单元故障码、故障形式、车辆的功能结构和组件结构、功能测试和技术文件的必要信息，也可以通过 CD 光盘将其他版本的程序安装在硬盘上。

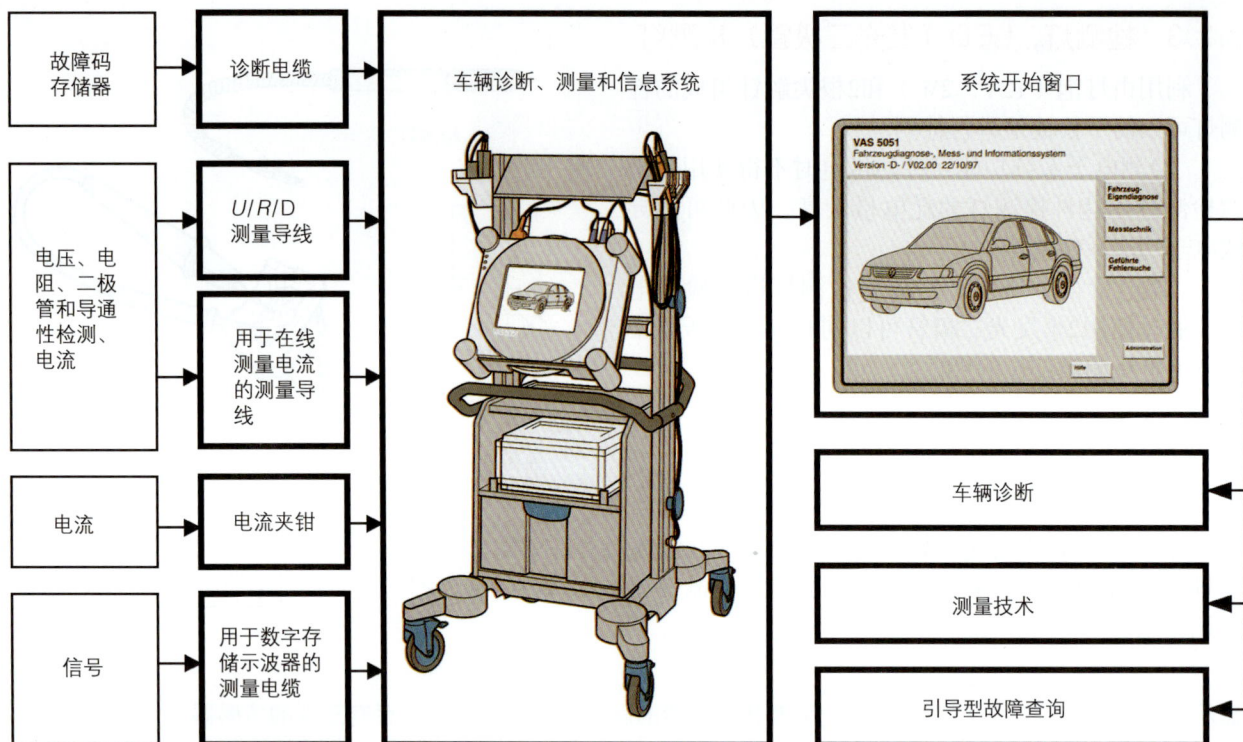

运行模式：测量技术 / 万用表

除了"车辆自诊断"和"引导型故障查询"这两种运行模式外，此测试系统还有"测量技术"运行模式。"测量技术"是通过操作其导航元件并借此进行电压、电流和电阻测量以及进行导通性检测和二极管检测。测量信号可以用一台"数字存储示波器"进行分析。所以可以在不事先识别车辆的情况下使用测量技术。

多项目测试测量技术

显示当前连接
U 电压
R 电阻
D 导通性 / 二极管

显示测量功能

静止画面功能，用测量导线上的按钮也能启用

显示测量期间的最小或最大测量值

用于选择测量功能的切换按钮

测量方式选择按钮
－ 直流电压
－ 交流电压

用于手动测量范围设定的切换按钮。在上图中测量范围显示区是不能选择的，这表示在这种场合要激活测量范围自动选择

电压、电阻、二极管检测和导通性检测测量

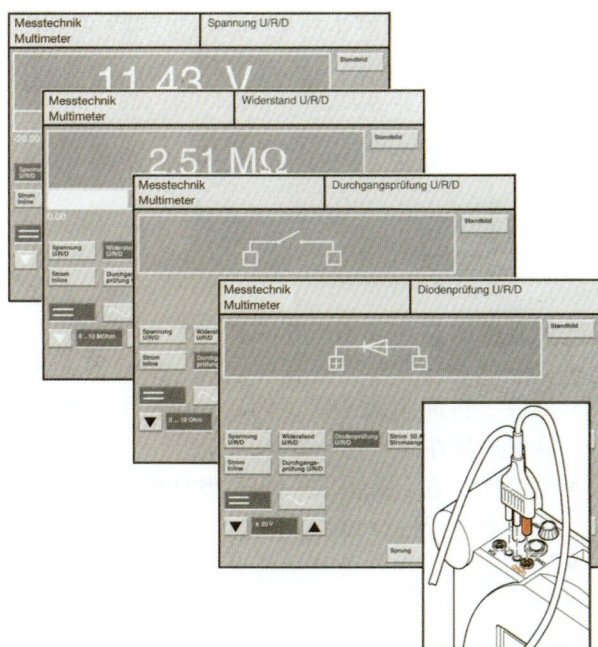

电流测量（在线）

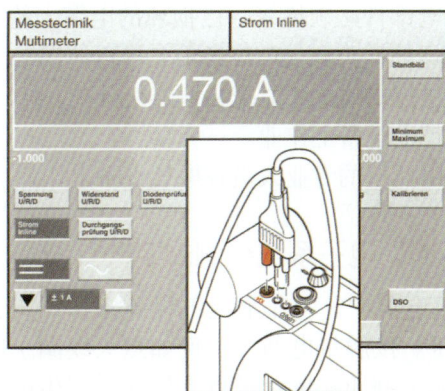

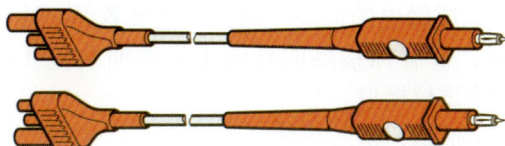

U/*R*/*D* 测量导线 VAS 5051/7，带有用于测量电压和电阻、二极管和导通性检测以及用于在线电流测量的按钮

2.3　触电危险事故的预防措施

2.3.1　车辆维修站内的电气设备和装置

在每一家车辆维修站中都使用大量的电气设备和装置。只要按专业要求使用、维护和保养，则不会给操作人带来危险。

但是，如果绝缘部位等损坏，则人体接触导电物体时电流就会流经人体传入大地。这种电流称为漏电电流。这种漏电电流可能使人有生命危险。根据安全规定，人体在短时间内可以承受40mA的电流和42V以下的电压。

根据 VDE（德国电工协会）规定，人体最大允许接触电压为50V。

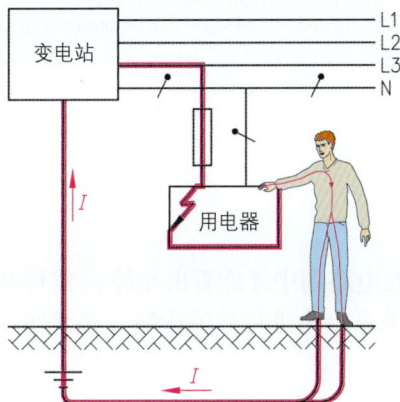

超过该限值时可能会对人体产生危害：

- 肌肉痉挛。
- 心室颤动、心脏停搏和死亡。
- 烧伤。
- 因体液分解而出现中毒现象。

发生触电事故时必须通过急救措施尽快救助伤员：

- 必须立即切断电路或者用一个不导电的物体（例如木棒）使伤员与电路隔离开。此时施救人员不得接触伤员，以免自己触电。
- 心跳停止时，作为急救措施，受过培训的施救人员应通过人工呼吸和胸外按压方式使伤员复活。
- 失火时用被子将火熄灭。
- 如果未出现呼吸和心跳停止情况，则将伤员置于稳定的侧卧姿势。尽快通知医生。

学习领域 **3**

用安全准则来保护

在使用电气设备和装置时必须遵守以下准则：

- 所有带电部件必须绝缘。已损坏的电缆、绝缘外壳已损坏的插头和生产设备不允许再使用。
- 只有通过拔出插头才能把插塞连接分离开来。
- 禁止在带电设备上作业。
- 只允许由授权的专业人员在电气设备上作业。

2.3.2 电气/电子系统检测规定

在供电电源中（与车辆电气设备中一样）会出现危险电压。接触带电部件（例如点火线圈）时，绝缘层损坏（例如鼬鼠咬破点火导线）产生的高压电弧有造成触电的危险。例如点火装置的一次侧和二次侧、带有插接器的导线束、照明装置（氙气灯）和测试仪接口。

安全措施：

- 只将测试仪连接在按规定接地的保护触点插座上。
- 只使用随测试仪一起提供的电源连接线。
- 只使用带有保护触点的延长导线。
- 必须更换绝缘层已损坏的导线（例如电源连接线或点火导线）。
- 首先将测试仪连接到供电电源并打开，然后再连接在车辆上。
- 打开点火开关前，先将测试仪连接在发动机接地点上或蓄电池（B-）上。

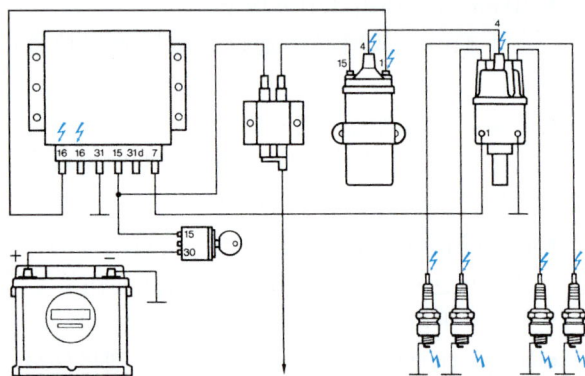

预防危险电流接触人体的保护措施

符合VDE（德国电工协会）规定的电气设备都带有VDE标志。在VDE规定中给出了预防危险电流接触人体的保护措施。

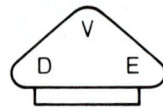

- 只有关闭点火开关后才能在车辆电气设备上作业。这些作业是指连接测试仪、更换点火装置部件、拆卸附属装置（例如发电机）、将附属装置连接在试验台上等。
- 尽可能只在点火开关关闭且发动机停止运转的情况下进行检查和调整作业。
- 如果不得不在点火开关打开或发动机运转的情况下进行检查和调整作业，则不要接触带电部件。例如测试仪的所有连接导线和试验台上附属装置的接口。
- 只使用相配的连接件连接到检测接口（例如检测电缆套件 687 011 208 或车辆专用适配导线）。
- 将检测插接器插上并使其卡止，确保插接器牢固固定。（摘自机械制造和冶金同业伤事故保险联合会的"有关人员、车辆组件和设备保护的说明"。）

Achtung! Caution! Attention! Attenzione! Varning!

Leistungsgesteigertes Zündsystem.
Gefährliche Hoch- und Niederspannung.

High-energy ignition system.
Dangerous primary and secondary voltages.

Système d'allumage haute puissance.
Tensions primaire et secondaire dangereuses.

Sistema d'accensione a potenza maggiorata
alta e bassa tensione. Pericolosa!

Tändsystem med högt tändeffekt —
farlig spänning i låg — och högspänningskrets!

2.4   电路图的阅读和分析

在车辆电气和电子系统中，许多元件、组件和系统共同起作用，例如：

- 电阻、晶体管和电容器等元件。
- 刮水时间间隔继电器、危险报警发生器等组件。
- 点火系统、混合气制备系统、照明系统等。

只有在电路图中才能看出元件、组件和系统的共同作用关系。为进行故障诊断，必须知道电气连接情况。

2.4.1　电路图

电路图以电流路径概览图的形式描述电路的工作原理。电路图必须包括：

- 带有 DIN EN 60617 标准电路符号的电路。
- 符合 DIN EN 61346-2 标准规定的设备符号。

- 符合 DIN 72552 标准规定的车辆技术接线总线端符号或符合 DIN EN 60445 标准规定的电气技术连接符号。

2.4.1.1　电路符号

电路符号就是电路图的电气元件，它们以简化的形式表示元件。原则上是在无电流并且是在不能以机械方式控制的状态下画出电气元件的。

操纵		
		手动操纵：
		普通方式
		以按压方式
		以拉动方式
		以转动方式
		以拨动方式
		脚踏操纵
		卡槽
		按键操纵式开关
		延时操纵
		向左和向右移动
		温控操纵

开关	
	自动复位的常开触点
	不自动复位的常开触点
	自动复位的常闭触点
	不自动复位的常闭触点
	先断后闭转换开关
	先闭后断转换开关
	三位调节开关
	三位调节开关
	热敏开关
	延时闭合的常闭触点
	温控触点

继电器	
	继电器或接触器
	用一个绕组驱动
	用两个作用相反的绕组驱动
	温差电偶继电器
	电磁阀

电阻	
	电阻
1　2	可变电阻（旋转式可变电阻器）
1　2	带有断路位置的滑线式变阻器
	加热电阻，预热塞，普通加热装置

电感线圈，绕组	
	绕组
	带铁心的变压器，例如点火线圈

电容器	
	电容器
	电容器，有极性
	电解电容器，有极性

三相交流电动机	
	带整流器和调节器的三相交流电动机

直流电动机	
	刮水器电动机
	燃油泵，风窗玻璃清洗泵
	风扇
	压缩空气泵

半导体元件	
半导体电阻	
	热敏电阻
	PTC 电阻
	NTC 电阻
二极管，晶闸管	
	二极管
	稳压二极管
	晶闸管
晶体管	
	NPN 晶体管
	PNP 晶体管
光电子元件	
	光敏电阻
	光电二极管
	发光二极管（LED）
传感器	
	空气质量流量计
	感应传感器
	电阻位置传感器
	电阻温度计
	氧传感器
	爆燃传感器
	温度传感器

学习领域

3

2.4.1.2　设备符号

在电路图中所有电气和电子元件都是用标记字母和一组数字来表示的。元件，例如开关（S5）的标记字母是始终保持不变的，只有数字有所不同。

元件符号	元件符号
A　部件，接收器，发送器 B　传感器 C　电容器 D　二进制元件，例如脉冲计数器，CD-ROM E　白炽灯 F　熔体 G　电源 H　信号装置 K　继电器 L　线圈，感应式传感器 M　电动机	N　控制单元 P　测量仪器 R　电阻 S　开关 T　点火线圈 W　接地点 U　转换器，例如模拟数字转换器 V　半导体，例如二极管、晶体管 W　导线，例如导线束、CAN-BUS X　插头，导线连线器 Y　阀门 Z　电滤波器，例如干扰抑制元件

2.4.1.3　总线端名称

元件上的总线端名称有助于防止将导线连接到总线端上时发生混淆。在不会产生混淆的接口上可以取消总线端名称。对符合 DIN 标准的总线端名称通过符合VDE（德国电工协会）标准的名称予以补充。符合 VDE 标准的名称是连续数字，例如在控制单元上，与总线端名称不同的是单个数字没有意义。单个数字应按电路图连接在符合 VDE 标准的名称后面。

总线端	含义	总线端	含义	总线端	含义
1	低压时的点火线圈、点火分电器带两个独立电路的点火分电器	31b	蓄电池负极或地线上的回线，经过开关或继电器（切换负极）蓄电池转换继电器12V/24 V	48	起动机上和起动重复继电器（监控起动过程）上的总线端
1a	连接到点火断电器Ⅰ	31c	在蓄电池Ⅰ负极上的回线电动机	49	输入端
1b	连接到点火断电器Ⅱ	32	回线①	49a	输出端
2	短路总线端（磁电点火）	33	主接口①	49b	第2转向信号电路输出端
4	点火线圈、点火分电器高压时的带两个独立电路的点火分电器	33a	终端关闭	49c	第3转向信号电路输出端 起动机
4a	来自点火线圈Ⅰ，总线端4	33b	并励磁场	50	起动机控制（直接）
4b	来自点火线圈Ⅱ，总线端4	33f	用于第2低转速级	50a	蓄电池转换继电器，用于起动机控制的输出端
15	蓄电池后的切换正极〔点火（行驶）开关输出端〕	33g	用于第3低转速级	50b	起动机控制，利用顺序控制使两个起动机并联运行 用于两个起动机并联运行时顺序控制起动电流的起动继电器
15a	串联电阻上连接到点火线圈和起动机的输出端 预热起动开关	33h	用于第4低转速级		
		33L	向左转		
17	起动	33R	向右转 起动机	50c	起动机Ⅰ起动继电器内的输入端
19	预热	45	独立式起动继电器输出端 起动机输入端（主电流）双起动机并联运行，用于起动电流的起动继电器	50d	起动机Ⅱ起动继电器内的输入端 起动锁止继电器
30	蓄电池正极输入端（直接连接）蓄电池转换继电器 12V/24 V			50e	输入端
30a	蓄电池Ⅱ正极输入端	45a	起动机Ⅰ输出端 起动机Ⅰ和Ⅱ输入端	50f	输出端 起动重复继电器
31	蓄电池负极或地线上的回线（直接连接）	45b	起动机Ⅱ输出端 转向信号发生器（脉冲发生器）	50g	输入端
31a	在蓄电池Ⅱ负极上的回线			50h	输出端 交流发电机
		①总线端32/33是极性可翻转总线端	51	整流器上的直流电压

总线端	含义
51e	在白天行驶扼流圈整流器上的直流电压
	挂车信号
52	从挂车向牵引车继续发送信号
53	刮水器电动机输入端（+）
53a	刮水器（+），终端关闭
53b	刮水器（分路绕组）
53c	电动风窗玻璃清洗泵
53e	刮水器（制动绕组）
53i	带有永久磁铁和第三电刷（用于更高转速）的刮水器电动机
	挂车信号
54	挂车插接连接器和组合车灯，制动信号灯
54g	挂车中下坡缓行制动器压缩空气阀，电磁操纵
55	前雾灯
56	远光灯
56a	远光灯和远光指示灯
56b	近光灯
56d	远光灯瞬时接通触点
57	摩托车用停车报警灯（在国外也用于轿车、货车等）
57a	停车灯
57L	左侧停车灯
57R	右侧停车灯
58	示宽灯，尾灯，牌照灯，仪表照明灯
58b	单轴牵引车中的尾灯转换
58c	挂车插接器，用于单芯铺设且在挂车中有熔体的尾灯
58d	可调仪表板照明灯、尾灯
58L	左侧示宽灯
58R	右侧牌照灯
	交流发电机（励磁发电机）
59	交流电压输出端，整流器输入端
59a	充电电枢输出端
59b	尾灯电枢输出端
59c	制动信号灯电枢输出端

总线端	含义
61	发电机指示灯
	音序开关装置
71	输入端
71a	连接到喇叭1+2低音的输出端
71b	连接到喇叭1+2高音的输出端
72	报警开关（示宽灯）
75	收音机，点烟器
76	扬声器
77	车门控制
	开关
	常闭触点和转换器
81	输入端
81a	第1输出端，常闭触点侧
81b	第2输出端，常闭触点侧
	常开触点
82	输入端
82a	第1输出端
82b	第2输出端
82z	第1输入端
82y	第2输入端
	多位开关
83	输入端
83a	输出端，第1位
83b	输出端，第2位
83L	输出端，左位
83R	输出端，右位
	电流继电器
84	输入端，传动装置和继电器触点
84a	输出端，传动装置
84b	输出端，继电器触点
	开关继电器
	输出端，传动装置（线圈）
85	输入端（末端负极或地线）传动装置，线圈始端
86	线圈始端或第1线圈
86a	线圈
86b	线圈引出头或第2线圈

总线端	含义
	常闭触点和转换器中的继电器触点
87	输入端
87a	第1输出端（常闭触点侧）
87b	第2输出端
87c	第3输出端
87z	第1输入端
87y	第2输入端
87x	第3输入端
	常开触点中的继电器触点
88	输入端
	常开触点和转换器中的继电器触点（常开触点侧）
88a	第1输出端
88b	第2输出端
88c	第3输出端
	常开触点中的继电器触点
88z	第1输入端
88y	第2输入端
88x	第3输入端
	发电机和发电机调节器
B+	蓄电池正极
B−	蓄电池负极
D+	发电机正极
D−	发电机负极
DF	发电机磁场
DF1	发电机磁场1
DF2	发电机磁场2
	交流发电机
U,V,W	交流总线端
	转向指示灯
C	转向信号发生器
CO	第1指示灯主接口，用于与转向信号发生器隔开的指示灯
C2	第2指示灯
C3	第3指示灯（例如在双挂车模式时）
L	左侧转向信号灯
R	右侧转向信号灯

2.4.2 车辆中的直流电路

在车辆中电气设备都设计为单线设备，就是说只向用电器铺设一根导线，即输出导线。在此将车身（地线）当作电源负极与用电器负极之间的回线来使用。接地标志用接地符号（⊥）表示。安装时所有带接地符号的部件都必须与车辆接地有电气连接（接地点）。

在电路图中总线端31接地。接地导线通常为棕色。

在总线端30上始终带有蓄电池电压。其导线大多为红色或为带彩色条纹的红色。

总线端15通过点火开关供电。只有点火开关打开后其导线才有电流流过。这些导线大多为绿色或为带彩色条纹的绿色。

只有点火开关打开后总线端 X 才通电。操纵起动机时总线端 X 断电。所有大耗电量用电器都接入这个电路中，例如近光灯和远光灯。

概览图

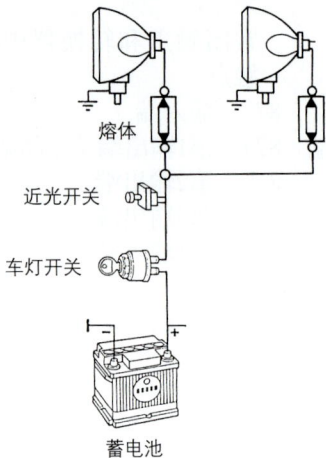

熔体

近光开关

车灯开关

蓄电池

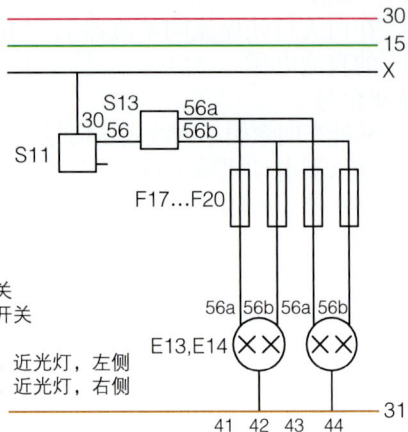

30
15
X

S13
30 56 56a 56b
S11

F17…F20

S11：车灯开关
S13：近光灯开关
F：熔体
E13：远光灯，近光灯，左侧
E14：远光灯，近光灯，右侧

56a 56b 56a 56b
E13,E14

31
41 42 43 44

2.4.3 电路图类型

2.4.3.1 电路原理图（电路概览图）

电路原理图以简化形式描述一个电气设备的结构、分布和功能，其作用是快速了解概要，因而只包括主要部件及其连接。

电气设备用矩形、长方形或圆形等图形符号来表示。电气设备通常包括符合 DIN EN 60617标准规定的符号。

2.4.3.2 电路图

电路图能够详细描述整个电路及其电气设备。绘制电路图的主要目的是用于分析一个电路的功能。

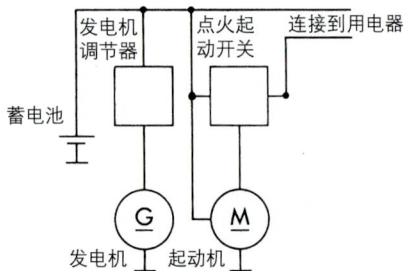

发电机调节器   点火起动开关   连接到用电器

蓄电池

G 发电机   M 起动机

闭环电路图

在闭环电路图中，一个电气设备的所有电路符号都按其位置以关联形式绘制。机械关联连接用点画线来表示。

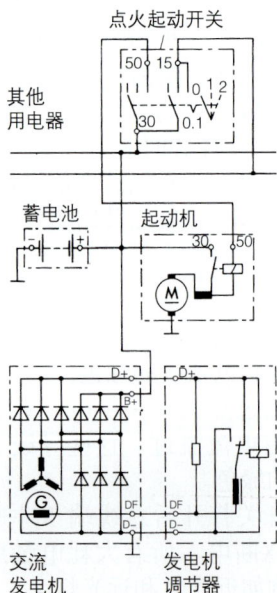

点火起动开关

50 15
0 1 2
其他用电器   30 0.1

蓄电池   起动机
30 50
M

D+ D+
B+

交流发电机   发电机调节器

开环电路图

在开环电路图中，电路符号以分开形式布置，不考虑电路元件的空间位置和机械连接。

每个电流路径都尽可能地以直线方式延伸。电流路径都是从左向右或者从上向下绘制。为了尽快找到电路元件，在电路图上方或下方处用连续的数字或者电路分段内容提示来表示分段标志（电流路径）。

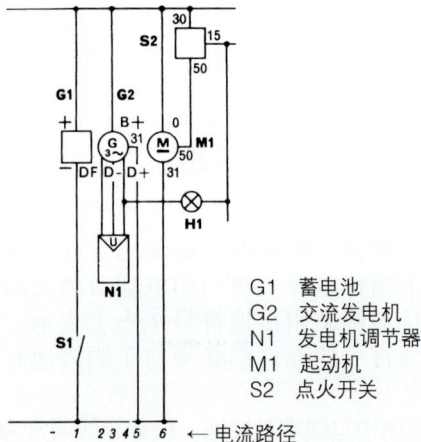

30
S2 15
50
G1   G2
+   B+ 0 M1
G   M
3~
DF D- D+ 31 50

N1

H1

S1

G1 蓄电池
G2 交流发电机
N1 发电机调节器
M1 起动机
S2 点火开关

- 1 2 3 4 5 6 ← 电流路径

2.4.3.3　接线图

在接线图中，各电气设备用带有电路符号（DIN EN 60617）的矩形、长方形或圆形等图形符号来表示。接线图中包含电气设备的连接点和连接在连接点上的外部导线，这些设备用标志符表示。

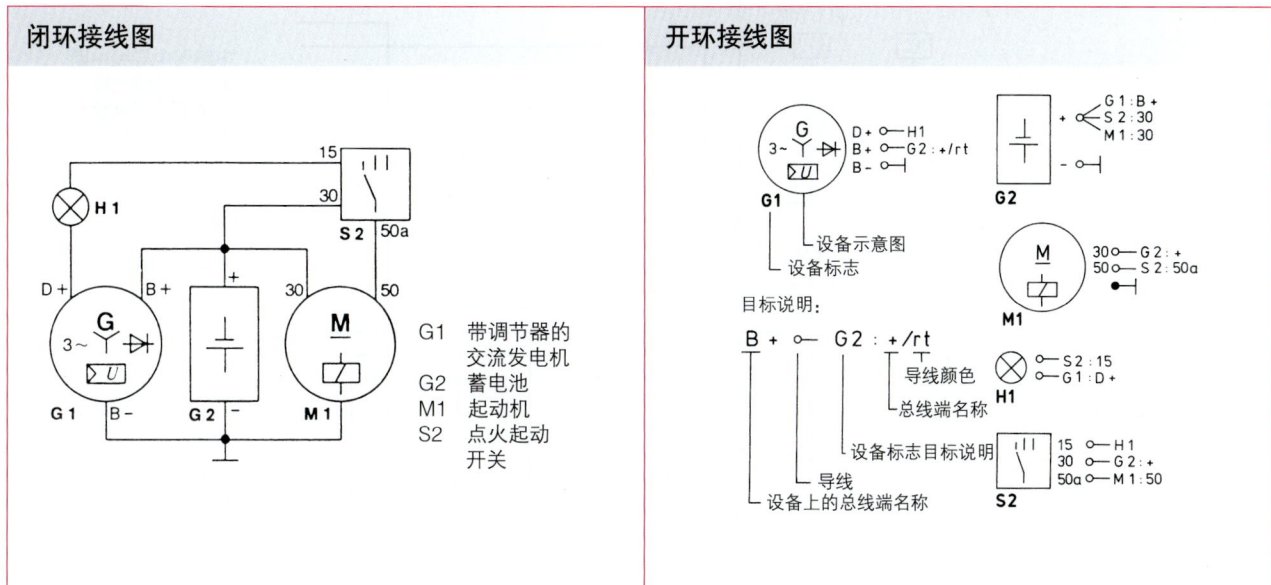

闭环接线图

G1 带调节器的交流发电机
G2 蓄电池
M1 起动机
S2 点火起动开关

开环接线图

设备示意图
设备标志

目标说明：

B + ○— G2 : +/rt
　导线颜色
　总线端名称
　设备标志目标说明
　导线
设备上的总线端名称

2.4.4　电路图的阅读

为了调查电气设备的故障，电路图要提供电流路径、电路元件和电缆连接的有关信息。为了能更好地掌握要领，把电流路径按垂直方向平行布置并编号。电流路径从表示正极侧的接头即电路的端子30和15的两条水平线的上面开始并汇聚到表示搭铁即端子31的水平线。通常通过直接接到车身上或者用一根导线接到一个接地点上而完成搭铁。所有电路元件在各个接点上都有端子符号，以便能把它们正确连接。一个电路必须始终是闭合的，否则电流就不能流过。

接线详图的阅读方向从正极侧接头开始，向搭铁读。

示例：

组合仪表照明电流路径307至317（参看下页的插图）
总线端30 — 车灯开关 — 熔体F21 → 电位器S2.3 — 并联车灯E11 — 接地
　　　　　　　　　　　　　　　　　　↳ 指示灯H41—接地
导线：总线端30至车灯开关：红色，2.5mm²
　　　车灯开关至车灯：灰色/绿色，0.7mm²
　　　车灯至接地点：棕色，0.75mm²

电气元件在电路图中用代码和数字来表示。

元件名称		元件名称	
S5.4	停车灯开关	E4	右侧停车报警灯
S2.1	车灯开关	E5	右侧尾灯
S2.3	仪表照明电位器	E6	发动机室照明灯
F1，F2，F21	熔体	E11	组合仪表照明灯
E1	左侧停车报警灯	E12	变速杆照明灯
E2	左侧尾灯	H41	车灯指示灯
E3	牌照灯	X	插头触点

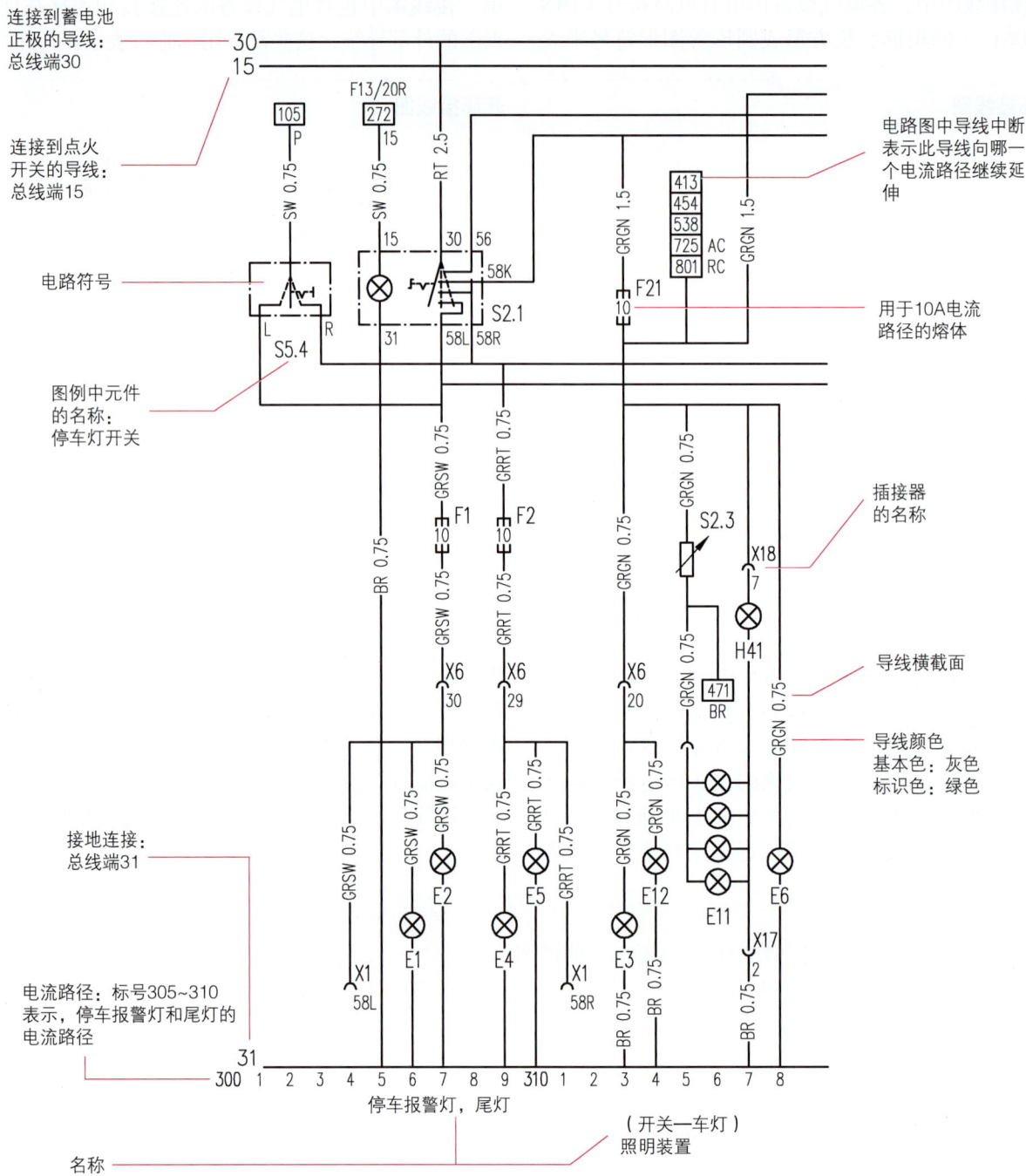

连接到蓄电池
正极的导线：
总线端30

连接到点火
开关的导线：
总线端15

电路符号

图例中元件
的名称：
停车灯开关

接地连接：
总线端31

电流路径：标号305~310
表示，停车报警灯和尾灯的
电流路径

名称

电路图中导线中断
表示此导线向哪一
个电流路径继续延
伸

用于10A电流
路径的熔体

插接器
的名称

导线横截面

导线颜色
基本色：灰色
标识色：绿色

停车报警灯，尾灯

（开关—车灯）
照明装置

2.4.5 轿车电路图

下图表示一辆轿车的电路概览图。现代车辆的电路图涉及面很广，可以装满2个DIN–A4文件夹。车辆维修站通常使用局部电路图，这是电气/电子设备的一部分，例如车外照明装置或发动机管理系统局部电路图。

1 供电	2 起动设备	3 点火开关 (TZ—I)	4 汽油喷射装置 (LE—Jetronic)	5 自动报警器，时钟，插座，收音机

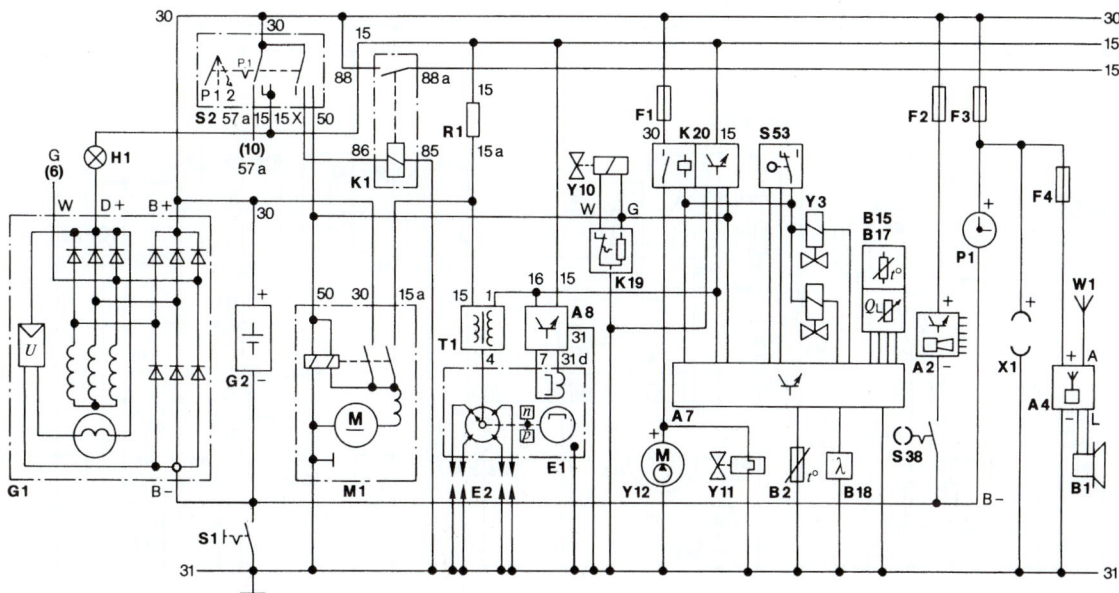

10 车灯	11 前照灯	12 前雾灯，后雾灯

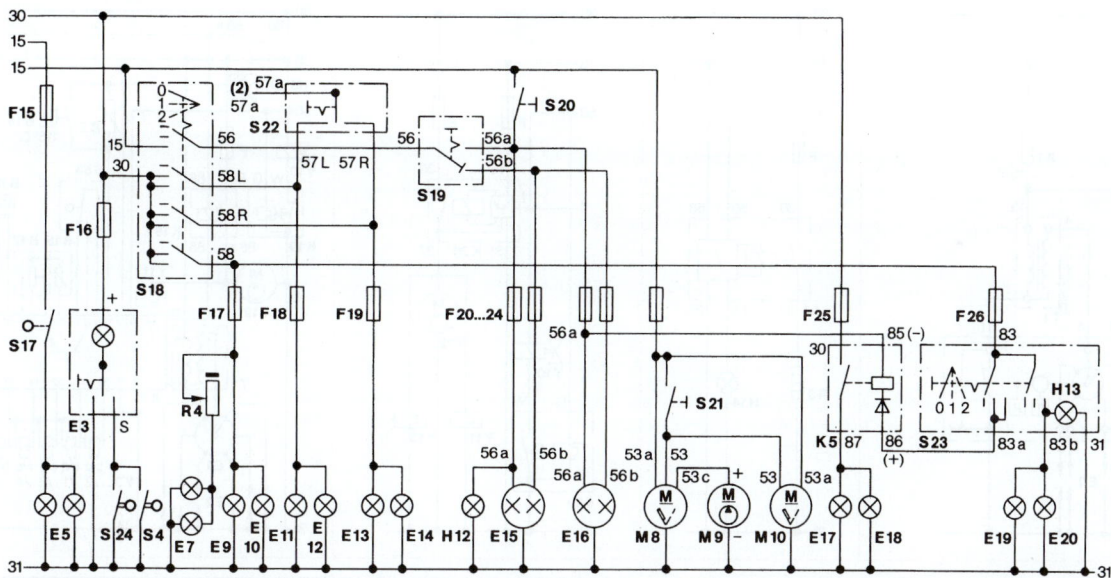

学习领域

3

电路图中的设备标记

A1	预热时间控制单元	E1	点火分电器	H1	发电机指示灯
A2	报警装置	E2	火花塞	H2	后风窗玻璃加热指示灯
A4	车载收音机	E3	车内照明灯	H3	机油压力报警灯
A7	控制单元	E4	后风窗玻璃加热装置	H4	危险报警指示灯
A8	点火系统控制单元	E5	倒车灯	H5	转向指示灯
B1	扬声器	E7	仪表照明灯	H6…H9	转向信号灯
B2	冷却液温度传感器	E9、E10	牌照灯	H10、H11	制动信号灯
B3	信号	E11、E13	示宽灯	H12	远光指示灯
B4	强电流	E12、E14	尾灯	H13	后雾灯指示灯
B13	转速传感器	E15、E16	远光灯和近光灯	K1	用于总线端15的卸载继电器
B14	基准标记传感器	E17、E18	前雾灯	K2	刮水时间间隔继电器
B15	空气温度传感器	E19、E20	后雾灯	K3	喇叭继电器
B16	温度开关	F1…F26	熔体	K4	转向和危险报警信号发生器
B17	空气质量流量计	G1	发电机		
B18	氧传感器	G2	蓄电池		

6 显示仪表	7 鼓风机，风扇，暖风	8 刮水和清洗装置	9 信号装置

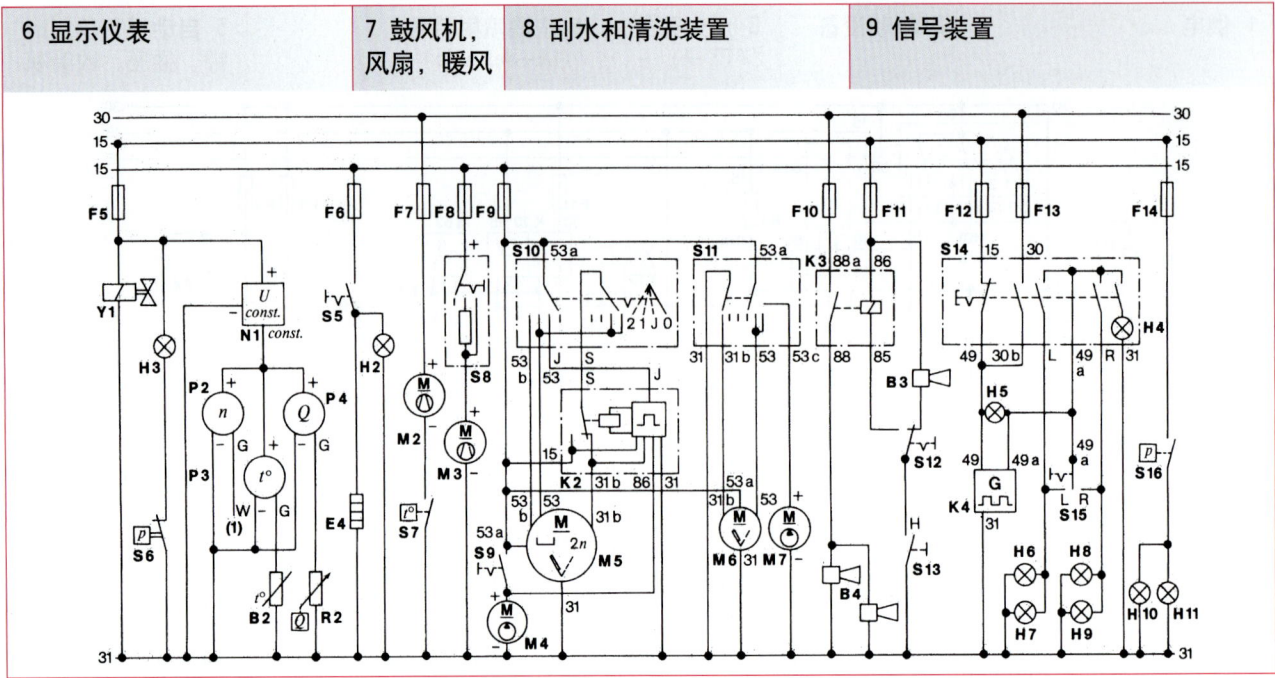

可选用的局部电路图

3 点火系统（线圈）	3 起动辅助装置（柴油发电机）	4 汽油喷射装置（K-Jetronic）	4 发动机管理系统（Motronic）

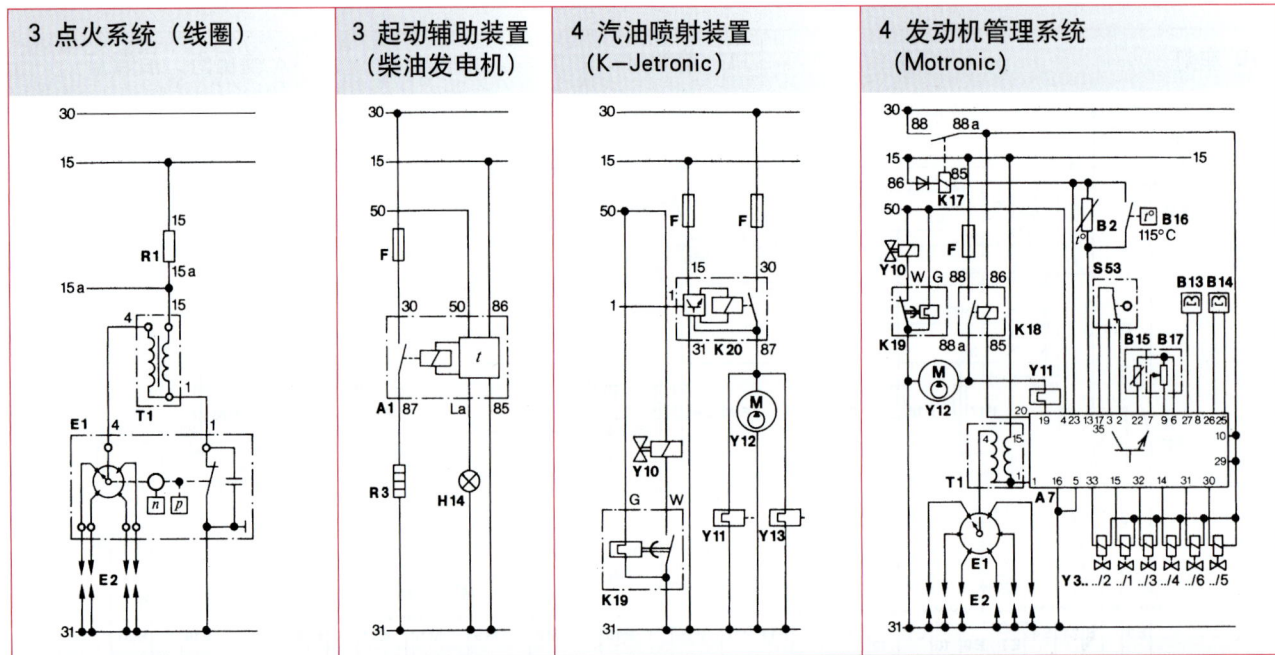

电路图中的设备标记

K5	前雾灯继电器	R1	串联电阻	S19	近光灯开关
K17	主继电器	R2	燃油油位传感器	S20	远光灯瞬时接通按钮
K18	燃油泵继电器	R3	火花塞	S21	前照灯和刮水器按钮
K19	热敏定时开关	R4	电位器	S22	停车灯开关
K20	控制继电器	S2	点火起动开关	S23	雾灯开关
M1	起动电动机	S5	后风窗玻璃加热开关	S24	车门触点开关
M2	冷风鼓风机电动机	S6	机油压力开关	S38	报警开关
M3	新鲜空气鼓风机电动机	S7	温度开关（冷却）	S53	节气门开关
M4	风窗玻璃清洗装置电动机	S8	风扇开关	T1	点火线圈
M5	刮水器电动机	S9	清洗和刮水装置开关	W1	车辆天线
M6	后风窗玻璃刮水器电动机	S10	刮水器开关	X1	插座
M7	后风窗玻璃清洗装置电动机	S11	后风窗玻璃刮水和清洗装置开关	Y3	喷射阀
M8、M10	前照灯刮水器电动机	S12	喇叭转换开关	Y3/1	用于气缸1的喷射阀
M9	用于M8和M10的清洗装置电动机	S13	喇叭按钮	Y10	冷起动阀
N1	稳压器	S14	危险报警开关	Y11	二次进气滑阀
P1	时钟	S15	转向信号灯开关	Y12	电动燃油泵
P2	转速表	S16	制动信号灯开关	Y13	暖机调节器
P3	冷却液温度表	S17	倒车灯开关		
P4	燃油表	S18	车灯开关		

2.4.6　维修站信息系统ESItronic中的电路图

大多数车辆制造商都已完成"无纸化维修站"的过渡，就是说不再提供纸质电路图纸。所有电路图都储存在相应的维修站信息系统中，在需要时能调出来。利用信息系统ESItronic可以在识别车辆后（以1995年款BMW325i为例），通过导航栏选择登录窗口"电路图"。此后显示所存电路图的概览表。点击所需要的电路图，例如"前照灯"，屏幕上将出现车外照明装置的电路图及元件解释。

点击设备名称后显示序号和名称（或者相反）。

利用功能键F2可以了解符号的含义以及导线颜色或其他名称缩写的含义，利用功能键F3可以了解接地点。

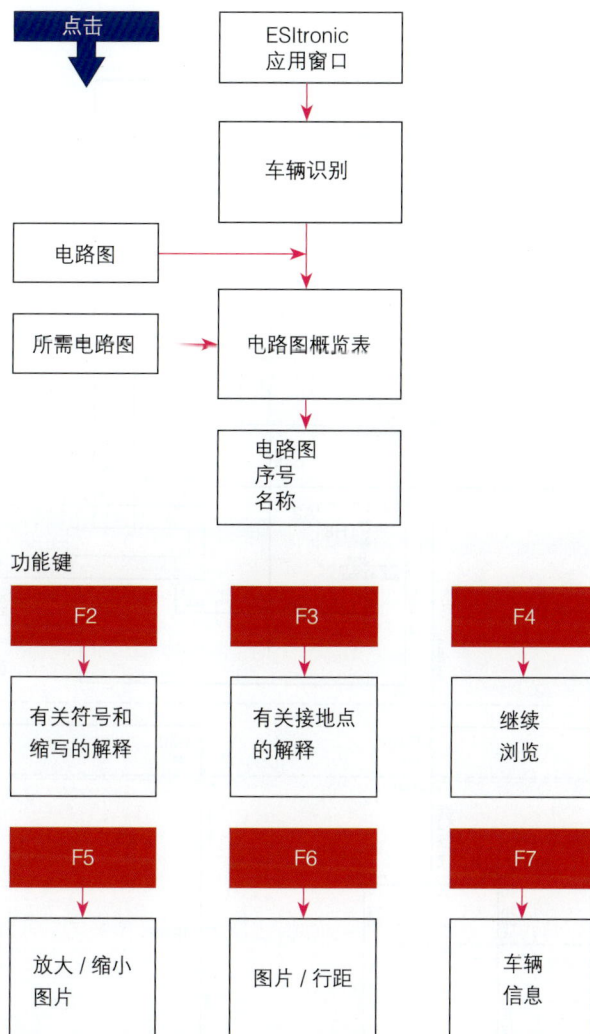

```
点击 →                    ESItronic
                          应用窗口
                             ↓
                          车辆识别
                             ↓
电路图 ─────────────────→
                             ↓
所需电路图 ───────────→   电路图概览表
                             ↓
                          电路图
                          序号
                          名称

功能键

   F2              F3              F4
   ↓               ↓               ↓
有关符号和        有关接地点        继续
缩写的解释        的解释          浏览

   F5              F6              F7
   ↓               ↓               ↓
放大/缩小         图片/行距        车辆
图片                             信息
```

2.4.6.1 电路图

BOSCH
ESI [tronic]
电子服务信息

车辆	BMW/325i/325/2.5/141kW/09/1990–12/1995/256S1/S2
RB代码	BMW283
系统	1995/前照灯==图片1/2==

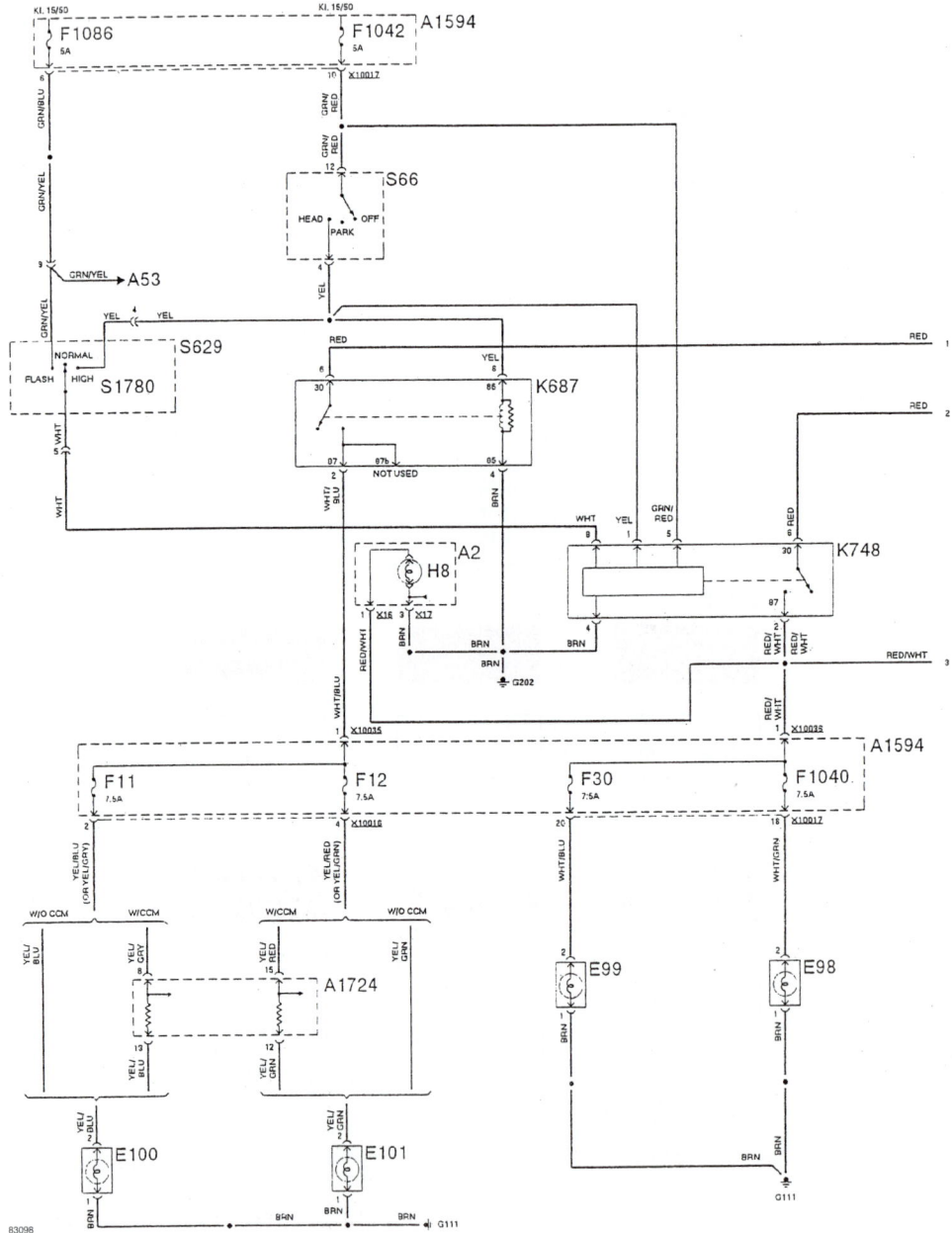

序号	名称		序号	名称		序号	名称
A1594	前部配电箱		E99	右侧远光灯		H8	远光指示灯
A1724	检查控制模块		F1040	熔体	F29	K687	近光灯继电器
A2	组合仪表		F1042	熔体	F25	K748	远光灯继电器
A53	车外照明系统		F1086	熔体	F23	S1780	远光灯开关
E100	右侧近光灯		F11	熔体	11	S629	组合开关
E101	左侧近光灯		F12	熔体	12	S66	车灯开关
E98	左侧远光灯		F30	熔体	30		

2.4.6.2 接地点

BOSCH
ESI [tronic]
电子服务信息

电路图
解释—接地点

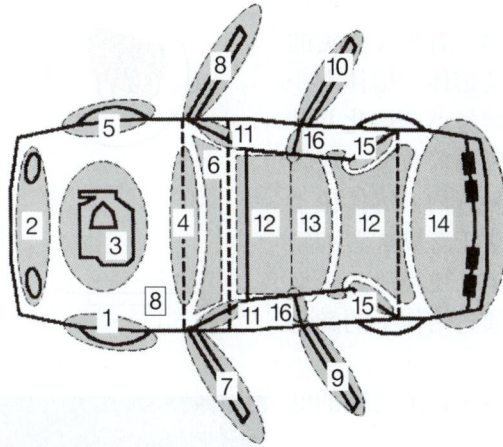

G100	1	左前挡泥板	左前挡泥板，前部
G101	5	右前挡泥板	右前挡泥板，前部
G102	1	左前挡泥板	左前减振器顶
G103	5	右前挡泥板	右前减振器顶
G104	1	左前挡泥板	左前挡泥板，后部
G105	5	右前挡泥板	右前挡泥板，后部
G106	2	车辆前端	左侧前照灯后
G107	2	车辆前端	右侧前照灯后
G108	2	车辆前端	左侧散热器支撑
G109	2	车辆前端	右侧散热器支撑
G110	3	发动机	发动机，左前
G111	B	蓄电池	蓄电池附近
G112	3	发动机	发动机，左侧
G114	3	发动机	发动机，左后
G115	3	发动机	发动机，后部
G116	4	前隔板	前隔板，左侧

2.5　电气和电子元件，基本电路

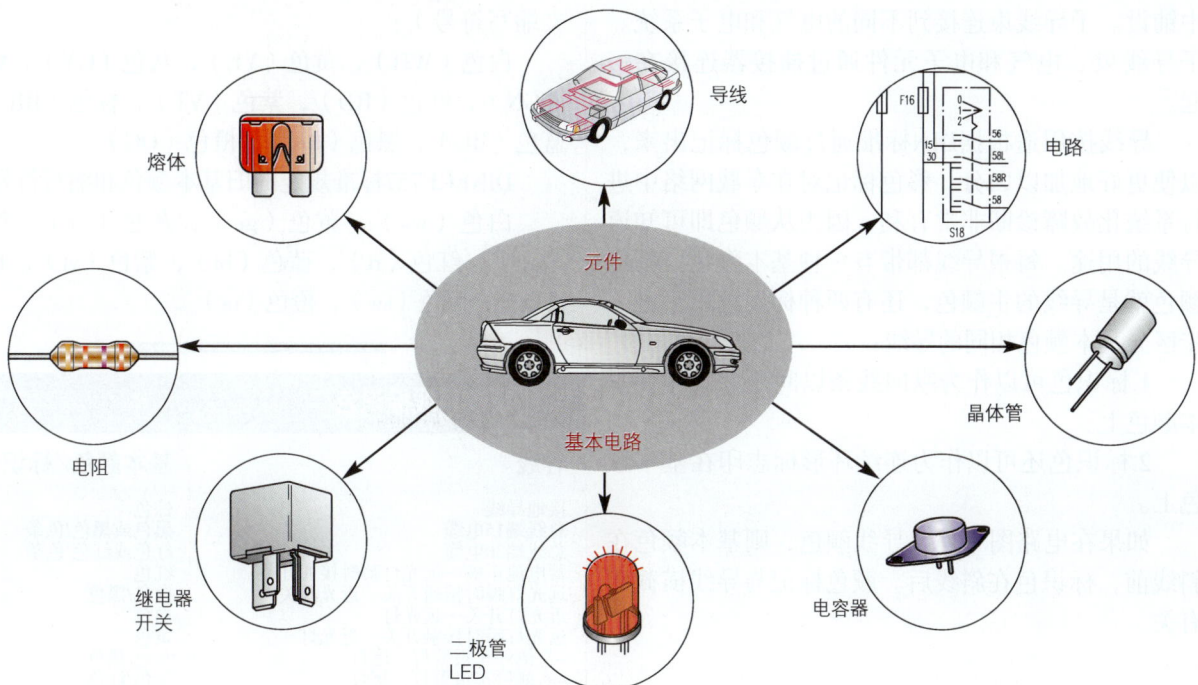

2.5.1　电气元件，基本电路

2.5.1.1　熔体和导线

熔体

　　每根导线都只能承受一定的持续电流。电流过大（例如短路时）会造成导线发热，有发生火灾的危险。为保护导线，电路中需安装熔体。熔体有一根很细的熔丝，达到一定电流时熔丝就会熔化并借此切断电路。熔丝通过一个小陶瓷圆筒拉紧，或者作为熔断保险电桥嵌入扁平的塑料盒内。熔体位于一个熔体盒内。熔体布置位置取决于车辆配置和年款。熔体盒盖上通常有一个概览表。更换时必须使用相同规格的新熔体。额定电流通过熔体上的颜色代码或印刷文字标记出来。

　　蓄电池、发电机、起动机与点火开关之间的电路中未安装熔体。更换时用一把小塑料钳将熔体从插接位置处拉出。

检查和测量：

　　电气设备出现故障时，每次必须首先对熔体进行现场直观检查。如果熔体已熔断，必须换上一个额定电流相同的新熔体。如果更换后熔体再次熔断，则必须检查该电路。

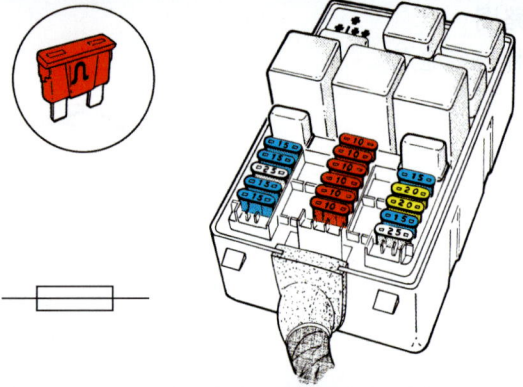

熔体的标识色

陶瓷熔体		扁平熔体			
标识色	额定电流	标识色	额定电流	标识色	额定电流
黄色	5A	紫色	3A	浅蓝色	15A
白色	8A	粉红色	4A	黄色	20A
红色	16A	浅棕色	5A	白色	25A
蓝色	25A	棕色	7.5A	浅绿色	30A
		红色	10A		

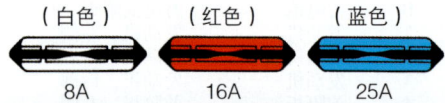

（白色）　　（红色）　　（蓝色）

8A　　　　16A　　　　25A

导线

　　用电器通过导线来供电。导线以导线束形式集中铺设。子导线束连接到不同的电气和电子系统。子导线束、电气和电子元件通过插接器连接在一起。

　　导线按用途根据DIN标准通过颜色标记出来，以便更好地加以区分。彩色标记对在车载网络中进行系统化故障诊断非常有利，因为从颜色即可知道导线的用途。每根导线都带有一种基本颜色。基本颜色就是导线的主颜色，还有两种标识色用于进一步区分基本颜色相同的导线：

　　1.标识色可以作为纵向线条以间隔方式印在基本颜色上。

　　2.标识色还可以作为连续环形标志印在基本颜色上。

　　如果在电路图中列出导线颜色，则基本颜色在斜线前，标识色在斜线后。颜色标记与导线横截面有关。

　　DINIEC304标准规定的基本颜色（括号内为英文缩写符号）：

　　白色（WH），黄色（YE），灰色（GY），绿色（GN），红色（RD），紫色（VT），棕色（BR），蓝色（BU），黑色（BK），橙色（OG）。

　　DINECE757标准规定的旧基本颜色和缩写符号：

　　白色（ws），黄色（ge），灰色（gr），绿色（gn），红色（rt），蓝色（bl），紫色（vi），棕色（br），黑色（sw），橙色（or）。

照明装置导线标识色

导线	基本颜色/标识色
接地导线	棕色
总线端15电缆	黑色或黑色/色条
总线端30电缆	红色或红色/色条
蓄电池正极—远光灯瞬时接通开关	红色
远光灯瞬时接通开关—近光开关	白色/黑色
近光灯开关—远光灯	白色
远光灯瞬时接触开关—近光灯	黄色
—左侧停车报警灯，尾灯	灰色/黑色
—右侧停车报警灯，尾灯	灰色/红色

检查和测量

导线可能由于下述原因而损坏或断裂：
- 边缘锋利的车身部件。
- 腐蚀。
- 插接器松动或腐蚀。

元件有故障时必须检查导线是否能保证供电。为此需用检测灯进行导通性检测或用万用表测量导线的电阻。

导线电阻过大时无法向用电器提供足够高的电压，同时会出现功能故障。因此导线电压降不能过大（请查阅第243/244页）。

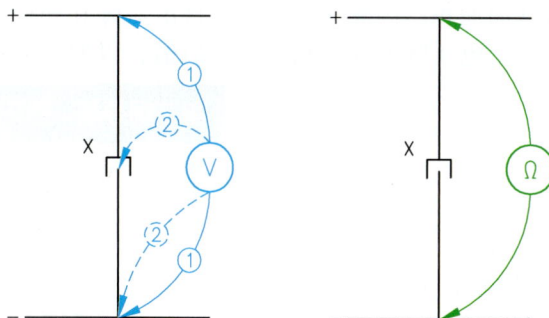

导线的维修

不允许维修带屏蔽层的传感器（例如转速传感器）导线，也不允许维修安全气囊系统的导线。用黄色绝缘胶带在维修用导线上做标记。

剥去绝缘层

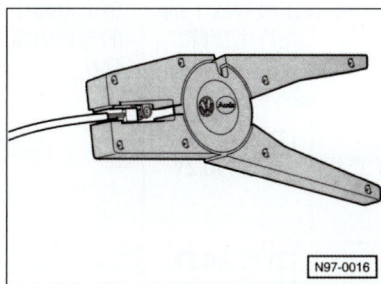

用压接钳把压接连接件压紧

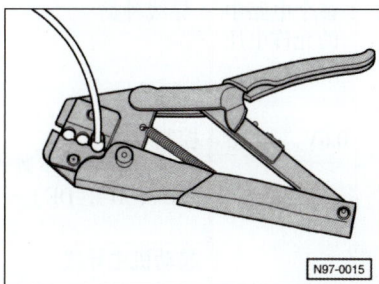

用热风吹风机包上绝缘层

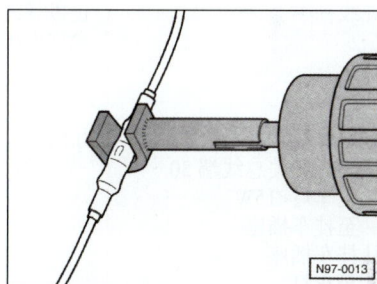

电压损失/电压降

电源或蓄电池的电能通过导线输送给用电器，例如灯泡、起动机等。在导线电阻R_L上，熔体、开关和插头触点的接触电阻$R_ü$上会损失部分电能。开关和插头触点的接触电阻是由于触点氧化引起的。

因此提供给用电器的电压比蓄电池电压U_B小。电源电压与用电器电压之差称为电压降。

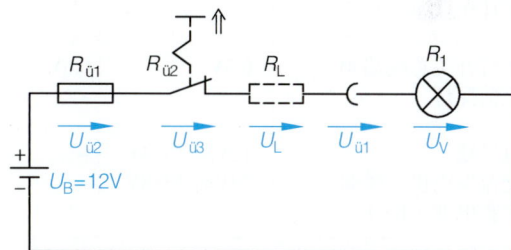

电压降不得超过一定数值，以便向用电器提供足够高的电压并保证用电器的功能。因此在标准DIN72551中规定了车辆中的允许电压降。

学习领域 **3**

示例：

已知：以下部位的电压降为

插头触点： $U_{ü1}=0.2V$
熔体： $U_{ü2}=0.1V$
开关： $U_{ü3}=0.2V$
导线： $U_L=0.1V$
蓄电池： $U_B=12V$

求：用电器电压U_V是多少？

解： $U_V=U_B-U_{ü1}-U_{ü2}-U_{ü3}-U_L$
$U_V=12V-0.2V-0.1V-0.2V-0.1V$
$\underline{U_V=11.4V}$

导线中的电压降，导线横截面面积

车载网络中导线的尺寸由车辆制造商决定。

更新、改装和扩展电气设备时必须重新确定导线横截面面积。因此必须考虑允许电压降和允许电流密度。电压降不允许超过规定数值，以便能向用电器提供足够高的电压。

确定导线横截面尺寸时必须确保电流密度不超过允许值，否则导线会过热且有发生火灾的危险。

电压降 U_V

$$U_V = RI$$

$$U_V = \frac{I \rho l}{A} \quad [\text{V}]$$

导线横截面 A

$$A = \frac{I \rho l}{U_V} \quad [\text{mm}^2]$$

电流密度 J

$$J = \frac{I}{A} \quad \left[\frac{A}{\text{mm}^2}\right]$$

单芯铜导线，PVC（聚氯乙稀）绝缘层

额定横截面积/ mm²	20℃时每米的电阻/ (mΩ/m)	导线直径最小尺寸/ mm	导线直径最大尺寸/ mm	允许持续电流/A（标准值） +30℃时	允许持续电流/A（标准值） +50℃时	持续运行允许电流密度/ (A/mm²)
1	18.5	1.4	2.7	19	13.5	10
1.5	12.7	1.6	3.0	24	17.0	10
2.5	7.6	2.1	3.7	32	22.7	10
4	4.71	2.7	4.5	42	29.8	10
6	3.14	3.4	5.2	54	38.3	6
10	1.82	4.3	6.6	73	51.8	6
16	1.16	6.0	8.1	98	69.6	6
25	0.743	7.5	10.2	129	91.6	4
35	0.824	8.8	11.5	158	112	4
50	0.368	10.3	13.2	198	140	4

允许电压降

导线种类	正极导线上的允许电压降U_{v1}	整个电路中的允许电压降U_{vg}	导线种类	正极导线上的允许电压降U_{v1}	整个电路中的允许电压降U_{vg}
车灯导线 从车灯开关总线端30 至车灯<15W 至挂车插座 从挂车插座 至车灯	0.1V	0.6V	控制导线 从交流发电机至调节器（总线端D+，D−，DF）	12V时为0.1V 24V时为0.2V	— —
			起动机主导线	12V时为0.5V 24V时为1.0V	— —
从车灯开关总线端30 至车灯 > 15W 至挂车插座	0.5V	0.9V	起动机控制导线 从起动开关（在起动机总线端50处） 带有单线圈的起动继电器 带有吸入和保持线圈的起动继电器	12V时为1.4V 24V时为2.0V 12V时为2.4V 24V时为2.8V	12V时为1.7V 24V时为2.5V 12V时为2.8V 24V时为3.5V
从车灯开关总线端30 至前照灯	0.3V	0.6V			
充电导线 从交流发电机总线端 至蓄电池（B+）	12V时为0.4V 24V时为0.8V	– –	其他控制导线 从开关至继电器、喇叭等	12V时为0.5V 24V时为1.0V	12V时为1.5V 24V时为2.0V

不同电压降示例

起动机导线

已知：$l = 1.5\text{m}$，$P = 1.5\text{kW}$，
$\rho = 0.0178\,\Omega \cdot \text{mm}^2/\text{m}$，$U_V = 0.5\text{V}$
（根据表格）

1. 电流
$$I = \frac{P}{U_B} = \frac{1500\text{W}}{12\text{V}} = \underline{125\text{A}}$$

2. 导线横截面面积
$$A = \frac{I\rho l}{U_V} = \frac{125\text{A} \times 0.0178\,\Omega \cdot \text{mm}^2/\text{m} \times 1.5\text{m}}{0.5\text{V}}$$
$$\underline{A = 6.675\text{mm}^2}$$

3. 根据上述表格，查得额定横截面面积为：10mm²

4. 电流密度
$$J = \frac{I}{A} = \frac{125\text{A}}{10\text{mm}^2} = \underline{12.5\text{A/mm}^2}$$
短时间运行时：
$$S_{zul} < 30\text{A/mm}^2$$

5. 实际电压降
$$U_V = \frac{I\rho l}{A} = \frac{125\text{A} \times 0.0178\,\Omega \cdot \text{mm}^2/\text{m} \times 1.5\text{m}}{10\text{mm}^2}$$
$$\underline{U_V = 0.34\text{V}}$$

连接到照明装置的导线

已知：$l = 2.5m$，$P = 60W$，

$\rho = 0.0178\,\Omega \cdot mm^2/m$，$U_V = 0.3V$

（根据表格）

1. 电流

$$I = \frac{P}{U_B} = \frac{600W}{12V} = \underline{5A}$$

2. 导线横截面面积

$$A = \frac{I\rho l}{U_V} = \frac{5A \times 0.0178\,\Omega \cdot mm^2/m \times 2.5m}{0.3V}$$

$$\underline{A = 0.74mm^2}$$

3. 根据上述表格查得额定横截面面积为：$1mm^2$（由于机械强度过低，因此不使用横截面面积低于$1mm^2$的导线）

4. 电流密度

$$J = \frac{I}{A} = \frac{5A}{1mm^2} = \underline{5A/mm^2}$$

5. 实际电压降

$$U_V = \frac{I\rho l}{A} = \frac{5A \times 0.0178\,\Omega \cdot mm^2/m \times 2.5m}{1mm^2}$$

$$\underline{U_V = 0.225V}$$

散热器鼓风机导线

已知：$l = 2m$，$P = 200W$，

$\rho = 0.0178\,\Omega \cdot mm^2/m$，$U_V = 0.5V$

（根据表格）

1. 电流

$$I = \frac{P}{U_B} = \frac{200W}{12V} = \underline{16.7A}$$

2. 导线横截面面积

$$A = \frac{I\rho l}{U_V} = \frac{16.7A \times 0.0178\,\Omega \cdot mm^2/m \times 2m}{0.5V}$$

$$\underline{A = 1.2mm^2}$$

3. 根据上述表格查得额定横截面面积为：$1.5mm^2$

4. 电流密度

$$J = \frac{I}{A} = \frac{16.7A}{1.5mm^2} = \underline{11.1A/mm^2}$$

根据表格查得 $S = 10A/mm^2$

重新选择横截面面积：$A = 2.5mm^2$

$$J = \frac{I}{A} = \frac{16.7A}{2.5mm^2} = \underline{6.68A/mm^2}$$

5. 实际电压降

$$U_V = \frac{I\rho l}{A} = \frac{16.7A \times 0.0178\,\Omega \cdot mm^2/m \times 2m}{2.5mm^2}$$

$$\underline{U_V = 0.24V}$$

2.5.1.2　电阻

电路中使用电阻的目的是限制高电压和大电流或得到规定的电压等。

固定电阻

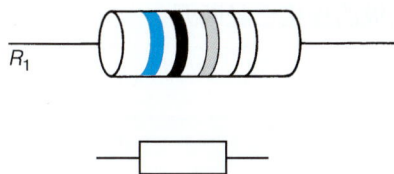

固定电阻具有一个准确规定的电阻值。电阻由一个其上面喷有一层电阻膜的陶瓷圆柱体组成，因此也称为薄膜电阻。为了识别电阻，在电阻上有4个环形代码作为标志。

可调电阻

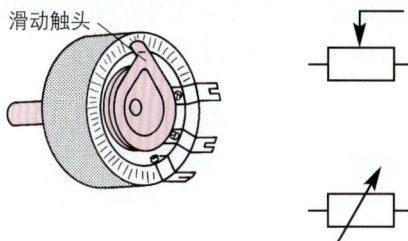

滑动触头

可调电阻（也称为电位器）有一个电阻滑轨和一个滑动触点，利用滑动触点可以从零至额定值无级划分电阻值。

滑动触点

- 线性移动——滑动电阻。
- 旋动——旋转式电位器。

学习领域

3

应用

串联电阻

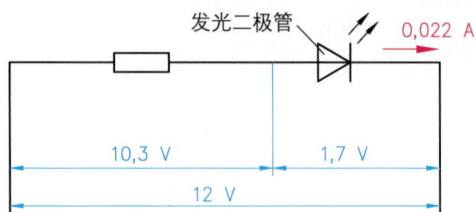

发光二极管

0,022 A

10,3 V　　1,7 V

12 V

　　电子元件的设计电压低于蓄电池的电压，在接入蓄电池的最大电压时要损坏这些元件。为了把很高的电流降下来，就在电子元件前面串联一个电阻。

亮度调节器

节气门传感器电路
U_M为测量电压
1号和2号滑轨的电阻R_1和R_2
平衡电阻R_3，R_4，R_5
1为节气门

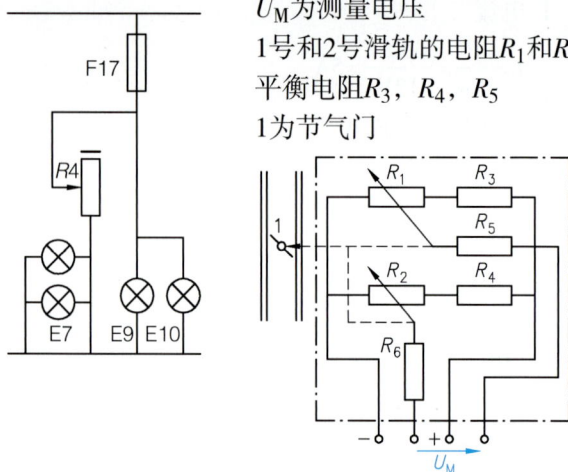

　　把能无级调节亮度的电位器用于仪表照明。其他的用途：空气流量计、节气门开关。

检查和测量：在用电器上测量电压

　　每个用电器都有电阻，所以用电器可用电阻来表示。

闭合电路

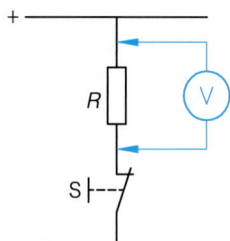

　　在闭合电路中，用电器电压U_2等于蓄电池电压U_1=12V减去在导线和开关上的电压降。

非闭合电路

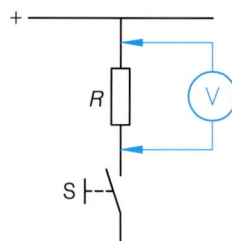

　　在非闭合电路中测得用电器电压U_2=0V，因为到蓄电池正极的连接已经断开。

电气元件的串联、并联和混联电路

串联电路

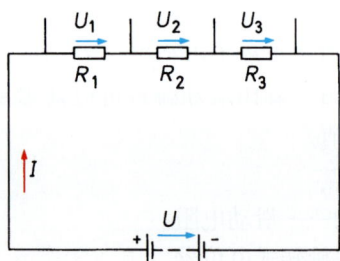

并联电路

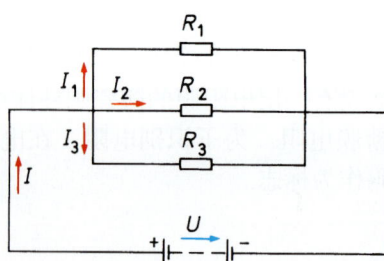

串联电路	并联电路
以下定理适用于串联电路：	以下定理适用于并联电路：

串联电路

以下定理适用于串联电路：
- 流经所有电阻的电流大小相同。

$$I = I_1 = I_2 = I_3 = \cdots$$

- 总电压等于各分电压之和。

$$U = U_1 + U_2 + U_3 + \cdots$$

- 总电阻等于各分电阻之和。

$$R = R_1 + R_2 + R_3 + \cdots$$

在串联电路中，一个用电器失灵则总电流被切断。

车辆中的应用：

多档冷风和暖风鼓风机中的限流串联电阻、电压分配等。

示例：

已知：

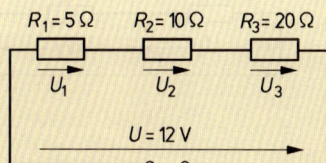

求：a）总电阻
　　b）电流
　　c）分电压

解　a）总电阻：

$R_{\text{ges}} = R_1 + R_2 + R_3 = 5\,\Omega + 10\,\Omega + 20\,\Omega$

$R_{\text{ges}} = \underline{35\,\Omega}$

b）电流：

$$I = \frac{U}{R_{\text{ges}}} = \frac{12\text{V}}{35\,\Omega}$$

$I = \underline{0.343\text{A}} = I_1 = I_2 = I_3$

c）分电压：

$U_1 = R_1\,I = 5\,\Omega \times 0.343\text{A}$

$U_1 = \underline{1.715\text{V}}$

$U_2 = R_2\,I = 10\,\Omega \times 0.343\text{A}$

$U_2 = \underline{3.43\text{V}}$

$U_3 = R_3\,I = 20\,\Omega \times 0.343\text{A}$

$U_3 = \underline{6.86\text{V}}$

并联电路

以下定理适用于并联电路：
- 总电流等于各分电流之和。

$$I = I_1 + I_2 + I_3 + \cdots$$

- 所有电阻上的电压大小相同。

$$U = U_1 = U_2 = U_3 = \cdots$$

- 总电阻等于各分电阻倒数之和。

$$\frac{1}{R_{\text{ges}}} = \frac{1}{R_1} + \frac{1}{R_2} + \frac{1}{R_3} + \cdots$$

总电阻（等效电阻）总是小于阻值最小的单个电阻。

在并联电路中，一个用电器失灵时不影响其他用电器的功能。

车辆中的应用：

照明装置的白炽灯泡，后风窗玻璃加热电阻，柴油发动机中的预热塞等。

示例：

已知：

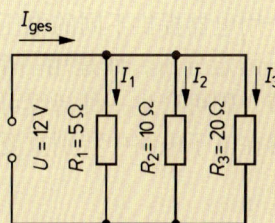

求：a）电压
　　b）总电流
　　c）总电阻

解　a）电压：

$U = U_1 = U_2 = U_3 = \underline{12\text{V}}$

b）总电流：

$$I_1 = \frac{U}{R_1} = \frac{12\text{V}}{5\,\Omega} = 2.4\text{A}$$

$$I_2 = \frac{U}{R_2} = \frac{12\text{V}}{10\,\Omega} = 1.2\text{A}$$

$$I_3 = \frac{U}{R_3} = \frac{12\text{V}}{20\,\Omega} = 0.6\text{A}$$

$I_{\text{ges}} = I_1 + I_2 + I_3 = 2.4\text{A} + 1.2\text{A} + 0.6\text{A}$

$I_{\text{ges}} = \underline{4.2\text{A}}$

c）总电阻：

$$\frac{1}{R_{\text{ges}}} = \frac{1}{R_1} + \frac{1}{R_2} + \frac{1}{R_3} = \frac{1}{5\,\Omega} + \frac{1}{10\,\Omega} + \frac{1}{20\,\Omega}$$

$R_{\text{ges}} = \underline{2.86\,\Omega}$

学习领域

3

串联电路的应用

通过串联3个电阻，鼓风机电动机能以4个不同挡位转速运转。

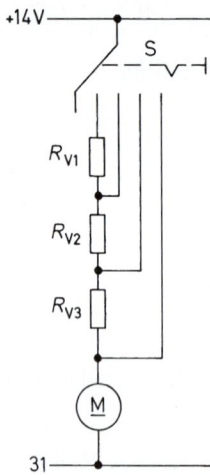

S 调节开关
R_V 串联电阻

电流路径：

最低转速时：
⊕—调节开关 S—
串联电阻 R_{V1}—
串联电阻 R_{V2}—
串联电阻 R_{V3}—
鼓风机电动机—⊖

最高转速：
⊕—调节开关 S—
鼓风机电动机—⊖

并联电路的应用

照明灯采用并联方式连接。

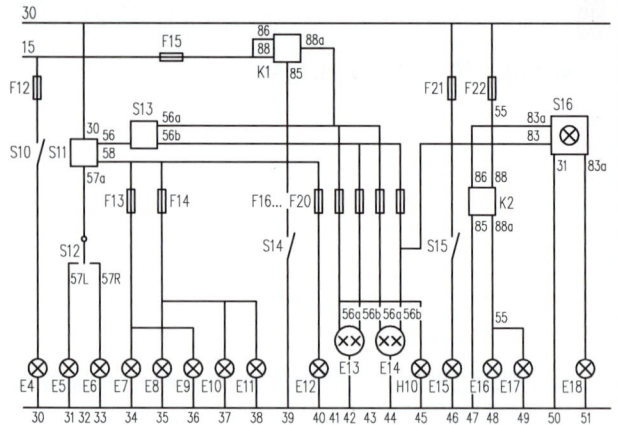

分压器

用2个串联的电阻可对所施加的电压进行分压。这种布置结构称为分压器。用电压U_1或U_2可以分别向两个用电器提供不同的电压。

如果不固定分压，而是用一个滑动触点（电位器）来调节，则可产生一种持续可变的电压。

分压器在电子电路中特别重要。

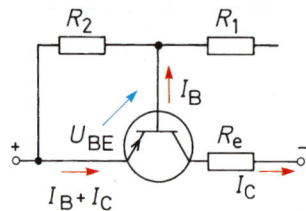

混联电路

混联电路是串联电路和并联电路的组合电路。计算时将混联电路分解成单个电路——并联或串联电路，并计算出等效电阻。

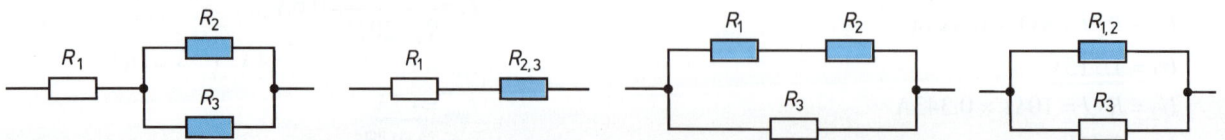

$$R_{2,3} = \frac{R_2 R_3}{R_2 + R_3}$$

$$R_{1,2} = R_1 + R_2$$

混联电路示例

组合仪表的3个显示仪表需要照明。

仪表通过3个白炽灯照明。夜间行车时应将仪表照明亮度减少一半以上。每个灯的功率为2W。

为了降低仪表照明的亮度，在此将并联和串联电路混联起来。

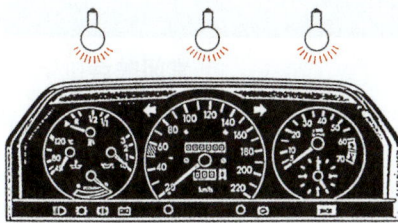

并联电路	串联电路
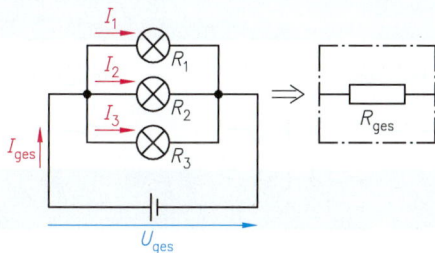	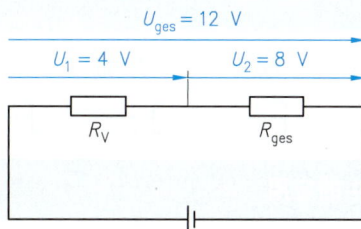

并联电路

白炽灯以并联方式连接。每个白炽灯上的电压都相同，即12V。每个灯的功率都为2W。电流从公式 $P = UI$ 可得：

$$I = \frac{P}{U} = \frac{2W}{12V} = \frac{1}{6}A$$

以下适用于并联电路计算：

$$U_{ges} = U_1 = U_2 = U_3 = 12V$$

$$I_{ges} = I_1 + I_2 + I_3 = \frac{1}{6}A + \frac{1}{6}A + \frac{1}{6}A = \frac{1}{2}A$$

$$R_1 = R_2 = R_3 = \frac{U}{I} = \frac{12V}{1/6A} = 72\,\Omega$$

白炽灯的分电阻可用一个总电阻或等效电阻来代替：

$$\frac{1}{R_{ges}} = \frac{1}{R_1} + \frac{1}{R_2} + \frac{1}{R_3} = \frac{1}{72}\Omega + \frac{1}{72}\Omega + \frac{1}{72}\Omega = \frac{3}{72}\,\Omega$$

$$R_{ges} = 24\,\Omega$$

串联电路

这些并联的白炽灯与一个电阻串联在一起。确定该电阻阻值时应确保白炽灯上的电压为8V。

以下适用于串联电路计算：

$$U_{ges} = U_1 + U_2 = 4V + 8V = 12V$$

$$I_{ges} = I_1 = I_2 = \frac{U}{R_{ges}} = \frac{8V}{24\,\Omega} = \frac{1}{3}A$$

$$R_{ges} = 24\,\Omega$$

$$R_V = \frac{U_V}{I_{ges}} = \frac{8V}{1/3A} = 24\,\Omega$$

每个灯的功率为

$$P = \frac{U^2}{R} = \frac{(8V)^2}{72\,\Omega} = \frac{64}{72}W = 0.88W$$

这样即可降低发光效率。

为了能将仪表照明亮度从亮切换到暗或者相反，在此需要一个开关：

开关位置1：

每个灯泡上的电压都是12V，灯泡亮度较高。

开关位置2：

每个灯泡上的电压都是8V，灯泡亮度降低。

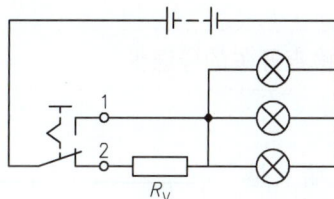

2.5.1.3　开关

开关用于接通或断开电路并借此打开或关闭用电器。开关用手、凸轮、热能、压力（液压或气动）来操纵。这要视功能和操纵方式而定。

开关是按DINEN60617规定制造的标准化开关。

功能

常开触点：	常闭触点：	转换器：	多位开关：
用于断开电路。	用于接通电路。	用于断开一个电路并接通另一个电路。	用于同时接通或断开几个电路。
		近光灯开关	点火起动开关

手动操纵

普通	按压	拉动	转动	拨动	脚踩操纵	卡槽	按键操纵

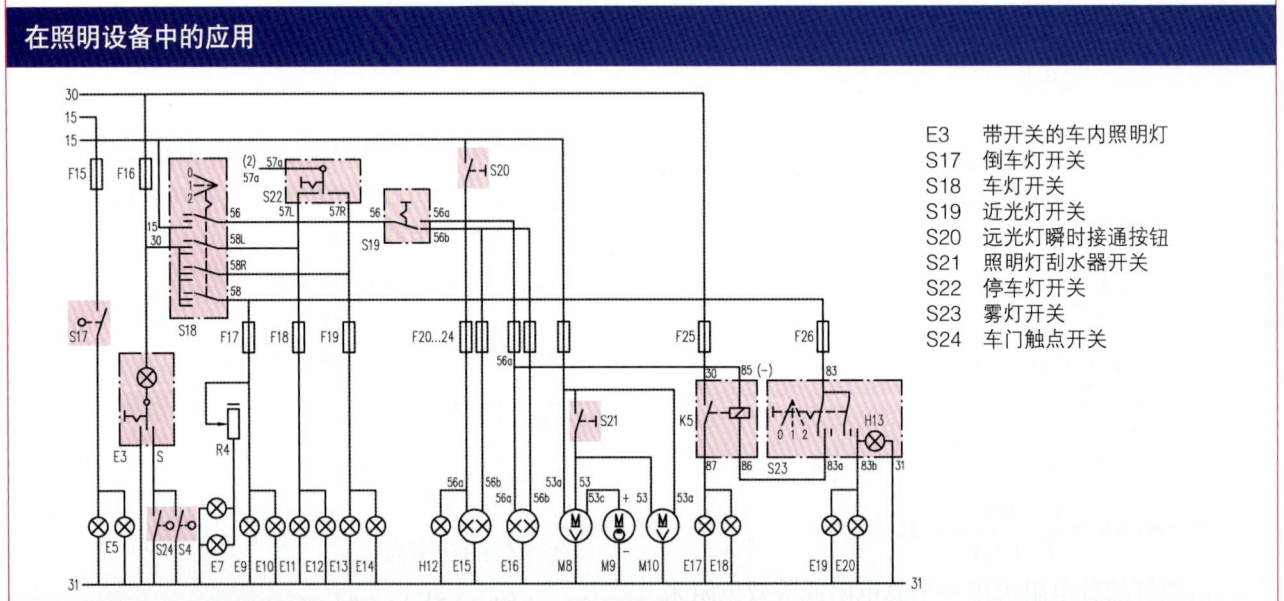

在照明设备中的应用

E3   带开关的车内照明灯
S17 倒车灯开关
S18 车灯开关
S19 近光灯开关
S20 远光灯瞬时接通按钮
S21 照明灯刮水器开关
S22 停车灯开关
S23 雾灯开关
S24 车门触点开关

热敏定时开关

　　热敏定时开关有一个电加热双金属片。这个双金属片由线胀系数不同的两个金属片组成。受热时双金属片向线胀系数较小的金属片方向弯曲。因此触点断开。热敏定时开关用于确定冷起动阀的打开时间等。

1—电气接口
2—壳体
3—双金属片
4—加热线圈
5—开关触点

检查和测量：检查开关的导通性

电压测量	电阻测量
1. 检查输入端上是否有电压。 2. 检查输出端上是否有电压。 3. 显示结果： U = 蓄电池电压 →开关正常	1. 拆下开关。 2. 将测量仪表与开关并联连接。 3. 显示结果： $R<2\Omega$→开关正常 $R>2\Omega$→接触不良

2.5.1.4 继电器

基本原理：磁性

永久磁铁

永久磁铁（例如用一种铁镍钴合金制成）是指长时间内保持磁性作用的磁铁。这种磁铁靠近含有铁、镍和钴的材料时产生吸力。

磁铁有一个北极和一个南极。人们将磁铁周围有磁力作用且有想象中的磁力线穿过的空间称为磁场。

磁力线在北极处穿出，在南极处穿入。在磁铁内部，磁力线从南极向北极伸展。磁性作用在磁极处最强。

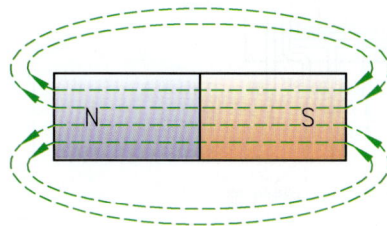

电磁		
通电导体产生的磁场	**线圈产生的磁场**	**电磁铁**
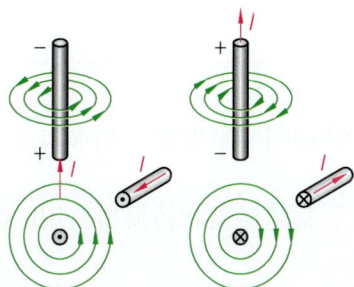	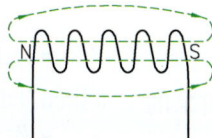	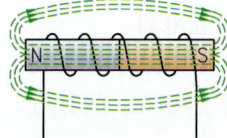
磁场围绕在通电导体周围。磁力线以圆环形式环绕在导体周围。磁力线方向取决于电流方向。磁场方向根据螺旋定理得出： 如果将一个螺栓向电流流动方向拧入导体中，那么螺栓的转动方向表示磁力线方向。 电流在导体中的流向用点⊙（电流流向观察者）或叉⊗（电流离开观察者）来表示。	电流流动时线圈的每个导体周围都产生一个环形磁场。各磁场叠加后形成一个总磁场，磁力线束从一个端面处穿出，在相对的端面处穿入。因此线圈有两个磁极。北极位于磁力线穿出处，南极位于穿入处。	带有铁心的通电线圈可增强磁场的作用。线圈和铁心构成一个电磁铁。磁力作用可通过断开或接通使电路中断。磁场强度取决于： 1. 线圈铁心的材料 2. 线圈圈数 3. 电流

学习领域

3

电磁在继电器中的应用

作为电磁开关使用的继电器

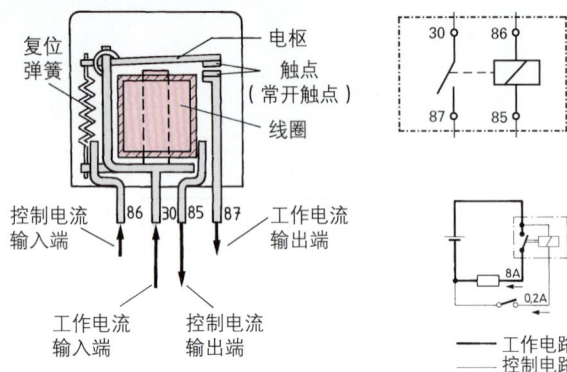

复位弹簧　电枢　触点（常开触点）　线圈
控制电流输入端　86 30 85 87　工作电流输出端
工作电流输入端　控制电流输出端
30 86 87 85
8A　0.2A
— 工作电路
—— 控制电路

　　继电器由一个电磁铁、一个电枢和开关触点组成。电路接通时铁心吸引操纵开关触点的电枢。此时可以使触点断开、闭合或切换。

　　继电器电路分为控制电路和工作电路。控制电路的电流流过线圈并产生一个磁场。借此吸引电枢，电枢则使工作电路的开关触点闭合。继电器可用很小的电流（例如0.2A）来控制很大的电流（例如8A）。

舌簧继电器

充有惰性气体的细玻璃管
触点舌簧

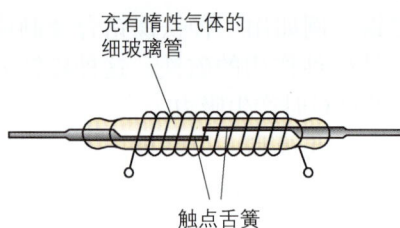

　　舌簧继电器由一个充有惰性气体的玻璃管组成，其内部焊有一个用磁性材料制成的弹性舌簧触点。触点舌簧在磁场中磁化并互相吸引，触点闭合。

　　磁场消失时触点舌簧失去磁性并断开。控制舌簧继电器的磁场可以由一个电磁铁或永久磁铁产生。

车辆中的继电器

　　在许多电路中都集成了继电器：
　　●用于喇叭、前雾灯、散热器风扇和燃油泵的开关继电器。

　　●功能继电器：转向信号继电器，刮水和清洗间隔时间继电器。
　　●作为常开触点、常闭触点和转换器使用的继电器。

继电器符号与DIV72552标准规定的总线端名称

作为常开触点使用的继电器

电路符号
连接图

作为常闭触点使用的继电器

作为转换器使用的继电器

名称	新	旧	名称	新	旧	名称	新	旧
控制电路（−）	85	85	控制电路（−）	85	85	控制电路（−）	85	85
控制电路（+）	86	86	控制电路（+）	86	86	控制电路（+）	86	86
负载电路输入总线端	88	30/51	负载电路输入总线端	87	30/51	负载电路输入总线端	87	30/51
负载电路输出总线端	88a	87	负载电路输出总线端	87a	87a	负载电路输出总线端	88a	87a

继电器在车辆中的实际应用

用于总线端15卸载的继电器	液位监控

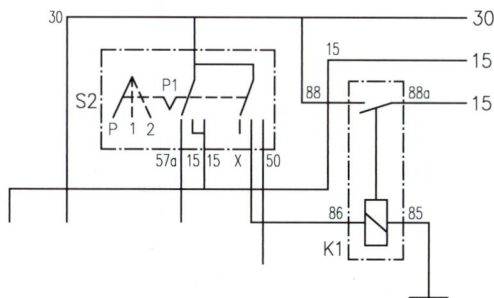

只有点火开关打开时，点火起动开关的总线端X才通电，并接通用于总线端15的卸载继电器。所有耗电较多的用电器（例如近光灯和远光灯）都连接在这个电路中。操纵起动机时该电路断开，以便起动过程中将蓄电池电压全部提供给点火装置。

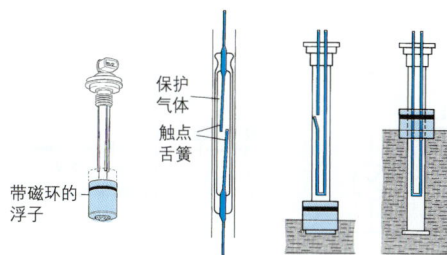

舌簧继电器也可以用于监控液位。液位传感器由一个带有磁环的浮子和舌簧继电器组成。如果浮子靠在上部挡块上，磁场就会作用在触点舌簧上。触点舌簧磁化并相互吸引，舌簧触点闭合；液体损耗时浮子下降，磁场失去作用，舌簧触点断开。此后在分析模块中生成触点断开信号，即液位过低信号，并向驾驶员显示出来。

检查和测量：继电器

1. 现场直观检查：
- 打开点火开关。
- 操纵继电器的开关。
- 必须听到继电器工作的声音。

2. 用万用表检查供电：
- 关闭点火开关。
- 将继电器从继电器板上拔下。
- 检查继电器支架上的总线端30（88）与接地之间的电压→蓄电池电压。

3. 检查继电器的功能：
- 断开蓄电池接线。
- 测量继电器总线端30（88）与87（88a）之间的电阻→电阻∞。
- 将蓄电池电压接到总线端86（+）和86（−）上。

测量在继电器总线端30（88）与87（88a）之间的电阻→电阻0。

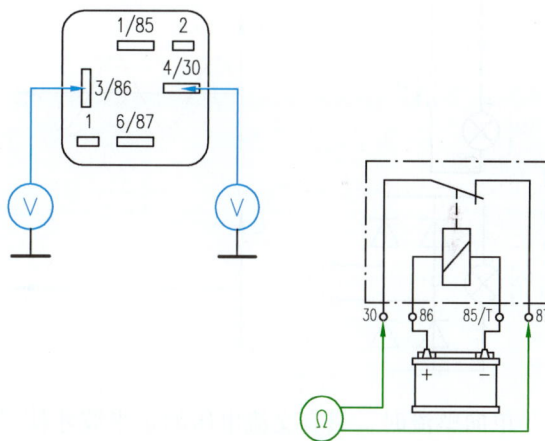

2.5.2　电子元件，基本电路

2.5.2.1　半导体元件

P型导体和N型导体

半导体是其导电能力介于导体与非导体之间的物质。半导体材料有硅、锗和硒。半导体元件由P型导体（正导体）和N型导体（负导体）结合而成。

二极管	晶体管	晶闸管
二极管由2个半导体层组成。	晶体管由3个半导体层组成。	晶闸管由4个半导体层组成。

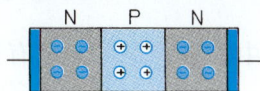

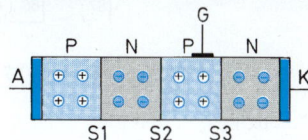

2.5.2.2 二极管

二极管

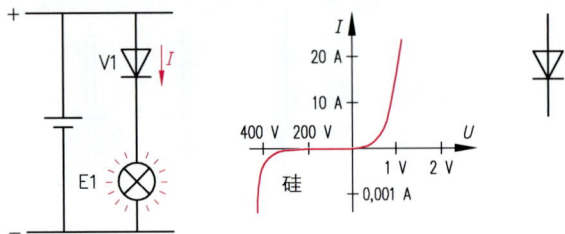

二极管的特性是只允许电路中的电流向一个方向（电路符号的箭头方向）流动，阻止相反方向的电流流动。

为了在导通方向上使阻流层消失，电流开始流动前硅二极管需要0.7V的电压（门限电压）。如果在阻流方向上阻流电压过大，则会击穿阻流层。此时流过的较大击穿电流可能造成二极管毁坏。

稳压二极管

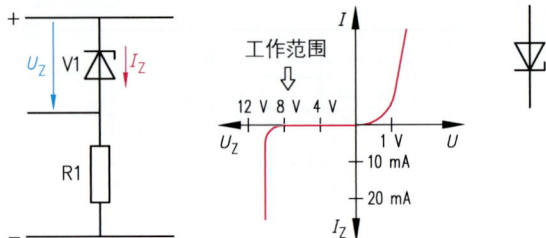

稳压二极管在阻流方向上工作。在导通方向上其表现与普通二极管相同。在阻流方向上该阻止电流通过，直至达到击穿电压（即所谓的齐纳电压）。达到这个电压（例如10V）时，稳压二极管会突然导通。如果电压低于击穿电压，二极管重新开始阻流。

在车辆中的应用

交流电压整流

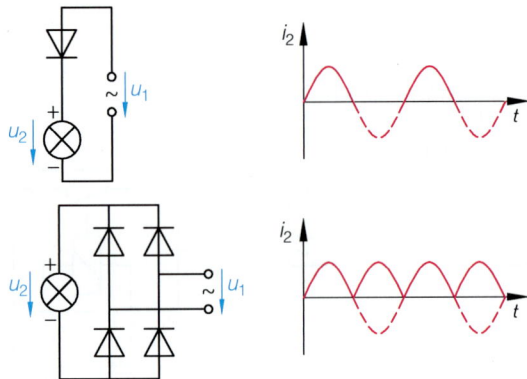

单向整流时，只有交流电压的正半波才使二极管导通。此时产生一个大脉冲电流。双向整流时对两个半波进行整流。在对交流发电机的3个相位角为120°的交流电进行整流时，使用双向整流。

稳压

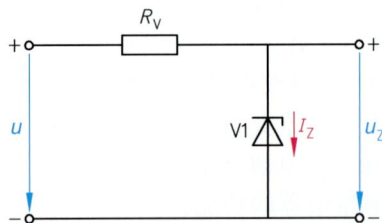

电子控制单元需要恒定的直流电压。车辆中的电压经常波动，例如起动时会在9.6~12V之间波动。若与控制单元并联的稳压二极管在5V时导通，则控制单元获得稳定的5V电压。蓄电池电压与击穿电压之间的电压差等于串联电阻上的电压降。

反极性保护

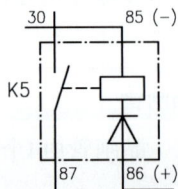

为了防止继电器端子接反，控制电路中安装了一个二极管。

额定值传感器

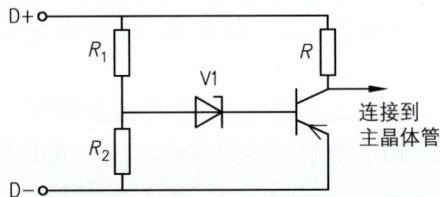

只有达到击穿电压时，稳压二极管才发出信号。击穿电压相当于额定值。

二极管的检查和测量

电压测量	电阻测量	二极管检查
		蓄电池电缆接口（先将蓄电池接线断开）
对于向导通方向（插图①）使用的硅二极管来说，二极管接头上有约0.7V的电压。对于向阻流方向（插图②）使用的二极管来说，二极管上无电流流过。在二极管接头处测得的电压应等于蓄电池电压U=12V。	用一个欧姆表可以检查二极管。一个完好的二极管在导通方向上电阻为几欧姆至几百欧姆，在阻流方向上为几千欧姆至几兆欧姆，电阻值取决于结构尺寸。	电阻测量无法对与二极管特性曲线拐点有关的二极管特性进行精确检查。在此要根据测量范围测定不同的电阻。因此万用表有一个以恒定测量电流工作的二极管检测装置。

2.5.2.3 光电子元件

发光二极管（LED）

向导通方向通电时，发光二极管发出绿色、黄色、红色、桔黄色和蓝色光线。发光二极管的工作电压在1.5~3V之间。因此发光二极管利用一个串联电阻工作。连接到蓄电池电压时，会造成发光二极管毁坏。

用途：指示灯和报警灯，尾部车灯。

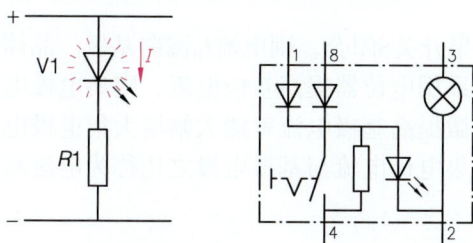

风窗玻璃干燥=光线反射强

光电二极管

光电二极管是在光线作用下输出电压的半导体元件。这种二极管在阻流方向上工作并作为光电转换器用于控制系统。

用途：雨量传感器

雨量传感器通过发光二极管发射光束。风窗玻璃干燥时，整个光束都由风窗玻璃表面反射回来。风窗玻璃潮湿时，光线折射角度发生变化。少量光线由风窗玻璃表面反射到光电二极管内。光电二极管向刮水和清洗间隔时间自动控制继电器发送一个信号并使刮水器接通。

风窗玻璃潮湿=光线反射弱

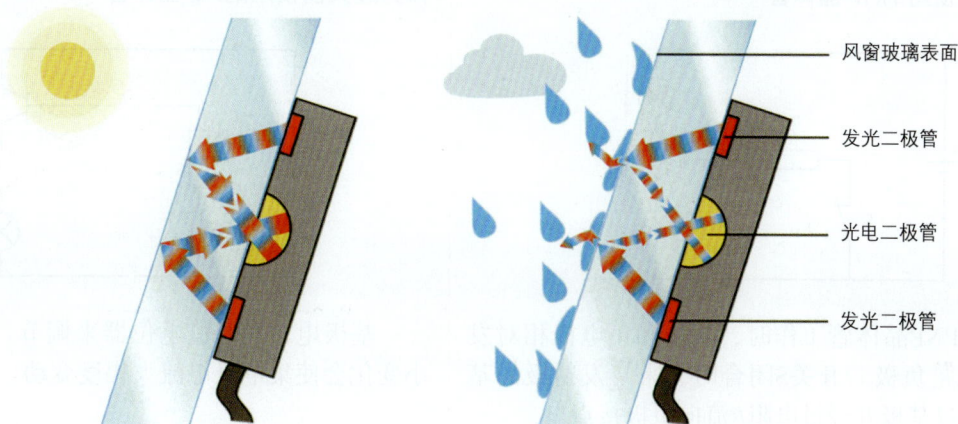

风窗玻璃表面
发光二极管
光电二极管
发光二极管

学习领域
3

光敏电阻

光敏电阻是具有最高感光灵敏度的电子元件。受到光照时电阻值变小。

在一个简单的光敏电路中，日光通过一个光敏电阻（LDR）和一个继电器来控制停车灯。日光由光敏电阻转换成电气参数。无光线作用时光敏电阻阻值很高，所以较小的控制电流不足以使继电器吸合，停车灯亮起；光线照到光敏电阻上时电阻值下降，控制电流增大，继电器吸合并断开停车灯电路。

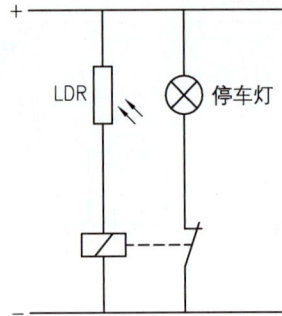

2.5.2.4 晶体管，基本电路

一个晶体管由3个半导体层组成。每个半导体层都有一个接头。这些接头称为：

- 发射极E：发射电荷载体。
- 基极B：控制电荷载体的发射。
- 集电极C：收集电荷载体。

根据半导体层的排列顺序，晶体管分为：

- PNP晶体管。
- NPN晶体管。

其中最常用的是NPN晶体管。

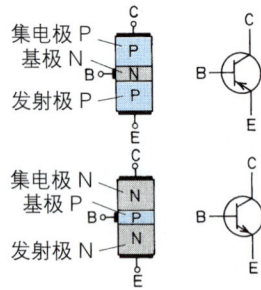

作为开关使用的NPN晶体管

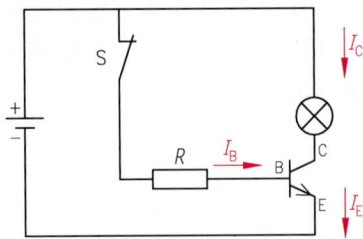

如果开关S闭合，则基极相对发射极来说是正极。此时基极电流I_B流向晶体管的基极，此晶体管通过基极接通。如果在一个硅晶体管中电压约为0.7V（门限电压），则会消除基极与发射极之间的阻流层。晶体管导通（接通），发射极–集电极电流I_C可以流动。

作为放大器使用的NPN晶体管

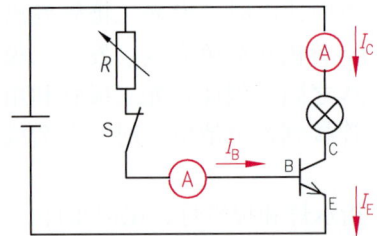

如果开关S闭合，则电流I_B流向基极。晶体管导通。如果用电位器提高基极电流，则集电极电流增大。略微提高基极电流就能大幅增大集电极电流。人们把集电极电流与基极电极之比称为电流放大系数。

作为开关使用的PNP晶体管

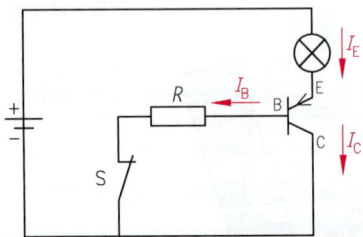

一个PNP晶体管工作时，基极和集电极相对发射极来说是负极。开关S闭合时，来自发射极的基极电流流过基极并经过电阻R流向负极接点。

作为放大器使用的PNP晶体管

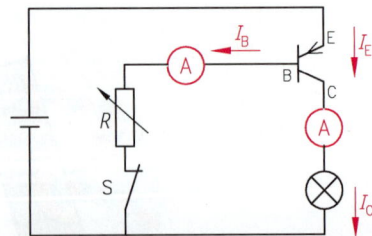

基极电流I_B通过电位器来调节。基极电流的微小变化会使集电极电流大幅度变动。

复合晶体管电路

　　对于较高的开关容量来说，单个晶体管的电流放大系数过小，通过串联2个晶体管就能用较小的控制电流实现较高的电流放大系数。通过晶体管V1放大后，更大的基极电流流到已导通的晶体管V2的基极上。复合晶体管电路用于接通点火装置中一次侧电流和喷射阀开启电流。

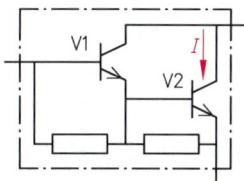

检查和测量：晶体管

晶体管导通

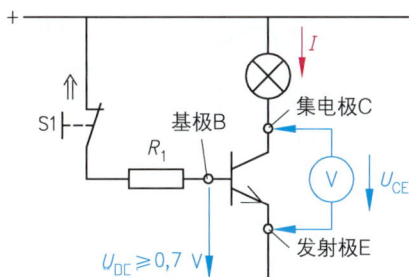

　　开关S1闭合且基极–发射极电压$U_{BE} \approx 0.7V$时，晶体管导通。此时电流从正极经过灯泡，然后从集电极流向发射极并继续流向蓄电池负极。机械开关中没有电压降时，在晶体管集电极与发射极之间可测得$U_{CE} \approx 0.03V$的电压降。

晶体管阻流

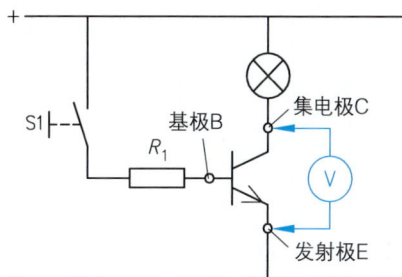

　　如果开关触点断开，则晶体管阻流，即没有电流流动。在晶体管接头处可测得$U_{CE}=12V$的电压降（工作电压）。

在车辆中的应用

带有复合晶体管电路的喷射阀

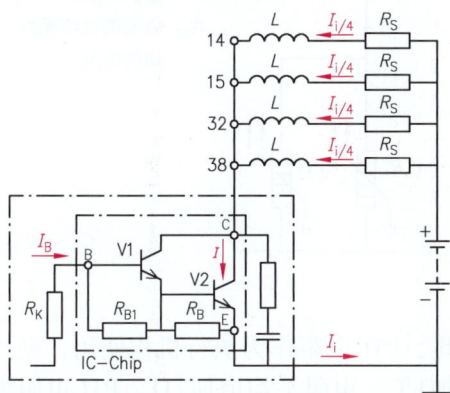

　　由电子汽油喷射系统控制单元提供的喷射脉冲信号的电流为10mA。为了打开一个喷射阀，需要1.5A的电流，对4缸发动机来说总共需要6A的电流。因此必须放大喷射脉冲信号电流。

停车灯电路

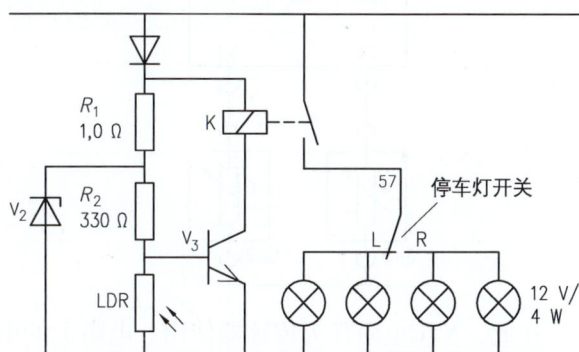

　　此电路的任务是根据亮度自动接通或关闭停车灯。二极管用于反极性保护。稳压二极管用于限制总电压并起到过电压保护作用。光敏电阻（LDR）与电阻R_1和R_2一起构成一个分压器。

带有复合晶体管电路的喷射阀（续上页）	停车灯电路（续上页）
由于一个晶体管的放大系数不够，因此必须串联一个第二级晶体管。在控制单元输出级中使用复合晶体管电路，以控制电流I_B形式出现的喷射脉冲使晶体管V1导通，借此使晶体管V2导通，在喷射脉冲存在的时间内有电流流过电磁阀。	光线作用较弱时，光敏电阻阻值较高，在电阻R_2上出现较高的正电压，这个电压作用在晶体管基极上。如果电压$U_{BE} > 0.7V$，则晶体管导通，继电器闭合且通电后的停车灯亮起。 光线作用较强时，光敏电阻阻值较低。U_{BE}下降到0.7V以下，晶体管阻流，继电器断电，停车灯熄灭。

2.5.2.5 半导体电阻

NTC电阻（负温度系数热敏电阻）	PTC电阻（正温度系数热敏电阻）
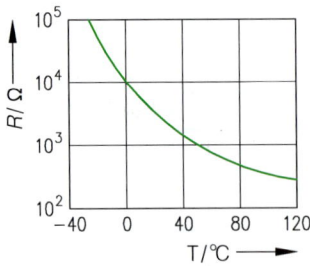 NTC电阻是电阻值随温度升高而下降的半导体电阻。	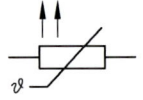 PTC电阻是电阻值随温度升高而显著提高的半导体电阻。PTC电阻适合作为加热元件使用，因为其加热作用是自动调节的。 温度升高时电阻也会提高，在电压不变的情况下电流变小，因此加热作用也会减弱。

在车辆中的应用

用于冷却液温度表的负温度系数电阻	风窗玻璃清洗喷嘴加热
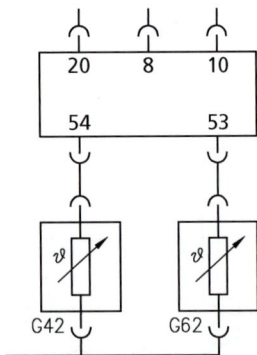 在此，NTC电阻作为传感器使用。电阻上的电压保持不变，电流在NTC上的作用是产生电压降。随着冷却液温度不断提高和温度传感器不断受热，电阻值持续下降，电压降随着电阻值下降而减小。控制单元可根据电压降计算出冷却液温度。 其他用途：进气、机油、车外和车内温度传感器等。	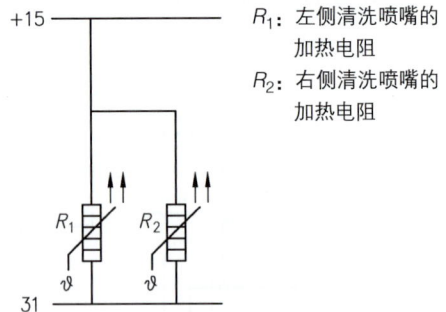 R_1：左侧清洗喷嘴的加热电阻 R_2：右侧清洗喷嘴的加热电阻 在此，PTC电阻作为执行机构使用，受热时温度每增加1℃，电阻平均增加2Ω。PTC电阻可用于过载保护等。如果电流超过一个允许值，PTC电阻就会受热，电阻值升高并由此对电流进行限流。 其他用途：后风窗玻璃加热装置，柴油发动机的预热塞、氧传感器加热装置，车外后视镜加热装置。

将拆下来的冷却液温度传感器的测量端浸入规定温度的水池中。测量电阻并将测量值（实际值）与额定值进行比较：

10℃：3530~4100Ω；20℃：2350~2670Ω；

60℃：540~615Ω。

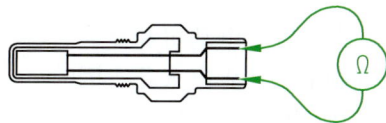

2.5.3 电容器

电容器能储存电荷。它由两个通过一个绝缘层（电介质）互相隔开的导电层组成。导电层可以通过向外引线实现电气连接。

电容器分为

- 叠片电容器；
- 卷绕式电容器；
- 电解电容器。

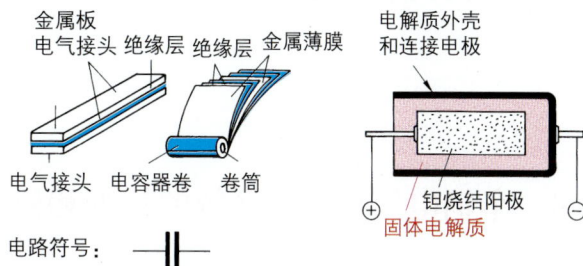

电路符号： ——||——

充电过程	储存电荷	放电过程
开关S1闭合时出现充电电流。充电电流将电子从一个导电层吸出并送至另一个导电层。电容器的电压不断提高，直至达到蓄电池电压。 串联电阻和电容容量越大，充电时间越长。	如果充电完成后断开充电电路，则电容器上的电压保持不变。电荷储存能力称为电容器的电容量。电容量的单位是法（F）。电容的物理量符号是 C。	如果开关S2闭合，则电子从负导电层（带有电子过剩）向正导电层（带有电子空穴）移动，开始放电过程。放电电流的流动方向与充电电流的流向相反。

在车辆中的应用

关闭延时

关闭车门时车内照明装置应亮起一段时间，然后自动关闭。在此使用电容器来实现关闭延时功能。打开驾驶员车门时，触点S闭合，电容器自动充电。同时晶体管V1的基极相对发射极来说通正电，基极导通。此时晶体管V2接通，继电器接通车内照明灯的电路。关闭驾驶员车门时，电容器通过晶体管V1自动放电，晶体管V1与晶体管V2之间一直保持导通状态，直到电容器放完电为止。

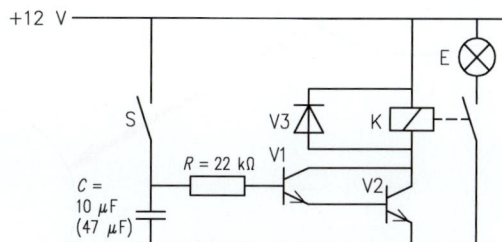

车辆中的去干扰和过压保护	过压保护

由于点火装置、电动机和交流发电机的电刷上会产生电火花，因此车辆中存在高频交流电压。这种电压可能影响收音机接收质量、电话设备和控制单元的功能。这些干扰需用去干扰电容器来排除。

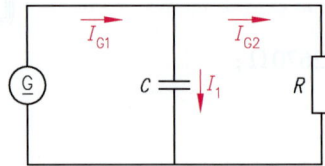

半导体可能因过压而毁坏，例如点火装置中接触不良产生的过压。为了保护相关元件，需并联一个出现电压峰值时自动充电的电容器。

2.6　车辆电气和电子系统的检查和修理

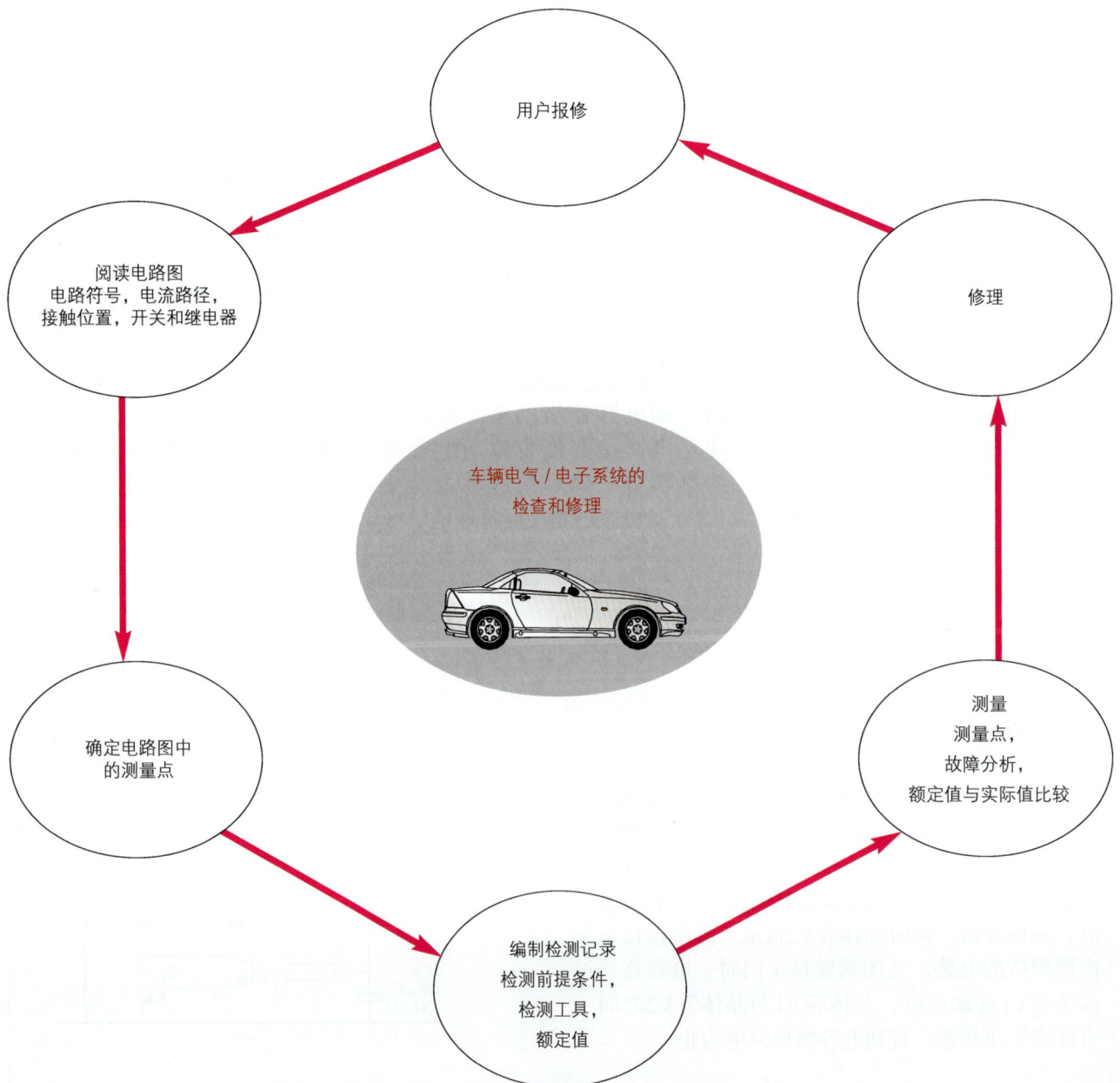

用户报修

阅读电路图
电路符号，电流路径，
接触位置，开关和继电器

修理

车辆电气/电子系统的
检查和修理

确定电路图中
的测量点

测量
测量点，
故障分析，
额定值与实际值比较

编制检测记录
检测前提条件，
检测工具，
额定值

2.6.1　能量供给

客户报修：	蓄电池必须重复充电。
原因：	蓄电池到使用寿命；
	发电机充电不足；
	因用电器损坏造成蓄电池放电。

检查和测量：

1. 现场直观检查蓄电池和发电机接头是否腐蚀和松动。
   仪器检查电解液液位和电解液密度：电解液液位标记之上 5mm，电解液密度为1.28kg/dm^3。
2. 通过测量方式检查蓄电池状态。
3. 找出损坏的用电器。
4. 检查充电电路。

信息收集

供电系统

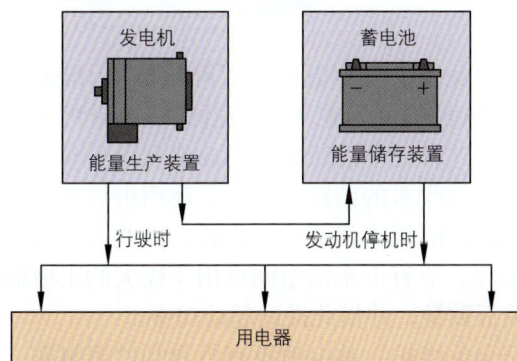

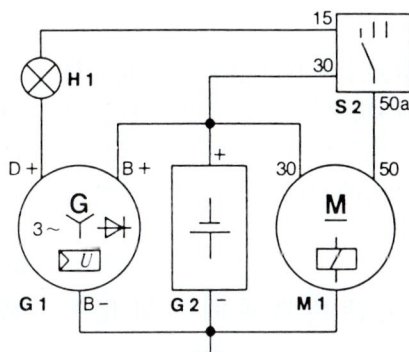

- G1　带调节器的交流发电机
- G2　蓄电池
- M1　起动机
- S2　点火起动开关

电流路径：　充电电流

正极侧：　　发电机G1，总线端B+—总线端30　导线—蓄电池G2，正极（30）

负极侧：　　蓄电池G2，负极（31）—蓄电池/车身/发动机/接地带—发电机G1，总线端B–

交流发电机

　　交流发电机由发动机通过多楔带驱动，产生三相交流电压。这种三相交流电称为交流电。这个题目将在学习领域5中介绍。交流电用二极管架上的二极管进行整流，整流后产生一种波动很小但始终在正电区域的电流。发电机正面有以下插接接口：

- B+ 蓄电池正极；
- D+ 发电机正极；
- D– 发电机负极。

　　固定在发电机上的调节器通过接通或断开励磁电流，使发电机电压在所有转速和负荷工况下都恒定保持在14V左右。没有调节器调节的发电机会提供不允许的高电压，增加用电器负荷，并使蓄电池充电过度，产生沸腾（即有气体产生）。点火开关打开后，充电指示灯在发电机电压等于或大于蓄电池电压时发出信号。因为总线端B+与D+之间无电压差，所以此灯熄灭。

蓄电池

　　只要内燃机在以足够高的转速运转，交流发电机就能供电。发动机停机时或起动时，蓄电池必须承担供电任务。蓄电池由发电机充电。

　　已充电的蓄电池的电压为12.6V，电解液密度为1.28 kg/dm^3。

　　蓄电池的特性通过特征值表示：

　　示例：12V　84A·h　280A

- 额定电压（伏）：12V
- 额定容量（安培小时）：例如84A·h表示蓄电池必须提供84/20=4.2 A的电流至少20h，直至总线端电压降到10.5V为止。
- 冷态检测电流是蓄电池起动能力的一项指标，例如280A 表示在–18℃时可以耗用280A的电流，但是总线端电压在30s内不会降到9V以下，在150s内不会降到6V以下。

　　发电机功率、蓄电池容量和用电器功率消耗必须互相匹配，以便除了给所有用电器供电外还能为蓄电池正常充电。

学习领域 3

2.6.1.1　起动蓄电池

符合DIN标准的免维护蓄电池

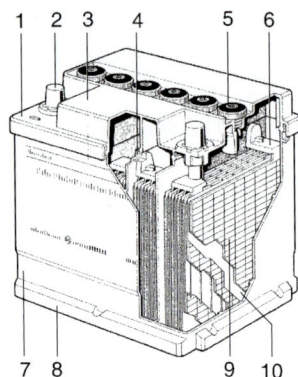

1—密封盖
2—负极
3—电解液位标记
4—电解槽直接连接器
5—密封塞
6—电极连接片
7—密封壳体
8—底板密封条
9—正极和负极板
10—塑料隔板

　　一个起动蓄电池由多个串联的电解槽组成，每个电解槽都有一组带有5块负极板和4块正极板的极板组成，这些极板通过连接板互相连接在一起。极板由一个填充有活性物质的硬铅（铅锑合金）栅极组成：

- 正极板

　　正极板含有作为活性物质的二氧化铅（PbO_2）。

- 负极板

　　负极板含有作为活性物质的纯铅。

　　在正极板和负极板之间安装有用于将极板电气隔离的隔板。隔板由塑料制成且具有能使极板之间的化学反应过程顺利进行的超细微孔。

　　电解槽中加注有一种具有导电能力的电解液。电解液由经过稀释的硫酸（H_2SO_4）（占37.5%）和蒸馏水（占62.5%）组成。电解槽通过各电解槽电极之间的电解槽连接器串联起来。蓄电池壳体由透明塑料（聚丙烯）制成。每个电解槽都带有用于加注蓄电池电解液或补加蒸馏水的密封塞。壳体底部有一个沉积物收集腔，用于防止铅块掉下后形成短路线而导致蓄电池失灵。

完全免维护蓄电池

　　"完全免维护"蓄电池与"符合DIN标准的免维护"蓄电池的区别在于，其铅栅极由铅钙合金制成。采用这种合金能减少自行放电现象（参考下文）并因此减少水的消耗；此外，还用由抗氧化薄膜制成的袋形隔板来代替片形隔板，由此可取消沉积物收集腔，节省下来的空间可用于较大的正极板或增加极板数量，并借此提高起动功率。

　　"完全免维护"蓄电池没有可看到的密封塞，因为不需要添加蒸馏水。

　　以彩色形式显示的电眼提供有关电解液液位和蓄电池充电状态的信息。

- 绿色：蓄电池已充足电。
- 黑色：蓄电池已放完电或电量过低，必须充电。
- 无色或黄色：蓄电池已到使用寿命，必须更换。

蓄电池自行放电和硫酸盐化

　　铅锑合金的缺点是，即使蓄电池没有负载也会自行放电。自行放电的原因一方面是由于蓄电池内部反应过程不间断进行，另一方面是由于电解液内有杂质、水分和泄漏电流。每天自行放电量达到蓄电池容量的0.2%~1%，具体视蓄电池老化程度而定。充满电的蓄电池约3个月后就会放完电。

　　在一个长时间未使用的蓄电池内，放电时产生的硫酸铅会形成很难恢复原状的极板硬表面。蓄电池硫酸盐化，充电吸收能力明显降低。自行放电使蓄电池产生气体，由此会造成水分消耗。

　　硫酸盐化较轻的蓄电池可以通过较小起始充电电流进行长时间充电来恢复原有功能。如果反应过程已结束很长时间，那么即使充电也无法恢复其功能。该蓄电池已不能再使用了。

　　因此，停止使用的蓄电池必须经常充电。

蓄电池电压				
额定电压	空载电压	充电电压	充电结束电压	放电结束电压
一个电解槽的额定电压为2V。一个起动蓄电池的额定电压为12V。	空载电压是在无负载蓄电池上测得的电压。该电压约为12.6V。	如果充电时一个电解槽的电压达到2.4V，就会开始产生气体。此电解槽已充电80%。	充电结束电压是在满负荷充电结束时的电压。此电压为2.75V，电解液密度为1.28 kg/dm³。	放电结束电压是已放完电的蓄电池电压。该电压为1.75V，电解液密度为1.12 kg/dm³。

2.6.1.2　检查和测量

检查和测量：蓄电池

无负荷的蓄电池

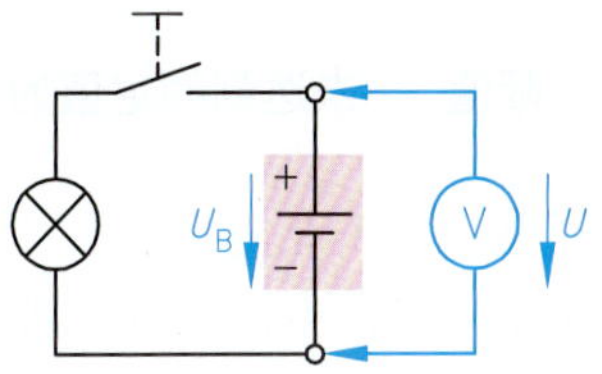

电路断开时蓄电池没有负荷。此时无电流流动。正极与负极之间的测量电压为$U=12.6V$（空载电压）。

有负荷的蓄电池

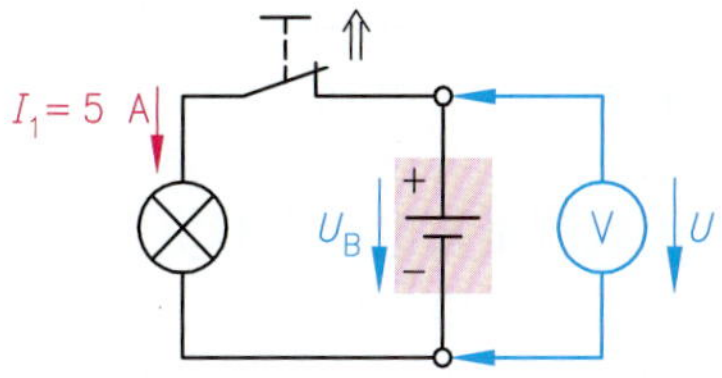

蓄电池带有内电阻，例如$R_i=50m\Omega$。因此，有负荷时蓄电池电极上可供使用的电压较低。

电路闭合时有5A的电流流过白炽灯，电压降为$U=R_i I=0.050\Omega \times 5A=0.25V$。通过此内电阻测得蓄电池电压为12.35V。有负荷蓄电池的电压最多不得比空载电压小1V。

用蓄电池测试仪检测电压

用蓄电池测试仪可以评价蓄电池的质量和状态。为此要在蓄电池上施加一个较大的负荷电流。

按使用说明进行负荷检测。使用带打印机的测试仪（右图）就可打印出以下检测内容：

1—在测试仪上设定的量程；

2—图表，箭头表示蓄电池状态；

3—检测结果；

4—进行负荷检测时蓄电池上的电压；

5—车辆数据和日期。

负荷检测也可以以简化形式进行。为此将万用表接在蓄电池电极上，并起动发动机。起动过程中充满电的蓄电池电压不得低于10V。

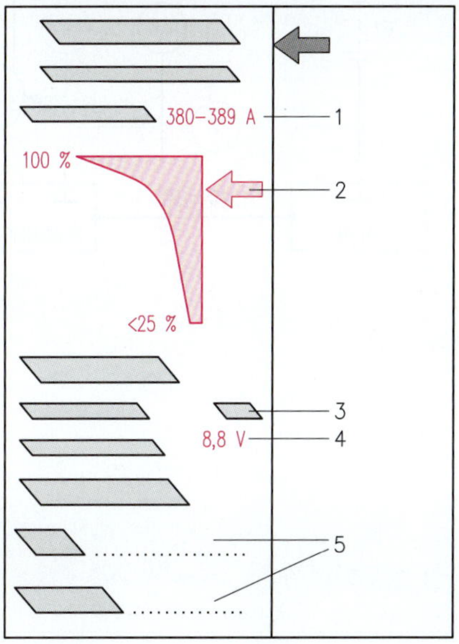

检查和测量：蓄电池和交流发电机

现场直观检查：

蓄电池极靴是否清洁

蓄电池接头是否接触紧密

车身—蓄电池的接地带

发电机接头是否清洁

接头是否接触紧密

车身—发动机缸体的接地带

充电指示灯

检测记录：蓄电池和交流发电机

检测前提条件： 蓄电池：连接照明装置作为负荷

交流发电机：所有用电器已接通，发动机转速约为3000r/min

检测工具： 万用表

序号	检测步骤	额定值（示例）	实际值	未达到额定值的原因
1	用万用表测量蓄电池空载负荷	约12.6 V	正常	未充电
2	测量带负荷蓄电池的电压	> 11.3 V	正常	蓄电池损坏，进行负荷试验
3	用万用表在B+与D–之间测量发电机电压	13.5~14.1 V	正常	发电机或调节器损坏
4	测量发电机总线端B+与蓄电池正极之间正极导线中的电压降	最大 0.4 V	正常	导线损坏
5	测量发电机壳体与蓄电池负极之间负极导线中的电压降	最大 0.4 V	正常	导线损坏

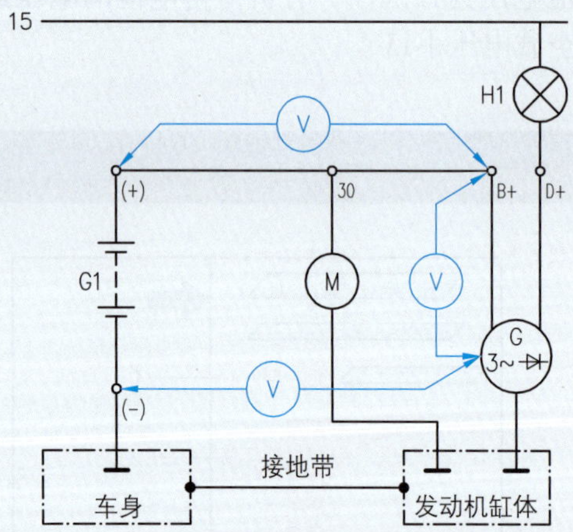

检测结果： 测量结果表明没有故障，蓄电池放电的原因可能是用电器损坏

2.6.1.3　寻找有故障的用电器

　　长期不用的蓄电池会自行放电，且随时间的推移会使硫酸盐化。不同控制单元在休眠状态下的电流消耗和用电器故障也会造成蓄电池自行放电。

　　如果蓄电池放电很快，则表示至少有一个用电器有故障。

　　为此，在点火开关关闭时断开接地电缆并将万用表接在蓄电池负极与接地电缆之间，然后通过取出熔体将不同电路依次断开。只要取下故障电路的熔体，电流就会降到零。插上熔体后，检查该电路的所有元件包括导线和插头触点有无故障。

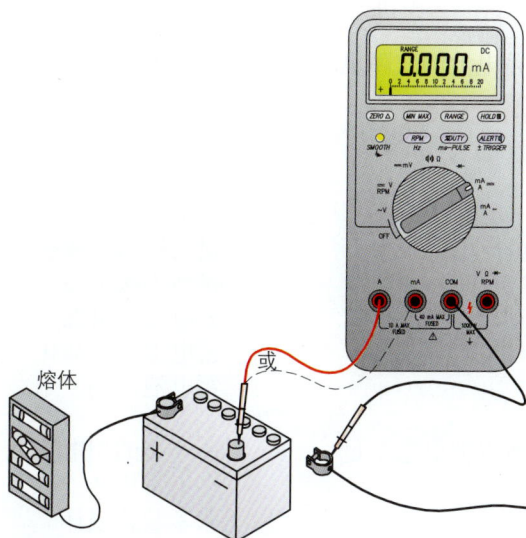

熔体　或

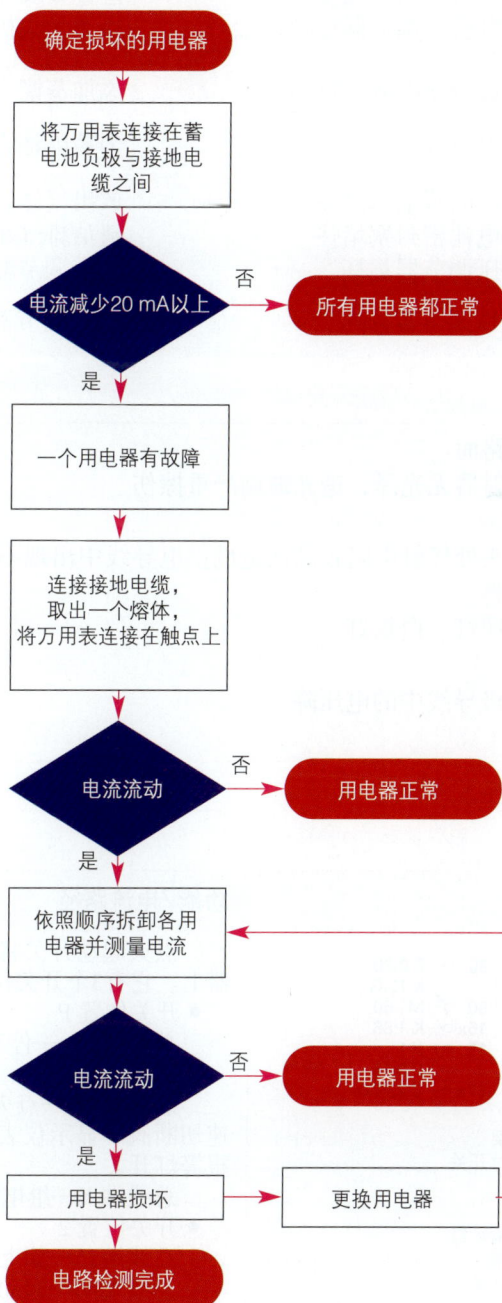

- 确定损坏的用电器
- 将万用表连接在蓄电池负极与接地电缆之间
- 电流减少20 mA以上　否 → 所有用电器都正常
- 是
- 一个用电器有故障
- 连接接地电缆，取出一个熔体，将万用表连接在触点上
- 电流流动　否 → 用电器正常
- 是
- 依照顺序拆卸各用电器并测量电流
- 电流流动　否 → 用电器正常
- 是
- 用电器损坏 → 更换用电器
- 电路检测完成

学习领域 3

2.6.1.4　蓄电池故障诊断

蓄电池的故障也可能是由发电机或调节器造成的，这些故障将在以后的课程学习中深入解释。

故障	原因	补救措施
输出功率很小，电压下降很大	蓄电池放电 接线柱氧化或松动 接地连接不良 充电电压过低 蓄电池硫酸盐化 蓄电池已到使用寿命	为蓄电池充电 检查总线端并进行清洁 拧紧 检查电压调节器，必要时更换 用小电流为蓄电池充电 检查蓄电池，必要时充电或更换
蓄电池电量不足	所连接的用电器过多 多楔带松弛 张紧装置损坏 发电机上的导线接头松开 发电机或调节器故障	选用更大的蓄电池或更大的交流发电机 检查多楔带 检查张紧装置 检查导线接头是否牢固固定 检查发电机或调节器，必要时更换
电解液液位过低	因过量充电或受热而蒸发	添加蒸馏水
电解液密度过低	蓄电池放电	为蓄电池充电
蓄电池表面潮湿	加注的蒸馏水过多 蓄电池密封塞堵住 电压调节器损坏	放出气体，不吸出电解液 清洁排气小孔 检查调节器，必要时更换
蓄电池产生的气体较多	电压调节器损坏	检查调节器，必要时更换

2.6.2　车外照明装置

客户报修：	前照灯照不清楚路面。
原因：	卤素灯变黑，反射器无光泽，透光玻璃严重擦伤 蓄电池电压过低 因插头触点和接头处接触电阻较高而造成供电导线中出现不允许的电压降 前照灯未正确调整
检查和测量：	现场直观检查前照灯、白炽灯 检测蓄电池电压 用万用表测量正极导线中的电压降 进行前照灯调整

信息收集

点火起动开关

电路图	接线图	功能／电流路径
	S2　30　○─F 0:30 　　　　╱ K 19:G 　　50　○─M1:50 　15x ○─K 1:86 　15　○─H1 　　　　╲ F 0:15 　57a ○─S 22:57a F0　　熔体支架 K19　热敏定时开关 M1　　起动机 K1　　继电器 H1　　发电机指示灯 F0　　熔体支架 S22　停车灯开关	点火起动开关将车载电压切换到电气设备的用电器上。它有3个开关位置并实现如下连接： ● 开关位置 P 　总线端 57a—停车灯开关 S22 ● 开关位置 1 　总线端 15—点火装置、汽油喷射控制继电器、怠速切断阀、显示仪表、照明装置、喇叭继电器、危险报警灯开关 　　总线端 X—继电器 K1 ● 开关位置 2 　总线端 15—如上所述 　总线端 50—起动机，热敏定时开关

电灯

电路图	接线图	功能 ／ 电流路径
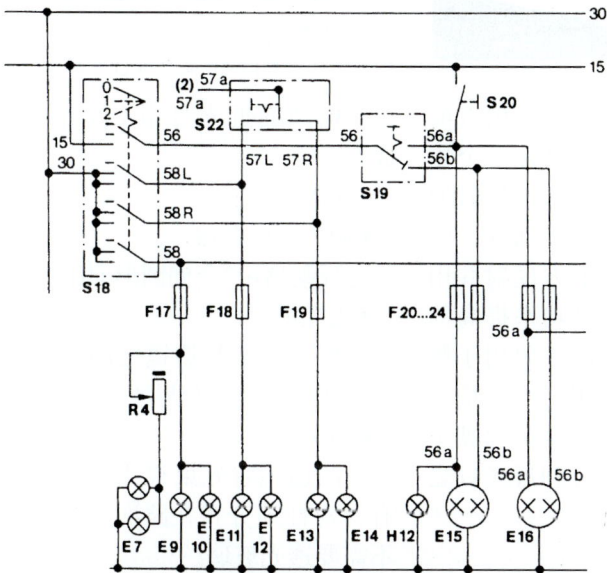	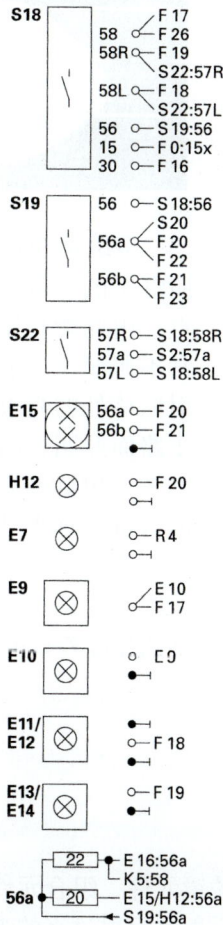	车灯开关接通或关闭照明装置，近光灯开关接通或关闭远光灯和近光灯。车灯开关有3个开关位置： • 开关位置0： 不连接 • 开关位置1： 总线端 30/58L/50R — 左右示宽灯和尾灯 总线端 30/50 — 牌照照明灯、仪表照明灯和雾灯开关 • 开关位置2： 总线端 30/58L/58R：如上所述 总线端 15/56 — 近光灯开关 S19 近光灯开关有2个开关位置： • 开关位置1： 近光灯 ⊕—车灯开关（总线端15/16）—近光灯开关（总线端 56/56b）—近光灯（总线端56b）—⊖ • 开关位置2： 远光灯 ⊕—车灯开关（总线端 15/56）—近光灯开关（总线端 56/56a）—远光灯（总线端 56a）—⊖ 远光灯瞬时接通： 近光灯开关的开关位置：远光灯 总线端15—远光灯瞬时接通开关 S20—总线端56a—远光灯（总线端56a）—接地

F	熔体，S22：停车灯开关	E7：	仪表照明灯
S18	车灯开关，S19：近光灯开关	E9/E10：	左右牌照灯
E15/E16	左右远光灯和近光灯	E11/E13：	左右示宽灯
H12	远光指示灯	E12/E14：	左右尾灯

2.6.2.1　前照灯

带抛物线反射器的前照灯	带多级反射器的前照灯	PES（多椭圆面）前照灯
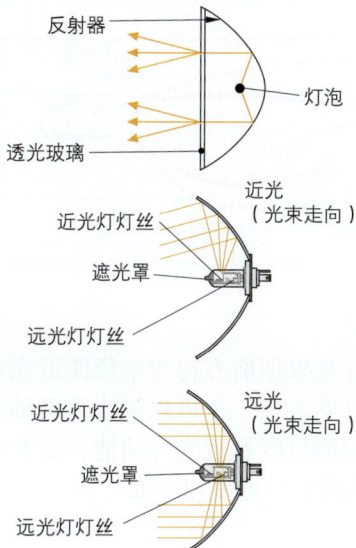	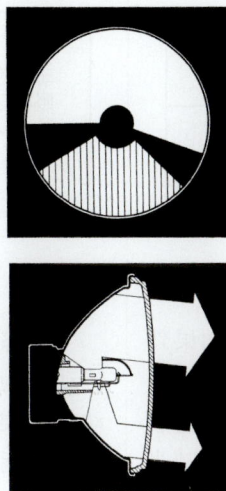	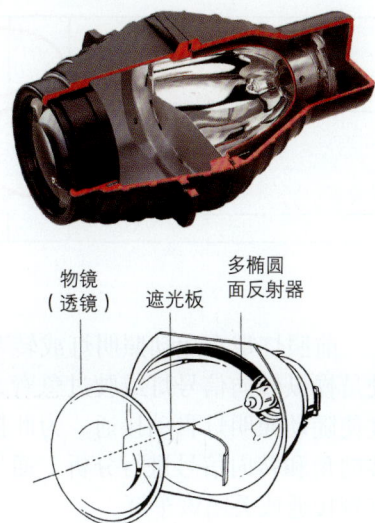

学习领域

3

带抛物线反射器的前照灯

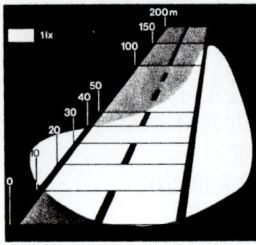

近光灯灯丝位于反射器焦点前，遮光罩挡住射向反射器下半部分的光线，由此产生明显的明暗分界线，将遮光罩左侧斜切15°，从而使明暗分界线弯折。此时向上射出的光束朝下反射。

远光灯灯丝位于反射器的焦点处。光线平行于反射器轴线反射。

带多级反射器的前照灯

多级前照灯（例如双焦点前照灯）的反射器内有另外一个焦点。由此能利用近光灯工作时通常不照明的反射器下半部分，将射向该处的光束向前方反射并用于路面照明，因此光功率提高约25％。更好的光输出主要用于侧面区域。远光灯关闭后可以均匀照亮路面，此外还能保护驾驶员的眼睛，因为远光灯和近光灯之间的亮度差较小。

PES（多椭圆面）前照灯

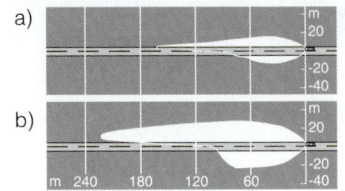

光分布：a）PES H1 灯泡
　　　　b）Litronic PES D25 灯泡

椭圆面近光灯由4个元件组成：
- 光源
- 椭圆面反射器

反射器由3个椭圆形面组成。
- 遮光板

位于灯泡与透镜之间的遮光板用于形成明暗分界线。
- 凸透镜

凸透镜将光束聚焦并使光束有针对性地分布在路面上。在此不需要透光玻璃。

三轴椭圆面反射器近光灯，也被称为多椭圆面反射器近光灯（PES）。例如，在光辐射面只有60mm直径时，能达到迄今为止只有用4倍宽的光辐射面才能达到的作用距离。因此将其用于扁车头车辆。

透光玻璃由带有透镜元件、棱镜元件、组合元件以及内侧面为平面的光学玻璃组成。其任务是使反射器反射过来的光线折射、散射或聚射，以便更好地照亮路面。

带随动照明灯的前照灯

静态随动照明灯

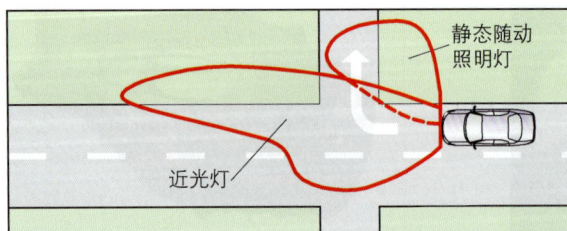

前照灯带有随动照明灯或转弯照明灯。如果驾驶员操纵转向信号灯或驶过急弯，近光灯会根据速度使随动照明灯自动接通。为此控制单元对车速、转向角和转向信号进行分析。通过系统增光或减光实现接通或关闭该车灯。

动态随动照明灯

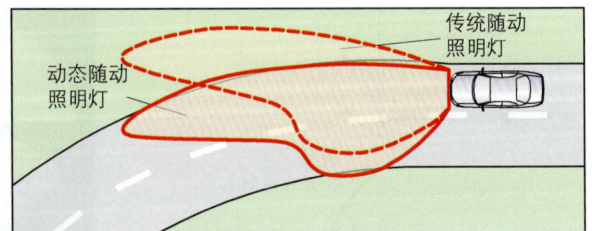

动态随动照明灯是根据前方转弯半径使近光灯转动。为此将前照灯安装在一个可以围绕垂直轴转动的框架中。随动照明灯既有近光灯功能，也有远光灯功能，并且与当前行驶速度相匹配。

静动随动照明灯

可针对较大转弯半径（在高速公路上）或较小转弯半径（在乡间公路上）通过附加静态随动照明灯为动态随动照明灯提供支持。

可变智能照明系统（Varilis／Hella）

可变智能照明系统指车辆能自动适应不同路况和环境光线强度，根据车速、气候、弯道行驶、高速公路行驶和公路行驶等情况，通过传感器控制车灯功能。这是利用一个特殊氙气灯前照灯系统来实现的，利用该系统可产生5种不同的光线分布：近光、高速公路灯光、远光和左、右侧行驶切换。

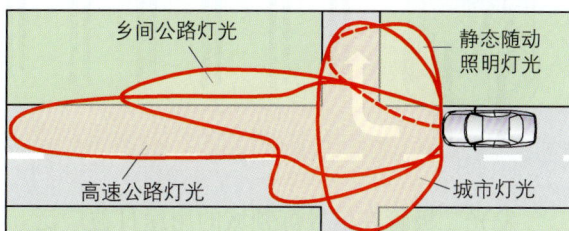

2.6.2.2　照明灯

前部照明

卤素灯	气体放电（氙气灯）

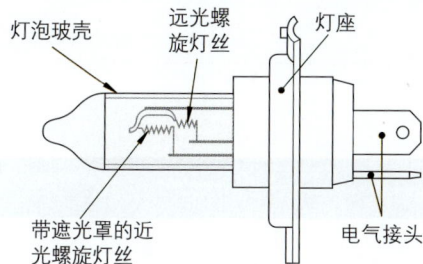

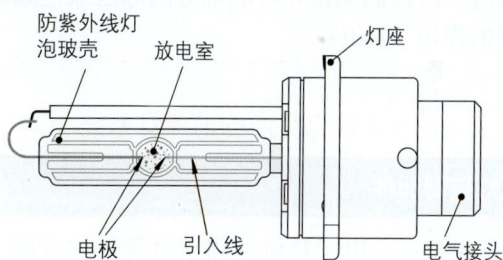

卤素灯由一个充有卤素（碘或溴）的石英玻壳制成。卤素填充物使灯丝温度接近钨的熔点（3400℃），因此发光效率非常高。部分蒸发出来的钨与卤素结合生成一种在炽热灯丝附近会分解的化合物。钨沉积在灯丝上，使玻壳保持洁净。

卤素灯 H1、H3 和 H7 均只有一根灯丝，用于近光灯和前雾灯。卤素灯 H4 有 2 根灯丝，用于远光灯和近光灯。

氙气灯由石英灯管和带有惰性气体氙气和金属盐（金属卤化物）混合物的填充物质组成。通过点燃电压为 10~20 kV 时电极之间产生的气体等离子电弧，输入高频交流电（400Hz）后，金属盐因升温而蒸发并发光。只要达到最大光功率，则 85V 的工作电压就已够用。

氙气灯在车辆中的用途：用于多椭圆面反射器型前照灯的 D2S 灯和能产生明暗分界线组合式遮光板的 D2R 灯。

氙气灯的发光量是新式 H7 灯的 2 倍，但只需要 2/3 的功率。氙气灯是按车辆使用寿命设计的。

后部照明

发光二极管

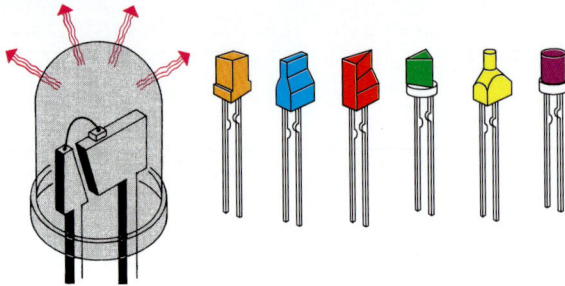

发光二极管在信号灯领域的用途日益广泛。其优点是：

- 运行安全性高；
- 对振动和颤动不敏感；
- 能耗极低；
- 寿命长；
- 迅速接通。

在组合式尾灯装置中，尾灯装有30个红色发光二极管，制动信号灯装有25个红色发光二极管，转向信号灯装有23个黄色发光二极管。发光强度自动适应能见度和环境亮度，因此可以取消仅具有单一功能的后雾灯。制动信号灯根据减速度分3级启用：减速度越大，亮起的发光二极管越多。最大制动力时，红色制动信号灯的部分闪烁区域还起附加报警的作用（Hella）。

白炽灯

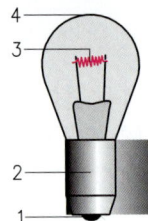

1—电气接头   2—灯座
3—灯丝   4—灯泡玻壳

单丝白炽灯   双丝白炽灯

白炽灯带有布置在真空中的钨灯丝。灯丝受热时钨蒸发，结果是将灯泡玻壳染黑。白炽灯发光效率很低，将不再用于前照灯。

现在还将白炽灯用于制动信号灯、转向信号灯、尾灯、示宽灯、倒车灯和牌照灯。按灯丝数量分为单丝白炽灯和双丝白炽灯（制动信号灯／尾灯）。

2.6.2.3 带气体放电灯泡的前照灯系统

氙气灯控制部件

在此有一个电子镇流器用于氙气灯的点燃、运行和监控。镇流器由以下部件组成：

- 控制部件：

在很短的启动阶段提高灯泡电流，以使灯泡立即亮起。

运行期间限制灯泡电流并调节工作电压，以发射均匀的光线。

- 点燃部件

产生点燃气体放电灯泡所需要的高电压（10~20 kV），然后提供200V、400 Hz的交流电使灯泡亮起。

灯泡发热到工作温度时，85V的电压就已够用。

根据 ECE（欧洲经济委员会）R48的要求，氙气前照灯必须与自动照明距离调节装置和前照灯清洁装置组合使用。

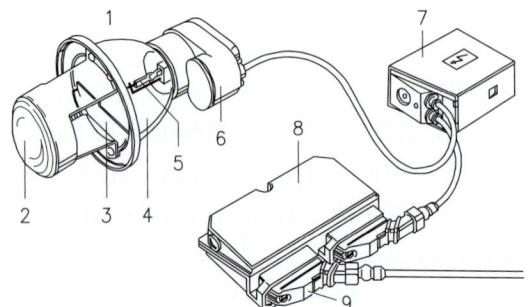

1—多椭圆面反射器近光灯（PES）   7—点燃部件
2—透镜   8—控制部件
3—遮光板   9—导线束插头
4—反射器
5—D1 气体放电灯泡
6—灯架

四前照灯系统

四前照灯系统集成了：
- 用于近光灯的椭圆面前照灯
- 使用独立传统反射器的卤素远光灯

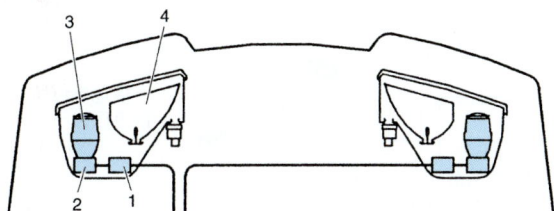

1—带有控制部件的电子镇流器
2—点燃部件
3—带有D1灯泡的多椭圆面近光灯
4—传统远光灯

双前照灯系统

该系统通过一个气体放电灯泡实现近光灯和远光灯的双前照灯系统。
- 操作远光灯/近光灯开关时，一个电动机调节器使反射器中的气体放电灯泡置于远光灯和近光灯位置。
- 通过移动挡光板调节远光灯或近光灯。

a）氙气反光前照灯

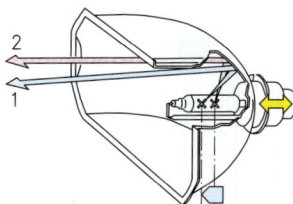

b）氙气投影前照灯

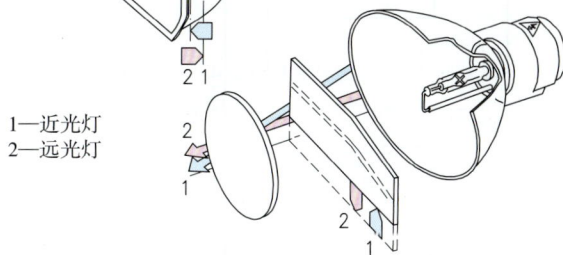

1—近光灯
2—远光灯

2.6.2.4　前照灯照明距离调节装置

通过前照灯照明距离调节装置可在车辆所有负荷状态下确保最大视野范围，并防止对面来车造成炫目。

为此需根据车辆负荷在公差范围内调节近光灯倾角。可手动或自动调节前照灯照明距离，但前照灯照明距离自动调节装置更为可靠，因为驾驶员的调节比较主观而且经常容易忘掉。

前照灯照明距离手动调节装置

位置0：近光灯在基本位置

最大2×75kg

位置2

满负荷

前照灯照明距离调节器

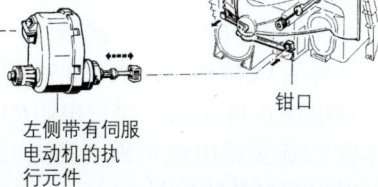

钳口

调节轮

左侧带有伺服电动机的执行元件

前照灯照明距离手动调节装置通过几个伺服电动机来调节前照灯。驾驶员根据负荷状况使用一个旋转开关来选择挡位（0=2人，1=4人，3=4人+行李箱中的有效载荷）。旋转开关中的电位器提供相应的电压信号来控制调节前照灯的伺服电动机。

前照灯照明距离自动调节装置

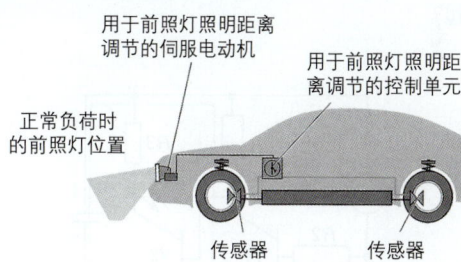

用于前照灯照明距离调节的伺服电动机

用于前照灯照明距离调节的控制单元

正常负荷时的前照灯位置

传感器　传感器

重负荷时的前照灯位置

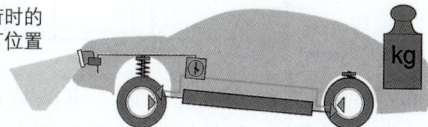

kg

前照灯照明距离自动调节装置通过前桥和后桥区域的传感器检测车辆的负荷状况，控制单元进行信息分析并向伺服电动机发送脉冲信号，电动机依次对前照灯进行准确的调节。此装置分为：
- 静态系统：能够平衡乘员区和行李箱中的有效载荷。
- 动态系统：能识别起步、加速和制动过程，并在几毫秒时间内调节前照灯照明距离。

学习领域

3

2.6.2.5　车灯电路监控

车灯控制器监控对于行驶安全很重要的车灯电路。它通过显示仪表（检查控制）向驾驶员发出故障信号。下列两个电路表示了车灯电路监控的基本原理。

通过舌簧继电器进行车灯电路监控

车灯亮起

开关触点是否闭合即车灯是否应亮起的信息
蓄电池
车灯开关
接地电位（约0V）
检查
中央指示灯
车灯亮起
电流流动
触点
电流流动产生磁场
结果：触点闭合
接地（蓄电池⊖）

通过电流的流动产生一个使舌簧触点闭合的磁场。检查控制装置的输入端接地，$U \approx 0V$，因此不发出信号。

车灯不亮

无接地电位所以电压大于3V
此时信息表示开关触点已闭合即电压约为U_B
蓄电池
车灯开关
检查
中央指示灯
灯丝熔断
舌簧继电器触点分开
车灯电路切断，无电流流动
接地（蓄电池⊖）

由于缺少磁场，因此舌簧触点没有闭合。在检查控制装置输入端上有3V电压，中央指示灯亮起。

通过二级晶体管开关进行电路监控（简化图）

车灯亮起

E1
$R1$　$R3$
$R2$　V4
V1　V2
V3

晶体管V1已接正电并导通。电流从蓄电池正极流出，经过电阻$R1$和晶体管V1流至蓄电池负极。已导通晶体管V1上的电压降U_{CE}小于0.7V，晶体管V2阻断电流。

车灯烧坏

V1　V2

晶体管V2内的基极电流断开。晶体管V1阻断电流。晶体管V2接通电压大于0.7V的正电并导通。电流从蓄电池正极流出，经过电阻$R3$、发光二极管和晶体管V2流至蓄电池负极。发光二极管亮起并向驾驶员发出车灯故障信号。

通过车灯模块全面监控

现在车辆都不使用车灯电路继电器，而是使用所谓的车灯模块。车灯模块是向车灯不断输送几毫安电流的控制单元。没有电流流动时，即为导线断路信号，则车灯模块向检查模块发送相关信息，检查模块会提示驾驶员哪个车灯电路发生故障。

2.6.2.6　法律规定

立法机构在道路交通许可规定（StVZO）中对下述照明技术设备和信号装置作出了规定：

- 车灯的类型和数量（§§49a至55）；
- 照明亮度和信号频率；
- 最小距离（§§49a至55）；
- 使用（§§9，10，15，15a，16，17）；
- 运行许可和结构形式批准义务（§§22，22a）。

下表节选了一些轿车车外照明装置。

规定的车灯									
车灯	数量	颜色	功率	StVZO ECE	车灯	数量	颜色	功率	StVZO ECE
近光灯	2	白色	55W以下	§50 ECE-R7	制动信号灯	2	红色	18/21W	§53 ECE-R7
远光灯	2	白色	60W以下	§50 ECE-R7	倒车灯	1或2	白色	例如21W	§52 ECE-R23
示宽灯	2	白色	3~5W	§51 ECE-R7	后雾灯	1	红色	21W	§53 ECE-R38
转向信号灯 危险报警灯	2+2	黄色		§54 ECE-R6	牌照灯	1	白色	5~10W	§54 ECE-R7
尾灯	2	红色	5W	§53 ECE-R7	反光罩	2	红色	—	§53

准许使用的辅助车灯									
车灯	数量	颜色	功率	StVZO ECE	车灯	数量	颜色	功率	StVZO ECE
前雾灯	2	白色/黄色	—	§52 ECE-R19	高位辅助制动信号灯	—	—	—	—
驻车灯	1前（白色）1后（红色），每侧各1个	—		§51	辅助远光灯	—	—	—	—
探照灯	1	白色	35W以下	—	—	—	—	—	—

2.6.2.7　检查和测量

检查和测量：车外照明装置

1. 检查连接插头

　检查并清洁发电机与前照灯之间的所有连接件。

2. 检查白炽灯和卤素灯

- 现场直观检查

　灯丝烧断，灯泡发黑。

　出现这两种情况时都必须更换灯泡。更换白炽灯时必须遵守制造商规定的参数，其中包括电压数和功率数，例如12V/55W。

　更换卤素灯时切勿徒手触摸灯泡，哪怕是最小的指印也会在灯泡高温作用下变成炭黑，并可能造成灯泡玻璃腐蚀和损坏。

　H7灯内有压力，更换灯泡时可能会发生爆炸。因此，更换灯泡时要戴上防护手套和防护眼镜。

- 灯座内的灯泡松动
- 触点腐蚀或弯曲

3. 检查透光玻璃和外层透镜

　散石打击和腐蚀会使透光玻璃和外层透镜损伤或变毛。即使是细微的伤痕也会使光线折射并增强眩目效果，因此玻璃擦坏时必须更换整个前照灯。

4. 前照灯调节装置

　更换灯泡后必须检查前照灯调节装置（参见64页）。

5. 检查电压降

　用万用表进行分段测量，检查整个设备的电压降。

车外照明装置（不包括雾灯）检测记录

检测前提条件：点火开关已打开

检测工具：万用表

序号	开关	测量连接：测量点X—接地线	额定值	实际值（示例）
1	车灯开关S18在开关位置2，近光灯开关S19在近光灯开关位置	X8 X11	U_{batt} U_{batt}	<10V <10V

检测结果：车外照明亮度不足的原因是电压降较高。原因在于输出导线和回流导线的电压降较高。为了确定故障的位置，需要进行分段测量。

序号	开关	测量连接：测量点X—接地线		额定值
1	车灯开关S18在开关位置0 车灯开关S18在开关位置2 近光灯开关S19在近光开关位置	X1 X2 X3 X12 X4 X5 X6 X7 X8	测量示例　测量点X1~X8	U_{batt} 0 U_{batt} 0 U_{batt} U_{batt} U_{batt} U_{batt} U_{batt}
2	车灯开关S18在开关位置2 近光灯开关在远光灯开关位置	X9 X10 X11 X12 X4 X13 X14 X15 X16		U_{batt} U_{batt} U_{batt} U_{batt} 0 U_{batt} U_{batt} U_{batt} U_{batt}
	车灯开关S18在开关位置0，远光灯瞬时接通开关S20的触点闭合	X16 X17 X18 X19 X20		U_{batt} U_{batt} U_{batt} U_{batt} U_{batt}

车外照明装置（不包括雾灯）检测记录

前照灯的检查和调节

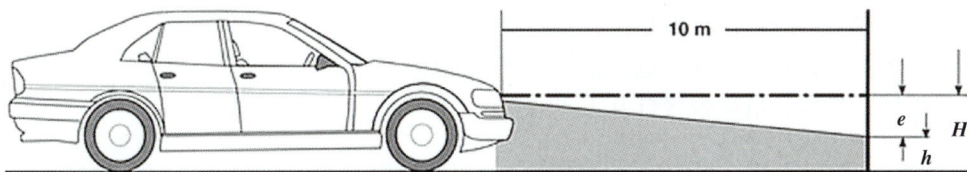

对前照灯进行作业、更换车灯后，必须进行前照灯调节：

- 透光玻璃不得损坏也不能弄脏。
- 如果车辆带有手动前照灯照明距离调节装置，将调节装置调整到初始位置。
- 如果车辆带有自动前照灯照明距离调节装置和氙气前照灯，要使用诊断测试仪进行基本调节和校准调节。
- 把前照灯调节装置放在距离前照灯30cm处。
- 根据制造商规定检查倾角（在前照灯附近）。注意前照灯上的百分比数据：例如倾角12%=H-12cm。
- 按照制造商规定数据（前照灯12cm）调节参数e。

按照StVZO进行车辆准备工作：

- 轮胎充气压力必须达到规定值。
- 驾驶员座椅上必须放置75kg负荷或乘坐一人。

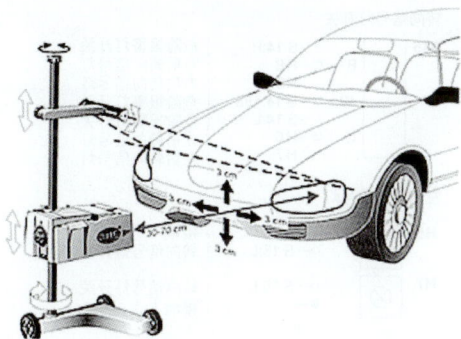

轿车至少4m，载货车至少8.5m，地面不平度不得大于1mm/m

平坦的地面是正确调节前照灯的前提条件。

- 地面不平度不得大于1mm/m。

对氙气前照灯系统进行作业时必须严格遵守维修手册，因为氙气灯上的电压很高。因此部件上都有警告牌。

2.6.2.8　车外照明装置的程序流程图

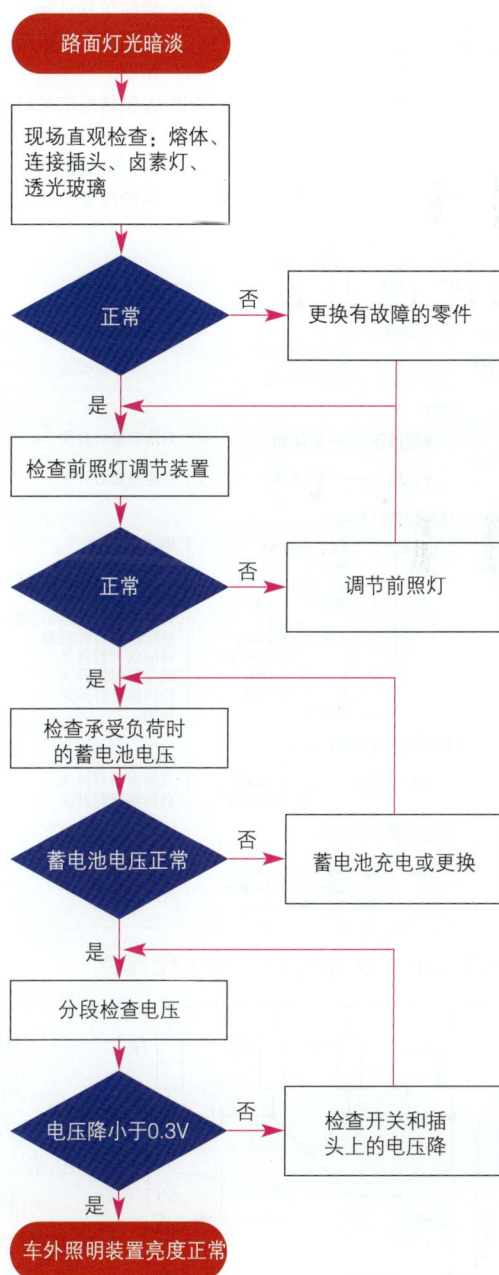

2.6.3 电子转向信号灯和危险报警装置

客户报修：	转向信号灯能工作，但是没有危险报警闪光
原因：	熔体损坏，导线断开，危险报警灯开关损坏
检查和测量：	熔体，导线，危险报警灯开关

信息收集

电路图

S14 危险报警灯开关
S15 转向信号灯开关
H5 转向信号灯控制指示灯
H6/H7 左侧转向信号灯
H4 危险报警指示灯
H8/H9 右侧转向信号灯
K4 危险报警灯传感器

功能／电流路径

危险报警灯开关S14在其静止位置接通危险报警灯传感器K4。可通过转向信号灯开关S15接通转向信号灯。操作转向信号灯开关时，车辆一侧的转向信号灯以脉冲方式亮起。

闪烁报警时，危险报警灯开关把所有转向信号灯与转向信号灯传感器输出端接通，并将输出端连接到蓄电池电压上。

转向闪光：向左

⊕—熔体F12—危险报警灯开关S14（开关位置总线端15/49）—转向信号灯传感器K4（总线端49/49a）—转向信号灯开关S15（总线端49/L）—转向信号灯H6/H7（左前，左后）—⊖

危险报警灯：接通

⊕—熔体F13—危险报警灯开关S14（开关位置总线端30/30b）—转向信号灯传感器K4（总线端49/49a）—危险报警灯开关S14（总线端49a/左/右）—转向信号灯H6/H8/H7/H9—⊖或

危险报警灯开关S14（总线端49a/31）—危险报警指示灯H4—⊖

接线图

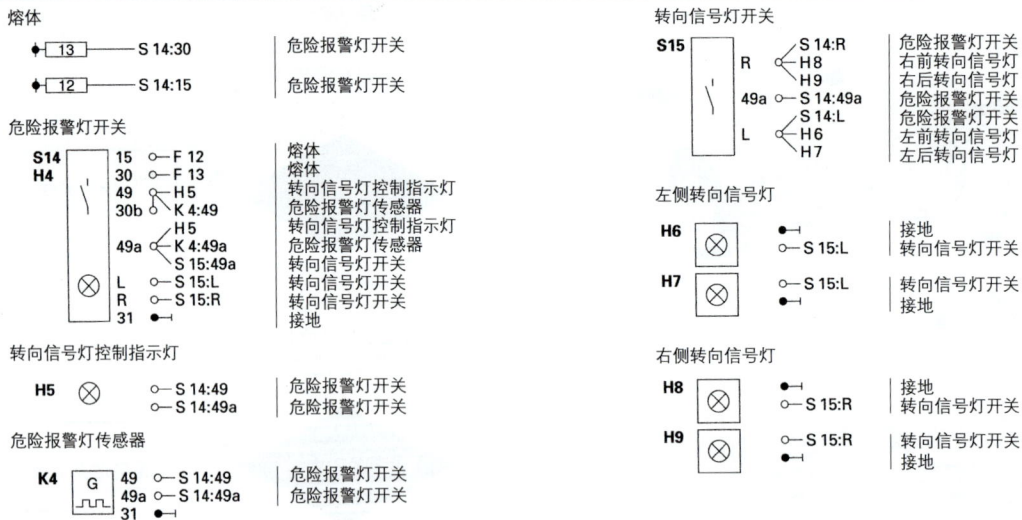

2.6.3.1 电子脉冲传感器的工作原理

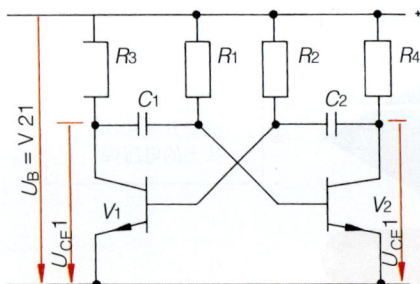

带内部电路的电路图

电子转向信号灯传感器通过一个电子脉冲传感器产生闪光。

脉冲传感器中有两个晶体管串联在一起，一个晶体管阻断电流，另一个晶体管导通。由于这种电路是从一种状态转换到一种状态，因此称之为触发电路。

脉冲传感器是一个非稳态触发电路。之所以称之为非稳态，是因为它不能识别固定的开关状态，而是在"开"和"关"两种开关状态中来回摆动。

电子危险报警灯传感器的工作原理

为了说明功能,我们把晶体管V1视为是导通的。它的集电极至发射极电压U_{CE1}从满载蓄电池电压降至0.2V的很小剩余电压。电容器C1把此电位直接接通到晶体管V2的基极上。晶体管V2阻断电流。电容器C1通过R1和晶体管V1放电,并以相反的极性充电。电容器C2通过R4和晶体管V1充电。继电器上没有电流,车灯电路断开。

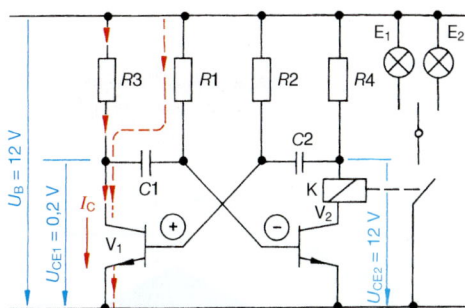

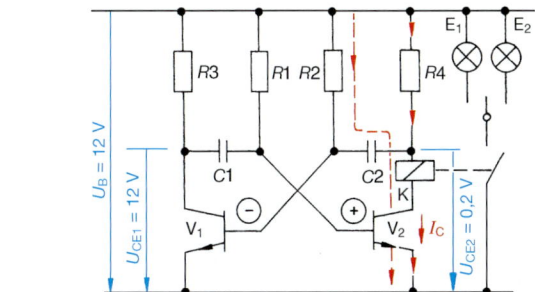

电容器C2达到 + 0.7V的充电电压时,晶体管V1导通。在晶体管V2的基极上有电容器C1的负电位。晶体管V2阻断电流。两个电容器重新充电,重复整个过程。继电器上没有电流,车灯电路断开。

如果在电容器C1重新充电阶段后电容器电压达到+0.7V时,晶体管V2导通。因此电容器C2的正极接地,负极则接到晶体管V1的基极上。晶体管V1阻断电流。电容器C2通过R2和晶体管V2并以相反的极性充电。电容器C1通过R3和晶体管V2充电。继电器的线圈上流过很大的集电极电流I_c。继电器上有电流,车灯接通。

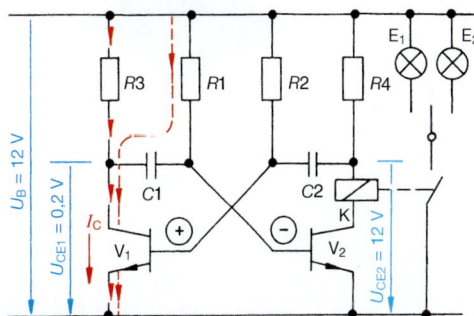

2.6.3.2 检查和测量

检查和测量:转向信号灯和危险报警装置			
现场直观检查:	熔体 插头触点,导线		

检查记录:转向信号灯和危险报警装置			
检测工具:	点火开关打开或危险报警灯开关与车载网络的永久正极相连。 检测灯(通路=1,断路=0)		

序号	开关	检测步骤	额定值	实际值(示例)
1	危险报警灯开关S14 报警闪光	总线端30	1	1
		总线端30b	1	1
		总线端49a	1-0- 1	0
		总线端L	1-0- 1	0
		XL	1-0- 1	0
		总线端R	1-0- 1	0
		XR	1-0- 1	0

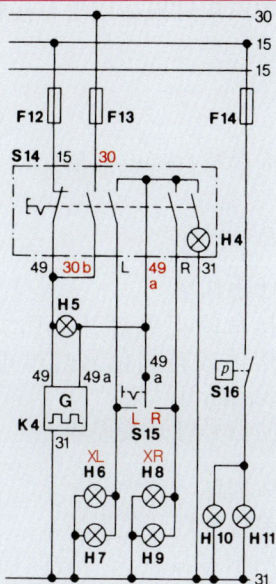

检查结果:继电器与危险报警灯开关之间的导线断开或者插头触点松动			

2.6.3.3　转向信号灯和危险报警装置的程序流程图

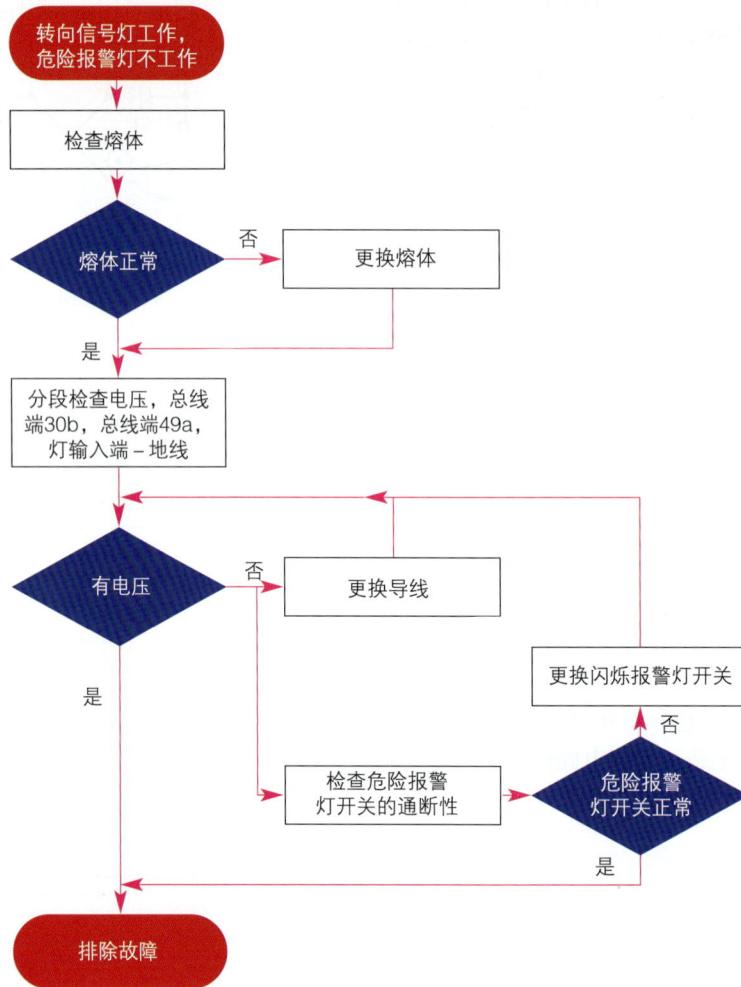

```
┌──────────────────────┐
│ 转向信号灯工作，       │
│ 危险报警灯不工作        │
└──────────────────────┘
          │
  ┌───────────────┐
  │   检查熔体     │
  └───────────────┘
          │
      ◇熔体正常◇ ──否──→ ┌──────────┐
          │是            │ 更换熔体  │
          │              └──────────┘
  ┌────────────────────────┐
  │ 分段检查电压，总线       │
  │ 端30b，总线端49a，      │
  │ 灯输入端－地线           │
  └────────────────────────┘
          │
      ◇有电压◇ ──否──→ ┌──────────┐
          │是          │ 更换导线  │
          │            └──────────┘
                          ┌────────────────┐
                          │ 更换闪烁报警灯开关│
                          └────────────────┘
                                 ↑否
  ┌──────────────────┐   ◇危险报警灯开关正常◇
  │ 检查危险报警       │──→       │是
  │ 灯开关的通断性     │
  └──────────────────┘
          │
  ┌──────────────────┐
  │     排除故障       │
  └──────────────────┘
```

2.6.3.4　转向信号灯和危险报警装置的故障诊断

故障	原因	补救措施
绿色指示灯在转向信号灯亮起时快速闪烁，在危险报警灯亮起时以正常闪烁频率闪烁	一个白炽灯损坏或没有接触	检查触点，必要时换灯
转向信号灯和指示灯在转向信号灯和危险报警灯亮起时持续点亮或不亮	转向信号灯继电器损坏	检查转向信号灯继电器，必要时更换
转向信号灯亮起，危险报警灯不亮	熔体烧坏了 连接危险报警灯开关插头触点和熔体或转向信号灯继电器的导线已断开 转向信号灯开关损坏	更换熔体 检查熔体导通性，必要时更换 检查开关的导通性，必要时更换
转向信号灯和危险报警灯不工作	熔体损坏 危险报警灯开关损坏 转向信号灯开关与转向信号灯继电器之间的导线断开	更换熔体 检查开关的导通性 检查导线的导通性，必要时更换

2.6.4 冷风鼓风机，新鲜空气鼓风机，后风窗玻璃加热装置

客户报修：	新鲜空气鼓风机只能在一种速度挡位上运转
原因：	串联电阻有故障
检查和测量：	检查串联电阻上是否有电压，通过电阻测量来检查串联电阻

信息收集

鼓风机，通风，暖风

电路图

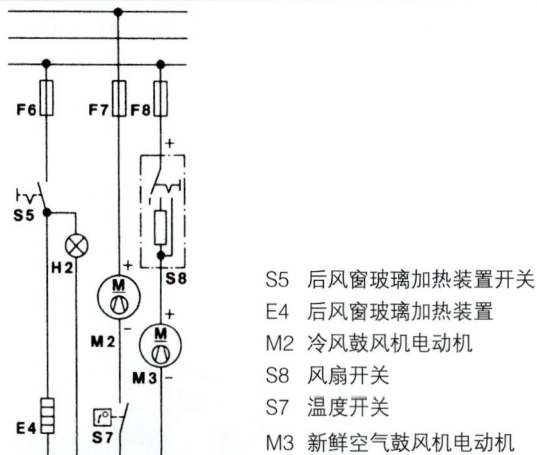

S5 后风窗玻璃加热装置开关
E4 后风窗玻璃加热装置
M2 冷风鼓风机电动机
S8 风扇开关
S7 温度开关
M3 新鲜空气鼓风机电动机

接线图

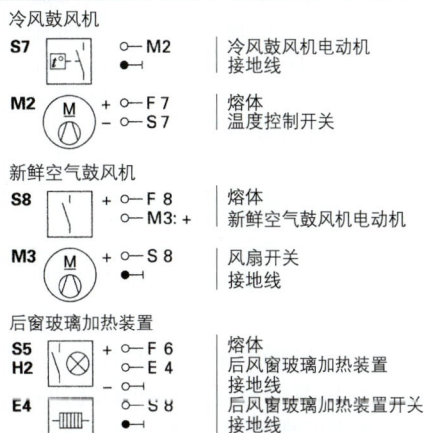

冷风鼓风机
S7 · ○—M2 · 冷风鼓风机电动机接地线
M2 · + ○—F 7 熔体 / − ○—S 7 温度控制开关

新鲜空气鼓风机
S8 · + ○—F 8 熔体 / ○—M3: + 新鲜空气鼓风机电动机
M3 · + ○—S 8 风扇开关 / 接地线

后窗玻璃加热装置
S5 · + ○—F 6 熔体 / ○—E 4 后风窗玻璃加热装置 / − 接地线
H2 · + ○—S 8 后风窗玻璃加热装置开关 / 接地线
E4

功能／电流路径

冷风鼓风机	新鲜空气鼓风机	后窗玻璃加热装置
超过特定温度时，温度开关把电路接通。 ⊕—熔体F7—风扇电动机M2—温度开关S7—⊖	新鲜空气鼓风机有2挡转速。通过接通串联电阻来达到第2挡转速。 　　开关位置1：低转速 ⊕—熔体F8—风扇开关S8—串联电阻—鼓风机电动机M3—⊖ 　　开关位置2：高转速 ⊕—熔体F8—风扇开关S8—鼓风机电动机M3—⊖	以手动方式接通或关闭后风窗玻璃加热装置。驾驶员通过指示灯了解运行状态。 ⊕—熔体F6—开关S5— ┌后风窗玻璃加热装置—⊖ └指示灯H2—⊖

2.6.4.1 车辆电动机

在车辆中有许多电动机在工作：

- 风扇电动机。
- 起动机。
- 风窗玻璃刮水器电动机。
- 风窗玻璃冲洗器电动机。

- 新鲜空气鼓风机电动机。
- 用于车窗、滑动天窗、座椅等的伺服电动机。
  所有这些电动机都是直流电动机。

直流电动机的基本原理（电机原理）

在磁场中有载流导线	在磁场中有可旋转的线环

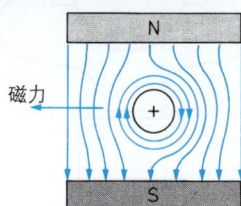

磁力

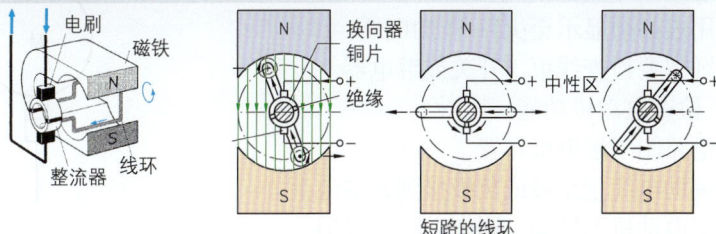

电刷　磁铁
整流器　线环
换向器铜片　绝缘　中性区
短路的线环

直流电动机的基本原理（电动机原理）

在磁场中有载流导线	在磁场中有可旋转的线环
如果一根载流导线位于一个蹄形磁铁的磁场中，两个磁场就会形成一个总磁场： ● 在导线左侧，两个磁力线朝相反方向伸展。这些磁力线部分相互抵消，因此出现去磁。 ● 在导线右侧，两个磁场的磁力线都朝同一个方向伸展，因此出现磁场增强。 　　导线承受磁力，磁力使导线向去磁方向移动。	如果导线由线环组成，作用在载流导体线环上的磁力就会使线环朝水平位置旋转。处于水平位置时不存在有效力臂。导体线环通过回转力矩转过水平位置。 　　需要转满一周时，电流方向必须转换180°。这一任务由整流器的换向器来完成。换向器由两个与导线线环末端连接且互相绝缘的半环形整流器片组成。两个电刷摩擦整流器片与电源接通。 　　换向器使位于不同磁极处的导线线环保持恒定的电流方向。因此，作用在线环两臂上的作用力始终朝向相同的切线方向，从而确保持续旋转。

直流电动机

　　为了获得均匀转矩，在直流电动机中安装了许多与换向器片相连的钢制线环。这些线环绕在一个电枢（电枢绕组）上。大多数直流电动机都有一个用来产生磁场的励磁绕组而非永久磁铁。

　　通过下述方式可以改变直流电动机的转速：
● 增大电枢电压就能提高转速，减小电枢电压则降低转速。
● 减少励磁电流就能提高转速。

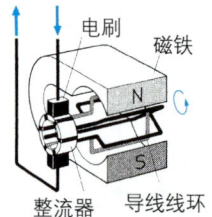

　　按电枢与励磁绕组连接方式不同分为不同直流电动机

串联电动机	并联电动机	复联电动机	恒磁场电动机
励磁与电枢绕组串联连接。	励磁与电枢绕组并联连接。	由一个串联与一个并联绕组提供励磁磁场。	由一个恒磁场提供励磁磁场。
⊕起动转矩很大 ⊖负荷对转速影响很大	⊕转速不受负荷影响 ⊖起动转矩很小	⊕起动转矩很大 ⊖受到负荷影响时，转速仅略微降低	⊕起动转矩良好 ⊖受到负荷影响时，转速波动很小
起动机	风扇、泵电动机	起动机、双级车窗玻璃刮水器	风扇、风窗玻璃刮水器、车窗升降器和鼓风机电动机

检查和测量：电动机

　　发生故障时先要明确是电动机还是电源有故障。

　　1.检查电源
● 拔出电动机插头。
● 把万用表接到线束端头上。
● 接通点火开关。
● 万用表必须显示至少11.5V的电压。
● 否则需要检查线束、开关或继电器。

　　2.检查电动机功能
● 从电路图了解电极布置。
● 用辅助电缆把正极或负极接到蓄电池上。
● 如果电动机不转动，则电动机有故障。

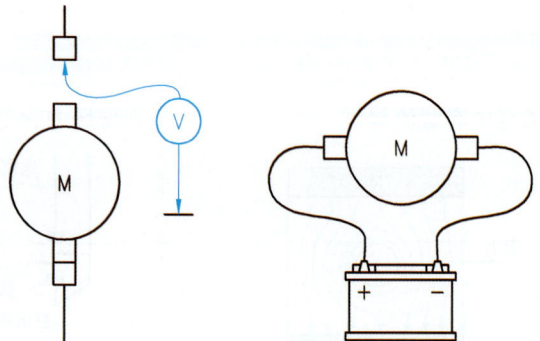

2.6.4.2　检查和测量

检查和测量：新鲜空气鼓风机				
现场直观检查：　熔体，导线，插头触点				

检查记录：新鲜空气鼓风机				
检测前提条件：　打开点火开关，以便检查鼓风机开关 检测工具：　万用表				

序号	开关	检测步骤：测量点X—接地		额定值	实际值（示例）
1	鼓风机开关S8 开关挡位0	X1 X2 X3		U_{batt} 0 0	正常 0 0
2	鼓风机开关S8 在开关挡位2 高转速	X1 X2 X3		U_{batt} U_{batt} U_{batt}	正常 正常 正常
	鼓风机开关S8 在开关挡位1 低转速	X1 X2 X3		U_{batt} $<U_{batt}$ $<U_{batt}$	U_{batt} 0 0
检测结果：串联电阻损坏					

2.6.4.3　程序流程图
新鲜空气鼓风机

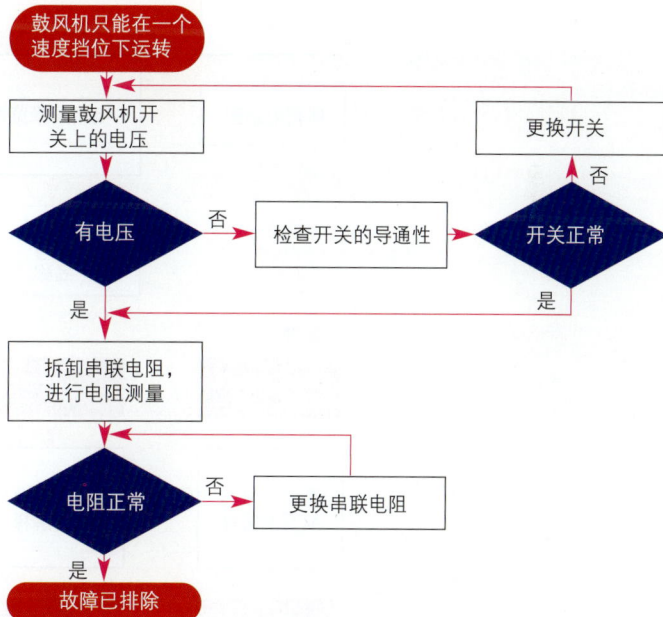

2.6.4.4　鼓风机故障诊断

故障	原因	补救措施
点火开关打开时鼓风机不运转	熔体熔断 开关损坏，导线断路	更换熔体 检查从电源到开关的供电
	电动机损坏	检查电动机供电 检查电动机的功能，必要时更换 检查开关
鼓风机在所有速度挡位下都不运转	串联电阻损坏	检查串联电阻，必要时更换

学习领域

3

3 执行工作计划，故障诊断和修理，检查工作质量

3.1 维修站信息系统 ESItronic 中的电路图

识别车辆（以1995年款 BMW 325i 为例）后通过导航栏和登录窗口"电路图"得到所存电路图的概览表。点击所需要的电路图，例如"前照灯"，出现车外照明装置的两个电路图：近光灯和远光灯以及雾灯。元件在一个栏位内予以解释。

点击设备名称后显示序号和名称或者相反。

利用功能键F2 可以了解符号的含义、导线颜色或其他名称缩写的含义，利用功能键F3可以了解接地点（请查阅 ESItronic CD–ROM）。

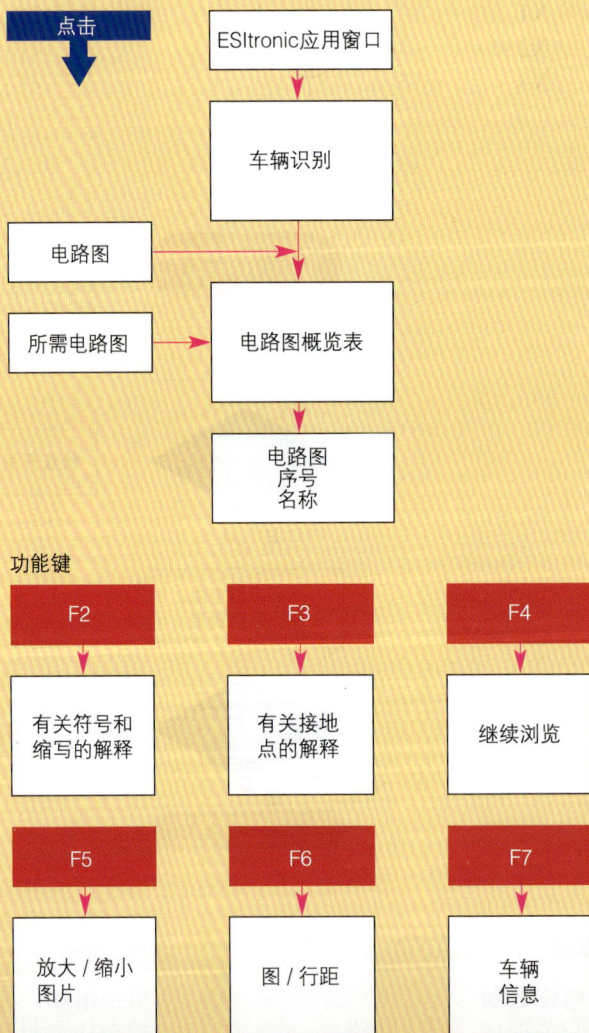

点击 →

ESItronic应用窗口

↓

车辆识别

电路图 →

所需电路图 → 电路图概览表

↓

电路图
序号
名称

功能键

F2	F3	F4
有关符号和缩写的解释	有关接地点的解释	继续浏览

F5	F6	F7
放大 / 缩小图片	图 / 行距	车辆信息

BOSCH
ESI [tronic]
电子服务信息

电路图

车辆	BMW/325i/325/2.5/141kW/09/1990–12/1995/25	6	S1/S2
RB 代码	BMW283		
系统	1995/前照灯==图片1/2==		

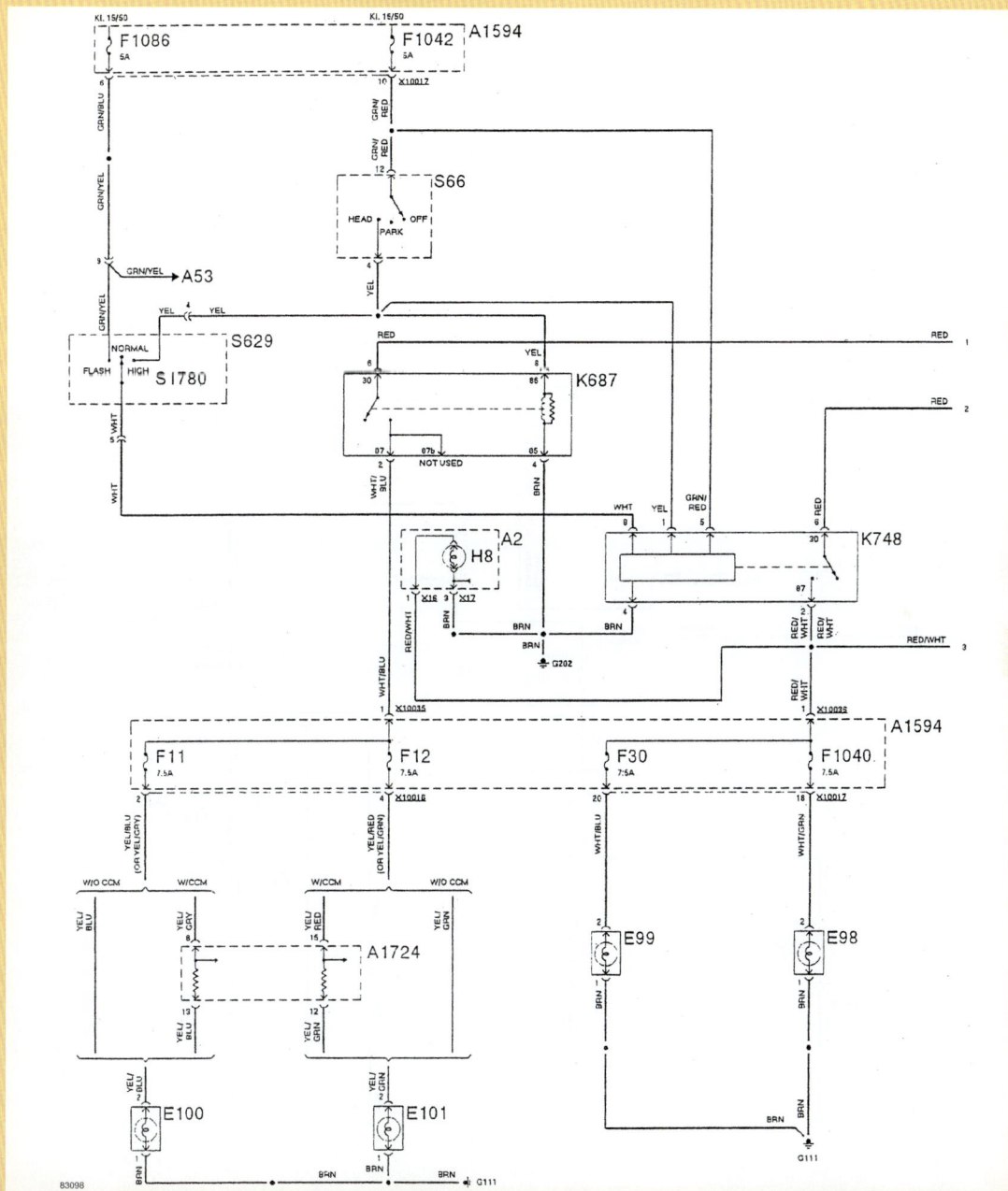

序号	名称	序号	名称	序号	名称
A1594	前部配电箱	E98	左侧远光灯	F30	熔体 30
A1594	前部配电箱	E99	右侧远光灯	H8	远光指示灯
A1724	检查控制模块	F1040	熔体 F29	K687	近光灯继电器
A2	组合仪表	F1042	熔体 F25	K748	远光灯继电器
A53	车外照明系统	F1086	熔体 F23	S1780	远光灯开关
E100	右侧近光灯	F11	熔体 11	S629	组合开关
E101	左侧近光灯	F12	熔体 12	S66	车灯开关

BOSCH
ESI [tronic]
电子服务信息

电路图

车辆	BMW/325i/325/2.5/141kW/09/1990–12/1995/25 6 S1/S2
RB 代码	BMW283
系统	1995/前照灯==图片2/2==

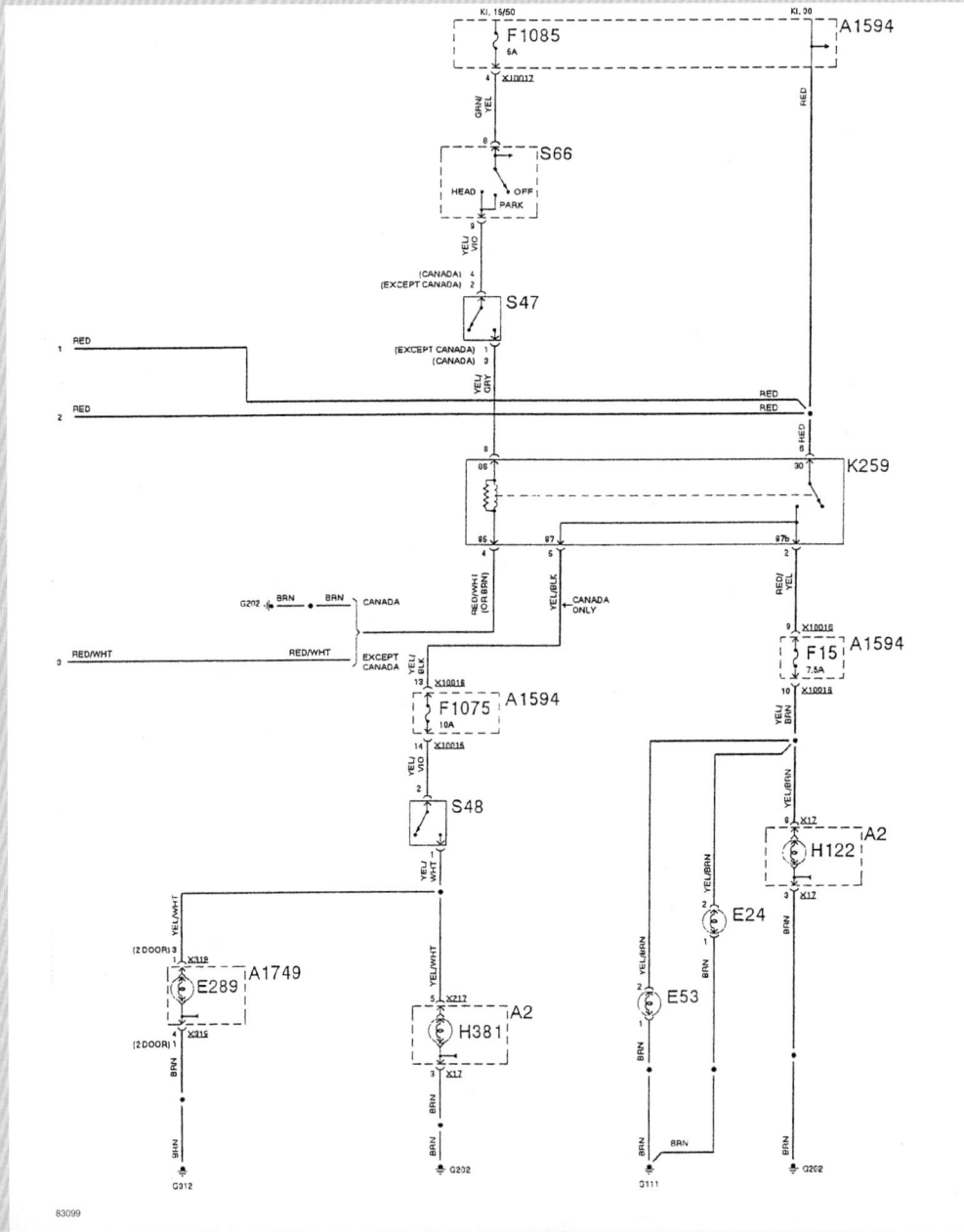

83099

序号	名称	序号	名称	序号	名称
A1594	前部配电箱	E289	左侧后雾灯	H381	后雾灯指示灯
A1594	前部配电箱	E53	左侧前雾灯	K259	前雾灯继电器
A1594	前部配电箱	F1075	熔体 F17	S47	雾灯开关
A1749	左侧行李箱灯	F1085	熔体 F22	S48	后雾灯开关
A2	组合仪表	F15	熔体 F15	S66	车灯开关
A2	组合仪表	H122	前雾灯指示灯		
E24	右侧前雾灯				

3.2　符合DIN标准的电路图

不同维修站信息系统的电路图中使用的符号与DIN标准略有不同。以下电路图表示符合标准的前雾灯电路图。

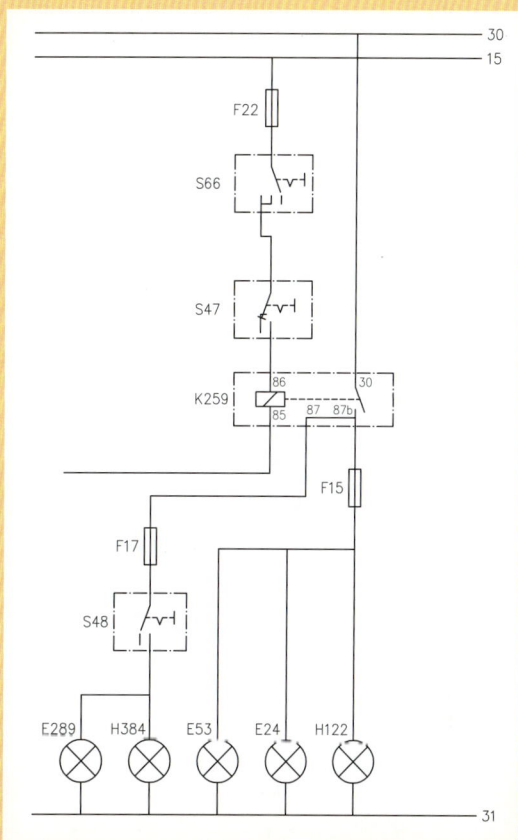

3.3　信息分析

2.2 信息的整理、组织和记录

1. 电路图分析

1）这个待保养的系统称为什么？

2）该电路由哪些功能元件组成？设备名称是什么？

3）这些功能元件有哪些任务？

4）哪些熔体属于雾灯电路？

5）各个电路使用多少安培的熔体？

6）哪个继电器用于接通雾灯？

7）电缆带有什么颜色标记？

1. 电路图分析

1）前雾灯照明系统。

2）熔体F15、F1075、F1085；继电器K259；雾灯E53和E24；前雾灯开关S47、雾尾灯开关S48；雾尾灯E289。

3）熔体保护导线和用电器免受短路和过载损坏。用电磁方法接通或关闭继电器，手动接通或关闭雾灯开关和雾尾灯开关。用电器上的继电器使用时有很高的电流消耗，以便保证开关不受过载并有很短的电流路径。

4）从使用说明书、接线详图或熔断器盒盖可知道熔体的布置：
F15=F15；F1075=F17；F1085=F22；

5）F1085=5A；F1075=10A；F15=7.5A

6）继电器259，常开触点；控制电路总线端86/85，工作电路总线端30/87b/87

7）蓄电池正极—继电器总线端30：红色
继电器总线端87b—雾灯：红色/黄色，黄色/棕色
雾灯—搭铁：棕色
光信号开关—雾灯开关：黄色/紫色
雾灯开关—继电器总线端86：黄色/灰色
继电器总线端85—照明系统：红色/白色
继电器总线端87—熔体：黄色/黑色
熔体—雾尾灯开关：黄色
雾尾灯开关—雾灯开关：黄色/白色
雾尾灯—搭铁：棕色

客户服务：雾灯不亮

8）用中文和英语解释雾灯电路的工作原理。

8）当近光灯接通时，能把各盏前雾灯接通。在雾灯开关S47的开关挡位"接通"中，继电器K2590把前雾灯电路接通。一旦接通远光灯，该继电器就失电并切断前雾灯电路，因为此继电器线圈在两侧都是接正电的。

9）How does the system work?

9）When the dimmed light is activated the long range fog lamp may likewise be switched on. The "on" position of the foglight switch S47 locks the circuit of Relais K2590 for the long range fog lamp. When the full headlight beam is switched on the Relais is without current and disconnects the circuit for the long range fog lamp because the coil of the Relais is connected with the positive potential on both sides.

10）12V/55W 卤素灯的耗电量多大？

10）$I=P/U=55W/12V=4.58$ A

11）从配电盒至总线端30继电器的导线（铜）必须采用多大横截面？导线长度为 2.2 m，允许电压损失最高为 0.5 V。

11）并联时从导线上流过的电流为
$I_{ges}=2\times4.58A=9.16A$
$R=U_v/I=0.5V/9.16A=0.55\,\Omega$
$A=\rho l/R=0.0183\,\Omega\cdot mm^2/m\times2.2m/0.55\,\Omega=0.732mm^2$
$A\sim0.75mm^2$

12）在以下情况下从配电盒处开始，电流走向如何？
a）雾灯接通时。
b）同时远光灯接通时。

12）a）总线端15/50—熔体F1085—光信号开关S66，总线端8/总线端9—雾灯开关S47总线端2/1—继电器K259总线端86/85—熔体F1040或F30—远光灯E99或E98—搭铁。

总线端30—继电器K259，总线端30/876—熔体F15
→ 雾灯E24或E53—搭铁
→ 前雾灯指示灯H122—搭铁
　继电器K259，总线端87—熔体1075—雾尾灯开关S48，总线端2/1
→ 雾尾灯E289—搭铁
→ 雾尾灯指示灯H381—搭铁

b）在接通远光灯时，雾灯继电器K259在两端都获得正电：从雾灯开关S47接到雾灯继电器K259总线端86去，从远光灯继电器K748接到继电器K259总线端85去，雾灯继电器就失去作用，雾灯就熄灭。

13）在电路图中画出电流路径。

13）请参考第285页的电路图。

2．安全措施／事故预防措施

进行照明装置方面的工作时必须遵守哪些安全措施？

2．安全措施／事故预防措施

在电气设备上作业时原则上必须拆开蓄电池搭铁电缆的连接。

通过拆开蓄电池的导线连接就能清除电子存储器，例如故障存储器，必须更换包皮已破损的导线，只有在无电流状态下才能拆卸导线。

尽量在关闭点火系统之后再进行检查和调节作业。若必须要让点火系统开着，则不得接触带电物体。尤其是有些点火系统使用虽然有着绝缘保护也会通过电压击穿而造成触电的危险高压。在更换熔体时和其他功能元件之前总是先切断电路并关闭点火系统，以防止短路和过载。

对电动鼓风机也须小心，因为它们在电动机停机时也能转动，因此要冷却电动机并拔掉插头。

3．预防性措施

修理前必须做好哪些准备工作？

3．预防性措施

防止车辆溜动：铺上一次性座椅蒙皮、一次性放脚空间护垫和挡泥板护垫。

4．故障诊断

1）哪些原因可能导致"雾灯不亮"故障？

2）如何确定故障范围？
3）接地点在何处？

4．故障诊断

1）熔体烧断，灯丝烧断，开关S66、S47、S48和继电器K259的触点接触不良，导线断开。
2）用数字式万用表分段地测量电压或电阻。
3）质点在：
　　G312：在左后座之后
　　G202：在仪表盘左侧
　　G111：在蓄电池附近

5．工具，器具，检测工具

1）执行工作委托时需要哪些工具？
2）执行工作委托时需要哪些检测工具？
3）待检测元件的实际数据或规定数据是什么？

5．工具、器具、检测工具

1）用来撬开盖板的螺钉旋具，用来拉出熔体的塑料钳。
2）数字式万用表
3）在测量电压时电压必须大于11.5V，在检查导通性时电阻值不得小丁2Ω。

6．制造商规范，法律规定

1）更换雾灯灯泡H7时必须注意什么？

6．制造商规范，法律规定

1）在换灯时要戴上工作手套和防护眼镜，因为H7灯内有压力并可能要爆裂。

新灯玻璃壳不得被裸手指触碰过，因为即使是最小的手指印也会被高温灼烤而变成要破坏灯玻璃壳的炭黑，另一方面也会通过蒸发而沉积在反射器上，使它变得模糊不清。

2）在前雾灯方面道路交通许可规定（StVZo）有什么规定？

2）StVZO第§52章规定：前雾灯的开启能与远光灯和近光灯没有关系。若前雾灯到车辆轮廓线最宽处的距离超过400mm，则必须保证它只能与近光灯一齐点亮。第§53（4）章规定，只有当为了远光灯、近光灯或前雾灯或者为了这些前照灯的组合而开启前照灯时，开启雾尾灯它才会点亮。如果有前雾灯存在，则开启远光灯或近光灯开关不会将它关闭。已经开启的雾尾灯必须用黄光指示灯向驾驶员作出提示。

2.3 制订检测计划

1. 必须遵守哪些检测前提条件？
2. 需要哪些检测工具？
3. 必须遵守哪些规定 / 准则？
4. 测量点在何处？
5. 规定值必须为多少？
6. 绘制一个程序流程图。

检测计划参见第288页

学习领域
3

客户报修：雾灯不亮

客户报修：雾灯不亮

3.4　检查和测量

检查和测量：雾灯

现场直观检查：	熔体 F15、F17、F22

检测记录：雾灯

检测前提条件：	打开点火开关
检测工具：	万用表

序号	开关	测量连接：测量点X — 接地	额定值	实际值（示例）
1	车灯开关 S66 接通 雾灯开关 S47 关闭	X1（30） X2（15） X3（F22） X4	U_{batt} U_{batt} 0 U_{batt}	U_{batt} U_{batt} 0 U_{batt}
2	车灯开关 S66 接通 雾灯开关 S47 接通	X5（S66） X7 X8（S47） X9 X6 X10 X11（K259） X12 X13	U_{batt} U_{batt} U_{batt} U_{batt} U_{batt} U_{batt} U_{batt} U_{batt} U_{batt}	U_{batt} U_{batt} U_{batt} 0 0
3	雾灯开关 S47 接通 后雾灯开关 S48 关闭	X14（F15） X15 X16（F17） X17（S48）	U_{batt} U_{batt} U_{batt} 0	
4	雾灯开关 S47 接通 后雾灯开关 S48 接通	X14 X15 X16 X17 X18（89 / H384） X19（E53 / E24 / H122）（31）	U_{batt} U_{batt} U_{batt} U_{batt} U_{batt} U_{batt}	

检测结果：雾灯继电器 K259 卡死或损坏

部件检测：雾灯继电器

检测记录：继电器

检测前提条件：	点火开关已关闭 继电器已拆下
检测工具：	万用表（欧姆表）

序号	检测步骤	额定值	实际值（示例）
1	测量继电器总线端 30 与 87 之间的电阻	无限大	0 Ω
2	测量继电器总线端 85 与 86 之间的电阻	100Ω	100Ω
3	轻轻敲击继电器壳体（如果触点粘连）		
4	将蓄电池电压接到继电器总线端 85（−）和 86（＋）上		
5	测量继电器总线端 30 与 87 之间的电阻	0Ω	0Ω

检测结果：继电器触点粘连或熔在一起，必须更换继电器

3.5 检查，记录，后续工作

工作质量

保养工作结束后，车辆机电维修工确认其工作是否100%合格。

1. 是否按工作计划进行了所有工作并做记录？

2. 哪些工作项目必须以现场直观检查方式进行检查？

3. 需要采取哪些其他措施？

4. 是否遵守规定的维修工时？

5. 车辆是否干净整洁？

6. 哪些信息必须向客户通报？

7. 对质量改进的贡献。

1. 检查工作计划的所有工作项目并确认所有项目都已认真完成，并在解释说明的范围内作出了全面解释。
   - 所有导线段的电压测量。
   - 开关和继电器的电阻测量。
   - 继电器的更换。

2. 将要检查下述项目：
   整个照明装置的功能。

3. 进行前照灯方面的工作、拆卸和安装白炽灯时需调节前照灯。

4. 维修工时：
   雾灯装置：
   前照灯调节：

5. 检查车辆是否干净整洁，护套是否已取下。

6. 指出电气装置故障，例如蓄电池状态，反射器和透光玻璃状态以及已发现且在下一次维修时能够排除的其他故障。记录这些故障。

7. 考虑一下修理、工作规划的准备工作，检测工具、工作油液和辅助材料的可使用性和时间的分配是否达到最佳程度。提出合理化建议并在下一次修理时予以考虑。

记录

1. 是否记录了配件和材料需要量？
2. 是否记录了工作开始和结束时间？
3. 是否将已发现的故障记录在委托书或工作单上？

学习领域
3

对解释说明的反思

- 是否达到了规定目标？
- 可视化解释说明方式是否正确？
- 与相关人员沟通的效率是否很高？
- 组织工作是否很好？

练习作业

检查和维修委托
Bosch ESItronic 维修站信息系统 CD—ROM

1. **针对以下车辆执行检查和维修委托**

 车辆1：VW Golf IV 1.6，74kW，1998 年款

 牌照号：S-RT 256；里程数：92000；代码，区域2：0603；区域3：421

 客户报修：后窗玻璃结冰不融化。

 车辆2：BMW 325 i，141kW，1995 年款

 牌照号：F-XY 244；里程数：140000；代码，区域2：0005；区域3：506

 客户报修：打开左后车门时车内照明装置不工作。

 车辆3：BMW 325 i，141kW，1995 年款

 牌照号：B-MN 868；里程数：160000；代码，区域2：0005；区域3：506

 客户报修：喇叭不响。

 车辆4：Volvo 850 2.5 GLE，注册登记日期 1995 年

 牌照号：D-SU123；里程数：85000；代码，区域2：9101；区域3：495

 客户报修：左侧电动调节式后视镜不工作。

 1) **车辆识别**

 进行车辆识别（工作单 1）。

 2) **电路工作原理**

 用中文和英语解释电路的工作原理（工作单2）。

 3) **符合 DIN标准的电路图**

 画出符合DIN标准的电路图并列出电路元件（工作单3）。

 4) **电流路径**

 画出不同开关挡位下的电流路径（工作单2）。

 5) **检测记录**

 按下述要求编制检测记录（工作单4）：

 检测前提条件、检测工具、测量点、额定值。

 6) **故障诊断**

 进行故障诊断并列出可能存在的故障（工作单4）。

 7) **请计算**

 （工作单1）

 ① VW 车辆：右图表示电热丝的分布。电热丝厚为0.02mm，
 由镍铜合金制成，一根电热丝的长度为1.25m。

 a）在此使用哪个电路？

 b）画出等效电路图。

 c）计算电阻R和电流I。

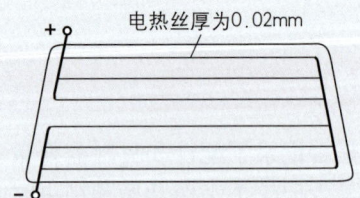

电热丝厚为0.02mm

 ② BMW 车辆：车灯电路（每个车灯10W）必须使用哪些熔体？

 ③ BMW 车辆：功率25W的喇叭消耗多少电流？

 8) **工作质量的保证**（工作单5）

2. **加装雾灯装置**

 车辆：Renault Twingo 1.2i，40 kW，1997

 牌照号：F-RS 456；里程数：125000

 客户委托：在现有照明装置中加装前雾灯。

 1) **车辆识别**

 进行车辆识别（工作单 1）。

 2) **符合DIN标准的电路图**：设计前雾灯电路并加到现有电路中。前雾灯应在远光灯打开时自动熄火。
 列出额外需要的电气元件（工作单3）。

 3) **计算**：计算导线横截面和所需要熔体容量。假设所需导线段分别为1m长（工作单1）。

学习领域 4

控制和调节系统的检查和修理

1 客户报修：客户对发动机状况不满意，但是没有明确的投诉内容

1.1 工作步骤：检查和修理

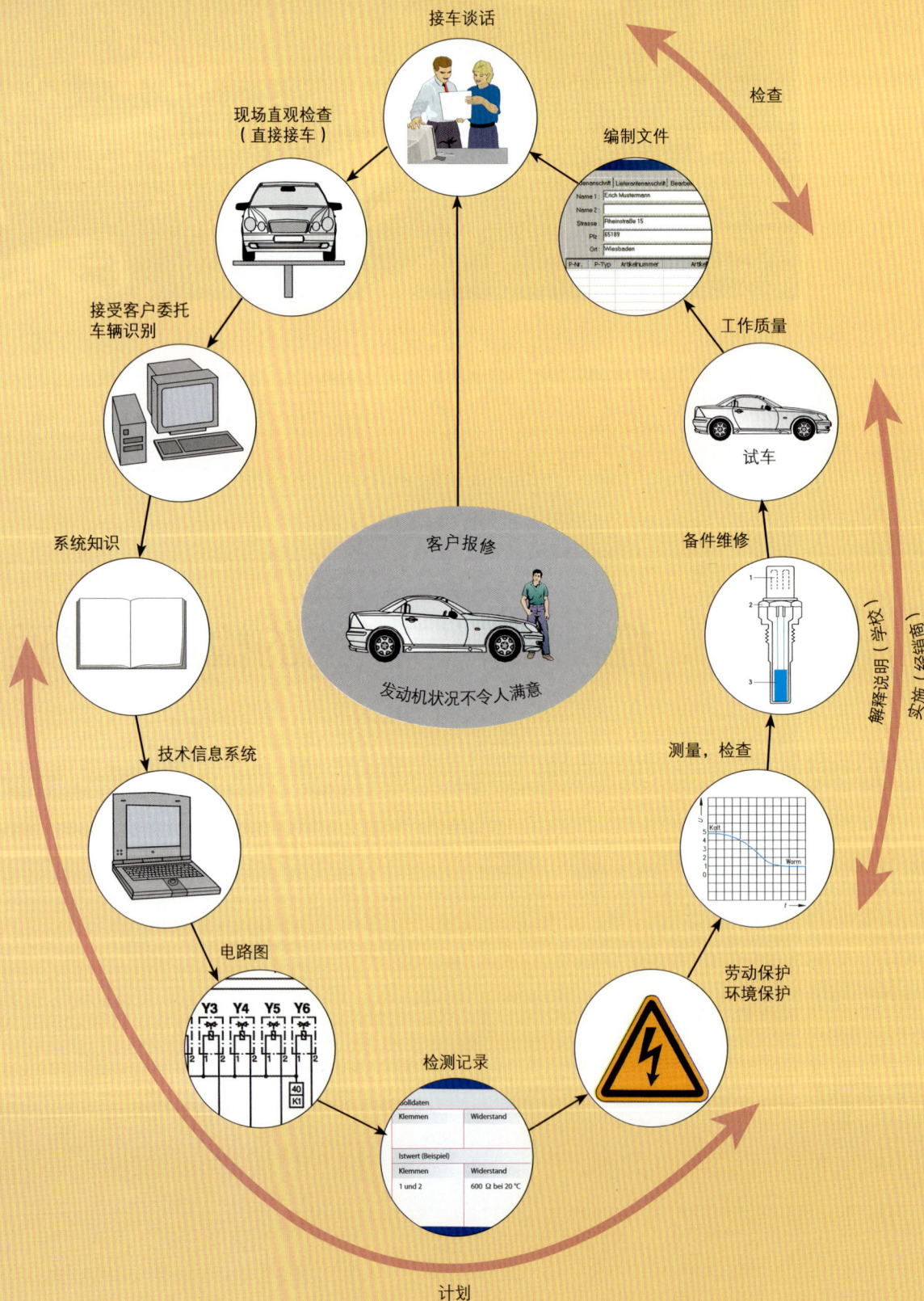

接车谈话

现场直观检查
（直接接车）

检查

编制文件

工作质量

接受客户委托
车辆识别

试车

系统知识

客户报修

发动机状况不令人满意

备件维修

技术信息系统

解释说明（学校）　实施（经销商）

电路图

测量，检查

劳动保护
环境保护

检测记录

计划

1.1.1　接车谈话和接受客户委托

直接接车	接受客户委托

直接接车

　　直接接车时可以读取故障码存储器记录，以便让客户得到关于修理费用的第一手信息。直接接车时还可以进行以下检查工作：

车辆外部：
- 石击损伤
- 刮水器片
- 照明装置
- 年检 / 尾气检测
- 损坏

发动机室：
- 点火电缆
- 软管和传动带
- 制动液 / 含水量
- 冷却液 / 机油损耗
- 发动机支座

车辆下部：
- 轮胎 / 减振器
- 制动装置/摩擦片/制动盘/制动软管
- 排气装置
- 发动机/变速器/转向系统机油损耗

编制工作卡

　　如果是新客户：

　　将通信地址写入工作卡并转入地址簿中。

　　如果是老客户：

　　将通信地址从地址簿转入工作卡中。

接受客户委托

可按下述方式与"客户"交谈：

　　向客户致以友好的问候，进行自我介绍。认真、积极、耐心地倾听客户意见，询问客户有哪些问题和要求。

　　客户报修：客户对发动机状况不满意，但是没有明确指出车辆问题。

　　向客户询问：
- 发动机起动困难吗？
- 怠速运转正常吗？
- 发动机能提速吗？
- 发动机是否缺火？
- 发动机是否响应较慢？
- 发动机是否有动力输出？

　　如果无法明确界定故障，则需要对整个系统进行检查。

　　接受维修委托
- 询问客户姓名，车辆牌照号和公里读数。
- 请客户出示机动车行驶证。

　　根据机动车行驶证上的信息进行车辆识别：

　　车辆：BMW

　　区域 2代码：0005

　　区域 3代码：506

　　首次注册登记：1995年
- 询问客户其他要求与愿望。
- 向客户提供直接接车服务。
- 确定交车日期。
- 询问客户电话号码以便回访。
- 请客户在委托确认书（委托表格）上签字。
- 编制工作卡（参见第363页）。

客户通信地址

先生 Erich Mustermann RheinstraBe 街道15号 65189 Wiesbanden	委托编号：0001 客户编号：1508 委托日期：07.23.2003

类型：	牌照号	车辆识别号	里程数
BMW	325	0005 506	121250

首次注册登记	发动机代码	接车人	电话号码
25. 08. 1995	256 S1/S2	A. Meyer	0611/4444444

项目	工时	时间	工作内容描述	价格
			发动机功能不正常检查整个系统	

完工日期：23.07.2003,160.00点

此委托书是在明确确认"车辆、总成及其零件工作估算费用条件"之后才签名并当面交给我的。

车辆最终检查

日	时间	验收人	里程数

Mustermann
客户签名

（参见第363页）

学习领域

4

客户报修：对发动机状况不满意

1.1.2   检查和修理的前期计划

故障查询和故障排除的结果取决于一系列因素：

- 系统知识

系统知识是分析具体过程和系统特性的先决条件。

- 严格遵守相关维修站信息系统的检查和修理说明。
- 所有必要检测和测量设备的可用性。
- 合适工具的可用性。
- 工作场所干净整齐。

"故障诊断"因果关系图和"信息收集"脑图

在头脑风暴法的框架内总结工作步骤"故障诊断"所需的所有要点。其中包含学员在车辆维修站日常工作中获得的经验。接着还要通过头脑风暴法对所有信息系统进行分析，以便确定它们可以为解决问题提供哪些帮助。

根据因果关系图和脑图提出问题，然后解答这些问题以进行信息收集和分析、制订工作计划和执行具体工作。

"故障诊断"因果关系图

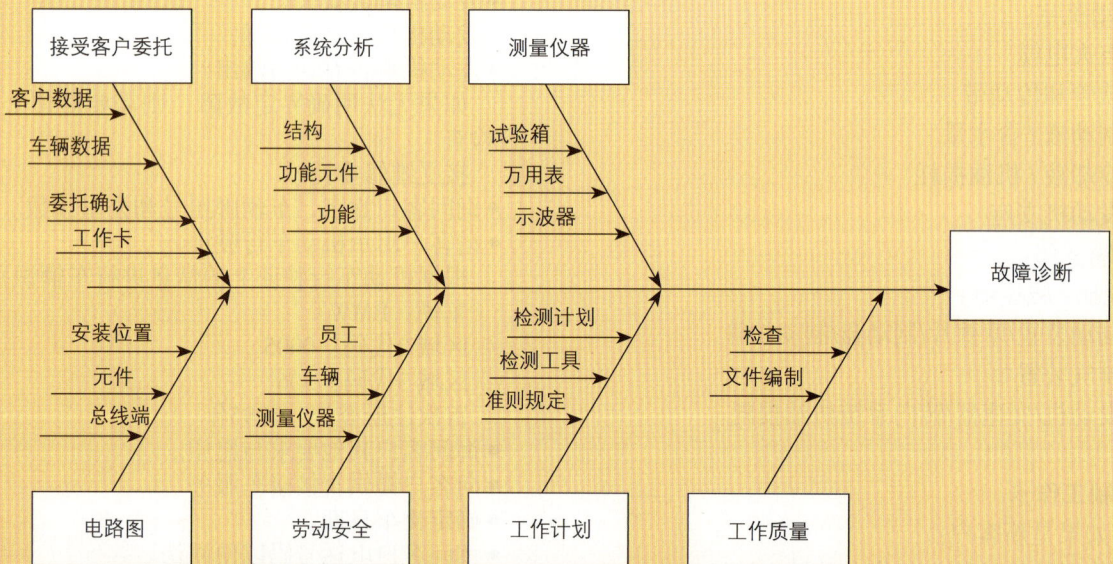

接受客户委托 | 系统分析 | 测量仪器

客户数据 | 车辆数据 | 委托确认 | 工作卡

结构 | 功能元件 | 功能

试验箱 | 万用表 | 示波器

故障诊断

安装位置 | 元件 | 总线端

员工 | 车辆 | 测量仪器

检测计划 | 检测工具 | 准则规定

检查 | 文件编制

电路图 | 劳动安全 | 工作计划 | 工作质量

"信息收集"脑图

车辆识别
SIS/CAS
发动机管理系统 Motronic M3.3.1
Esltronic

特点
结构，操纵
安全措施
根据客户报修进行故障查询
不根据客户报修进行故障查询
自诊断
电气接线图

服务信息系统统一故障查询说明

资料
博世公司技术资料
制造商技术资料

信息收集

术语索引
专业书籍
CD-ROM

搜索引擎：Motronic 发动机管理系统
www.kfz-tech.de
车辆制造商的技术词典
因特网

例如：
www.audizentrum-hannover.de
www.bmw.de
www.kraftahrzeugtechnik-heute.de
www.mercedes-benz.de

1.1.3 问题

1. 信息收集

信息系统
- 专业书籍

专业书籍的特点是内容系统化、条理清晰且关联性强。

利用术语索引处的关键词可以很快找到所需信息。
- 公司资料

汽车制造商、系统供应商和专业出版社出版信息资料：
- ·有关系统结构和功能的技术信息。
- ·纸张形式的故障查询和修理资料。
- ·CD-ROM形式的故障查询和修理资料。
- 专业杂志

专业杂志针对汽车行业的最新发展情况。通过每年发布一次的目录或术语索引可以找到所需专业文章是在哪一年度的哪一期中发表的。
- 国际互联网查找

组件和系统供应商、工作油液和辅助材料的制造商在国际互联网上发布的各种各样的免费信息。
- 法律规定
- ·环境保护法。
- ·事故预防规定。
- 企业内部规定
- ·按照危险物品法规第20条制订的工作指导。
- ·工作油液的废弃处理。

专业信息、信息收集见第 297 页以后的内容。

术语索引：
例如控制系统、调节系统、发动机管理系统

车辆制造商的技术信息
CD-ROM 上的修理说明

年度术语索引

CD-ROM 上的国际互联网地址

环境保护法请查阅学习领域1CD-ROM
事故预防规定请查阅ESItronicCD-ROM
企业工作指导参见学习领域1的CD-ROM

客户报修：对发动机状况不满意

2. 信息分析

2.1 了解概况，理解文字内容

　　1. 通读文字内容和信息。
　　2. 标记出涉及修理工作或待修理部件的关键内容。

学习领域
4

客户报修：对发动机状况不满意

2.2　表述问题

1. 电路图分析

1）这个待检查的系统称为什么？
2）哪些传感器探测输入信息？
3）用于探测基本燃油量主控制参数的传感器如何工作？
4）哪些执行机构执行控制指令？
5）请解释燃油喷射阀的工作原理。
6）用英语解释该系统如何工作？
7）按 EVA 原理绘制系统框图。

专业信息请查阅第313~324页
汽车制造商提供的车辆信息
有关该系统的信息参见 CD-ROM 和Bosch ESItronic CD-ROM（特点处）

2. 安全措施，事故预防规定

进行发动机管理系统方面的工作时必须遵守哪些安全措施？

事故预防规定请查阅ESItronicCD-ROM，VWGolf IV1.6→SIS故障查询说明→发动机管理系统SIMOS → 目录 → 安全措施

3. 预防性措施

进行故障诊断和修理前必须做好哪些准备工作？

4. 检测前提条件

1）必须遵守哪些检测前提条件？
2）一次成功的故障诊断取决于哪些因素？

请查阅ESItronicCD-ROM，VWGolf IV16处

5. 检测工具

执行工作委托时需要哪些检测工具？

检测工具参见第306页

3.　执行工作计划

1. 如果客户没有明确抱怨车辆问题，但是对其车辆的性能不满意，维修站信息系统的答复是什么？
2. 需要哪些信息资料？
3. 必须检测哪些元件？检测顺序是什么？
4. 必须执行哪些计划步骤？

相关信息请查阅ESItronic CD-ROM

4.　进行故障诊断和修理

1. 如何进行故障诊断？
2. 如何进行修理？

相关信息请查阅ESItronicCD-ROM

2 信息收集

2.1 基本原理

2.1.1 控制和调节

黄昏自动开关电路

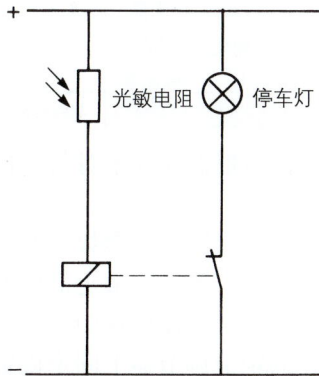

在简单的黄昏自动开关电路中，日光通过一个光敏电阻（LDR）和一个继电器来控制停车灯。日光由光敏电阻转换成电气参数。无光线作用时光敏电阻阻值很高，所以较小的控制电流不足以使继电器吸合，停车灯亮起。光线照到光敏电阻上时电阻值下降，控制电流增大，继电器吸合并断开停车灯电路。

车内暖风

1—冷空气
2—风扇
3—温度测量传感器
3a—流向进气管或鼓风机
4—电磁阀
5—热交换器
6—额定值调节器
7—出风传感器
8—热空气
9—调节装置

温度测量传感器测量车内温度和出风口温度。调节器将两个温度测量传感器的信号（实际值）与所设定的额定值进行比较。额定值用仪表板旁的一个电位器（可变电阻）来设定。例如，当车内温度很低时，调节器就向热水回路中的电磁阀发送脉冲。电磁阀打开并增加热水流量，因此增加在热交换器中传输给出风空气的热能。

控制

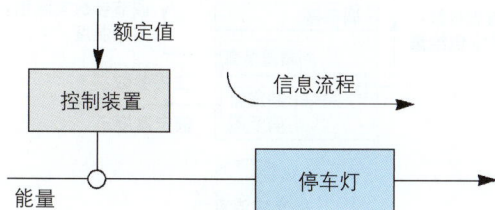

日光能够影响停车灯的接通或关闭。与此相反，停车灯却不能影响日光。

具有这种特征的控制过程称为开环控制。

根据DIN19 226标准，控制是指在一个系统内一个或多个参数（作为输入参数）影响其他参数（作为输出参数）的过程。

在此不探测因干扰（干扰参数）而出现的与设定值的偏差，即不进行校正。人们将其称为控制链。

调节

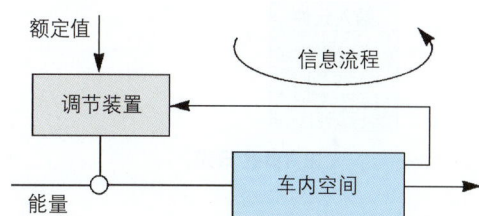

系统将车内温度不断反馈给调节装置。调节装置对温度偏差作出反应并调节温度。

具有这种特征的控制过程称为闭环控制。

根据DIN19 226标准，调节是指持续探测待调节参数、将该参数与另一个参数（主导参数）进行比较，并依据比较结果以调节主导参数的方式影响待调节参数的过程。人们将其称为调节回路。

学习领域

4

2.1.2　控制链，调节回路

控制链	调节回路

控制链

一个控制系统由下述功能单元组成：

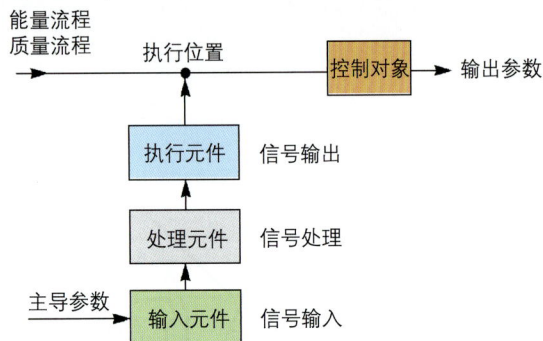

能量流程
质量流程　　执行位置

执行元件　信号输出

处理元件　信号处理

主导参数　输入元件　信号输入

控制对象 → 输出参数

控制对象是指需根据任务来对其进行调节的设备部分。

通过输入元件将主导参数（输入参数）作为信号输送给控制链。处理元件按照指定逻辑规律对信号进行逻辑运算或处理。执行元件位于控制对象的输入端，它在执行位置对质量流程或能量流程进行调节。

如果将这一原理移植到黄昏自动开关电路上，就可得到如下控制图：

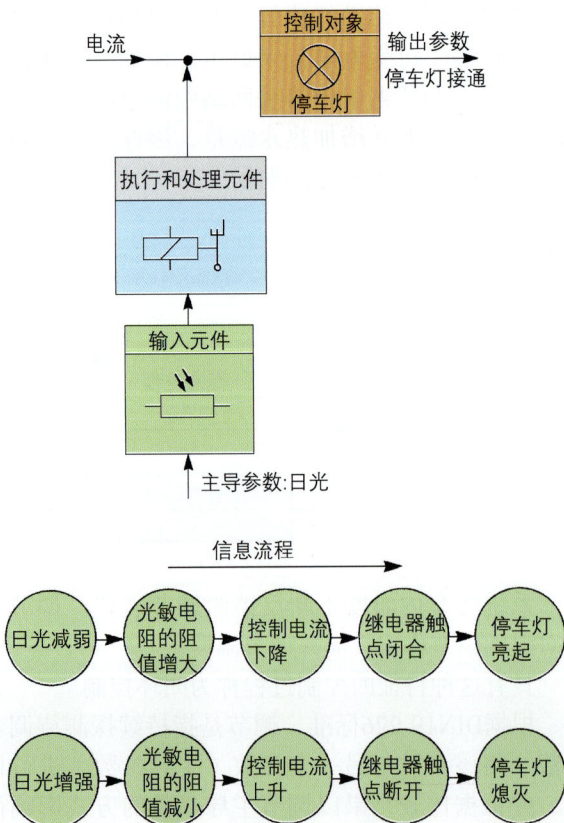

电流

控制对象
停车灯　输出参数
停车灯接通

执行和处理元件

输入元件

主导参数:日光

信息流程

日光减弱 → 光敏电阻的阻值增大 → 控制电流下降 → 继电器触点闭合 → 停车灯亮起

日光增强 → 光敏电阻的阻值减小 → 控制电流上升 → 继电器触点断开 → 停车灯熄灭

调节回路

一个调节系统由下述功能单元组成：

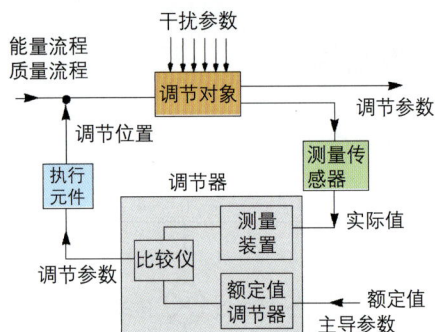

干扰参数

能量流程
质量流程
调节对象 → 调节参数

调节位置

执行元件　　调节器

测量传感器

调节参数　比较仪　测量装置　实际值

额定值调节器　额定值 主导参数

调节对象是指需根据任务来对其进行调节的设备部分。

测量传感器持续探测调节参数。调节器的测量装置对信号进行处理。系统将额定值调节器调节到额定值（主导参数）。在比较仪中将由测量装置提供的实际值与在额定值调节器上固定设置的主导参数进行比较。比较仪生成调节偏差，若此偏差不是零，则将电压信号发送给执行元件。执行元件调节质量流程。

如果将这一原理移植到车内暖风系统上，就可得到如下调节图：

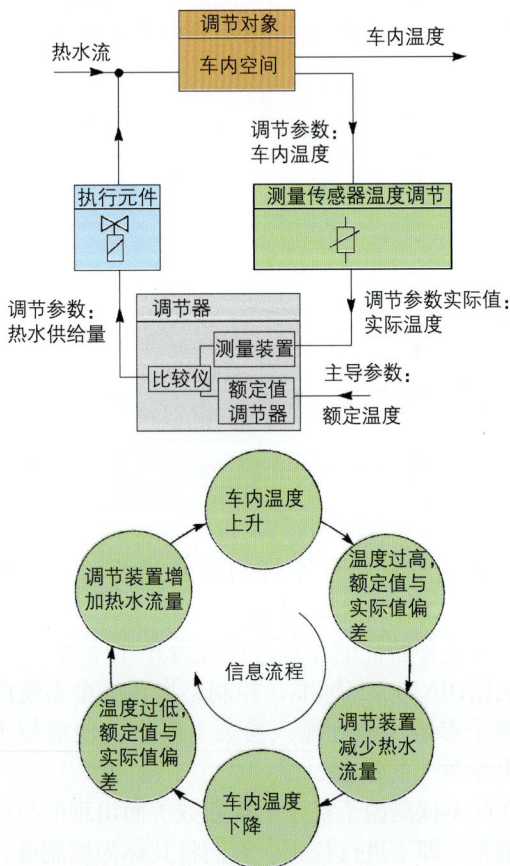

调节对象
车内空间 → 车内温度

热水流

调节参数:
车内温度

执行元件　　测量传感器温度调节

调节参数:
热水供给量

调节器

调节参数实际值:
实际温度

比较仪　测量装置

额定值调节器　主导参数:额定温度

信息流程

车内温度上升 → 温度过高，额定值与实际值偏差 → 调节装置减少热水流量 → 车内温度下降 → 温度过低，额定值与实际值偏差 → 调节装置增加热水流量

2.1.3 控制方式，信号形式

模拟控制

在仪表照明亮度控制系统中，灯泡亮度随着电阻的滑移而变化。灯泡电流随电阻位置变化无级改变。

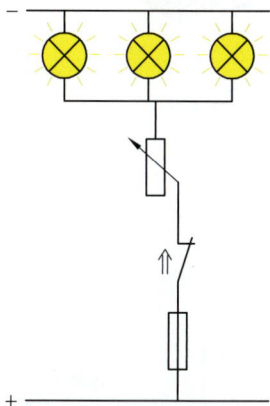

二进制控制

在此电路中开关有两个工作状态：

- 开–有电压（1）；
- 关–无电压（0）。

人们将数字"0"和"1"分配给这两种工作状态。这种双值性称为二进制。信号也用二进制来输出。灯泡有两种工作状态：接通或关闭。

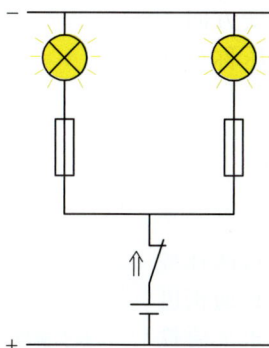

数字控制

在数字控制中以规定步长来发出信号，不产生中间值。只有车速上升或下降达1km/h，组合仪表中车速数字显示器才改变其显示值。显示器按计算步长来显示车速（1计数步长＝1个数字）。

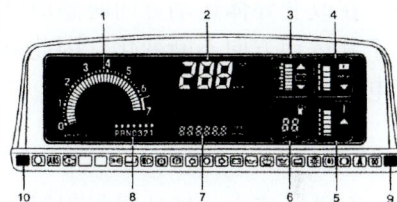

1—转速表　　　　6—变速杆位置显示
2—车速表　　　　7—里程计数表
3—蓄电池电压表　8—燃油表
4—机油压力表　　9—温度显示
5—操作开关　　　10—操作开关

模拟控制信号

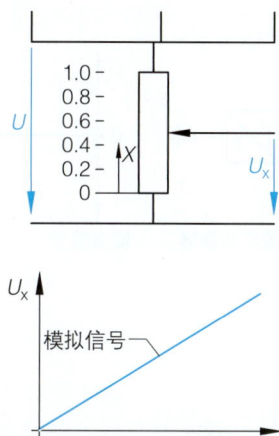

模拟信号

二进制控制信号

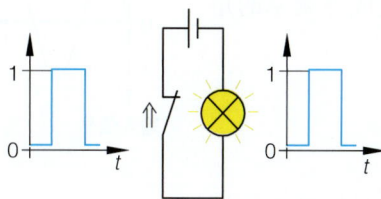

数字控制信号

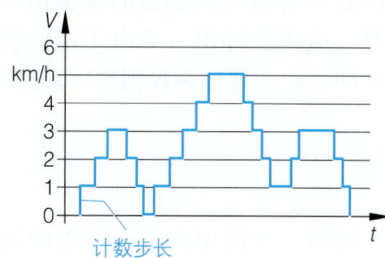

计数步长

2.1.4　信号流程

下述示例是车辆中数字式显示的信号流程，其中，行驶里程由数字显示器显示。

输入元件

人们把例如能使车轮转速转换成电信号的感应式行程传感器作为输入元件使用。

如果一个导体在磁场中作切割磁力线的运动，导体中就会产生电压，即感应电压。

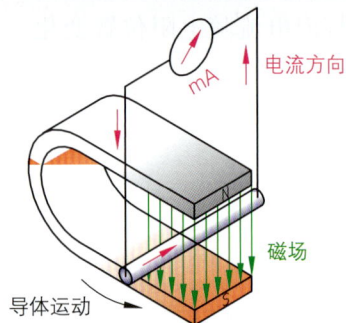

只有在切割磁力线的过程中才有感应电压存在，在改变导体运动方向时感应电压也改变方向。由于其运动方向不断变化，因此将感应电压称为交流电压。

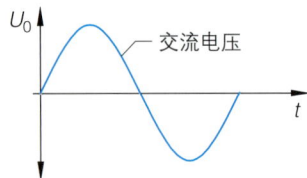

在进行感应式转速或行程测量时，一根有一条槽的轴旋转着通过一个永久磁铁的磁场。每次在经轴槽而转完一圈的过程中，由磁铁产生的磁通密度都发生变化。由于磁通的变化，就在包围永久磁铁的线圈中感应出电压来，每转一圈就产生出一个正的和一个负的脉冲。

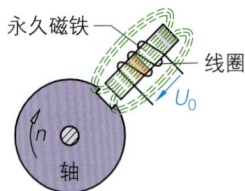

信号处理元件

模拟数字转换器

因为其他电子处理元件只能处理二进制信号，所以必须将感应传感器的模拟信号转换成为二进制信号。电压脉冲由一个电子电路转换成等频率的矩形脉冲，此元件称为模拟数字转换器。

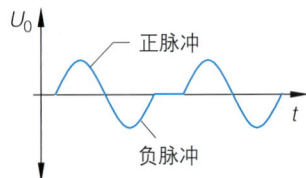

输入信号　　　　　模拟数字转换器　　　　　输出信号

利用一个简单的继电器电路就可对信号转换进行比较。继电器为了接通就需要一个吸合电压U_A。只有当交流电压的瞬间值超过所需吸合电压U_A时，继电器才能把灯泡电路接通。灯泡电路会一直保持接通，直到交流电压的瞬间值低于继电器的保持电压U_H为止。二极管阻止对负信号进行处理。从模拟信号产生二进制信号：

泡亮起：1–信号= U_B

灯泡不亮起：0–信号=0V

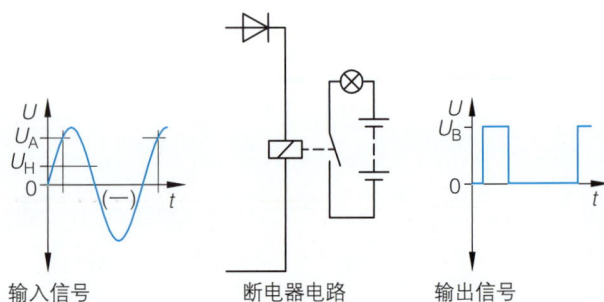

输入信号　　　　　断电器电路　　　　　输出信号

计算器

在电子计数元件中，把到达的脉冲进行累加，把计算元件制作成为如同集成电路一样的逻辑元件。每个计数元件都由多个计数级组成，每个计数级只能从0计数到1（二进制）。

这样就能进行从0~9的四个串联计数级计数（十进制），在第10个计数脉冲时每个计数级都退回到零位。

十进制数	有4个计数级的计数器				计数脉冲	说明
	第4计数级 8 (2^3)	第3计数级 4 (2^2)	第2计数级 2 (2^1)	第1计数级 1 (2^0)		第1个计数级由计数脉冲直接激活。只有每个计数级从1转换成0时，该计数级才能向下一个计数级发出进位脉冲，各盏灯显示的是二进制数。
0	⊗ 0	⊗ 0	⊗ 0	⊗ 0		没有计数脉冲，各计数级都停留在0上。
1	⊗ 0	⊗ 0	⊗ 0	● 1	⊓	第1个计数级利用第1个计数级脉冲从0阶跃到1。
2	⊗ 0	⊗ 0	● 1	⊗ 0	⊓	第1个计数级利用第2个计数脉冲从1跳转到0并向下一个计数级发出进位脉冲，第2个计数级就从0转换到1。
3	⊗ 0	⊗ 0	● 1	● 1	⊓	第1个计数级利用第3个计数脉冲从0阶跃到1。第2个计数级保持它的状态。
4	⊗ 0	● 1	⊗ 0	⊗ 0	⊓	第1个计数级利用第3个计数脉冲从1跳转到0，它向从1转换到0的第2个计数级发出进位脉冲。第2个计数级向从0转换到1的第3个计数级发出进位脉冲。
5	⊗ 0	● 1	⊗ 0	● 1	⊓	第1个计数级利用第4个计数脉冲从0转换到1，第2个和第3个计数级的状态保持不变。

学习领域 4

信号输出

为了显示数字，使用7段显示器（a~g），每个段都由发光二极管制成，其效应与光电二极管相反，即是把电能转换成光能，也把发光二极管称为光发射二极管（LED）。

为了把计数级的二进制信号转换成7段显示，就需要代码转换器（译码器），通过只读存储器的相关电路，就可激活各个发光段。

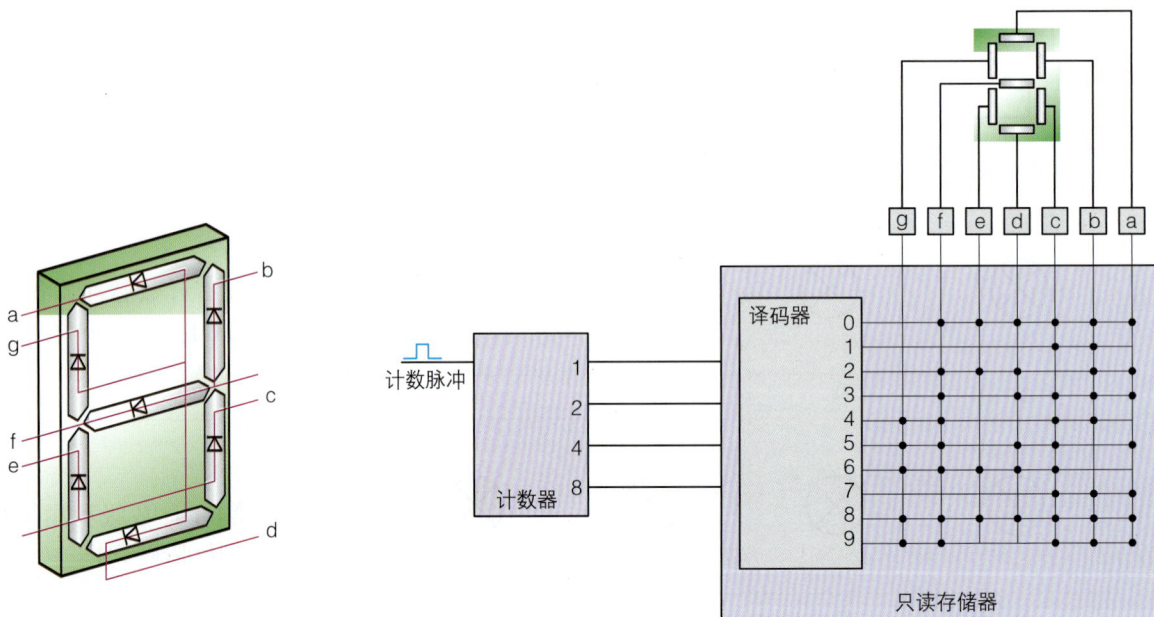

2.1.5 EVA原理

每辆车辆的信息分析系统主要都由三个功能区组成：

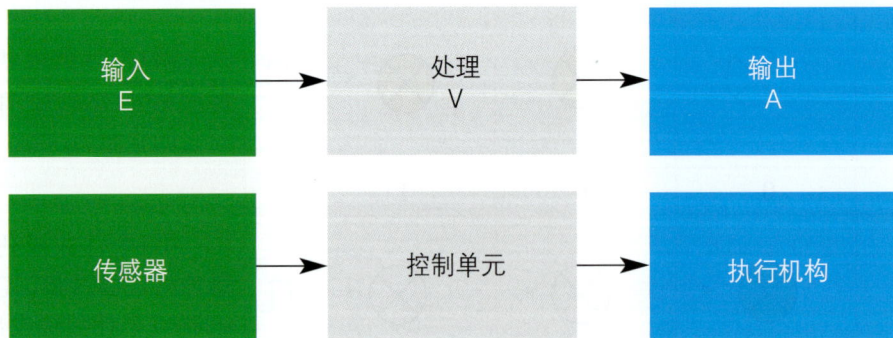

- 传感器、发送器和开关把物理参数（如空气质量、转速、温度和节气门的位置等）转换成电信号。
- 控制单元计算出待喷射的燃油量（喷射时间）与点火提前角并产生控制脉冲。

- 执行机构转换控制脉冲：
  - 按照控制脉冲打开和关闭喷射阀、提供燃油并将燃油雾化。
  - 火花塞按点火正时点燃燃油空气混合气。

把这种输入—处理—输出原理称为EVA原理，在所有的车辆控制和调节系统中我们都能见到它。

发动机管理系统（汽油发动机） 参考第312页

传感器 执行机构

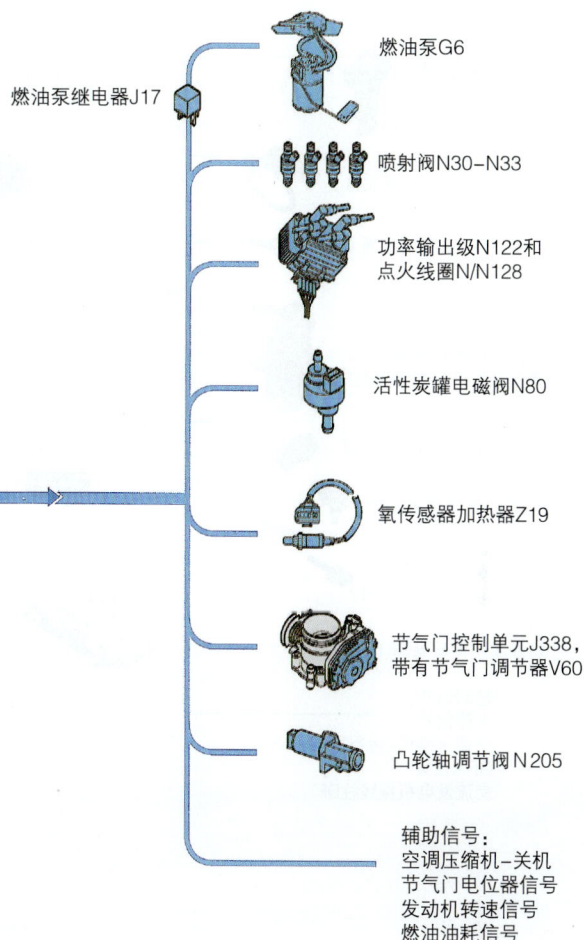

空气质量流量计G70

发动机转速传感器G28

霍尔传感器G40

节气门控制单元J338，带有：节气门电位器G69、节气门调节电位器G88、怠速开关F60

进气温度传感器G42

冷却液温度传感器G62

氧传感器G39

1号爆燃传感器G61
2号爆燃传感器G66

辅助信号：
车速信号
空气压缩机-运行准备完毕
发动机干预
控制信号

控制单元J220

燃油泵继电器J17

用于诊断和禁起动防盗锁的导线

燃油泵G6

喷射阀N30-N33

功率输出级N122和点火线圈N/N128

活性炭罐电磁阀N80

氧传感器加热器Z19

节气门控制单元J338，带有节气门调节器V60

凸轮轴调节阀N205

辅助信号：
空调压缩机-关机
节气门电位器信号
发动机转速信号
燃油油耗信号

传感器

G70：空气质量流量计
G28：发动机转速传感器
G40：霍尔传感器
J338：节气门控制单元，带有节气门电位器G69和节气门调节器电位器G88
G42：进气温度传感器
G39：冷却液温度传感器
G61/G66：爆燃传感器

执行机构

G6：燃油泵
N30 – N33：喷射阀
N122/ N128：功率输出级和点火线圈
N80：活性炭罐电磁阀
Z19：氧传感器加热器
J338：带有节气门调节器V60的节气门控制单元
N205：凸轮轴调节阀

发动机管理系统（柴油发动机泵喷嘴喷射系统）

传感器

执行机构

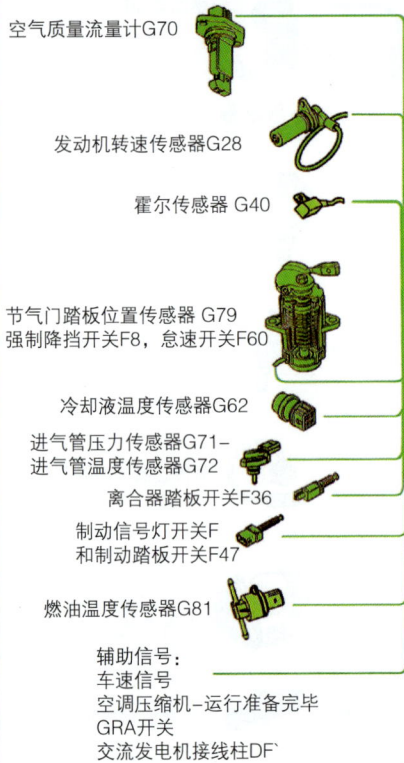

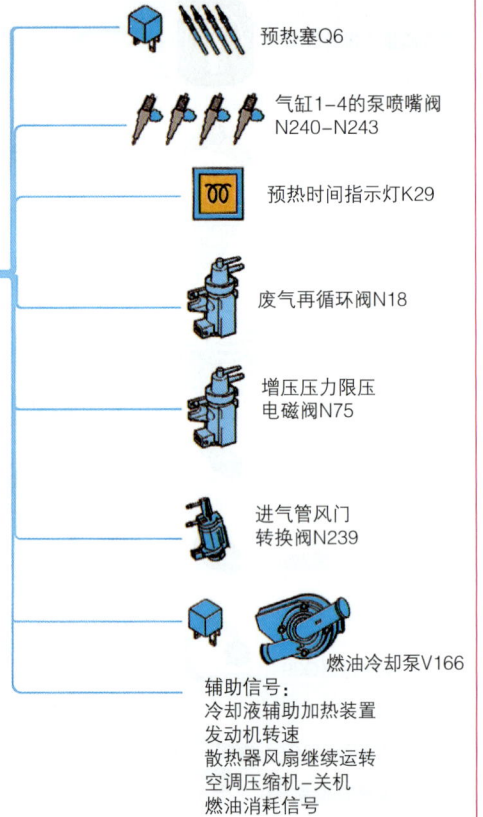

空气质量流量计G70

发动机转速传感器G28

霍尔传感器 G40

节气门踏板位置传感器 G79
强制降挡开关F8，怠速开关F60

冷却液温度传感器G62

进气管压力传感器G71–
进气管温度传感器G72

离合器踏板开关F36

制动信号灯开关F
和制动踏板开关F47

燃油温度传感器G81

辅助信号：
车速信号
空调压缩机–运行准备完毕
GRA开关
交流发电机接线柱DF`

车辆高度传感器F96

柴油直喷装置
控制单元J248

诊断和禁起动
防盗锁的导线

CAN数据总线

ABS控制单元J104

自动变速器
控制单元J217

预热塞Q6

气缸1–4的泵喷嘴阀
N240–N243

预热时间指示灯K29

废气再循环阀N18

增压压力限压
电磁阀N75

进气管风门
转换阀N239

燃油冷却泵V166

辅助信号：
冷却液辅助加热装置
发动机转速
散热器风扇继续运转
空调压缩机–关机
燃油消耗信号

传感器	执行机构
G70：空气质量流量计	J52：预热塞继电器⊖
G28：发动机转速传感器	Q6：预热塞
G40：霍尔传感器	N240 – N243：喷射阀
G79：节气门踏门传感器，F8：强制降挡开关， 　　　F60：怠速开关	K29：预热时间指示灯
G62：冷却液温度传感器	N18：废气再循环阀
G71：进气管压力传感器	N75：增压压力限压电磁阀
G72：进气管温度传感器	N239：进气管风门转换阀
F36：离合器踏板开关	J445：燃油冷却泵⊖
F/F47：制动信号灯开关/制动踏板开关	V166：燃油冷却泵
G81：燃油温度传感器	

⊖ 原德文版图中未示出。

自动变速器

传感器

执行机构

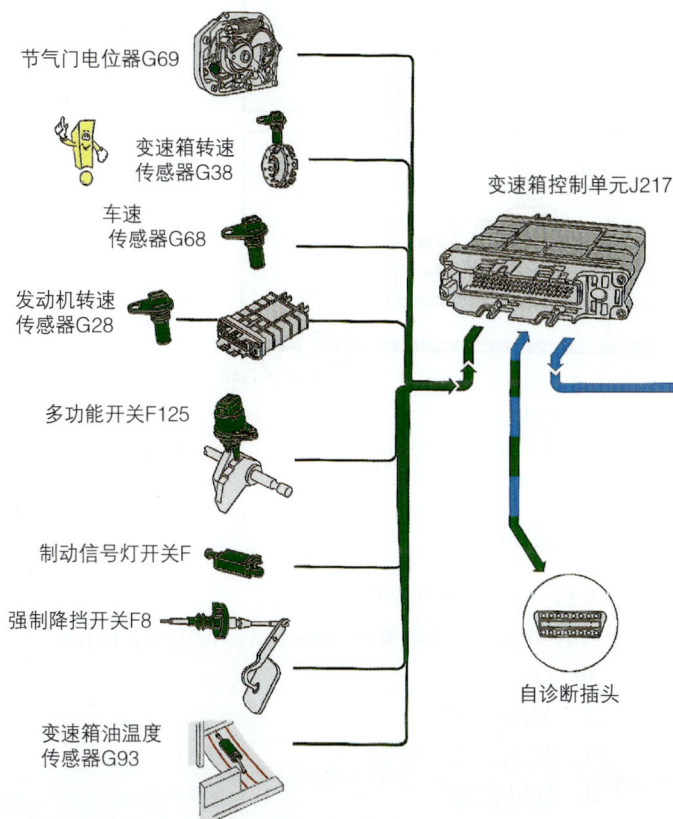

节气门电位器G69

变速箱转速
传感器G38

车速
传感器G68

发动机转速
传感器G28

多功能开关F125

制动信号灯开关F

强制降挡开关F8

变速箱油温度
传感器G93

变速箱控制单元J217

自诊断插头

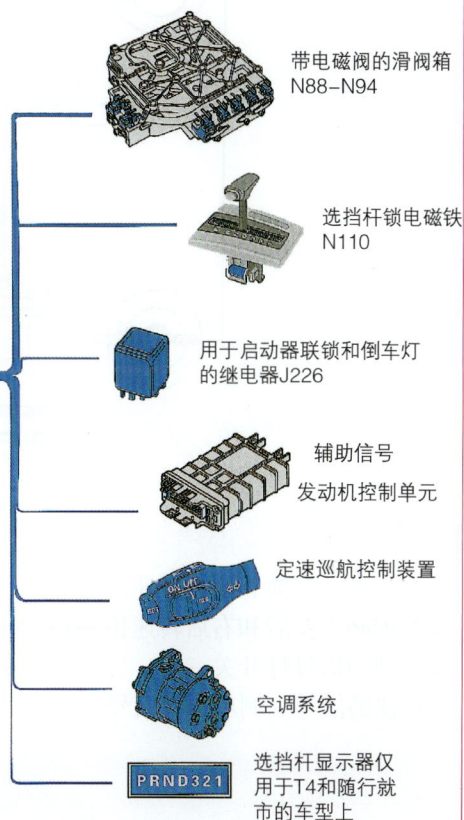

带电磁阀的滑阀箱
N88–N94

选挡杆锁电磁铁
N110

用于启动器联锁和倒车灯
的继电器J226

辅助信号
发动机控制单元

定速巡航控制装置

空调系统

选挡杆显示器仅
用于T4和随行就
市的车型上

传感器

G69：节气门电位器
G38：变速器转速传感器
G68：车速传感器
G28：发动机转速传感器
F125：多功能开关
F：制动信号灯开关
F8：强制降挡开关
G93：变速器油温传感器

执行机构

N88–N94：电磁阀
N110：变速杆锁电磁铁
J226：用于起动机联锁和倒车灯的继电器
辅助信号：
1. 发动机控制单元
2. 定速巡航控制装置
3. 空调系统
4. 变速杆显示器

参考第339页

带ABS的液压制动器

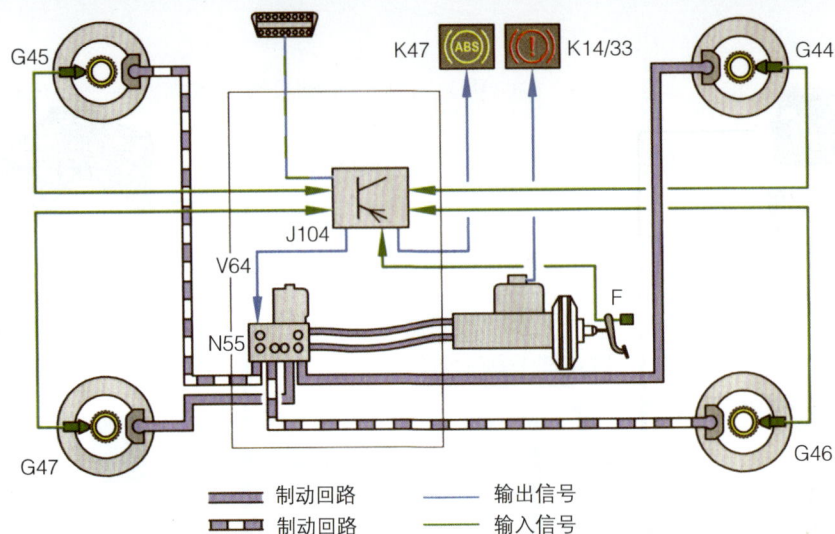

K47   K14/33

G45   G44

J104

V64

N55   F

G47   G46

制动回路　　输出信号
制动回路　　输入信号

传感器	执行机构
G45/G47：左前和右前转速传感器 G44/G46：左后和右后转速传感器 F：制动信号灯开关 1：辅助信号，例如时间信号	V39：用于ABS的回流泵 N99–102/N113–136/N166–168：带电磁阀的液压总成 2：ABS报警灯 3：制动系统报警灯 4：辅助信号

2.2 检查和测量

2.2.1 用示波器检查

万用表适用于静态电路的检测。在进行动态检测时，例如在发动机运转过程中或在诊断间歇性（暂时出行的）故障时，则只能使用示波器了。

示波器能显示接收信号的振动、振幅、频率和脉冲宽度，它能在显示屏上画出电压（水平轴）与时间（竖直轴）的关系图。

使用示波器一方面可以诊断间断出现的故障，另一方面可以观察，例如通过拔掉多脚插头而产生的对结构元件产生的影响结果。

通常用两根电缆来连接示波器。为了防止错误测量，只能使用为示波器指定的测量线，把它们称为探测头。

现在主要使用双通道示波器，它们拥有一个1号通道和一个2号通道，因此它们能在显示屏上同时显示两条不同的电压与时间关系曲线，也可以把每个通道单独地用于测量。

发动机测试仪都拥有内置式数字示波器，车辆

机械电工利用它们就能在显示屏上观看电路或结构元件的信号：

- 点火系统
点火过程的标准波形图和故障图。
- 发电机
二极管的标准波形图和故障图。
- 传感器和执行机构的信号。
- 发动机机械机构
气缸的比较，动态压缩试验。

示波器上的操作单元

示波器的调节

在测量交流电压时必须进行交流调节，在测量直流电压时必须进行直流调节。在调节接地时把Y放大器的输入端内部接地。经过这样调节就能在显示屏上检查零位线的状态，并在必要时重新进行一次，而不必把测量线拆离测量对象的接线柱。

| Y轴调节 | X轴调节 |

Y轴调节

在Y轴上规定电压的标度，该标度可以决定信号图形的大小。

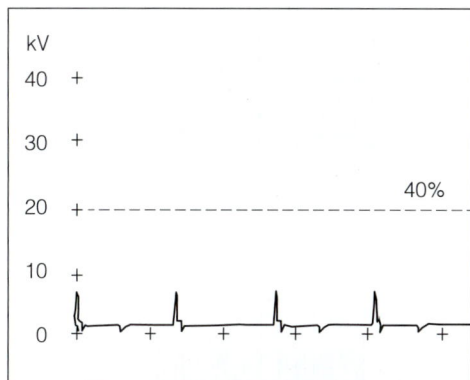

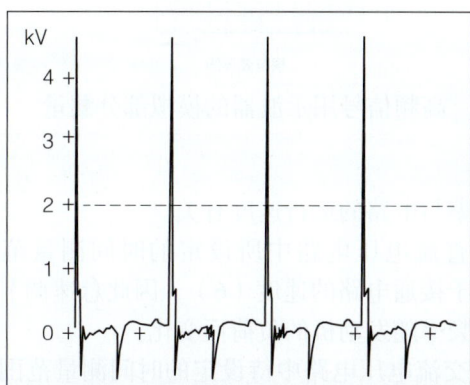

X轴调节

在此轴上规定时间标度的大小，用秒（s）或毫秒（ms，1/1000 s）来表示时间间隔，以时间轴的宽度来表示测量信号的大小。

汽油4冲程4缸
2210电压

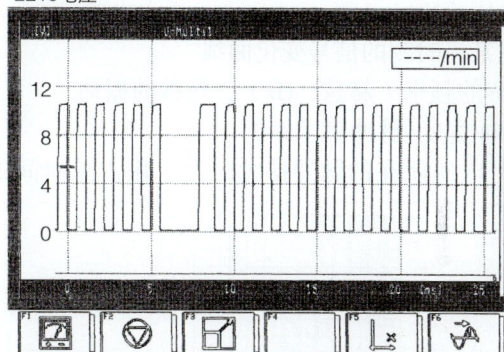

汽油4冲程4缸
2210电压

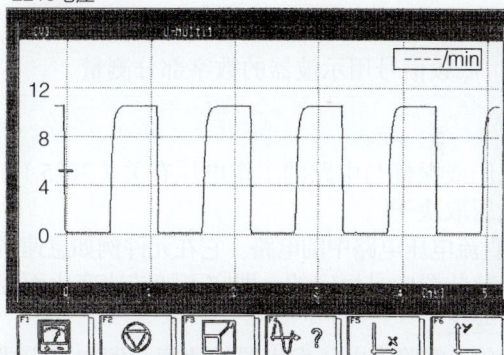

触发器调节

触发器用于产生一个信号图。触发器电平决定了可在显示屏上显示出图形的最小电压限值。

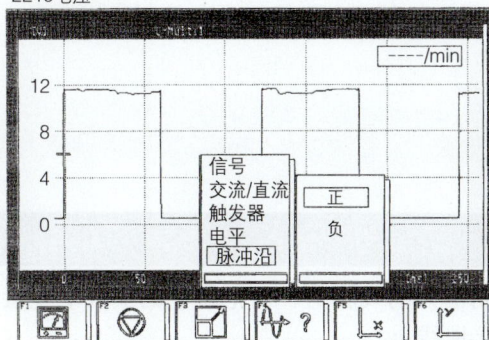

通过触发器信号沿可使用测量信号的上升（正）沿或下降（负）沿。

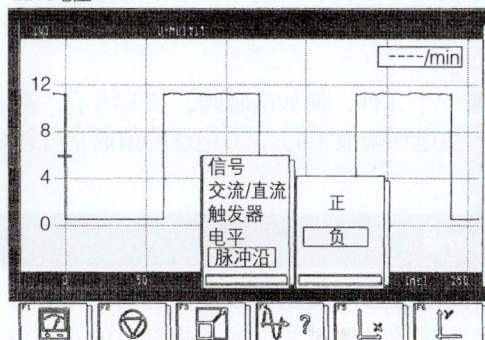

波形图的解释

波形图

通过把接收到的波形图与典型的信号变化曲线进行比较来作出故障诊断（带有直流电压与交流电压信号的元件波形图：www.hella.com/produktion/Hella Portal/Web Site/Internet Spezial_d/Elektronik_Rallye/content/tm01.pdf）。

一个有故障元件或电路的信号变化曲线与一个功能良好系统的信号变化曲线有着巨大的差别，因此就能明确地识别故障。在解释波形图时必须注意下述各点：

- 电压（U）。
- 在某一时刻的信号变化曲线

每1/s的频率（赫兹，Hz）：每秒的振动。

- 脉冲宽度–脉冲率（%）

信号电压所在的脉冲持续时间，用占总时间的百分数（%）来表示。

- 用占总时间的百分数（%）来表示显示信号电压的时间（t）。
- 信号变化曲线

正弦形电压、矩形电压等。

下述电路使用间隔约为50ms的4V电压。

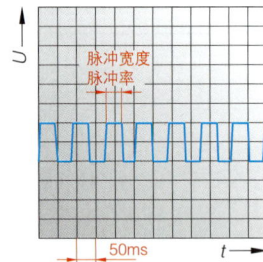

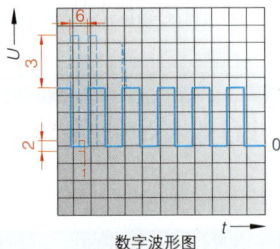

低频信号用示波器的数字部分测量

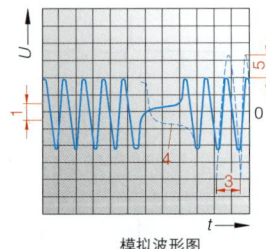

高频信号用示波器的模拟部分测量

电压

- 电压或振幅与电路的工作电压有关（3或5）。
- 电压取决于
  - 直流电压电路中的电路。它在元件例如怠速调节装置中是恒定的，即它不随转速变化而发生变化。
  - 交流电路中电压发生器的速度，例如感应式曲轴转角传感器的输出电压随着转速增加而升高。
- 如果信号变化曲线超出图像边缘太远，则必须放大电压范围；如果信号变化曲线太小，则必须缩小电压范围。
- 典型的波形图表示零轴图像的大概位置（1），但待检测元件的信号变化曲线可能位于零区域之内（2）。
- 如果一个元件，例如电磁阀，被关闭了，就可能会产生电压峰值（4），对电压峰值通常可忽略不计。

频率

- 频率与电路的运行速度有关。
- 在直流电压电路中所设定的时间测量范围取决于接通电路的速度（6），因此怠速调节装置的频率随发动机的负荷而变化。
- 在交流电压电路中待设定的时间测量范围取决于信号发生器的速度（3），因此曲轴转角传感器的频率随转速而上升。
- 如果波形图被压缩得很小，则必须缩小时间测量范围；如果波形图被拉伸得太大，则必须放大时间测量范围。
- 如果信号图与标准图的方向相反（4），则是元件的极性接反了。

元件的检查

新式的维修车间用示波器只有两根带有不同的可互换测试棒的测量线，通常把红色的正极电缆接到控制单元的线脚上，而把黑色的负极电缆接到合适的接地线上。

2.2.2 带有双通道示波器的KTS诊断测试仪

这台可用UBS/串行接口与一台笔记本电脑连接，并且可用适配线来接到车辆诊断插座上的诊断测试仪（Bosch KTS 550），具有用双通道示波器来显示元件和电路信号变化曲线的能力。

选择通道1和通道2信号的X–与Y–偏差时可通过点击方式便能看到信号的全部信息。

可以以数字形式显示被触发信号的脉冲时间、周期延续时间、脉冲占空系数和频率，可以选择触发信号：

- 触发源：可以把在通道1和通道2附近的信号作为触发源来利用。
- 触发模式：
  自动电平：触发电平自动与信号匹配。
  手动：可用软键F5和F6来调节触发电平。
- 自动定时：最迟在2秒钟后重新显示图形，即使并未触发。

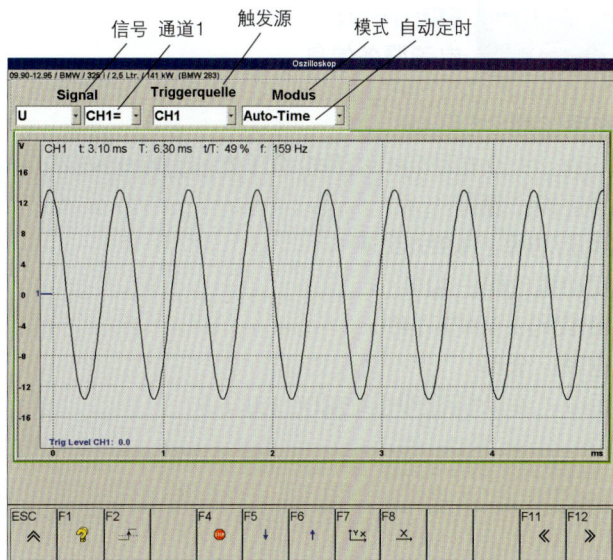

说明：演示版本的ESItronic包含一个模拟运行模式的测试仪，为此您要按动功能键F8（其他信息请参考光盘）。

2.2.3 检测盒

为了检测控制单元的信号，试验箱简化了故障查询。试验箱使测试仪不直接接触多脚插头而是连接到控制单元线脚上。用一根适配电缆把它连接在控制单元和线束之间。为了可靠便捷地连接测试仪，试验箱的接头都用数字做出标记。

试验箱的优点是减少接地带电线脚或另一个元件短路并损坏导线或元件的危险。

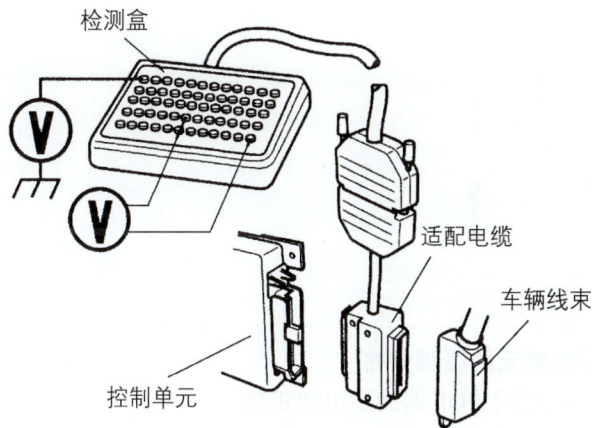

2.2.4 通过控制单元多脚插头检测

如果没有检测盒可供使用，就可在控制单元多脚插头的线束一侧进行测量，为此必须要取下多脚插头的防护盖板，以便能够接触到线脚。为了进行测量，必须清楚控制单元多脚插头的线脚分布情况。

进行测试时需要很细的测试探针，以便量取线脚与接地线之间或两个控制单元线脚之间的信号。

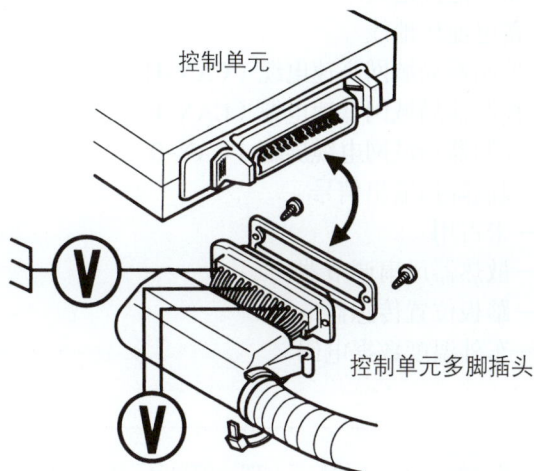

BOSCH
ESI[tronic]
电子服务信息

车辆诊断SIS/CAS
车辆：大众帕萨特1.9L涡轮增压燃油直喷/1998年1月 / 轿车
制造国：德国
排量/功率：1.9L/85kW
发动机代码：AJM
RB代码：VWW 1470
范围：全部
系统：发动机管理系统/EDC 15P 6.3

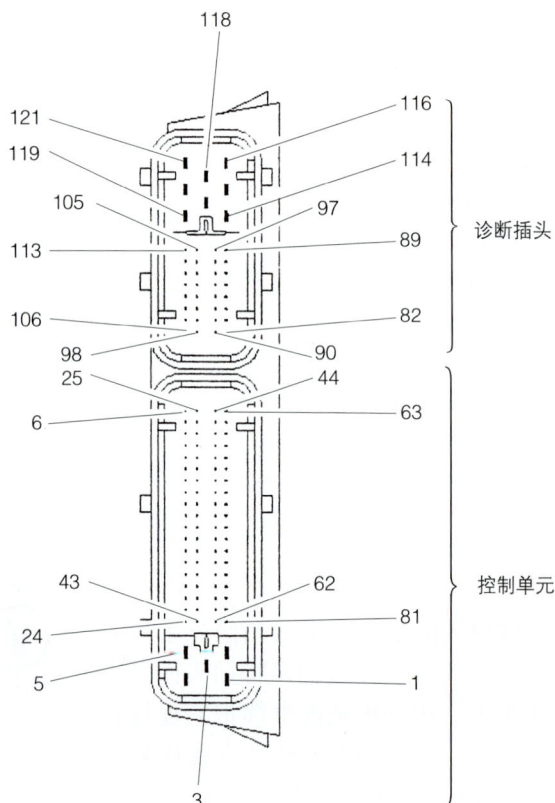

控制单元的线脚分布[⊖]

1—经过主继电器的蓄电池正极
2—经过主继电器的蓄电池正极
3—未占用
4—蓄电池接地线
5—蓄电池接地线
6—控制器局域网高速电缆（CAN–H）
7—控制器局域网低速电缆（CAN–L）
8—控制器局域网电缆屏蔽（CAN–0）
9—强制降挡输出信号
10—未占用
11—散热器风扇调节器1
12—踏板位置传感器电源
13—车外温度数据电码

61—废气再循环调节器
62—增压压力调节器
63—强制降挡开关输入信号
64—故障显示灯请求
65—制动踏板开关
66—离合器开关信号
67—定速巡航控制系统操作面板延迟
68—空气质量流量计信号
69—踏板位置传送器信号
70—怠速开关信号
71—增压压力传感器信号
72—未占用
73—空气温度传感器信号
74—未占用

⊖ 德文版原文指引线标号和图注即如此，无法对应，请读者自行学习。

2.2.5　故障码存储器的运用

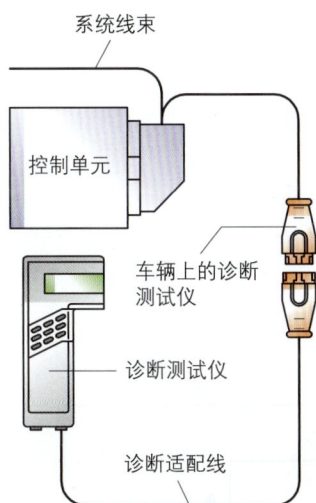

诊断测试仪	CAS（计算机辅助服务）	闪烁码
用一根诊断适配线把诊断测试仪连接到车辆诊断插头上，诊断测试仪用故障码及文字的形式显示故障。	在USB/串行接口①上把连接着笔记本电脑的诊断测试仪（例如KTS 550）用适配线②连接到车辆诊断接口上。点击"组件安装位置"，可看到诊断接口的位置。在把数据从车辆③向KTS传输时，就会在维修说明中显示来自车辆的故障码和实际值。当启动点火系统之后可通过点击"读取故障码存储器"而读出故障，点击"清除故障码存储器"而进行清除。	在没有诊断测试仪时只能通过闪烁码来读取故障码存储器，为此需要在控制单元上连接一盏外部检测灯（1.2W）。通过5次节气门全开来进行故障码输出的启动（激活）和转接。每个闪烁码由4个闪烁字组所组成，每个字组都表示一个数字。

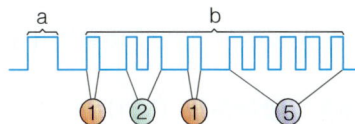

系统线束

控制单元

车辆上的诊断测试仪

诊断测试仪

诊断适配线

在车辆上的简单连接

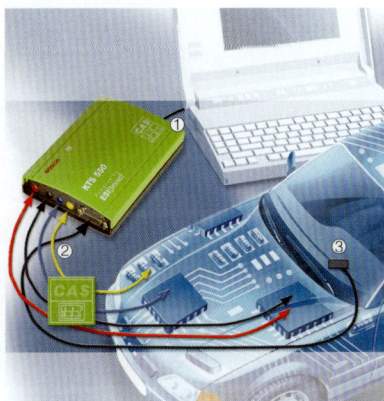

①串行/USB接口
②用于双通道示波器的测量线
③车载诊断系统电线

a　　　　b

① ② ① ⑤

例如：
故障码1215
从闪烁码表可知故障和故障类型。

2.3　车辆电子控制与调节系统的分析

2.3.1　发动机管理系统

发动机管理系统由喷射系统和点火系统两个子系统组成。

喷射系统的任务是：
- 计算出喷射时间。
- 规定喷射顺序。
- 计算出混合气的加浓。

点火系统的任务：
- 点火提前角的计算。
- 点火提前角的调节。
- 点火线圈的监控。
- 多火花点火。

在大多数发动机管理系统中我们有"顺序多点喷射系统"和"全电子点火系统"。

顺序多点喷射系统（MPI）

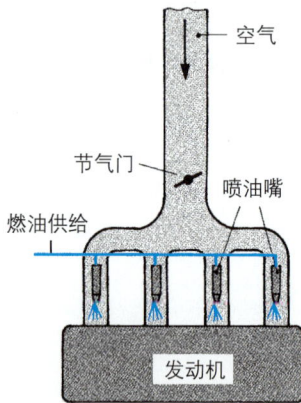

在多点喷射系统中每个气缸都有一个喷射阀，喷射阀把燃油喷射到进气门前气缸的单个进气管中。先把燃油暂时储存在那儿，在打开节气门时被吸入的空气把燃油雾带走。在涡流作用下在进气管内形成混合气，把它称为进气管喷射。"顺序"的意思是每个喷射阀都分配了自己的输出级。

全电子点火系统

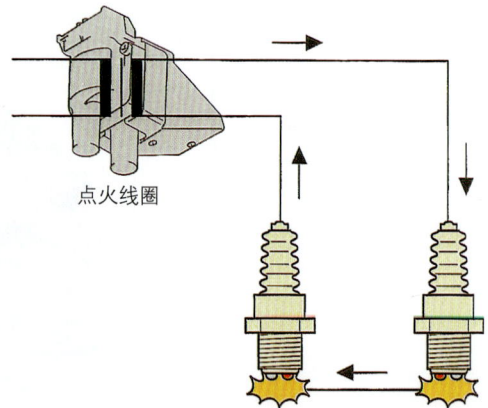

每两个火花塞由一个共用点火线圈提供高压电源。由一个点火输出级轮流地进行触发。点火时控制单元切断供给点火线圈的电源，初级线圈中突然产生的电压降在次级线圈中感应出高压电压，放电便激发出点火火花。在每次点火时向两个连接在一起的火花塞提供一个点火火花，一个在做功冲程中，而另一个在排气冲程中。

基本燃油量的计算

控制器从主控制量
- 空气质量
- 发动机转速
中计算出基本燃油量（基本喷油时间）

基本点火提前角的计算

控制单元根据下述参数
- 发动机负荷
- 发动机转速
计算出基本点火提前角（即在上止点前多少度时才产生火花）。

用储存在控制单元中的特性曲线进行计算，控制单元在各个特殊工况（冷态起动、暖机、加速）时修正各个基本参数。

2.3.1.1　系统概览：发动机管理系统

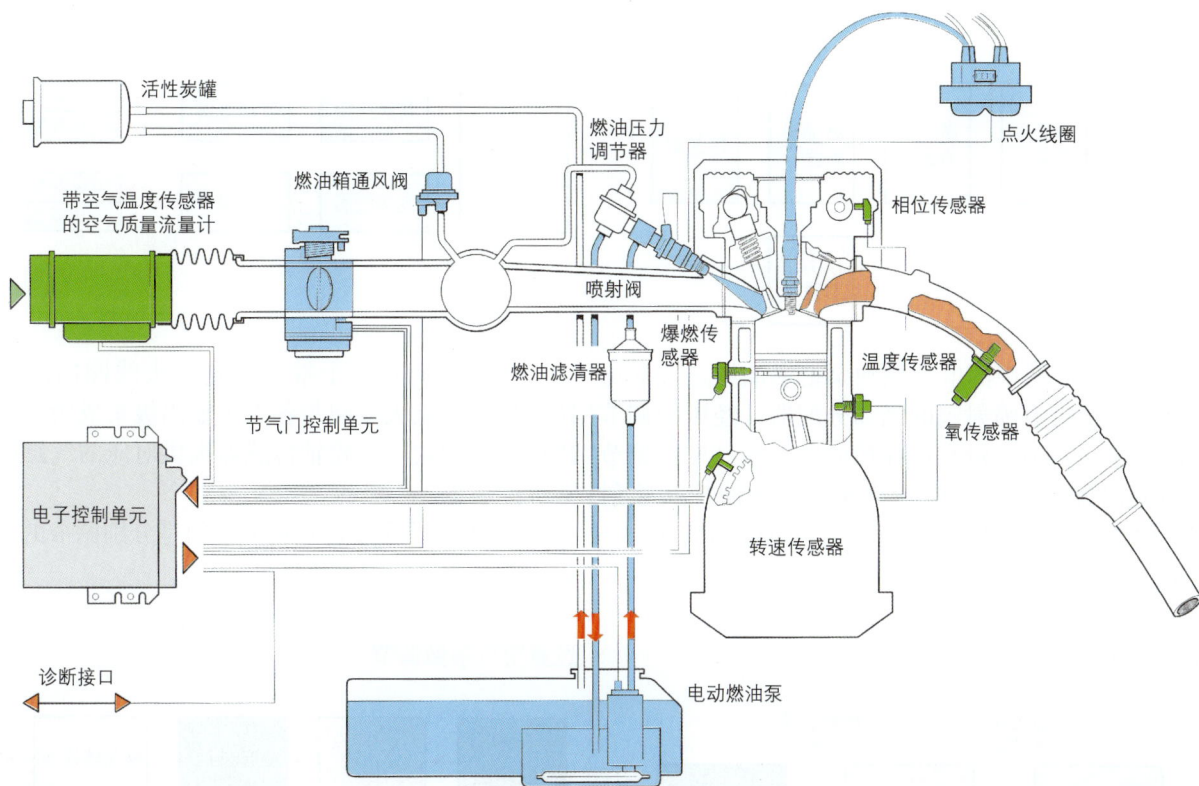

活性炭罐

燃油压力调节器

点火线圈

带空气温度传感器的空气质量流量计

相位传感器

燃油箱通风阀

喷射阀

爆燃传感器

温度传感器

燃油滤清器

氧传感器

节气门控制单元

转速传感器

电子控制单元

诊断接口

电动燃油泵

传感器

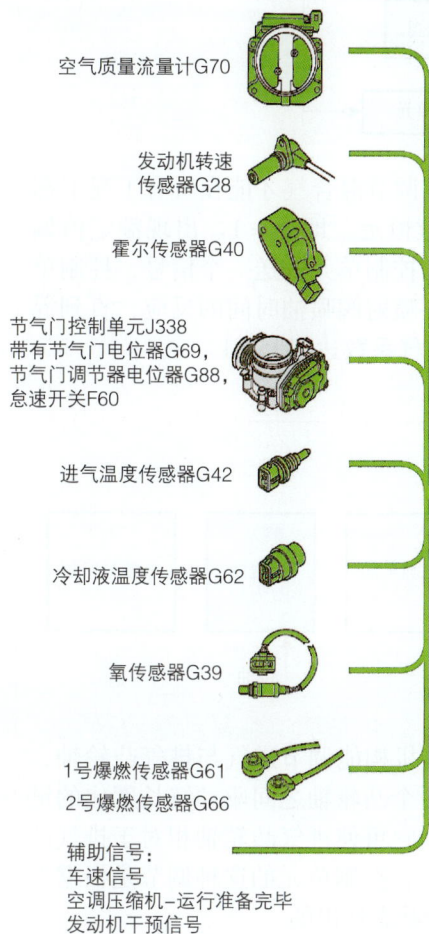

空气质量流量计G70

发动机转速传感器G28

霍尔传感器G40

节气门控制单元J338
带有节气门电位器G69,
节气门调节器电位器G88,
怠速开关F60

进气温度传感器G42

冷却液温度传感器G62

氧传感器G39

1号爆燃传感器G61
2号爆燃传感器G66

辅助信号:
车速信号
空调压缩机–运行准备完毕
发动机干预信号

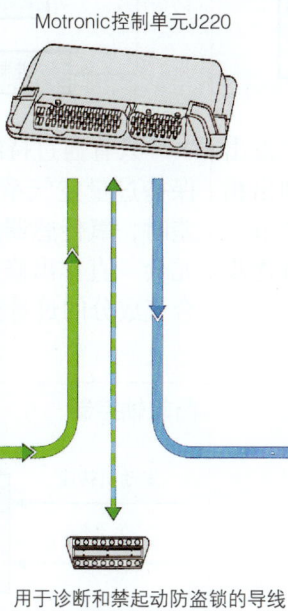

Motronic控制单元J220

用于诊断和禁起动防盗锁的导线

执行机构

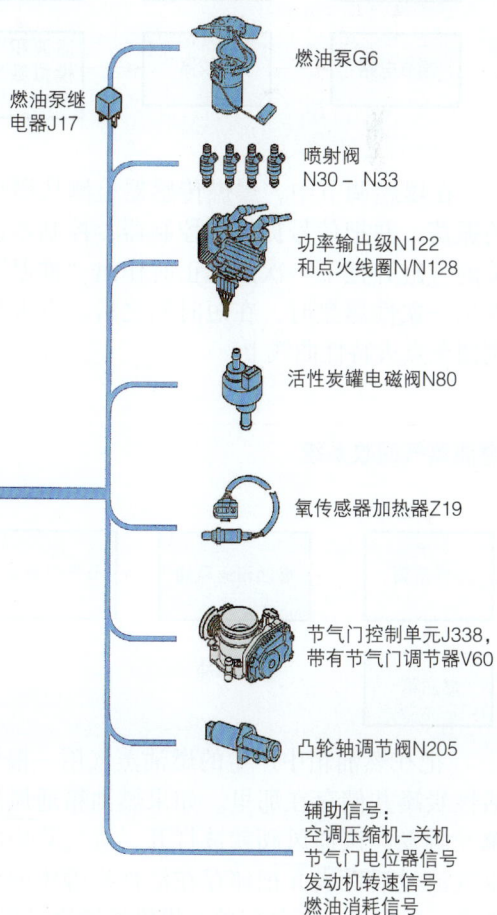

燃油泵G6

燃油泵继电器J17

喷射阀
N30 – N33

功率输出级N122
和点火线圈N/N128

活性炭罐电磁阀N80

氧传感器加热器Z19

节气门控制单元J338,
带有节气门调节器V60

凸轮轴调节阀N205

辅助信号:
空调压缩机–关机
节气门电位器信号
发动机转速信号
燃油消耗信号

发动机管理系统由下述子系统组成：

燃油供给系统

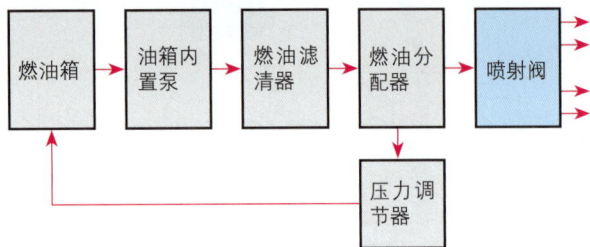

安装在油箱中的电动燃油泵把燃油经过燃油滤清器输送给带有喷射阀的燃油分配器，经压力调节器调节燃油压力，没有消耗掉的燃油经过压力调节器而流回燃油箱。由控制单元的电脉冲控制喷射阀，把燃油喷入到进气门前气缸的单个进气管中。

全电子点火系统

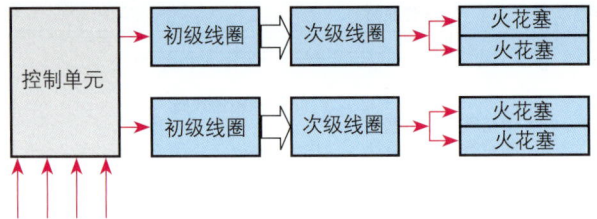

发动机拥有一个带双火花点火线圈的点火系统，把两个点火线圈与各点火输出级集成为一个紧凑的点火模块。凸轮轴传感器提供对应的气缸应该点火的信息。

因为在顺序喷射时喷油时间是分别调节的，所以需要凸轮轴的位置信息。

爆燃调节

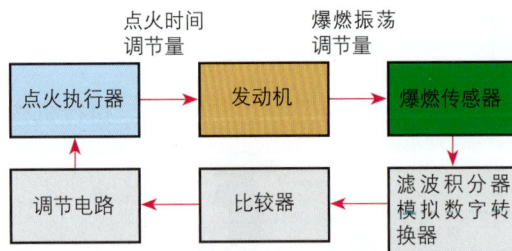

在爆燃调节中，爆燃传感器检测从燃烧室发出的振荡，并把信号提供给控制器，控制器识别出相关的气缸并把下一次点火正时作出"推迟"调节。发生一次性爆燃时，在短时间之后，点火参数逐步调回至点火特性曲线上。

过量空气系数调节

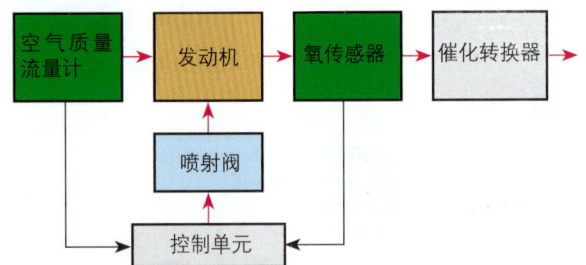

只有通过持续调节混合气才能在所有工况下都保持过量空气系数恒定，即 $\lambda = 1$。出现额定值偏差时，氧传感器向控制单元发送一个信号，控制单元会一直作出修正喷射阀喷油时间的反应，直到混合气成分的过量空气系数达到 $\lambda = 1$。

燃油蒸气回收系统

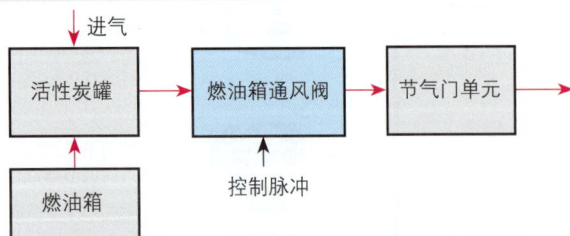

把在燃油箱中产生的燃油蒸气用一根管道送往活性炭罐并储存在那里。如果燃油箱通风阀被控制单元触发，该通风阀就被打开。进气管中的低压使空气流过活性炭并把储存在活性炭罐中的汽油蒸气带走，而且经过节气门单元提供给燃烧过程。

凸轮轴控制

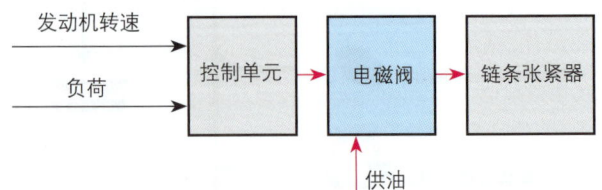

可变气门配气机构能调节进气与排气凸轮轴，这是通过能改变两个凸轮轴之间驱动链长度比的链张紧器来实现的。它可使进气凸轮轴相对于排气凸轮轴扭转最多30°，控制单元的这种调节是根据发动机的转速和负荷状态作出的。

2.3.1.2 电子控制系统的功能组

传感器

空气质量流量计

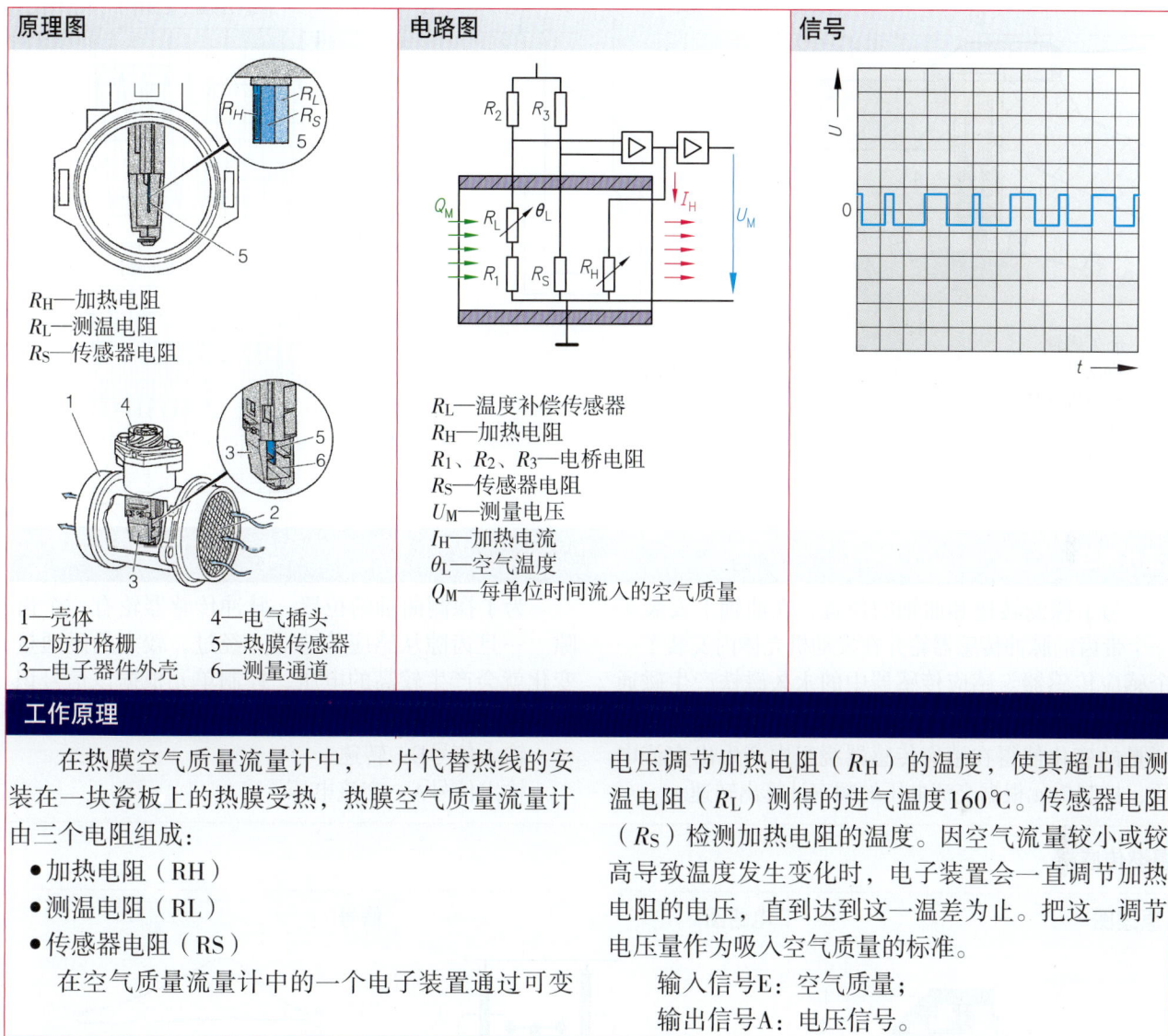

原理图

R_H—加热电阻
R_L—测温电阻
R_S—传感器电阻

1—壳体
2—防护格栅
3—电子器件外壳
4—电气插头
5—热膜传感器
6—测量通道

电路图

R_L—温度补偿传感器
R_H—加热电阻
R_1、R_2、R_3—电桥电阻
R_S—传感器电阻
U_M—测量电压
I_H—加热电流
θ_L—空气温度
Q_M—每单位时间流入的空气质量

信号

工作原理

在热膜空气质量流量计中，一片代替热线的安装在一块瓷板上的热膜受热，热膜空气质量流量计由三个电阻组成：

- 加热电阻（RH）
- 测温电阻（RL）
- 传感器电阻（RS）

在空气质量流量计中的一个电子装置通过可变电压调节加热电阻（R_H）的温度，使其超出由测温电阻（R_L）测得的进气温度160℃。传感器电阻（R_S）检测加热电阻的温度。因空气流量较小或较高导致温度发生变化时，电子装置会一直调节加热电阻的电压，直到达到这一温差为止。把这一调节电压量作为吸入空气质量的标准。

输入信号E：空气质量；
输出信号A：电压信号。

温度传感器

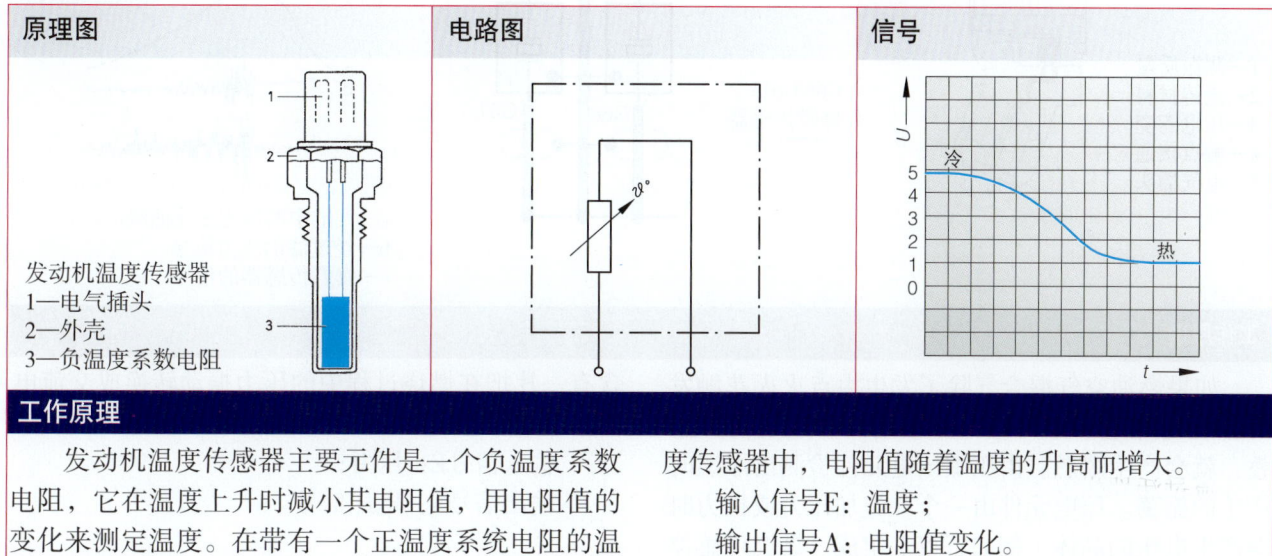

原理图

发动机温度传感器
1—电气插头
2—外壳
3—负温度系数电阻

电路图

信号

冷
热

工作原理

发动机温度传感器主要元件是一个负温度系数电阻，它在温度上升时减小其电阻值，用电阻值的变化来测定温度。在带有一个正温度系统电阻的温度传感器中，电阻值随着温度的升高而增大。

输入信号E：温度；
输出信号A：电阻值变化。

发动机转速传感器

原理图	电路图	信号

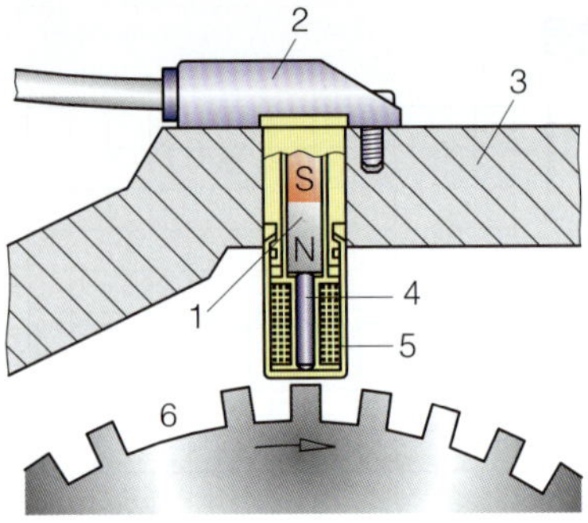

1—永久磁铁
2—外壳
3—发动机壳体
4—软铁心
5—绕组
6—带有基准标记（齿隙）的齿盘

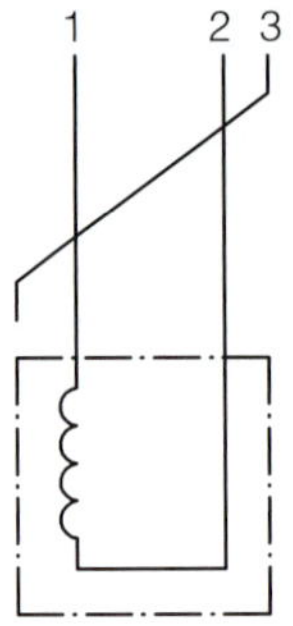

插头：
1—输出电压
2—接地
3—屏蔽

转速传感器（无齿隙）

转速传感器（有齿隙）

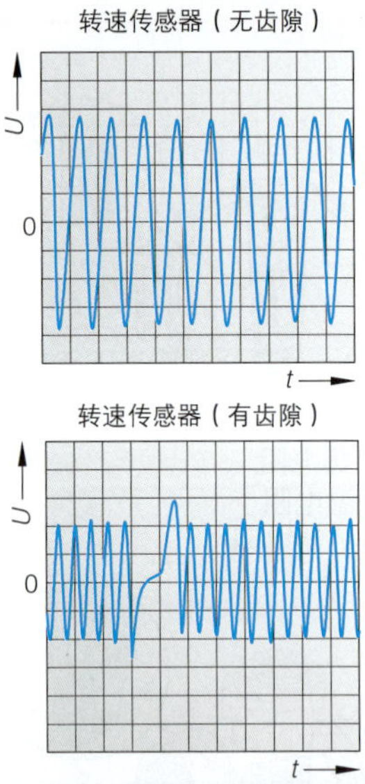

工作原理

为了探测转速和曲轴的位置，在曲轴上安装了一个带齿的脉冲传感器轮并在发动机壳体内安装了一个感应传感器。感应传感器中的永久磁铁产生磁通量。当传感器轮转动时，由于齿轮而改变磁通量，磁通量的变化使得在感应传感器绕组中产生出交流电压，控制单元根据交流电压的频率计算出转速。

为了探测曲轴的位置，脉冲传感器轮有一个齿隙。一旦齿隙从感应传感器旁经过，较大的磁通量变化就会产生较高的电压，控制单元根据该信号识别出曲轴的位置。

输入信号E：转速；
输出信号A：交流电压。

爆燃传感器

原理图	电路图	信号

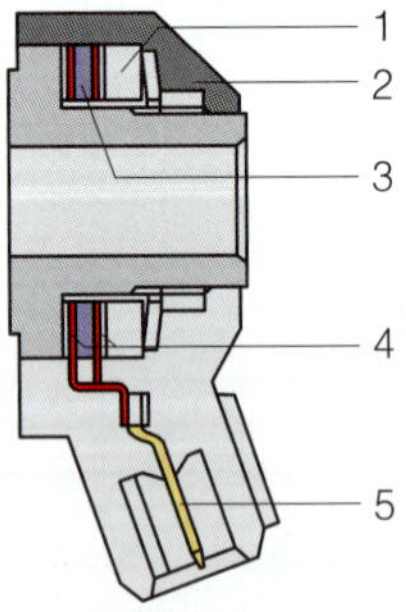

1—测振质量
2—浇铸材料
3—压电陶瓷
4—触点接通
5—电气插头

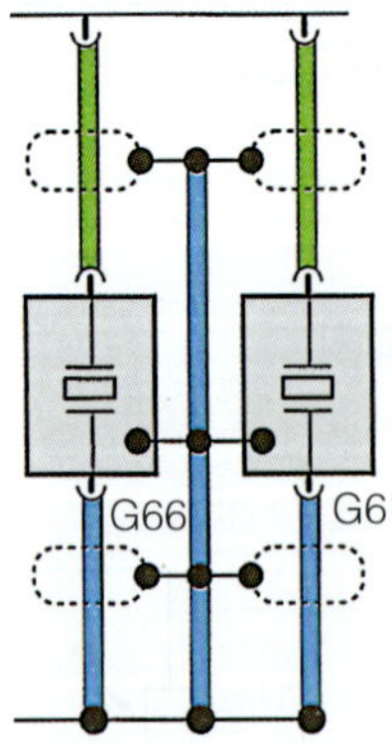

G66/G61：
爆燃传感器

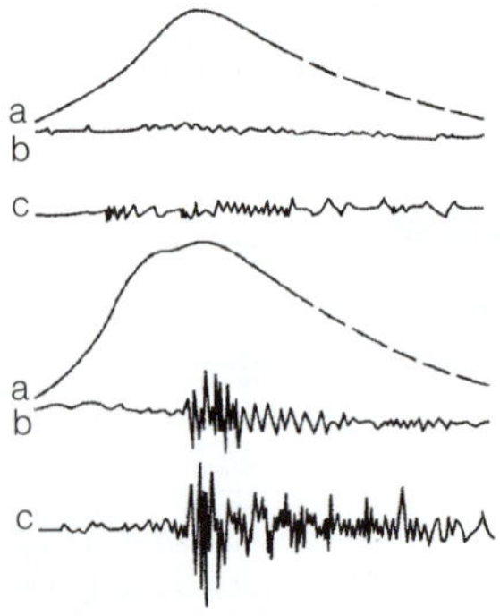

a—气缸中的压力变化曲线
b—经过滤的压力信号
c—爆燃传感器的信号

工作原理

如果燃油空气混合气除了发生由点火火花触发的燃烧之外还发生自燃，并且这两个火焰前锋重叠，就会产生爆燃。由压敏压电元件检测出爆燃时产生的振荡。压电元件由一个在施加压力或拉力时会产生电压的晶体（例如石英）组成。爆燃传感器含有一片把在燃烧过程中的压力振动转换成交流电压的压电陶瓷片。

输入信号E：压力；
输出信号A：电压信号。

霍尔传感器

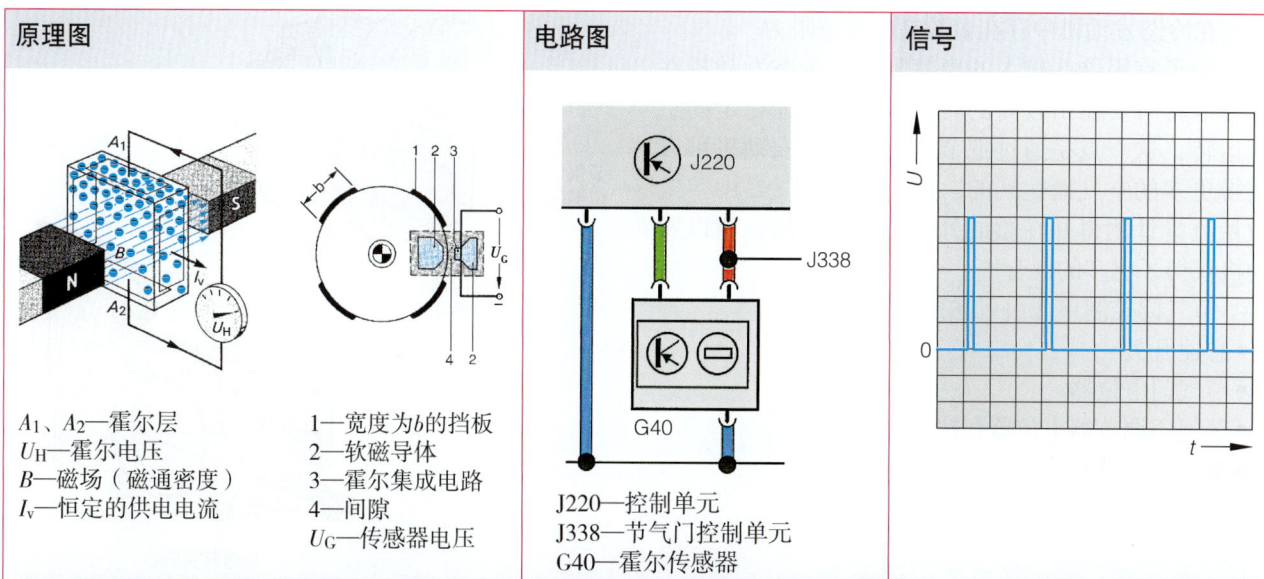

原理图	电路图	信号

A_1、A_2—霍尔层
U_H—霍尔电压
B—磁场（磁通密度）
I_v—恒定的供电电流

1—宽度为b的挡板
2—软磁导体
3—霍尔集成电路
4—间隙
U_G—传感器电压

J220—控制单元
J338—节气门控制单元
G40—霍尔传感器

工作原理

霍尔传感器提供凸轮轴位置的信息，需要这个信号来识别1号气缸是否到达上止点，控制单元以此为依据来规定喷射顺序，并用该信号来调节各个气缸的爆燃。霍尔传感器根据霍尔效应进行工作，霍尔效应的基础是在让供电电流I_v流过半导体层（霍尔层），且该半导体层受到一个磁场的作用，电子就朝与磁场和电流的垂直方向偏移，在半导体层的横侧面上产生电压，即霍尔电压U_H。

在霍尔传感器中，带有挡板的转子（带有扇区的传感器轮）从永久磁铁与霍尔集成电路之间的空隙中经过。霍尔集成电路由一个接有电子开关放大器的霍尔层组成。一旦挡板挡住了从磁场到霍尔集成电路的通道，霍尔电压就会消失，霍尔集成电路就将信号电流截断。一旦挡板不再挡住该间隙，磁场就能穿过霍尔层，霍尔集成电路就会接通信号电流。霍尔电压的接通与断开就作为控制单元的信号。

输入信号E：转速；
输出信号A：霍尔电压。

氧传感器

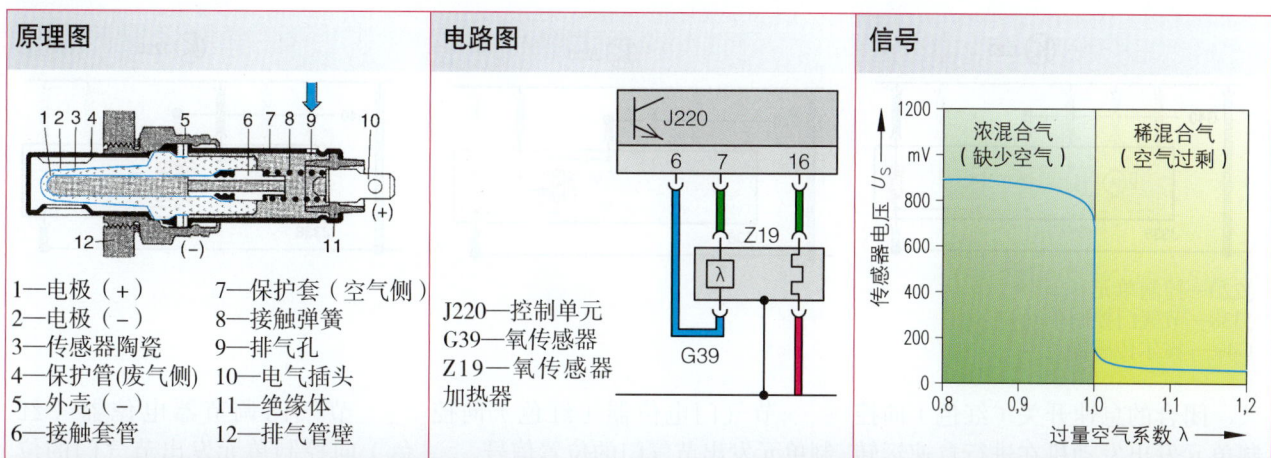

原理图	电路图	信号

1—电极（+）
2—电极（−）
3—传感器陶瓷
4—保护管（废气侧）
5—外壳（−）
6—接触套管

7—保护套（空气侧）
8—接触弹簧
9—排气孔
10—电气插头
11—绝缘体
12—排气管壁

J220—控制单元
G39—氧传感器
Z19—氧传感器加热器

信号图：浓混合气（缺少空气）、稀混合气（空气过剩），纵轴为传感器电压 U_S（mV），横轴为过量空气系数 λ

工作原理

氧传感器测定废气中的剩余氧含量并提供一个传感器信号。传感器电压取决于空气侧电极与废气侧电极的含氧量。一旦含氧量比例发生变化，则电压也跟着变化。传感器在过量空气系数 $\lambda = 1$ 时产生电压跃变，并提供一个表示混合气是浓于或稀于

$\lambda = 1$ 的信号。把此信号在控制单元中与额定值进行比较并把混合气进行加浓或减稀。

输入信号E：含氧量；
输出信号A：电压信号。

学习领域
4

节气门控制单元中的电位器和开关

在冷态发动机中存在着较高的摩擦阻力。

为了克服这些较大的摩擦阻力，冷态发动机在怠速运转时要输出较高的转矩，以便保证稳定的怠速运转，这一点是通过把节气门打开到发动机可以获得更多的空气而达到的。因为过剩空气是由空气质量流量计测得并在燃油分配时计算出的，所以发动机获得了更多的混合气。

节气门控制单元由下述传感器组成：

- 怠速开关。
- 节气门电位器。
- 节气门调节器电位器和执行机构。
- 节气门调节器。

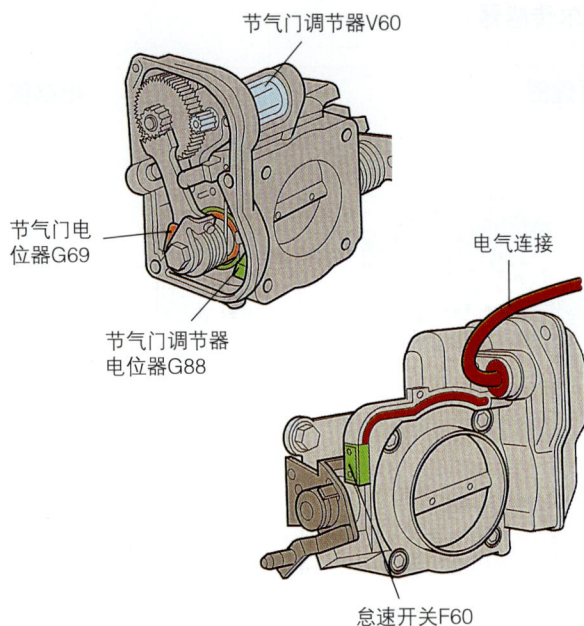

节气门调节器V60

节气门电位器G69

节气门调节器电位器G88

电气连接

怠速开关F60

怠速开关	节气门电位器	节气门调节器电位器
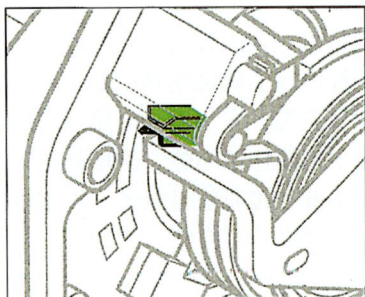	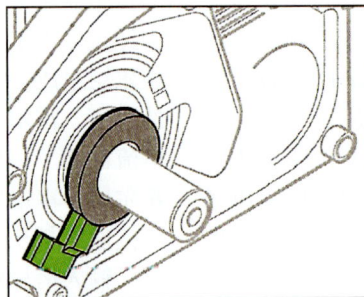	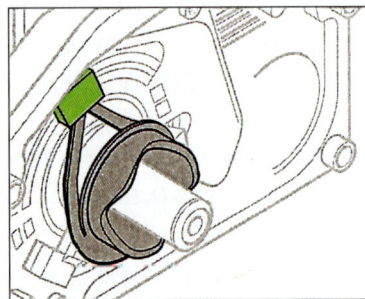
电路图 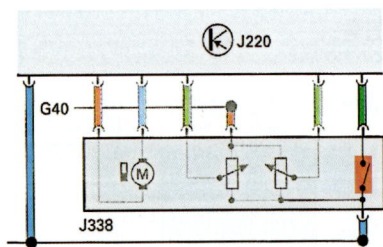 J220—控制单元 J338—节气门控制单元 G40—霍尔传感器	电路图 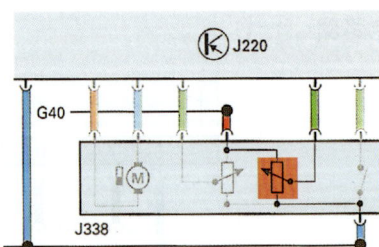	电路图 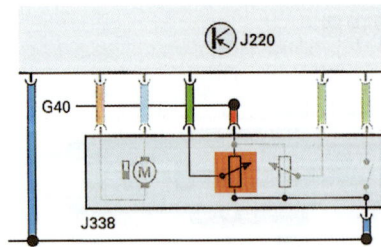
闭合的怠速开关（红色）向控制单元发出发动机在进行怠速运转的信号。	节气门电位器（红色）向控制单元发出节气门的位置信号。	节气门调节器电位器（红色）向控制单元发出节气门的位置信号。

控制单元中的信号处理

控制单元

在输入级中的信号处理

微型计算机用只能识别"开"或"关"两种状态的电子开关进行内部计算，把符号"1"和"0"分配给这两种开关状态。进行信号处理的主要任务是把信息和数据转换成能进行内部计算的形式。

模拟-数字-转换器（A/D）	脉冲形成器
模拟-数字-转换器把模拟信号转换成数字信号	脉冲形成器把任意形式的输入信号转变成方波信号

微型计算机

输入

微处理器（CPU）
中央单元

中央单元的主要部件有：
- **控制机构**

    控制机构监督和控制微型计算机的所有功能：
    - 安排工作的流程；
    - 调出必要的数据；
    - 控制输入和输出。
- **计算机构**

    计算机构进行一切逻辑的和数学的基本运算。

    数学运算是加、减、乘、除。逻辑运算用于控制程序的运行，数据为此要互相进行逻辑组合。必要的程序和额定值由只读存储器提供，而实际值（运行数据）由运行数据存储器提供。
- **记录器**

记录器用于临时缓存计算结果。

微处理器从运行数据存储器取得实际值、从只读存储器取得额定值并计算出：
- 点火提前角，微处理器通过从储存的特性曲线中读取相关数值从而根据负荷和转速这两个传感器信息计算出点火提前角。
- 基本喷射量，是根据空气质量信号和转速信号计算出来的。

微处理器根据发动机进气温度和节气门位置用特性曲线数值为各种工况修正基本喷射量。

只读存储器（ROM）

只读存储器存储由制造商规定的：
- 程序。
- 特性曲线。
- 综合特性曲线。
- 额定值等。

这些数据只能读出，不能修改。就是在切断电源之后，该存储器仍能保持其内容而不丢失。

综合特性曲线：

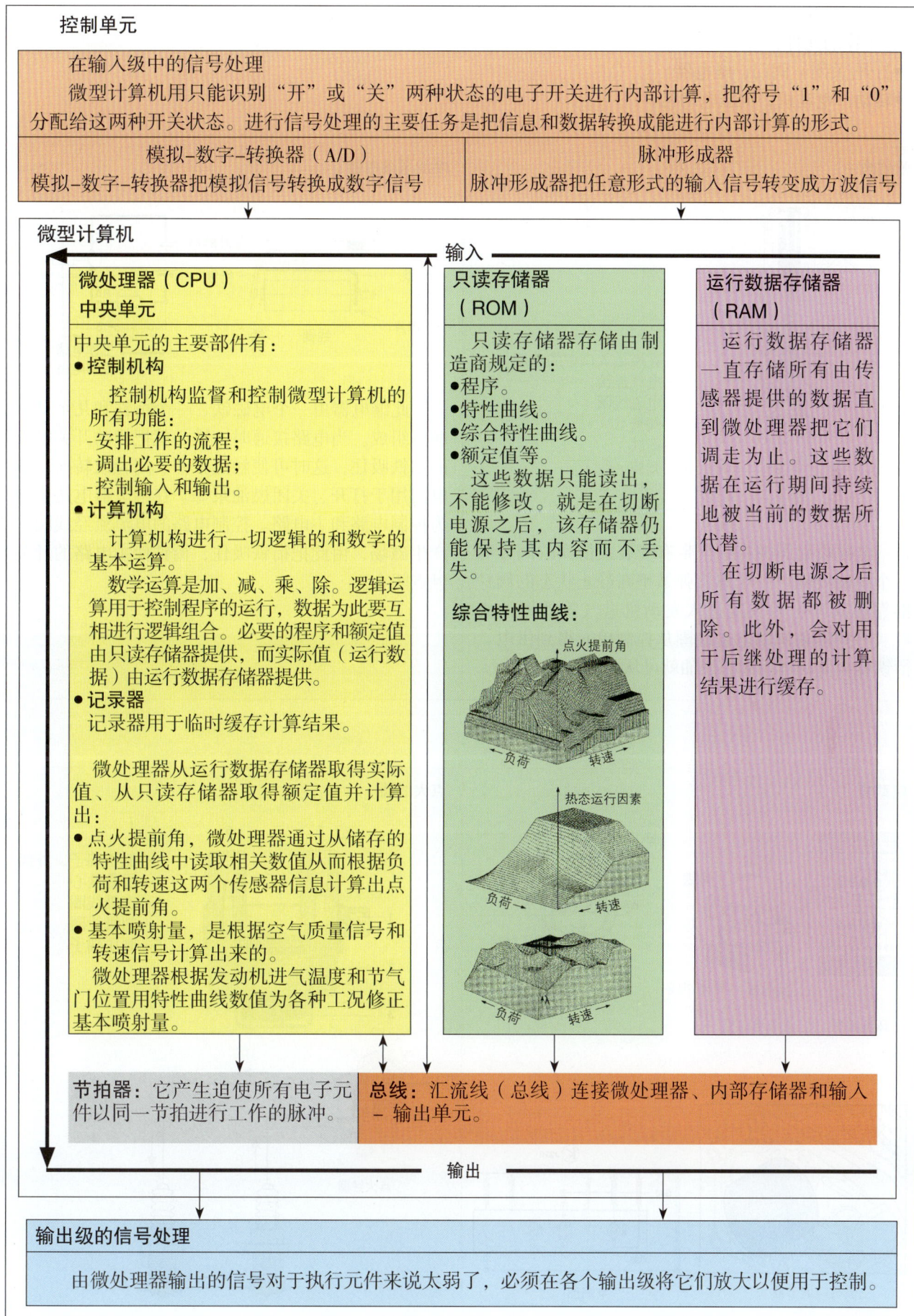

运行数据存储器（RAM）

运行数据存储器一直存储所有由传感器提供的数据直到微处理器把它们调走为止。这些数据在运行期间持续地被当前的数据所代替。

在切断电源之后所有数据都被删除。此外，会对用于后继处理的计算结果进行缓存。

节拍器：它产生迫使所有电子元件以同一节拍进行工作的脉冲。	**总线**：汇流线（总线）连接微处理器、内部存储器和输入-输出单元。

输出

输出级的信号处理

由微处理器输出的信号对于执行元件来说太弱了，必须在各个输出级将它们放大以便用于控制。

执行机构

执行机构是由控制单元的输出信号激活并完成下述工作的元件：

- 打开/关闭：阀门，继电器。
- 转动：电动机，伺服电动机。

喷射阀

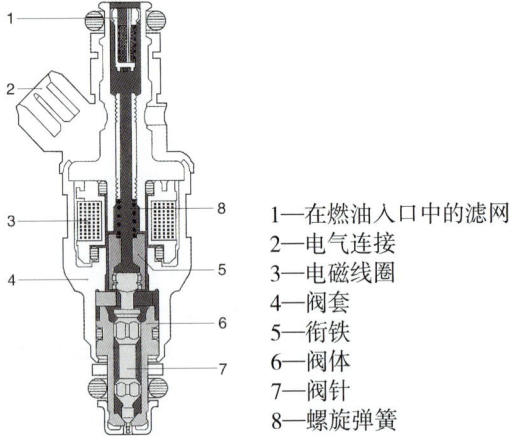

1—在燃油入口中的滤网
2—电气连接
3—电磁线圈
4—阀套
5—衔铁
6—阀体
7—阀针
8—螺旋弹簧

电磁喷射阀拥有一个带有套装式衔铁的阀针和一个电磁线圈。一个螺旋弹簧把在静止状态的阀针推靠在阀座上并关闭进入发动机进气管的燃油出口。一旦喷射阀的电磁线圈从控制单元得到供电，衔铁就会使阀针抬起，燃油就可从此出口流出。

燃油泵继电器

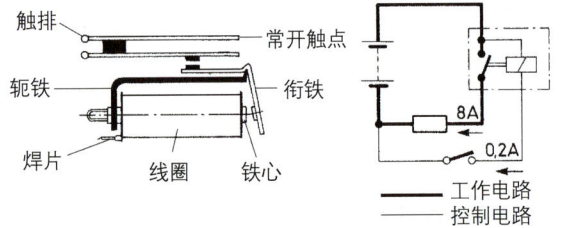

此继电器由一个电磁铁、一个衔铁和几个开关触点组成。当电路接通时，铁心就把拨动开关触点的衔铁吸住，这时可使触点张开、闭合或转换。继电器用于打开、关闭燃油泵等。在继电器电路中分为控制电路和主电路。控制电路的电流流经线圈并产生磁场，由此把衔铁吸住，衔铁使主电路的开关触点闭合。

电动机

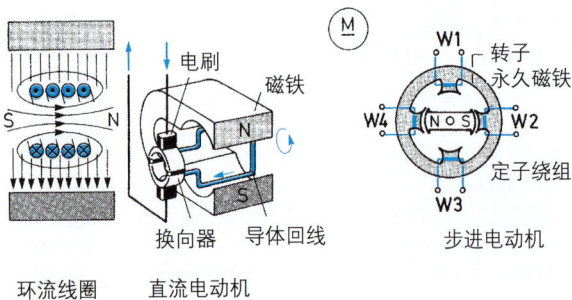

环流线圈   直流电动机   步进电动机

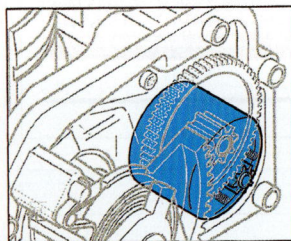

节气门调节器

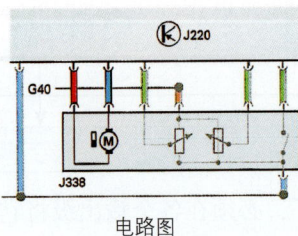

电路图

点火线圈

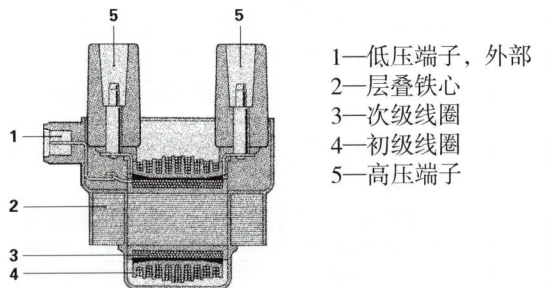

1—低压端子，外部
2—层叠铁心
3—次级线圈
4—初级线圈
5—高压端子

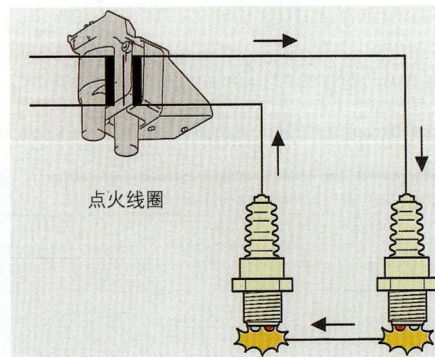

点火线圈

电动机	点火线圈
环流线圈相当于一个有南、北极的电磁铁。一旦把此线圈置于一个磁铁的磁场中，磁力就会作用到线圈上。线圈和磁铁的同极相斥，异极相吸，磁力使线圈旋转，它只能转动到磁场方向与磁铁的一致为止，即180°。为使此线圈继续旋转下去，电流方向必须变反，在直流电动机中由换向器来完成此项任务。 步进电动机用于需要受控运动或定位的部位。步进电动机由一个带有例如4个磁场绕组的定子和1个作为转子的可旋转永久磁铁所组成。定子绕组获得特定顺序的电流脉冲，电动机的驱动轴在得到每个脉冲时就以特定的进步方式转动，用图示表示即转动90°。步进角按结构形式在1.8°~15°的范围内。 节气门调节器是能在整个节气门区域内控制节气门移动的电动机。	点火线圈是一个储存与传输点火能量并产生高压电的部件。 点火线圈由下述结构元件组成： ●铁心。 ●带有较少粗铜丝（Φ0.4~0.6mm）绕组（100~200匝）的初级线圈。 ●带有较多细丝（Φ0.05~0.1mm）绕组（10000~20000匝）的次级线圈。 在初级电路闭合时就会流过初级电流，建立起一个电磁场。 断路器在点火瞬间把初级电路断开并切断初级电流。电磁场的突然消失在次级线圈中感应出高电压。因为次级线圈的匝数比初级线圈多约100倍，所以次级电压要比初级电压高约100倍，次级电压是一种高电压。

2.3.1.3　调节系统
过量空气系数调节电路

向发动机供给的燃油是由混合气形成装置按照氧传感器的混合气成分信息来调节，达到 $\lambda = 1$ 的空燃比。此传感器测定废气中的剩余氧含量并提供一个传感器信号。传感器的电压取决于空气侧电极和废气侧电极的氧含量。若此两个氧含量之比发生变化，则电压也要发生变化。

一个电子调节器处理从氧传感器传输过来的信号，作为调节的结果是执行元件得到向 $\lambda = 1$ 的方向修正空燃比的指令。

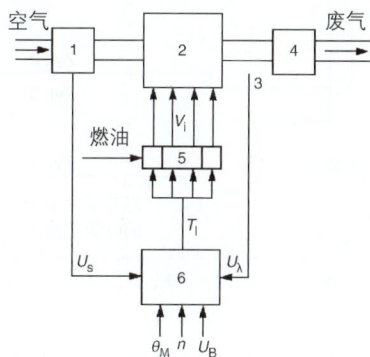

1—空气流量计
2—发动机
3—氧传感器
4—催化转换器
5—喷射阀
6—带调节器的控制单元
θ_M—发动机温度
n—发动机转速
U_B—蓄电池电压
U_λ—氧传感器信号
U_s—空气流量信号
T_i—喷射时间
V_i—喷射量

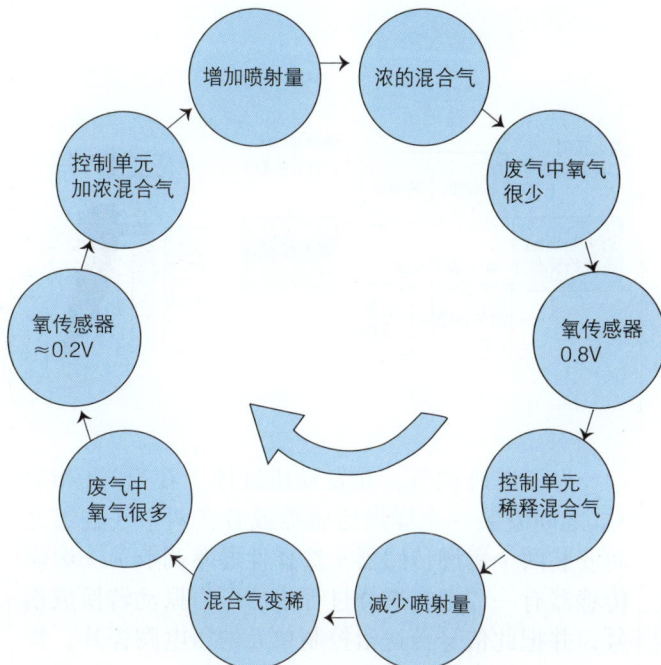

增加喷射量 → 浓的混合气 → 废气中氧气很少 → 氧传感器 0.8V → 控制单元稀释混合气 → 减少喷射量 → 混合气变稀 → 废气中氧气很多 → 氧传感器 ≈0.2V → 控制单元加浓混合气 → 增加喷射量

有害物质排放	传感器信号	催化转换器的效果
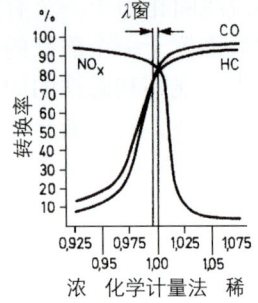	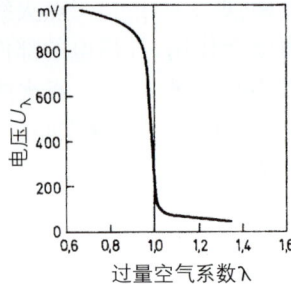	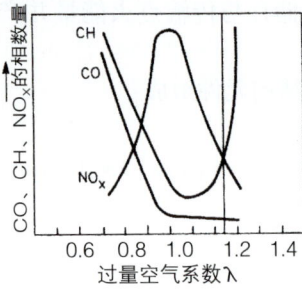
一氧化碳（CO）随着过量空气系数的上升而减少，碳氢化合物（CH）在大约 λ = 1.1时才停止减少，在混合气稀的区域又增多。氮氧化物（NOₓ）在混合气浓的区域上升并在稀的区域下降。	氧传感器在刚好达到过量空气系数 λ = 1时产生电压跃变并提供一个表示混合气比 λ = 1是更浓还是更稀的信号。	如果氧传感器通过一个闭合调节回路把燃油空气混合气始终保持在 λ 窗之内，则催化转换器就能把有害物质减少到90%。

爆燃调节

在点火提前角过大时就会发生使轴承负荷剧增、发动机很快发烫、发动机功率减少并使油耗提高的爆燃，低辛烷值燃油、高压缩比、燃烧室积炭以及在满负荷和冷却不良工况下的运行也会助长爆燃的趋势。爆燃的各种害处是可以通过爆燃调节来防止的。为了减少燃油，爆燃调节系统持续地测定爆燃极限并规定尽量接近爆燃极限的点火正时。为了识别爆燃，在发动机缸体上安装了爆燃传感器。

爆燃调节系统	调节过程
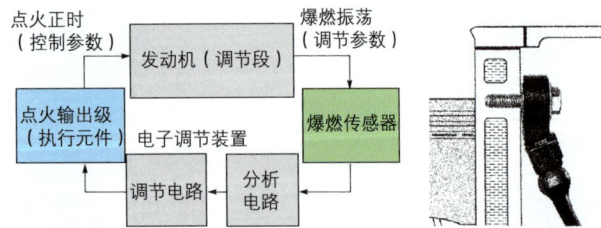	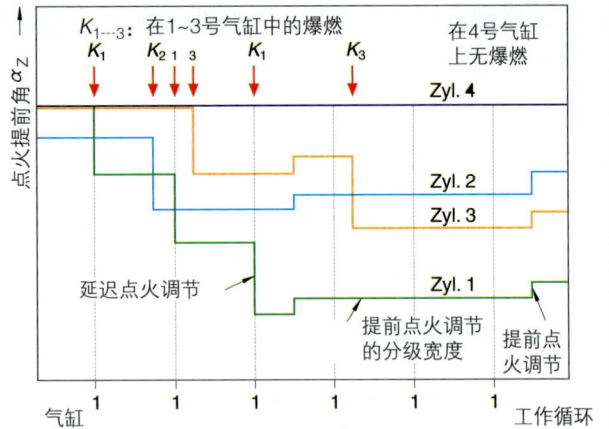
为了爆燃调节，在发动机缸体上在第2缸和第3缸之间安装一个爆燃传感器或者在两个气缸组之间安装两个爆燃传感器（选择性爆燃调节）。爆燃传感器有一片把在燃烧过程中的压力振动转换成信号，并把此信号传送给控制单元的压电陶瓷片，控制单元根据输入信号选择一个储存在点火特性曲线族中的一个点火提前角并启动点火输出级。如果系统拥有气缸识别功能，控制单元就能探测出发生爆燃的气缸。	一旦发生爆燃，点火提前角就会被回调，即调节系统把点火提前角往"推迟"方向移；若发生多次爆燃，则会一直把点火正时往回调，直到爆燃传感器不再发出爆燃信号为止。在爆燃停止以后，点火提前角会重新逐步接近储存在点火特性曲线族中的数值。进行选择性气缸爆燃调节时，分别为每个缸进行爆燃调节。控制单元通过爆燃传感器的信号并结合已发出的点火信号、上止点信号和转速信号来检测出在哪一个气缸中发生了爆燃式燃烧。

用怠速调节器进行怠速调节

在带有怠速调节器的喷射系统中，安装了一条与节气门平行的用于稳定怠速的旁通通道，以便吸入更多的空气。因为这部分额外的空气（过剩空气量）是要经过空气流量计测定并在燃油分配时计算在内的，所以发动机就会获得更多的混合气，因此

能在发动机冷态时稳定怠速，可由一个控制或调节单元来进行怠速稳定。

除了用节气门控制单元来进行怠速调节之外，还能用怠速调节器来进行调节。

2.3.1.4 电路图框图，电路图（带有节气门控制单元）

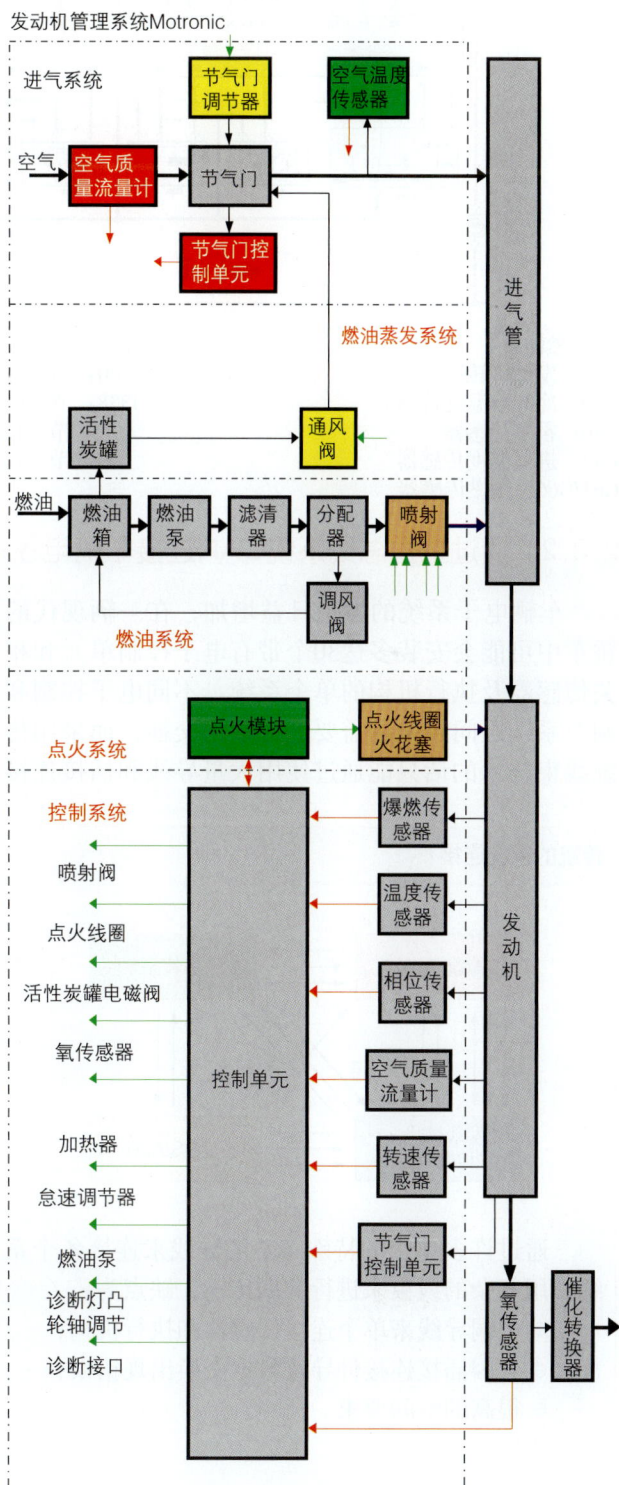

怠速–充气–调节

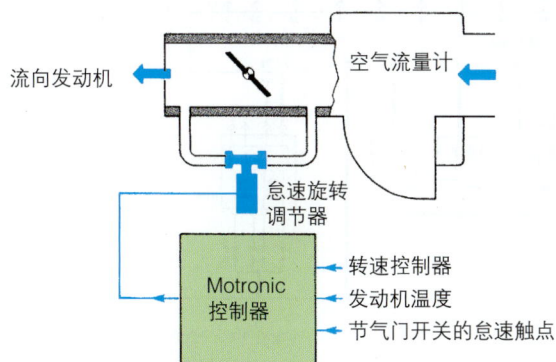

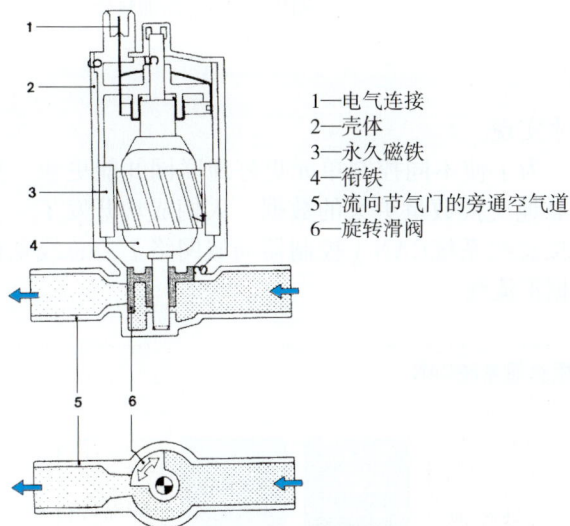

1—电气连接
2—壳体
3—永久磁铁
4—衔铁
5—流向节气门的旁通空气道
6—旋转滑阀

发动机管理系统Motronic

在旁通通道中装有一个由一台电动机和一个旋转滑阀组成的怠速旋转调节器，旋转滑阀能缩小旁通通道的横截面积。

由调节器进行怠速转速调节。它收到关于点火系统实际转速的信息。在此调节器中把经过编程的额定转速与实际转速进行比较，出现偏差时调节器就会发出一个信号给怠速旋转调节器。

其他信息（温度、节气门位置）用于在特殊条件下例如低温或加大节气门时避免故障。

学习领域 **4**

Motronic（发动机管理系统）

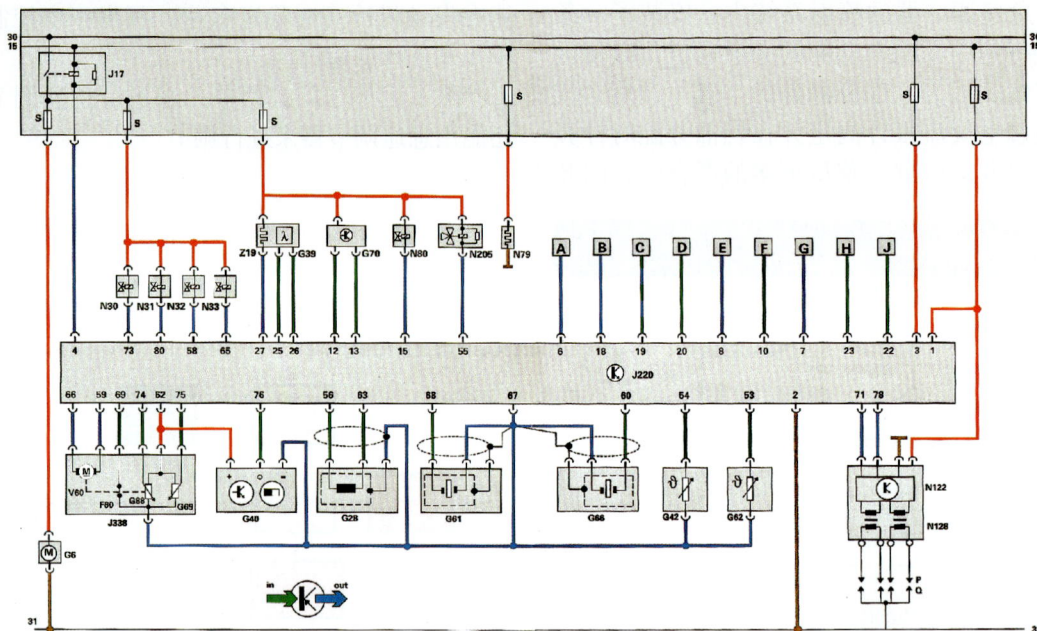

G6：燃油泵
G28：发动机转速传感器
G39：冷却液温度传感器
G40：霍尔传感器
G42：进气温度传感器
G61/G66：爆燃传感器

G70：空气质量流量计
J220：控制单元
J338：节气门控制单元，带有：
　　　　节气门调节器V60,
　　　　节气门电位器G69, G88

N30–33：喷射阀
N80：活性炭罐电磁阀
N122/N/N128：功率输出级
　　　　　　　　点火线圈
N205：凸轮轴调节阀
Z19：氧传感器加热器

2.3.2　通过数据总线系统CAN连接车辆电子系统

　　车辆电子系统的数量日益增加，在一辆现代的轿车中可能会安装多达30个带有电子控制单元和相关传感器及执行机构的单个系统。不同电子控制和调节系统之间越来越需要进行数据交换，而采用传统线束技术的话只能通过使用大量导线和插接连接件来实现。

　　为了使不同控制单元更好地联网并能更快、更可靠地交换数量更大的数据，人们成功开发了一个串接总线系统CAN（控制器局域网络）。总线是指数据汇流线。

传统的系统连接

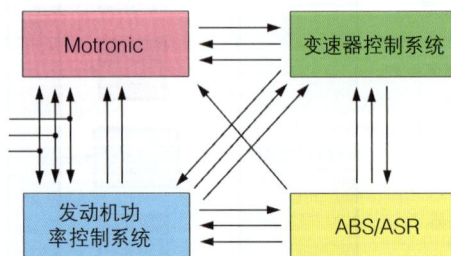

通过许多单个的特殊布置的导线来连接各个系统，用复杂的线束来进行数据传输，缺点为：
⊖ 用铜导线来单个连接传感器和执行机构；
⊖ 会因插接连接件导致数据交换出现错误；
⊖ 很高的空间要求。

数据总线系统CAN

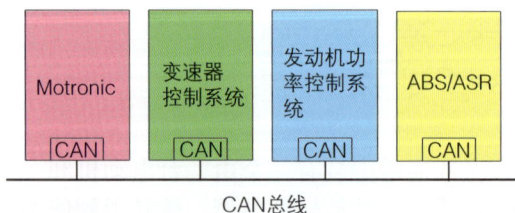

CAN总线

用一根屏蔽的双线导线即CAN总线连接各个控制单元。被称为CAN的控制单元部分使控制单元之间能够进行通信。优点为：
⊕ 节省大量的导线和插接连接件；
⊕ 提高数据安全性；
⊕ 较小的空间要求，减轻质量。
缺点为：
⊖ 总线系统只能传输数据；
⊖ 必须另外提供能量。

CAN系统主要应用于两大领域：

- 使传动系统各组件例如发动机管理系统和变速器控制系统、ABS和ASR联网。

数据传输速度很高。

- 使车身和舒适电子系统例如车灯、座椅和车门联网。

把这类应用技术也称为"多路传输应用技术"。

这种数据传输的速度很低。

数据从高速总线转移到低速总线是用网关来完成的。

在CAN系统中可以使用多个系统的各种传感器。在为控制单元编程时，要规定各个数据例如发动机温度、发动机转速、车轮转速等的重要性排列次序，为此可采用的一个特殊方法是只允许带有最重要数据的控制单元将数据发送到CAN总线上，所有不发送数据的控制单元自动进行接收。

控制单元SG2发送发动机温度数据，需要发动机温度的控制单元SG1和SG4接收这些数据并把这些数据储存在一个存储器中。那些对于它们来说不重要的数据控制单元例如ABS系统会拒绝对这些数据进行继续处理。

2.3.3　舒适系统

所有能提高车辆舒适性和安全性的电子系统都属于舒适系统：

- 中控锁（ZV）；
- 电动车窗升降器；
- 后视镜和座椅记忆装置；
- 滑动天窗；
- 带有禁起动防盗锁的防盗报警装置；
- 可调可加热车外后视镜；
- 车内照明灯控制系统。

中央控制单元（ZSG）除执行它在舒适系统内的各项功能：

- 行李箱盖中控锁；
- 车内照明灯控制；

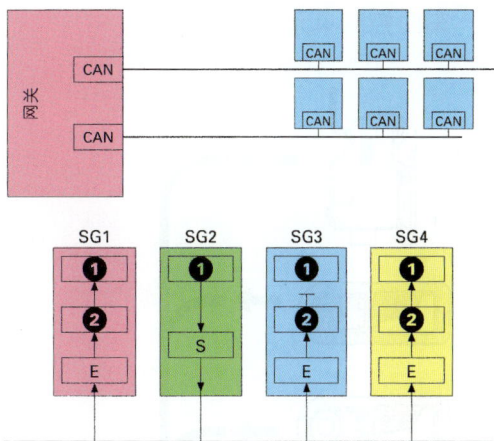

SG—控制单元
S—发射器
E—接收器
1—控制单元的存储器
2—控制器中筛选数据并将其传输给存储器的设备部分
3—控制单元中筛选数据但不把数据传输给存储器的设备部分

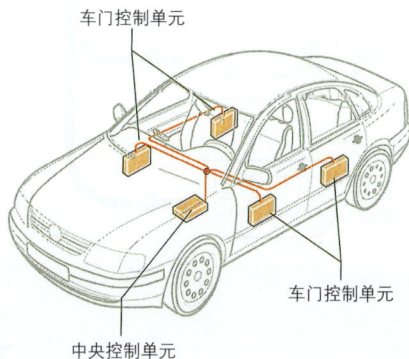

- 无线电遥控；
- 防盗报警装置（DW1）。

之外，还负责连接其他车载网络和自诊断系统。

车门控制单元监督和控制：

- 车门的中控锁；
- 电动车窗升降器；
- 电动可调可加热车外后视镜。

车门控制单元位于车窗升降器电动机旁。另一个控制单元控制座椅和后视镜的位置。

2.3.3.1　车门控制单元及其功能

无线电遥控系统	车门控制单元
无线电遥控系统由一个发射器和一个接收器组成，发射器安装在车辆钥匙内，接收器是中央控制单元的一部分。 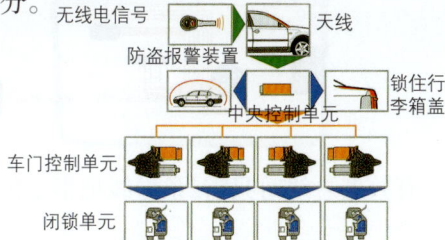	车门控制单元监督和控制下述功能： 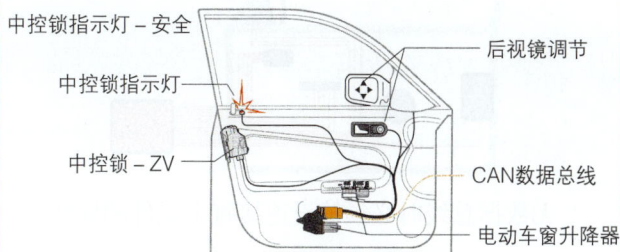

2.3.3.2   车门控制单元的系统概览

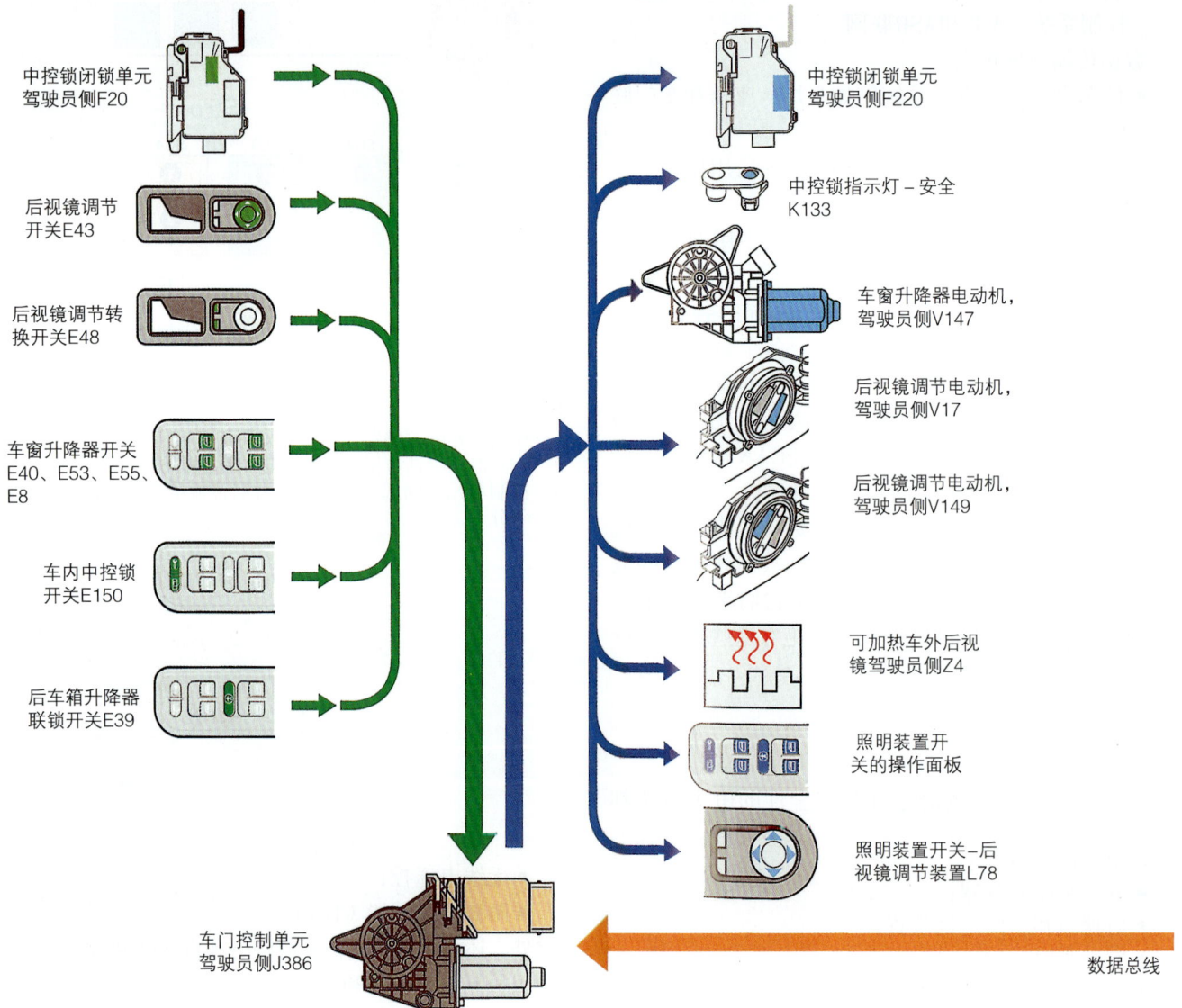

中控锁闭锁单元
驾驶员侧F20

后视镜调节
开关E43

后视镜调节转
换开关E48

车窗升降器开关
E40、E53、E55、
E8

车内中控锁
开关E150

后车箱升降器
联锁开关E39

车门控制单元
驾驶员侧J386

中控锁闭锁单元
驾驶员侧F220

中控锁指示灯 – 安全
K133

车窗升降器电动机,
驾驶员侧V147

后视镜调节电动机,
驾驶员侧V17

后视镜调节电动机,
驾驶员侧V149

可加热车外后视
镜驾驶员侧Z4

照明装置开
关的操作面板

照明装置开关–后
视镜调节装置L78

数据总线

2.3.3.3   车门控制单元的CAN数据总线

舒适系统的各控制单元是用传输开关信号和信息的屏蔽双线导线即CAN数据总线连接的。

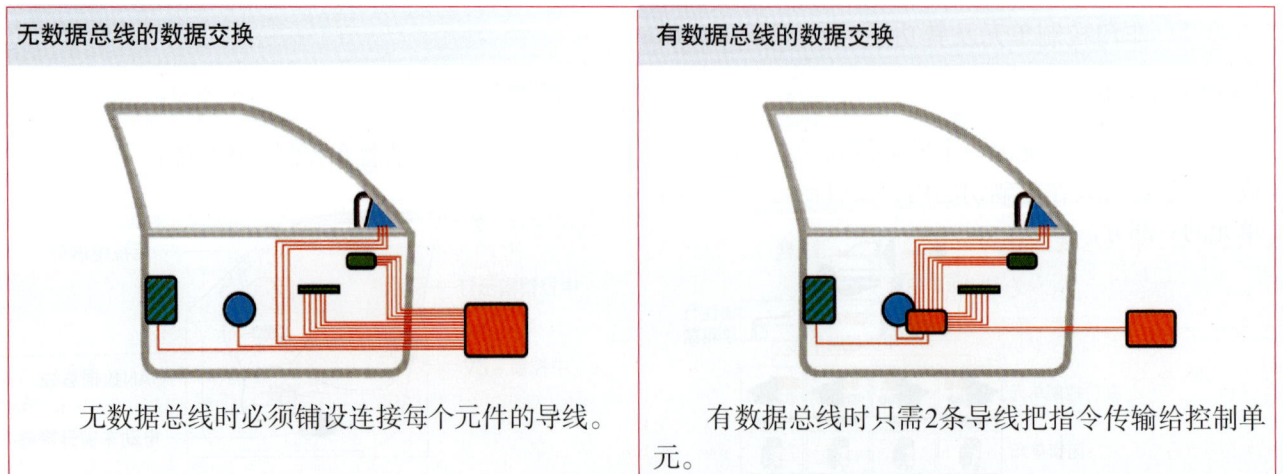

无数据总线的数据交换

无数据总线时必须铺设连接每个元件的导线。

有数据总线的数据交换

有数据总线时只需2条导线把指令传输给控制单元。

控制单元的数据交换流程如下：

- 控制单元1提供数据并把数据发送给其他控制单元，所有不发送数据的控制单元自动进行接收。

控制单元

- 接收数据；
- 检查数据；
- 接受需要的数据，例如控制器4。

那些对于它们来说并不重要的数据控制器就拒绝对数据继续进行处理。

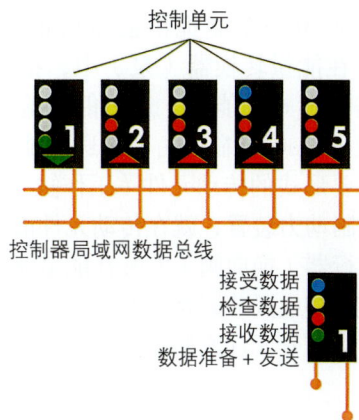

控制器局域网数据总线

接受数据
检查数据
接收数据
数据准备＋发送

2.3.3.4　车门控制器的电路图

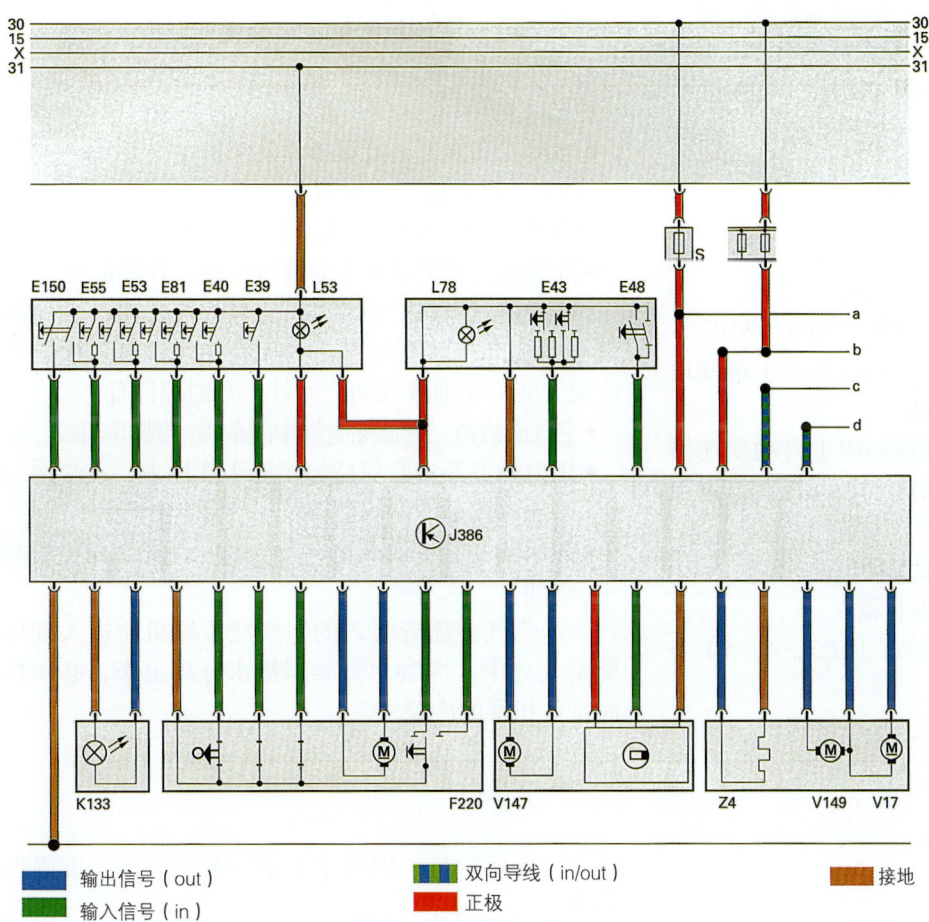

E39：车窗玻璃升降器联锁开关，后
E40：车窗玻璃升降器联锁开关，前/左
E43：后视镜调节开关
E48：后视镜调节转换开关
E53、E55、E81：车窗玻璃升降器开关
E150：车内集控门锁开关，驾驶员侧
F220：中央集控门锁闭锁单元
J386：车门控制器，驾驶员侧
K133：中央集控门锁指示灯
L53：照明灯/车窗升降器开关
L78：照明灯，开关–后视镜调节
V17：后视镜调节电动机，驾驶员侧
V147：车窗玻璃升降器电动机，驾驶员侧
V149：后视镜调节电动机，驾驶员侧
Z4：可加热后视镜，驾驶员侧

功能图接口
舒适性闭锁系统：
驾驶员侧车门控制器J386
第2代

■ 输出信号（out）	■ 双向导线（in/out）	■ 接地
■ 输入信号（in）	■ 正极	

2.4　液压和气动控制系统

2.4.1　基本原理

2.4.1.1　控制系统的基本结构

液压控制系统主要应用在轿车上，气动控制系统则更多地应用在载货车上。在载货车上我们把压缩空气制动设备的压力源作为气动控制设备的能量源来使用。这两种不同控制系统的比较表明，在所有上述的设备中都要采用相同的功能群和功能元件：

- 作为执行器的传动缸；
- 作为信号元件和控制元件的换向阀；
- 准备压力能量的液压泵或压缩机。

我们把所有受控制的设备分为动力和控制（即调节）机构。

动力装置由一个能提供能量的能量源（电动机）组成，在能量转换器（泵）中，把所提供的能量转换成需要形式的能量。通过能量输送元件、能量载体（液压油或压缩空气）输送到能把输入的能量转换成需要形式的传动元件（工作缸）中。

为了控制动力装置，就在传动元件前面并紧靠着它把一个执行器（换向阀）安装在能量流程中。执行器是一个控制链或调节回路中的最后一个元件，它通过控制元件从信号元件或调节元件获得信息。

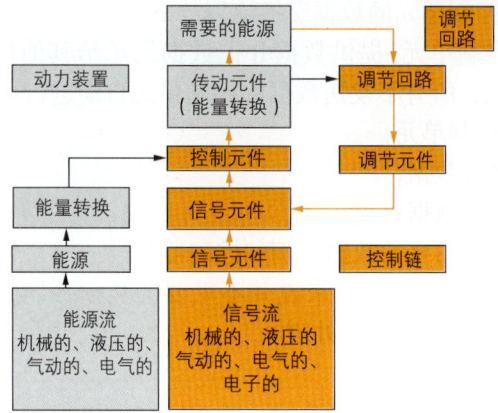

2.4.1.2　能量载体

在不同的车辆液压系统中使用不同的液压油：
- 发动机油：发动机润滑，气门控制装置间隙液压调节元件，凸轮轴调节。分类标准有SAE（美国汽车工程师协会）级、API（美国石油协会）级、CCMC（共同市场汽车设计师委员会）级和ACEA（欧洲汽车设计师协会）级 → 请参考学习领域1。
- 变速器油：主传动器和手动变速器
  分类标准按SAE（美国汽车工程师协会）
  粘度等级（70W、75W、80W、85W、90W、140W、250W），API（美国石油协会）级变速器油的使用：参考发动机油
- 自动变速器油：自动变速器油用于自动变速器
  功率级 Dexron(美国通用)，Mercom（美国福特）
  自动变速器油的使用：参考发动机油
- 制动液：制动设备，液压离合器
  分类标准按DOT（美国运输部）（3，4，5）→ 学习领域1
  制动液的使用：→ 使用说明，学习领域1

2.4.1.3　压强

压强的单位是帕斯卡（Pa）

$$1Pa = 1N/m^2$$

帕斯卡是一个很小的单位，所以在车辆技术中使用兆帕（MPa）：

$$1MPa = 1000000Pa = 10N/mm^2$$

我们把压强分为：
- 绝对压强p_{abs}：绝对压强是一个相对于真空中0MPa压强的存在于一个容器中的压强。
- 大气压p_{amb}大气压p_{amb}是相对于真空中0MPa压强存在于大气中的空气压强。在技术上：p_{amb}=0.1MPa
- 过压p_e：过压是绝对压强与大气压之差。

$$p_e = p_{abs}-p_{amb}$$

- 冷却液：冷却系统
  分类：没有常用的指标，需要遵守制造商的规范 → 学习领域1
  冷却液的使用 → 使用说明，学习领域1。
- 燃油：汽油发动机和柴油发动机
  按ISO（国际标准化组织）分类
  燃油的使用：使用说明，学习领域1。
- 液压油：装货站台中的液压传动、升降系统

在压缩空气进入阀门和动力装置之前，必须为气动系统准备压缩空气。为此要在空气进入耗能器之前安装一个前置气动三元件，它的部件有：
- 空气滤清器：它滤除空气中的杂质，例如灰尘。
- 压力调节器：它保持恒定的工作压力，不受网络压力波动的影响。
- 加油器：它将油雾化，向气动元件提供充足的润滑油。

水蒸气会随着吸入的空气经压缩机而进入到压缩空气之中。冷凝水分离器把水分离出来，必须按时排放积聚的冷凝水。

"负压"是可以用来表示一种状态的，准确地说来：
- p_e正：正过压，例如p_e = 0.3MPa
- p_e负：负过压，例如p_e = −0.04MPa

在液压中只有过压p重要，以至于在液压中只使用公式符号p。

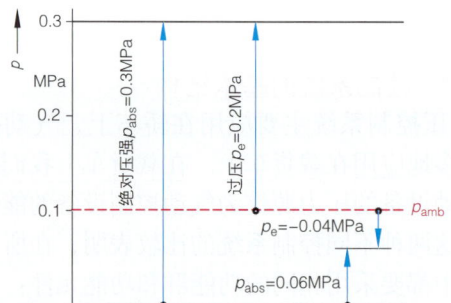

液压油

把矿物油作为液压油用于液压控制系统，在制动设备中用聚烷撑乙二醇醚作为制动液。

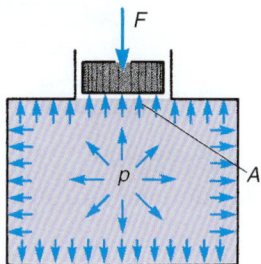

液压油是不能压缩的。

如果有力经过一个活塞面积为A而作用到一种封闭的液压油上，则就产生压强p，此压强会向各个方向均匀地传播（帕斯卡定律）：

$$p = \frac{力}{活塞的面积}$$
$$p = \frac{F}{A}$$

式中p为压强，单位为N/mm^2；
　　F为力，单位为N；
　　A为面积，单位为mm^2。

压强在液体中会均匀地传递在液压机中得到了应用。液压机由两个有着不同大小直径并且用一条管道连接起来的液压缸组成，液压机能够进行力的传递。因为在系统中各处的压强是相同的，所以以下式成立：

$$p_e = \frac{F_1}{A_1} = \frac{F_2}{A_2} \rightarrow \frac{F_1}{A_1} = \frac{F_2}{A_2}$$

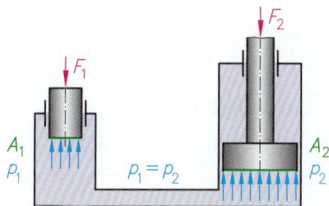

举例：
已知：$d_1=20mm$；$d_2=100mm$；$F_1=150N$
求：p_e；F
解：
$$p_e = \frac{F_1}{A_1} = \frac{150N}{\frac{20^2 mm^2 \times 3.14}{4}} = 4.77MPa$$

$$F_2 = p_e A_2 = 4.77MPa \times \frac{100^2 mm^2 \times 3.14}{4} = \underline{3750N}$$

空气

压缩空气是经过压缩的大气中的空气。被吸入的空气含有一定数量的水蒸气。压缩空气在冷却时会析出水分并作为冷凝水出现在设备中。

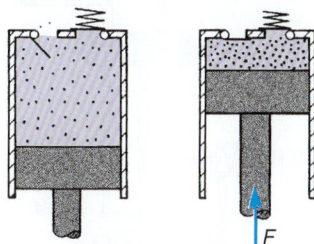

空气是可以压缩的。

在被压缩时，空气就改变其状态。如果用起始压力p_1来压缩现有的吸入体积V_1，则就产生体积V_2和一个较高的压力p_2。

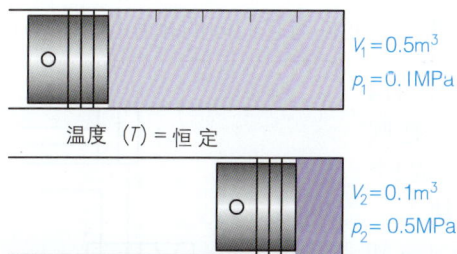

如果体积减小到五分之一，则压强就增大到五倍，依此类推：

$$p_1 V_1 = 0.5m^3 \times 0.1MPa$$
$$p_2 V_2 = 0.1m^3 \times 0.5MPa$$

由此可见，在一个封闭系统中当温度恒定时，乘积$p_1 \cdot V_1 = p_2 \cdot V_2$保持不变（恒定）。波义耳-马略特定律式为：

$$p_1 V_1 = p_2 V_2$$

式中p为压强，单位为N/m^2
　　V为体积，单位为m^3

举例：
已知：在一个容积为100L的压缩空气制动器的储备容器中压强为0.5MPa。
求：在大气压时的空气有多少升？
解：
$$V_2 = \frac{p_1 V_1}{p_2} = \frac{0.5MPa \times 100L}{0.1MPa} = \underline{500L}$$

学习领域 **4**

2.4.1.4　液压和气动控制系统的基本结构

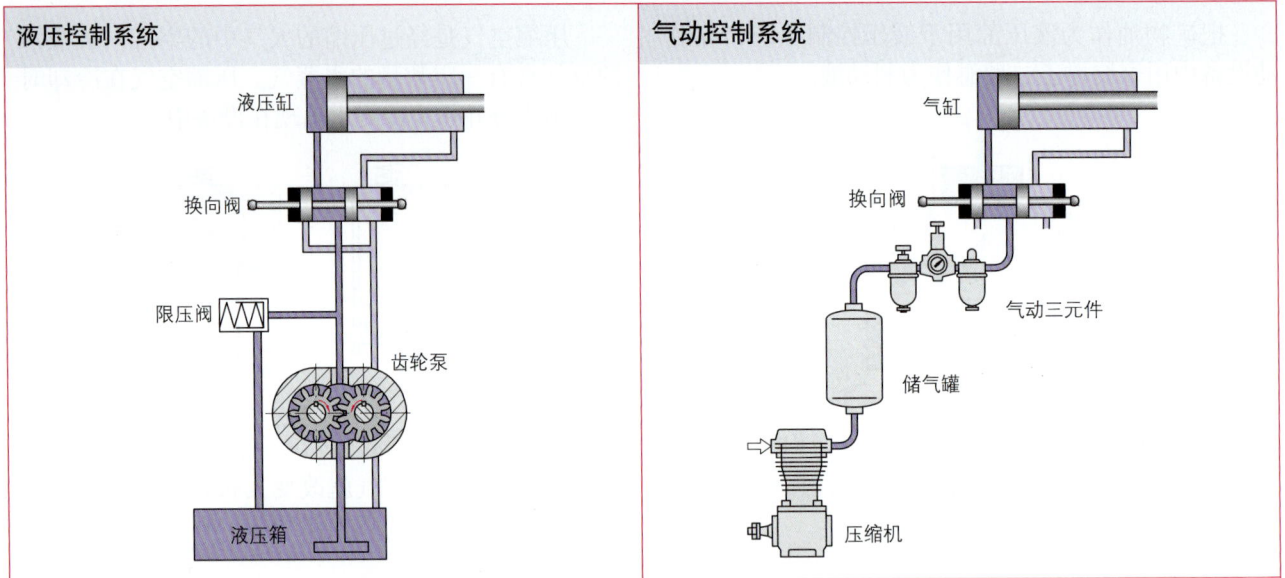

液压控制系统	气动控制系统

与在电气技术中相似，也用线路图来表示在液压和气动控制系统中的各种关系，用这种线路图就能 ●分析结构元件与它们间的相互作用；　●在出现故障时便于查找故障。

换向阀有4个接头，把阀门符号分成2个区（方块），每个区（a和b）都表示一个接通位置。在原理上把阀门和工作活塞都表示在静止状态（b）。在这一阀门位置工作活塞就向外伸出来。一旦把阀门移动到另一接通位置（a），就从右向工作活塞提供液压油，工作活塞就缩回去，而液压油在液压缸中左侧受挤压并流回液压箱。	换向阀有5个接头和2个接通位置（a和b）。在静止位置（b）中，从右向活塞提供压缩空气。在接通位置（a）中把通往工作气缸的压缩空气流道打开，活塞就伸出来了，它把空气压缩到活塞的另一侧，空气就经过阀门而被排放到大气中。 　两种控制系统的差别在于压力供给设备的制造和排出为空气或液压油的排放上。

2.4.2　能量转换装置

2.4.2.1　工作缸

工作缸把气压能或液压能转换成机械能。压缩空气气缸和液压缸的基本结构和功能都相同。

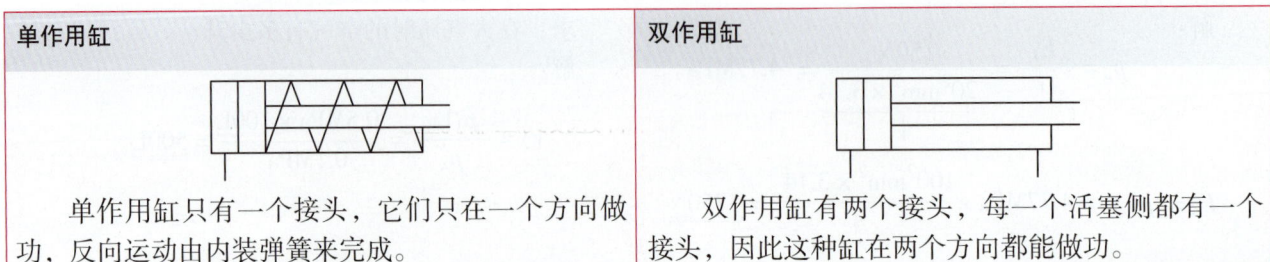

单作用缸	双作用缸
单作用缸只有一个接头，它们只在一个方向做功，反向运动由内装弹簧来完成。	双作用缸有两个接头，每一个活塞侧都有一个接头，因此这种缸在两个方向都能做功。

2.4.2.2 液压泵和压缩机

液压泵

齿轮泵

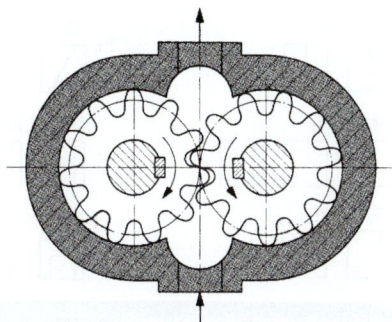

齿轮泵是一种简单、坚固又廉价的液压泵。两个互相啮合的齿轮以高转速旋转。齿轮在外部与泵壳壁构成不同油腔，能把液压油从吸入油腔输送到压缩油腔。在压缩油腔中，配对齿轮的配滚轮齿把液压油从齿隙中压出。由于轮齿的啮入作用，阻止了液压油从压缩油腔回流到吸入油腔，这种泵是自吸式液压泵。

叶片泵   **径向柱塞泵**

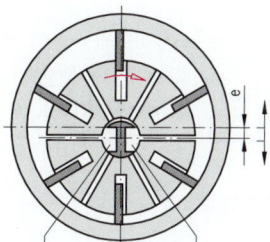

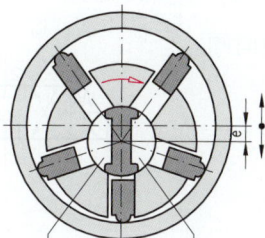

吸入侧   压缩侧   吸入侧   压缩侧

在叶片泵中，离心力把安装在转子上的叶片推向座圈的内壁。因为座圈是偏心安装的，所以随着转子的旋转就增大或减小油腔的容积，把油液沿切线方向从吸入侧输入到压缩侧。

在径向柱塞泵中，当偏心支承的转子旋转时，活塞就进行在吸入油腔中逐渐增大而在压缩油腔中逐渐减小的提升运动。在这两种液压泵中，通过偏心调节就能改变容积并使供油方向改变。

压缩机（空气压缩机）

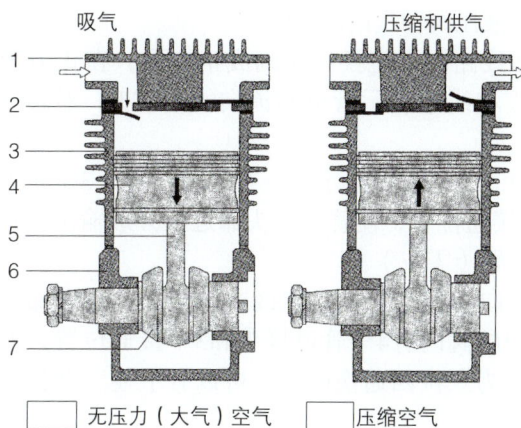

吸气   压缩和供气

| 无压力（大气）空气 | 压缩空气 |

1—气缸盖	4—活塞
2—间隔板（带有进气阀和排气阀）	5—连杆
3—气缸	6—曲轴箱
	7—曲轴

在卡车中把压缩空气制动设备的压力源用于其他气动设备的控制。

压缩机经过空气滤清器而吸入大气（空气）并将它压缩。一旦达到规定的压力，排气阀就打开，而经过压缩的空气就流向压力调节器。压力调节器把在电动机运转时由空气压缩机不断输送的压缩空气输入到储气罐中或排放到大气中，并由此而调节压缩空气制动设备的储存压力。双回路溢流阀把压缩空气从能量源分配到各个互相隔离的储存回路中。储气罐用于储存经过压缩的空气。排水阀能把冷凝水从储气罐中排放出去。

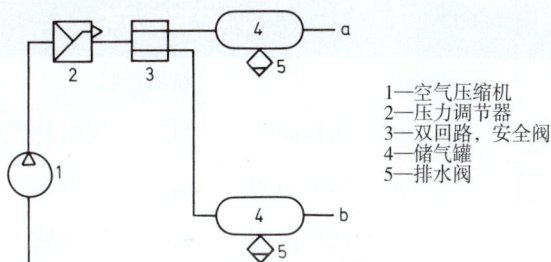

1—空气压缩机
2—压力调节器
3—双回路，安全阀
4—储气罐
5—排水阀

在其他的气动设备中，把一个用于对空气进行处理（过滤、工作压力、调节、加油）的气动三元件连接到压缩机上。

4
学习领域

2.4.3　阀门

2.4.3.1　换向阀

换向阀控制液压油或压缩空气的流动的开始和结束以及流向。由于功能相同，就把相同的图形符号用于液压阀和气门阀。

在线路图中把换向阀画成正方形，在正方形内的箭头和线条表示管道和流向，用"T"来表示截止。

用一个正方形表示每一个接通位置，3个正方形＝3个接通位置，使管道接头靠近正方形输出位置或截止位置（零位）。

换向阀按管道接头和接通位置的数量来命名。右图中的阀门有4个管道接头和3个接通位置，所以把它称为三位四通换向阀。可以有下述三个接通位置：

- 截止位置
- 接通位置a（前进位置）
  通过连接管道而把正方形向右移动
- 接通位置b（返回位置）
  通过连接管道而把正方形向左移动

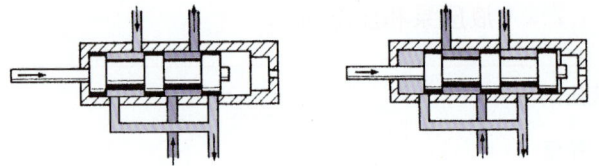

流通位置　　　　　返回位置

截止位置　　　　　浮动位置

前进位置　　　　　旁通位置

一个三位四通换向阀的接通位置

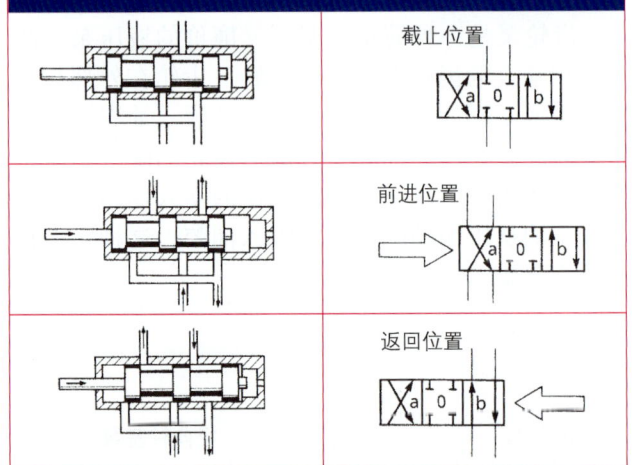

截止位置

前进位置

返回位置

举例：
带有旁通零位、弹簧对中和电磁控制的三位四通换向阀
接头：
1：压力连接管接头
2、4、（6）：工作接头
（3、5，）7：回流接头

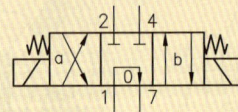

0—旁通位置
a—接通位置
b—接通位置

换向阀		控制方式		
符号	名称	机械控制		电气控制
（符号）	二位二通换向阀	⊢[	用推杆或按键	⊏[　用电磁铁
（符号）	二位二通换向阀	⌇[	用弹簧	**气动控制**
（符号）	二位三通换向阀	⊶[	用旋轮	--▷-[　通过施加压力
（符号）	二位三通换向阀	⊸[	用旋轮，单向	--◁-[　通过减压
（符号）	二位四通换向阀	**手工操作**		**液压控制**
（符号）	三位四通换向阀	⊢[	一般机械方法	--▶-[
（符号）	二位五通换向阀	⊢[	用按钮	
		⊢[	用杠杆	
		⊢[	用踏板	

2.4.3.2　限压阀

　　用正方形来表示限压阀，它们都拥有一个先导油入口和出口以及一个内部先导油接口。用自己的入口或出口就能卸掉控制压力，弹簧把活塞推回到其原始位置，一个穿过弹簧的箭头表示该阀接通时的压力是可以调节的，限压阀把系统中的压力调节到规定的最大值。

　　把限压阀作为预防设备过载的溢流阀使用。一旦超过最大值，此阀就打开，而油就流回到储油箱中。

　　限压阀主要用于液压设备，在气动系统中仅使用少量的限压阀。在气动系统中，限压阀是空压机设备的部件，即气动三元件的减压阀。

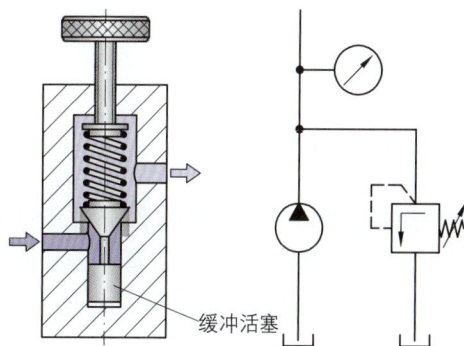

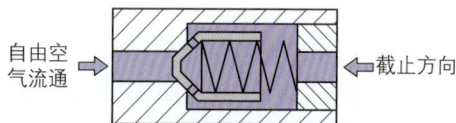

缓冲活塞

自由空气流通　　　截止方向

2.4.3.3　截止阀
单向阀

　　单向阀只允许单向流动，反向截止。一旦自由方向中的输入压力产生一个大于内装弹簧的力，单向阀就打开。单向阀应用于发动机润滑和冷却系统。把单向阀与机油滤清器①和散热器②并联地安装。一旦系统中的压力升高（例如由于堵塞），单向阀就打开，压力就能降低，即液压油就能未经过滤地继续供给。

　　单向阀此外还用于升降台③。在泵①停机并在二位二通阀④关闭时，活塞就能保持在其停止位置。为使活塞泄油，此二位二通阀必须打开。在活塞到达其最终位置时，限压阀⑤就能防止过高压力而保护系统。

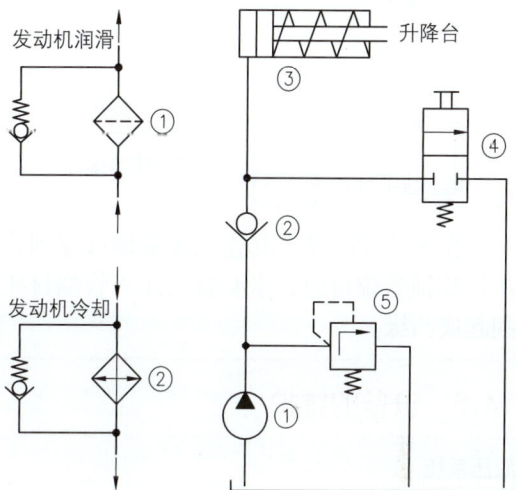

发动机润滑　　升降台　③　④　②　①　发动机冷却　⑤

转换阀

　　转换阀有两个入口和一个出口。当一个入口被截止时，另一个有着较高压力的p_1的入口就与出口接通。

　　转换阀应用于那些需要从两个 – 也可以在空间上 – 隔离点去控制机构（阀门）或一个传动机构（缸）的场合，例如大客车车门的控制。

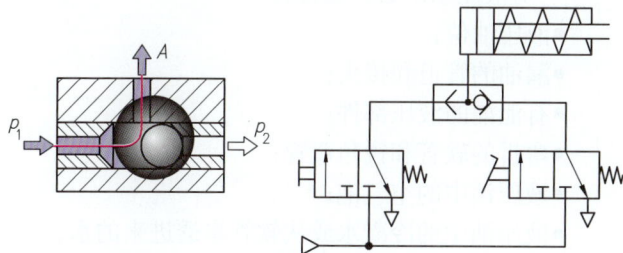

2.4.3.4　流量控制阀，节流单向阀

　　流量控制阀能改变或限制压力介质的流量，通过用缩小或扩大通流截面而改变体积流量来改变缸的活塞速度。

　　节流单向阀由一个节流点和一个截止阀组成。

　　此阀只有单向节流效果，反向则可以从单向阀中自由流通，在伸出和/或缩回时是可以调节活塞速度的。

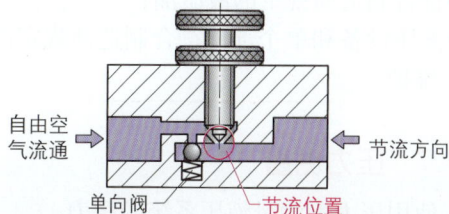

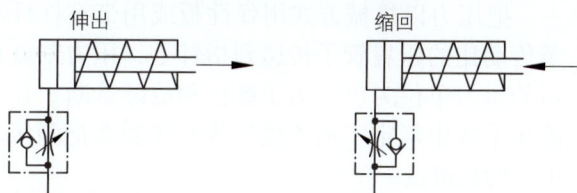

自由空气流通　　节流方向
单向阀　节流位置

伸出　　缩回

2.4.4　液压蓄能器

液压储能器能够

- 储存液压油；
- 减少系统中的压力冲击；
- 补偿漏油损耗。

液压储能器由一个充填有部分液压油和部分气体的储能器罐组成，用一个活塞、一片隔膜或一个皮囊来隔开。可压缩的气体负责储存压力。

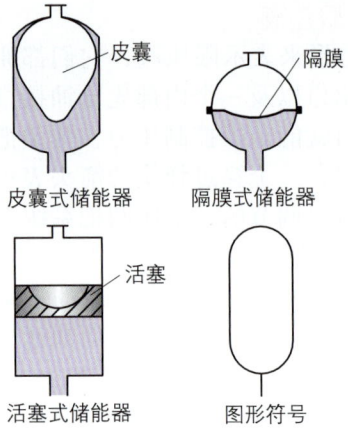

皮囊式储能器　　隔膜式储能器

活塞式储能器　　图形符号

2.4.5　管道

液压和气动硬管管道大多数采用无缝精密钢管，软管管道要采用带有编织织物或金属丝网夹芯的弹性材料软管。要把软管分为高压软管和超高压软管。要用卡套式管接头来连接硬管与软管，用夹紧管接头来连接金属管和塑料管。

卡套式管接头	夹紧式管接头
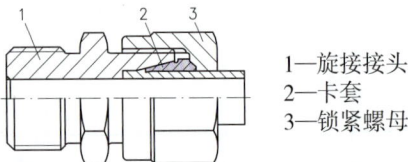　1—旋接接头　2—卡套　3—锁紧螺母	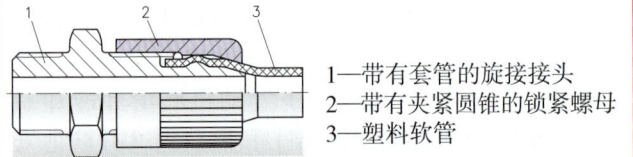　1—带有套管的旋接接头　2—带有夹紧圆锥的锁紧螺母　3—塑料软管
在预装配时硬卡套连同锁紧螺母穿到管端上，在拧紧锁紧螺母时，卡套就切压入管端材质之中并翻起成凸缘。	把软管穿到带有套管的旋接接头上，在拧紧带有圆锥的锁紧螺母时就把软管夹住。

2.4.6　设备的维护

液压系统	气动系统
对液压系统必须要检查： ●液压油位； ●漏油的管道和接头； ●有泄漏的液压部件； ●弯折的软管和锐角弯管； ●液压油中的空气泡； ●液压油中的冷凝水或从软管渗透进来的水； ●由于未及时更换液压油而产生的脏物； ●符合制造商规定的液压油； ●液压设备和单个部件符合制造商规定的专业维护。	对气动系统必须检查： ●漏气的管道和接头； ●软管中的弯折处； ●阀门的泄漏损耗； ●活塞杆导向装置的磨损； ●冷凝水自动排放阀的功能能力； ●滤清器的功能能力； ●气动设备和单个部件符合制造商规定的专业维护。

2.4.7　压力测量

使用压力表测量液压系统的压力。

把压力以机械方式用弹性板或用带有杠杆和齿条传动比的压扁管子传递到指针上，压力刻度盘指示的压力单位为巴。为了维护和故障诊断，在车辆液压系统中规定了用连接器或转接器来把测压表接上去的测量点。

举例：
液压的测量

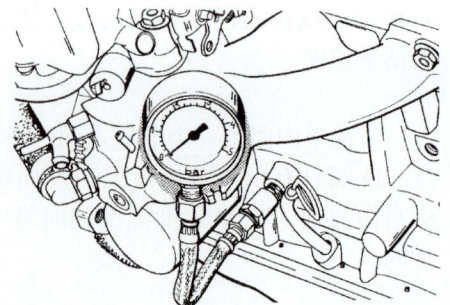

2.4.8　电路图的阅读和分析

因为液压和气动设备的结构相似，所以把符合DIN ISO1219标准的相同线路符号用于线路图。

线路图的结构符合下述的标准：

- 能量源布置在左下；
- 各控制元件按照信号流程自下而上布置：

能量源 – 信号输入 – 信号处理 – 信号输出 – 能量转换。

- 传动缸在上方从左向右工作；
- 结构元件符号包含有线路编号、元件标记字母和元件序号：

P：泵和压缩机

A：传动装置

M：传动电动机

V：阀门

S：信号接收器

Z：其他元件

元件符号用框围住。

- 液压图中的结构元件处于静止位置（原始位置），气动图中的结构元件处于有压力载荷的静止位置。

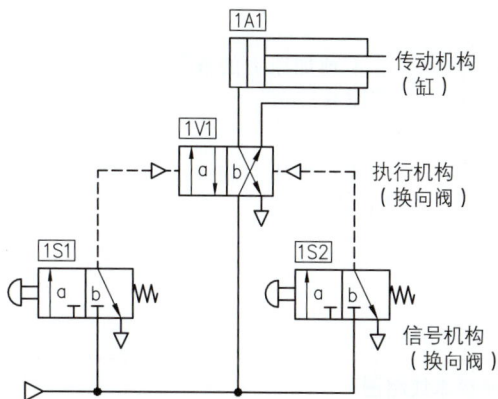

元件符号举例：

线路编号 ——　元件标记字母　—— 元件序号

线路符号

基本线路

符号	名称	解释	符号	名称	解释
——	直线	液压管道	—+— —+—	线与点连接	管路连接
– – – –	长线段虚线	先导控制管路			
- - - - -	短线段虚线	泄油管路	—+— —+—	跨线	不连接

液压线路符号

符号	名称	解释	符号	名称	解释
	液压箱	聚集液压油	—≍—	节流阀	节流油流
⊙	液压泵	输送液压油		流量调节阀	保持油流恒定
	限压阀	限制入口压力		分流阀	分配油流
	减压阀	保持出口压力恒定		二位二通换向阀	2个接头，2个接通位置
	单向阀	单向截止油流		二位三通换向阀	3个接头，2个接通位置
	单向阀（受到弹簧负载）			三位四通换向阀	4个接头，3个接通位置
	可去联锁单向阀	用先导信号去联锁		单作用缸	单向工作
	节流单向阀	组合阀		双作用缸	双向工作
	转换阀	根据压力比来截止油流		伸缩式活塞	单向工作，逐步伸出

液压线路符号

符号	名称	解释	符号	名称	解释
	滤清器			冷却器	
	不预加压力的液压储能器	预加气动压力		压力表	用于压力测量
	要预加压力的液压储能器				

液压基本线路图

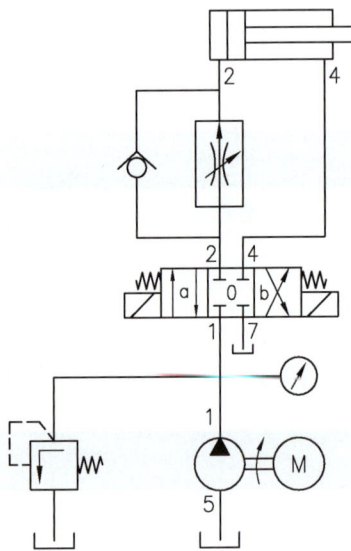

泵输送液压油。三位四通换向阀由电磁阀启动，弹簧对中，它有三个接通位置：截止位置、前进位置和返回位置。可调节流阀只有在活塞伸出时才能改变体积流量。当三位四通换向阀在返回位置时，活塞缩回去。

液压油经过截止阀和换向阀而流回到液压箱中。

气动基本线路图

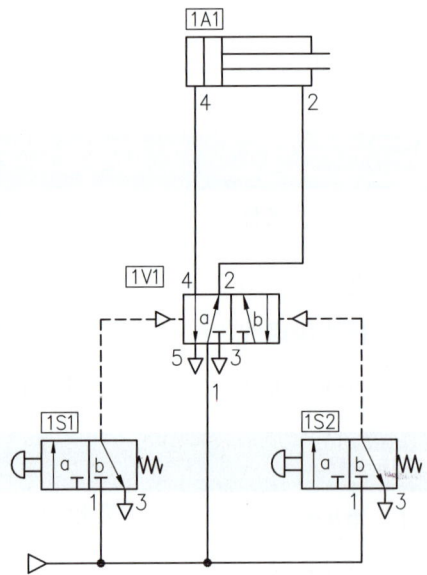

活塞式压缩机吸进空气并将它压缩。二位五通换向阀1V1有两个接通位置，即前进位置和返回位置，由压缩空气从两侧进行先导。

二位三通换向阀1S1和 1S2是手动阀并都有由一个弹簧复位。用阀门1S2可以把阀门1V1接通到位，以便活塞能伸出来。为使活塞1A1缩回去，就要操作阀门1S1，此阀就接通二位五通换向阀使它回到原始位置。

控制链

信号机构 ⎫
控制机构 ⎬ → 三位四通换向阀
执行机构 ⎭

传动机构：工作缸

信号机构：二位三通阀1S1和1S2
控制机构，执行机构：二位五通阀1V1
传动机构：工作缸

2.5　液压系统分析

2.5.1　离合器的液压控制系统

客户报修：	离合器踏板复位缓慢
原因：	空气进入了系统

信息采集

原理

液压离合器的工作原理是根据帕斯卡定律：

"在密闭液体中，压力向各个方向均匀传递。"在离合器液压控制中应用了压力均匀传递的原理，该系统有两个液压缸：

- 主缸
- 工作缸

两缸的直径大小不同，通过一根管道连接在一起。由于该系统内各处的压力 p_L 都相同，因此有下式成立：

$$p_L = \frac{F_1}{A_1} = \frac{F_2}{A_2}$$

$$\frac{F_1}{A_1} = \frac{F_2}{A_2}$$

换算：

$$i = \frac{F_2}{F_1} = \frac{A_2}{A_1}$$

在操作离合器踏板时，脚踏力通过一根压杆传递到主缸的活塞上。主缸内产生的压力通过一根管道传递出去并作用到工作缸的活塞上。此活塞用一根挺杆通过分离拨叉和离合拨杆推动膜片弹簧尖端。离合器从动盘脱离摩擦面而自由运转。

接合时，膜片弹簧和主缸与工作缸内的回位弹簧把这两个缸内的活塞推回到初始位置处。

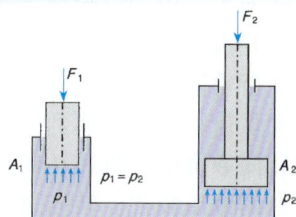

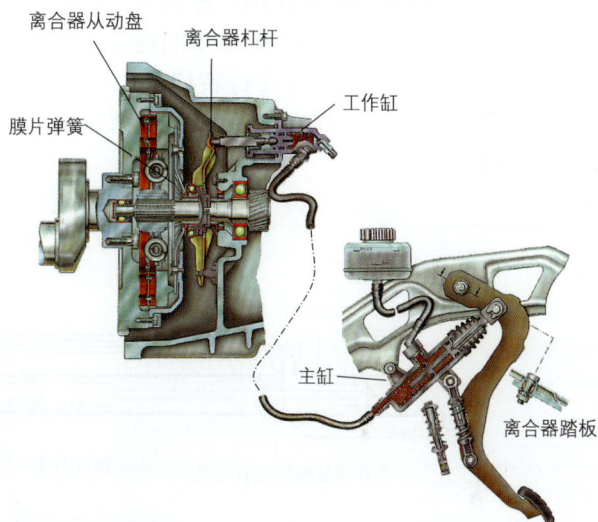

离合器从动盘　离合器杠杆　工作缸　膜片弹簧　主缸　离合器踏板

液压离合器框图

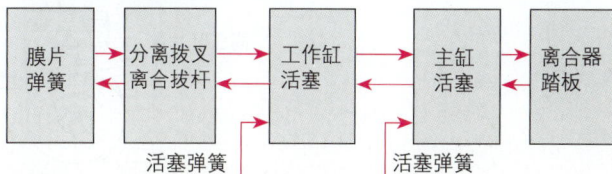

膜片弹簧 → 分离拨叉离合拨杆 → 工作缸活塞 → 主缸活塞 → 离合器踏板　活塞弹簧　活塞弹簧

举例：

利用液压传递力的离合器主缸直径为 $d_1 = 18mm$，分离拨叉上的工作缸直径为 $d_2 = 24mm$。

如果脚踏力为 $F_H = 120N$，则分离力 F_A 有多大？

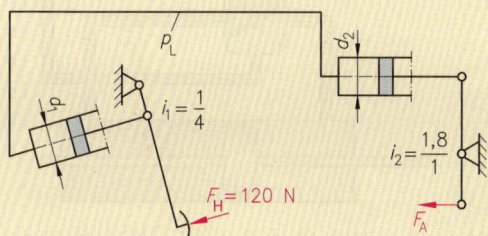

解：

$$i = \frac{F_1}{F}$$

$$F_1 = i_1 F_H = 4 \times 120N = 480N$$

$$A_1 = \frac{d_1^2 \pi}{4} = \frac{18^2 \times 3.14}{4} mm^2 = 254mm^2$$

$$p_L = \frac{F_1}{A_1} = \frac{480N}{254mm^2} = 1.89N/mm^3$$

$$A_2 = \frac{d_2^2 \pi}{4} = \frac{24^2 \times 3.14}{4} mm^2 = 452mm^2$$

$$F_2 = p_L A_2 = 1.89N/mm^3 \times 452mm^2 = 854.2N$$

$$F_A = i_2 F_2 = 1.8 \times 854.2N = 1537.6N$$

学习领域 **4**

2.5.2　助力转向系统

客户报修：转向系统运转滞重
原因：　　泵的供油压力太小，转向器有故障

信息采集

　　助力转向系统应能减少驾驶员在转向时需要施加的作用力。这种助力可通过液压或电气方式产生。液压助力转向系统用于齿轮齿条式或循环球式转向系统。在齿轮齿条式转向系统中，通过转动转向轴和小齿轮使齿轮齿条朝与行驶方向交叉的方向移动。这一运动从齿轮齿条传递到分段的转向横位杆上。在助力转向系统中，机械转向器配有一个能够提供液压支持的液压装置。转向过程需要的加压油由一个电动机驱动的泵提供。控制阀在转向时并根据在各车轮上的反作用力把加压油输送到工作缸的相应侧。由此产生的力支持转向盘上的转向运动。机械转向器确保即使在液压助力装置失灵时也使车辆保持转向性能。

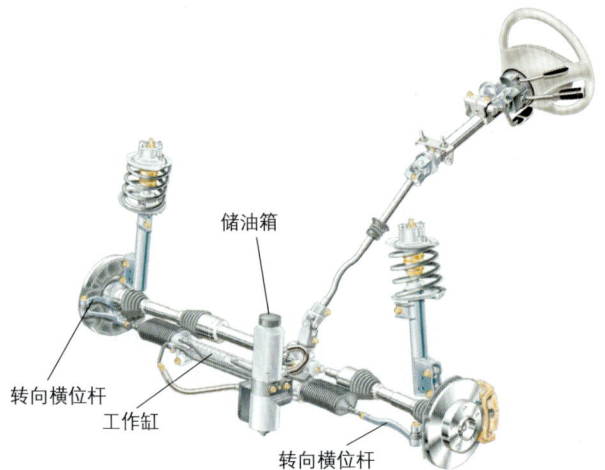

储油箱
转向横位杆
工作缸
转向横位杆

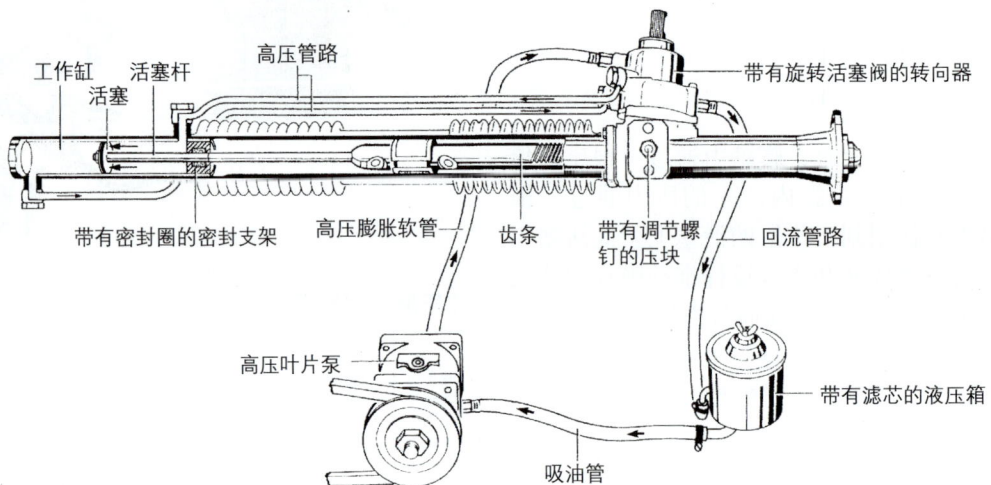

工作缸　活塞杆　高压管路　　　　　　带有旋转活塞阀的转向器
活塞
带有密封圈的密封支架　高压膨胀软管　齿条　带有调节螺钉的压块　回流管路
高压叶片泵　　　　　　带有滤芯的液压箱
吸油管

直线行驶时的齿轮齿条式液压转向系统

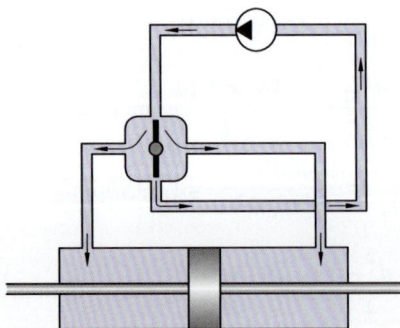

　　直线行驶时，加压油从液压泵经过旋转滑阀流至活塞两侧，活塞即停住不动。

转向时的齿轮齿条式液压转向系统

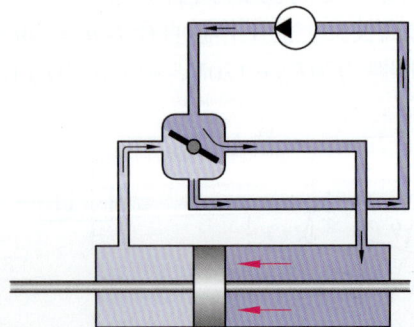

　　转向时，两个进油孔关闭。压力作用在活塞的一侧。活塞向低压方向移动。由此产生的力支持转向盘上的旋转运动。

2.5.3　液压制动器

信息采集

原理

液压制动设备的原理以帕斯卡定律为依据。

如果用脚踩动脚制动踏板机构（制动踏板）FF，则在制动主缸中就会产生液压压力p_L。此压力通过制动管路和制动软管均匀地传递到车轮制动缸上。液压压力在该处转换成使制动蹄或制动片压紧制动鼓或制动盘的张紧力。通过不同的活塞横断面和相应的制动踏板传动比可保持很小的脚踏力F_F。

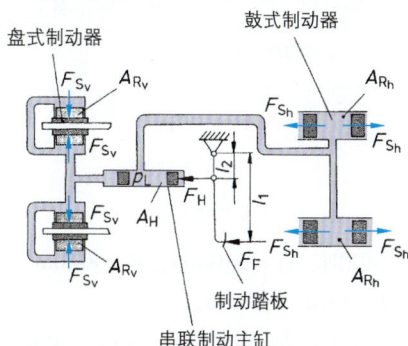

备注：脚注V表示前面，h表示后面

力的机械与液压传递

为了产生所需制动力，必须增强脚踏力。可通过下述方式来增强：
- 机械
- 液压
- 气动

参数	公式符号	单位
力	F_F, F_H, F_S	牛顿（N）
力臂	l_1, l_2	米（m）
压强	p_L	兆帕（MPa）
面积	A_H, A_R	平方毫米（mm^2）
传动比	i_m	—

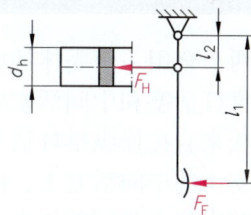

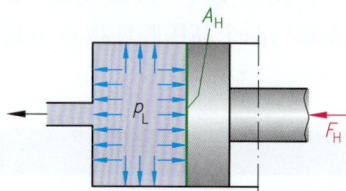

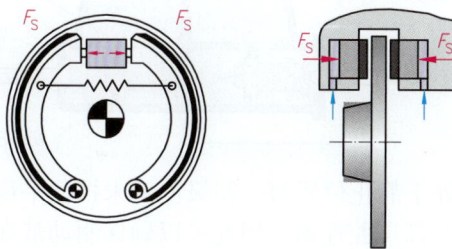

力的机械传递

脚踏力以机械方式通过制动踏板传递到制动主缸上。制动踏板相当于单侧（罕见：双侧）力臂。这正好符合杠杆定律：

$$F_F \cdot l_1 = F_H \cdot l_2$$

由此产生制动主缸活塞作用力

$$F_H = \frac{F_F \cdot l_1}{l_2}$$

机械传动比

把脚踏力与制动主缸活塞力之比或两个力臂之比称为传动比。

$$i_m = \frac{F_F}{F_H} = \frac{l_2}{l_1}$$

力的液压传递

制动主缸活塞以活塞力F_H作用到制动液上。所产生的压力通过制动管理均匀传递出去。管路压力就是活塞力F_H与制动主缸活塞面积A_H之比

$$p_L = \frac{F_H}{A_H}$$

管路压力p_L作用到车轮制动缸面积A_R上，并产生使制动片压紧制动盘或使制动蹄压紧制动鼓的张紧力

$$F_S = p_L \cdot A_R$$

举例：

为下图所示的制动设备计算车轮制动缸活塞的张紧力。

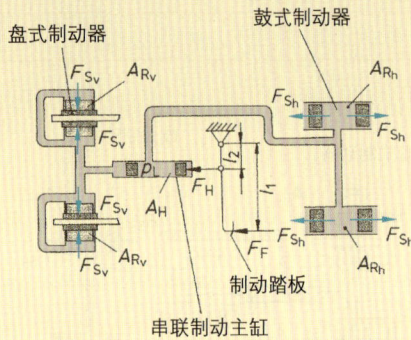

盘式制动器　　　　　　鼓式制动器
制动踏板
串联制动主缸

已知：$F_F = 400N$，$l_1 = 240mm$，$l_2 = 80mm$
制动主缸 $d_H = 22mm$，
车轮制动缸 $d_R = 38.1mm$，$d_{RV} = 40mm$
求：F_H，F_s，p_L

解：

$$F_H = \frac{F_F l_1}{l_2} = \frac{400N \times 240mm}{80mm} = 1200N$$

$$A_H = \frac{d_H^2 \pi}{4} = \frac{22^2 mm^2 \times 3.14}{4} = 380mm^2$$

$$p_L = \frac{F_H}{A_H} = \frac{1200N}{380mm^2} = 315.8 \frac{N}{mm^2} = 3.16MPa$$

$$A_{Rv} = \frac{d_{Rv}^2 \pi}{4} = \frac{40^2 mm^2 \times 3.14}{4} = 1256mm^2$$

$$A_{Sv} = \frac{d_{Rh}^2 \pi}{4} = \frac{38^2 mm^2 \times 3.14}{4} = 1134mm^2$$

$$F_{Sv} = p_L A_{Rv} = 3.16MPa \times 1256mm^2 = 3966.5N$$

$$F_{Sh} = p_L A_{Rh} = 3.16MPa \times 1134mm^2 = 3581.7N$$

双回路制动系统

制动系统分为两个高压腔。前桥和后桥各构成一个回路。踩动脚制动器时，每个制动回路的各个车轮就会独立于另一个制动回路单独进行制动。液压压力由一个串联制动主缸产生。在一个制动回路失灵时，可通过另一个功能正常的制动回路使车辆停住。

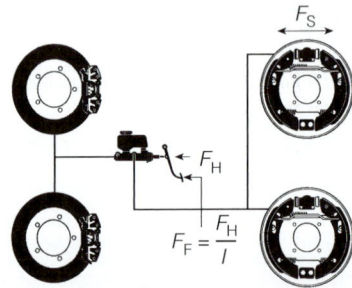

串联主缸

串联主缸由两个合用一个壳体的串联缸组成。通过两个活塞即推杆活塞和中间活塞构成两个高压腔。通过制动踏板来直接操纵推杆活塞，所建立的压力作用到浮动支承的中间活塞上，因此活塞面积相等时两个高压腔中建立相同的压力。用皮碗对活塞进行密封：初级皮碗、次级皮碗、隔离皮碗。平衡孔把补液罐与两个高压腔连接在一起。

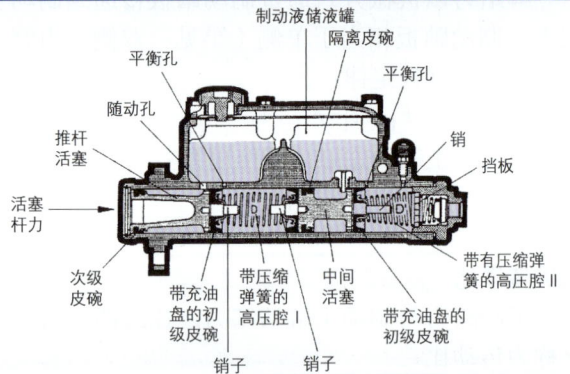

工作原理

静止位置

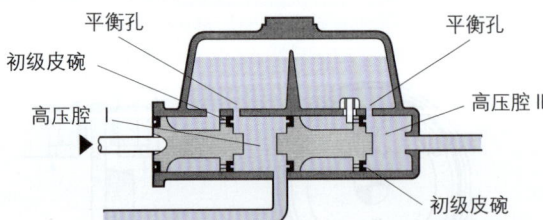

处于静止位置时，初级皮碗未挡住平衡孔，补液罐与高压腔连通。因此可以确保制动液在受热和冷却时的平衡。

制动位置

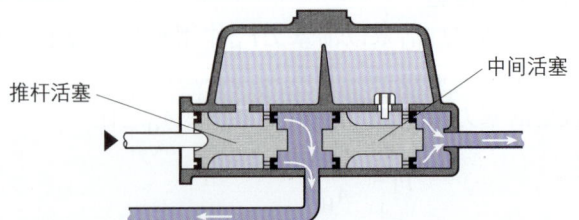

推杆活塞被推动时，中间活塞同时也被预张紧的弹簧推动。在两个活塞的初级皮碗越过平衡孔的瞬间，在两个高压腔中开始建立压力。

推杆活塞制动回路失灵

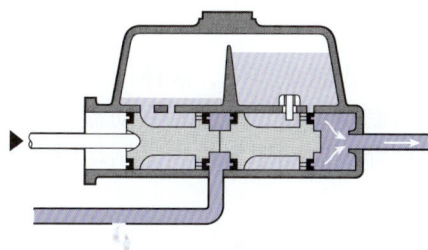

如果在推杆活塞制动回路中出现泄漏点，则踩动制动踏板时在高压腔中不能建立压力。推杆活塞就会以机械方式作用到中间活塞上，该活塞在中间活塞制动回路中建立压力。

中间活塞制动回路失灵

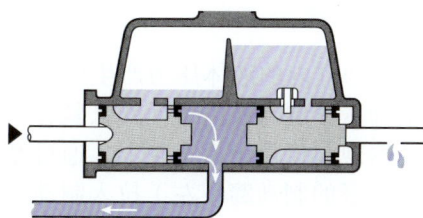

如果在中间活塞制动回路中出现泄漏点，中间活塞就会被推杆活塞产生的压力推至限位位置，从而使功能正常的制动回路与故障的制动回路分隔开。推杆活塞制动回路仍然正常工作。

真空制动助力器

真空制动助力器的任务是减少制动所需的作用力，同时不影响对制动程度的判断。此时将空气压力与发动机进气管中压力（真空）的压差作为动力源来利用。

出现真空问题时，制动设备功能仍然完全正常。但需要施加更大的脚踏力。

真空制动助力器

在机械控制式真空制动助力器中，真空部分与主缸组装在一起。它由制动踏板来操纵。在具有电子混合气形成系统而无节气门的发动机，例如柴油发动机中，还需要在发动机上安装真空泵，以产生所需真空。

1—推杆（送往串联主缸的输出力）
2—带真空接头的真空室
3—膜片
4—工作活塞
5—双阀
6—空气滤清器
7—活塞杆（脚踏力）
8—工作室

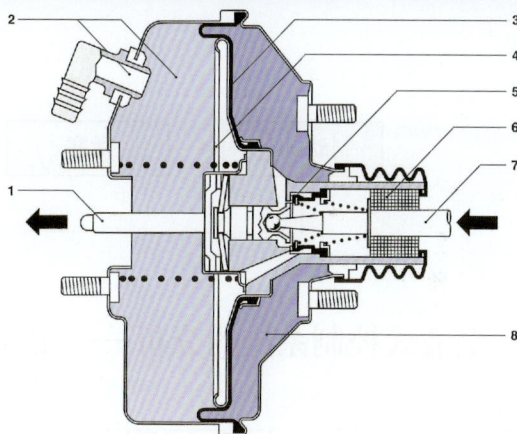

处于静止位置的制动助力器

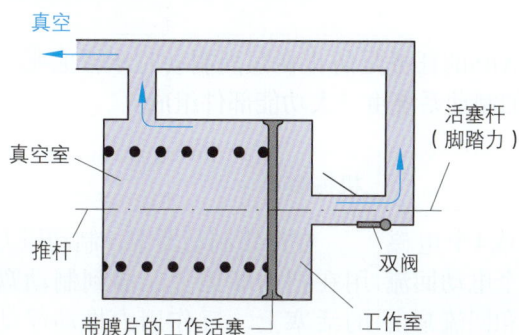

处于静止位置时，双阀（真空阀和外部空气阀）关闭。制动缸两室内的真空压力相同。活塞弹簧将工作活塞保持在其静止位置处。

处于工作位置的制动助力器

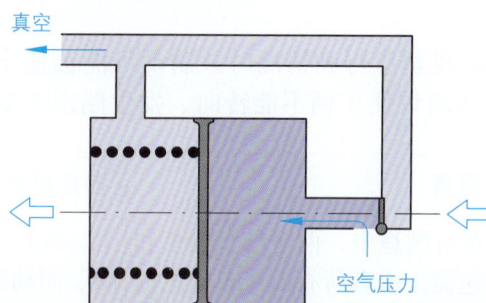

制动时，双阀根据脚踏力的大小相应打开，大气压力进入右室内。由于两室之间存在压力差，最大的助力就作用到工作活塞和推杆上并支持驾驶员的脚踏力。

学习领域

4

车轮制动器

鼓式制动器

车轮制动缸内的液体压力产生使带有制动摩擦片的制动蹄压紧制动鼓内表面的张紧力。在轿车上鼓式制动器现在仅用于后车轮上。通过摩擦产生一个力矩将转紧的制动蹄（左）拉入制动鼓中并放大制动作用。

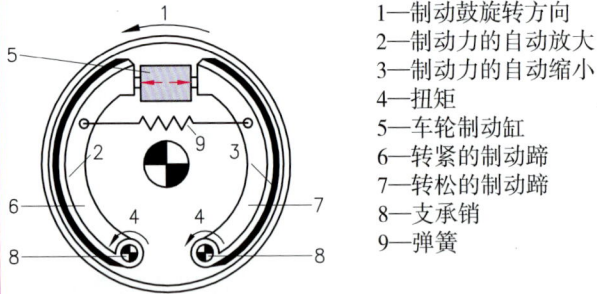

1—制动鼓旋转方向
2—制动力的自动放大
3—制动力的自动缩小
4—扭矩
5—车轮制动缸
6—转紧的制动蹄
7—转松的制动蹄
8—支承销
9—弹簧

浮钳盘式制动器

在浮钳盘式制动器中，液体压力作用在一个它的活塞把内制动摩擦片压靠到制动盘上的缸上，而反作用力把浮式制动钳罩连同外制动摩擦片一起推向制动盘。

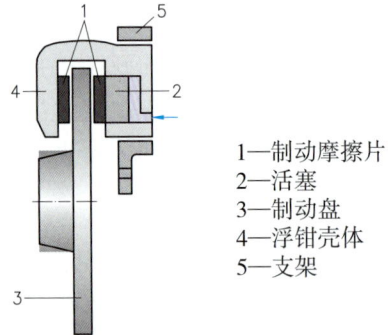

1—制动摩擦片
2—活塞
3—制动盘
4—浮钳壳体
5—支架

液压制动器方框图（浮钳盘式制动器）

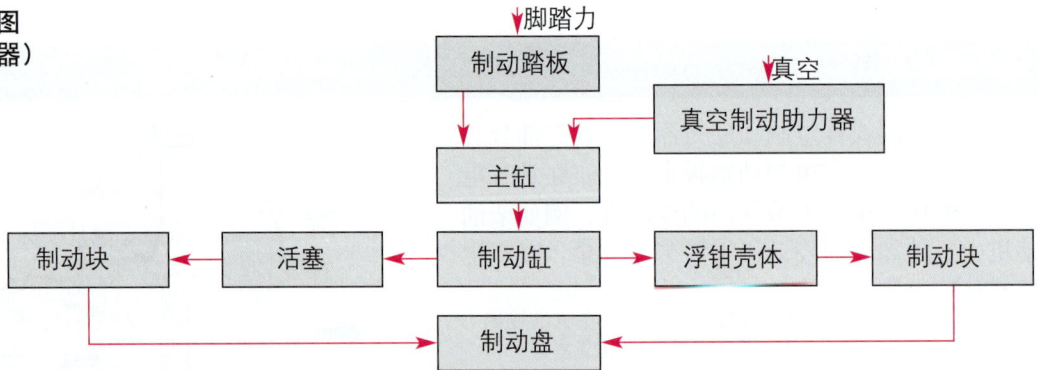

2.6 电液式控制系统的分析——带ABS的液压制动器

客户报修： 在行驶途中ABS指示灯亮起。
原因： 工作电压过低，ABS设备有故障。

信息采集

出现紧急行驶情况时，制动可能会使车轮抱死，从而致使车辆不能转向、发生侧滑或脱离路面。ABS的任务是防止在猛烈制动时车轮抱死。带ABS的制动系统由三大功能部件组成：

电子装置

在行驶途中，两个前车轮上和主减速器上或者所有四个车轮上的转速传动器监测车轮转速并将信息传输给控制单元。控制单元根据传感器信号识别出制动时一个或几个车轮的抱死趋势，并启用液压总成中的电磁阀。

液压装置

液压总成包括3个或4个电磁阀、制动液储液罐和一个电动回流泵。液压总成的电磁阀和回流泵由电子控制单元控制，即对制动压力进行稳压、减压或增压。

机械装置

在浮钳制动器中，制动压力作用在把内摩擦片压靠到制动盘上的活塞上。反作用力推动浮动支承的浮钳壳体，并将另一侧的外摩擦片压靠到制动盘上。

功能概览

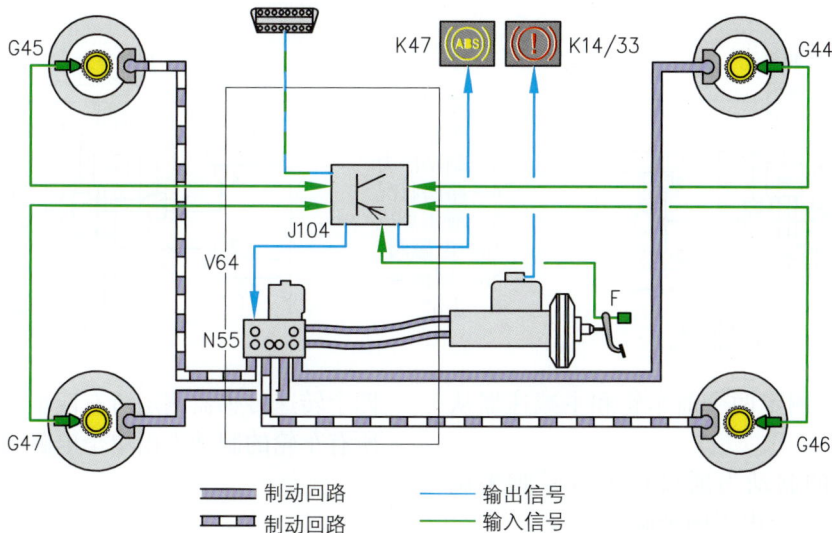

制动回路	输出信号	
制动回路	输入信号	

系统概览

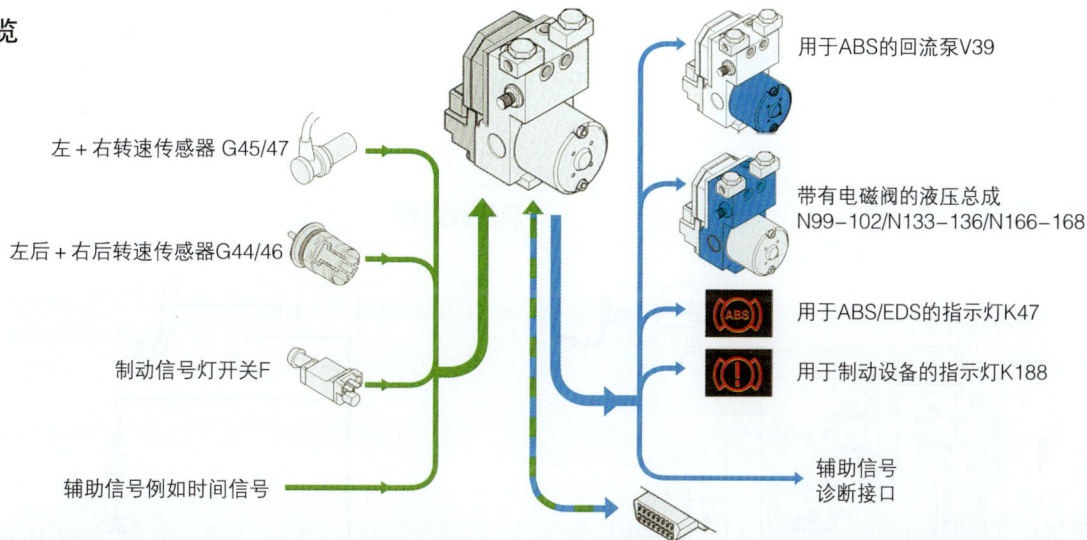

左 + 右转速传感器 G45/47

左后 + 右后转速传感器G44/46

制动信号灯开关F

辅助信号例如时间信号

用于ABS的回流泵V39

带有电磁阀的液压总成 N99–102/N133–136/N166–168

用于ABS/EDS的指示灯K47

用于制动设备的指示灯K188

辅助信号 诊断接口

ABS调节回路

在所有路面状况下的稳定性和可操控性都由ABS调节回路来保证：

- 调节段：轮胎与路面的摩擦副，车轮上的车辆质量。
- 干扰参数：路面状况、制动状态、轮胎状态、车辆负荷。
- 调节器：转速传感器和ABS控制单元

- 调节参数：车轮转速和车轮转速变化，制动打滑率。
- 主导参数：由驾驶员预定的制动压力。
- 控制参数：制动压力。

下图表示带有ABS时的制动调节回路

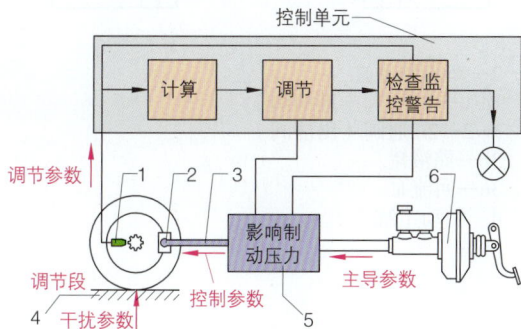

1—转速传感器
2—车轮制动缸
3—制动压力
4—路面状况
5—液压总成
5a—电磁阀
5b—回流泵
6—主缸

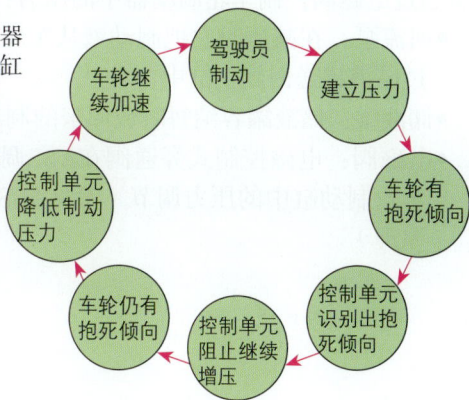

驾驶员制动 → 建立压力 → 车轮有抱死倾向 → 控制单元识别出抱死倾向 → 控制单元阻止继续增压 → 车轮仍有抱死倾向 → 控制单元降低制动压力 → 车轮继续加速

学习领域
4

三通道ABS

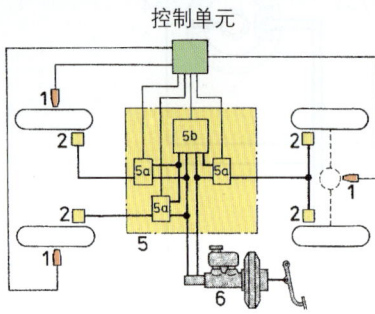

三个转速传感器测定两个前车轮和主减速器从动锥齿轮的转速。

两个前车轮上的制动力通过单个电磁阀来调节，两个后车轮则由一个电磁阀来调节。

四通道ABS

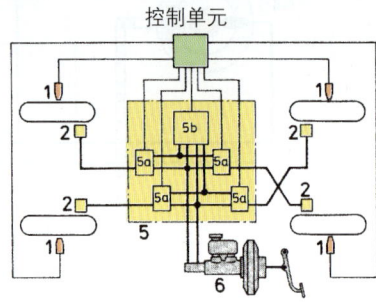

1—转速传感器
2—车轮制动缸
3—制动压力
4—路面状况
5—液压总成
5a—电磁阀
5b—回流泵
6—主缸

四个转速传感器测定所有四个车轮上的转速。所有车轮的制动力由单个电磁阀来调节。

液压图

液压总成

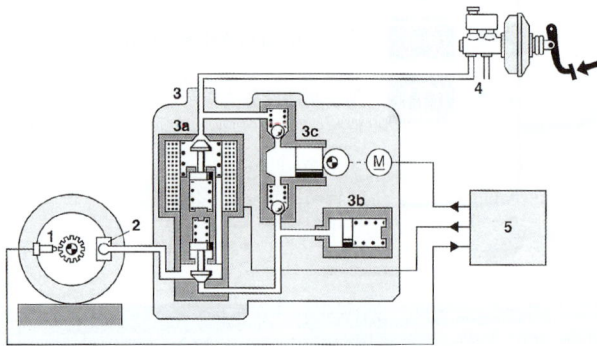

1—转速传感器   3b—储液罐
2—车轮制动缸   3c—回流泵
3—液压总成   4—主缸
3a—电磁阀   5—控制单元

液压总成执行控制单元的指令，并独立于驾驶员通过电磁阀控制车轮制动器中的压力：

- 回流泵：在减压时它把制动液从车轮制动缸中经过储液罐送回到主缸中。
- 储液罐：储液罐容纳暂时流回来的制动液。
- 电磁阀：电磁控制式旁通阀在ABS调节期间进行车轮制动缸中的压力调节（参见ABS设备的工作原理）。

液压线路图

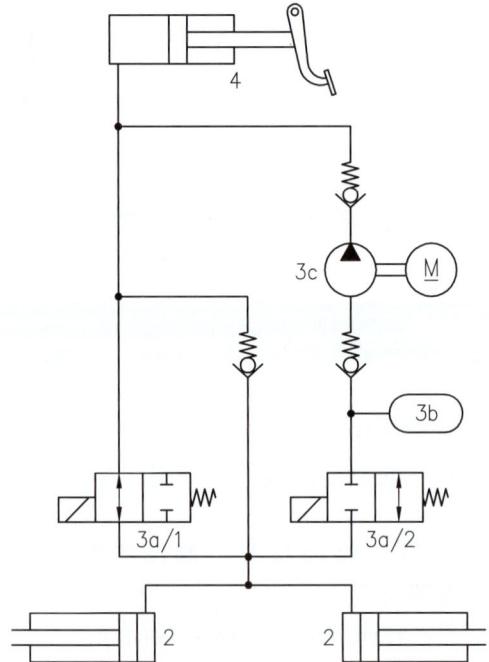

2—车轮制动缸
3a/1—2/2通阀（进油阀）
3a/2—2/2通阀（出油阀）
3b—储液罐
3c—回流泵
4—制动主缸

ABS设备的工作原理

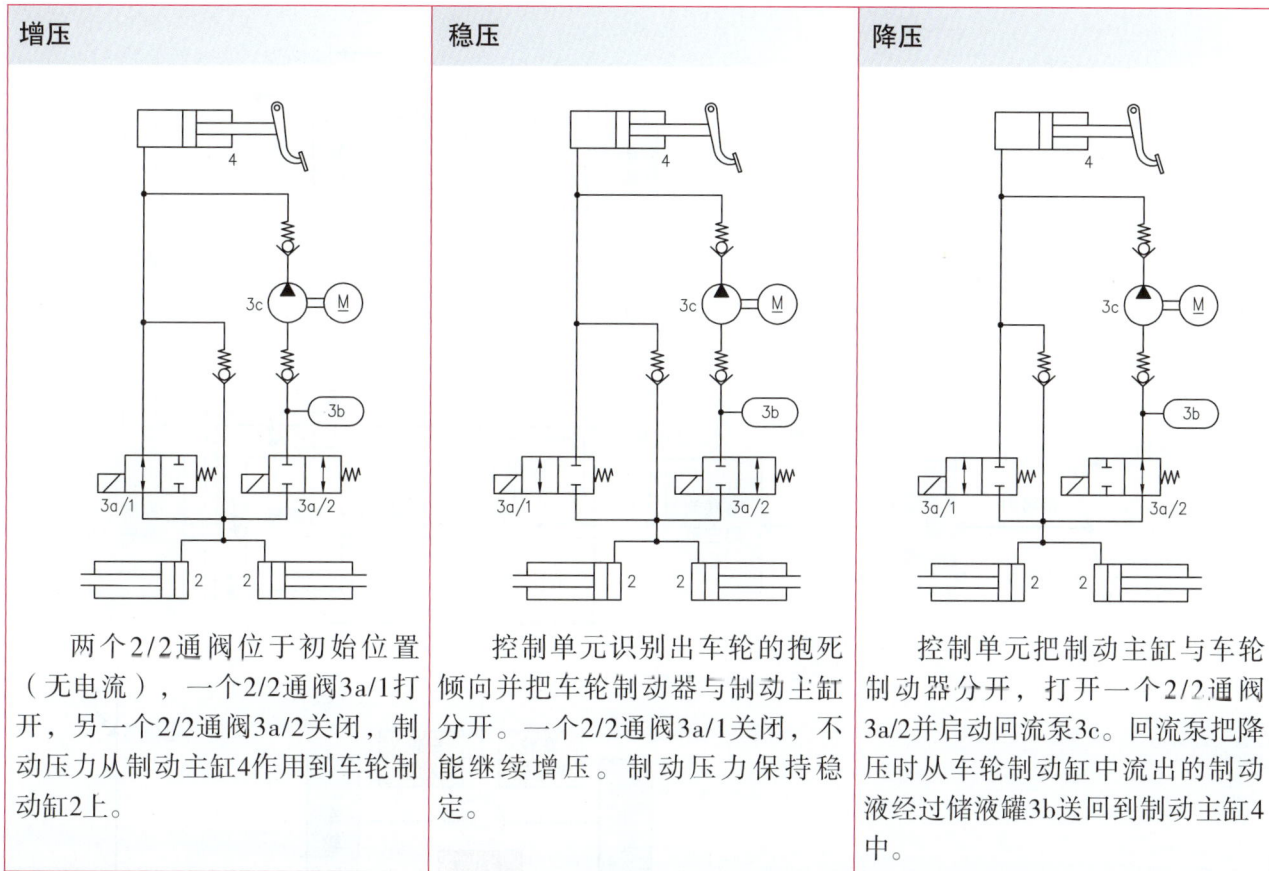

增压	稳压	降压
两个2/2通阀位于初始位置（无电流），一个2/2通阀3a/1打开，另一个2/2通阀3a/2关闭，制动压力从制动主缸4作用到车轮制动缸2上。	控制单元识别出车轮的抱死倾向并把车轮制动器与制动主缸分开。一个2/2通阀3a/1关闭，不能继续增压。制动压力保持稳定。	控制单元把制动主缸与车轮制动器分开，打开一个2/2通阀3a/2并启动回流泵3c。回流泵把降压时从车轮制动缸中流出的制动液经过储液罐3b送回到制动主缸4中。

ABS电路图

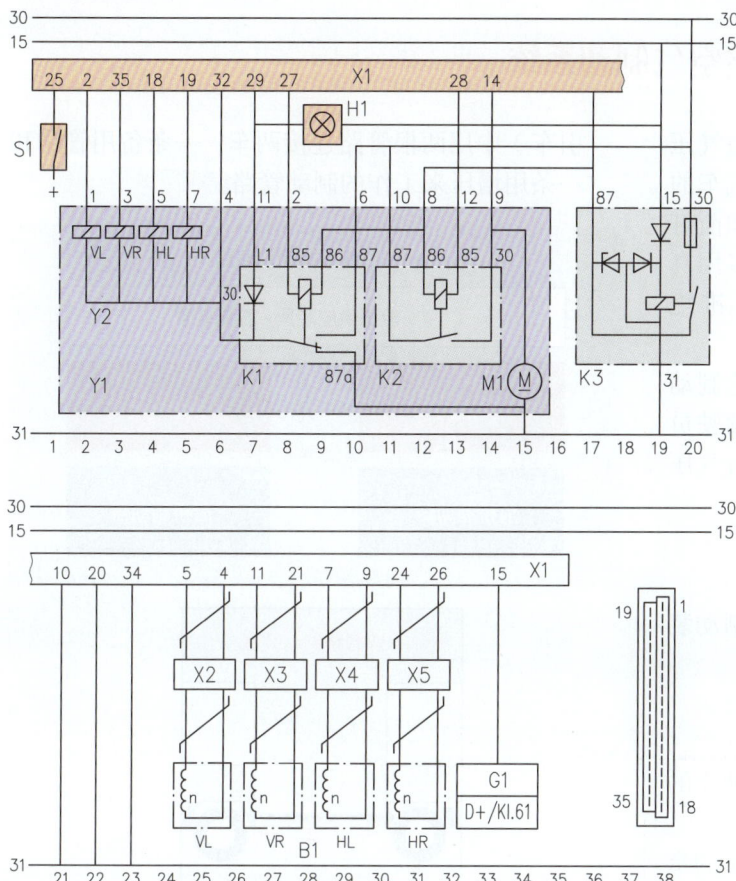

B1—转速传感器
G1—发电机
H1—指示灯
K1—阀门继电器
K2—发动机继电器
K3—电子设备保护继电器
M1—回流泵
S1—制动信号灯开关
Y1—液压总成
Y2—电磁阀
X1—控制单元插接连接件
X2～X5—转速传感器插接连接件
HR—右后
HL—左后
VR—右前
VL—左前

方框图

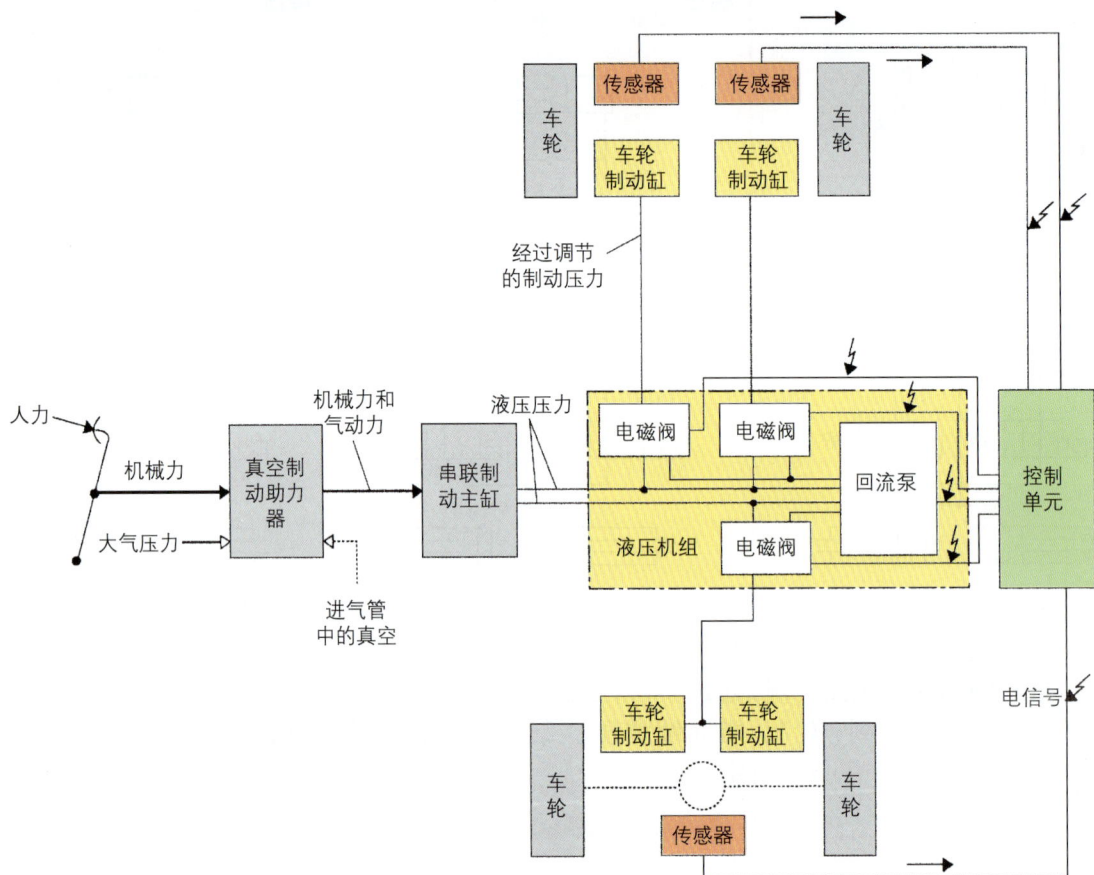

2.7　气动控制系统的分析——压缩空气制动系统

气动控制系统主要用于商用车，例如作为气压制动器、空气悬架、变速器控制装置和公共汽车的车门控制装置使用。在轿车中有用于中控锁和前灯照明距离调节装置的气动系统。这些系统大多用真空传动。真正的空压机设备不属于轿车的标准配置。

气压制动装置是一种助力制动装置，车轮制动器的张紧力由一台空压机的压缩空气提供。驾驶员只需通过踩下制动踏板来启动制动过程。一台气压制动装置由下述部件组成：
- 压缩空气源。
- 牵引车中的行车制动装置。
- 使车辆在静止状态或倾斜路面驻车的驻车制动装置。
- 挂车制动装置。

在商用车上通常安装双回路双管路制动装置：
- 双回路表示：前桥和后桥制动缸各由一个独立的制动回路来控制。
- 双管路表示：在汽车列车（带挂车或半挂车的牵引车）中用两根管路连接两车：一条备用管路和一条用增压来工作的制动管路。

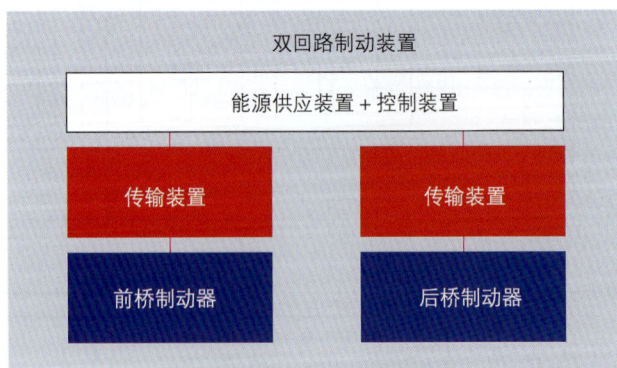

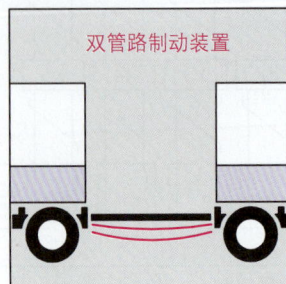

行车和驻车制动装置的基本功能

　　一台空压机通过空气滤清器吸入外部空气，将它压缩并通过调压器压入到空气干燥器中。调压器调节制动装置中的压力，空气干燥器除去水分并将压缩空气清洁干净。多回路溢流阀（此为三回路溢流阀）把压缩空气分配给备用回路：

- 回路1：行车制动器——后桥。
- 回路2：行车制动器——前桥。
- 回路3：驻车制动器。

　　备用储气罐储存空压机产生的压缩空气。达到切断压力时空压机就不再提供压缩空气。每当储存压力开始下降，自动放水阀就会放水。利用行车制动阀（又称踏板制动阀）可实现无级制动（轻微制动、全制动），此阀由两个阀门串联组成，这两个阀门分别向与它们连接在一起的制动缸提供压缩空气。全制动时，这些阀门全部打开，总储存压力在各制动回路中起作用。在后桥制动回路中安装了一个根据车辆负荷状态来调节制动压力的制动力调节器。在制动缸（膜片缸）中，把输入的压力转换成在行车制动器中产生制动力的活塞杆力。膜片缸安装在前桥上，组合缸安装在后桥上，它们是行车制动器膜片缸和驻车制动器预载弹簧缸的组合缸。

　　用驻车制动阀能在驻车制动位置处使组合缸中的预载弹簧缸排气，弹簧力作用到该制动器上。

气压元件流程图

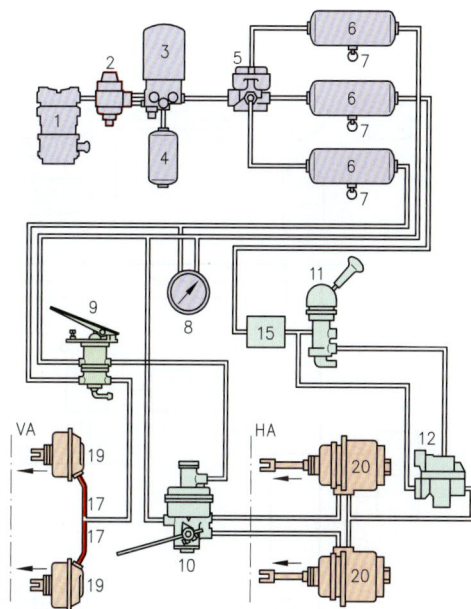

能源供给装置
1—空压机
2—调压器
3—空气干燥器
4—再生储气罐
5—三回路溢流阀
6—压缩空气储气罐
7—放水阀
8—压力表

操纵装置
9—行车制动阀
10—制动力调节器
11—驻车制动阀
12—继电器阀
15—单向阀

传输装置
16—制动硬管 ⊖
17—制动软管
18—螺旋管 ⊖

制动轮缸
19—（前桥）制动轮缸
20—（后桥）组合制动轮缸

前桥膜片制动轮缸

行驶中的位置

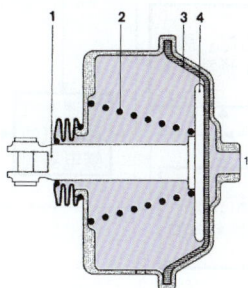

1—推杆
2—压缩弹簧
3—膜片
4—活塞

行车制动器

制动：压缩空气输入。

松开：膜片缸放气，压缩弹簧力将推杆推至松开位置。

后桥组合制动轮缸

行驶中的位置 ⊖

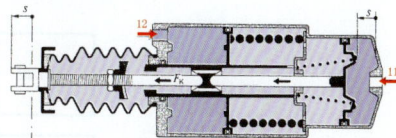

1—防尘套　2—六角螺母　3—活塞杆　4—活塞（预载弹簧缸）　5—压紧螺栓　6—压缩弹簧（预载弹簧缸）　7—压缩弹簧（活塞缸）　8—叉头　9—凸肩螺母　10—活塞管　11—压块　12—缸壳体　13—活塞（活塞缸）

行车制动器（膜片泵7）

制动：在12处输入压缩空气：预载弹簧缸的弹簧6被压缩。

在11处输入压缩空气：膜片缸13使活塞杆3伸出。

松开：通过制动力调节器放气。

驻车制动装置（预载弹簧缸4）

制动：通过12放气，压缩弹簧6放松，活塞杆前部伸出。

行驶位置：在12处输入压缩空气，压缩弹簧压缩。

⊖ 原德文版图注与图即无法对应，请读者自行学习

行车和驻车制动装置的电路图——示意图请参见第347页。

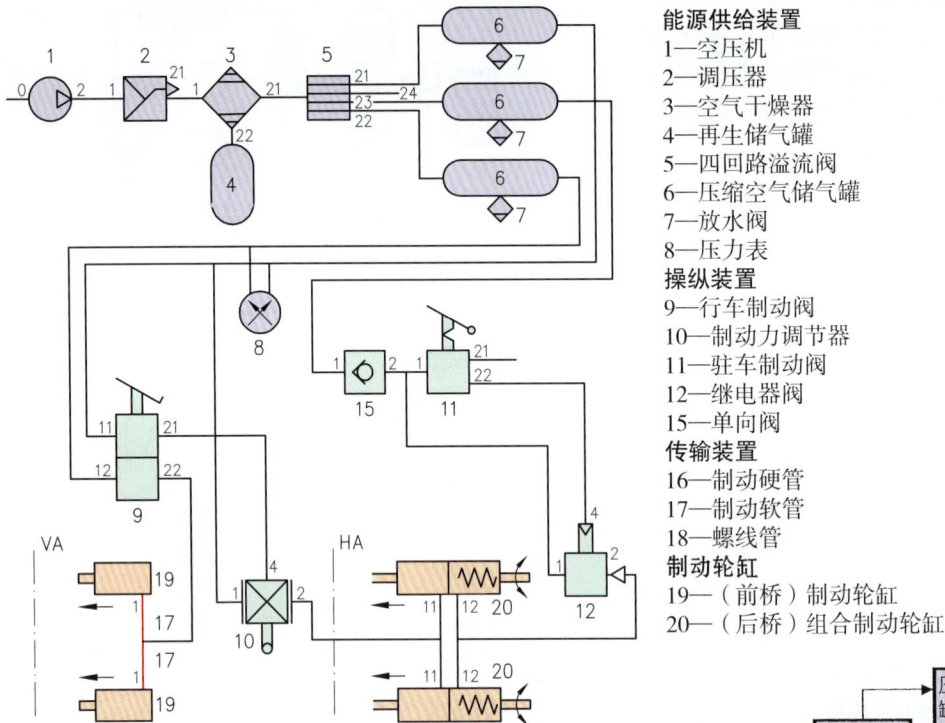

能源供给装置
1—空压机
2—调压器
3—空气干燥器
4—再生储气罐
5—四回路溢流阀
6—压缩空气储气罐
7—放水阀
8—压力表
操纵装置
9—行车制动阀
10—制动力调节器
11—驻车制动阀
12—继电器阀
15—单向阀
传输装置
16—制动硬管
17—制动软管
18—螺线管
制动轮缸
19—（前桥）制动轮缸
20—（后桥）组合制动轮缸

系统框图

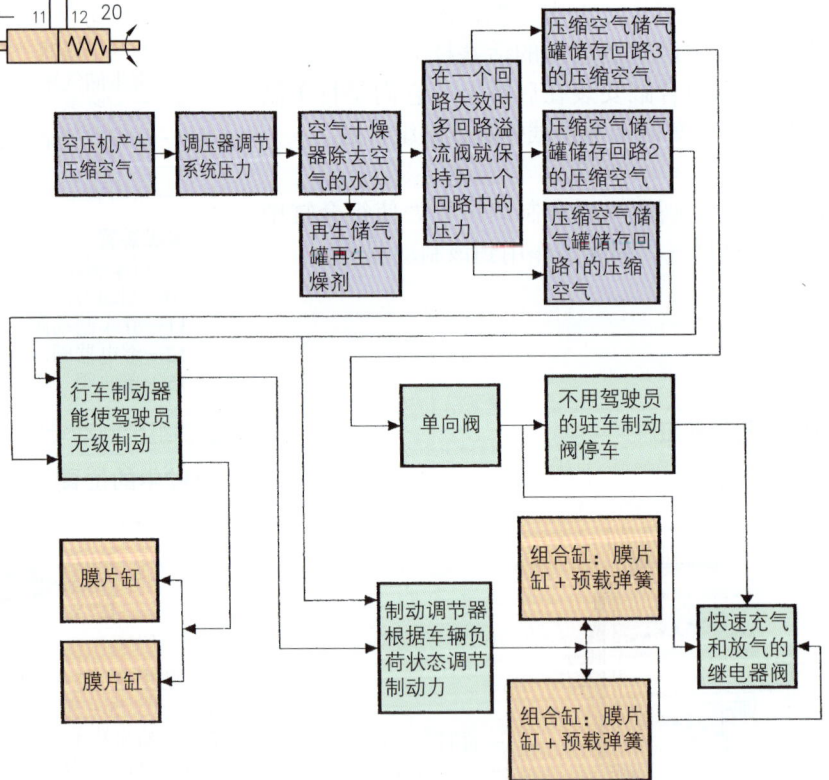

2.8 组合控制

通过组合多个输入信号形成控制信号（输出信号）的控制方式称为组合控制。汽车的车内照明装置就是一种组合控制。

2.8.1 电气/电子组合控制

2.8.1.1 汽车的车内照明装置

背景：

如果驾驶员或副驾驶员打开车门，车内照明装置就会打开。

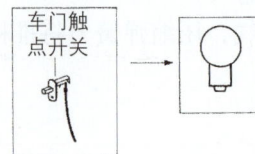

电路

车内照明装置控制系统由下述装置组成：
- 输入元件。
- 处理元件。
- 信号元件。

输入元件有：
- 车门触点S1。
- 车门触点S2。

执行元件是一个接通和关闭车内照明装置的继电器。

处理信号时，把各输入元件进行组合即接线以便产生下述功能：

满足以下条件时，车内照明装置接通，
- 打开右车门且开关S1把连接继电器的电路接通。
- 打开左车门且开关S2把连接继电器的电路接通。
- 两个车门都打开。

借助一张也称为真值表的功能表检查该电路的工作原理。在此功能表中，表示了输出状态与输入端的关系。下述规定适用于此电路的功能：

有电压 → 1信号，
无电压 → 0信号。

在图示的"车内照明装置"控制系统中包括"或"基本逻辑功能，即此电路表示一种"或"组合。如果在一个输入端上至少有一个1信号，则在"或"组合中输出才有1信号。只有所有输入端都有0信号时，输出端才有0信号。

用逻辑图或功能图来表示逻辑基本功能，为此使用由方框和写入框内的逻辑组合种类符号组成的逻辑符号。用字母S（开关）表示输入，用字母E表示输出。此概览图仅考虑到电路的主要部分，可以迅速了解组合电路的任务、结构、划分和功能。电路符号不能说明通过触点或半导体元件而实现的电路技术。

作为处理元件的逻辑模块

电路实际上是由所谓的逻辑模块构成。这些模块大多是集成电路（IC）。在集成电路中，在硅晶片（芯片）只有几平方毫米的面积上安置了许多晶体管、二极管和电阻，并通过有目的的连接组合形成例如"或"电路。这类逻辑模块大量制作，因此价格低廉。

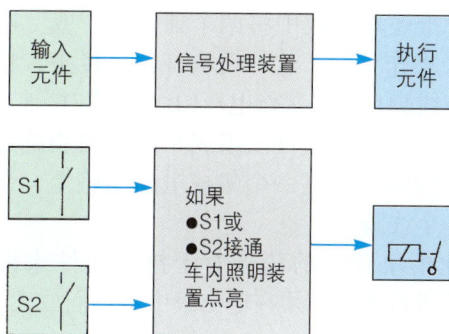

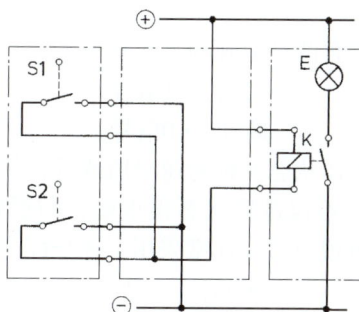

输入元件		输出状态
车门触点	车门触点	电灯
S1	S2	E
断开	断开	熄灭
接通	断开	点亮
断开	接通	点亮
接通	接通	点亮

S1	S2	E
0	0	0
1	0	1
0	1	1
1	1	1

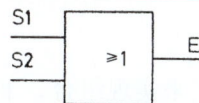

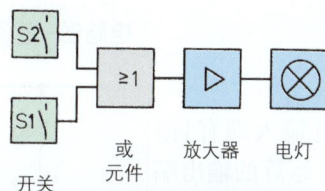

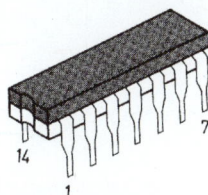

开关　　或元件　　放大器　　电灯

在标准逻辑模块中将四个独立的"或"电路装配成一个操作单元。这种模块有14个接头，也称为线脚。在线脚14上有工作电压UB，线脚7接地。

用一个集成模块可以组成车内照明装置的逻辑电路。该模块连接在一个集成电路插座上，从该插座引出各个线脚。

从此模块输出的信号对于执行元件来说太弱了，为了进行控制必须在输出级中将它们放大。

信号电平

一个开关有两种明确的工作状态：
接通 → 1信号，
断开 → 0信号。

这两种工作状态又称为逻辑值或逻辑状态。

在电路中不仅逻辑状态很重要，与逻辑状态相对应的电压也很重要。通常采用下述分配方式：

- 0信号 ≈ 0V，
- 1信号 ≈ 12V。

但是电子模块存在误差，因此也必须为二进制电压状态规定公差。在一个带晶体管的电路中下式成立：

- 0信号 ≈ 0~2V，
- 1信号 ≈ 6~12V。

这些电压也等同于电平：
- 较高电压 ≈ 高电平 ≈ 高H（High）
- 较低电压 ≈ 低电平 ≈ 低L（Low）

右表表明，二进制参数0和1很容易区分。但是必须防止出现2至6伏之间的电压。

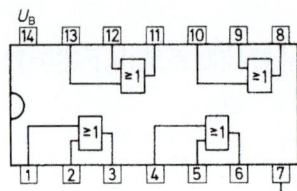

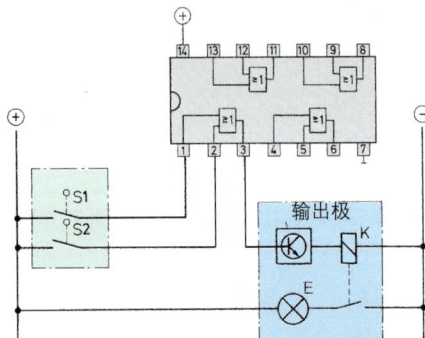

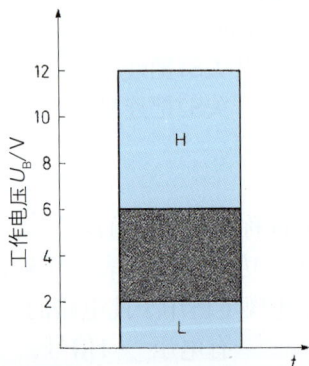

信号电平

信号	信号	电平范围	电压	偏差
断开	0	L	0V	0–2V
接通	1	H	12V	6–12V

2.8.1.2 逻辑基本功能

用以构成组合控制的基本逻辑运算有：
- "与"运算；
- "或"运算；
- "非"运算。

借助开关触点来实现组合，下述情形适用于信号状态：

0信号 → 无电压，
1信号 → 有电压。

在功能表中表示输出信号与输入信号的关系。

组合	电路图-逻辑符号-说明	运算表
"与"功能 只有所有输入端有1信号时，"与"运算的输出端才有1信号。	只有在所有串联触点S1和S2同时接通时，电灯E才点亮。	S1 S2 E 0 0 0 0 1 1 1 0 1 1 1 1

组合	电路图-逻辑符号-说明		运算表		

"或"运算

只有至少一个输入端有一个1信号时，"或"运算的输出端才有1信号。

可把"或"运算比作触点的并联电路。只有在两个并联触点中至少一个触点S1或S2接通或者两个触点都接通时，电灯E才点亮。

S1	S2	E
0	0	0
0	1	1
1	0	1
1	1	1

"非"运算

输入端为0信号时，"非"运算的输出端才为1信号。

可把"非"运算比作一个常闭触点。不操作触点S时，电灯E才点亮。

S1	E
0	1
1	0

2.8.1.3 组合控制的分析

背景：

只有当驾驶员和副驾驶员都佩带了安全带，驾驶员才能起动车辆。

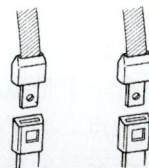

技术示意图

说明	输入和执行元件	布置图
只有满足下述条件时才能起动车辆： ● 驾驶员的安全带。 ● 副驾驶员的安全带都已佩戴。	输入元件： 开关位于安全带锁中： 驾驶员安全带：开关S1 副驾驶员安全带：开关S2 执行元件： 继电器K 继电器接通起动电路。	

运算说明／运算图

运算流程	运算表			运算图

S1	S2	E
0	0	0
0	1	0
1	0	0
1	1	1

运算表表示基本逻辑功能"与"。

电路图

两个安全带开关监控安全带的状态。相关信息传输给一个"与"元件，该元件的输出端通过一个转换放大器，例如继电器来接通起动装置电路。

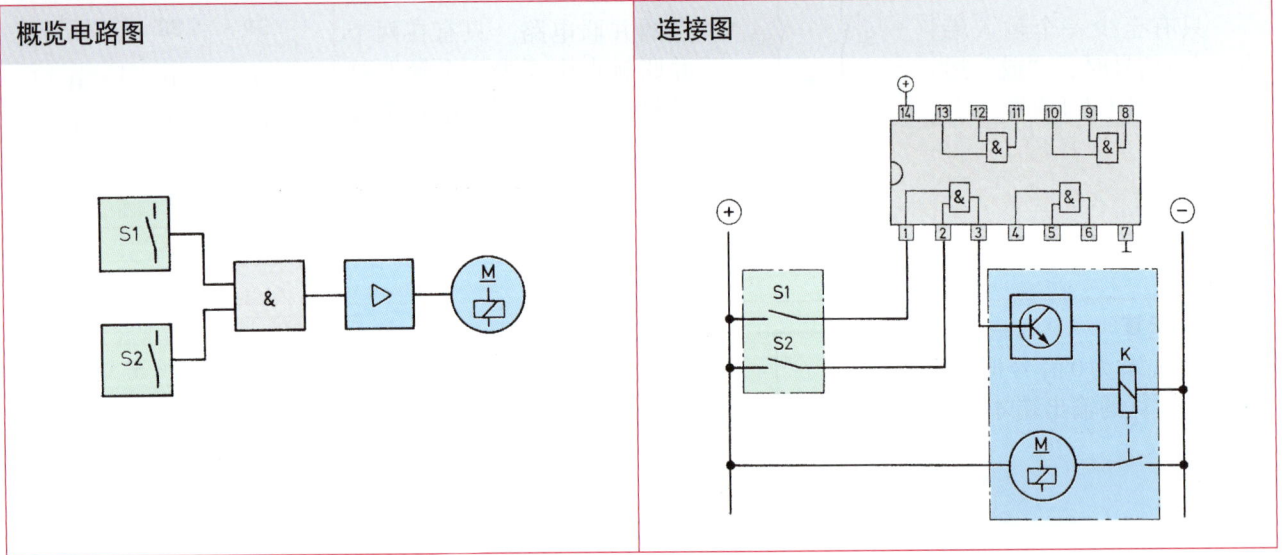

概览电路图

连接图

冷却液液位监控

背景：

冷却液液位由一个指示灯进行监控。

冷却液液位传感器

该传感器有一个带磁环的浮子和一个安装在玻璃管中的舌簧触点。为了防止污染和腐蚀，把舌簧触点熔封在一个充气的玻璃管中。如果浮子位于上挡块旁，磁场就会作用到铁质触头上，铁质触头被磁化并吸合，舌簧触点闭合。在液体损耗时，浮子就下降，舌簧触点就分开。

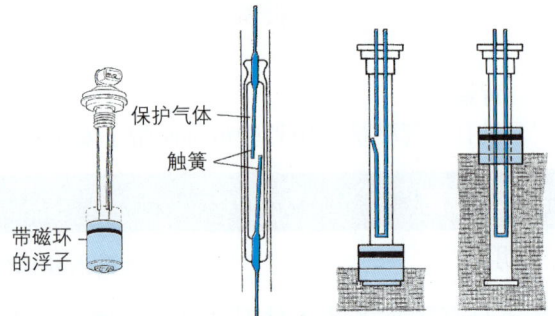

保护气体
触簧
带磁环的浮子

技术示意图

说明	输入和执行元件	布置图
冷却液液位由上述液位开关S监控。一旦冷却液液位低于预定限位标记，开关S就会断开，继电器就会接通车灯电路。	输入元件： ● 液位开关S。 执行元件： ● 继电器K。 继电器接通电灯电路。	

运算描述／运算图

运算流程	运算表	运算图
		运算表表示基本逻辑功能"非"。

运算表：

S1	E
0	1
1	0

电路图

液位开关把1信号或0信号输送给一个"非"元件，该元件的输出端通过一个继电器控制电灯电路。

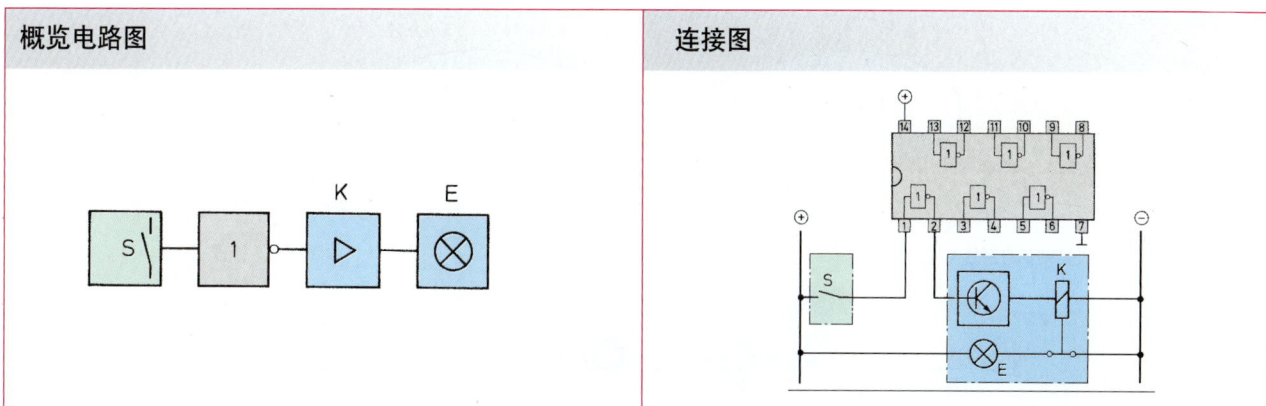

概览电路图

连接图

2.8.2 气动组合控制

在气动系统中也可采用逻辑组合控制。

"与"电路

如果按动两个3/2通阀（1.4和1.6），4/2通阀1.1就会获得一个控制脉冲，并转换到通流阀位，活塞伸出。

阀门的开关状态				工作缸 1.0
1.4	1.6	1.3	1.1	
0	0	0	0	缩回
1	0	0	0	缩回
1	1	0	1	伸出
0	0	0	1	伸出
0	0	1	0	缩回

"或"电路

4/2通阀1.1可用3/2通阀1.4或3/2通阀1.6来控制，从而使工作活塞伸出。

阀门的开关状态				工作缸 1.0
1.4	1.6	1.3	1.1	
0	0	0	0	缩回
1	0	0	1	伸出
0	0	1	0	缩回
1	1	1	1	伸出

3 执行工作计划，故障诊断、维修，检查工作质量，编制文件

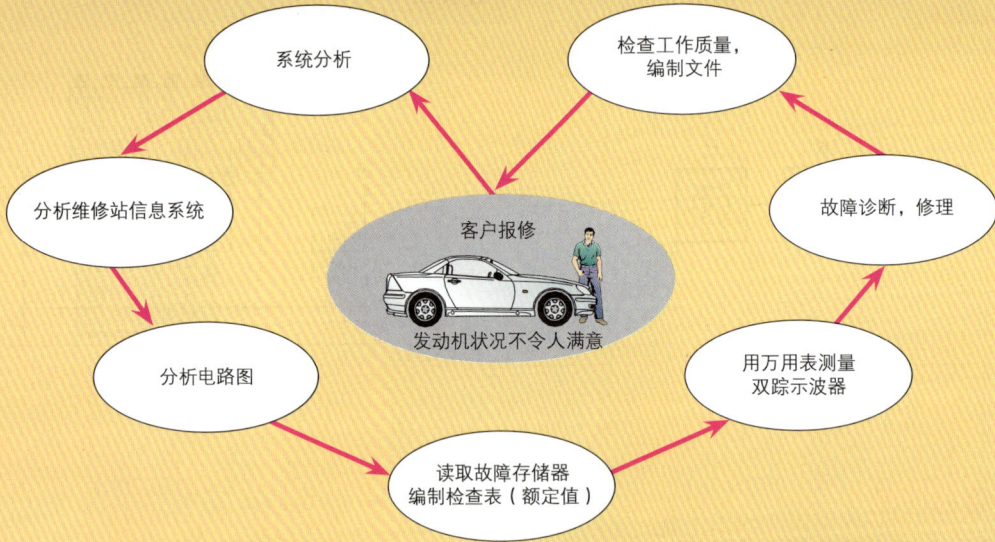

系统分析

检查工作质量，编制文件

分析维修站信息系统

客户报修
发动机状况不令人满意

故障诊断，修理

分析电路图

用万用表测量
双踪示波器

读取故障存储器
编制检查表（额定值）

3.1 信息分析

车辆和系统识别

进行车辆识别后（BMW 283/325i，1995年款），我们通过导航画面和登陆窗口获得系统简介。继续点击"发动机控制系统"，屏幕上就会显示出发动机控制系统Motronic 3.3.1。通过SIS故障查询说明打开目录。对所有采集到的信息（专业书籍、互联网、制造商资料）和维修站信息系统ESItronic的信息进行处理并对提出的问题给予答复。

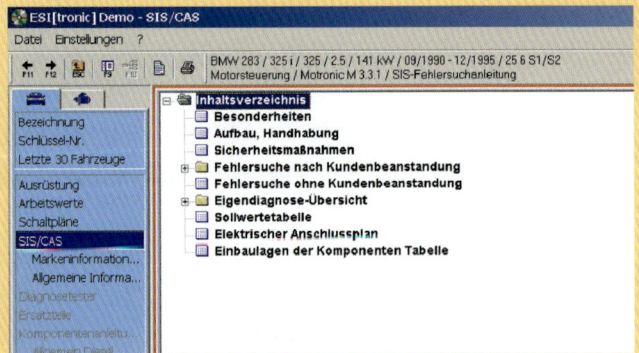

电路图和安装位置

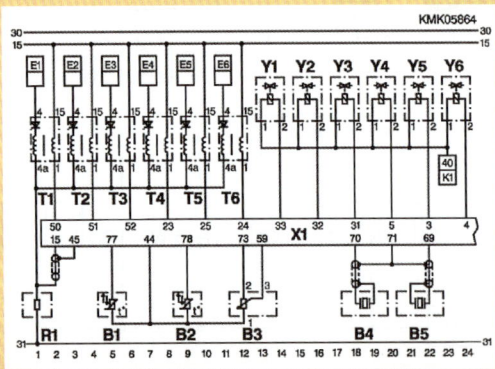

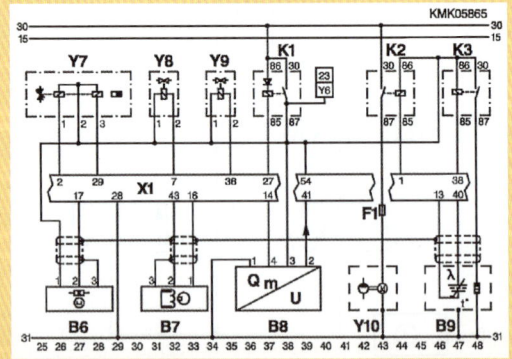

电气接线图（第1部分）
B1—空气温度传感器
B2—发动机温度传感器
B3—节气门电位器
B4—气缸1、2、3爆燃传感器
B5—气缸4、5、6爆燃传感器
E1～E6—火花塞（气缸1至6）
K1—主继电器

R1—分流器（6个点火线圈共用测量线中的电阻，约为240Ω）
T1～T6—单火花点火线圈（气缸1至6）
X1—控制单元插头
Y1～Y6—电子喷油阀（气缸1至6）

电气接线图（第2部分）
B6—凸轮轴传感器（霍尔传感器）
B7—转速/基准标记传感器
B8—空气质量流量计
B9—氧传感器
F1—燃油泵保险丝
K1—主继电器
K2—燃油泵继电器

K3—传感器加热继电器
X1—控制单元插头
Y6—电子喷油阀（气缸6）
Y7—怠速调节器（ZWD）
Y8—凸轮轴控制电磁阀
Y9—燃油箱通风阀（TEV）
Y10—燃油箱内的电动燃油泵

BOSCH
ESI[tronic]
电子服务信息

客户报修：对发动机状态不满意

车辆诊断SIS/CAS

车辆：	BMW/325i/09/1990~12/1995/轿车
制造国：	德国
排量/功率：	2.5L/141kW
发动机代码：	25 6 S1/S2
RB代码：	BMW 283
区域：	全部
系统：	发动机管理系统/Motronic M 3.3.1

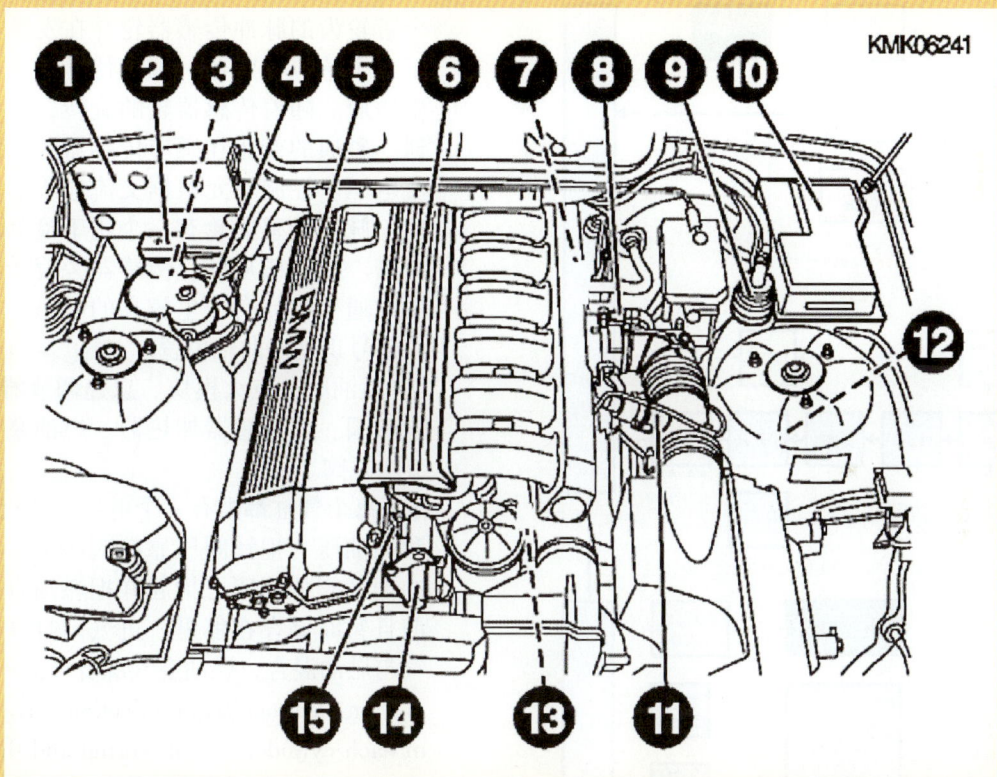

KMK06241

组件安装位置

1—控制单元盒（后盖板）

2—蓄电池正极接线点（蓄电池在行李箱内右后侧）

3—发动机管理系统Motronic接地夹钳（在弹簧减振支柱顶上，本图中不可见）

4—自诊断插座

5—在点火线圈和火花塞上的气缸盖塑料罩

6—在燃油分配器/喷油阀上的塑料罩

7—空气温度传感器（在进气总管的下面，本图中不可见）

8—节气门电位器

9—发动机插头

10—配电盒（继电器与保险丝盒）

11—空气质量流量计

12—燃油箱通风组件（燃油箱通风阀和活性炭滤清器）的安装位置

13—怠速调节器、发动机温度传感器（蓝色插头）、爆燃传感器、凸轮轴传感器与转速/基准标记传感器插塞连接件的安装位置

14—凸轮轴转换阀（VANOS）

15—凸轮轴传感器（霍尔传感器）

学习领域
4

答复问题

1. 电路图分析

1）待检查的系统称为什么？
2）哪些传感器探测输入信息？
3）为了检测基本燃油量的主控参数，这些传感器如何工作？
4）哪些执行机构执行控制指令？
5）请解释燃油喷射阀的工作原理。
6）用英文解释该装置如何工作？
7）根据EVA原理设计系统方框图。

发动机管理系统框图

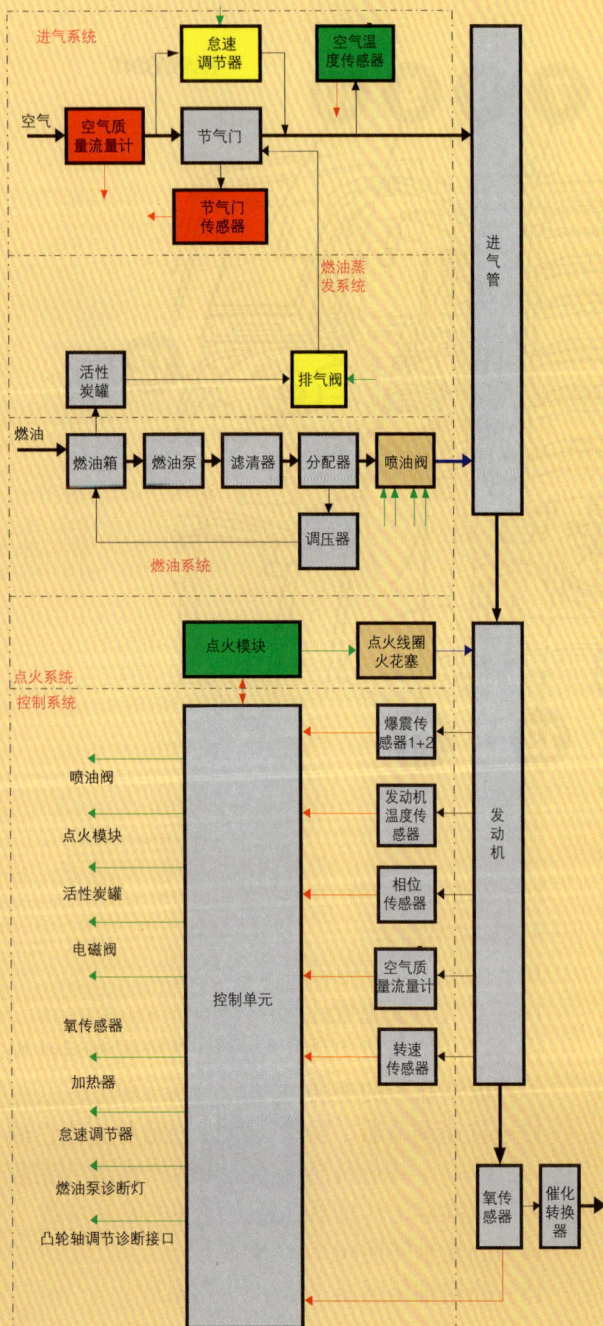

1. 电路图分析

1）发动机管理系统Motronic3.3.1

2）空气质量流量计、转速传感器、节气门传感器、冷却液与空气的温度传感器、凸轮轴传感器、爆燃传感器、氧传感器。

3）空气质量流量计有一个由加热、热变和传感器电阻组成的电加热热膜传感器。热变电阻测定进气温度，传感器电阻测定加热电阻的温度。流动的空气将热膜冷却。电子装置通过传感器电阻调节加热电阻的电压，从而使温差稳定保持在160℃。调节电压值是吸入空气质量的一个标准。

为了测定转速和曲轴位置，在曲轴上安装了一个带轮齿的脉冲传感器轮并在发动机壳体内安装了一个感应传感器。感应传感器内的永久磁铁产生磁通。随着传感器轮的旋转，轮齿就会改变磁通。磁通的变化在感应传感器的线圈中感应出交流电压。控制单元根据交流电压的频率计算出转速。脉冲传感器轮有一个用于检测凸轮轴位置的齿槽。当齿槽从感应传感器旁旋转经过时，较大的磁通变化就会产生较高的电压。控制单元根据该信号识别出曲轴位置。

4）喷油阀、点火模块、怠速调节器、活性炭罐电磁阀、氧传感器加热器、燃油泵、凸轮轴调节电磁阀。

5）每个气缸都配有一个电磁喷油阀。螺旋弹簧力和燃油压力把针阀压靠在阀座上。控制单元的脉冲把针阀从阀座上抬起并把燃油直接喷到进气门前且暂时储存在那里。进气门打开时，吸入的空气与燃油混合，燃油空气混合气流入燃烧室内。

6）An electromagnetic injection valve is is integrated in each cylinder. A coil spring and the fuel pressure press the valve needle onto the valve seat. Through an electrical impulse from the electronic control unit, the valve needle lifts from the valve seat and the fuel is directly injected into the intake valve, where the fuel is stored. When the intake valve opens, the sucked in air mixes itself with the gaseous fuel and the air/fuel mixture flows into the combustion chamber.

7）参见左图。

2. 安全措施/事故预防规定

1）进行发动机管理系统方面的工作时必须采取哪些安全措施？

3. 准备措施

1）进行故障诊断和修理前必须做好哪些准备工作？

4. 检测条件

1）必须遵守哪些检测条件？

2）一次成功的故障诊断取决于哪些因素？

5. 检测工具

1）执行工作委托时需要哪些检测工具？

2. 安全措施/事故预防规定

1）对电气设备进行工作时原则上要把蓄电池搭铁线从接线柱上断开。断开蓄电池接线会删除电子存储器例如故障储存器的内容。必须更换绝缘层已损坏的导线。只有在无电流的状态下才能断开导线。每次更换保险丝和其他功能元件前都应先切断电路和关闭点火开关，以防短路和过载。

对电风扇进行工作时也要注意，因为即使发动机静止时风扇也能转动。因此要使发动机冷却并拔掉导线插头。

只能把测试仪连接到按规范接地的保护插头触点上。在把测试仪连接到车辆上之前先把它接到车载网络上并接通。在接通点火开关之前，先把测试仪与发动机接地线连接。只有在点火开关关闭状态下才能对电气设备进行工作。如有可能，要在点火开关关闭和发动机静止状态下进行检测和调节工作。在点火开关接通或发动机运转状态下进行检测和调节工作时不要接触带电的设备，对测试仪的所有连接导线都要这样。只能使用车辆专用的适配导线。对燃油设备进行工作时，存在因燃油和燃油蒸气引发火灾和爆炸的危险，因此必须采取下述措施：关闭点火开关，让发动机冷却，不得有明火或火花源，不得吸烟，收集流洒出来的燃油。松开燃油管道以放掉剩余压力时要用抹布盖住管道接口并慢慢松开，收集流出的燃油。重新连接油管或安装先前拆下的组件时，原则上要使用新的密封垫。

3. 准备措施

1）防止车辆溜车。要铺上一次性座椅蒙皮、一次性脚部空间护垫和挡泥板护垫。准备好检测和测量设备、相关的适配导线和试验箱。

4. 检测条件

1）将蓄电池充足电，至少达到11.5 V；导线束插头都连接牢靠；接地良好；发动机机械状态完好（气门正时、气门间隙、压缩、密封试验等）；使发动机运转达到运行温度（大约80℃）；发动机油液位、冷却液液位和燃油油位必须符合要求。

2）系统知识，严格遵守检测和维修说明，所有检测和测量设备及工具的可使用性，工作场所清洁、整齐。

5. 检测工具

1）万用表、车间示波器、试验箱、适配导线。

客户服修：对发动机状态不满意

学习领域

4

3.2　工作计划

对发动机状况不满意

客户报修：

制订工作计划

1. 如果客户没有明确抱怨车辆问题，但是对其车辆的性能不满意，维修站信息系统的答复是什么？
2. 需要哪些信息资料？
3. 必须检测哪些元件？检测顺序是什么？

4. 需要执行哪些规划步骤？

1. 无明确客户报修内容时进行故障查询：检查整个系统。
2. 组件的安装位置，电路图。
3. 自诊断、燃油泵熔体、燃油泵主继电器、转速/基准标记传感器、发动机和空气的温度传感器、空气质量流量计、次级信号、初级信号、点火线圈、点火顺序、防干扰电阻、火花塞、凸轮轴传感器、燃油压力、燃油供应量、节气门传感器、怠速转速、一氧化碳（CO）、怠速调节器、凸轮轴控制、进气系统（密封性）、燃油箱通风、传感器加热器、点火提前角、爆燃传感器、控制单元。
4. a）分析电路图：确定元件并规定总线端标记。
   b）制定初步工作计划，准备检查表。

ESItronic的扩展

　　用户对其车辆的功率不满意但又不能提出明确的投诉内容。

　　若未提出明确的投诉内容，就需要对整个系统进行检查。在SIS（服务信息系统）故障查询说明目录中"无客户报修内容时进行故障查询"标题下除自诊断外还列出了检查时需要考虑在内的传感器、执行器及相应规定值。

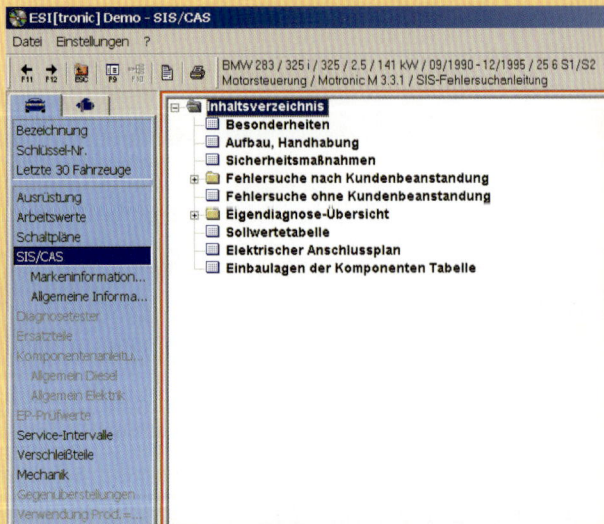

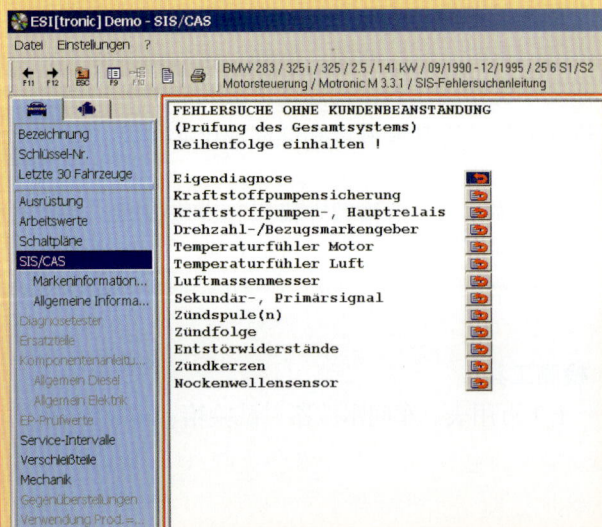

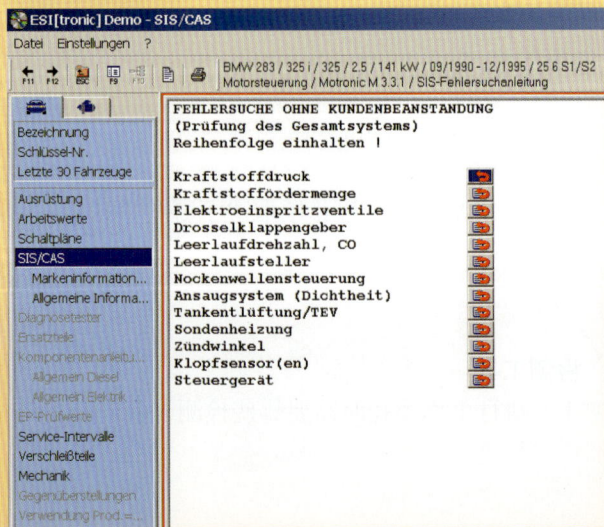

3.3　故障诊断和维修的实施/展示

故障诊断和维修的实施

1. 如何进行故障诊断？	1. a）读取故障存储器。 b）确认额定值并测定实际值，把实际值输入维修站信息系统中，把额定值和实际值填入检查表中。 c）把额定值与实际值进行比较。
2. 如何进行维修？	2. 对与额定值有较大偏差的传感器和执行机构要检查它们的可继续使用性，必要时予以更换。

自诊断：读取故障存储器

　　诊断测试仪（例如KTS 520）通过USB/串行接口1与一台笔记本电脑相连，经适配导线2接到车辆诊断接口3上。从"组件安装位置"内容中可以获得诊断接口的位置。从车辆3向KST（诊断测试仪）传输数据时，将在维修说明中显示故障代码或来自车辆的实际值（参见第311页）。接通点火开关后可点击"读取故障存储器"读取故障，通过点击"清除故障存储器记录"清除故障存储器。

　　我们现在的情况是发动机温度传感器的信号有故障，建议检查温度传感器。因为可能其他传感器和执行机构也与该故障有关，所以最好检查整个系统。

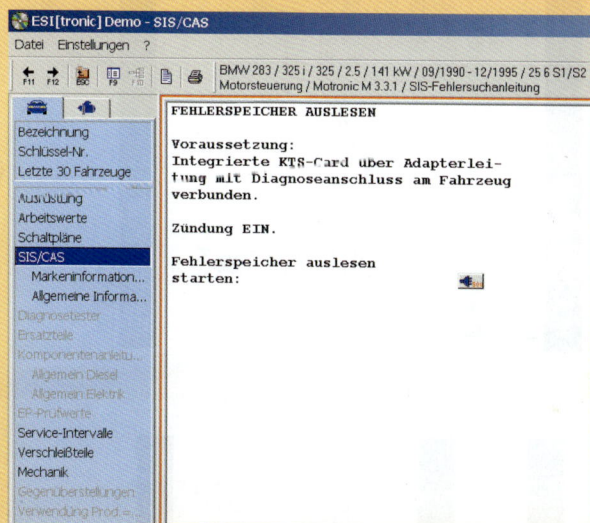

ESI[tronic] Demo - SIS/CAS

Datei　Einstellungen　?

F11　F12

BMW 283 / 325 i / 325 / 2.5 / 141 kW / 09/1990 - 12/1995 / 25 6 S1/S2
Motorsteuerung / Motronic M 3.3.1 / SIS-Fehlersuchanleitung

Bezeichnung
Schlüssel-Nr.
Letzte 30 Fahrzeuge

Ausrüstung
Arbeitswerte
Schaltpläne
SIS/CAS
　Markeninformation...
　Allgemeine Informa...
Diagnosetester
Ersatzteile
Komponentenankleit...
　Allgemein Diesel
　Allgemein Elektrik
EP-Prüfwerte
Service-Intervalle
Verschleißteile
Mechanik
Gegenüberstellungen
Verwendung Prod ...

FEHLERSPEICHER AUSLESEN

Voraussetzung:
Integrierte KTS-Card über Adapterleitung mit Diagnoseanschluss am Fahrzeug verbunden.

Zündung EIN.

Fehlerspeicher auslesen starten:

学习领域

4

客户报修：对发动机状态不满意

检查和测量

单火花点火线圈

测量电路

检查前提条件：拆下气缸盖塑料罩壳，拔掉点火线圈的三相插头。测量外部点火线圈接头上的电阻。

	总线端	电阻
额定值 初级电阻	1和15	0.5~1.5Ω
	次级电阻不能测量。只能用示波器来测定次级电压信号。	
实际值（举例） 电阻	1和15	1.2Ω

信号

凸轮轴传感器

测量电路

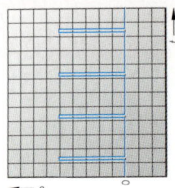

	总线端	电阻/电压
额定值 供电 电阻	1和3	10~16Ω
信号 电压	2和3	12V（矩形脉冲）
实际值（举例） 电压	1和3	13.6V
	2和3	12V

信号

燃油压力/燃油供给量

测量电路

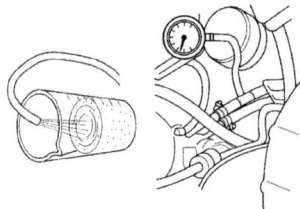

	状态	供油量/压力	电压
额定值 设备 电动燃油泵	回流燃油量	875cm³/30s	至少12V
燃油压力调节器	静止发动机	0.33~0.37MPa	—
	总速	0.28~0.32MPa	
实际值（举例）	供油量 Q=875cm³，电压 U=13.6V		
	燃油压力 P发动机停机=0.35MPa　P怠速=0.32MPa		

信号

检测前提条件

- 蓄电池充足电（至少11.5V）。
- 线夹夹所有连接插头都插接牢靠。
- 接地良好。

转速/基准标记传感器

测量电路

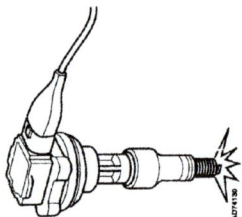
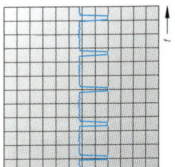

	总线端	电阻
额定值	1和2	15~30℃时为400~800Ω
实际值（举例）	1和2	20℃时为600Ω

信号

发动机/空气的温度传感器

测量电路

检查前提条件：
- 发动机已运转到运行温度。
- 已将控制单元与试验箱接通。
- 先关闭点火开关，再测量电阻。

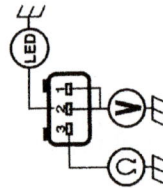
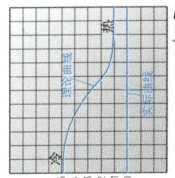

		电阻
额定值 空气	15~30℃时为1300~3600Ω　80℃时为650~1000Ω	
发动机	15~30℃时为1300~3600Ω　80℃时为250~390Ω	
实际值（举例） 空气	20℃时为2500Ω　80℃时为1000Ω	
发动机	20℃时为∞Ω　80℃时为∞Ω	

信号

空气质量流量计

测量电路

检查前提条件：连接空气质量流量计后测量电压，把插头上的橡胶套管后移，使用测试探针，接通点火开关。

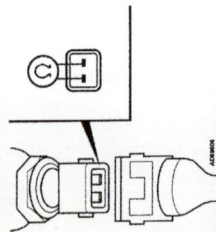
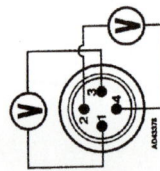
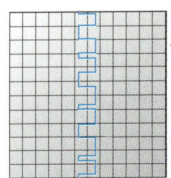

	总线端	状态	电压
额定值 供电电压	3和1（接地）	—	10~16V
信号电压	2和4，发动机达到运行温度时	怠速 满负荷	约0.5~1V，至少>3.5V
实际值（举例） 供电电压	3和1	—	13.6V
信号电压	2和4	怠速 满负荷	0.5V 3.5V

信号

节气门电位器

测量电路

额定值	总线端	状态	电阻
	3和1	—	3~5Ω
	2和1	节气门全开	3.4~5Ω
实际值（举例）	总线端	状态	电阻
	3和1	—	5Ω
	2和1	节气门全开	5Ω

怠速调节器

测量电路

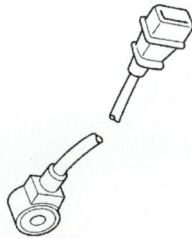

额定值	总线端	电阻
	1和2	10~14Ω
	2和3	10~14Ω
实际值（举例）	总线端	电阻
	1和2	13.5Ω
	2和3	13.5Ω

凸轮轴转换阀

测量电路

额定值	总线端	电阻
	1和2	18~30Ω
实际值（举例）	总线端	电阻
	1和2	2.5Ω

燃油箱通风阀

测量电路

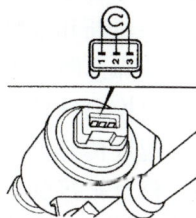

额定值	总线端	电阻
	1和2 阀门无电流时打开	15~30℃时为35~55Ω
实际值（举例）	总线端	电阻
	1和2	20℃时为50Ω

传感器加热器

测量电路

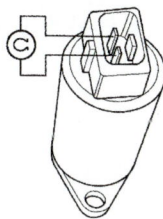

额定值	电阻具有正温度系数(PTC)特性。R＝1~15Ω
实际值（举例）	R＝10Ω

爆震传感器

测量电路

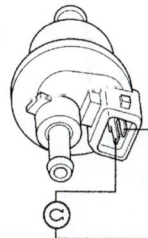

额定值	电阻 R ＞1MΩ
实际值（举例）	电阻R＝1.5Ω

客户报修：对发动机状态不满意。

学习领域 4

3.4 质量保证

工作质量	
在保养工作结束时，车辆机电技师要确认工作质量是否百分之百合格。 1. 是否所有检查项目都已实施并记录？	1.对规划的所有项目检查一遍并确认所有项目都已圆满完成并根据展示要求进行了详细解释。
2. 其他哪些措施适用于检查工作质量？	2.试驾： 　请遵守StVZO（道路交通许可规定）和STVO（道路交通规定）！只有持有有效的驾驶执照并符合专业条件才允许试驾。试驾时必须确定，发动机在起动、怠速运转、部分负荷、满负荷和加速时是否运转正常。 　测功机：在测功机上检查发动机能否提供与转速匹配的功率与扭矩。
3. 是否遵守了维修时间？工时和备件是否记录？	3.故障诊断和维修的劳动价值 　　故障诊断：无法确定。 　　更换温度传感器：0.12分钟（在工作卡上只计算温度传感器的劳动价值与备件价值，25欧元的价格已被接受）。
4. 车辆是否处于洁净状态？	4.检查是否已清洁车辆、是否已撤除蒙皮。
5. 哪些信息必须转告给用户？	5.指出电气设备的缺陷，例如在这一次保养中发现的并且在下一次保养时能够排除的蓄电池状态和其他缺陷。
6. 个人对改善质量的贡献：	6.考虑一下，维修、工作计划的准备工作，工具、检测仪器、工作油液和辅助材料的可支配性以及时间分配等是否达到了最佳程度。 　提出改进建议并在下次维修时加以注意。

3.5 记录

工作卡起到委托书的作用。它就像一个综合了产品、备件或服务（例如检查）的一揽子商品。工作卡构成了报价、结算、订货和商务程序的基础，它陪随着从报价阶段到开具结算单的整个过程。在履行委托期间所有相关人员都要把他们的工时和所需物品填入到工作卡中。结束委托工作时要检查

工作卡，必要时对其进行修正并作为结算单打印出来。

可以通过点击导航画面"工作卡"在屏幕上生成工作卡。在"服务范围：成本计算和报价"下点击功能键"当前帮助F1"即可调用修改工作卡需要的帮助。

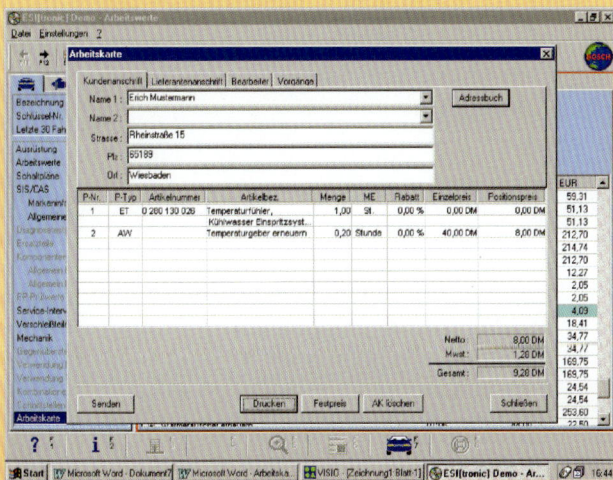

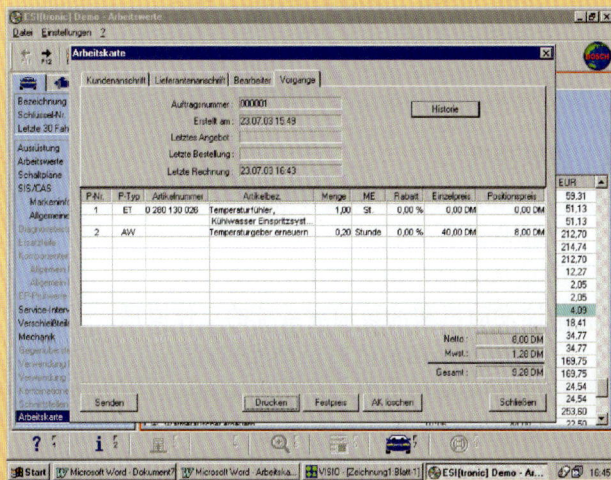

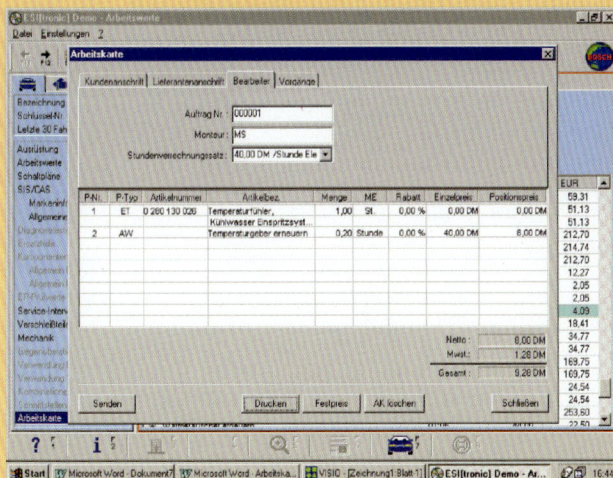

BOSCH
ESI[tronic]
电子服务信息

结算单

埃里希·穆斯特曼
莱茵路15号
威斯巴顿 65189

委托编号：	000001
日期：	2003年7月23日
传真：	
装配工：	MS

序号	零件号	物品名称	数量	数量单位	单价	项目价
01	0 280 130 026	冷却液温度传感器喷射系统	1.00	件	25.00DM	25.00DM
02	AW(劳动价值)	更换温度传感器	0.20	小时	40.00DM	8.00DM

总净价：33.00DM

增值税：5.28DM

总价：38.28DM

签名：_____

学习领域

4

练习作业

检查和维修委托
Bosch ESItronic 维修站信息系统CD-ROM

1. 用户委托

用户： 霍斯特·布莱富斯，西格拉雷尔路10号，53842 特罗伊斯多夫，
电话：02241-555555

客户报修： 发动机怠速有问题

车辆：VW Passat 1.9 TDI，年款1998

代码：区域2：0603，区域3：475

发动机：AJM

发动机管理系统：EDC 15P 6.3

1）接收委托
①请您扮演接收委托的角色。
②请您填写委托。
③请您编制一份工作卡。

2）柴油发动机和油泵油嘴系统的工作原理
①请用德语和英语解释柴油发动机的工作原理。
②请简单解释油泵油嘴喷射系统的工作原理。
请画出燃油供应的方框图。
请根据电路图画出油泵油嘴喷射系统电子控制EVA原理的方框图。

3）车辆识别
请进行车辆识别。

4）分析维修站信息系统ESItronic
请借助UWD和脑图从维修站信息系统程序选项中选出用于故障界定和维修的所需信息。

5）制订检查计划
①请确定所需检测仪器。
②请确定待检查元件可能的故障原因。
③请说明待检查元件的控制单元线脚布置。
④请确定检查前提条件、总线端、额定值。

6）保证工作质量
需要哪些质量保证措施？

7）记录
①请填写工作卡，说明以下数据：
设备：整体喷射系统互换产品（80.00欧元）。
劳动价值：更换柴油喷油嘴。
②请开具结算单。

2. 系统知识：

请针对以下设备画出系统方框图：
1）凸轮轴调节装置。
2）电子变速器。
3）油泵油嘴喷射系统。
4）自动变速器。

术语索引

学习领域 4